Der Staatshaushalt

und

die Finanzen Preussens.

Unter Benutzung amtlicher Quellen

bearbeitet von

O. Schwarz,
Geheimer Ober-Finanzrath
u. vortragender Rath im Finanzministerium

und

Dr. jur. G. Strutz,
Geheimer Ober-Finanzrath
u. vortragender Rath im Finanzministerium.

Band III.

Dotationen und Allgemeine Finanzverwaltung.
Formelle Ordnung des Staatshaushalts.

Nachträge und Sachregister.

Berlin, 1904.
J. Guttentag, Verlagsbuchhandlung,
G. m. b. H.

Der Staatshaushalt

und

die Finanzen Preussens.

Band III.

Von

O. Schwarz,

Geheimer Ober-Finanzrath und vortragender Rath im Finanzministerium.

Dotationen und Allgemeine Finanzverwaltung etc.:

I. Buch: **Oeffentliche Schuld.**

II. Buch: **Die beiden Häuser des Landtags.**

III. Buch: **Allgemeine Finanzverwaltung.**

Anhang: **Formelle Ordnung des Staatshaushalts.**

Nachträge. — Sachregister.

Berlin, 1904.

J. Guttentag, Verlagsbuchhandlung,

G. m. b. H.

Vorwort.

Mit dem vorliegenden von mir bearbeiteten dritten Bande findet das von Herrn Geheimrath Dr. Strutz und mir herausgegebene Werk über den Staatshaushalt und die Finanzen Preussens seinen Abschluss. In diesem Bande sind die Staatsschuldenverwaltung — Buch I —, die beiden Häuser des Landtags — Buch II — und die Allgemeine Finanzverwaltung — Buch III — einschliesslich eines Schlussabschnittes, enthaltend Gesammtergebniss und Rückblick, behandelt. Anhang I giebt ferner ausser einigen Ausführungen über die formelle Ordnung des Staatshaushalts vor Allem den Wortlaut des Gesetzes über den Staatshaushalt (sog. Komptabilitätsgesetz) vom 11. Mai 1898 wieder, auf welches vielfach in den früheren Bänden Bezug genommen ist. Anhang II enthält Nachträge zu früheren Büchern, sodass das Werk nunmehr in allen wichtigeren Punkten bis auf die neueste Zeit ergänzt ist. Soweit dabei Ueberschussverwaltungen in Betracht kommen, stammen diese Nachträge aus der Feder von Herrn Geheimrath Dr. Strutz.

Endlich ist dem vorliegenden dritten Bande ein von uns gemeinsam bearbeitetes ausführliches Sachregister beigegeben worden, welches im Verein mit dem jedem Buche vorgedruckten Inhaltsregister eine schnelle Orientirung des Lesers gestattet und damit die praktische Brauchbarkeit des Werkes erheblich erhöhen wird.

Es ist mir Bedürfniss, in gleicher Weise, wie dies schon von meinem Herrn Kollegen in dem Schlussbuche der Ueberschussverwaltung geschehen ist, allen Herren Chefs, Räthen und Bureaubeamten der Ministerial- und Centralbehörden, welche von mir während der Bearbeitung des Werkes in Anspruch genommen sind, meinen verbindlichsten Dank für ihr grosses Entgegenkommen und Verständniss auszusprechen, durch welches ich bei der oft ausserordentlich mühsamen und zeitraubenden Beschaffung des erforderlichen Materials wirksame Unterstützung und Erleichterung gefunden habe.

Besonderen Dank schulde ich auch dem Direktor der Bibliothek des Abgeordnetenhauses, Herrn Professor Dr. Wolffstieg, und den Herren Bureaudirektoren der beiden Häuser des Landtages für die stets liebenswürdige und bereitwillige Zuführung der benöthigten Druckschriften und Akten dieser Häuser. Endlich statte ich meinem Vater, Herrn Oberforstmeister a. D. H. Schwarz, auch an dieser Stelle meinen herzlichen Dank für die Unterstützung ab, welche er mir bei dem Lesen der Korrekturen der letzten Bücher hat zu Theil werden lassen.

Möge der anliegende Schlussband unseres Werkes gleich viel Freunde und eine gleich günstige Kritik finden, wie seine Vorgänger! Möge aber unser Unternehmen auch dahin führen, dass ähnliche Bearbeitungen ausländischer Etats von berufener Seite folgen mögen! Dann erst wird für den Fachmann, vor Allem für den Finanzpraktiker, die vergleichende Finanzwissenschaft nicht nur im Hinblick auf die Einnahmeseite, die ja neuerdings durch Werke, wie A. Wagners Finanzwissenschaft, sehr erheblich gefördert worden ist, sondern auch nach der nicht minder wichtigen Ausgabeseite hin wirklichen Werth gewinnen. Die blosse Vergleichung verschiedener Etatszahlen ohne gleichzeitige Kenntniss der Natur, Organisation und Geschichte der zu Grunde liegenden Anstalten und der formellen Etatsgestaltung führt leicht zu grossen Irrthümern. Sich diese Kenntniss für den gegebenen Fall ohne übergrossen Zeitverlust zu verschaffen, wird aber dem Fachmann, vor Allem dem Praktiker, erst durch Werke wie das vorliegende ermöglicht.

Berlin, im Januar 1904.

Otto Schwarz.

Inhaltsverzeichniss zu Band III.

Erstes Buch.

Oeffentliche Schuld.

I. Hauptabschnitt.

II. Hauptabschnitt.

Drittes Buch.

Allgemeine Finanzverwaltung.

Anhang.

Berichtigungen und Zusätze.

Zum I. Buch (öffentliche Schuld).

Auf Seite 20 Zeile 12 muss statt der Zahl 411 gelesen werden: 511.

Auf Seite 16 Zeile 9 (von unten) muss gelesen werden: „des Jahres 1846 475,5 Mill. M. u. s. w."

Auch ist zu § 35 (Seite 40) nachzutragen, dass seit 1900 an Stelle von verzinslichen nur noch unverzinsliche Schatzanweisungen ausgegeben werden, wie dies schon bisher im Reiche üblich war. Die seitdem bei Kap. 35 Tit. 6 eingestellten Summen stellen daher seitdem nicht mehr die Zinsen, sondern den Diskont bei der Begebung und die Spesen dar.

Zum III. Buch (Allgemeine Finanzverwaltung)

wird bemerkt, dass die Ausführungen „zur Reichsfinanzreform" bei Erscheinen der neuen Reichsfinanzvorlage bereits im Druck fertiggestellt waren, sodass eine Berücksichtigung der letzteren nicht mehr erfolgen konnte.

Zusätze zu § 214 der Nachträge (Domänenverwaltung).

Zu S. 228. Auf Erwägungen, die in einem andern Gebiet als dem der eigentlichen Domänenpolitik liegen, beruht die Bereitstellung des im § 270 der Nachträge erwähnten Fonds von 100 Mill. M. für Domänenankäufe in Westpreussen und Posen.

Zu S. 229. Im Etatsjahr 1902 wurden angekauft 8 080,259 ha für 6 416 471 M., hiervon 5 835,419 ha in Westpreussen und Posen, 1 094,190 ha in Ostpreussen; verkauft 2 443,725 ha für 4 359 464 M.; durch Tausch erworben 46,559 ha, durch Tausch oder Ablösung abgetreten 56,704 ha.

Zusatz zu § 216 der Nachträge (Forstverwaltung).

Im Etatsjahr 1902 wurden angekauft 12 063,679 ha für 3 715 342 M, hiervon 3 661,388 ha in Ostpreussen, 4 817,434 ha in Westpreussen und Posen; verkauft sind nur 75,884 ha für 273 833 M. Durch Tausch sind hinzugetreten 901,603 ha, abgegangen 419,5 ha, durch Separation etc. hinzugetreten 244,321, abgegangen 476,932 ha.

Berichtigung zu § 227 der Nachträge (Eisenbahnverwaltung).

In der Tabelle auf S. 270 ist zu lesen im Kopf „Rechnung" 1900 und 1901 und in Zeile 1 Spalte 3 „1 355 504 806,27 M."

Einleitung.

Während in den Bänden I und II die Zuschuss- und Ueberschussverwaltungen des preussischen Etats behandelt worden sind, deren Einnahmen und Ausgaben unter A und C des jedesmaligen Staatshaushaltsetats stehen, werden in diesem Schlussband (Bd. III) die im Etat unter B der Einnahmen wie der Ausgaben namhaft gemachten Posten — Dotationen und Allgemeine Finanzverwaltung — ihre Erörterung finden, die ihrer Natur nach zwar (wenigstens zum Theil) unter den Begriff „Zuschussverwaltungen" fallen könnten, aber im preussischen Etat von jeher eine Sonderstellung erfahren haben,[1]) welcher zweckmässiger Weise auch bei der Anlage dieses Buches Rechnung zu tragen war.

An Dotationen (Kap. 22—24 der Einnahme und Kap. 34—43 der Ausgabe des Staatshaushaltsetats) kommen in Betracht — abgesehen von den schon bei dem Etat der Domänenverwaltung behandelten Zuschuss zur Rente des Kronfideikommissfonds (Kap. 34 der Ausgabe) — 1. die „Oeffentliche Schuld" (Buch I) und 2. die beiden Häuser des Landtags (Buch II). Daran schliesst sich sodann der Etat der Allgemeinen Finanzverwaltung (Buch III) an.

Ferner enthält der Band III einen Anhang I, betreffend Weiteres über die formelle Ordnung des Staatshaushaltes und einen Anhang II enthaltend Nachträge zu früheren Bänden, schliesslich ein Sachregister.

[1]) Dies gilt wenigstens für die Dotationen. Die Allgemeine Finanzverwaltung war bis 1879/80 mit dem Etat des Finanzministeriums vereinigt und ist erst von da ab als gesonderter Spezialetat bei B aufgenommen.

Erstes Buch.

Oeffentliche Schuld.

I. Hauptabschnitt.

Entwicklung und Geschichte der preussischen Staatsschuld.

§ 1. Die Geschichte der preussischen Staatsschuld lässt sich in drei grosse Zeiträume zerlegen: erstens in die Zeit vor 1820, wo die Verwaltung weder der öffentlichen Abgaben und Gefälle noch der Schulden konzentrirt, sondern vielfältig und ohne Uebersicht nach Verschiedenheit der Verpflichtung, der einzelnen Fonds und der Zwecke getheilt, die Formen der Rechnungsführung unvollständig waren und die Geheimhaltung der Staatschuldenverhältnisse als politischer Grundsatz galt. Die zweite Periode beginnt mit der Verordnung vom 17. Jan. 1820, durch welche zum ersten Mal die gesammte Staatsschuld zusammengerechnet, zur öffentlichen Kenntniss gebracht und durch Ausgabe eines allgemeinen Schuldpapiers, der Staatsschuldscheine, vereinheitlicht wurde und zugleich auch wegen Sicherstellung sowie wegen regelmässiger Verzinsung und Tilgung feste und gleichmässige Bestimmungen getroffen wurden. Der dritte Zeitraum datirt von dem Erlasse des Gesetzes betr. die Consolidation preussischer Staatsanleihen vom 19. Dez. 1869 ab, durch welches die seit 1820 noch nicht getilgten, die inzwischen neu aufgenommenen und durch die Annexionen der neuen Provinzen hinzugekommenen zahlreichen Schuldtitel (115) zum grossen Theil in eine einheitliche consolidirte Staatsschuld umgewandelt wurden, für welche zugleich der Charakter als Rentenschuld festgestellt d. h. die Verpflichtung zur Rückzahlung den Gläubigern gegenüber aufgehoben wurde.

A. Der Zeitraum vor 1820.

§ 2. Ueber die Staatsschuldverhältnisse in dieser Zeit sind die Nachrichten — wenigstens bis Ende des 18. Jahrhunderts — nur unvollkommene und lückenhafte.[1]) Gewiss ist, dass schon vom 13. und

---

[1]) Eingehender bei Riedel, Ueber brandenburg-preussischen Staatshaushalt, Berlin 1866, bei Ernst u. Korn, und vor Allem bei E. Richter, Das preussische Staatsschuldenwesen, Breslau 1869. S. auch v. Hoffmann, Die preussische Hauptverwaltung der Staatsschulden, Berlin 1895, wo sich besonders Auszüge aus Staatsdokumenten finden.

14. Jahrhundert an die Markgrafen und späterhin die Kurfürsten von Brandenburg vielfach in finanzielle Nöthe geriethen und, soweit sie sich nicht mit Verpfändungen und Veräusserungen von domanialen Gütern und Rechten oder durch besondere von den Ständen bewilligte Steuern (sogen. Beden) helfen konnten, durch Vermittlung der Landstände Schulden in den verschiedensten Formen aufnahmen, zu deren Verzinsung und Tilgung dann wieder vielfach steuerliche und zollartige, häufig von den Ständen selbst verwaltete Abgaben bestimmt wurden.

So übernahmen z. B. 1470 bei Antritt der Regierung von Albrecht Achilles die Stände von der vorgefundenen Schuldenlast von 124 000 Gulden 80 000, um sie „in 4 Jahren durch Landbede, Ungeld und Kopfsteuer je nach ihrem Gutdünken“ aufzubringen. Der Kurfürst Joachim II. (1535—1571) bekannte, „dass die Stände binnen 12 Jahren 24 Tonnen Goldes allein an herrschaftlichen Schulden hätten bezahlen müssen“. Unter Joachim II. Nachfolger, Johann (1572—1598) wurde die Summe der von den Landständen zu übernehmenden Schulden auf 3,6 Mill. Thaler festgesetzt, wovon die Städte 1,5 Mill. Thaler übernahmen, während 2,1 Mill. Thaler besonderen Biergeldsteuern zur Verzinsung und Tilgung überwiesen wurden. Unter den Nachfolgern wurden neue Bewilligungen nothwendig, das Biergeld musste erhöht werden, die Staatsdomänen waren schliesslich so belastet, dass sie vielfach gar keinen Ueberschuss ergeben konnten. Der Grosse Kurfürst, welcher durch die vielfachen Kriege, die er führte, besonders grosse Ausgaben zu militärischen Zwecken machen musste,[1]) wozu nicht einmal die Kontributions- und ausserordentlichen Kopfsteuern hinreichten, half sich damit, dass er den Staatsgläubigern Zwangsakkorde aufdrängte, durch welche in gutem Gelde belegtes Kapital nur zu $^2/_3$ bezw. $^1/_3$ neu verbrieft wurde, und enthielt anderen Gläubigern die Zinsen der Schuld einfach vor, um sie zu Kapitalnachlässen zu bestimmen. Erst der sparsame König Friedrich Wilhelm I. fand in der Erhöhung der regelmässigen Kriegsgefälle und der Domäneneinkünfte die Mittel, das bedeutend vergrösserte Heer ohne Anleihen und Subsidien zu erhalten und dazu noch einen Staatsschatz von 26 Mill. Mark seinem Nachfolger zu hinterlassen, aus dem dieser in der Hauptsache die beiden ersten schlesischen Kriege führen konnte. Obgleich Friedrich der Grosse nach diesen Kriegen bis zum Jahre 1756 wieder etwa 43 Millionen als Staatsschatz angesammelt hatte, musste er doch zur Fortführung des Krieges zu finanziell sehr bedenklichen Massnahmen (Münzverschlechterungen, Einbehaltung von Beamtenbesoldungen und -Pensionen) schreiten. Doch verbesserten sich nach Beendigung des 7jährigen Krieges die finanziellen

[1]) In den Jahren 1677—1688 wurden allein über 20 Mill. M. zur Bestreitung von Militärausgaben nothwendig.

Verhältnisse des Landes unter des Königs sparsamer Regierung bald. Eine beträchtliche Erhöhung der Steuern, die Einführung des Tabakmonopols, neue Accisen und Zölle u. s. w. ermöglichten es dem grossen König, bei seinem Tode (1786) seinem Nachfolger einen Staatsschatz von circa 165 Mill. Mark zu hinterlassen. Daneben bestanden allerdings noch Staatsschulden, deren Höhe sich nicht mehr ermitteln lässt, von denen aber nach dem Berichte der Hauptverwaltungen der Staatsschulden über ihre Geschäftsführung von 1820—1832 (Drucksachen der 2. Kammer 1850 Nr. 513), im Jahre 1827 noch 37,5 Millionen unberichtigt waren. Unter König Friedrich Wilhelm II. erreichten die ausserordentlichen Bedürfnisse des Staats in Folge der mit der französischen Revolution ausbrechenden Kriegsstürme bald ein so hohes Mass, dass nicht nur die Schätze Friedrichs des Grossen davon verschlungen wurden, sondern auch noch mehrfache neue Anleihen zum Theil im Auslande aufgenommen werden mussten (Holländische Anleihe von 8 Mill. holländische Gulden 1793—1794). Nach wiederhergestelltem Frieden liess der König zum ersten Male einen Etat der Staatsschulden aufstellen, welcher indessen nur einen Theil derselben mit rund 79 Mill. M. umfasste, zu deren Verzinsung und Tilgung 3 Mill. M. aus den Ueberschüssen der Generalaccise- und Zollkasse, ausserdem die Ueberschüsse aus dem Salzeinkommen und dem wiedereingeführten Tabakmonopol, sowie aus dem Geschäftsbetrieb der Seehandlung (damals etwa 1½ Mill. M.) angewiesen wurden. Beim Tode des Königs (1797) belief sich die Staatsschuld auf rund 144 Mill. M.[1]) Auf den Kopf der damaligen Bevölkerung stellte die Schuldenlast 16,5 Mark dar. Unter Friedrich Wilhelm III. wurden zunächst vor Allen die ausländischen Anleihen unter Vermittlung der Seehandlung mittels Aufnahme inländischer Kapitalien zum grössten Theile getilgt. Auch sonst wurden die richtige und pünktliche Verwendung der etatsmässig ausgesetzten Tilgungsfonds sichergestellt.[2])

§ 3. Die Hoffnung, auf diese Weise die Staatsschuld baldmöglichst tilgen zu können, erfüllte sich nicht. Die kriegerische Stellung, zu welcher ganz Europa Anfangs des 19. Jahrhunderts durch Napoleon gezwungen wurde, machte auch für Preussen einen bedeutenden aussergewöhnlichen Aufwand an Kosten nothwendig, und indem auf der einen Seite die Verpflichtungen gegen die älteren Gläubiger gewissenhaft erfüllt wurden, musste man auf der anderen neue Anleihen (u. A. eine solche vou 6 Mill. M. zu Kassel, Münster, Fürth und Danzig) aufnehmen. Im Februar 1806 wurden ferner zum ersten Male unverzinsliche Tresorscheine ausgegeben, welche

---

[1]) Davon waren 28,5 Mill im Auslande aufgenommen.

[2]) Bereits im Jahre 1797 war bei der erstmaligen Aufstellung eines Staatsschuldenetats ein besonderer Amortisationsfonds bei dem Seehandlungsinstitute der Seehandlung gestiftet worden.

Zwangskurs hatten, aber an bestimmten Stellen gegen Silber eingewechselt werden konnten. Immerhin betrug die Staatsschuld am 1. Jan. 1807, also unmittelbar nach Ausbruch des Krieges mit Frankreich nur rund 160 Mill. M., davon 10 Mill. ausländische Anleihen und 15 Mill. Tresorscheine; pro Kopf der Bevölkerung waren das 15 Mark.

Das unglückliche Ende des Krieges (1807) stürzte Preussen in tiefe Verschuldung. Die Kriegskontribution wurde auf 120 Mill. Francs festgesetzt, erhöhte also die Schuldenlast des Staates mit einem Schlage um das Zweidrittelfache; dazu kam, dass Frankreich nicht nur die Uebertragung eines verhältnissmässigen Theils der Gesammtschuld auf die von der Monarchie getrennten Zweifünftel ihres früheren Länderbestandes und ihrer Einnahmequellen verweigerte, sondern selbst das so geschmälerte Staatseinkommen fast zwei Jahre lang mit der schonungslosesten Strenge für eigene Rechnung eintrieb, einzelne Provinzen mit unerschwinglichen Summen brandschatzte, „alles, was auch nur den Anschein von Staatseigenthum hatte, ja selbst Forderungen der Privatpersonen und vom Staate ganz unabhängige Institute mit Konfiskationen belegte und zugleich, den Handel vernichtend und die Gewerbethätigkeit lähmend, ein von der rücksichtslosesten Militärdespotie unterstütztes, die Gesammtheit wie den Einzelnen durch die drückendsten Requisitionen gleich entkräftendes Aussaugungssystem organisirte“. Es darf angenommen werden, dass bis 1812, ungerechnet ca. 700 Mill. M., welche allein die diesseits der Elbe gelegenen Provinzen, mit Ausschluss des ehemaligen Südpreussen, durch Brandschatzung verloren und an Einquartirung, Naturalienlieferungen, Transporten und Handarbeiten aller Art u. s. w. zu leisten hatten, jener Zustand der Unterdrückung den preussischen Staatskassen an Ausrüstungsaufwand, Revenuenverlusten und baaren Abzahlungen auf die allgemeine Kriegskontribution von 120 Mill. Francs, eine Summe von ungefähr 433 Mill. M. kostete (s. auch § 5).

In dieser Nothlage sah sich die Regierung zunächst genöthigt, die Verzinsung der Staatsschulden gänzlich einzustellen, wie auch Gehalts- und Pensionszahlungen an die Beamten zu sistiren. Ebenso unterblieb die Einlösung der Tresorscheine. Die Kriegskontribution sollte zum Betrage von 70 Mill. Francs in Domänenpfandbriefen und von 50 Mill. Francs in Wechseln gezahlt werden. Um die erforderlichen Mittel aufzubringen, wandte man die mannigfachsten Aushilfemittel an, Zwangsanleihen u. s. w. Unter anderem wurde z. B. durch die Kab.-O. v. 12. Feb. 1809 die Einlieferung aller Gold- und Silbergeräthe gegen Ausstellung von Münzscheinen vorgeschrieben, von welcher Verpflichtung man sich durch Zahlung einer Steuer im Werthe von ein Drittel des Werthes loskaufen konnte. Bis 1812 wurden aber nur 4,4 Mill. M. Edelmetalle eingeliefert und die Steuer brachte nur 2,8 Mill. M. ein. Bis Mai 1810 waren denn auch von den

50 in Wechseln verbrieften Millionen Kontribution nur 41,3 Millionen abgezahlt. Vom 2. Nov. 1809 ab waren zudem die monatlichen Raten der Zahlung des in Domänenpfandbriefen hinterlegten Theiles der Schuld fällig. Weitere ausserordentliche Massnahmen waren hiernach unvermeidlich. Die Regierung arbeitete nunmehr einen vollständigen Plan zur Regelung der Finanzen aus, welcher in dem Edikt v. 27. Okt. 1810 Gesetzeskraft erhielt. Die geistlichen Güter wurden eingezogen, die Veräusserung von Staatsdomänen, die schon 1808 eingeleitet worden war, wurde in weiterem Umfange vorgesehen. Bei Entrichtung des Kaufgeldes für Domänen wurden bis zu zwei Drittel des Preises die fundirten Staatsschulden nach dem Nennwerth angenommen, wodurch die Baareinnahmen bei den Domänenverkäufen allerdings kaum ein Zehntel des Kaufpreises darboten. Wichtiger waren nachfolgende Massnahmen: Rückständige Einkünfte der Staatskasse durften in Lieferungen von Roggen und Hafer bezahlt werden; an neuen Steuern wurden eingeführt unterm 28. Okt. 1810 eine neue Konsumtions- und Luxussteuer nebst Patent-Klassensteuer und am 2. Nov. 1810 eine neue Gewerbesteuer, auf dem platten Lande und in kleineren Städten eine Kopfsteuer von 12 Sgr. jährlich (7. Sept. 1811) u. s. w. Ende Mai 1811 betrug die ungedeckte Kontributionsschuld aber immer noch rund 59 Mill. Francs.

An eine Nachzahlung der von 1807—1811 entstandenen Zinsen-, Gehalts- und Pensionsrückstände, sowie der Rückstände aus Lieferungen für fremde Heere (russische Armee) war unter diesen Umständen einstweilen nicht zu denken, doch wurden die Forderungen der davon Betroffenen zum wenigsten jetzt klargestellt und verbrieft. Die Zinsrückstände der ausländischen Anleihen zahlte man dagegen nunmehr aus.

Zur Hebung der Tresorscheine, die seit 1807 und zum jedesmaligen Kurse von den Staatskassen zur Zahlung angenommen zu werden brauchten, wurde bestimmt, dass diese Scheine seit 1809 wenigstens für den vierten Theil der Zahlung zum vollen Nennwerth eingelöst werden mussten. Bei den fundirten Staatsschulden wurde dagegen eine Zwangsconvertirung auf 4 Proz. Zinsen angenommen.

All' diese Massnahmen zur Besserung der Finanzen wurden von Neuem unterbrochen durch das Jahr 1812, welches den russisch-französischen Krieg brachte. Bis zum Juni 1812 hatte Preussen an Lieferungen für die durchmarschirende französische Armee und ihre Verbündeten vertragsmässig bereits 35 Mill. Francs aufwenden müssen. Frankreich gab nunmehr allerdings die zur Sicherheit des Restes der Kontribution noch deponirten Domänenpfandbriefe zurück. Aber die Regierung musste für die Deckung der inländischen Ausgaben zu immer neuen Massregeln schreiten. Am 21. Mai 1812 wurde eine Vermögens- und Einkommensteuer von 3 Proz. des gesammten

Privatvermögens und von 5 Proz. Steuer auf nicht fundirtes Einkommen eingeführt, während die Verordnung von 1809 wegen Ankauf des Gold- und Silbergeräths als wenig wirksam aufgehoben wurde. Durch Verordn. v. 24. Mai 1812 wurde die Regierung zur Ausgabe von 3 Mill. M. Tresorscheine und v. 20. Juni 1812 von 10½ Mill. M. unverzinslichen Anweisungen au porteur ermächtigt. Zur Erleichterung der Staatsangehörigen, welche Armeelieferungen machen mussten, wurde bestimmt, dass Rückstände an Pächten, Steuern und anderen Zahlungsverbindlichkeiten an die Staatskasse durch Lieferung an Weizen, Roggen und Hafer in natura erfolgen konnten. Soweit dies nicht möglich war, wurden für die Liefernden sogen. Compensationsanerkenntnisse vom Staate ausgestellt.

Am 15. Jan. 1813 musste auch wieder die Zinsenzahlung der Staatsschulden eingestellt werden. Am 19. Jan. wurden neue Tresorscheine bis zum Betrage von 30 Mill. M. angeordnet, — ausgegeben wurden nur etwa 24 Mill. — welche Zwangskurs enthielten, was bei dem niedrigen Kursstande (Juli 1813: 25 Proz.) eine starke Benachtheiligung der Staatsgläubiger war. Durch Verordn. v. 5. März 1813 wurde der Verkauf von Domänen weiter erleichtert, wobei Tresorscheine zum vollen Nennwerth auf den Kaufpreis aufgerechnet wurden. Durch Zwangsanleihen wurden 12 Mill. M. aufgebracht.

§ 4. Alle diese Mittel reichten aber nur hin, um die Kosten der ersten Heeresausrüstung zu bestreiten, für die weitere Unterhaltung war man lediglich auf Requisitionen von Naturallieferungen angewiesen. Die erneute Kürzung der Beamtengehälter war bereits beschlossene Sache, als endlich in Folge des Friedens vom 30. Mai 1814 wieder allmälig geregeltere Verhältnisse eintraten. Bereits mit dem 1. Juli 1814 fing man an, die rückständigen Zinsen der Staatsschulden zu zahlen. Ueber die Armeelieferungen aus 1813 und 1814 wurden Lieferungsscheine ausgestellt, die in Staatsschuldscheine umgetauscht werden konnten. Auch die Kompensationsanerkenntnisse (s. o.) konnten in Lieferscheine und damit in Staatsschuldscheine umgetauscht werden. Man löste nunmehr auch die Tresorscheine durch Ausloosung wieder ein und liess sie als Zahlungsmittel zum vollen Nennwerth bei den Staatskassen zu. Als man im Jahre 1818 die Mittel immer noch nicht hatte auftreiben können, um die Lieferungsscheine, die insgesammt 1812 eine Höhe von rund 107 Mill. M. erreicht hatten, auszuloosen, zwang man die Besitzer, sie gegen 4proz. Staatsschuldscheine umzutauschen, was bei dem damaligen Kursstande der letzteren von 66—68 einer zwangsweisen Kapitalsverminderung um ein Drittel gleichkam.

Im Jahre 1817 sah man sich schliesslich sogar genöthigt, wieder zu ausländischen Anleihen zu schreiten und nahm 1817 bei dem Rothschildschen Hause in Frankfurt eine Anleihe von 5 Mill. Gulden oder etwa 8,6 Mill. M. und 1818/19 bei dem Londoner Hause 5 Mill. Pfd. Sterling oder 101 Mill. M. (incl. Agio) zum Begebungskurse von 71,86 gegen 5 Proz. Zinsen, Rückzahlung in jährlichen Quoten innerhalb 28 Jahren und hypothekarische Verpfändung einer entsprechenden Anzahl von Domänen auf.

§ 5. In dem ersten Berichte der Hauptverwaltung der Staatsschulden vom 1. Juni 1833 wurde die Aufnahme jener ausländischen Anleihen wie folgt gerechtfertigt:

Der Bericht berechnete den ausserordentlichen Bedarf der Staatskassen — abgesehen von den Opfern, welchen die ostelbischen Provinzen an Einquartirungs-Naturalienlieferungen, Vorspann und Handarbeiten, an feindlicher Brandschatzung u. s w.[1]) — für Ausrüstungsaufwand, Revenuenverluste und baare Abzahlungen einschl. der Kriegskontribution, Unterhaltsbedarf fremder Armeen u. s. w. für die Zeit von 1806—1812 auf rund 433 Mill. M. und von da bis 1815 auf weitere 185, zusammen auf 618 Mill M., den nach dem Frieden erforderlichen Bedarf zum allgemeinen Retablissement des Staates im Innern und nach Aussen hin von 1815—1819 auf rund 244,8 Mill. M., zusammen auf 862,8 Mill M. Hiervon wurden gedeckt durch ausserordentliche Auflagen (s o.) 70,6 Mill. M, durch Zwangsanleihen, soweit die Darleiher bei der Rückzahlung auf baare Befriedigung verzichtet und Staatsschuldscheine angenommen hatten,[2]) 2,7 Mill. M. Nach dem Frieden kamen hinzu 150,8 Mill. M. aus Abrechnungen mit befreundeten Mächten für Truppenverpflegung u. s. w, 196,5 Mill. M. für Kriegskontribution (145 Mill. M.) und Truppenverpflegung in feindlichen Ländern, aus Verkäufen von Domänen und säkularisirten Gütern 75,9 Mill. M., das sind zusammen 496,5 Mill. M. Es blieben also anderweitig noch 366,3 Mill. M. zu decken.

„Diese Deckung aus den eigenen Mitteln des Landes zu beschaffen", fährt der Bericht fort, „konnte bei dem damaligen Zustande nicht für möglich gehalten werden. Sie war von einer Bevölkerung nicht zu erschwingen, die in einem Zeitraum von acht Jahren aussergewöhnliche Lasten von ungefähr 990 Mill. M. und wenn davon auch etwa 390 Mill. M. abgerechnet werden, welche als Vergütigung auf ihre Leistungen in das Privatvermögen, wiewohl grösstentheils erst späterhin zurückgeflossen sein mögen — doch noch wenigstens 600 Mill. M. auf aussergewöhnliche Weise dargebracht, aufgewendet und verloren hatte."

§ 6. Trotz dieser neuen Anleihen blieb aber immer noch ein erheblicher Theil des ausserordentlichen Ausgabebedarfs ungedeckt. Das Jahr 1819 schloss mit einem Fehlbetrage von rund 40,5 Mill. M. ab, für 1820/22 wurde mit einem Defizit von 81 Mill. M. gerechnet.

Bei dieser Finanznoth und dem daraus folgenden niedrigen Stande des Staatskredits (s. o.) war es eine weise, aber auch durchaus nothwendige Massregel, dass der König unterm 17. Jan. 1820 eine Allerhöchste Verordnung erliess, welche eine vollständige Neuregelung des gesammten Schuldenwesens und eine grössere Sicherstellung der Staatsgläubiger, wie bisher, zur Durchführung brachte und den Schuldenetat ein für allemal für abgeschlossen erklärte.

[1]) Die der Berichte für 1806—1812 auf rund 690 Mill. M. und für 1813/14 auf weitere 300 Mill. M., also insgesammt auf rund 1 Milliarde veranschlagt.

[2]) Aufgenommen waren durch Zwangsanleihen von 1809—1815 52,8 Mill. M., welche abzüglich jener 2,7 Mill. M. in Baar zurückgezahlt worden waren.

B. Der Zeitraum von 1820—1869.[1])

a) 1820—1848.

§ 7. Die Verordnung vom 17. Jan. 1820 wollte auf einem vierfachen Wege eine Neuordnung des Schuldenwesens herbeiführen:

1. durch genaue Feststellung und Veröffentlichung des gesammten vorhandenen Schuldenbestandes;
2. durch Fundirung der Schulden, feste Verzinsungs- und Tilgungsgrundsätze;
3. durch Unterordnung des Schuldenwesens unter die verhiessenen Reichsstände; endlich
4. durch Einrichtung einer besonderen Behörde zur Verwaltung der Staatsschuld.

§ 8. *ad 1.* Auf Grund vieler Mühe und Arbeit war der Schuldenetat für 1820 in folgender Weise festgestellt worden, wobei aber für gewisse Gruppen von Ansprüchen aus der Vergangenheit, die noch nicht liquidirt und anerkannt waren, nur schätzungsweise Summen angegeben waren.

Als Gesammtschuldsumme wurde ein Betrag angenommen von 217 248 762 Thalern = rund 652 Mill. M.

Von dem gesammten Schuldenbetrage (1820) entfiel der bei weitem grösste Theil auf die sogenannten Staatsschuldscheine, von denen 358,5 Mill. M. in den Etat aufgenommen waren.[2]) Im Umlaufe waren damals allerdings nur für 169,8 Mill. M., die hauptsächlich in der Zeit von 1810 an zum grössten Theile zu Zwangsconvertirungszwecken von Seehandlungsobligationen, älteren sonstigen Anleihen, Lieferungs-, Zinsscheinen u. s. w. ausgegeben worden waren. Der überschiessende Betrag von 188,7 Mill. M. war bestimmt, um für folgende voraussichtliche Ausgaben zu dienen: Defizite von 1819—1822: 121,5 Mill. M., Begründung eines Staatsschatzes: 12 Mill. M., 4,5 Mill. M. für aufgehobene Gewerbebannrechte, 24 Mill. M. zur vollständigen Convertirung noch umlaufender Lieferscheine und 27 Mill. M. zur Convertirung und Einlösung anderer Schuldposten.

---

[1]) Auch für diesen Zeitraum s. hauptsächlich E. Richter a. a. O., dem wir im Wesentlichen gefolgt sind.

[2]) Die sogen. Staatsschuldscheine waren schon durch das Finanzedikt von 1810 eingeführt, worin es hiess:

„Alle übrigen Staatsschulden — abgesehen von ausländischen Anleihen — sind zu consolidiren, auf einerlei Zinsfuss zu 4 Proz. zu setzen und die bisherigen Verschreibungen gegen neue einzuwechseln. Abseiten der Gläubiger darf keine Aufkündigung stattfinden; sie müssen die Zahlung, wenn sie derselben bedürfen, auf dem Markte durch Verkauf suchen; aber es wird eine Summe unveränderlich bestimmt, die . . . . . . jährlich auf die Weise abbezahlt wird, dass von den numerirten Obligationen eine den Abtragssummen gleichkommende Anzahl durch das Loos ausgewählt und öffentlich gezogen werde.“

Der zweitgrössere Theil der Schuld umfasste die ausländischen Anleihen mit rund 108 Mill. M., dann folgten zunächst 46 Mill. M. in Liquidation begriffene noch nicht anerkannte Schulden, sodann 4proz. Domänenpfandbriefe mit 16,6 Mill. M., alte kurmärkische landschaftliche Obligationen aus der Zeit vor 1807 mit 9,7 Mill. M., 1,8 Mill. M. Passiva auf besondere Verschreibungen, endlich rund 77,7 Mill. M. provinzielle, vom Staate übernommene Staatsschulden, die vor der Linie des Etats vermerkt waren und schliesslich 34,7 Mill. M. unverzinsliche Schuld, davon 17,7 Mill. M. Tresorscheine.

§ 8a. Zu dieser Schuldsumme von 217 248 762 Thaler = rund 652 Mill. M. rechnet E. Richter S. 37 noch an nicht auf dem Etat stehenden Schuldposten hinzu: 84,6 Mill M. Passiva der Staatsbank, einschl. 76 Mill. M. Depositengelder und 60 Mill. M. Leibrentenschulden, welche 1825 nach der Ausscheidung aus den gewöhnlichen Pensionen zu dem sogen. Pensionsaussterbefonds zusammengestellt wurden, sodass darnach die Gesammtschuld in Wirklichkeit 796,6 Mill. M. betragen haben würde.

§ 9. *ad 2.* Behufs Fundirung, Verzinsung und Tilgung der Schuld wurde folgendes angeordnet:

Zur Sicherheit aller in den Etat aufgenommenen Staatsschulden wurde als Garantie das gesammte Vermögen und Eigenthum des Staates bestellt, insbesondere die sämmtlichen Domänen, Forsten und säkularisirten Güter (abzüglich der zur Aufbringung der Kronfideikommisrente von 7,5 Mill. M. bestimmten). Zur regelmässigen Verzinsung und Tilgung wurden sämmtliche Domänen- und Forstrevenuen, sowie der Erlös aus dem Verkauf von Staatsgütern und Ablösungen, endlich die Salzrevenuen bestimmt, die Tilgung sollte — soweit nicht besondere Verträge wie bei den ausländischen Anleihen entgegenstanden — mit 1 Proz. jährlich unter Hinzutreten der entstehenden Zinsersparnisse, jedoch nur in Zeitabschnitten von 10 zu 10 Jahren, um den Zinsenbedarf von Zeit zu Zeit zu vermindern, erfolgen.[1]) Die Tilgungsquote sollte jährlich durch Ankauf von Obligationen zur Verwendung gelangen, eine Verloosung erst dann eingeleitet werden, wenn die Schulddokumente an der Börse oder sonst nicht mehr unter dem Nennwerth aufgekauft werden konnten.

§ 10. *ad 3.* Mitwirkung der Reichsstände. In Artikel II der Verordnung wurde der Staatsschuldenetat „für immer" geschlossen erklärt und hinzugefügt, dass über die darin angegebene Summe hinaus kein Staatsschuldschein mehr ausgestellt werden dürfe, falls nicht die „künftige reichsständische Versammlung" dem zustimme. Dieser Versammlung wurde auch die Rechnungsdecharge, Präsentation der Mitglieder der Hauptverwaltung der Staatsschulden (s. unter 4) und die Mitverschlussnahme der eingelösten Staatsschulddokumente zugewiesen.

§ 11. *ad 4.* Verwaltung der Staatsschuld. Zur Ausführung der in der Verordnung enthaltenen Bestimmungen wurde ein von den übrigen Staats- und Finanzverwaltungen gänzlich abgesondertes,

---

[1]) Nur bei einzelnen Schulden fand ein fortwährender Zinsenzuwachs statt. Näheres §§ 15 u. 51.

direkt dem König unterstehendes, besonders vereidigtes Kollegium als „Hauptverwaltung der Staatsschulden“ eingesetzt und dafür verantwortlich erklärt, „dass weder ein Staatsschuldschein mehr, noch andere Staatsschulddokumente irgend einer Art ausgestellt würden, als der Etat zur Verordnung besage“.

Durch eine weitere Kab.-O. v. 17. Jan. 1820 wurde zugleich, um Jedermann „von dem wahren Zustande der Finanzen des Staats vollständig zu unterrichten“, um Jedem die Ueberzeugung zu geben, „dass nicht mehr an Abgaben gefordert werde, als das dringende Bedürfniss für die innere und äussere Sicherheit sowie zur Erfüllung der zum wahren Vortheile und zur Erhaltung des Staats eingegangenen Verpflichtungen unumgänglich nöthig macht“, die Veröffentlichung des Hauptfinanzetats von 3 zu 3 Jahren bestimmt.[1])

§ 12. Die guten Folgen dieser neuen einheitlichen Regelung des gesammten Staatsschuldenwesens machten sich für die Hebung des Staatskredits bald bemerkbar. Der Preis der 4proz. Staatsschuldscheine, der im Jahre 1820 auf 70—71 Proz. stand und zunächst bei der in jener Zeit nicht nur in Preussen, sondern auch in allen anderen Staaten versuchten Aufnahme neuer Darlehne bis zum ult. März 1821 noch weiter auf 68 Proz. herabgefallen war, hielt sich von da an fast in stetigem, wenngleich zeitweise durch ein vorübergehendes Schwanken und Zurückgehen aufgehaltenem Steigen, bis er Ende 1829 wieder über 98 Proz., im März 1830 sogar bis auf $101^7/_{12}$ Proz. hinaufstieg. Anfang der 30er Jahre trat wieder durch die unruhevollen Zeiten des Jahres 1830 in ihrem Zusammentreffen mit dem Hereinbrechen der Cholera ein vorübergehender Rückgang bis auf einige 80 Proz. ein (ult. März 1831: $87^5/_8$ Proz.). Aber schon im Dezember 1834 erreichte das Papier sein Pari und ging von da ab in regelmässiger Steigerung bis zu 105 Proz. (Ende Februar 1842), sodass es möglich wurde, dass bereits unter dem 10. April 1842[2]) die alten 4proz. Staatsschuldscheine in $3^1/_2$proz. convertirt werden konnten. Die Kosten der Convertirung betrugen rund 6 Mill. M., convertirt wurden rund 297 Mill. M., die Zinsenersparniss betrug rund 1,5 Mill. M. Der Kurs blieb auch nach der Convertirung noch nahezu auf 104 stehen.[3])

§ 13. Neue verbriefte Anleihen waren in der ganzen Zeit von 1820 bis 1848 nicht gemacht worden, was bei dem Nichtvorhandensein einer reichsständischen Versammlung ohne Verletzung der Verordnung vom 17. Jan. 1820 auch nicht möglich gewesen wäre. Allerdings wurden

---

[1]) Dass daraus der „wahre“ Zustand der Finanzen aber nicht vollständig zu ersehen war, geht daraus hervor, dass neben diesem öffentlichen Etat noch ein sogen. geheimer Etat geführt wurde. Siehe v. Reden S. 98.

[2]) Nachdem die beiden Kriegsanleihen, welche der Staat mit der Kurmark und der Neumark gemeinschaftlich tilgte und verzinste, schon im Jahre 1839 in $3^1/_2$proz. Schuldverschreibungen umgeschrieben worden waren.

[3]) Näheres über die Kursziffern siehe in Kahn S. 209.

in anderer Weise dauernde Schuldverpflichtungen für den Staat übernommen, die, wenn man sie auch nicht direkt für ungesetzlich erklären will, wie dies E. Richter thut (Seite 44 u. 48—51),[1]) doch mindestens als bedenkliche und kaum den Absichten der Verordnung von 1820 gerecht werdende Massregeln angesehen werden können. Dahin gehört die Aufnahme einer 5proz. Anleihe von 3,5 Mill. Pfund Sterling im Jahre 1822 in London bei Rothschild zum Kurse von 84 und gegen Hinterlegung entsprechender von der Hauptverwaltung der Staatsschulden ausgefertigter Schuldscheine durch die Seehandlung, sodann die Aufnahme einer 5proz. inländischen Prämienanleihe von 37,8 Mill. M. durch das gleiche Institut, ferner die über den durch die Verordnung von 1820 für die unverzinsliche Staatsschuld festgesetzten Maximalbetrag von 33,7 Mill. M. hinaus ausgegebene weitere Summe von 28,8 Mill. M. Kassenanweisungen; endlich die Uebernahme einer Anzahl von dauernden Renten- und Beamtenkautionsschulden in Höhe von jährlich einigen 20 Mill. M. Da in der Zeit von 1820 bis 1848 in Ausführung der Bestimmungen von 1820 fortwährend starke Tilgungen erfolgten, wozu die Erlöse aus Domänen- und Forstveräusserungsgeldern allein rund 134 Mill. M. lieferten, so stellte sich die Staatsschuld am Ende der Periode im Jahre 1848 trotz jenes Schuldenzuwachses auf einen kaum höheren Stand als im Jahre 1820, nämlich (nach Richter) auf insgesammt 475,5 Mill. M. (davon 414 Mill. auf dem Etat der Hauptverwaltung, 6 Mill. ungedeckte Kautionsschuld, 16 Mill. Prämienanleihe, 19,5 Mill. Entschädigungsrente, 20 Mill. Pensionsaussterbefonds).

b) 1848—1869.

§ 14. Was die formelle Behandlung und Verwaltung des Schuldenwesens dieser Zeit anbetrifft, so wurde zuerst durch die octroyirte Verfassung vom 15. Dez. 1848, sodann durch die vereinbarte Verfassung vom 31. Jan. 1850 in den Kammern eine Volksvertretung geschaffen, deren Befugnisse, was die Bewilligung von Staatsanleihen anbelangte, zweifellos den Verheissungen in der Verordnung von 1820 („reichsständische Versammlung" s. § 10) entsprach. Zur beständigen Kontrolle des Staatsschuldenwesens, insbesondere zur Prüfung der Rechnungen, trat an Stelle der vom vereinigten Landtage gewählten ständischen Deputation eine aus Mitgliedern beider Kammern von diesen gewählte Staatsschuldenkommission. Die Befugnisse derselben, sowie auch der Hauptverwaltung der Staatsschulden wurden durch ein besonderes Gesetz vom 24. Febr. 1850, entsprechend dem durch die Verfassung geänderten Rechtszustande, neu geregelt (s. § 75).

Während man ferner bisher von der gesetzlichen, d. i. von der Hauptverwaltung ressortirenden, nach den Vorschriften der Verordnung

---

[1]) s. auch v. Hoffmann S. 174.

von 1820 verwalteten sog. öffentlichen Schuld die in der Zwischenzeit ohne Mitwirkung einer reichsständischen Versammlung aufgenommenen Renten- und Schuldverpflichtungen des Staates unter einer besonderen Rubrik „Passiva der Generalstaatskasse“ untergebracht hatte, wurden bei der ersten Budgetberathung 1850 vom Etat der letzteren der Rest der Prämienanleihe von 1832 (s. § 13) — die ausländische Anleihe von 1822 (s. § 13) war schon 1834 getilgt worden — und die Kautionsschulden auf den Etat der öffentlichen Schuld übertragen. Einige andere Titel (Entschädigungsrenten für aufgehobene Rechte u. s. w.) blieben aber auf jenem Nebenetat (Passiva der Generalstaatskasse) stehen.

§ 15. Für die Entwicklung des preussischen Staatsschuldenwesens in materieller Hinsicht in der Zeit von 1848--1866 ist es bezeichnend, dass gleichzeitig alte Schuldposten durch Tilgung vermindert und neue Schulden eingegangen wurden. Die neuen Schulden entstanden durch Anleihen, deren nicht weniger als 13 aufgenommen wurden und zwar in Abweichung von den auf Unifikation gerichteten Absichten der Verordnung von 1820 zu verschiedenem Zinsfuss und mit besonderem Tilgungsfonds. Die Anleihen datiren von 1848, 1850, 1852, 1853, 1854, 1855, 1856, 1857, 1859, 1862 und 1864. In die Jahre 1855 und 1859 fielen je 2 Anleihen. 7 dieser Anleihen (diejenigen von 1852, 1853, 1855a, 1857, 1859a, 1862 und 1864 im Betrage von zusammen rund 230 Mill. M.) wurden lediglich zum Bau von Staatseisenbahnen aufgenommen. Ausserdem wurden den Kriegsanleihen von 1854 und 1855 noch 18,9 Mill. M. zu gleichem Zwecke entnommen. Die nicht zu Eisenbahnzwecken aufgenommenen Anleihen dienten zumeist zu militärischen Ausgaben, sowie zur Deckung von Etatsdefizits und ausserordentlichen Ausgaben. Was die unverzinsliche Schuld angeht, so wurde die durch die Verordnung von 1820 festgesetzte Summe der Kassenscheine von 33,7 Mill. M. durch Gesetz vom 7. März 1850 auf 62,5 Mill. M. und durch Gesetz vom 30. April 1851 auf 92,5 Mill. M. erhöht. Erst die Veränderung der Ordnung der Preussischen Bank und die vermehrte Ausgabe von Banknoten im Jahre 1856 gab Anlass zu einer Verminderung des Staatspapiergeldes auf etwa 45 Mill. M., zu deren Durchführung die aus der Anleihe von 1856 gewonnenen Mittel dienten. Während die Schuldenlast am Schluss des Jahres 1748 417,5 Mill. M. betragen hatte (s. § 13 a. E.), stellte sie sich Anfang 1866 nach dem Berichte der Hauptverwaltung der Staatsschulden auf 831,6 Mill. M. Die nicht von der Hauptverwaltung ressortirenden Schuldposten stellten (nach Richter) 1866 einen Kapitalwerth von rund 37 Mill. M. dar, sodass die Gesammtsumme der Staatsschuldenlast im Jahre 1866 auf rund 868 Mill. Mark zu berechnen war (auf den Kopf der Bevölkerung 53 M.).

§ 16. Um den Krieg von 1866 zu führen, wurden 60 Mill. M. dem Staatsschatz entnommen, 18 Mill. M. Anerkenntnisse als Vergütung für Kriegsleistungen (Ges. v. 11. Mai 1851) ausgestellt, für 13 Mill. M. an im Staatsbesitz befindliche Eisenbahneffekten veräussert, und der Rest durch Vorauseinziehung von direkten und indirekten Steuern etc. gedeckt. Nach dem Kriege wurde der Regierung ein Kredit von 180 Mill. M. bewilligt, wovon aber nur 135 Mill. M. erhoben wurden (30 Mill. Schatzanweisungen, der Rest $4^1/_2$ proz. Schuldverschreibungen). Aus Kriegsentschädigungsgeldern standen im Ganzen rund 185 Mill. M. zur Verfügung, von denen aber 82,5 Mill. M. zur Dotation des Staatsschatzes verwendet werden mussten.

Eine erhebliche Schuldvermehrung fand in Folge des Hinzutritts der neuen Provinzen Hannover, Hessen-Nassau (einschl. Frankfurt a. M.) und Schleswig-Holstein statt. In Betreff der künftigen Behandlung der auf diesen Landestheilen[1]) lastenden Staatsschulden erging ein besonderes Gesetz unter dem 29. Februar 1868 (G.-S. S. 169). Dasselbe erklärte die in 17 Schuldtiteln vorhandenen 236 296 428 M. Schuldkapitalien dieser Länder förmlich für Staatsschulden Preussens, übertrug deren Verwaltung der Hauptverwaltung der Staatsschulden und traf Bestimmungen über die Sicherung der bestehenden Rechte der Gläubiger. Ausserdem verfügte es die Einziehung der kurhessischen Kassenscheine (3 Mill. M.) und der Banknoten der Nassauischen Länderbank (3,2 Mill. M.) und dafür die Vermehrung der preussischen Kassenanweisungen um 7,2 Mill. M.

Das 1868 übernommene Schuldkapital der neuen Provinzen betrug im Einzelnen (Mark)

	Gesammtschuld	davon Eisenbahnschuld
Hannover	123 481 514	75 768 180
Kurfürstenthum Hessen .	49 605 750	48 000 000
Herzogthum Nassau . .	61 550 765	49 768 971
Hessen-Homburg . . .	483 428	—
Schleswig-Holstein . .	1 174 971	—
Frankfurt a. M.	35 893 044	11 048 625
Summe . . .	272 189 472	184 585 776.

Endlich wurden in den Jahren 1867 und 1868 noch einige weitere Anleihen aufgenommen (9 Mill. M. für Entschädigung an Thurn und Taxis für Aufgabe von Postgerechtsamen, 30 Mill. M. zur Entschädigung für aufgehobene Grundsteuerbefreiungen, 72 Mill. M. und 120 Mill. M. zu Eisenbahnbauten — in den Etat für 1869 kamen davon nur 60 Mill. M.).

[1]) Zunächst mit Ausnahme von Frankfurt a. M., deren Schulden bis zur vollständigen Vermögensauseinandersetzung auf den Etatsabschnitt „Passiva der Generalstaatskasse" mit 35,8 Mill. übernommen wurde. Die auf diesem Kapital stehenden Renten vermehrten sich natürlich ebenfalls durch Hinzutritt der neuen Provinzen.

Durch all diese Schuldvermehrungen, denen allerdings erhebliche Tilgungen und Abschreibungen gegenüberstanden, erreichte die auf dem Schuldenetat der Hauptverwaltung für 1869 stehende Kapitalschuld die Höhe von 1303,5 Mill. M. Wurden die sonstigen Schuldposten einschliesslich kapitalisirte Renten eingerechnet, so ergab sich eine Gesammtschuldenlast von 1438 Mill. M. (auf den Kopf der Bevölkerung 60 M.), gegen 1866 ein Mehr von 471,9 bezw. 570 Mill. M.

Die 1303,5 Mill. M. Schulden auf dem Hauptetat hatten einen Kurswerth von etwa 1200 Mill. M., die gesammte Schuld von 1438 Mill. M. einen Kurs- bezw. Kaufwerth von 1335 Mill. M. = 92,7 Proz. des Nominalwerthes.

Die Verzinsung der auf dem Hauptetat stehenden Schuld betrug 1869 50 920 911 M., die Verzinsung (einschl. Rentenzahlungen) der gesammten Schuld 56 620 035 M.

C. Der Zeitraum von 1869 an.

I. Gesetz vom 19. Dezember 1869.

§ 17. So günstig der Schuldenstand Preussens Anfang 1869 auch im Allgemeinen (60 M. pro Kopf der Bevölkerung) war,[1]) so war doch das System, welches in dem Staatsschuldenwesen herrschte, in zwei wesentlichen Punkten mangelhaft:

1. es fehlte der Staatsschuld an Einheit,
2. für alle Anleihen bestanden von vornherein festgestellte unabänderliche Tilgungspläne, welche den Staat beengten und und auch den Gläubigern unter Umständen mehr lästig als erwünscht waren.

§ 18. *ad 1.* Nach Beendigung der Kriege im Anfange des 19. Jahrhunderts hatte man (vergl. die Verordn. v. 17. Jan. 1820) auf eine Unifikation der Staatsschuld Bedacht genommen. Die preussische Staatsschuld bestand am Schlusse des Jahres 1847 — abgesehen von einigen wenigen aus jener Kriegszeit herrührenden provinziellen Schuldtiteln von verhältnissmässig geringem Belang — in einer einheitlichen $3^1/_2$ proz. Schuld, von welcher unter dem für die Verbriefung dieser Schuld speziell gebräuchlich gewordenen Namen „Staatsschuldscheine" am Schlusse des Jahres 1869 noch etwas über 192 Mill. M. im Umlauf waren. Bei den neuen Anleihen, die vom Jahre 1848 ab aufgenommen wurden, liess man den Gesichtspunkt der Einheit der Staatsschuld dagegen wieder aus dem Auge. Es wurde jedesmal, wie schon in § 15 angedeutet ist, je nach dem Bedürfniss eine besondere, für sich bestehende Anleihe aufgenommen, die ihre be-

[1]) Nach E. Richter (S. 86) entfielen auf den Kopf der Bevölkerung in den Vereinigten Staaten 297 M., Frankreich 273 M., England 534 M., Italien 216 M., Oesterreich 168 M., Russland 78 M., während auf Preussen nur 60 M. kamen.

sonderen Modalitäten der Verzinsung[1]) und der Tilgung, im Geschäftsverkehr ihre besondere Bezeichnung nach dem Jahre der Emission hatte, und die seitens des Staates besonders verwaltet werden musste. Erst im Jahre 1868 wurde, als die Zahl der einzelnen Schuldtitel immer mehr anwuchs, in dem Gesetz vom 17. Febr. 1868 (G.-S. S. 71), durch welches eine neue Anleihe im Betrage von 120 Mill. M. für Eisenbahnzwecke bewilligt wurde, dem Staate das Recht vorbehalten, Anleihen, welche im Laufe der nächstfolgenden Jahre bewilligt wurden, mit dieser Anleihe zu vereinigen. Dasselbe System der Aufnahme von Einzelanleihen für die jeweilig hervortretenden einzelnen Bedürfnisse war auch in den 1866 annektirten Ländern befolgt worden. So kam es, dass sich die Summe der verzinslichen Staatsschuld im Jahre 1869 aus nicht weniger als 115 verschiedenen zum Theil sehr kleinen Anleihesummen zusammensetzte. Dadurch wurde einerseits die Verwaltung, andererseits der Verkehr in den Schuldverschreibungen sehr erschwert, zugleich fehlte es dadurch an Uebersichtlichkeit über den gesammten Schuldenbestand des Staates, ein Uebelstand, der die Beliebtheit der preussischen Schuldtitel beim Publikum schwächte und ungünstig auf den Stand derselben und damit auf den Kredit des Staates einwirkte.

ad 2. Auch die bestehenden Bestimmungen über die Tilgungspflicht erwiesen sich als nicht zweckmässig. Die Erleichterung, welche die Verordn. v. 17. Jan. 1820 in der Tilgungspflicht dadurch geschaffen hatte, dass die Zinsersparnisse dem allgemeinen Tilgungsfonds immer nur für 10 Jahre zugesetzt wurden (s. § 9), war bei den meisten späteren Anleihen aufgegeben, wogegen bei diesen die Zinsersparnisse dem Tilgungsfonds ununterbrochen zuwuchsen. Dadurch kam es, dass im Jahre 1869 die planmässig zur Tilgung bestimmten Summen die unverhältnissmässige Höhe von mehr als 2 Proz. der Staatsschuld betrugen.

Bei Kursen unter pari führte diese Tilgungspflicht, besonders wenn die Tilgung durch Ausloosung zum Nennwerthe erfolgen musste und wenn der Staat gleichzeitig neue Anleihen zu machen veranlasst war, erhebliche finanzielle Nachtheile herbei. In der Lage, neue Anleihen aufnehmen zu müssen, befand sich aber der Preussische Staat im Jahre 1869. Abgesehen von den noch offenen Krediten aus schon bewilligten Anleihen hatte das Jahr 1868 mit einem Fehlbetrage von mehr als 39 Mill. M. abgeschlossen, und auch der Voranschlag für 1870 wies einen solchen von 16,2 Mill. M. auf Der Finanzminister v. d. Heydt wollte letzteren durch einen Zuschlag von 25 Proz. zu der Klassensteuer und klassifizirten Einkommensteuer decken, musste aber nach Ablehnung dieses Vorschlags durch den Landtag seine Entlassung nehmen.

---

[1]) Zu 4, $4^1/_2$ und 5 Proz., s. Anl III u IVa.

§ 19. Camphausen wurde zum Finanzminister ernannt. Er suchte zunächst den veranschlagten Fehlbetrag im Etat unter Verzicht auf jeden Steuerzuschlag zum wesentlichsten Theile (9,2 Mill. M.) durch Einschränkung der gesetzlichen Tilgungspflicht, im Uebrigen durch Veräusserung von Staatsgütern zu decken. In zweiter Linie aber führte er in dem die gesetzliche Tilgungspflicht einzuschränkenden Gesetze vom 19. Dez. 1869 (G.-S. S. 1197) die Unification des grössten Theiles der Staatsschuld durch. Es wurde nämlich in dem Gesetze bestimmt, dass 12 der vorhandenen 4½ proz. Schuldverschreibungen (aus den Jahren 1848, 1854, 1855a, 1856, 1857, 1859, 1864, 1867a, 1867b, 1867c, 1867d, 1868b (s. § 15) mit einem noch vorhandenen Schuldkapital von rund 411 Mill. M. und 5 4proz. Anleihen (1850, 1852, 1853, 1862, 1868a) mit einem noch vorhandenen Schuldkapital von rund 159 Mill. M. zusammen mit einem Schuldkapital von genau 670 221 375 M. gegen 4½ proz. Verschreibungen einer consolidirten Preussischen Staatsanleihe (Consols) eingelöst werden sollten.

§ 19a. Die Einlösung jener älteren Schuldverschreibungen sollte erfolgen bei den 4½ proz. durch Umtausch gegen Stücke der consolidirten Anleihe in gleichem Nennbetrage, bei den 4proz. durch Umtausch von Consols im Nennbetrage von 2700 M gegen solche der consolidirten Anleihe im Nennwerthe von 2400 M Zur Beförderung des Umtausches wurde die Zahlung einer Prämie an die Inhaber der einzuzahlenden Verschreibungen bis zu einem gewissen Präklusivtermine vorgesehen, welche für die verschiedenen Anleihen verschieden bemessen werden konnte, im Ganzen aber die Summe von 1 Proz. der bis zu diesem Termine auszugebenden Verschreibungen der consolidirten Anleihe nicht übersteigen durfte. Die so erworbenen Verschreibungen der älteren Anleihen sollten zur planmässigen Tilgung derselben verwandt und die im Laufe des Jahres hierzu nicht gebrauchten Stücke für die folgenden Jahre zu demselben Zwecke von der Hauptverwaltung der Staatsschulden als besonderes Depositum aufbewahrt werden. Soweit jedoch der volle Tilgungsbedarf für jede einzelne Anleihe in dieser Weise nicht erlangt wurde, sollte das Fehlende nach den gesetzlichen Bestimmungen durch freihändigen Ankauf unter dem Nennwerthe oder durch Ausloosung und Kündigung behufs Einlösung zum Nennwerthe beschafft werden. Die zum Ankaufe und zur Einlösung der Verschreibungen der älteren Anleihen sowie zur Prämienzahlung[1]) erforderlichen Mittel sollten durch Ausgabe von Consols beschafft werden.

§ 20. Die Verwaltung der neuen consolidirten Anleihe wurde der Hauptverwaltung der Staatsschulden übertragen. Die Tilgung sollte erfolgen nach jedesmaliger Bestimmung des Staatshaushaltsetats aus den Ueberschüssen desselben im Wege des Ankaufs eines entsprechenden Betrages von Consols.[2]) Eine Verpflichtung übernahm der Staat den Gläubigern gegenüber hiernach gar nicht, sich selbst gegenüber nur in eventueller Weise. Gleichzeitig aber verpflichtete sich der Staat, von seinem Kündigungs- (und damit Convertirungsrecht) gegenüber den Gläubigern — welche ihrerseits überhaupt nicht kündigen können — nicht vor dem 1. Jan. 1885 Gebrauch zu machen.

---

[1]) Im Ganzen wurden an derartigen Prämien gezahlt: 2 072 740 M.

[2]) „sobald und soweit etatsmässige Ueberschüsse der Staatseinnahmen über die Aus-

2. Die Durchführung der Consolidirung auf Grund des Gesetzes von 1869.[1])

§ 21. Zur Ausführung des am 19. Dez. 1869 veröffentlichten Gesetzes erschien zunächst ein Erlass vom 16. Febr. 1870, welcher den Umtausch für diejenigen Anleihen regelte, deren Zinsen am 1. April und 1. Okt. fällig wurden. Der Finanzminister wurde durch denselben ermächtigt, zu dem Zwecke Schuldverschreibungen der consolidirten Anleihe über Beträge von 10 000, 1000, 500, 200, 100 und 50 Thalern zu 4½ Proz. auszugeben, und denjenigen Besitzern von Verschreibungen der älteren Anleihen Prämien auszuzahlen, welche dieselben während der Zeit vom 14. März bis zum 23. April zum Umtausch einliefern würden. Die Höhe der Prämien wurde festgestellt für die Anleihen von 1867 und 1868B auf ½ Proz., für die Anleihe von 1848 auf 3 Proz., für die übrigen auf ¾ Proz., nur bei Beträgen von mehr als 10 000 Thalern auf 1 Proz. In gleicher Weise regelte sodann ein weiterer Erlass vom 23. Mai 1870 den Umtausch der drei Anleihen von 1856, 1867C und 1868A, deren Zinsen am 1. Juli und 2. Jan. fällig wurden, nur die Zeit, die Höhe der Prämienzahlungen war hier abweichend. Prämien für den Umtausch der drei Anleihen sollten gezahlt werden in der Zeit vom 9. bis 29. Juni und zwar in der Höhe von ½ Proz. bei der Anleihe von 1867C, von ¾ Proz. bei den Anleihen von 1856 und 1868A, jedoch wurde der letztgenannte Satz bei Beträgen von mehr als 10 000 Thalern wieder auf 1 Proz. erhöht.

Die Ausführung der Consolidirung dieser Schulden wurde beendet erst im Jahre 1895/96, wo die letzte der zu consolidirenden Anleihen (die 4proz. von 1868A) vom Staatsschuldenetat verschwand.

Innerhalb der Zeit, in welcher Prämien (s. § 19a) gewährt wurden, gelangten zunächst rund 339,3 Mill. M. zum Umtausch gegen Consols und blieben unconsolidirt rund 331 Mill. M.

Seitdem nahm der Umtausch anfänglich nur einen langsamen Fortgang (vom 1. Sept. 1870 bis 30. Juni 1871 rund 7,5 Mill. M.). Als aber in Folge des günstigen Abschlusses des deutsch-französischen Krieges die 4½proz. alten Schuldverschreibungen über pari stiegen, ihre Besitzer also mit einer Convertirung rechnen mussten, die bei den 4½proz. Consols bis 1885 ausgeschlossen war, stieg der Betrag der zum Umtausch angebotenen Stücke erheblich (vom 1. Juli bis 31. Okt. 1871 16,7 Mill. M.).

Andererseits aber war es bei dieser Sachlage für den Staat unvortheilhaft, die Zahl der noch 13 Jahre lang unkündbaren Consols (§ 20) zu vermehren, während er das Geld zur Tilgung der älteren Anleihen sich auf anderem Wege billiger beschaffen konnte. Es wurde daher unterm 20. Dez. 1871 ein Gesetz erlassen, durch welches der

---

gaben sich ergeben und soweit über dieselben im Staatshaushaltsgesetze nicht anderweitig verfügt wird."

[1]) Siehe hierüber bei Sattler das Nähere.

Umtausch der 12 älteren 4½proz. Anleihen gegen 4½proz. Consols mit dem 15. Jan. 1872 abgeschlossen wurde. Bis zu letzterem Termin wurden daher nur noch rund 89 Millionen Mark consolidirt. Am 30. Juli 1872 betrug die consolidirte Schuld 450 645 300 M., während der Betrag der noch nicht consolidirten älteren 17 Anleihen auf 216 897 480 M. gesunken war. Steigen konnte der Betrag der consolidirten Anleihe auf Grund des Consolidationsges. vom 17. Dez. 1869 — abgesehen von § 7 a. a. O., sofern es sich also um Neuaufnahme von Anleihen handelte — nunmehr nur noch insoweit, als Consols zur Ergänzung des planmässigen Tilgungsbetrages (s. oben § 19a) der älteren Anleihen veräussert werden mussten.

Bei der Anleihe von 1856, welche besondere Tilgungsbedingungen hatte, war dies in jedem Jahre erforderlich. Bei den übrigen Anleihen konnte sich dieses Bedürfniss erst geltend machen nach allmählicher Aufzehrung der vor 1872 bereits eingetauschten, deponirten und (s. oben § 19a) zur Tilgung verwendeten Stücke.

Dieser Zustand trat ein 1876 bei der Anleihe von 1850, 1877 bei derjenigen von 1852, 1879/80 bei der von 1853, 1880/81 bei der von 1868 A, 1888/89 bei derjenigen von 1862.

Die hier nicht mehr genannten Anleihen waren inzwischen, theils aus den Geldmitteln der von Frankreich erhaltenen Kriegskontribution, theils aus Verwaltungsüberschüssen im Anfang der 70er Jahre vom Staate gekündigt und eingelöst worden (Gesetze vom 13. März und 13. Mai 1873 und vom 5. Juni 1873).

In Folge dieser ausserordentlichen Tilgungen gelangten bis zum Jahre 1874 (Ges. v. 16. Mai 1874) die 12 zur Consolidation bestimmten 4½proz. älteren Anleihen sämmtlich zur Zurückzahlung. Die zu consolidirende Summe sank auf 112 647 000 M. und setzte sich nur noch aus dem Reste der 5 zu 4 Proz. verzinslichen Anleihen zusammen. Inzwischen hatte der Kurs der 4proz. preussischen Staatsanleihe (s. Anl. III) den Nennwerth erreicht und überschritten (1883 102,10), während der Kurs der 4½proz. consolidirten Anleihe nur ein Geringes höher war (102,60), weil der Termin mit dem 1. Jan. 1885 herannahte, an dem die Unkündbarkeit der letztgenannten Anleihe ihr Ende erreichte. Es war mithin für den Staat finanziell unvortheilhaft, 4½proz. Schulddokumente zu veräussern, um 4proz. dafür einzulösen. Um diesen Nachtheil abzuwenden, wurde der Finanzminister durch Gesetz vom 5. April 1884 ermächtigt, den bisher gesetzlich festgesetzten Zinsfuss der Consols in Zukunft seinerseits den Bedürfnissen des Geldmarktes entsprechend festzustellen. Auf Grund eines Erlasses vom 10. Mai 1884 wurden sodann die zur Tilgung der 5 älteren 4proz. Anleihen erforderlichen Mittel nunmehr durch Veräusserung von Verschreibungen der 4proz. consolidirten Anleihe aufgebracht und bis zum 1. Jan. 1885 die Summe von 10 482 800 M. zu diesem Zwecke verausgabt. Nachdem sodann der Staat mit dem 1. Jan. 1885 das Recht erhalten hatte, die 4½proz. consolidirte Anleihe zu kündigen, machte er durch Gesetz vom 4. März 1885 davon zum 1. Okt. 1885 Gebrauch unter gleichzeitigem Anerbieten einer Conversion der gesammten Summe in 4proz. consolidirte Anleihe. Von der zur Consolidation benutzten Summe von 485 174 650 M. in 4½proz. Anleihe wurden nur 21 500 M. gekündigt und ausgezahlt, während 485 153 150 M. in 4proz. consolidirte Anleihe convertirt wurden. Zusammen mit der bereits angegebenen Summe von 10 482 800 M. an inzwischen zu Tilgungszwecken verwendeten Verschreibungen derselben Anleihe belief sich mithin die zu Consolidationszwecken verwendete Summe der 4proz. Consols nunmehr auf 495 635 950 M.

Die Summe blieb auch in Zukunft unverändert, da die weiterhin zu Tilgungszwecken der 5 älteren 4proz. Anleihen erforderlichen Mittel in Folge des weiteren Sinkens des Zinsfusses durch Veräusserung von Verschreibungen 3½proz. consolidirter Anleihe auf Grund eines Erlasses vom 13. Juli 1885 beschafft wurden. Bis zum 1. Juli 1891 waren von dieser Anleihe zu genanntem Zwecke verausgabt worden 41 141 400 M. Der Betrag der noch zu consolidirenden Anleihen war aber nicht nur durch die Verwendung dieser Summen, sondern auch durch ausserordentliche Tilgungen der Reste der Anleihen von 1850 1852, 1853 und 1862 im Betrage von 709 500 M., 2 102 700 M., 2 401 200 M. und 8 440 200 M., insgesammt also in Höhe von 13 653 600 M. im Jahre 1889 verringert worden. Von den sämmtlichen ursprünglich zur Consolidation bestimmten 17 Anleihen war in Folge dessen am 1. Juli 1891 nur noch ein Rest der Anleihe von 1868A im Betrage von 12 159 150 M. unconsolidirt. Auch diese Anleihe wurde im Etatsjahre 1895/96 mit dem Reste getilgt. Mit diesem Jahre war also die Durchführung der Consolidation bewirkt. Aus den Berichten der Hauptverwaltung der Staatsschulden über die Durchführung der Consolidation ergiebt sich folgendes Gesammtbild:

Ursprünglich zur Consolidation ausersehen waren		670 308 525 M.
Ausserordentlich getilgt wurden:		
1. in den Jahren 1873/74 . . .	93 057 780 M.	
und	10 928 400 „	
	103 986 180 M.	
2. im Jahre 1889	13 653 600 „	
In Summe . .		117 639 780 „
Mithin blieben zu consolidiren durch Ausgabe von consolidirter Anleihe		552 668 745 M.
Zur Consolidation sind verwandt:		
1. an 4proz. Consols	495 635 950 M.	
2. an 3½proz. Consols . . .	53 036 000 „	
	548 671 950 M.	
Diese Summe mit . .		548 671 950 „
abgezogen von der obigen giebt Gewinn von		3 996 795 M.
in Folge der Consolidation.		

3. Fortschreitende Unification der Staatsschuld.

§ 22. Wenn dem Consolidationsgesetz von 1869 der zweifache Zweck, die Unification der Staatsschuld und die Aufhebung der Tilgungspflicht gegenüber den Gläubigern zu Grunde lag, so war dieser Zweck zunächst doch nur für einen beschränkten Theil der Staatsschuld in dem Gesetze zur Durchführung gebracht worden. Nach dem Etat der Staatsschuldenverwaltung für 1870 betrugen: das Schuldkapital der auf dem Etat der Hauptverwaltung der Staatsschulden stehenden Staatsschulden insgesammt 1 273 168 115 M.,[1]) die gesetzlichen Tilgungsbeträge 25 998 423 M. Die zur Consolidirung bestimmten Schuldkapitalien beliefen sich aber nur auf 670,2 Mill. M. oder 52,7 Proz. Der Tilgungsbetrag verringerte sich für 1870 um 10 268 567 M., also um zwei Fünftel des bisherigen Betrages. Die Absicht der Staatsregierung, allmählich für einen immer grösseren Theil der Staatsschuld die neue Schuldform der rentenartigen, unkündbaren Consols einzuführen, kam in § 7 Abs. 2 des Gesetzes deutlich zum Ausdruck, wo gesagt war, dass dem Staate das Recht vorbehalten bleibe, „mit der consolidirten Anleihe spätere Anleihen zu vereinigen, insofern dieselben mit 4½ Proz. verzinst werden und wegen ihrer Tilgung die nämlichen Bestimmungen wie zu § 2 des Gesetzes gelten sollten". Die allmähliche Verdrängung der alten Schuldtitres und die immer stärkere Ueberhandnahme der Consols in dem Etat der Staatsschulden wurde nun besonders gefördert einmal dadurch, dass im Anfang der 70er Jahre in Folge des günstig verlaufenen Krieges mit Frankreich und den sich anschliessenden wirthschaftlichen Aufschwung eine grosse Anzahl älterer tilgungspflichtiger Schulden ausserordentlich getilgt werden konnten, sodann aber auch dadurch, dass bei der mit Ende der 70er Jahre beginnenden Aera der Verstaatlichung der Eisenbahnen nach den Verstaatlichungsgesetzen überall der Umtausch der übernommenen Aktien und Prioritätsobligationen, ebenso wie die Aufbringung von Baarmitteln durch Ausgabe von Schuldscheinen immer nur mittelst Aufnahme von Anleihen, welche mit der consolidirten Anleihe von 1869 vereinigt wurden, zu erfolgen hatte. Auch die Schuldentilgungen der späteren Jahre haben sich, soweit nicht Verrechnungen auf bewilligte Anleihen in Frage kamen, fast nur auf die älteren Schuldtitel bezogen. An consolidirter Anleihe sind bis 1900 überhaupt nur rund 7,4 Mill. M. getilgt worden (s. § 27a).

Dadurch kam es, dass nach dem Schuldenetat für 1880/81 die consolidirten und die nach dem Gesetze von 1869 noch zu consolidirenden Anleihen mit zusammen rund 1086 Mill. M. bereits 70 Proz. der gesammten verzinslichen Schuld (1365,3 Mill. M. ausmachten, 1890/91 97,5 Proz. (5085,8 Mill. M. zu 5204,7 Mill. M. ver-

---

[1]) Dazu kamen noch 54 750 000 M. unverzinsliche Schuld und 1 291 229 M. Renten.

zinslicher Gesammtschuld), 1900[1]) 98 Proz. (6463,5 Mill. M. zu 6591,6 Mill. M. Gesammtschuld), 1902 98,2 Proz. (6602,2 Mill. M. zu 6720,7 Mill. M. Gesammtschuld), 1903 98,3 Proz. (6773,9 Mill. M. zu 6889,4 Mill. M.). Die Unification der preussischen Staatsschuld ist hiernach in Bezug auf die Art der Schuldtitel (Consols) fast vollständig durchgeführt.

Nach dem 54. Berichte der Staatsschuldenkommission über die Verwaltung des Staatsschuldenwesens im Etatsjahre 1900 (Drucks. d. Abg.-H. 1902 Nr. 70) setzte sich der Schuldenbetrag am 31. März 1902 wie folgt zusammen:

I.	$3^1/_2$proz. vormals 4proz. consolidirte Anleihe .	3 585 219 900	M.
	$3^1/_2$proz. consolidirte Anleihe	1 914 100 650	„
	3proz. consolidirte Anleihe	1 247 397 400	„
	Summe I . .	6 746 717 950	M.
II.	Uebernommene Eisenbahnschulden	119 845 259	„
III.	Alte Hannoversche Schulden	3 368 083	„
	Summe I bis III . .	6 865 304 546	M.

Der Grund, weshalb die Schulden zu II bis III noch nicht in consolidirte Anleihen umgewandelt sind, liegt zum Theil darin, dass dieselben überhaupt nicht oder nicht ohne Zustimmung der Gläubiger zurückgezahlt werden können.

4. Antheil der Eisenbahnschulden an der Gesammtschuld.

§ 23. Schon in § 22 ist angedeutet worden, dass die 6,7 Milliarden Consols in der Hauptsache für Eisenbahnzwecke aufgenommen sind. Das Nähere über die hauptsächlich in die 80er Jahre fallende Eisenbahnverstaatlichung und die Aufnahme der Eisenbahnschulden ist bereits im ersten Bande Buch VII §§ 19 ff. und §§ 224 ff. gesagt worden. Nach § 233 a. a. O. und der zugehörigen Anl. LXVI — vgl. auch die Berichtigung dazu in Bd. I Buch VIII S. XII — sind in der Zeit vom 20. Dez. 1879 bis zum 31. März 1900 rund 4718,2 Mill. M. Consols für Eisenbahnzwecke aufgenommen worden. In der Zeit vor dem 20. Dez. 1879 waren seit Erlass des Consolidationsgesetzes von 1869 nach dem Inhalt der jährlichen Berichte der Staatsschuldenkommission an Consols für Eisenbahnzwecke noch ausgegeben worden folgende Beträge:

vom	11. Juni 1873	(G.-S. S. 305)	250 250 267,12	M.
„	20. März 1874	(„ „ 111)	10 824 362,50	„
„	17. Juni 1875	(„ „ 256)	92 309 932,04	„
„	9. Juli 1875	(„ „ 529)	26 922 796,63	„

[1]) Noch zu consolidirende Schulden gab es nicht mehr, die letzten waren 1895/96 consolidirt (s. oben § 21).

vom	7. Juni	1876	(G.-S. S. 154)	21 045 223,08	M.
„	14. Juni	1876	(„ „ 237)	1 014 750	„
„	7. Juli	1876	(„ „ 288)	--	„
„	29. März	1877	(„ „ 124)	4 000 000	„
„	17. März	1878	(„ „ 139)	698 000	„
„	26. Juni	1878	(„ „ 259)	29 991 732,55	„
			Summe . .	437 057 063,92	M.

Hiernach von 1869 an bis 31. März 1900 zusammen rund 5155 Mill. Mark. Vom 31. März 1900 bis 1901 kamen noch (gleichfalls nach den Staatsschuldenberichten) hinzu 35 681 771,60 M. 3proz. Consols auf Grund des Ges. v. 8. Juni 1897 (G.-S. S. 171), ferner 50 341 685 M. 3proz. Consols auf Grund des Ges. v. 25. Mai 1900 (G.-S. S. 129), 54 149 615 M. 3proz. Consols auf Grund des Ges. v. 20. Mai 1898 (G.-S. S. 91), 25 000 000 M. 3proz. Consols auf Grund des Ges. v. 3. Juni 1896 (G.-S. S. 100), 10 000 000 M. 3proz. Consols auf Grund des Ges. v. 8. April 1895 (G.-S. S. 25), im Ganzen also 175 173 071 M. 3proz. Consols hinzu, sodass sich der Gesammtbetrag der für Eisenbahnzwecke von 1869 bis 1901 ausgegebenen Consols auf rund 5330,3 Mill. M. stellt.

Nach Anl. II des vorliegenden Bandes sind zu anderen als Eisenbahnzwecken seit dem Consolidationsgesetz in dem gleichen Zeitraum (1869 bis 31. März 1901) im Ganzen an Consols ausgegeben worden rund 618,8 Mill. M. Auf Grund des Consolidationsgesetzes wurden zur Umwandlung älterer, zum grössten Theil zu Eisenbahnzwecken aufgenommener Schuldtitres in Consols im Ganzen veräussert rund 548,6 Mill. M., sodass sich insgesammt bei dieser Berechnung am 31. März 1901 eine Consolsschuld ergeben würde von 5330,3 + 618,8 + 548,6 = 6497,7 Mill. M. Davon sind (wenn berücksichtigt wird, dass von den auf Grund des Gesetzes von 1869 zu consolidirenden Schulden älterer Zeit ca. 54 Proz. zu Eisenbahnzwecken aufgenommen waren), im Ganzen 6497,7 — (618,8 + 296,2) = 5582,7 Mill. M. für Eisenbahnzwecke und nur 915 Mill. M. für andere Zwecke aufgenommen. Die preussische consolidirte Staatsschuld ist hiernach zu 86 Proz. Eisenbahnschuld. Die nicht consolidirten Schulden (31. März 1902 nur noch rund 123 Mill. M., s. § 22 a. E.) sind zum grössten Theil (119,8 Mill. M.) ebenfalls Eisenbahnschulden.

§ 23a. Bei vorgedachter Berechnung sind diejenigen Beträge der Anleihen, welche in anderer Weise als durch Ausgabe von Consols, z. B. durch Anrechnung u. s. w. (s. Sp. 7—12 in Anl. II) gedeckt wurden, ausser Rücksicht gelassen. Rechnet man sie hinzu, so erhöht sich der Betrag der für Eisenbahnzwecke verwendeten Summe annähernd um 1 Milliarde, derjenige für andere Zwecke (nach Anl. II) um 408,5 Mill. M. Das Antheilverhältniss beider Schuldengruppen ändert sich also auch bei dieser Berechnung nicht wesentlich.

5. Weitere charakteristische Merkmale der Periode von 1869 an.

§ 24. Ist hiernach dem Zeitraum seit 1869 am charakteristischsten einerseits die Vereinheitlichung der Staatsschuldtitres, andererseits das starke Anwachsen der Staatsschuld in Folge der Durchführung der Verstaatlichung der Eisenbahnen, so fallen doch auch noch einige andere für die Entwickelung der preussischen Staatsschuld wichtige Thatsachen in diese Zeitperiode. Das sind vor Allem die schon erwähnten erheblichen ausserordentlichen Schuldentilgungen in den Jahren 1872 bis 1875, wozu hauptsächlich der preussische Antheil an der französischen Kriegsentschädigung, die damaligen hohen Verwaltungsüberschüsse und einige andere vom Reiche oder durch dessen Massnahmen zur Verfügung gestellten Summen Verwendung fanden. Es wurden in der gedachten Zeit ausserordentlich getilgt von 1872 bis 1875 rund 254,6 Mill. M. verzinslicher Schulden und 61,4 Mill. M. unverzinslicher Schulden, ausserdem wurden Renten zu 25,3 Mill. M. Kapitalwerth abgelöst.

Dem preussischen Staat flossen damals zu aus der französischen Kriegskostenentschädigung 361 911 650 M.,[1]) in Folge der Aufhebung des Staatsschatzes 90 000 000 M., in Folge der Uebernahme der Zoll- und Steuerkredite auf das Reich 42 190 581 M., in Folge der Umwandlung der Preussischen Bank in die Reichsbank 29 720 000 M., auf Grund des Gesetzes über Ausgabe von Reichskassenscheinen 71 995 176 M., in Summe 595 817 407 M.

Neben diesen ausserordentlichen Tilgungen gingen die planmässigen Tilgungen der älteren, nicht zur Konsolidirung auf Grund des Gesetzes von 1869 vorgesehenen Staatsschuldscheine nach Massgabe der Vorschriften der Verordn. v. 17. Jan. 1820 her. Als Grundsumme war im Etat für 1869 ein Betrag von 501 979 319 M. angegeben. Davon waren getilgt bis zum Jahre 1879/80 373 687 919 M., 1890/91 441 437 819 M., 1899 495 733 319 M. Der Rest war zum 1. Jan. 1900 gekündigt worden.

Eine weitere wichtige Massnahme in dieser Zeitperiode war der Erlass des sog. Eisenbahngarantiegesetzes vom 27. März 1882 (G.-S. S. 214), welches den Zweck hatte, die schrankenlose Inanspruchnahme der Eisenbahnüberschüsse für allgemeine Staatszwecke etwas einzudämmen, und ihre Verwendung zu Schuldentilgungszwecken sicher zu stellen. Hierüber handeln ausführlich die §§ 229 ff. im VII. Buche des ersten Bandes, s. aber auch unten unter Abschnitt: Schuldentilgung.

Bedeutungsvoll in dem genannten Zeitraume waren ferner die mehrfachen Convertirungen der preussischen Staatsschuldverschreibungen in den Jahren 1884 und 1885 von 4½ auf 4 Proz. und 1897 von 4 Proz. auf 3½, worüber das Nähere in dem Abschnitt über Verzinsung der Staatsschuld gesagt werden wird.

---

[1]) Ueber deren Verwendung im Einzelnen s. bei Sattler S. 37.

Endlich fällt in die dritte Zeitperiode die Wiedereinführung einer gesetzlichen Tilgungspflicht durch das Gesetz vom 8. März 1897, welches zwar den Staatsgläubigern kein vertragsmässiges Recht auf Tilgung zuspricht, wohl aber die Staatsregierung und den Landtag gesetzlich bindet, alljährlich im Etat unter den laufenden Ausgaben einen bestimmten Betrag für Schuldentilgung aufzunehmen. Hierauf wird in dem Abschnitt über „Tilgung" der Staatsschulden näher eingegangen werden.

II. Hauptabschnitt.

Der gegenwärtige Stand der auf dem Etat der Staatsschuldenverwaltung stehenden Staatsschuld im Einzelnen und ihre Verwaltung.

Allgemeines.

§ 25. Für die preussische Staatsschuld besteht ein besonderer „Etat der Staatsschuldenverwaltung". Dieser umfasst indessen nur den Hauptth eil der preussischen Staatsschuld d. h. denjenigen, welcher von der „Hauptverwaltung der Staatsschulden" (§ 68 ff.) verwaltet wird.

Dieser Staatsschuldenetat lässt sich unter Einnahme wie unter Ausgabe in zwei Hauptgruppen eintheilen, einmal in solche Einnahmen bezw. Ausgaben, welche die Staatsschuld selbst, ihre Verzinsung und Tilgung zum Gegenstande haben (A) und sodann solche, welche lediglich die die Staatsschuld verwaltende Behörde betreffen (B). Dem entsprechend werden unter „Einnahme" unterschieden:

A. zur Deckung der Ausgaben des Etats durch gesetzliche Verordnungen bestimmte Einnahmen, wie z. B. Betriebsüberschüsse der Eisenbahnen u. s. w.;

B. eigene Einnahmen der Staatsschuldenverwaltung (Kap. 22 Tit. 1—3) (z. B. Vergütung vom Reich für Verwaltung der Reichsschuld u. s. w.).

Der Ausgabeetat zerfällt in:

A. die Kap. 35 (Verzinsung der Staatsschuld), 36 (Tilgung der Staatsschuld), 37 (ausseretatsmässiger Eisenbahnbetriebs-Dispositionsfonds), 38 (Renten);

B. das Kap. 39 betr. die Verwaltungskosten für die Hauptverwaltung der Staatsschulden.

Dieser Eintheilung folgend wird auch nachstehend in einem ersten Abschnitte die Staatsschuld selbst, ihre Verzinsung und Tilgung und in einem zweiten Abschnitt die die Staatsschulden verwaltende Behörde zur Darstellung gelangen.

Erster Abschnitt.

Die Staatsschuld, ihre Verzinsung und Tilgung.

I. Kapitel.

Die gegenwärtige Staatsschuld.

A. Allgemeine Uebersicht.

§ 26. Während aus dem Etat selbst nur die zur jährlichen Verzinsung und Tilgung der Staatsschuld erforderlichen Beträge ersichtlich sind, wird alljährlich in einer besonderen Etatsbeilage (Beil. B) eine Uebersicht des Standes des Schuldkapitals selbst für das in Rede stehende Etatsjahr gegeben, während eine weitere Beilage (A) nähere Erläuterungen über die Abweichungen dieser Uebersicht gegen diejenige des Vorjahres enthält.

Nach der Uebersicht für das Etatsjahr 1903 stellte sich die preussische Staatsschuld im Einzelnen wie folgt dar:

Titel	Nummer	Bezeichnung der Schulden	Schuldkapital nach dem Etat für das Etatsjahr 1903 M	Ausgaben für das Etatsjahr 1903 Verzinsung M	Tilgung M
1.		3½-, vormals 4proz. consolidirte Anleihe (s. unten § 27)	3 585 080 450	125 477 816	—
2.		3½ proz. consolidirte Anleihe (§ 28)	1 914 100 650	66 993 523	—
3.		3 proz. consolidirte Anleihe (§ 29)	1 274 751 400	38 242 542	—
4.		Zur Verzinsung der im Laufe des Etatsjahres neu aufzunehmenden Anleihebeträge (§ 30)	—	500 000	—
		Reservequantum für unbekannte Ansprüche aus alten provinziellen Schulden 1 403 581 M. (§ 31)	—	—	—
5.		Aktien und Obligationen der Niederschlesisch-Märkischen, Magdeburg-Halberstädter, Cöln-Mindener, Homburger, Bergisch-Märkischen und Westholsteinischen Eisenbahn sowie der Schleswig-Holsteinischen Marschbahn (§ 32):			
	1.	der Niederschlesisch-Märkischen Eisenbahn. 4 proz. Stammaktien von 1843	1 546 200	61 848	994 945
	2.	der Magdeburg-Halberstädter Eisenbahn			
		a) 2½ proz. Köthen-Bernburger Aktien (Rente)	705 000	17 625	15 000
		b) 3 proz. Magdeburg-Wittenbergesche Aktien (Rente)	10 867 200	325 008	67 200
	3.	der Cöln-Mindener Eisenbahn. 4½ proz. Prioritäts-Obligat. VI. Emission Lit. A	43 801 995	1 924 788	1 028 910
	4.	der Homburger Eisenbahn. 4½ proz. Prioritäts-Obligat. v. 1. Aug. 1860	16 629	748	16 629

Titel	Nummer	Bezeichnung der Schulden	Schuldkapital nach dem Etat für das Etatsjahr 1903 ℳ	Ausgaben für das Etatsjahr 1903: Verzinsung ℳ	Tilgung ℳ
	5.	der Bergisch-Märkischen Eisenbahn.			
		a) 3½ proz. Prioritäts-Obligat. III Serie und III. Serie Lit. B	39 615 300	1 386 535	773 464
		b) 3½ proz. Prioritäts-Obligat. III Serie Lit. C 1. und 2. Emission	15 519 300	543 175	186 628
	6.	der Westholsteinischen Eisenbahn. Unverzinsliche Anleihe bei der Provinz Schleswig-Holstein	21 600	—	3 600
	7.	der Schleswig-Holsteinischen Marschbahn. Unverzinsliche Anleihe bei der Provinz Schleswig-Holstein	56 000	—	8 000
		Summe Tit. 5	*112 149 224*	*4 259 728*	*3 094 377*
6.		Schatzanweisungen (§ 33)	—	300 000	—
7.		Vormals Hannoversche Schulden (§ 34)			
		A. Schulden der vormaligen General-Steuerkasse. (Unkündbar oder nur bedingungsweise kündbar.)			
	1.	5 proz. Kalenberg-Grubenhagensche (von Münchhausensche Armengelder) 6 000 Thaler Gold	19 945	997	—
	2.	5 proz. von Grote-Stillhornsches Lehnskapital	40 050	2 002	—
	3.	5 proz Lüneburgsche (Langenbecksche Stiftungsgelder)	25 580	1 279	—
	4.	4 proz Kalenberg-Grubenhagensche (von Marenholzsche Stiftungsgelder)	9 136	365	—
	5.	4 proz. Lüneburgsche (von Grote-Stillhornsches Lehnskapital)	232 535	9 301	—
	6.	3½ proz. Obligationen Lit. D (desgleichen)	56 000	1 960	—
	7.	Supplementarzinsen auf die 4- und 3½ proz. von Grote-Stillhornschen Lehnskapitalien	—	2 587	—
		B. Schulden der vormaligen Generalkasse.			
	1.	5 proz Obligationen Lit. A a) von Grote-Stillhornsches Lehnskapital . . . . . 209 625 M., b) Meinhelffsches Stiftungskapital . . . . . 59 400 „	269 025	13 293	—
	2.	4 proz. Obligationen Lit. S	2 669 275	106 767	46 538
		Summe Tit. 7	*3 321 546*	*138 553*	*46 538*
		Gesammtsumme Tit. 1 bis 7	**6 889 403 269**	**235 912 162**	[1])**3 140 915**

B. Die einzelnen Bestandtheile.

§ 27. Die einzelnen Bestandtheile der auf dem Etat der Staatsschuldenverwaltung stehenden Staatsschuld zerfallen hiernach einmal (I) in fundirte, d. h. zum Zweck dauernder Aufnahme gemachten Schulden (Tit. 1—5 u. 7), sodann (II) in sog. schwebende Schulden

[1]) Planmässige Tilgung. Die Gesammttilgung nach Massgabe des Gesetzes vom 8. März 1897 (G.-S. S 43) erfordert (nach dem Etat 1903) einen Aufwand von 41 336 420 M.

(Schatzanweisungen Tit. 6). Auf dem Staatsschuldenetat stehen ferner (III) noch gewisse Rentenschulden. Endlich sind im Anschluss an obige Schulden zu behandeln die sog. Staatsgarantieen (IV).

I. Dauernde (fundirte) Schulden.

§ 27a. *Zu 1.* Die $3^1/_2$proz., früher 4proz. consolidirte Anleihe. Der erste Betrag einer 4proz. consolidirten Anleihe wurde auf Grund des Gesetzes vom 11. Juni 1873 ausgegeben. Dieses Gesetz hatte zu Eisenbahnzwecken einen Gesammtkredit von 360 Mill. M. eröffnet, wovon 250 250 267 M. durch Anleihen aufzubringen waren. Davon wurden zunächst noch 50 Mill. M. durch Veräusserung $4^1/_2$proz. Schuldverschreibungen auf Grund des Erlasses vom 20. Dez. 1875 beschafft (mit einem Erlöse von 52 123 318,75 M.).[1]) Der Restbedarf wurde dagegen in Folge der Allerhöchsten Erlasse vom 23. Juni 1876, 24. Febr. 1877, 26. Sept. 1877, 11. Dez. 1878, 16. Aug. 1882 durch Veräusserung 4proz Schuldverschreibungen aufgebracht. Weitere 4proz. Consols wurden ausgegeben auf Grund der Gesetze vom 17. Juni 1874 (92,3 Mill. M.), 9. Juli 1875 (26,9 Mill. M.).

Ferner kamen erhebliche Posten hinzu in Folge der Eisenbahn-Verstaatlichungsgesetze; allein auf Grund der ersten Gesetze vom 20. Dez. 1879, 14. Febr. 1880, 28. März 1882 je über eine halbe Milliarde, durch Gesetz vom 24. Jan. 1884 fast eine halbe Milliarde (437,8 Mill.). Für andere Eisenbahn- und sonstige Zwecke wurden geringere Summen 4proz. Consols ausgegeben. Nach den bei Sattler S. 103ff. angezogenen Erlassen vom 20. Dez. 1875 bis 26. Febr. 1885 kamen in dieser Zeit insgesammt 3036 Mill. M. zur Ausgabe.[2]) Nach § 21 wurden zur Consolidation auf Grund des Consolidationsgesetzes im Ganzen 495,6 Mill. Mark 4proz. Consols[3]) verwandt. Das ergab eine Gesammtsumme von 3532 Mill. M.

Kurz vor der Convertirung der 4proz. Anleihe in $3^1/_2$proz. (1. Okt. 1897),[4]) am 31. März 1897, wurde der Bestand der 4proz. Anleihe (im 49. Berichte der Hauptverwaltung der Staatsschulden) auf genau 3 588 631 550 M. angegeben, wovon 545 760 150 M. auf im Jahre 1885 umgewandelte $4^1/_2$proz. Anleihe entfielen. Nach jener Convertirung (am. 31. März 1898) erschienen (in dem 50. Berichte der Hauptverwaltung der Staatsschulden) an Stelle der vormals 4proz. Titres $3^1/_2$proz. im Betrage von 3 587 846 500 M.

Am 31. März 1902 stellte sich (nach dem 54. Berichte a. a. O.) der Gesammtbetrag der $3^1/_2$proz., vormals 4proz. consolidirten Staats-

---

[1]) An $4^1/_2$proz. Titres wurden nach 1869, abgesehen von den in Folge des Consolidationsgesetzes bis 1872 ausgegebenen $4^1/_2$proz. Consols, nur noch im Ganzen 60 357 700 M. neu ausgegeben, die 1884 in 4proz. convertirt wurden.

[2]) Seitdem ging man zu $3^1/_2$proz. Titres über; s. unten Nr. 2 § 28.

[3]) wovon 485 153 150 M. convertirte (1885) $4^1/_2$proz. Schuldtitel waren.

[4]) Näheres in § 46.

anleihe auf **3 585 219 200** M., wovon 908 286 000 M. als Buchschulden im Staatsschuldbuch eingetragen waren. Getilgt waren auf Grund der Gesetze vom 14. Juli 1893 (G.-S. S. 119) § 27 und vom 23. Dez. 1896 (G.-S. S. 269) sowie der Bekanntmachung des Finanzministers vom 29. Dez. 1896 im Ganzen nur 7 395 750 + 52 200 M. = 7 447 950 M.

Die Schulddokumente der 3½proz., vormals 4proz. Anleihe sind ausgegeben zu 5000, 3000, 2000, 1000, 600, 500, 300, 200 und 150 M. Die Zinstermine sind theils 1. Januar und 1. Juli, theils 1. April und 1. Oktober. Die Jahrgänge sind 1876/79, 1880, 1881, 1882, 1883, 1884, 1885 und 1894. Gegen Tilgung durch Kündigung oder Verloosung ist die Anleihe bis 1. April 1905 geschützt. Die Zinsscheinbogen (Talons) lauten auf 10 Jahre.

§ 28. *Zu 2.* Die 3½proz. consolidirte Anleihe. Die erste Ausgabe dieser Schuldtitres erfolgte auf Grund der Gesetze vom 17. Mai 1884, 30. März und 8. April 1885 und des Erlasses vom 27. April 1885 in Höhe von 40 Mill. M. zu Eisenbahn- und anderen Zwecken. Weitere 100 Millionen folgten unterm 10. Aug. 1885 hauptsächlich zu Eisenbahnzwecken. Bis zum 15. Mai 1890 wurden (nach Sattler S. 111) sodann noch zusammen rund 1664 Mill. M. hauptsächlich zu Eisenbahnzwecken veräussert, im Ganzen von 1885 bis 1890 1804 Mill. M. Am 31. März 1892 betrug die Gesammtschuld an 3½proz. Consols 1 891 354 450 M., darunter befanden sich 42 852 700 M. in Folge des Consolidationsgesetzes ausgefertigte Schuldverschreibungen. Seitdem wurden nur noch wenige 3½proz. Consols ausgegeben, nämlich im Rechnungsjahre 1892/93 18 502 400 M., 1893/94 3 622 300 M., 1894/95 3 100 300 M., 1895/96 500 M. (Im Uebrigen ging man zu 3proz. Titres über, s. § 29.)

Am 31. März 1902 betrug die Gesammtsumme der 3½proz. Consols **1 914 100 650** M., wovon 432 205 750 M. als Buchschulden im Staatsschuldbuch eingetragen waren. 53 036 000 M. waren davon auf Grund des Consolidationsgesetzes von 1869 ausgefertigt (s. § 21).

Die Stücke lauten auf 5000, 2000, 1000, 500, 300, 200 und 150 M. Zinstermine sind 1. April und 1. Oktober; zehnjährige Zinsscheine. Der Staat ist jederzeit zur Kündigung berechtigt. Die Jahrgänge sind 1885, 1886, 1887/88, 1889, 1890 und 1892/93/95.

§ 29. *Zu 3.* 3proz. consolidirte Anleihe. Die erste 3proz. Anleihe wurde auf Grund der Gesetze v. 11. Mai 1888 und 10. Mai 1890 sowie durch Erlass v. 26. Sept. 1890 angeordnet und in Höhe von 60 Mill. M. zur theilweisen Deckung der durch die beiden genannten Eisenbahngesetze eröffneten Kredite verwandt. Der Erlös brachte 51 750 820 M.

Es kamen weiter an 3proz. Consols hinzu zu verschiedenen, hauptsächlich wieder zu Eisenbahnzwecken im Rechnungsjahre 1890/91 noch: 5, 1891/92: 250, 1892/93: 180, 1893/94: 140, 1895/96: 148,162,

1896/97: 51,8, 1898/99: 125, 1899: 2,5, 1900: 15, 1901: 270 Mill. M., zusammen seit 1890 rund 1247,4 Mill. M.

Der genaue Betrag des Schuldkapitals an 3proz. Titres am 31. März 1902 betrug **1 247 397 400** M., wovon 236 831 900 M. im Staatsschuldbuch eingetragen waren.

§ 29a. Die Stücke sind ausgegeben zu 5000, 2000, 1000, 500, 300, 200, 150 und 100 M. Seit 1895 sind auch solche zu 10 000 M. geschaffen worden. Zinstermine: 1. April und 1. Oktober. Zehnjährige Zinsscheinbogen. Jahrgänge: 1890, 1891, 1893, 1894, 1895, 1896, 1898, 1899, 1900.

§ 30. *Zu 4.* Zur Verzinsung der im Laufe des Etatsjahres 1903 neu aufzunehmenden Anleihebeträge sind 500 000 M. vorgesehen. Da voraussichtlich wieder 3proz. Titres ausgegeben werden, so wird ein Schuldenzuwachs von rund 17 Mill. M. für 1903 angenommen.

Das hier beobachtete Verfahren (seit 1873 üblich) ist darin begründet, dass seit jener Zeit die Festsetzung des Zinssatzes für die vom Landtag bewilligten Anleihen dem Finanzminister übertragen ist. Da bei Aufstellung des Etats sich die Höhe des festzustellenden Zinsfusses nicht vorher übersehen lässt, so wird nur eine ungefähre Summe für die Verzinsung in den Etat eingestellt, die wirklich benöthigte Summe wieder aber stets nur durch Mehrausgaben bei der betreffenden consolidirten Anleihe (Tit. 1—3) verausgabt und eine wirkliche Ausgabe unter Tit. 4 also nie gebucht.

Erst durch die Uebersicht von den Staatseinnahmen und -Ausgaben wird dem Landtage die Mittheilung darüber gemacht, in welcher Form die während des Etatsjahres realisirten Anleihebeträge aufgenommen sind Die Titel, welche die Verzinsung der consolidirten Anleihen enthalten, und der Titel in Betreff der neu aufzunehmenden Anleihen übertragen sich gegenseitig, sodass die Mehrausgabe bei den ersteren durch Minderausgabe bei den letzteren ohne Mitwirkung des Landtags gedeckt wird.

§ 31. *Zu 4a.* Es folgt nun ein lediglich vor der Linie geführter Posten, nämlich ein „Reservequantum für unbekannte Ansprüche aus alten provinziellen Schulden in Höhe von 1 403 581,16 M.“ Dieser Posten bildet keinen eigentlichen Bestandtheil der Staatsschuld.

Durch Verordnung v. 2. Nov. 1822 und Gesetz v. 24. Nov. 1850 ist die Hauptverwaltung der Staatsschulden berechtigt, noch nicht anerkannte oder noch illiquide Provinzialschulden sowohl in Betreff ihrer Qualität als der Verbindlichkeit des Staates zur Zahlung des Betrages und des Zinssatzes bis zu der angegebenen Höhe festzustellen. Dabei ist sie weder an den Finanzminister noch an die Staatsschuldenkommission gebunden, auch kann gegen ihre Entscheidung der Rechtsweg nicht beschritten werden. Auf Grund dieser Befugniss sind aber zum letzten Male im Jahre 1853 Forderungen als Staatsschulden anerkannt, so dass dieselbe keine grosse praktische Bedeutung mehr hat (vgl. auch Abg.-H. Sten. Bericht 1896 S. 1326).

§ 32. *Zu 5.* Die auf dem Etat der Schuldenverwaltung stehenden Eisenbahnschulden (s. auch § 23). Nach den mit den Privatbahnen bei Durchführung der Verstaatlichung geschlossenen Verträgen und den dieselben bestätigenden Gesetzen war der Staat berechtigt, die von den Privatbahngesellschaften bereits begebenen Prioritätsanleihen zur Rückzahlung oder zum Umtausch gegen Consols zu kündigen. Ebenso war bei den bedeutendsten Bahnen nicht der sofortige Erwerb beschlossen, sondern zunächst nur die Uebernahme des Betriebes mit der Ermächtigung, den Eigenthumserwerb durch Zahlung des festgesetzten Kaufpreises später folgen lassen zu können. Für die Zwischenzeit, d. h. bis der Umtausch der Aktien gegen Consols erfolgt war, wurde den Aktionären eine feste jährliche Rente zugesichert. Bis zu diesem Zeitpunkte verwalteten auch die verschiedenen Eisenbahndirektionen ihre Aktien und Prioritätsobligationen weiter. Erst mit dem Umtausch der Aktien und Obligationen gegen Consols oder deren Einlösung durch Verkauf von Consols, gingen die durch die Verstaatlichung dem Staate erwachsenen Passiva auf den Etat der Hauptschuldenverwaltung über.

Aus derartigen Renten wurden nach dem Etat von 1880/81 noch 31,1 Mill. M. gezahlt. 1884/85 war der Betrag aber bereits auf 18,9 Mill. M. zurückgegangen. Seit 1885/86 brauchten solche Rentenzahlungen nicht mehr vorgesehen zu werden. Mit dem Jahre 1885/86 war die Umtauschung der Aktien, mit dem 1. April 1891 auch die Umwandlung der Prioritätsobligationen in Consols im Wesentlichen durchgeführt.

Nunmehr erschien es angezeigt, die wenigen bisher noch nicht zur Kündigung gelangten Aktien und Eisenbahnprioritäten wegen der Einheitlichkeit des Schuldenwesens mit an die Hauptverwaltung der Staatsschulden zu übertragen. Dies geschah mit dem 1. April 1891. Die Summe dieser Eisenbahnschulden betrug am genannten Tage 168 073 409,32 M. 11 796 900 M. 4proz. Stammaktien der Niederschlesisch-Märkischen Eisenbahn von 1843 standen schon früher auf dem Etat der Staatsschuldenverwaltung, sodass insgesammt an derartigen Eisenbahnschulden am 1. April 1891 179 870 309,32 M. auf den Etat kamen.

Im Laufe der Jahre hat sich dieser Schuldbetrag durch Rückzahlungen etwas verringert. Der Etat für 1903 weist nur noch einen Gesammtbetrag von 112 149 223,59 M. nach. Er setzt sich gegenwärtig zusammen aus:

1.	4proz. Stammaktien der Niederschlesisch-Märkischen Eisenbahn . . .		1 546 200 M.
2.	2½proz. Köthen-Bernburger 3 proz. Magdeburg-Wittenbergschen	Aktien der Magdeburg-Halberstädter Eisenbahn	705 000 „ 10 867 200 „
3.	4½proz. Prioritätsobligat. VI. Emiss. Lit A der Cöln-Mindener Eisenbahn		43 801 995 „
4.	4½ „ „ von 1860 4½ „ „ „ 1861	der Homburger Eisenbahn . . .	16 628 „

5. $3^1/_2$ proz. Prioritätsobligat. III Serie und III. Serie Lit. B. der Bergisch-Märkischen Eisenbahn	39 615 300 M.
$3^1/_2$ proz. Prioritätsobligationen III. Serie Lit. C I. u. II. Emission der Bergisch-Märkischen Eisenbahn	15 519 300 „
6. Unverzinsliche Anleihe der Westholsteinschen Eisenbahn	21 600 „
7. „ „ „ Schleswig-Holsteinschen Marschbahn	56 000 „

Im Einzelnen ist zu diesen Schuldposten zu bemerken:

1. Stammaktien der Niederschlesisch-Märkischen Eisenbahn von 1843. Ihre Ausgabe beruht auf dem Statute v. 27. Nov 1843, ihre Verzinsung und Tilgung wurde bei Erwerb der Niederschlesisch-Märkischen Eisenbahn durch den Vertrag v. 24./25. Jan. 1852 und das Ges. v. 31. März 1852 vom Staate übernommen. Die Aktien lauten auf den Inhaber über 100 Thlr. und sind vom 2. Januar und 1. Juli mit 4 Proz zu verzinsen. Die Tilgung erfolgt durch Ausloosung, die ersparten Zinsen wachsen unter Berechnung des ursprünglichen vom Staate gewährleisteten Zinsfusses von $3^1/_2$ Proz. dem Tilgungsfonds zu. Weitere Kündigung ist nicht vorgesehen.

Das ursprüngliche Aktienkapital belief sich auf 30 Mill. M., wovon am 31. März 1903 noch 1 546 200 M. zu tilgen waren.

2. Magdeburg-Halberstädter Eisenbahn.

a) Die $2^1/_2$ proz. Aktien der Köthen-Bernburger Eisenbahn sind im Jahre 1846 in Höhe von 1 500 000 M. ausgegeben und zerfallen in Theilstücke zu 100 Thlr. Ihre Zinsen sind fällig am 2. Januar, ihre Tilgung erfolgt durch jährliche Ausloosung von 1 Proz der ursprünglichen Schuldsumme. Die ersparten Zinsen wachsen dem Tilgungsfonds nicht zu, auch kann die Amortisation beliebig verstärkt werden. Die Tilgung wird erst im Jahre 1949/50 beendet sein. Am 31. März 1903 waren noch 705 000 M. ungetilgt.

b) Die 3proz. Aktien der Magdeburg-Wittenbergischen Eisenbahn beruhen auf der Konzessionsurkunde v. 31. Jan. 1874. Ihre Zinsen sind am 2. Januar fällig, ihre Tilgung erfolgt durch jährliche Ausloosung von $^1/_2$ Proz der ursprünglichen Schuldsumme, dem die ersparten Zinsen nicht zuwachsen. Die einzelne Aktie lautet über 200 Thlr. auf den Inhaber. Eine allgemeine Kündigung ist nicht statthaft.

Am 31. März waren von a und b zusammen noch 10 867 200 M. ungetilgt.

3. Die $4^1/_2$ proz. Prioritätsobligationen der Cöln-Mindener Eisenbahn VI. Emission beruhen auf dem Privileg v. 4 Sept. 1869 Die von dieser Anleihe begebenen 60 Mill. M. sind von der Diskontogesellschaft in Berlin durch Vertrag v. 2 Febr. 1871 übernommen, aber bereits durch Vertrag v. 3. Febr 1871 von dieser an die Norddeutsche Bank in Hamburg abgetreten. Letztere hat sie zur Fundirung der sog. Cöln-Mindener Prämienscheine benutzt. Die Tilgung sollte mit $^1/_2$ Proz. der ursprünglichen Schuldsumme unter Zuschlag der Zinsersparnisse erfolgen, wird aber nach einem bestimmten Plane vorgenommen, welcher dem Vertrage v. 2. Febr. 1871 hinzugefügt ist. Die Tilgungsbeträge sind am 1. April, die Zinsen am 1. April und 1. Oktober an die Norddeutsche Bank in Hamburg nebst einer Provision von $^1/_8$ Proz. zu zahlen und jedesmal bereits 10 Tage vorher zur Verfügung zu stellen. Die Obligationen sind von beiden Seiten unkündbar. Von der ursprünglichen Schuldsumme von 60 Mill. M. waren am 31. März 1903 noch 43 801 995 M. zu tilgen, deren Tilgung erst im Jahre 1927 beendet sein wird.

4a. Die $4^1/_2$proz. Prioritätsobligationen der Homburger Eisenbahngesellschaft von 1860 sind am 1. August 1860 in Höhe von 1 800 000 M. in Theilstücken von 1000, 500 und 100 fl. ausgegeben, welche auf den Inhaber lauten. Die Zinsen sind fällig am 2. Januar und 1. Juli. Die Tilgung erfolgt durch Ausloosung innerhalb 43 Jahren nach einem besonderen auf den Obligationen abgedruckten Plane, eine Kündigung ist daher von beiden Seiten ausgeschlossen. Die Tilgung wird 1903 ihr Ende erreichen. Am 31. März 1903 waren noch 16 628,59 M. zu tilgen.

4b. Die $4^1/_2$proz. Homburger Prioritätsobligationen der Homburger Eisenbahngesellschaft von 1861 sind am 1. Jan 1861 in Höhe von 222 857,14 M. in

Theilstücken zu 500 fl. ausgegeben. Am 2. Januar und 1. Juli sind die Zinsen fällig. Die Tilgung hat durch Ausloosung innerhalb 40 Jahren nach einem besonderen auf den Obligationen abgedruckten Plan zu erfolgen, sodass die Kündbarkeit von beiden Seiten ausgeschlossen ist und der letzte Rest im Jahre 1902 zur Rückzahlung gelangen wird. Die Schuldsumme war am 31. März 1903 gänzlich abgetragen.

5a. $3^1/_2$ proz. Prioritätsobligationen der Bergisch-Märkischen Eisenbahn III. Serie und III. Serie Lit. B. Die III. Serie beruht auf dem Privileg v. 20. Okt. 1856 und zerfällt in Theilstücke zu 100 Thlr. Serie III B beruht auf dem Privileg v. 25. Aug. 1862 und zerfällt in Theilstücke zu 1000, 500, 200 und 100 Thlr. Im Uebrigen gelten dieselben Bestimmungen für beide Arten und werden sie deshalb als eine Anleihe behandelt Ihre Zinsen sind füllig am 2. Januar und 1. Juli, ihre Tilgung erfolgt durch jährliche Ausloosung von $^1/_2$ Proz. der ursprünglichen Schuldsumme unter Zuschlag der Zinsersparnisse in Folge der Amortisation. Eine allgemeine Kündigung ist unter Innehaltung einer sechsmonatlichen Kündigungsfrist zulässig Die Tilgung wird im Jahre 1932 ihr Ende erreichen. Am 31. März 1903 war die Schuld bis auf 39 615 300 M. getilgt.

5b. Die $3^1/_2$proz. Prioritätsobligationen der Bergisch-Märkischen Eisenbahn. III. Serie Lit. C. I und II. Emission beruhen auf den Privilegien v. 14. Febr. 1870 und 19. Mai 1879 und zerfallen in Theilstücke zu 300 M. Die Zinstermine und Tilgungsverpflichtungen stimmen mit denen der vorigen Anleihe überein, jedoch ist bei diesen Obligationen eine allgemeine Kündigung nicht statthaft. Die Tilgung wird im Jahre 1942/43 beendet.

Die ursprüngliche Schuldsumme war am 31. März 1903 auf 15 519 300 M. vermindert.

6. Die unverzinsliche Anleihe der Westholsteinischen Eisenbahn bei der Provinz Schleswig-Holstein wurde im Jahre 1883 zum Bau der Bahn von Wesselburen nach Büsum im Betrage von 90 000 M. aufgenommen. Sie ist unkündbar von Seiten der Provinz. Ihre Tilgung erfolgt in der Weise, dass seit dem Jahre 1884 alljährlich 3 600 M. zurückgezahlt werden, sodass die Tilgung im Jahre 1908 ihr Ende erreichen wird. Am 31. März 1903 war noch ein Rest von 21 600 M. vorhanden.

7. Die unverzinsliche Anleihe der Schleswig-Holsteinischen Marschbahn wurde im Jahre 1884 im Betrage von 200 000 M. zum Bau eines sog. Industriegeleises von Marne nach Frederick VII Koog aufgenommen. Sie ist unkündbar von Seiten der Provinz. Ihre Tilgung erfolgt in der Weise, dass vom Jahre 1885 an jährlich 8 000 M. zurückgezahlt werden, sodass die ganze Schuld im Jahre 1909 abgetragen sein wird. Am 31. März 1903 waren noch 56 000 M. vorhanden.

§ 33. *Zu Ziffer 6* vergl. § 35.

§ 34. *Zu 7.* Vormals Hannoversche Schulden.

Allgemeines über die Schulden der neuen 1864 und 1866 hinzugekommenen Landestheile überhaupt.

Für das Jahr 1868 wurde zum ersten Male der gemeinschaftliche Staatshaushaltsetat für die alten und neuen Landestheile aufgestellt. Gleichzeitig fand auch die Vereinigung der Schuldenverwaltung statt. In Betreff der künftigen Behandlung der auf diesen Landestheilen lastenden Staatsschulden erschien ein besonderes Gesetz am 29. Febr. 1868 (Ges.-Samml. S. 169), welches die in einer Zusammenstellung zum Betrage von 236 296 428 M. aufgeführten Schuldkapitalien dieser Landestheile förmlich für Staatsschulden Preussens erklärte und ihre Verwaltung der Hauptverwaltung der Staatsschulden übertrug.

Nur die Schulden der Stadt Frankfurt a. M. wurden in diesem Gesetze noch unberücksichtigt gelassen, weil die Vermögensauseinandersetzung zwischen Staat und Stadt noch nicht beendigt war. Die voraussichtlich zu übernehmenden Schuldposten in Höhe von 35 893 044 M. wurden einstweilen als Passiva der Staatskasse gebucht, wie dies auch mit den Entschädigungsrenten, die bisher auf den Etats der neuen Landestheile standen (216 042 M.), geschah.

Das Gesetz von 1868 bestimmte, dass die Rechte der Staatsgläubiger ungeschmälert fortbestehen sollten. Dagegen führt es für die Zinsverjährung allgemein den vierjährigen Termin ein und bestimmt, dass für die Verwaltung der übernommenen Schulden die in den älteren Provinzen geltenden Grundsätze zur Anwendung zu bringen seien.

Ausserdem verfügte das Gesetz die Einziehung der Kurhessischen Kassenscheine und die von der Nassauischen Landesbank ausgegebenen Banknoten unter gleichzeitiger Vermehrung der preussischen Kassenanweisungen um 7 222 959 M.

Da die Zahl der einzelnen mit den neuen Landestheilen übernommenen Schuldtiteln eine ausserordentlich grosse war (zusammen 73, ohne die Frankfurter Schulden), zudem auch die meisten einen ziemlich hohen Zinsfuss (4 bis 5 Proz.) und 21 verschiedene Zinstermine (zum Theil ganz-, zum Theil halbjährlich) hatten, so suchte die Staatsregierung, soweit dies nach den bestehenden Vorschriften zulässig war, möglichst bald diese Schulden der neuen Landestheile abzustossen. Zunächst erwiesen sich die in Folge des glücklichen Krieges von 1870/71 und des darauf folgenden wirthschaftlichen Aufschwungs dem Staate zur Schuldentilgung zur Verfügung stehenden Mittel für diesen Zweck günstig. Es wurden in Folge dessen in der ersten Hälfte der 70er Jahre getilgt mehrere nassauische Eisenbahnanleihen, ferner (Ges. v. 26. Mai 1874) 26 Anleiheposten der früheren hannoverschen Generalstaatskasse, fünf mit 4 Proz. verzinsliche hannoversche Eisenbahnschulden, zwei 4 proz. Hessen-Homburgische Anleihen vom Jahre 1829, und einige weitere hannöversche, nassauische, kurhessische Schuldposten. Nach dem Etat für 1875 war die Zahl der Schuldposten für die neuen Landestheile bereits von 73 auf 29 reduzirt, wozu noch sieben mittlerweile auf den Etat der Staatsschulden übernommene alte Frankfurter Anleihen hinzukamen. Der Schuldbetrag selbst hatte sich fast auf ein Drittel vermindert.

Schulden	1869 M.	1875 M.
Hannoversche	123 481 514	4 578 979,89
Kurhessische	49 605 750	42 975 866,74
Nassauische	61 550 765	28 343 828,55
Hessen-Homburgische . .	483 428	188 571,43
Schleswig-Holsteinische .	1 174 971	764 145,—
Frankfurter	35 893 044	20 708 400,—
Summe . .	272 189 472	97 559 791,61

In den folgenden Jahren verminderten sich die Schuldbeträge allmälich nach Massgabe der fortschreitenden Tilgung weiter. 1887/88 verschwand zuerst der letzte Rest der Hessen-Homburgischen Schuld vom Staatsschuldenetat, 1889/90 folgten die Schleswig-Holsteinischen Schulden, 1892/93 wurde der Rest der Nassauischen Schulden gekündigt, ebenso wurde der Rest der kurhessischen Anleihen zum 1. Jan. 1896 gekündigt; diese Schuld verschwand also 1896/97. Der Rest der Frankfurter Schulden (eine unverzinsliche Anleihe von 1857) ist am 2. Jan. 1902 durch Rückzahlung des von der Frankfurter Bank s. Zt. zur Entschädigung des Staats für das der Bank ertheilte Privileg zur Ausgabe unverzinslicher Noten entnommenen Darlehens getilgt worden.

Hannoversche Schulden.

§ 34a. Sonach sind auf dem Etat für 1903 nur noch einige hannoversche Schulden im Gesammtbetrage von 3 321 546,71 M. verblieben. Von diesen wird der Hauptbetrag (4 proz. Obligationen Lit. S.) mit 2 669 275,16 M. nach dem gewöhnlichen Tilgungsplane erst 1961 beendet sein. Die meisten übrigen Schuldposten sind unkündbar oder nur mit Einwilligung des Gläubigers kündbar.

Im Einzelnen ist zu diesen Schuldtitres zu bemerken (nach Sattler a. a. O.):

A. Schulden der vormaligen Generalsteuerkasse[1])
(unkündbar oder nur bedingungsweise kündbar) 1903: 383 245,56 M.

a) 5 proz. Kalenberg-Grubenhagensche Schulden (v. Münchhausensche Armengelder). Sie sind im Jahre 1758 durch Hergabe eines Kapitals von 6 000 Thlr. Gold seitens der Landdrosten v. Münchhausen entstanden. Das Kapital ist in Reichswährung auf 19 944,77 M. berechnet. Die Zinsen sind am 1. Mai fällig und sollen zum Besten der Armen und ad pias causas im Bezirke der Kalenbergschen Landschaft verwandt werden. Die Kündigung des Kapitals kann nur mit Bewilligung des Gläubigers geschehen.

b) 5 proz. v. Grote-Stillhornsches Lehenskapital. Diese Schuld in Höhe von 40 050 M. (ursprünglich 13 350 Thlr.), entstammt der im Jahre 1672 erfolgten Abtretung der v. Grote-Stillhornschen Lehengüter an den Herzog Georg Wilhelm von Celle. Die den Lehensnachfolgern des Freiherrn v. Grote schuldigen Zinsen sind am 26. Juni fällig. Gekündigt kann die Schuld vom Schuldner und Gläubiger nur werden, wenn letzterer das Geld in unbeweglichen Gütern anzulegen weiss, welche dem Lehensherrn anstehen und jenem dann zu Lehen aufgetragen werden.

c) 5 proz. Lüneburgischen Schulden (Langenbecksche Stiftungsgelder). Dieselben entstammen einer Stiftung des lüneburgischen Kanzlers Langenbeck für Prediger, Predigerwittwen und Künstler zu Celle im Jahre 1662. Die ursprüngliche Schuld von 8527 Thlr. beträgt, in Reichswährung gerechnet, 25 580,25 M. Die Zinsen sind am 1. Mai fällig. Die Schuld soll, so lange lüneburgische Schulden bestehen, ungekündigt bleiben und die letzte sein.

d) 4 proz. Kalenberg-Grubenhagensche Schulden (von Marenholzsche Stiftungsgelder) entstammen einer Stiftung Gebhards v. Marenholz für Arme im Herzogthum Kalenberg. Die ursprünglich 4 000 Kassengulden betragende Schuld macht in Reichswährung 9 135,80 M. aus Die Zinsen sind am 1. Mai fällig. Die Schuld ist unablöslich belegt.

e) 4 proz. Lüneburgische Schulden (von Grote-Stillhornsches Lehenskapital) Ihre Entstehung und Kündigungsbedingungen sind dieselben wie bei Nr. 2. Ihr Kapital berechnet sich auf 232 534,73 M. Die Zinsen sind am 1. Mai fällig und an die Lehensnachfolger des Freiherrn von Grote-Stillhorn zu entrichten.

f) Die $3\frac{1}{2}$ proz. Obligationen Lit. D gehören gleichfalls zu den v. Grote-Stillhornschen Lehenskapitalien. Ihr Betrag berechnet sich auf 56 000 M. Die Zinsen sind am

[1]) Siehe über den Unterschied der Schulden zu A und B Lehzen, Hannovers Staatshaushalt, 1854.

1. September fällig. Für die Entstehung, Kundigung und Berechtigung zum Zinsgenusse gelten dieselben Bestimmungen wie für Nr. 2 und 5.

g) Supplementarzinsen auf die 4- und $3^1/_2$proz. von Grote-Stillhornschen Lehenskapitalien. Die Supplementarzinsen für die mit 5 Proz zu verzinsenden v. Grote-Stillhornschen Lehenskapitalien werden auf die unter den 4 proz. lüneburgischen Schulden (Nr. 5) verbrieften 51 000 Speziesthaler = 77 511 Thlr. 17 Sgr. 6 Pf herkömmlich nur mit 1 Thlr. Kassenwert (9 Thlr. Kassenmünze = 10 Thlr. Konventionsmünze und 36 Thlr. Konventionsmünze = 37 Thlr. Courant) vom Hundert, im Ganzen mit 582 Thlr. 12 Sgr. 3 Pf. Courant bezahlt. Auf die unter Lit. D (Nr. 6) verbrieften 16 000 Thlr. in neuen $^2/_3$-Stücken = 18 666 Thlr. 20 Sgr. werden dagegen $1^1/_2$ Proz. in neuen $^2/_3$ Stücken (1 Thlr. in neuen $^2/_3$ Stücken = 1 Thlr. 5 Sgr. Courant) im Ganzen 280 Thlr. Courant gezahlt. (Bemerkungen zum Staatsschuldenetat für 1868) Gesammtzinsenbetrag: 2 587,23 M.

B. Schulden der vormaligen Generalkasse[1])

a) Die 5proz. Obligationen Lit. A. zerfallen in zwei Theile. Den Hauptttheil macht die zu den von Grote-Stillhornschen Lehenskapitalien gehörige Summe von 209 625 M. aus, welche von Seiten des Schuldners nicht gekündigt werden darf, oder auf welche, wenn sie. zurückgezahlt und zu einem geringeren Zinsfusse als 5 Proz. belegt wird, seitens der Landeslehensherrschaft das an 5 Proz. fehlende zugelegt werden muss. Die Zinsen sind am 1. Mai dem Lehensnachfolger des Freiherrn v. Grote-Stillhorn zu zahlen.

Den zweiten Bestandtheil bildet eine Stiftung des Landrentmeisters Meinhelf zu Stade vom Jahre 1722 zum Besten armer Soldaten- und Invalidenkinder in Höhe von 59 400 M, welche unkündbar ist. Auch ihre Zinsen sind am 1. Mai fällig.

Der Gesammtbetrag der 5 proz. Obligationen Lit. A. beläuft sich auf 269 025 M Fur die Schuld besteht kein Tilgungsfonds.

b) Die 4proz. Obligationen Lit S. bilden ausser den bisher behandelten unkündbaren oder nur bedingungsweise kündbaren Stiftungs- und Lehenskapitalien den einzigen noch vorhandenen Ueberrest der früher hannoverschen Staatsschulden in Höhe von 2 715 812,69 Mark Diese Anleihe entstammt dem Jahre 1860 und ist zur Tilgung älterer Anleihen ausgegeben. Ihre Verschreibungen lauten auf den Inhaber und über 500 und 1000 Thlr. in Gold. Ihre Zinsen sind fällig am 2 Januar und 1. Juli. Für die Schuld besteht die gesetzliche Verpflichtung, zur Tilgung alljährlich 1 Proz der ursprünglichen Schuldsumme zu verwenden. Dieselbe betrug 1 405 000 Thlr Gold = 4 670 400,50 M. in Reichswährung. Zur Tilgung werden jährlich 46 537,80 M. seit dem Etat für 1875 eingestellt Dieselbe geschieht durch Ausloosung und wird muthmasslich im Jahre 1961 erst ihr Ende erreichen. Die Anleihe ist unkündbar von Seiten der Gläubiger.

II. Schwebende Schulden (Schatzanweisungen).

§ 35. Die Schatzanweisungen[2]) sind eine Art der schwebenden Schuld und zwar eine solche, welche verzinst wird, im Gegensatze zur unverzinslichen schwebenden Schuld.

Die ältere Form der schwebenden Schuld in Preussen waren die unverzinslichen sogen. Tresorscheine und später die Kassenanweisungen. Erstere wurden zuerst 1806 durch das Tresorscheinedikt v. 4. Febr. 1806 ausgegeben zu 5, 50, 100 und 250 Thalern (etwa 27 000 000 M.). Ursprünglich hatten sie Zwangskurs, später war der Börsenkurs massgebend. Dieser sank aber 1808 bis auf $22^2/_3$, 1809 gab man 6 Mill. M. kleinere Tresorscheine (sog. Thalerscheine) aus.

[1]) s. Anmerkung 1 auf S. 39

[2]) E. Richter, S. 243.

1816 wurden von Sachsen 5,2 Mill. M. sächsischer Kassenbillets zu je 1 Thaler übernommen. Der Schuldenetat zur Verordn. v. 17. Jan. 1820 sah insgesammt eine unverzinsliche Schuld von 33,7 Mill. M. vor, wovon 21,6 Mill. M. unverzinsliches Papiergeld waren.

Die Kab.-O. v. 21. Dez. 1824 (G.-S. S. 238) verfügte die Einziehung der alten Tresorscheine, Thalerscheine und sächsischen Kassenbillets und die Ausgabe neuer Kassenanweisungen in Höhe von 33,7 Mill. Mark. Diese mussten von allen Staatskassen in Zahlung genommen werden (die Tresorscheine nur zu $^1/_4$ des zu zahlenden Betrags), 1827 wurde der Betrag auf 51,7 Mill. M. erhöht, 1836 um weitere 16,5 Mill. Mark, 1837 um 9 Mill. M., sodass nunmehr 77,2 Mill. M. in Kassenanweisungen, gleich $^1/_3$ der jährlichen Staatseinnahmen in Umlauf waren.

Im Anschluss an die Ausgabe von 63 Mill. M. Banknoten auf Grund der Bankordn v. 5. Okt. 1846 wurde durch Ges. v. 7. März 1850 (G.-S. S. 163) der Betrag der Kassenanweisungen auf 62,5 Mill. M. festgesetzt. Auf Grund des Ges. v. 15. April 1848 (G.-S. S. 105) wurden für 30 Mill. M. Darlehnskassenscheine ausgestellt, nach Auflösung dieser Kassen wurden durch Ges. v. 19. Mai 1851 an Stelle dieser Scheine und der umlaufenden Kassenanweisungen neue Kassenanweisungen im Gesammtbetrage von 92,5 Mill. M. ausgegeben (zu 1, 5, 10, 50 und 100 Thalern).

Durch Ges. v. 7. Mai 1856 (G.-S. S. 334) wurde das für die Notenausgabe der Bank bestehende Maximum von 63 Mill. M. aufgehoben, dagegen der Betrag der Kassenanweisungen um die Hälfte (45 Mill. M.) gekürzt.

Durch Ges. v. 29. Febr. 1868 (s. § 34) wurde an Stelle der eingezogenen kurhessischen Kassenscheine und Noten der nassauischen Landesbank neue Kassenscheine in Höhe von 7,2 Mill. M. ausgegeben. 1869 liefen also um 54,7 Mill. M. Kassenanweisungen, davon 31,2 Mill. Mark à 5 Thaler und 23,5 Mill. M. à 1 Thaler, dienten also vorzugsweise dem kleinen Verkehr. Mit Einführung der Goldwährung im Reiche und der Ausgabe von Reichskassenscheinen verschwanden die preussischen Kassenanweisungen ganz (Ges. v. 9. Juli 1873, RGBl. S. 233 und v. 30. April 1874, RGBl. S. 40).

Die Schatzanweisungen unterschieden sich von den Tresorscheinen und Kassenanweisungen ausser durch ihre Verzinslichkeit auch durch ihre längere Verfallzeit.

In Preussen sind Schatzanweisungen zuerst auf Grund des Ges. v. 28. Sept. 1866 mit neunmonatlicher Umlaufszeit im Betrage von 30 Mill. Mark ausgegeben worden. Weitere Ausgaben erfolgten durch die Ges. v. 24. Febr. 1868 und 3. März 1868, sowie v. 20. Jan. 1871. Seitdem ist die schwebende Schuld in der Form verzinslicher Schatzanweisungen mit kurzer Umlaufszeit (vor dem 1. Januar des folgenden Jahres fällig) ein regelmässiges Institut der preussischen Finanzen geworden. Der Zinsfuss wird vom Finanzminister bestimmt.

Die Schatzanweisungen wurden in Nachahmung der Form der englischen Exchequer bills und der französischen bars de tresor ursprünglich eingeführt zur Deckung der ausserordentlichen Kriegsausgaben von 1866. Sie sollten ursprünglich die aus den Kriegskontributionen und dem Verkaufe von im Besitze des Staates befindlichen Eisenbahnpapieren erwarteten Mittel für den Staat anticipiren und später aus diesen Mitteln wieder eingelöst werden. Die im Jahre 1869 beabsichtigte Einlösung der damals umlaufenden 39 Mill. M. Schatzanweisungen unterblieb aber, weil die zur Einlösung bestimmte Ausgabe von 4½proz. Schuldverschreibungen zu unrentabel gewesen wäre. Die Einlösung erfolgte seitdem alljährlich durch Ausgabe neuer Anweisungen. Erst im Jahre 1886, durch Ges. v. 23. Juni 1886 wurden 30 Millionen Mark Schatzanweisungen als schwebende Schuld durch Ausgabe 3½proz. Schuldscheine getilgt. Gleichzeitig wurde aber durch Etatsgesetz der Finanzminister zur Ausgabe bis 30 Mill. M. Schatzanweisungen ermächtigt, die auch zur vorübergehenden Verstärkung des Betriebsfonds der Generalstaatskasse verwendet werden durften. Gegenwärtig dienen die Schatzanweisungen allgemein zur Deckung der Verwaltungsschulden d. h. solcher Schulden, welche für den Staat dadurch entstehen, dass Einnahmen und Ausgaben wie in jedem geschäftlichen Betriebe nicht immer zusammenfallen. Sie bilden eine Verstärkung des Betriebsfonds der Generalstaatskasse.

Für Preussen ist die Ausgabe von Schatzanweisungen besonders nothwendig, um die oft erheblich verschiedenen Ergebnisse des Staatshaushalts in den einzelnen Rechnungsjahren auszugleichen, welche durch die zahlreichen staatlichen Betriebsverwaltungen, Domänen und Forsten und vor Allem die Eisenbahnen entstehen.

Der Betrag der Schatzanweisungen, bis zu deren Höhe der Finanzminister alljährlich zur Ausgabe ermächtigt wird, wechselt in den verschiedenen Jahren. Daher ist auch der in Kap. 35 Tit. 6 des Etats der Schuldenverwaltung alljährlich eingestellte Zinsenbetrag für die auszugebenden Schatzanweisungen nach Anl. I in den einzelnen Jahren ein schwankender gewesen. Bis zum Jahre 1887/88 wurden jährlich 600 000 M. eingestellt, nachdem aber im Jahre 1886 die schwebende Schuld von 30 Mill. M. in fundirte Anleihe verwandelt war, erschienen 600 000 M. genügend, obgleich der Finanzminister die Ermächtigung zur Ausgabe von Schatzanweisungen bis zu 30 Mill. M. erhalten hatte. Während der Jahre 1873 bis 1876 und 1884 bis 1889 war die Ausgabe von Schatzanweisungen thatsächlich nicht erforderlich und wurde in Folge dessen die zu ihrer Verzinsung ausgesetzte Summe erspart. Durch den Etat für 1892/93 wurde die Summe der höchstens vom Finanzminister auszugebenden Schatzanweisungen auf 100 Mill. M., der dazu erforderliche Zinsbetrag auf 2 Mill. M. veranschlagt.

Es wurde aber von der dadurch gegebenen Befugniss selten Gebrauch gemacht, weil die preussische Finanzverwaltung es unbequem fand, dass sie dabei zu einem bestimmten Termine an die Börse herantreten muss, um sich Geldmittel zur Einlösung der im Umlauf befindlichen Schatzanweisungen zu verschaffen. Man hat sich mehrfach mit der allerdings im Grunde nicht zulässigen vorzeitigen Realisirung von bewilligten Krediten — d. h. vor Eintritt des thatsächlichen Bedürfnisses — geholfen.[1])

Im Jahre 1903 sind nur 300 000 M. Zinsen bei Kap. 35 Tit. 6 veranschlagt, was zum Theil mit der Absicht, einen Ausgleichsfonds für die Eisenbahnverwaltung zu schaffen, zusammenhängen mag (vgl. Nr. 37 der Drucks. d. Abg.-H.).

III. Rentenschulden.

§ 36. *Zu 8.* Renten.[2]) Die an die Rentenbanken zu zahlenden Renten beruhen auf der Bestimmung des Gesetzes über die Errichtung von Rentenbanken vom 2. März 1850[3]) (G.-S. S. 112), wonach die Ablösungen bestimmter Renten von Seiten der Verpflichteten durch Zahlung des 18fachen Betrags bewirkt werden kann, während die Berechtigten den 20fachen fordern können. Nehmen die letzteren den 18fachen Betrag nicht an, so zahlen die Verpflichteten denselben an die Staatskasse ein, die Rentenbanken entrichten aber den Berechtigten den 20fachen Betrag durch Ausstellung von Rentenbriefen im Nennwerthe von $^{10}/_{0}$ der Ablösungssumme. Zur Verzinsung und Tilgung dieser Rentenbriefe ist der Staat verpflichtet und zwar erfüllt er diese Verpflichtung, indem er 5 Proz. für die aus diesem Grunde ausgegebenen Rentenbriefe alljährlich an die Rentenbanken zahlt. Die in dieser Weise vom Staate den Rentenbanken zu verzinsenden und zu tilgenden Kapitalien sind in Folge der fortschreitenden Ablösung noch alljährlich im Steigen begriffen. Für den 1. Okt. 1903 ist die Gesammtsumme der eingezahlten Kapitalien auf 29 025 000 M., für den 1. April 1903 auf 29 065 000 M. veranschlagt.

Die Zinsen und Tilgungsbeträge zugleich enthaltende Summe ist nachgewiesen in Kap. 38: „An die Rentenbanken 5 Proz. von den nach Nr. 1 der Einnahme A bei der Staatsschuldentilgungskasse eingegangenen, sowie von den nach § 41 des Gesetzes v. 3. Jan. 1873 (G.-S. S. 3), § 20 zu 2 des Gesetzes v. 23. Juli 1876 (G.-S. S. 357) und § 6 zu 2 des Gesetzes v. 16. Juni 1876 (G.-S. S. 369) an die General-Staatskasse eingezahlten Privatrente-Ablösungskapitalien behufs Verzinsung und Tilgung der dagegen ausgegebenen Rentenbriefe mit $4^1/_2$ Proz. nach den §§ 59—62 des Gesetzes v. 2. März 1850 (G.-S. S. 112) 1 452 250 M.“

---

[1]) Vgl. Sattler im Abg.-H. 1895, Sten. Verhandl. S. 524; s. auch S. 534.

[2]) Sattler, S. 242 und 210.

[3]) §§ 11 und 62 des Gesetzes vom 3. April 1869 (G.-S. S. 544).

Der Betrag von 1 452 250 M. ist wie folgt ermittelt. Die Renten von den eingezahlten Privatrente-Ablösungskapitalien zu 5 Proz. betragen:

am 1. Okt. 1902	von	29 025 000 M.	zu $2^1/_2$ Proz.		725 650 M.
„ 1. April 1903	„	29 065 000 „	„ $2^1/_2$ „		726 625 „
				zusammen	1 452 250 M.

S. auch Tit. 6 des Etats der Allgemeinen Finanzverwaltung (für 1902 ist hier ein Betrag von 49 198 M. veranschlagt).

IV. Staatsgarantien.

§ 37. Staatsgarantien.[1]) Nach § 103 der Verfassung bedarf es zur Uebernahme einer Garantie von seiten des Staates eines Gesetzes, auch muss dieselbe nach dem Gesetze über das Staatsschuldenwesen vom 24. Febr. 1850 von der Hauptverwaltung der Staatsschulden einregistrirt werden. Früher alljährlich, dann jedes dritte Jahr, und jetzt, seit Verlängerung der Legislaturperioden auf 5 Jahre, jedes fünfte Jahr wird dem Etat der Staatsschuldenverwaltung ein Verzeichniss der Staatsgarantien beigegeben. Zuletzt ist dieses im Etat für 1904 geschehen (Stand der Staatsgarantien am 31. März 1903).

Durch die Verstaatlichung der Eisenbahnen ist die Zahl der Garantien auf 5 zusammengeschmolzen. Es bestehen noch die folgenden:

1. Für die Seehandlungsocietät. Der Staat leistet für die vom Institute übernommenen Geschäfte und die daraus entspringenden Verbindlichkeiten volle Garantie, bezieht dafür aber auch den vollen Gewinn derselben. Der Umfang der vom Staate übernommenen Garantie kann nicht in Zahlen angegeben werden. Dem Landtage wird alljährlich ein Etat der Seehandlung zur Bewilligung vorgelegt nebst einem Verwaltungsbericht ihrer Direktion für das abgelaufene Jahr. Die Rechnungen der Seehandlung werden von der Oberrechnungskammer revidirt Der letzte Abschluss von Ende März 1903 wies an Aktivis und Passivis je 454 768 643,96 M. nach. Seehandlungsobligationen, d. h. Schuldverschreibungen der Seehandlungen werden über zeitweise bei der Seehandlung auf sechsmonatliche Kündigung gegen Verzinsung von $2^1/_2$ Proz. belegte Gelder ausgestellt. Ihr Betrag belief sich nach dem letzten Abschlusse nur noch auf 258 430 M. Der Reingewinn betrug bei einem Kapital von 34,4 Mill. M. in 1900: 2 106 028,5 M., 1901: 2 594 609,6 M., 1902: 2 645 113,4 M., was einer Verzinsung von 6,121 bezw. 7,541 bezw. 7,688 Proz. gleichkommt. Eine Inanspruchnahme der Staatsgarantie ist also gegenwärtig nicht zu besorgen.

2. Die Schuldverschreibungen der Eichsfeldschen Tilgungskasse zur Erleichterung der Ablösungen in den Kreisen Mühlhausen, Heiligenstadt und Worbis. Die in Gemässheit des § 10 des Reglements v. 9. April 1845 (bestätigt am 18. April desselben Jahres) G.-S. S 410 im Betrage von 3 437 745 M. ausgegebenen Obligationen werden mit $3^1/_2$ resp. 4 Proz. verzinst und mit 1 resp. $^1/_2$ Proz. jährlich amortisirt. Bis zum 31. März 1903 hatte der Staat 1 013 325,66 M. getilgt[2]) und bis zur Uebernahme der Geschäfte der Tilgungskasse durch die Rentenbank in Magdeburg, Ende Dezember 1855, einen

[1]) Sattler, S. 203--207.

[2]) Das Institut selbst hatte getilgt 2 125 469,34 M.

Zuschuss von 47 428,4 M. zu den Geschäftsunkosten gewährt. Die endlichen Ueberschüsse der Kasse kommen dem Staate zu gute. Der zu tilgende Rest belief sich am 31. März 1903 noch auf 298 950 M.

3. Die durch das Gesetz vom 2. März 1850 den Rentenbanken auferlegten Verpflichtungen. An Rentenbriefen sind im ganzen ausgegeben 564 504 285 M., zu $3^1/_2$ und 4 Proz. verzinslich. Davon hatte der Staat zur Kapitaltilgung übernommen 30 709 230 M., wofür die Ausgabe in den oben erörterten Renten an die Rentenbanken enthalten ist. Für den Rest des Kapitals und seine Verzinsung hat der Staat die Garantie übernommen. Zu tilgen sind noch 302 531 100 M., jedoch haben die Rentenbanken Reservefonds von mehr als 11 Mill M. Das obige Gesetz von 1850 findet sinngemässe Anwendung auf die im Gesetz von 1891 über die Rentengüter den Rentenbanken zugewiesenen Ausgaben.

4. Die im Jahre 1808 aufgenommene Elbinger Kriegsschuld (Verordnung vom 30 Mai 1839, G.-S. S. 217) zerfiel in ein mit $3^1/_2$ Proz. zu verzinsendes Kapital und einen unverzinslichen, aus kapitalisirten Zinsen und unverzinslichen Zinsscheinen sich zusammensetzenden Betrag von 822 741,53 M. Die Garantie des Staats erstreckte sich auf Kapital und Zinsen. Am 31. März 1903 war das Kapital ganz getilgt und von den 822 741,53 M. waren noch 32 039,78 M. zu tilgen.

5. Für die Verpflichtungen der Hannoverschen Landeskreditanstalt hat der Staat eine unwiderrufliche Garantie bis zur Summe von 1 500 000 M übernommen. Die Anstalt ist auf den provinzialständischen Verband übergegangen, doch bleibt der Staat nach dem Gesetz vom 7. März 1879 — G.-S. S. 125 — für die zur Zeit des Ueberganges bestehenden Verbindlichkeiten bis zu der genannten Summe verhaftet. Indessen ist der provinzialständische Verband insofern an die Stelle des Staates getreten, als der letztere befugt ist, alle aus diesem Grunde sich ergebenden Zahlungen ohne weiteres an der dem Provinzialverbande zustehenden Rente zu kürzen. Infolgedessen ist in den letzten Zusammenstellungen auch keine Zahl mehr angegeben, auf welche die Garantie des Staates sich bezieht

Für die Frage der finanziellen Belastung des Staates durch die übernommenen Garantien scheidet die letztgenannte in Folge des Eintretens des Provinzialverbandes überhaupt aus. Abgesehen von der Garantie für die Seehandlung und die Verpflichtungen der Rentenbanken sind auch die übrigen ohne erhebliche finanzielle Bedeutung. Die Seehandlung liefert dem Staate alljährlich erhebliche Gewinnbeträge, so dass als eigentlicher Kernpunkt der staatlichen Garantien ohne finanziellen Gewinn diejenige für die allerdings sehr bedeutende Summe der Rentenbriefe übrig bleibt.

II. Kapitel.

Einnahmen.

(A. des Einnahmeetats der Staatsschulden.)

§ 38. Als es sich im Jahre 1820 darum handelte, den stark gesunkenen Staatskredit zu heben, glaubte man ein Mittel hierzu unter Anderem auch darin zu finden, dass man für die aufgenommenen Staatsschulden nicht nur das allgemeine Staatsvermögen für verhaftet erklärte, sondern den Gläubigern auch noch eine Spezialgarantie auf das domaniale Eigenthum des Staates gewährte. § III der Verordn. v. 17. Jan. 1820 bestimmte in Folge dessen:

„Für die sämmtlichen jetzt vorhandenen und in dem von Uns vollzogenen Etat angegebenen Staatsschulden und deren Sicherheit, insoweit. letztere nicht schon durch Spezialhypotheken gewährt ist, garantiren Wir hierdurch für Uns und Unsere Nachfolger in der Krone mit dem gesammten Vermögen und Eigenthume des Staats, insbesondere mit den sämmtlichen Domänen, Forsten und säkularisirten Gütern im ganzen Umfange der Monarchie, mit Ausschluss derer, welche znr Aufbringung des jährlichen Bedarfs von 2 500 000 Rthlr. für den Unterhalt Unserer Königlichen Familie, Unsern Hofstaat und sämmtliche Prinzliche Hofstaaten, sowie auch für alle dahin gehörige Institute etc. erforderlich sind.[1])“

Ferner hiess es in § VII ebenda:

„VII. Zur regelmässigen Verzinsung und Tilgung überweisen wir hiermit:

1. die sämmtlichen Domänen und Forstrevenüen mit Rücksicht auf die Bestimmungen zu III,

2. den Erlös aus dem von jetzt ab nur gegen baares Geld zu bewirkenden Verkaufe von Staatsgütern oder Ablösungen von Dominialrenten, Erbpachtgeldern und anderen Grundabgaben, Zinsen, Zehenten, Diensten etc. und

3. die Salzrevenüen, so viel davon zur ausreichenden Ergänzung des Staatsschuldentilgungs-Kassenbedarfs erfordert wird.[2])

Die Einzahlung dieser Fonds geschieht von den Provinzialkassen unter Verantwortlichkeit der denselben vorgesetzten Behörden ohne die geringste Verkürzung in monatlichen Raten direkt an die Staatsschulden-Tilgungskasse.

Vom 1. Januar 1820 ab kann die Verausgabung vorstehender Intraden seitens der Provinzialkassen nur durch Quittungen der eben genannten Kasse rechnungsmässig justifizirt werden. Von demselben Zeitpunkte ab können nur die bei den nach 2 für Veräusserungen von Staatsgütern, Ablösungen etc. zu leistenden Zahlungen als gültig anerkannt werden, welche von der in den folgenden Abschnitten näher zn bezeichnenden Staatsschulden-Verwaltungsbehörde bescheinigt werden.“

Später fand noch eine nähere Erläuterung dieser Bestimmungen durch die Kab.-O. v. 17. Juni 1826 (G.-S. S. 57) wie folgt statt:

1. Die den Staatsgläubigern im §. 3 der Verordnung vom 17 Januar 1820, ausser der allgemeinen Garantie durch das gesammte Staatsvermögen, zugesagte Spezialgarantie erstreckt sich auf sämmtliches Staatseigenthum, das unter der Benennung der landesherrlichen Domänen durch das Finanzministerium verwaltet wird, und diejenigen etatsmässigen

---

[1]) S. die Gesetze, betr. die Erhöhung der Krondotation, v. 30. April 1859 (G.-S. S. 204) und v. 27. Jan. 1868 (das. S. 61).

[2]) Die Salzrevenuen sind nach Uebergang der Salzbesteuerung auf den Norddeutschen Bund (1867) hinfällig geworden.

Nutzungen gewährt, die nach § 7, Nr. 1 als Domänen- und Forstrevenüen der Hauptverwaltung der Staatsschulden, zur regelmässigen Verzinsung und Tilgung der Staatsschulden überwiesen sind. Auch die dem Staats-Eigenthum als Domänen einverleibten Güter der aufgehobenen Klöster und geistlichen Stiftungen gehören zu dieser Spezialgarantie, und die Einkünfte derselben sind unter den zur Verzinsung und Tilgung der Staatsschulden bestimmten Domänen- und Forstrevenüen begriffen, wenn sie gleich im §. 7, Nr. 1 nicht ausdrücklich genannt sind.

II Was aus dem Verkaufe oder der Erbverpachtung dieser unter der vorstehenden Bestimmung begriffenen Domänen an Kauf- oder Erbstandsgeldern, oder aus Ablösungen von Kanon, Zinsen etc., welche zur Domänenverwaltung gehören, zur Staatskasse vereinnahmt wird, enthält den Erlös aus der Veräusserung von Staatsgütern, der nach § 7 Nr. 2 zur regelmässigen Tilgung der Staatsschulden überwiesen ist.

§ 39. Um die Nothwendigkeit der Beachtung dieser Vorschriften, für deren Erfüllung die Hauptverwaltung der Staatsschulden mit verantwortlich war, auch äusserlich im Etat zum Ausdruck zu bringen, wurde alljährlich im Staatsschuldenetat unter A der Einnahmen eine Bemerkung folgenden Inhalts aufgenommen:

Zur Deckung der Ausgaben dieses Etats sind durch gesetzliche Verordnungen folgende Einnahmen bestimmt:

1. der gesammte Reinertrag an Domänen- und Forstrevenuen der alten Landestheile der Monarchie mit Ausschluss derer, welche nach Art. 59 der Verfassungs-Urkunde dem Kron-Fideikommissfonds zufliessen, nach §. VII. Nr. 1 der Verordnung vom 17. Januar 1820 (G.-S. S. 9);
2. der gesammte Erlös aus den veräusserten Domänen- und Forstgrundstücken, Renten, Diensten, Gerechtsamen u. s. w. nach §. VII. Nr. 2 derselben Verordnung, soweit dessen Summe, welche beim Rechnungsschlusse näher nachzuweisen ist, den nach gegenwärtigem Etat zur Kapitalstilgung erforderlichen Bedarf nicht übersteigt, wogegen das Mehraufgekommene in der Rechnung des folgenden Jahres zu vereinnahmen bleibt.

Ein bestimmter Geldbetrag wurde dabei nicht in Ansatz gebracht, da sich ja am Anfang des Jahres die zur Verfügung kommenden Einnahmen nicht übersehen liessen.

§ 39a. In späteren Gesetzen wurden dann noch mehrfach bestimmte Staatseinkünfte speziell zur Verzinsung und Tilgung von Staatsschulden bestimmt und in Folge dessen ebenfalls unter A des Einnahmeetats der Staatsschuldenverwaltung jährlich mit aufgenommen, und zwar auch ohne Veranschlagungen bestimmte Einnahmebeträge. Dahin gehörten:

3. diejenigen Rentenablösungskapitalien, welche nach den §§ 9 und 62 des Rentenbankgesetzes vom 2. März 1850 (G.-S. S. 112), §§ 14 und 15 des Gesetzes vom 28. Mai 1860 (G.-S. S. 221) und § 11 des Gesetzes vom 3. April 1869 (G.-S. S. 544) von anderen als Domänenprästantiarien durch Baarzahlung des achtzehn-

fachen Betrages der Rente entrichtet, von den Berechtigten aber nicht angenommen sind.

Nach den verschiedenen Eisenbahngesetzen vom Jahre 1852 an kamen hinzu:

4. diejenigen aus den Betriebsüberschüssen der für Rechnung des Staates verwalteten Eisenbahnen, welche zur Verzinsung und Tilgung der zu Eisenbahnzwecken verwendeten Anleihen und der Eisenbahnschulden erforderlich waren.

Ein früher noch in Betracht kommender Betrag, nämlich der von der Preussischen Bank nach § 5 des mittelst Gesetzes vom 7. Mai 1856 (G.-S. S. 334) genehmigten, zwischen dem Finanzministerium und der Preussischen Bank abgeschlossenen Vertrages vom 28. Jan. 1856 zur Verzinsung und Tilgung der Staatsanleihe vom Jahre 1856 zu zahlende Beitrag von 621 910 Thlr., fiel in Folge Uebergangs der Preussischen Bank auf das Reich im Jahre 1875 fort.

Endlich kamen Anfang der 90er Jahre noch

5. die sämmtlichen Gelder, welche auf Grund der §§ 18 bis 27 des Gesetzes vom 14. Juli 1893 (G.-S. S. 119) behufs Rückerstattung gewährter Grundsteuerentschädigungen zur Staatskasse gezahlt und zur Tilgung von Staatsschulden durch Rückkauf von Staatsschulddokumenten zu verwenden sind, hinzu.

Sämmtliche unter Nr. 1—5 bezeichnete Einnahmen werden gemäss § 8 des Gesetzes v. 24. Febr. 1850 (G.-S. S. 57) durch Vermittelung der General-Staatskasse zur Staatsschulden-Tilgungskasse abgeführt und, sofern sie zur Deckung der Gesammtausgaben dieses Etats nicht hinreichen, durch den dann erforderlichen Zuschuss aus der General-Staatskasse ergänzt.

§ 40. Seit dem Etat für 1900 stehen nur noch die Posten 3—5 auf dem Staatsschuldenetat; 1—2 sind dagegen fortgefallen, nachdem mit dem 1. Januar 1900 der Rest der alten, auf Grund der Verordnung vom 17. Jan. 1820 ausgegebenen Staatsschuldscheine gekündigt worden war.[1]) Denn nur auf diese Staatsschuldscheine bezog sich die Spezialgarantie nach § III und VII der Verordn. v. 1820. Für die consolidirten Anleihen (Consols) ist eine derartige Spezialgarantie des Staatseigenthums nicht vorgesehen. Man geht seit 1869 mit Recht von der Annahme aus, dass in der Gesammtheit der Staatsangehörigen, die zur Verzinsung der Staatsschuld verpflichtet ist, und in den geordneten Staatsverhältnissen selbst eine grössere Sicherheitsgarantie für die Staatsgläubiger gewährleistet wird, als durch Verpfändung einzelner Theile des Staatseigenthums.

---

[1]) Ueber die Bedeutung dieser Thatsache für die Domänenverwaltung s. auch Bd. I Buch I § 9 und unter „Nachträge“ im Anhang II des vorliegenden Buches.

III. Kapitel.

Ausgaben zur Verzinsung, Tilgung etc. der Staatsschulden.

I. Verzinsung der Staatsschuld.

(Kap. 35 des Staatsschuldenetats)

1. Allgemeines und Geschichtliches.

§ 41. Zinsfuss ist das Verhältniss des jährlichen Entgelts für die Kapitalnutzung zu dem nominellen Kapitalwerthe der Schuld. Seine Höhe pflegt in finanziell geordneten Staaten unter dem landesüblichen Durchschnitts-Zinsfusse zu stehen.

Wie nun der landesübliche Kapitalzins, die Kapitalrente im Laufe des 19. Jahrhunderts in Preussen und anderen Kulturländern überhaupt zurückgegangen ist, so war auch der Zinsfuss für die preussischen Staatsschulden zu Ende des 19. Jahrhunderts ein erheblich niedriger als im Beginne desselben. Während seit 1896 die preussische Staatsschuld grösstentheils aus 3½ proz. Titres besteht und in den letzten Jahrzehnt sogar nur noch 3 proz. Consols neu ausgegeben worden sind, betrug bei den ersten Staatsanleihen aus der Regierungszeit Friedrich Wilhelms III. u. IV. der Zinsfuss noch 4, 4½ oder 5 Proz. Wenn auch einmal, im Jahre 1804, der Zinsfuss der kündbaren Seehandlungsobligationen von 4 auf 3 Proz. herabgesetzt werden konnte,[1]) so war das doch nur ein vorübergehend günstiges Verhältniss. Nach dem Tilsiter Frieden musste eine 1808 von Königsberg ausgeschriebene preussische Anleihe von 3 Mill. M. sogar mit 6 Prozent verzinst werden. Im Jahre 1810 wurde eine Zwangsanleihe in Scheidemünze ausgeschrieben gegen 5 Proz. Zinsen. Die an Frankreich 1809 zur Deckung der Kriegskontribution gegebenen Domänenpfandbriefe trugen 4 und 5 Proz. Zinsen. Die Staatsschuldscheine, die von 1810 an ausgegeben wurden, waren allerdings 4 proz. Titres. Die auswärtigen Anleihen von 1818 und 1820 mussten aber wieder mit 5 Proz. Zinsen aufgenommen werden. In den Jahren 1820—1830 besserte sich mit dem wiederaufblühenden Erwerbsleben unter Neuregelung der Staatsfinanzen auch der Staatskredit wieder. So konnte man seit Anfang der 40er Jahre nach dem Vorgange anderer europäischer Staaten zu einer allgemeinen Convertirung der Staatsschulden schreiten. 1839 convertirte man die 4 proz. kurmärkische Kriegsschuld, 1840 die neumärkischen Schuldverschreibungen auf 3½ Proz. Seit 1843 wurden auch die 4 proz. Staatsschuldscheine im Betrage von rund 195 Mill. M. in 3½ proz. convertirt. Die Ereignisse von 1848 brachten wieder eine allgemeine Erschütterung des Staatskredits. Die Anleihe von 1848 konnte nur zu 5 Proz. untergebracht werden. In den folgenden Jahren ging man

[1]) E. Richter S. 265.

wieder zu den $4^1/_2$proz. Titres über und wandelte auch die 1848er Anleihe in eine $4^1/_2$proz. um. Ende der 50er Jahre musste man dagegen wieder stellenweise 5proz. Anleihen aufnehmen. Für diesen hohen Zinsfuss waren nicht allein die unruhigen politischen Zeiten, sondern vor allem auch der starke Kapitalbedarf massgebend, welcher in jener Zeit durch die zahlreichen Eisenbahnbauten in ganz Deutschland verursacht wurde.[1])

Nach Beendigung des orientalischen, sowie des österreichisch-italienischen Krieges besserten sich Anfangs der 60er Jahre die Verhältnisse wieder und ermöglichten die Convertirung der $4^1/_2$proz. in 4proz. Der Ausbruch des dänischen und österreichischen Krieges von 1864 und 1866 hatte eine Erhöhung des Zinsfusses auf $4^1/_2$ Proz. zur Folge. Die Consolidation auf Grund des Gesetzes von 1869 wandelte bekanntlich noch einen Theil der 4proz. alten Staatsschuldscheine in $4^1/_2$proz. um. Infolge des günstigen Ausganges des deutsch-französischen Krieges, der hohen Kriegskostenentschädigung, des allgemeinen wirthschaftlichen Aufschwunges, der starken Schuldentilgung Anfang der 70er Jahre, wurde aber der preussische Staatskredit derartig gestärkt, dass man seit Ende der 70er Jahre bei der Neuausgabe von Consols allgemein zu dem 4proz. Verzinsungsmodus übergehen, und im Jahre 1885 auch die auf Grund des Consolidationsgesetzes ausgegebenen (bis zu diesem Jahre unkündbaren) $4^1/_2$proz. Consols in 4proz. umwandeln konnte. Seit 1885 fing die Regierung sogar bereits an, neue $3^1/_2$proz. Consols, seit 1890 auch 3proz. auszugeben. Im Jahre 1896 wurden sodann die vorhandenen 4proz. Consols in $3^1/_2$proz. convertirt. Seit 1891 sind neu nur noch 3proz. Consols ausgegeben worden. (Vgl. Anl. IVa.)

§ 42. Diese Entwicklungsgeschichte des Zinsfusses der Staatsschuld giebt aber noch kein richtiges Bild darüber, was der preussische Staat in den verschiedenen Perioden des 19. Jahrhunderts thatsächlich an Kapitalzins d. h. an Zinsprozenten an seine Gläubiger bezahlt hat. Da der Zinsfuss nur das Verhältniss zu dem nominellen Kapitalwerth darstellt, so muss, um bei Anleihen mit niedrigerem Kurse das wirkliche Entgelt für Kapitalnutzung zu erhalten, der Zinsfuss im Verhältnisse des Begebungskurses zum Nennwerthe entsprechend erhöht bezw. vermindert werden. Thut man dies, so ergiebt sich aus Anlage III, welche die Entwicklung des Kursstandes der Staatsschuld seit 1816 darstellt, dass besonders in den schweren Zeiten der ersten Jahrzehnte des vorigen Jahrhunderts der thatsächlich vom Staate gezahlte Zins vielfach 6—8 und noch mehr Prozent des Begebungs(Kurs)werthes der Anleihen betrug. Gegenwärtig (1903) stellt sich bei einem Kurswerthe der $3^1/_2$proz. Consols von 102, und der 3proz. von etwa 90—91 der vom Staate für seine Schulden thatsächlich zu entrichtende Zins bei den $3^1/_2$proz. auf 3,43 und bei den 3proz. auf 3,33 bezw. 3,29 Proz.

[1]) Kahn, Geschichte des Zinsfusses in Deutschland seit 1815, Stuttgart 1884.

2. Emission von Staatsanleihen.

§ 43. Die Verhältnisse des nominellen Zinsfusses zu dem wirklich gezahlten Zinssatze sind besonders von Wichtigkeit bei der Emission neuer Staatsanleihen. Ist der reelle Zinsfuss wesentlich niedriger, als der nominelle, hat also das Staatspapier hohen Kurs — über pari — so können neue Anleihen auch mit nominell niedrigerem Zinssatze oft annähernd zu pari ausgegeben werden. So konnten (nach Anl. III Ziff. II und Anl. IVa),[1] als im Anfang der 80er Jahre die 4½proz. und 4proz. Consols bis zu 104, 105 und noch höher stiegen, neue 3½proz. Consols zu 98—103 ausgegeben werden, während umgekehrt im Jahre 1870, wo die 4½proz. Consols nur 89⅞ standen, neue Anleihen nur mit 5 Proz. annähernd zum Parisatze unterzubringen waren.

Findet die Emission wesentlich unter dem Parisatze statt, so kann natürlich auch bei hohem reellen Zinssatze gleichwohl eine nominell niedrig verzinsliche Anleihe gewählt werden. Bei der Neu-Begebung von Staatsanleihen ist es eine alte Streitfrage, ob das System der (nominell) hoch verzinslichen Schulden, d. h. Begebung zu dem Nominalzinsfuss, welcher dem jeweiligen reellen Zinsfusse des Staates möglichst gleichkommt oder (nominell) niedrig verzinslicher Schulden, also eine Begebung der Anleihen möglichst niedrig unter pari, befolgt werden soll.

Die Theorie befürwortet in ihren Hauptvertretern mehr das erstere System, besonders deshalb, weil es eine spätere Convertirung, d. h. Zinsreduktion, zulässt. Die Praxis bevorzugt dagegen vielfach den zweiten Weg, weil die Regierungen davon ausgehen, dass an Zinsen insofern gespart werde, als die Gläubiger geneigt sein werden, in der Hoffnung auf künftige Kurssteigerungen zunächst mit einer geringeren reellen Verzinsung vorlieb zu nehmen und beispielsweise für 3proz. Renten relativ mehr zu geben, als für 3½- und 4prozentige.

In Preussen ist in früheren Zeiten häufiger das System der hoch verzinslichen Begebung benutzt worden, besonders in Zeiten stark erschütterten Staatskredits. Seit den 90er Jahren hat man dem zweiten System den Vorzug gegeben,[2] wobei natürlich ausser den obigen Erwägungen auch noch andere Gründe mit in Betracht kamen, so z. B. im Jahre 1890/91, als man zum 3proz. Typus der Consols überging,

---

[1]) In Anl. IVa sind einige Zahlen zu berichtigen. In Anm. 5 auf S. 16—17 muss es heissen, „in England: 102 Mill. M., in Anm. 6 das. 190 Mill.“ Nach S. 18 Anm. 3 ist als allgemeiner Bonifikationssatz für die Consortien ½ 00 angegeben. Seit 1890 betrug ersterer aber meist 20 Pfg für die Zeichnungsstellen, wovon 10 Pfg. weiter vergütet werden durften.

[2]) Nach Anlage IVa hat der Emissionskurs (Subscriptions- oder Verkaufskurs) — abgesehen von der im August 1870 unter Ausnahmeverhältnissen aufgenommenen Anleihe (zu 89 Proz.) — von 1859—1890 nur einmal unter 94 Proz (93,75 Proz.) betragen, während seit Anfang der 90er Jahre die meisten Anleihen (3proz. Consols) unter 90 Proz. und bis zu 83,60 Proz. herab emittirt wurden.

der Umstand, dass der Markt damals mit $3^1/_2$proz. Consols stark überfüllt war, eine weitere Ausgabe dieses Typus also einen starken Rückgang des Kurses der $3^1/_2$proz. Titres verursacht hätte. Auch würde in jener Zeit, nachdem der Zinsfuss für Staatsanleihen in England auf $2^3/_4$ bezw. $2^1/_2$, in Frankreich für alle Neubegebungen auf 3 Proz. herabgesetzt war, und Russland und Oesterreich-Ungarn sich auf einen Zinssatz von 4—$3^1/_2$ Proz. einrichteten, ein weiteres Beharren bei dem $3^1/_2$proz. Typus Preussen und das Reich auf dem internationalen Geldmarkt isolirt und in ihrer Kreditwürdigkeit herabgesetzt haben. Seit jener Zeit hat Preussen höher als mit 3 Proz. verzinsliche Consols nicht wieder ausgegeben. (Anders das Reich, wo, wie aus Anl. IVa ersichtlich ist, noch einigemale $3^1/_2$ proz. Titres ausgegeben sind.)

In der That dürfte bei günstiger Lage des Staatskredits das System der Emission nominell niedrig verzinslicher Schulden im Allgemeinen den Vorzug verdienen. Denn die spätere Convertirung höher verzinslicher Papiere, auch wenn sie noch so glatt verläuft, bringt für viele Staatsangehörige erhebliche wirthschaftliche Nachtheile mit sich, und vom moralischen Standpunkte ist es jedenfalls nicht zu billigen, wenn höher verzinsliche Schuldscheine schon von vorneherein bei der Begebung mit der Absicht baldiger Convertirung ausgegeben werden.[1])

Niedrige Verzinsung eignet sich besonders für Consols, wo es sich (Gegensatz: amortisable Papiere) um Schulden handelt, für die eine Rückzahlung des Nominalbetrages zwar vorbehalten ist, die aber thatsächlich doch vorwiegend den Charakter einer Rente tragen. Hier muss mit Recht finanziell in erster Linie die Frage entscheidend sein, welcher Zinsbetrag nach der zeitigen Lage des Marktes die geringste Zinsenbelastung des Schuldners ergiebt. Die Einführung einer gesetzlichen Schuldentilgung, wie sie in Preussen seit 1897 besteht, ändert daran nichts, da dieselbe keinen Verkauf von Consols fordert, sondern Anrechnung auf bewilligte Kredite zulässt, also eine eigentliche Rückzahlung des Kapitals auch hierbei nicht stattfindet.

Allerdings ist zuzugeben, dass das rein finanzielle fiskalische Interesse nicht allein entscheidend sein kann. Niedrig verzinsliche Anleihen sind Kursrückgängen im allgemeinen leichter ausgesetzt, als höher verzinsliche Anleihen. Bei einer Staatsschuld von mehreren Milliarden wirken Kursrückgänge der Staatsrente schon von mehreren Prozent sehr empfindlich auf weite Kreise des Volkes ein. In kritischen Zeiten, Kriegen u. s. w., lassen sich solche Rückgänge allerdings nie vermeiden. In friedlichen Zeiten muss aber die Staatsregierung im allgemeinen und öffentlichen Interesse eine möglichste Stabilität der Kurse bei all ihren finanziellen Massnahmen in erster Linie mit ins Auge fassen. Schon deshalb hat die innere Berechtigung der

[1]) Es wird daher mit Recht vielfach bei Neuemission die Convertirung bezw. Kündigung bis zu einem bestimmten Termine von vorneherein ausgeschlossen.

Ausgabe niedrig verzinslicher Papiere ihre Grenzen. Auch wird, wenn dabei zu sehr auf spätere Kurssteigerungen spekulirt wird, das Papier leicht zu einem Börsenspielpapier, was weder vom moralischen, noch vom wirthschaftlichen Gesichtspunkte erwünscht sein kann.

§ 44. Die Berechtigung des Vorhandenseins einer mit steigender Kulturentwickelung und steigendem Nationalwohlstande steigenden National- oder Staatsschuld lässt sich nicht allein damit begründen, dass in vermehrter Zahl grosse Ausgaben erforderlich werden (Kanal-, Eisenbahnbauten u. s. w.), deren Aufbringung aus Gerechtigkeitsgründen den künftigen Generationen mit aufzuerlegen sind; sie ist auch zu gründen auf das sich steigernde Bedürfniss in der Volkswirtschaft, grössere Kapitalien in sicheren Werthen festzulegen. Nicht nur für Vormundschaften, Stiftungen, Wohlthätigkeitsanstalten tritt dies Bedürfniss hervor, auch der Grossgewerbetreibende und -Landwirth, der vom Geschäfts- und Berufsleben zurückgezogene Rentner streben mit gesteigerter Nachfrage darnach, einen bestimmten Theil ihrer Kapitalien in festen, sicheren Werthen anzulegen, die gleichzeitig aber doch leicht realisirbar sind, was besonders für den Gewerbe- und Handeltreibenden gilt.

Gründet man aber die Berechtigung der Staatsschulden zum Theil auf ein allgemein volkswirthschaftliches Bedürfniss in obengedachter Weise, so muss daraus auch die Folgerung gezogen werden, dass bei den auf die Staatsschuld bezüglichen Manipulationen neben dem rein fiskalischen Interesse dieses volkswirthschaftliche Interesse die genügende Berücksichtigung findet.

Nun sind erfahrungsmässig in nicht überreichen Staaten Staatspapiere mit niedrigerem Zinsfusse in ihrem Kurswerthe empfindlichen und grösseren Schwankungen ausgesetzt, als solche mit höherem Zinsfusse. Deshalb empfiehlt es sich nicht, zu frühzeitig zu dem niedrigeren Typ überzugehen, oder ihn doch wenigstens nur auf einen bestimmten Theil der Staatsschuld zu beschränken.

Die Frage, ob Preussen und das Reich zu frühzeitig zu der 3proz. Verzinsung übergegangen ist, wie heute vielfach behauptet wird, zu entscheiden, ist hier nicht der Ort. Die Thatsache, dass diese in den 90er Jahren mit 83—87 begebenen Papiere seit 1901 mit 87—92 emittirt werden konnten, spricht aber mehr für als gegen dies Vorgehen der Staats- und Reichsregierung. Würde aber bei späteren Emissionen der Begebungskurs der 3 proz. Consols wieder unter 90 Prz. sinken, so fragt sich doch. ob im Interesse der grösseren Stabilität der Kurse nicht wieder auf den 3½ proz. Typ zurückzugreifen sein würde.

Selbst die Steigerung des Kurses der 3proz Papiere um Mitte der 90er Jahre bis fast auf Pari (Anl. III) hat man gegen das Vorgehen der Regierung angeführt. Man wird indessen eine Steigerung nach der Emission nicht etwa als Nachtheil anzusehen haben, insofern mit Steigerung der Kurse die Schuldenlast des Staates wachse,[1]) sondern als günstiges Moment, indem die Steigerung dem Besitzer die Möglichkeit vortheilhafter Weiterveräusserung, dem Staat bei fernerem Anleihebedarf einen geringeren Zinsenaufwand sichert.

Zur relativen Hochhaltung des Kurses der Staatsanleihen besitzen besonders Frankreich, England und Amerika ein vorzügliches Mittel in der Einrichtung, dass in England und Frankreich die Sparkasseneinlagen ausschliesslich oder hauptsächlich in Staatspapieren angelegt werden müssen, und in Amerika sämtlichen Nationalbanken die Verpflichtung auferlegt ist, einen der von ihnen ausgegebenen Banknotensumme entsprechenden Betrag in Staatsfonds zu belegen. In Preussen giebt es leider eine gesetzliche Handhabe, die Sparkassen und die grossen Versicherungsanstalten anzuhalten, auch nur einen beschränkten Theil ihres Vermögens in Staatspapieren anzulegen, nicht.

Form der Begebung und Begebungsstellen.

§ 45. Eine weitere wichtige Frage für die Begebung von Staatsanleihen betrifft die Form, in welcher, und die Mittelspersonen, durch welche dieselbe zu erfolgen hat.

[1]) Abg. Lieber, Sitzung des Abgeordnetenhauses v. 23. Jan. 1897.

Die Theorie unterscheidet (A. Wagner, „Oeffentlicher Kredit“ in Schönbergs Handbuch der polit. Oekonomie, Tübingen 1897, 4. Aufl., 3. Band, S. 824): 1. Verkauf auf eigene Rechnung an der Börse; 2. das französische System beständiger Rentenverkäufe durch die Hauptsteuereinnehmer im Departement, die Schuldtitel ausstellen können (Nationalschuld); 3. Oeffentliche Subscription; 4. Uebereinkunft mit Zwischenhändlern gegen Provision und Kursgewinn (bei auswärtigen Anleihen unvermeidlich).

In Preussen fand — abgesehen von den auswärtigen Anleihen zu Anfang des 19. Jahrhunderts, s. § 3 — bis zu den 80er Jahren die Begebung der Preussischen Anleihen in folgender Weise statt:

1. Durch allmäligen Verkauf seitens der Seehandlung (zu deren Aufgaben die Besorgung der staatlichen Geldgeschäfte gehört, vgl. Bd. I Buch IV § 3).

Allmälig freihändig verkauft wurden durch die Seehandlung z. B.:

55,2 Mill. M.	$4^1/_2$ proz. Anleihe	v.	3. Okt. 1859	bis	6. Juni 1864	zu	$98^3/_4$—$102^3/_4$ Proz.
9,7 „	„ 4 „	„	„ 18. März 1863	„	1. Mai 1865	„	$97^1/_4$— 99 „
54,7 „	„ $4^1/_2$ „	„	„ Januar 1875	„	Sept. 1877	„	105,90—104 „

2. Durch öffentliche Subscription bei Königl. Kassen. Oeffentlich subscribirt — und überzeichnet — wurden in Preussen z. B. vom 6.—12. Juni 1859 90 Mill. M. 5proz. Anleihe zum Kurse von 95 Proz. Der Börsenkurs der $4^1/_2$proz. Anleihe betrug in diesen Tagen 88, die dem Publikum gebotene Marge betrug mithin nicht weniger wie $2^3/_4$ Proz.

3. Durch Ueberlassung an ein Consortium von Bankinstituten unter Mitwirkung und Mitbetheiligung der Seehandlung (ausnahmsweise auch mit nur einem Partner, so 1864 18 Mill. M., 1867 30 Mill. M. $4^1/_2$ Prz. Preuss. Staatsschuldscheine).

Das Consortium übernahm in diesem Falle die Anleihe zu einem bestimmten Kurse und verkaufte dann die einzelnen Stücke entweder freihändig oder eröffnete eine Subscription zu einem etwas höheren als dem übernommenen Kurse.

Insbesondere wurden begeben durch Vermittelung des sogen. Preussen-Consortiums an 4proz. Consols:

Beginn der Unterhandlungen	Millionen M.	Uebernahmekurs[1]) Proz.	Der Uebernahmekurs stand unter dem Kurse vom Tage vor d. Unterhandlungen m. d. Consortium um
29. Nov. 1877	50	93	1,70 Proz.
25. April 1878 . . .	60	95	1,25 „
24. Okt. 1878	60	93,75	1,95 „
8. Jan. 1879	55	94,25	1,45 „
12. Nov. 1879	30	95,90	1,0 „
28. Dez. 1879	120	95,90	1,30 „
19. März 1880 . . .	67	98,30	1,20 „

[1]) Den Subscriptionskurs dieser Anleihen siehe aus Anl. IVa.

Seit Anfang der 80er Jahre ging die Seehandlung wieder dazu über, ohne förmliche Bildung eines Consortiums die Anleihen zum Theil selbst an den Markt zu bringen, zum Theil an einzelne grosse Häuser wenig unter Tageskurs zu begeben.

Dieser Modus bewährte sich in den ersten Jahren sehr gut. Die Bankiers übernahmen willig verhältnissmässig geringe Posten mit kleinem Abschlage unter dem Tageskurse, in der Erwartung, sie unschwer demnächst mit Profit weiterveräussern zu können. So konnten auf diese Weise von 1880—1884 rund 400 Mill. M. 4 proz. Consols, mit geringen Ausnahmen über pari unter Kurs an einzelne Bankfirmen verkauft werden (0,02 bis höchstens 0,5 Proz. unter Tageskurs), in Posten von ½—30 Mill., ausnahmsweise ein Posten von 80 Mill. (0,5 Proz. unter Kurs). Das war allerdings gegen die obengedachten Begebungen ein nicht zu unterschätzender Vortheil.

Dieser Modus ist auch insofern durchaus einwandfrei, als er dem dem Staate die Möglichkeit bietet, die ernsten Zeichner besser zu berücksichtigen und ihm zugleich den höchsten jeweiligen Verkaufskurs sichert — ohne erheblichere Abzüge —, er hat aber den Nachtheil, dass er sich nur langsam vollzieht und dem Staate nicht sogleich grössere Kapitalien zur Verfügung stellt, falls er grössere Geldbedürfnisse in bestimmten Terminen zu bestreiten hat. Auch bewährte er sich nur, so lange die Marktlage günstig blieb. Sobald sich die Verhältnisse des Geldmarktes verschlechterten, waren die einzelnen Firmen nur zu erheblichem Abschlag unter dem Tageskurse zur Uebernahme bereit und suchten Hintermänner, sodass sich die Seehandlung bald wieder genöthigt sah, zu dem Consortialprinzip zurückzukehren.

Allerdings hat man in einigen Fällen auch späterhin noch freihändigen Verkauf vorgenommen, aber meist nur für kleinere Anleihebeträge. In der Hauptsache gelangte seitdem wieder das Consortialprinzip zu seinen Rechten.

Theoretisch lässt sich gegen das Consortialprinzip vielleicht einwenden, dass damit scheinbar einzelnen Firmen eine Bevorzugung eingeräumt wird, praktisch ist dies kaum der Fall, da der Gewinn meist nicht gross ist im Verhältniss zu dem immerhin vorhandenen Risiko und überdies eine Gegenleistung darstellt für die Regulirung des Marktes bei und nach Begebung der Anleihen.

Der Umfang der an dem Consortium betheiligten Firmen ist nicht immer der gleiche gewesen. Jahrelang ist eine bestimmte Gruppe, das sogen. Preussen-Consortium, thätig gewesen. Neuerdings hat man den Kreis der betheiligten Banken mehrfach erweitert. Je grösser der Anleihebetrag, um so mehr Betheiligung von Banken wird im Allgemeinen förderlich sein.

Im Jahre 1899 hat der Staat (und das Reich) auch an eine einzelne Bank (die Deutsche Bank) eine Anleihe begeben. Doch ist der Fall bisher vereinzelt geblieben (s. Anl. IVa).

Im Laufe der 90er Jahre ist man auch mehrfach wieder zu einer öffentlichen Subscription durch Vermittelung der Königl. Kassen pp. übergegangen. Der Erfolg war glänzend, indem der Betrag der Preuss. Anleihe von 1891 nahezu 30fach der von 1892 und 1893 etwa 2½ und 4fach gezeichnet wurden.

Ein allgemein gültiges Prinzip der vortheilhaftesten Begebungsart wird sich nach den gemachten Erfahrungen kaum aufstellen lassen. Die Auswahl kann nur von Fall zu Fall unter Würdigung der zahlreichen in Betracht kommenden Umstände, wie die Lage des Geldmarktes, das Anlagebedürfniss des Publikums, Willfährigkeit der Banken, Höhe des Anleihebetrags, Eiligkeit der Anleihe u. s. w. getroffen werden.

3. Convertirungen.

§ 46. Die Verminderung des Zinsfusses erfolgt nicht nur durch die Neuaufnahme von Anleihen gegen niedrigere als die bisherigen Zinsen, sondern auch durch Kündigung der älteren höher verzinslichen Schulden mit Umtauschrecht der Besitzer gegen neue niedriger verzinsliche Schulddokumente (Convertirungen).

Zwangsconvertirungen kommen, wie aus §§ 9 ff. ersichtlich, in Preussen im 19. Jahrhundert, abgesehen von den Unglücksjahren nach 1807, nicht mehr vor, gehören vielmehr einer früheren Zeitperiode mit weniger gefestigten politischen und weniger entwickelten wirthschaftlichen Verhältnissen an.

Die wichtigsten Zinsherabsetzungen (freie Convertirungen) des 19. Jahrhunderts in der Art, dass den Gläubigern gegenüber die Schuld gekündigt wird und ihnen zugleich niedriger verzinsliche Schuldpapiere — für die erste Zeit gegen Gewährung von Prämien — zur freiwilligen Annahme angeboten werden, fallen in die Jahre 1842/43, 1885/86 und 1896/97.

Alle drei Convertirungen im grossen Stile sind im Wesentlichen als gelungen, d. h. pekuniär vortheilhaft für den Staat zu bezeichnen.[1])

Im Jahre 1842, als die 4proz. Staatsschuldscheine bei einem Kursstande von 104 in 3½proz. umgewandelt wurden — 1 bis 2 Proz. Prämien — wurden zur Convertirung eingereicht 496 965 Stück über rund 195 Mill. M., baar zurückgezahlt nur 60 Stück über 20 500 M. und garnicht vorgelegt, also stillschweigend der Convertirung unterworfen 5592 Stück über 1,7 Mill. M. Auch nach der Convertirung blieb der Kurs bis Frühjahr 1844 auf über 100 Proz.

---

[1]) Eine Convertirung zweier 4½proz. Anleihen von 1850 und 1852 im Betrage von zusammen rund 87 Mill. M. in 4proz. im Jahre 1862 missglückte dagegen. E. Richter S. 268. Vgl. dabei zugleich Verhandl d Abg.-H. v. 11. Aug. 1862 über die Frage, ob die Staatsregierung ohne vorherige Genehmigung der Landesvertretung zu Convertirungen zu schreiten befugt sei.

Vorgänger der grossen Convertirungsaktion von 1885 war die Kündigung einiger hochverzinslicher bei Beginn der Eisenbahnverstaatlichung übernommener Eisenbahnobligationen, nämlich der 5proz. Prioritätsobligationen der Cöln-Mindener und Rheinischen und der 4½proz. der Berlin-Stettiner und Hannover-Altenbekener Eisenbahn im Jahre 1880.

Als Ende September 1884 der Kurs der 4proz. bis auf 103,40 gestiegen war, während der der 4½proz. sogar niedriger war (102,90), ging man, sobald die Kündigung der 4½proz. auf Grund des Consolidationsgesetzes von 1869 ausgegebenen Consols zulässig war, d. h. 1885 (s. § 20) zur Convertirung derselben in 4proz. Consols über.

Von der 4½proz. konsolidirten Anleihe waren damals im Umlaufe Verschreibungen über 545 784 350 M., wovon 485 174 650 M. auf Grund des Gesetzes von 1869 zur Consolidation älterer Anleihen ausgegeben waren. Von diesen 545 Mill. M. gelangten nur 22 700 M. zur Rückzahlung in baar, 545 760 000 M. wurden umgetauscht und der Staat ersparte dadurch 2 729 889 M. Zinsen.

Hätte der Staat anstatt des Umtausches die ganze Anleihe einfach zur Rückzahlung gekündigt, und die erforderlichen Mittel durch Verkauf 4proz. Consols an der Börse aufgebracht, so würde sich das Geschäft möglicherweise noch besser gestellt haben. Durchaus richtiger Weise geschah dies seitens der Regierung nicht, um nicht den Geldmarkt zu beunruhigen und die Besitzer der 4½proz. Consols zur Anlage ihrer Kapitalien in unsicheren Papieren zu veranlassen.

Nach diesem günstigen Erfolge wurde durch Ges. v. 8. Mai 1885 der Finanzminister ermächtigt, den Besitzern der 5- und 4½proz. Eisenbahnprioritäten, welche im Verlaufe der Verstaatlichungsaktion weiter vom Staate selbstschuldnerisch übernommen waren, und die ebenfalls gekündigt werden sollten, vor der Kündigung die Belassung der Papiere unter Herabsetzung des Zinsfusses auf 4 Proz. anzubieten.[1]) Diese Operation glückte ebenfalls vollständig und ersparte dem Staate von 1880 bis 1890 Zinsen von zusammen 5 232 361 M. jährlich. Diese Manipulation hatte für den Staat zugleich den Vortheil, dass es im Laufe der Jahre 1889 und 1890 auch noch möglich wurde, jene Obligationen zu kündigen, in 3½proz. Consols zu verwandeln und damit wiederum eine bedeutende Ersparung von Zinsen für den Staat herbeizuführen. Rechnet man alle diese Zinsersparungen in den Jahren 1880 bis 1890 zusammen, so ergab sich eine jährliche Gesammtersparniss an Zinsen von 17 930 851 M. (Sattler S. 152).

Auf Grund des Gesetzes vom 23. Dez. 1896 endlich ist die 4proz. consolidirte Staatsschuld in eine 3½proz. umgewandelt worden.

Die Massregel ist erst getroffen, nachdem mit Sicherheit eine andauernde Senkung des allgemeinen Zinsfusses festgestellt werden

---

[1]) Die Ermächtigung zur Rückzahlung nach Kündigung oder zum Umtausch in Consols hatte der Finanzminister allgemein durch die einzelnen Verstaatlichungsgesetze bereits erhalten.

konnte und nachdem seitens der meisten Kulturstaaten und einer grossen Anzahl von Gemeinden, Korporationen und Kreditinstituten innerhalb des Deutschen Reichs mit der Convertirung ihrer Schulden vorgegangen war. Von dem Rechte, die baare Rückzahlung zu verlangen, haben 22 Staatsgläubiger mit einem Betrage von nur 52 200 M. Gebrauch gemacht; alle übrigen haben sich der Herabsetzung des Zinssatzes auf 3 $^1/_2$ Proz. unterworfen.

Das Gesetz ist unter thunlichster Schonung der Interessen der Gläubiger erlassen, indem denselben neben gewissen auf Eintragungen in das Staatsschuldbuch bezüglichen Vergünstigungen die Verzinsung zu 4 Proz. noch bis zum 30. Sept. 1897 und die Unkündbarkeit der in eine 3$^1/_2$proz. umgewandelten 4proz. consolidirten Staatsschuld bis zum 1. April 1905 zugesichert worden ist.

Die in Folge der Conversion eintretende jährliche Zinsersparniss betrug rund 17,9 Mill. M.

4. Zinstermine.

§ 47. Die Zinstermine sind schon für die alten preussischen Staatsschulden in der Regel $^1/_2$jährliche gewesen. Ganzjährige Zinstermine kommen dagegen bei einigen 1866 mit den neuen Landestheilen übernommenen Schulden vor. Die alten preussischen Staatsschuldscheine hatten ihre Zinstermine am 2. Januar und 1. Juli. Die Zinstermine der neueren Anleihen lauteten mit wenigen Ausnahmen und die der consolidirten Schuld lauten jetzt zum grösseren Theil auf den 1. April und den 1. Oktober.

Es hatten 1902 April- und Oktobertermin von dem Schuldkapital der consolidirten Anleihe: 3$^1/_2$proz. (vormals 4proz.) 583 700 350 M., 3$^1/_2$proz. 1 914 100 650 M., 3proz. 1 102 397 400 M. und 145 000 000 M., in Summa 3 745 198 400 M. Juli und Januar Termin hatten 3 002 006 450 Mark 3$^1/_2$ (vormals 4 Prz.) Consols.

Die auf dem Etat der Hauptverwaltung stehenden Eisenbahnschulden haben ihre Zinstermine meist am 1. Januar und 1. Juli (Näheres in § 32). Neuerdings werden auch wieder Consols mit Zinsterminen vom 1. Januar und 1. Juli ausgegeben, um die 4 Zinstermine im Jahre gleichmässig zu belasten.

5. Zinscoupons und Zinstalons.

§ 48. Die sämmtlichen Theilobligationen auf den Inhaber sind mit Zinsanweisungen für die nächsten Zinstermine versehen; diese Anweisungen heissen Zinscoupons und können von den Dokumenten losgetrennt als selbständige Werthpapiere mit Anspruch auf Erhebung der Zinsrate selbständig veräussert werden. Seit Ende der 60er Jahre sind bei den preussischen Staatsschulden auch sogenannte Talons ausgefertigt worden. Der Talon ist eine Anweisung auf eine neue Couponserie. Derselbe ist nach Ablauf der dem Kapitaldokument beigegebenen Coupons loszutrennen und behufs ihrer Realisirung, sowie Ausreichung eines neuen Talons selbständig zu präsentiren. Es wird dadurch die für die Staatsgläubiger und die Verwaltung gleich lästige Einreichung der Schuldokumente erspart, welche früher, namentlich für die im Auslande lebenden Gläubiger mit so erheblichen Weiterungen verknüpft war, dass die Ausbreitung des Verkehrs mit diesen Papieren über die Grenzen Preussens hinaus dadurch beeinträchtigt wurde. Die Zinsscheine wurden früher für 4 Jahre den Schulddokumenten (Consols) beigegeben, jetzt geschieht dies allgemein für 10 Jahre.

6. Gesammtbetrag der Zinslast (Kap. 35 d. Etats).

§ 49. Aus der Anlage I ist zu ersehen, wie sich der Gesammtbetrag der zur Verzinsung der Staatsschuld erforderlichen Summen seit dem Beginne der Eisenbahnverstaatlichungsaera vermehrt hat. 1879/80 waren 54,7 Mill. M., 1903 235,9 Mill. M. erforderlich, was einer Steigerung um 328 Proz. gleichkommt. Das Staatsschuldkapital stieg von 1879 bis 1903 von 1246,3 auf 6889,4 Mill. M., also um 453 Proz. 1879 stellte die Verzinsung 4,3 Proz. des Schuldkapitals, 1903 nur 3,4 Proz. desselben dar.

Der Betrag der einzelnen Zinsposten ist ebenfalls aus Anl. I (Kap. 35 Tit. 1—7) ersichtlich. Mit der Veränderung der Höhe und Art der Schuldtitres hat sich natürlich auch die Bezeichnung der einzelnen Titel, sowie der bei ihnen aufgeführte Zinsbetrag wesentlich geändert.

Die 235 912 162 M. für 1903 setzten sich im Einzelnen wie folgt zusammen:

		Mark
1.	$3^1/_2$ (vormals 4 proz.) consolidirte Anleihe	125 477 915
2.	$3^1/_2$ proz. consolidirte Anleihe	66 993 522
3.	3 proz. consolidirte Anleihe	38 242 542
4.	Zur Verzinsung der im Laufe des Etatsjahres neu aufzunehmenden Anleihebeträge	500 000
	(Die Tit. 1, 2, 3 und 4 übertragen sich gegenseitig.)	
5.	Aktien und Obligationen der Niederschlesisch-Märkischen, Magdeburg-Halberstädter, Cöln-Mindener, Homburger, Bergisch-Märkischen und Westholsteinischen Eisenbahn sowie der Schleswig-Holsteinischen Marschbahn	4 259 728
6	Schatzanweisungen	300 000
7.	Vormals Hannoversche Schulden	138 553
	Summe Kap 35	235 912 162

Zu Kap. 35. 1. Die am Jahresschlusse verbleibenden Bestände können zur Verwendung in die folgenden Jahre übertragen werden. 2. Die durch die Tilgung im Laufe des Etatsjahres 1903 entstehenden Zinsenersparnisse bei denjenigen Schulden, deren Zinsenersparnisse durch Tilgung nach gesetzlichen Bestimmungen mit zur Tilgung zu verwenden sind, wachsen den betreffenden Tilgungsfonds unter Kap. 36 zu.

Ueber Art und Zinsverpflichtung dieser einzelnen Titel ist das Nähere schon in den früheren Paragraphen gesagt worden.

II. Schuldentilgung.

§ 50. In Ländern, welche sich in politischer und wirthschaftlicher Hinsicht noch in einem Entwicklungsstadium befinden, in denen die staatlichen und kommerziellen Verhältnisse noch zu grosse Schwankungen und Unsicherheiten aufweisen, wo politische und wirthschaftliche Krisen zu überwinden sind, können auch heutzutage noch Staatsschulden, vor Allem wenn sie im Ausland aufgenommen werden sollen, in der Regel nur unter festen Tilgungsbedingungen gegenüber den Gläubigern aufgenommen werden. Selbst ein so mächtiger Staat wie Russland konnte erst im Jahre 1894 eine Rente ausgeben, in welcher der Staat sich gar keiner Tilgungspflicht unterwarf.[1])

Es ist daher begreiflich, dass Preussen zu einer Zeit, wo England und Frankreich bereits längst zur Ausgabe von Schuldverschreibungen ohne Tilgungspflicht gegenüber den Gläubigern übergegangen waren, seinerseits Schulden nur unter genau vorgeschriebenen, den Gläubigern garantirten Tilgungsbedingungen aufzunehmen wagte.

§ 51. Die ältesten preussischen Anleihen aus dem 19. Jahrhundert wurden überhaupt nur auf 3 bis 8 Jahre aufgenommen, hatten also überaus scharfe Tilgungsbestimmungen. Das Edikt vom 7. Okt. 1810 stellte die Tilgung der in den unglücklichen Vorjahren aufgenommenen Staatsschuldscheine „gleich nach Abtragung der Contribution an Frankreich und der noch rückständigen Schuldenzinsen“ in Aussicht und hatte zur Folge, dass 1818 und 1819 je 3 Mill. M. zur Tilgung verwandt wurden. Bei der ersten englischen (Rothschildschen) Anleihe wurden im ersten Jahre 3 Proz., dann 2½, 2, 1½, 1 Proz. des ursprünglichen Schuldkapitals unter Zurechnung der Zinsersparnisse zur Tilgung bestimmt. Die Verordnung v. 17. Jan. 1820 sah einen Tilgungsfonds von 1 Proz. des Schuldkapitals vor, liess aber die Zinsersparnisse diesem Fonds immer nur für 10 Jahre hinzuwachsen, nach deren Ablauf der Fonds wieder auf 1 Proz. des ursprünglichen Schuldkapitals ermässigt wurde,

> „um den Bedarf zur Verzinsung von Zeit zu Zeit zu vermindern und dadurch den Unterthanen bei Entrichtung der Abgaben nach und nach Erleichterungen gewähren zu können“.

Bei den nach 1848 aufgenommenen Anleihen wurde aber — die Anleihe von 1856 ausgenommen — wieder das Prinzip eingeführt, den — 1 Proz. betragenden[2]) — Tilgungsfonds ununterbrochen mit den „Zinsersparnissen“ zu dotiren.

§ 52. Eine andere in Altpreussen vorkommende Form der tilgbaren Schulden war diejenige der Prämienanleihen. Die erste Prämienanleihe war die von 1796 (9 Mill. M., in Frankfurt aufgenommen), die

---

[1]) O. Schwarz, Schuldentilgung in den grösseren Europäischen und Deutschen Staaten. Berlin 1897, S. 11.

[2]) Abgesehen von der Grundsteueranleihe 1867 und der Dänischen 1868.

zweite von 1821 (ebenfalls 9 Mill. M.), die dritte von 1832 (48 Mill. M., von der Seehandlung zum Bau von Chausseen aufgenommen). An die Beendigung der Tilgung der letzteren schloss sich dann die Aufnahme der 1869 noch nicht ganz getilgten Prämienanleihe von 1855 an. Zu dieser Anleihe, im Betrage von 45 Mill. M., aufgenommen zur theilweisen Deckung der Rüstungskosten aus Anlass des Orientalischen Krieges kamen 1866 noch hinzu eine kurhessische Lotterieanleihe von 20,1 Mill. M. und eine Nassauische von 2,6 Mill. Gulden. Bei allen drei Anleihen war die Ausloosung für die zur Tilgung bestimmten Obligationen obligatorisch und die ausgeloosten Obligationen wurden nicht zum Nennwerth, sondern zu verschiedenen denselben übersteigenden Beträgen (Prämien) eingelöst.

§ 53. Durch die Uebernahme der Schulden der neuen Landestheile seit 1866, die ebenfalls meist tilgungspflichtige Anleihen aber unter verschiedestem Tilgungsmodus besassen, gestalteten sich die für die Gesammtschuld geltenden Tilgungsgrundsätze zu einer „wahren Musterkarte von Finanzeinrichtungen". Es gab Anleihen mit von vorneherein bestimmten Tilgungsplänen oder mit jährlich von dem Eintritt gewisser, mit der Schuldenverwaltung nicht in Beziehung stehender Verhältnisse abhängigen Tilgungssätzen, mit jährlich festen oder variirenden Sätzen, mit zunehmenden und abnehmenden Tilgungsfonds u. s. w.[1])

§ 54. Im Ganzen hatte die dem Staate obliegende Tilgungspflicht einen verhältnissmässig sehr hohen Betrag erreicht. Die obligatorische Tilgungssumme betrug für 1869 bei 1 241 712 141 M. Staatsschuld 24 965 106 M. oder 2,10 Proz. des Schuldkapitals, und wenn man nur die auf dem Etat der öffentlichen Schuld stehenden Posten berechnete 1,98 Proz. (1 218 780 243 M. Schuldkapital und 24 163 827 M. Tilgung), während der Prozentsatz (in letzterem Sinne) betragen hatte 1820: 1,38, 1833: 1,67, 1843: 1,56, 1863: 1,70.

Verglich man den Prozentsatz der Tilgungssumme zwischen alten und neuen Landestheilen, so zeigte sich, dass in letzteren die vertragsmässigen Tilgungsbeträge noch weit stärker waren als in Altpreussen. Es kamen (nach Richter S. 232) auf Altpreussen 1,8 Proz., auf hannoversche Schulden 4,7, kurhessische 1,4, nassauische 0,9, hessen-homburgische 23, schleswig-holsteinische 2,2, Frankfurter 1,7, hohenzollernsche 10 Prozent.

Dieser hohe, lediglich zur Rückzahlung von Schulden zu verwendende Betrag machte sich für die Staatsregierung bei der damaligen, besonders misslichen allgemeinen Finanzlage sehr drückend geltend, so dass man beschloss, dem Vorgange von England und Frankreich zu folgen und zum freien Tilgungssysteme, zunächst wenigstens für einen grossen Theil der Staatsschulden überzugehen, (s. § 19). Natürlich kamen aber bei einer so wichtigen Massnahme nicht nur die augenblickliche Finanzlage sondern auch Erwägungen allgemeiner Natur zur Geltung.

---

[1]) Näheres bei E. Richter S. 224 ff.

Die verschiedenen Formen der bisherigen Zwangstilgungssysteme hatten sich nämlich sämmtlich etwas überlebt und eine Anzahl augenscheinlicher Nachtheile für Staat wie Gläubiger zur Folge gehabt.

Das zuerst in England aufgekommene Tilgungsfondssystem (nach dem Prinzip der Zinseszinsrechnung des Dr. Price, wie es später auch in Frankreich, Oesterreich, Preussen (1820)[1]) und anderen Ländern zur Anwendung kam) und welches darauf beruhte, dass die zum Zwecke der Tilgung am offenen Markte zu kaufenden Schulddokumente nicht vernichtet, sondern aufbewahrt und dem Fonds vom Staate weiter verzinst wurden, dass ferner diese Zinsen zum Ankauf weiterer Dokumente verwendet wurden, bis der Fonds auf diese Weise in den Besitz der gesammten Dokumente gelangte, hatte auf die Dauer nicht allein den Nachtheil, dass die Tilgungsbeträge allmälig eine zu drückende Höhe erreichten, sondern hatten auch den weiteren effektiven Nachtheil für den Staat, dass in solchen Jahren, wo der Kurs der Schuldscheine über pari stand, der zwangsweise Ankauf derselben am freien Markte dem Staate Verluste brachte, die um so schwerer wogen, wenn derselbe zu gleicher Zeit genöthigt war, neue Schuldtitel auszugeben, für welche er vielfach geringere Baarbeträge erhielt. So sollen in England beim Einkaufe der 3proz. Stocks zu Schuldentilgungszwecken von 1793—1817 14 Mill. Pfund Sterling, in Frankreich von 1816 bis 1834 bei dem Rückkaufe an Staatsrenten zu Tilgungszwecken 105 Mill. Francs verloren worden sein. Dass sich das in Preussen seit 1820 bestehende Tilgungsfondssystem längere Zeit hindurch hier besser bewährte, als in England und Frankreich, hatte seinen Grund einmal darin, dass bei hohem Kurse der Staatspapiere an die Stelle des Rückkaufes die Kündigung nach einem Verloosungsplan trat und ferner, dass, wenigstens für den älteren Theil der Schuld, die Verwendung der Zinsen der eingelösten Schuldscheine zur weiteren Tilgung nur in Zeiträumen von 10 Jahren stattfand. Seitdem man von letzterem Prinzipe wieder abwich (s. § 18), wuchsen bald die Klagen gegen das Tilgungsfondssystem immer stärker an (vergl. u. A. die auf Verminderung der Schuldentilgung gerichteten Anträge des Herrenhauses vom Jahre 1856). Noch weniger wie das Tilgungsfondssystem bewährte sich die Form der Prämien- und Lotterieanleihen. Hier fallen nicht nur die Schwierigkeiten der Verloosungsberechnungen, sondern vor Allem die Unmöglichkeit, Zinsreduktionen vorzunehmen, für den Staat nachtheilig ins Gewicht. Für die Gläubiger haben diese Anleihen die Unbequemlichkeit zur Folge, dass sie stets die Verloosungslisten studiren müssen, und dass ihnen die Kapitalrückzahlung häufig zu einem Zeitpunkte aufgenöthigt wird, wo sie keine Gelegenheit haben, ihr Geld gegen gleiche Sicherheit und gleich hohen Zinsgenuss

---

[1]) in etwas modifizirter Form (s. § 51).

anderweitig unterzubringen. Dass sich diese Nachtheile bei einer Verschiedenheit der Tilgungssysteme der verschiedenen einzelnen Anleihen noch verdoppeln, liegt auf der Hand. Annuitäten, wie sie in Frankreich und England[1]) vorkommen, gab es in Preussen leider nicht.

§ 55. Unter diesen Umständen fand die vom Finanzminister Camphausen angestrebte Einführung des freien Tilgungssystems, welches in England seit 1829 und in Frankreich seit 1859 bestand, unter gleichzeitiger Einführung der Schuldform der unkündbaren Rente, welche in England und Frankreich schon seit Ende des 18. Jahrhunderts[2]) bestand, wohlvorbereiteten Boden und gelangte in dem sogen. Consolidationsgesetze vom 19. Dez. 1869 (G.-S. S. 1197) zugleich mit der Unifikation der Staatsschuld zur Durchführung.

Durch das Consolidationsgesetz vom 19. Dez. 1869 wurde die freie Tilgung zunächst allerdings nur für einen bestimmten, nicht ganz die Hälfte der Staatsschulden (223,4 Mill. M. von 424,3 Mill. M.) ausmachenden Theil der Staatsschuld eingeführt.

Hinsichtlich dieses Theiles der tilgbaren, nunmehr in consolidirte Staatsschulden umzuwandelnden älteren Schuld wurde in § 2 des Gesetzes bestimmt,

> „dass die Tilgung der neuen consolidirten Anleihe erfolgen solle, sobald und soweit etatsmässige Ueberschüsse der Staatseinnahmen über die Staatsausgaben sich ergeben und soweit über dieselben im Staatshaushaltsetat nicht anderweit verfügt wird".

Da es nun aber möglich wurde, in Folge der Kriegskontribution und der günstigen Rechnungsabschlüsse im Anfang der 70er Jahre noch eine weitere Anzahl älterer, der Tilgungspflicht unterworfener Schulden zu tilgen (s. § 21), da ferner seit Beginn der Eisenbahnverstaatlichung der Betrag der consolidirten Staatsschuldverschreibungen ganz enorm anschwoll und eine immer grössere Quote der Staatsschuld einnahm (§ 23), so beherrschte das ursprünglich nur etwa die Hälfte der Staatsschuld umfassende Prinzip der freien Tilgung allmälig fast den ganzen Betrag der Preussischen Staatsschuld und im Jahre 1895/96 bestand daher nur noch für 4 Proz. der Staatsschuld eine vertragliche Tilgungspflicht. Der jährliche Zwangstilgungsbetrag bezifferte sich auf nur noch 14,2 Mill. M., was bei einem Schuldenbestande von 6,3 Milliarden etwa 0,2 Proz. ausmachte.

§ 56. Wären zur Zeit des Erlasses des Consolidationsgesetzes im Jahre 1869 bereits die Verstaatlichungsaktion des Eisenbahnwesens, die damit verbunden gewesene ausserordentliche Mehrbelastung des Staates mit Schulden, daneben aber auch die grossen Schwankungen

[1]) Schwarz a. a. O. S. 4 u. 51.

[2]) Vor dem System der freien Tilgung bestand dort eine Tilgungspflicht zwar nicht den Gläubigern gegenüber, wohl aber eine solche des Staates gegen sich selbst (kraft Gesetzes) a. a. O.

und Risiken, welche mit einer derartigen Vergrösserung der staatlichen Betriebsverwaltungen verbunden sind, klar vorausgesehen worden, so würde man sich damals wohl kaum so leicht zu dem Uebergange zur freien Tilgung entschlossen haben.

Denn zunächst ist die Erwägung nicht von der Hand zu weisen, dass Unternehmungen wie die Eisenbahnverwaltung im Laufe der Zeiten der Nothwendigkeit gründlicher innerer Umgestaltung ausgesetzt sind, und dass sich auch die äusseren Bedingungen, unter denen sie arbeitet, wesentlich ändern können.

Wie jedes private Erwerbsunternehmen gewerblicher Art sich aus ähnlichen Erwägungen zu regelmässigen Abschreibungen vom Anlagekapital und Reservebildungen genötigt sieht, muss auch der Staat bei Zeiten dafür sorgen, dass sich die auf derartigen staatlichen Unternehmungen ruhende Zinslast allmälig vermindert. Das trifft für die Staatseisenbahnen in besonders hervorragendem Masse zu, einmal wegen des enorm hohen Betrages der Kapitalien, die in ihnen investirt sind, der Abhängigkeit der gesammten Staatswirthschaft von ihren Erträgen und endlich, weil sich gar nicht übersehen lässt, zu welchen neuen Aufwendungen und entsprechenden Anspannungen des Staatskredits die fortschreitende Technik mit der Zeit, vielleicht plötzlich, Anlass geben und in welchem Masse ferner Rücksichten auf die Entwickelung des gewerblichen Lebens im Lande Ermässigungen der Tarifsätze, Herstellung unrentabler Linien u. s. w. und damit Schmälerungen der Erträge nothwendig machen werden.

§ 57. Die Ueberzeugung, dass eine Sicherung der fortlaufenden Tilgung von Eisenbahnschulden unumgänglich nothwendig sein würde, und dass der § 2 des Consolidationsgesetzes mit seinem freien Tilgungsprinzip hierfür nicht die nöthigen Garantien gewähre, führte bald nach Eintritt in die Verstaatlichungsära zunächst zu dem auf Anregung aus Abgeordnetenkreisen ergangenen sogen. Eisenbahngarantiegesetze vom 27. März 1882 (G.-S. S. 214 ff.), welches die Gewähr dafür bieten sollte, dass die über die Verzinsung des Anlagekapitals der Eisenbahnen hinausgehenden Ueberschüsse aus der Eisenbahnverwaltung in erster Linie für die Tilgung der Eisenbahnschulden verwendet werden sollten.

Dass dieses Gesetz das beabsichtigte Ziel aber nicht erreicht hat, da es lediglich nur zu einer buchmässigen Abschreibung und nicht zu einer wirklichen Tilgung der Eisenbahnschuld zwingt, vielmehr nach wie vor die Festsetzung des jährlichen wirklichen Tilgungsbetrages in das Ermessen und Belieben der den jeweiligen Etat festsetzenden Faktoren stellt, wird heute von Niemandem mehr bestritten.[1])

---

[1]) Vgl. Näheres über das Gesetz in Bd. I Buch VII.

§ 58. Ist hiernach das freie Tilgungssystem durch jenes Gesetz nicht beseitigt worden, so hatte die Ueberzeugung von der Nothwendigkeit angemessener alljährlicher Schuldentilgung glücklicherweise bereits im Jahre 1884 zu einer sehr anerkennenswerthen, Gesetzeskraft allerdings entbehrenden Vereinbarung zwischen Abgeordnetenhaus und Regierung geführt, wonach in den jährlichen Etat unter die laufenden Ausgaben neben den immer geringer werdenden planmässigen Tilgungsbeträgen noch als „ausserordentliche Tilgung oder zur Verrechnung auf Anleihen“ jährliche Summen in Höhe derjenigen Amortisationsersparnisse eingestellt werden sollten, welche alljährlich in Folge der mit der Verstaatlichung der Eisenbahnen zusammenhängenden Umwandlung von tilgbaren Eisenbahnobligationen in untilgbare Consols gemacht werden (Kap. 37 Tit. 1) — eine Vereinbarung, die eine offensichtliche Abweichung von der dem Consolidationsgesetze vom 19. Dez. 1869 zu Grunde liegenden Auffassung bedeutete, nach der nur etwaige Ueberschüsse zur Schuldentilgung verwendet werden sollten. Im weiteren hatte aber die Regierung aus freien Stücken und in Uebereinstimmung mit dem Landtage die Staatsvermögenslage auch durch eine einer Schuldentilgung im wirthschaftlichen Effekte gleichkommende, mehrfach stattfindende Anrechnung rechnungsmässig erzielter Jahresüberschüsse auf bereits gesetzlich bewilligte Anleihen zu verbessern gesucht.

Diese beiden weisen, der freiwilligen Entschliessung von Regierung und Parlament entspringenden Massnahmen, hatten den Erfolg gehabt, dass von 1882/83—1895/96 trotz der ungenügenden Vorschriften des Gesetzes von 1882 eine wirkliche Verminderung der Staatsschuld (durch Tilgung oder Verrechnung auf bewilligte Anleihen) von 584 029 830,48 M. eingetreten war.[1]) Davon entfielen nur 61 268 462,38 M. auf Grund gesetzlicher oder sonst begründeter rechtlicher Verpflichtungen ausgeführte planmässige Tilgung.

§ 59. Unter diesen Tilgungen kamen auch noch folgende zwei Massnahmen in Betracht: Eine auf Vereinbarung zwischen Regierung und Landtag beruhende Massnahme zur Schuldentilgung, aber von geringerer finanzieller Bedeutung, war die Verwendung der Einnahmen an Rückzahlungen und Zinsen auf gewährte Nothstandsdarlehen des Staates. Bis zum Jahre 1889/90 waren diese Einnahmen bei der allgemeinen Finanzverwaltung vereinnahmt und zu laufenden Staatsausgaben verwandt worden, obgleich der Staat die Mittel zur Ertheilung der Darlehen aus Anleihen beschafft hatte. Nachdem aber mehrere Jahre hindurch aus dem Abgeordnetenhause heraus auf die Unwirthschaftlichkeit eines solchen Verfahrens hingewiesen worden war, erklärte sich der Finanzminister bereit, diese Einnahmen zur Schuldentilgung oder Verrechnung auf offene Kredite zu verwenden und als Tit 3 in Kap. 35 alljährlich in den Schuldenetat einzustellen.

Aus ähnlichen Erwägungen werden seit 1897/98 auch die Rückzahlungen und Zinsen etc. auf Ausgaben, welche auf Grund von Anleihegesetzen zur Förderung des Baues von Kleinbahnen geleistet sind (Ges. v. 8. April 1895 und v. 3. Juni 1896 etc.) sowie auf Baudarlehne,

---

[1]) Von 1884—1900 wurden nach Anl. V aus Eisenbahnamortisations-Ersparnissen zusammen 339 092 815 M. getilgt bezw. auf Anleihen verrechnet (s. auch Bd. I Buch 7 § 231).

welche auf Grund der verschiedenen Gesetze betr. Bewilligung von Staatsmitteln zur Besserung der Wohnungsverhältnisse der Arbeiter geleistet sind, zur Schuldentilgung verwandt.[1]) Nach Anl. XXI sind seit 1889/90—1900 auf diese Weise 8 644 066 M. derartige Einnahmen zur Schuldentilgung verwendet worden.

Eine gesetzliche Schuldentilgung, aber ebenfalls finanziell von geringer Bedeutung, beruht ferner auf den §§ 18—24 des Gesetzes wegen Aufhebung direkter Staatssteuern vom 14. Juli 1893; hiernach sollen die 1861 ff. gewährten Grundsteuerfreiheit-Entschädigungen in Folge Aufhebung der staatlichen Grundsteuer an den Staat zurückgezahlt und, weil die Beträge früher meist aus Anleihen beschafft wurden, wieder zur Schuldentilgung verwandt werden. (Näheres in Band I Buch VIII.) Auf Grund dieser Bestimmungen wurden von 1894—1900 im Ganzen 6 970 296 M. (s. Anl. V) zur Schuldentilgung durch Rückkauf eines entsprechenden Betrages von Schulddokumenten der Staatsschuldentilgungskasse überwiesen. Thatsächlich zurückgekauft waren nach dem 53. Bericht der Staatsschuldenkommission bis Ende 1900 6 764 300 M. 3½ proz. Consols.

§ 60. Nimmt man die gesammte Staatsschuld, soweit sie auf dem Schuldenetat stand, zur Grundlage, so ergab sich für 1. April 1880 die Summe von 1 498 858 100 M., für 1896/97 die Summe von 6 476 691 805,7 M. und wenn man noch die 1896/97 auf dem Etat der Eisenbahnverwaltung verbliebenen Schuldkapitalien in Höhe von etwa 104 607 852 M. hinzurechnete, von rund 6 581 299 657,17 M. Ohne zwischenzeitliche Tilgungen und ohne Verrechnung der zur Tilgung verfügbaren Bestände auf gewährte Anleihen würde diese Staatsschuld bis auf 7 478 876 000 M. gestiegen sein. Es waren also rd. 897 576 000 M.[2]) getilgt bezw. verrechnet worden. Das machte rund 12 Proz. der Gesammtsumme. Vertheilte man diesen Betrag auf die einzelnen Jahre, so ergab sich pro Jahr durchschnittlich ein Betrag von 0,75 Proz. der Schlusssumme.

§ 61. Wenngleich hiernach die mit dem Grundsatze des sogen. freien Tilgungssystems, d. h. einer Verweisung der Schuldentilgung im Wesentlichen auf erzielte Ueberschüsse bezw. auf die freie Entschliessung bei Feststellung des Jahresetats bis Ende der 90er Jahre in Preussen gemachten Erfahrungen im Ganzen als ungünstige nicht bezeichnet werden konnten,[3]) so zeigten doch sowohl das Beispiel anderer europäischer Länder, wie auch die Erfahrungen des letzten Jahrzehnts in Preussen selbst, dass die Tendenz in der Höhe der Tilgungsbeträge eine absteigende war. In England war man nach einer längeren Periode des Nachlassens der Tilgungen auf Grund des Prinzips der freien Tilgung daher zu regelmässigen erheblichen Tilgungen auf Grund gesetzlicher Vorschrift bereits zurückgekehrt und hatte in kurzer Zeit eine erhebliche Verminderung der Staatsschuld herbeigeführt. In anderen Staaten zeigte sich eine ähnliche Neigung.[4])

---

[1]) Vgl. auch Etat der Allgem. Finanzverwaltung Kap. 24 Tit. 8, 8a u. 8b der Einnahme.

[2]) Davon entfielen auf planmässige Tilgung 210 545 000 M., ausserordentliche Tilgung und Verrechnung auf Anleihen 549 624 000 M. und Tilgung nach dem Etat der Eisenbahnverwaltung 137 407 000 M.

[3]) Siehe die Ziffern in Sp. 5 der Anl. V von 1890 ab.

[4]) Siehe Näheres in Schwarz, Schuldentilgung a. a. O.

§ 62. Unter diesen Umständen sah sich die Staatsregierung veranlasst, im Jahre 1897 einen Gesetzentwurf vorzulegen, in welchem zu dem durch das Consolidationsgesetz verlassenen Grundsatze der Verpflichtung zur regelmässigen Minimaltilgung der Staatsschulden zurückgekehrt und dieselbe für eine dauernde, durch eine solide Finanzwirthschaft des Staates gebotene Aufgabe des Letzteren erklärt wurde. Das Gesetz erging unterm 8. März 1897 (G.-S. S. 43).

Dabei liess man den in früherer Zeit bei der Aufnahme von Staatsanleihen regelmässig gewählten Weg einer vertraglichen Bindung des Staats gegenüber den Gläubigern zur Rückzahlung in bestimmten Fristen und Formen wegen der mit ihr sowohl für den schuldenden Staat, wie für die Gläubiger verbundenen vielfachen Unbequemlichkeiten und auch um nicht wieder eine Disparität in die Schuldtitres zu bringen, fallen.

Es wurde vielmehr lediglich durch Gesetz die Verpflichtung des Staates sich selbst gegenüber, d. h. gegenüber den wechselnden Anschauungen der Finanzverwaltung bezw. des Landtages, festgelegt, alljährlich einen angemessenen Theil der Staatseinnahmen zur Abstossung von Schulden zu verwenden.

Für die Bemessung der Höhe des jährlichen Schuldentilgungsbetrages wurde dem System der (gleichmässigen) Prozentualtilgung gegenüber dem alten Tilgungsfondssystem mit jährlich durch Zinsersparnisse wachsenden Tilgungsbeträgen der Vorzug gegeben. Dabei wurde der in dem Regierungsentwurfe vorgeschlagene Satz von $^1/_2$ Proz. der sich jeweils nach dem Staatshaushaltsetat ergebenden Staatskapitalschuld im Gesetze nur für das Jahr 1897/98 beibehalten und für die spätere Zeit auf $^3/_4$ Proz. erhöht. Ausserdem wurden aber nach § 3 auch noch die etwaigen Jahresrechnungsüberschüsse im vollen Betrage zur Schuldentilgung bestimmt.

Der Tilgung gleichgestellt wurde zugleich in dem Gesetze eine Verrechnung auf bewilligte Anleihen. Eine bestimmte Form für die Art der Tilgung (z. B. Ankauf von der Börse, Kündigung etc.) wurde im Uebrigen nicht vorgeschrieben.

Die regelmässigen Tilgungsbeträge sind nach § 2 des Gesetzes durch den Staatshaushaltsetat unter Einrechnung der für eine planmässige oder durch bestehende Gesetze anderweit vorgeschriebene Tilgung von Staatsschulden bestimmten Summe bereitzustellen, d. h. die $^3/_4$ Proz. der Staatsschuld ausmachenden Beträge sind auch, soweit sie nicht kraft planmässiger oder schon bestehender gesetzlicher Vorschrift bereits ins Ordinarium aufgenommen sind, ebenfalls als ordentliche, aus laufenden Mitteln zu deckende Ausgaben auf das Ordinarium zu übernehmen. Die Tilgung durch Aufnahme neuer Anleihen ist hiernach wenigstens im Prinzipe ausgeschlossen.

§ 63. So kurze Zeit das Gesetz in Kraft ist, hat es doch bereits Anfechtung erfahren (s. v. Kaufmann in Schanz Finanz-Archiv). Wenn sich in dieser Abhandlung auch verschiedene zutreffende Ausführungen zu dem Eisenbahngarantiegesetz und zu den Motiven des Tilgungsgesetzes finden, so können wir dem schliesslichen Ergebniss der Erörterungen doch nicht zustimmen. Die Ausführungen v. Kaufmann's gipfeln darin, dass eine Verrechnung auf Anleihen, welche in dem Gesetze der wirklichen Schuldentilgung gleichgestellt wird, thatsächlich als eine solche nicht gelten könne und dass das Schuldentilgungsgesetz in dem Zwange zur wirklichen Tilgung bereits gemachter Schulden, vor Allem der Eisenbahnschulden, daher nicht weit genug gehe. Wenn indessen die Verrechnung auf Anleihen auch im formellen Sinne keine Schuldentilgung ist, stellt sie sich doch wirthschaftlich ebenso wie letztere als eine jener gleichwerthige Verbesserung des Staatsvermögens dar und wird in vielen Fällen eine geeignetere und vortheilhaftere Form dieser Vermögensverbesserung sein, als z. B. Ankauf von Schuldverschreibungen an der Börse und Vernichtung der Schuldtitres. Ob Schulden auf bereits gemachte Aufwendungen zurückgezahlt oder Aufwendungen, für welche sonst ihrer wirthschaftlichen Natur nach Anleihen aufgenommen werden müssten,[1]) aus laufenden Mitteln gedeckt werden, kommt eben wirthschaftlich genau auf dasselbe heraus. Im letzteren Falle trifft Aufnahme der Anleihe und Rückzahlung gewissermassen in einem Moment zusammen.

In Zeiten ungünstiger Finanzlage ist eine Schuldentilgung von $^3/_4$ Proz., wie sie das Gesetz vorsieht, im Allgemeinen, auch selbst für Eisenbahnschulden als eine genügende anzusehen. Durch § 3 des Gesetzes ist aber andererseits die Sicherheit dafür gegeben, dass in Zeiten günstiger Finanzlage etwaige nach der Rechnung sich ergebende Ueberschüsse nicht wie früher nur, wenn die den Etat aufstellenden Faktoren keine anderweitige Verwendung beschliessen, sondern ein für allemal und im vollen Betrage zur Schuldentilgung zu verwenden sind. Damit ist auch nach dieser Richtung ein gesetzlicher Zwang an Stelle der früheren Freiheit getreten. Thatsächlich hat gerade in Folge dieser Bestimmung die Tilgungsquote in den Jahren von 1895—1900 sich auf fast 2 Proz. und mehrfach darüber hinaus erhöht (s. Anlage V).

Das Zwangstilgungsgesetz vom 8. März 1897 bildet in der That in der Reihe der Miquel'schen Reformen einen hervorragenden Schluss- und Merkstein, dessen Bedeutung und Nutzen sich für das preussische Staatsfinanzwesen hoffentlich noch lange geltend machen wird. Gerade der Umstand, dass die Bestimmungen des Gesetzes sich in mass-

---

[1]) Man muss davon ausgehen, dass für gewisse, der Zukunft in hervorragendem Masse zu gute kommende Anlagen, z B. Kanäle, Eisenbahnen, eine Schuldaufnahme nicht nur zulässig, sondern nothwendig ist, da es unbillig und unwirthschaftlich wäre, die Privatwirthschaften der Gegenwart zu Gunsten der Zukunft zu stark um derartiger Projekte willen zu schwächen.

volleren Grenzen halten, als die frühere Gesetzgebung über den Tilgungsfonds, wird ihm einen längeren Bestand in der Gesetzgebung sichern.

Aenderung der Etatstitel auf Grund des neuen Schuldentilgungsgesetzes.

§ 64. Dem neuen Tilgungsgesetze entsprechend ist auch die Eintheilung der die Tilgung betreffenden Etatstitel seit 1898/99 eine gegen früher veränderte geworden.

Bis zu diesem Jahre waren in Kap. 36 die planmässig zu tilgenden Schulden — (zugleich unter besonderer Hervorhebung der mit den neuen Landestheilen übernommenen Schulden) — in Kap. 37 die „zur ausserordentlichen Tilgung von Staatsschulden bezw. zur Verrechnung auf bewilligte Anleihen“ bestimmten Beträge aufgeführt. Dabei wurden in Tit. 1 dieses Kapitels die „Ersparnisse an Amortisationsausgaben für Prioritätsanleihen verstaatlichter Eisenbahnen“ in Tit. 2 die „Einnahmen von Rückzahlungen und Zinsen auf gewährte Darlehne“ (s. § 59) und in Tit. 3 (s. § 59) Grundsteuerentschädigungsbeträge (§§ 18—27 des Ges. v. 14. Juli 1893) aufgeführt. Unter Kap. 37a folgte endlich noch seit 1892/93 eine Ausgabe auf Grund des § 4 Abs. 3 Nr. 2 des Ges. v. 27. März 1882 (G.-S. S. 214) zur Bildung eines ausseretatsmässigen Betriebsfonds für die Eisenbahnverwaltung (s. das Nähere hierüber in Bd. I Buch VII S. 1045 § 235).

Seit 1898/99 ist der Abschnitt betreffend Tilgung von Staatsschulden derart in Kap. 36 u. 37 eingetheilt, dass das erstere die Tilgungsbeträge auf Grund der §§ 1 u. 2 und Kap. 37 diejenigen auf Grund des § 3 (weitere Tilgungen aus Rechnungsüberschüssen) d. Ges. enthält. Eine bestimmte Summe wird aber in letzterem Titel nicht eingestellt, da der voraussichtliche Rechnungsüberschuss sich bei Beginn des Etatsjahres nicht übersehen lässt.

Kap. 36 ist wiederum eingetheilt in zwei Abschnitte, von denen der eine (A) die planmässigen oder durch bestehende Gesetze anderweit vorgeschriebenen Tilgungsbeträge enthält. Die Schulden der alten Landestheile und des Gesammtstaates seit 1866 und die Schulden der neuen Landestheile werden aber seit 1902 nicht mehr getrennt in besonderen Abschnitten behandelt.

Als derartige Beträge kommen — nachdem zum 1. Jan. 1900 der Rest der alten Staatsschuldscheine getilgt worden ist (s. § 40) — nur noch (1903) 3 094 377,09 M. Tilgungsbeträge für die in § 26 genannten Eisenbahnaktien und Obligationen (Tit. 1), sowie 46 537,80 M. für alte Hannoversche Schulden (Tit. 2) in Betracht, welchen Beträgen seit 1898/99 auch noch die bis dahin unter dem Abschnitt „ausserordentliche Tilgung“ aufgeführten Rückerstattungen aus Grundsteuer-Entschädigungen (mit 500 000 M. für 1903) hinzugetreten sind. Das ergiebt einen Gesammtbetrag des plan- und gesetzmässigen Tilgungsbetrags von nur noch 3 640 914,89 M. oder 0,05 Proz. der am 1. April 1903 vorhandenen Staatsschuld.

§ 65. Der Abschnitt B „zur weiteren Tilgung der Staatsschulden" enthält in Kap. 36 Tit. 4 die Amortisationsersparnisse für Prioritätsanleihen verstaatlichter Eisenbahnen mit (für 1903) 28 772 720,93 M., in Tit. 5 Rückzahlungen und Zinsen auf gewährte Darlehne mit 1 386 625,24 M. und endlich als neuen, auf Grund des § 2 des Gesetzes v. 8. März 1897 aufgenommenen Tit. 6 „zur Ergänzung der Tilgungssumme" (sc. auf $^3/_4$ Proz. der Kapitalschuld) 7 536 158,56 M., sodass der Abschnitt B mit zusammen 37 695 504,73 M. denjenigen zu A bei Weitem überwiegt.

§ 66. *Kap. 37* lautete bis 1903: Zur Bildung oder Ergänzung eines ausseretatsmässigen Dispositionsfonds bis zu 30 Mill. M. zur Vermehrung der Betriebsmittel, sowie zur Erweiterung der Bahnanlagen und zu Grunderwerbungen behufs Vorbereitung derartiger Erweiterungen im Falle eines durch Verkehrssteigerung hervorgerufenen, nicht vorherzusehenden Bedürfnisses der Staatsbahnen, event. zur weiteren Tilgung von Staatsschulden gemäss § 3 des Gesetzes v. 8. März 1897 (G.-S. S. 43). (Zu Kap. 36 u. 37. Die am Jahresschlusse verbleibenden Bestände können zur Verwendung in die folgenden Jahre übertragen werden.)

Die Summe zur Bildung und Ergänzung des Dispositionsfonds etc. erscheint zum ersten Male in dem Staatsschuldenetat für 1892/93 an Stelle der früheren Position Kap. 36 Tit. 2, welcher lautete: Nach Massgabe des § 4 Absatz 3 Nr. 2 des Gesetzes vom 27. März 1882 (G.-S. S. 215), betreffend die Verwendung der Jahresüberschüsse der Eisenbahnverwaltung.

Der bisherige Tit. 2 des Kap. 37 wurde damals als ein besonderes Kapitel ausgebracht, um die an dieser Stelle zur Verrechnung kommenden Beträge nach Massgabe des Vermerks am Schlusse des Ordinariums des Etats der Eisenbahnverwaltung auch zur Bildung oder Ergänzung eines ausseretatsmässigen Dispositionsfonds bis zur Höhe von 20 Mill. M. behufs Vermehrung der Betriebsmittel, sowie zur Erweiterung und Ergänzung der Bahnanlagen im Falle eines durch Verkehrssteigerung hervorgerufenen, nicht vorherzusehenden Bedürfnisses der Staatsbahnen verwenden zu können.

Dieser Titel ist in den meisten Jahren ein stummer gewesen, d. h. es wurde im Etat keine Summe zu dem angegebenen Zwecke eingestellt, weil über die veranschlagten Eisenbahnüberschüsse meist anderweitig verfügt war. Nur in dem Etat für 1889/90 wurde die Summe von 4 986 430 M. unter diesem Titel in den Ausgabeetat eingestellt und in einigen Nachtragsetats, welche die Konsequenzen der seit der Aufstellung des Hauptetats beschlossenen Verstaatlichungen von Eisenbahnen zogen, finden sich hier Summen eingefügt. In den meisten anderen Jahren konnten erst nach Abschluss der Jahresrechnung die sich ergebenden Ueberschüsse bis zur Höhe des etatsmässigen Ueberschusses der Eisenbahnverwaltung über die zur Verzinsung der Eisenbahnschuld erforderliche Summe hinaus hier nachträglich in Ausgabe gestellt und auf offene Kredite verrechnet werden (s. die Beträge im Einzelnen in Anl. V Sp. 4b unter α).

Der Zusatz „eventuell zur weiteren Tilgung" u. s. w. wurde erst 1897/98 zum ersten Male gemacht. Seine Nothwendigkeit ergiebt sich aus der in § 64 erwähnten Vorschrift des Gesetzes von 1897.

§ 67. Durch das neue Gesetz, betreffend die Bildung eines Ausgleichsfonds für die Eisenbahnverwaltung vom 3. Mai 1903 (G.-S. S. 155), dessen Bedeutung unter „Nachträge" zur Eisenbahnverwaltung (s. Anhang II dieses Buches) näher erörtert werden wird, erhält Kap. 37 von 1904 ab eine etwas veränderte Fassung,[1]) nämlich Folgende: „Auf Grund des Artikel I des Gesetzes vom 3. Mai 1903 (G.-S. S. 155) zur Bildung oder Ergänzung eines Ausgleichsfonds für die Eisenbahnverwaltung bis zur Höhe von 200 Millionen Mark, eventuell zur weiteren Tilgung von Staatsschulden."

An der Uebertragbarkeit der am Jahresschlusse verbleibenden Bestände zur Verwendung in die folgenden Jahre wird nichts geändert. Ebenso bewendet es bei dem mit der Landesvertretung vereinbarten Grundsatze, dass der ausseretatsmässige Dispositionsfonds unabhängig von den thatsächlich verrechneten Ausgaben jeweilig um den Betrag, über den Verfügung getroffen wurde, wieder zu ergänzen ist (vergl. die Verhandlungen des Hauses der Abgeordneten vom 15. März 1897 Sten. Ber. S. 1579/80).

§ 67a. Wegen der Buchung der zur Schuldentilgung verwendeten Ueberschüsse bei der Staatskasse auch nach dem Finalabschluss vgl. § 40 des Komptabilitätsgesetzes.

[1]) Vgl. No. 57 der Drucks. d. Allg. H. 1903.

Zweiter Abschnitt.

Die Hauptverwaltung der Staatschulden.

I. Kapitel.

Geschichte, Organisation und Umfang.

I. Entstehung und Geschichte der Hauptverwaltung der Staatsschulden bis zum Erlass der Verfassungsurkunde.

§ 68. Nach der Verordn. v. 27. Okt. 1810 (G.-S. S. 3) betreffend die veränderte Verfassung aller obersten Staatsbehörden hatte das Finanzministerium in seiner zweiten Abtheilung (Kassenabtheilung) das Staatsschuldenwesen mit zu verwalten. Durch Allerh. Kab.-O. v. 3. Nov. 1817 (G.-S. S. 289) wurde aus dieser Abtheilung ein besonderes Ministerium „des Schatzes und für das Staatskreditwesen" gebildet. Eine eigene Behörde zur lediglichen Verwaltung der Staatsschulden wurde erst durch die Verordn. v. 17. Jan. 1820 (G.-S. S. 9) § VIII errichtet, welche eine von den übrigen Staats- und Finanzverwaltungen ganz abgesonderte Stellung erhielt, und unabhängig von allen, selbst der höchsten Staatsbehörde, sie sei verwaltend oder kontrollirend, blos dem König und den künftigen Reichsständen, bis zu deren Zusammenberufung aber dem Staatsrathe verantwortlich sein sollte. Ferner sollte bis zum Zusammentritt der reichsständischen Versammlung eine Deputation des Magistrats der Stadt Berlin mit der Hauptverwaltung die eingelösten Schulddokumente in Verschluss nehmen und für ihre sichere Deponirung beim Kammergericht Sorge tragen. Die Behörde selbst sollte nicht nur dafür verantwortlich sein, dass kein Staatsschuldendokument über den genehmigten Etat hinaus ausgefertigt werde (§ X), und dass die pünktliche Verzinsung und Tilgung der gesammten Staatsschulden nach den gesetzlichen Vorschriften erfolge (§ XII), sondern die Mitglieder wurden auch durch einen besonderen Eid (§ XV und Allerh. Kab.-O. v. 27. Jan. 1820, G.-S. S. 37) überhaupt dafür verantwortlich gemacht, dass die Vorschriften der Verordnung von 1820 in ihrem ganzen Umfang erfüllt würden. Auch wurde die Behörde verpflichtet, bei ihren Operationen den allgemeinen Staatskredit möglichst zu berücksichtigen.

Die Verordn. v. 3. Febr. 1847 über die Bildung des Vereinigten Landtags (G.-S. S. 34) liess im § 8 die Rechte der reichsständischen Versammlung (Vorschlagsrecht bei Besetzung erledigter Stellen und Rechnungsabnahme) auf den Vereinigten Landtag übergehen. Zugleich erging an demselben Tage eine besondere Verordnung über die Bildung einer ständischen Deputation für das Staatsschuldenwesen (G.-S. S. 43), der unter Anderem auch die fortlaufende ständische Mitwirkung bei der Verzinsung und Tilgung der Staatsschulden zustehen sollte.

2. Gegenwärtige Organisation (seit 1850).

§ 69. Die Verf.-Urk. v. 31. Jan. 1850 enthielt über die Organisation der Staatsschuldenverwaltungsbehörde keine ausdrückliche Festsetzung. Die Art und der Umfang der Mitwirkung der Kammern musste daher im Wege besonderer Gesetzgebung (Ges. v. 24. Febr. 1850, G.-S. S. 57) festgestellt werden. Dabei fand zugleich eine entsprechende Abänderung der Organisation der Hauptverwaltung statt. Ihre bisherige völlig unabhängige Stellung vertrug sich weder mit der neuen konstitutionellen Regierungsform, noch entsprach sie den Anforderungen, welche an die Finanzverwaltung eines so grossen Staates gestellt werden mussten und welche eine grössere Einheit der Finanzverwaltung erforderten. Ihre Isolirung von jeder amtlichen Einwirkung des Finanzministers entsprach weder dem Prinzip der konstitutionellen Ministerverantwortlichkeit, noch den Aufgaben des Finanzministers als Wächters des allgemeinen Staatskredits. Es wurde daher im Gesetze bestimmt, dass die Thätigkeit der Hauptverwaltung, insofern letztere zur unabhängigen Anwendung der bestehenden Finanz- und Staatsschuldengesetze auf die Feststellung der Provinzial-Staatsschulden und auf die regelmässige Verzinsung und Tilgung der Staatsschulden u. s. w. berufen sei, eine der richterlichen Thätigkeit analoge sei und insofern eine unabhängige bleiben solle, dass aber, insoweit die Hauptverwaltung auch eine rein administrative zur zinsbaren Anlegung und Verwaltung disponibler Fonds berufene Behörde sei, der unzertrennliche Einfluss ihrer Wirksamkeit auf den allgemeinen Staatskredit die obere Leitung des Finanzministers (nicht etwa bloss eine Oberaufsicht) im Interesse der allgemeinen Finanzverwaltung erheische.

Die wichtigsten auf die Organisation und Befugnisse der Hauptverwaltung bezüglichen Bestimmungen des Ges. v. 24. Febr. 1850 gelangen nachstehend zum Abdruck:

§ 1. Die Hauptverwaltung der Staatsschulden ist eine von der allgemeinen Finanzverwaltung abgesonderte selbständige Behörde, welche jedoch der oberen Leitung des Finanzministers insoweit unterliegt, als dies mit der ihr nach § 6 dieses Gesetzes beigelegten Unabhängigkeit vereinbar ist

Dieselbe ist unter die fortlaufende Aufsicht einer besonderen Staatsschuldenkommission gestellt (§ 10).

§ 2. Die Hauptverwaltung der Staatsschulden soll fortan aus einem Direktor und drei Mitgliedern[1]) bestehen. Dieselben werden vom Könige ernannt. Der Direktor darf nicht zugleich Minister sein.

§ 3. Dem Direktor liegt die Leitung des Ganzen, die Disziplin über die der Hauptverwaltung der Staatsschulden untergeordneten Beamten und deren Anstellung ob; ausserdem aber haben die Mitglieder mit ihm gleiche Befugnisse und gleiche Verantwortlichkeit. Die

---

[1]) Jetzt: mindestens 3 Mitglieder, s. § 81.

Beschlüsse werden nach Stimmenmehrheit gefasst, bei Stimmengleichheit entscheidet die Stimme des Direktors.

In Verhinderungsfällen wird der Direktor von dem ältesten Mitgliede vertreten.

§ 4. Der Hauptverwaltung der Staatsschulden bleiben 1. die Staatsschuldentilgungskasse, 2. die Kontrolle der Staatspapiere untergeordnet.

§ 5. Der Hauptverwaltung der Staatsschulden liegt ob:

a) die Verwaltung der Passivkapitalien des Staats, welche als allgemeine oder provinzielle Staatsschulden ihr durch die Verordn. v. 17. Jan. 1820 wegen der künftigen Behandlung des gesammten Staatsschuldenwesens (G.-S. S. 9), durch die Ordre v. 2. Nov. 1822 wegen Regulirung des von der Hauptverwaltung der Staatsschulden übernommenen Provinzialschuldenwesens (G.-S. S. 229) und durch den Erl. v. 25. April 1848 über die verzinsliche Annahme freiwilliger Beiträge zur Bestreitung der Staatsbedürfnisse (G.-S. S. 117) zur Verzinsung und Tilgung überwiesen sind, oder durch künftig zu erlassende Gesetze werden überwiesen werden;

b) die Verwaltung der zu diesen Zwecken bestimmten Verzinsungs-, Tilgungs- und Betriebsfonds und aller sonstigen, ihr bis jetzt überwiesenen oder künftig zu überweisenden Fonds;

c) die An- und Ausfertigung, Ausreichung und beziehungsweise Wiedereinziehung der Staatsschuldendokumente im Falle der Aufnahme von Staatsanleihen nach Massgabe der dieselben anordnenden Gesetze;[1])

d) die An- und Ausfertigung, Ausreichung und beziehungsweise Wiedereinziehung der Kassenanweisungen, sowie die Aufsicht über den Verkehr mit denselben, in Gemässheit der Ordres v. 21. Dez. 1824 (G.-S. S. 238), v. 14. Nov. 1835 (G.-S. 1836 S. 169), v. 5. Dez. 1836 (G-S. S. 318) und v. 9. Mai 1837 (G.-S. S. 75), sowie des § 8 des Statuts für die ritterschaftliche Privatbank in Pommern v. 24. Aug. 1849 (G.-S. S. 359);

e) die Einregistrirung der Staatsgarantien;

f) die Ermittelung und Verfolgung der Fälschung oder Nachahmung aller als Geldzeichen umlaufenden Papiere, welche gesetzlich in den öffentlichen Kassen statt baren Geldes angenommen werden müssen, insbesondere der Noten der preussischen Bank in Gemässheit des § 30 der Bankordnung v. 5. Okt. 1846 (G.-S. S. 435).

§ 6. Die Hauptverwaltung der Staatsschulden bleibt auch künftighin unbedingt verantwortlich:

a) in Bezug auf die An- und Ausfertigung und Ausreichung der verzinslichen und unverzinslichen Staatsschuldendokumente und der zu ersteren gehörigen Zinscoupons nach Massgabe der Gesetze (§ 5 a, c und d);

b) für die Feststellung noch nicht anerkannter oder noch illiquider Provinzial-Staatsschulden in Gemässheit des § 5 der Ordre v. 2. Nov. 1822 wegen Regulirung des Provinzialschuldenwesens (G.-S. S. 229);

c) für die regelmässige Verzinsung der ihr überwiesenen Staatsschulden und für die unverkürzte Verwendung der der Staatsschuldentilgungskasse zur Tilgung überwiesenen Fonds nach ihrem durch die entweder für die Staatsschulden im Allgemeinen oder für einzelne Klassen derselben besonders festgestellten Gesammtbetrage; insbesondere

d) für die unverkürzte Verwendung der Domänen-Veräusserungs- und Ablösungsgelder zur Schuldentilgung;

e) für die Löschung, Kassation und Aufbewahrung der eingelösten, verzinslichen und unverzinslichen Staatsschuldendokumente bis zur gänzlichen Vernichtung derselben.

In allen übrigen Beziehungen hat dieselbe den Anordnungen und Anweisungen des Finanzministers Folge zu leisten, welchem sodann die Verantwortlichkeit für deren Inhalt obliegt.

§ 7. Das Bedürfniss der Hauptverwaltung der Staatsschulden zur Verzinsung und Tilgung der Staatsschulden und zur Bestreitung der Verwaltungskosten wird für jedes Finanzjahr durch den Staatshaushaltsetat bestimmt.

Insofern die durch die Verordn. v. 17. Jan. 1820 (G.-S. S. 9) oder durch künftig zu erlassende Gesetze der Staatsschuldentilgungskasse überwiesenen besonderen Staatseinnahmen zur Verzinsung und Tilgung der Staatsschuld nicht ausreichen, hat der Finanzminister die zur vollen Deckung des Bedürfnisses erforderlichen Summen auf die breitesten Staatseinkünfte anzuweisen.

Den oben in § 4 erwähnten der Hauptverwaltung untergeordneten Behörden, nämlich der Kontrolle der Staatspapiere und der Staatsschuldentilgungskasse ist seit 1883 noch das Staatsschuldbuchbureau hinzugetreten.

3. Nachgeordnete Behörden.

A. Die Kontrolle der Staatspapiere.

§ 70. Die Geschäfte der der Hauptverwaltung untergeordneten Kontrolle der Staatspapiere bestehen in der Anfertigung und Ausreichung der Schulddokumente und der dazu gehörigen Zinscoupons, in der Löschung, Kassation und Aufbewahrung der eingelösten Staatspapiere bis zur Verschlussnahme durch die Hauptverwaltung und die Staatsschuldenkommission und in der Kontrolle über alle im Umlaufe befindlichen Staatspapiere. Bei Ausfertigung neuer Schuldverschreibungen empfängt sie die Formulare von der Druckerei, fertigt sie durch Unterschrift eines Beamten aus und liefert sie auf Anordnung der Hauptverwaltung an die Generalstaatskasse aus. Ueber die ausgefertigten Verschreibungen führt sie Stammbücher, von denen ein zweites Exemplar im Geheimen Staatsarchive niedergelegt ist. In denselben werden die Anzahl jeder nach ihrem Nennwerthe verschiedenen Art von Schuldverschreibungen, sowie Bemerkungen über geschehene Einlösungen, Erneuerungen, Mortificationen u. s. w. aller einzelnen Verschreibungen eingetragen. Ebenso führt sie Register über die ausgegebenen und gelöschten Zinscoupons und Notizbücher über die verlorenen, vernichteten und gestohlenen Verschreibungen. Die eingelösten, umgetauschten, gefälschten und mortificirten Papiere werden in Mortificationsbücher eingetragen, aus denen die Bemerkungen in die Stammbücher übertragen werden. Die Mortifications- und Stammbücher für die Schulden der neuen Landestheile werden von den Behörden geführt, denen die Verwaltung derselben übertragen ist, auch von ihnen aber werden die eingelösten und mortificirten Papiere an die Kontrolle der Staatspapiere eingeliefert. Sämmtliche eingelöste, eingetauschte, mortificirte u. s. w. Verschreibungen werden hier kassirt und bis nach erfolgtem Rechnungsabschlusse aufbewahrt. Dann werden sie in dem Tresor der Hauptverwaltung niedergelegt, zu welchem ein Mitglied der Staatsschuldenkommission und zwei Mitglieder der Hauptverwaltung die Schlüssel führen. Alljährlich ist von der Kontrolle der Staatspapiere Rechnung zu legen über die eingelösten und gelöschten, sowie die neu ausgefertigten Verschreibungen, welche von der Oberrechnungskammer revidirt, von der Staatsschuldenkommission geprüft und vom Landtage dechargirt wird. Die nöthigen Geldmittel werden ihr von der Staatsschuldentilgungskasse überwiesen.

Die Kontrolle der Staatspapiere bearbeitet hiernach unter Leitung und nach den Anweisungen der Hauptverwaltung Alles, was sich auf die Herstellung (Fabrikation des Papiers und Druck) und Ausfertigung der Schuldurkunden des Staates (und des Reichs s. § 75), sowohl der Obligationen wie der Zinsscheine, ferner die Ausreichung derselben, die Kontrollirung in ihrem Umlauf, die Aufbewahrung und demnächst die Vernichtung eingelöster Schuldverschreibungen bezieht.

B. Die Staatschuldentilgungskasse.

§ 71. Die der Hauptverwaltung ebenfalls unterstellte Staatsschuldentilgungskasse hat die Verzinsung und Tilgung der Staatsschulden-Etat und gesetzlichen Bestimmungen zu besorgen und Rechnung darüber, sowie über die Tilgungsfonds der einzelnen Anleihen, über den Betriebsfonds, den Depositalfonds (s. u.) und die Verwaltungskosten zu führen. Die von ihr oder auf ihre Rechnung von anderen Kassen eingelösten Verschreibungen liefert sie der Kontrolle der Papiere zur Kassation und Aufbewahrung ein. Die Monats- und Jahresabschlüsse der von ihr verwalteten Fonds legt sie der Staatsschuldenkommission vor. Ihre Rechnungen werden gleichfalls von der Oberrechnungskammer revidirt, von der Staatsschuldenkommission geprüft und vom Landtage dechargirt. Die zu ihren Ausgaben nöthigen Mittel erhält die Staatsschuldentilgungskasse, soweit sie ihrer Natur oder Höhe nach nicht aus den eigenen Einnahmen oder ihrer Verwaltung unterstehenden Fonds bestritten werden können, von der Generalstaatskasse.

Die Staatsschuldentilgungskasse hat hiernach alle durch die Gesetze, die Etats und besonderen Anweisungen zur Verzinsung und Tilgung der Schulden des Staates (und Reiches) bestimmten Einnahmen einzuziehen und alle zur Verzinsung und Tilgung dieser Schulden nöthigen Ausgaben zu leisten, insbesondere also alle Zinsscheine zu den Fälligkeitsterminen einzulösen und bis zur Vernichtung aufzubewahren, auch die Zinsen für die Schuldbuchforderungen nach den im Schuldbuchbureau aufgestellten Listen zu zahlen und gekündigte Obligationen an den Auszahlungsterminen einzulösen.

C. Das Staatsschuldbuchbureau.

§ 72. Das der Hauptverwaltung seit 1883 unterstehende Staatsschuldbuchbureau besorgt die Eintragungen der Forderungen in das betreffende, nach dem Zinsfusse bezeichnete Staatsschuldbuch, kassirt die zu diesem Zwecke eingelieferten Verschreibungen und führt sie zur Aufbewahrung und Vernichtung an die Kontrolle der Staatspapiere ab. Ebenso geschehen die Löschungen im Staatsschuldbuche durch das Staatsschuldbuchbureau, während die dafür auszuhändigenden Schuldverschreibungen von der Kontrolle der Staatspapiere an- und ausgefertigt werden. Die Gebühren für die Eintragungen und

Löschungen werden zunächst an das Staatsschuldbuchbureau entrichtet und von diesem an die Staatsschuldentilgungskasse eingezahlt.

Ausser der Leitung und Kontrollirung dieser drei Bureaus, sowie der mit der Verwaltung der Schulden der neuen Landestheile betrauten Behörden erwächst der Hauptverwaltung der Staatsschulden eine bedeutende Arbeit durch die Bescheinigung der Quittungen über Domänen- und Forstveräusserungs- und Ablösungsgelder. Auch hat sie die von der Kontrolle der Staatspapiere in Verwahrung genommenen, eingelösten, gelöschten u. s. w. Verschreibungen nach Abschluss der Rechnung in ihren Tresor zu übernehmen und in Gemeinschaft mit der Staatsschuldenkommission unter Verschluss zu halten. Die drei Schlüssel zu demselben sind von einem Mitgliede der Staatsschuldenkommission und von zwei Mitgliedern der Hauptverwaltung zu führen und zwar müssen dieses nach einer authentischen Interpretation des Landtags wirkliche Mitglieder der Hauptverwaltung sein, welche den oben angegebenen besonderen Eid geleistet haben.[1])

Das Schuldbuchbureau besorgt hiernach alle Bureau- und Kassengeschäfte, welche bei der Verwaltung des Schuldbuches des Staates (und des Reiches) vorkommen, mit Ausnahme der Ausfertigung und Vernichtung, von Schuldverschreibungen und Zinsscheinbogen, welche bei der Kontrolle der Staatspapiere erfolgt und der Zinsenzahlung, welche durch die Staatsschuldentilgungskasse geschieht. (Reichsschuldbuch s. § 75 u. 76.)

4. Staatsschuldenkommission.

§ 73. Durch das Ges. v. 24. Febr. 1850, welches die Stellung der Hauptverwaltung der Staatsschulden einer neuen Regelung unterzog, wurde auch eine Staatsschuldenkommission zur besonderen Kontrolle der Verwaltung der Staatsschulden von Seiten des Landtags ins Leben gerufen, deren Vorläuferinnen die nach § 14 der Verordn. v. 17. Jan. 1820 an Stelle der reichsständischen Versammlung tretenden Deputation des Magistrats der Stadt Berlin und die später durch Verordn. v. 3. Febr. 1847 gebildeten ständischen Deputation für das Staatsschuldenwesen gewesen waren. Dieser Kommission wurde durch das Gesetz die Prüfung sämmtlicher Rechnungen der Hauptverwaltung und deren Bureaus, die Mitverschlussnahme der eingelösten Schuldpapiere und die fortlaufende Kontrolle über alle der Hauptverwaltung der Staatsschulden unter eigener Verantwortlichkeit überwiesenen Geschäfte übertragen. Sie erhält die Monats- und Jahresabschlüsse der Staatsschuldentilgungskasse und der Kontrolle der Staatspapiere und kann Revisionen der Kasse vornehmen, so oft es ihr beliebt, wenigstens aber einmal halb-

[1]) S. Sattler S. 273.

jährlich. Nach Revision der Rechnungen durch die Oberrechnungskammer prüft sie die von der Staatsschuldentilgungskasse geführten Bücher über Haupt- und Nebenfonds, sowie über die zur Verzinsung und Tilgung einzelner Anleihen bestimmten Fonds, ferner die Rechnungen der Kontrolle der Staatspapiere und der mit der Verwaltung der Schulden der neuen Landestheile betrauten Provinzialbehörden.[1]) Nach Abschluss der Prüfung beantragt sie die Decharge bei dem Landtage. Sie nimmt in Gemeinschaft mit der Hauptverwaltung die im Laufe des Jahres eingelösten Schuldpapiere nach Abschluss der Rechnung unter Verschluss und wohnt nach ertheilter Decharge durch den Landtag der Vernichtung derselben bei. Ihr ist die Befugniss eingeräumt, über alles, was den Bestand, die Verzinsung und Tilgung der Staatsschuld, sowie die Verwaltung der Fonds betrifft, von der Hauptverwaltung Auskunft zu erfordern und derselben Bemerkungen und Ansichten zur Beschlussnahme mitzutheilen. Um ihr die Kontrolle über die Thätigkeit der Hauptverwaltungen zu ermöglichen, stehen ihren Mitgliedern alle 14 Tage die Journale derselben zur Einsicht offen, wonach sie nähere Einsicht in die von ihr etwa ausgewählten Akten und Schriften verlangen kann.

Die Kommission besteht nach dem Gesetze aus sieben Mitgliedern, von denen je drei von den beiden Häusern des Landtags gewählt werden, während als siebentes, seiner technischen Sachkenntniss wegen, der Präsident der Oberrechnungskammer hinzugeordnet ist, die Häuser des Landtags wählen die Mitglieder mit absoluter Stimmenmehrheit auf drei Jahre. Hört ein gewähltes Mitglied innerhalb dieser Frist auf, Mitglied des Landtags zu sein, so scheidet es aus, führt die Geschäfte aber weiter bis zum Eintritt des Nachfolgers. Die gewählten Mitglieder werden von dem Präsidenten des sie wählenden Hauses in öffentlicher Sitzung unter Hinweis auf ihren Verfassungseid verpflichtet, der Präsident der Oberrechnungskammer in öffentlicher Sitzung des Oberverwaltungsgerichts unter Hinweis auf seinen Amtseid. Die Beschlüsse der Kommission werden bei Anwesenheit von wenigstens vier Mitgliedern mit Stimmenmehrheit gefasst. Sie wählt sich selbst ihren Vorsitzenden und dessen Vertreter. Dem Brauche nach wird der Vorsitzende aus den Mitgliedern des einen, sein Vertreter aus denen des anderen Hauses gewählt. Bei Neuwahl des Vorsitzenden wird der neue aus den Mitgliedern desjenigen Hauses gewählt, dem der bisherige nicht angehörte.

§ 74. Alljährlich erstattet die Staatsschuldenkommission dem Landtage Bericht über die Verwaltung des Staatsschuldenwesens in dem abgelaufenen Etatsjahre. Dieser Bericht schliesst sich eng an einen nach Abschluss jeden Rechnungsjahres von der Hauptverwaltung

---

[1]) Vgl hierüber bei V. Hoffmann S. 218 Nr. 4.

der Staatsschulden an die Staatsschuldenkommission zu erstattenden Bericht über deren Thätigkeit im abgelaufenen Jahre an. Er bildet gewissermassen einen Begleitbericht zu letzterem Berichte, der dem Landtag als Anlage ebenfalls mit vorgelegt wird. Bisher sind 53 derartige Berichte an den Landtag erstattet worden, deren letzter das Rechnungsjahr 1900 behandelt. Dieselben sind sehr ausführlich, aber etwas schematisch abgefasst und fordern zu ihrem richtigen Verständnisse ein sehr eingehendes Studium. An den Bericht der Hauptverwaltung schliesst sich noch ein besonderer Nachweis über die im abgelaufenen Etatsjahr ausgegebenen und die bereits im Umlauf befindlichen Consols, sowie über den Stand der noch offenen Kredite am Schlusse des Rechnungsjahres, sowie eine Zusammenstellung der in der Zeit vom Beginn des neuen Etatsjahres bis zum Ende des Kalenderjahres erfolgten weiteren Verrechnungen aus Anleihen oder anderen Quellen auf die einzelnen Kredite. Leider werden in diesen Uebersichten die bereits durch die besonderen Nachweise zu den Uebersichten früherer Jahre als vollständig erledigt nachgewiesenen Kredite weggelassen, wodurch die Uebersicht über die Kreditoperationen der zurückliegenden Zeit sehr erschwert wird. Grössere Erörterungen im Landtage an die Erstattung der Berichte sind in den letzten Jahren selten vorgekommen. Ueber solche aus früheren Jahren siehe bei Sattler S. 281 ff., V. Hoffmann S. 217 ff.

II. Kapitel.

Einnahmen.

(Kap. 22 Tit. 1.)

§ 75. Als eigene Einnahmen der Hauptverwaltung der Staatsschulden kommen drei Titel in Betracht:

Tit. 1. Vergütung vom Reiche für Wahrnehmung der Geschäfte der Reichsschuld 1902: 217 300 M.

Durch Bundesgesetz vom 19. Juni 1868 (B.-G.-Bl. S. 339) wurde der preussischen Hauptverwaltung auch die Verwaltung einer damals aufzunehmenden Bundesanleihe übertragen, „bis zum Erlass eines definitiven Gesetzes über die Bundesschulden-Verwaltung“. Nach § 3 dieses Gesetzes mussten der Direktor und die Mitglieder der Hauptverwaltung zu Protokoll erklären, dass sie den von ihnen nach § 9 des Gesetzes v. 14. Febr. 1850 (s. § 69) zu leistenden Eid auch für die Reichsschuldenverwaltung als massgebend anerkennen. In allen weiteren Reichsanleihegesetzen ist dann auf jenes Gesetz Bezug genommen worden. Das Gesetz v. 27. Jan. 1875 (R.-G.-Bl. S. 18) traf entsprechende Bestimmungen auch für Reichsschatzanweisungen. Durch Reichsgesetz v. 30. April 1874 (R.-G.-Bl. S. 40) wurde derselben Behörde ferner noch die Ausfertigung der Reichskassenscheine unter der Benennung „Reichsschuldenverwaltung", durch Reichsgesetz v. 31. Mai 1891 (R.-G.-Bl. S. 321) auch die Verwaltung des neugegründeten Reichsschuldbuchs unter dem Titel „Reichsschuldenverwaltung" übertragen. Erst durch Reichsgesetz v. 19. März 1900 (R.-G.-Bl. S. 129), die sogen. Reichsschuldenordnung ist nunmehr eine dem bestehenden Zustand entsprechende allgemeine Regelung erfolgt. Doch ist auch hier in § 9 bestimmt: Die Verwaltung der Reichsanleihe verbleibt bis auf Weiteres der preussischen Hauptverwaltung der Staatsschulden.

Als Entschädigung für diese Mühewaltungen zahlte der Norddeutsche Bund und später das Reich zunächst 5100 M. (Etat von 1870). 1883/84 wurde zum ersten Mal ein besonderer Etatstitel mit 12 500 M. für diese Einnahme eingestellt, welcher bis 1891/92 auf 18 500 M. wuchs. 1892/93 wurde die Summe mit Rücksicht auf das starke Anwachsen der Reichsschuld auf 126 800 M. erhöht. Die Vergütung wurde dabei durch Zugrundelegung des Verhältnisses der auf den Inhaber ausgefertigten Schulden Preussens zu denen des Reichs bestimmt. 1902 ist auf derselben Grundlage eine neue Festsetzung der Vergütung in Höhe von 217 400 M. erfolgt. (Im Allgemeinen kann man annehmen, dass der Einnahme entsprechende Ausgaben bei Kap. 35 gegenüberstehen).

Daneben bestreitet das Reich die sächlichen Kosten der Herstellung der Schuldpapiere, namentlich auch der Reichskassenscheine, welche als Ersatz für beschädigte Stücke auszugeben sind und damit zusammenhängende Ausgaben aus eigenen Mitteln Der Reichsetat für 1903 wirft die Ausgaben dieser Art in Kap. 71 Tit. 2 und 3 aus.

§ 76. *Tit. 2.* Gebühren für Eintragungen in das Staatsschuldbuch 1903: 61 800 M.

Die jährlich hier eingestellte Summe wird nach dem Durchschnitt der beiden letzten voraufgegangenen Rechnungsjahre, deren Ergebniss vorliegt, festgestellt und war für 1885/86 erstmalig mit 30 000 M. veranschlagt.

Die Einnahmen beruhen auf dem Gesetze vom 20. Juli 1883 über die Einrichtung eines Staatschuldbuchs (G.-S. S. 120) in welches, nach dem Vorgang anderer Länder mit unkündbarer Rentenschuld, auf Antrag gegen Einlieferung von Schuldverschreibungen der consolidirten Anleihe[1]) eine auf den Namen eines bestimmten Gläubigers lautende Buchforderung von gleichem Nennbetrage in das Staatsschuldbuch eingetragen wird.

Nach der Eintragung werden die somit in eine Buchschuld umgewandelten Schuldverschreibungen vernichtet Für Buchschulden werden Zinsscheine nicht ausgefertigt. Die Zinsen werden in denselben halbjährlichen Terminen, zu welchen die Coupons der eingelieferten Schuldverschreibungen zahlbar waren, je nach Wunsch des Zinsempfängers durch Vermittelung einer Staatskasse oder einer Bank oder durch Postsendung an die Person des

---

[1]) Vergl. auch Ges. v. 12. April 1886 (G-S. S. 124) und v. 8. Juni 1891 (G.-S. S. 105).

Gläubigers oder an den, den er für den Zinsempfang bestimmt hat, gezahlt. Die Zahlung erfolgt auf Grund von Zinsenlisten, die vor jedem Zinstermin angefertigt werden. Da die Zinsscheine der Consols theils am 1. Jan. und 1. Juli, theils am 1. April und Okt. zahlbar sind, so wiederholt sich bei der Schuldenverwaltung das umfangreiche Geschäft der Zinszahlung vier Mal im Jahre.

§ 77. Nach den alljährlich erfolgenden Bekanntmachungen der Hauptverwaltung — abgedruckt im Reichsanzeiger — stellte sich die Zahl der im Staatsschuldbuch eingetragenen Conten Ende März

1900:	26 102	über	1 385 316 900	M.
1901:	28 909	„	1 466 168 250	„
1902:	30 337	„	1 577 323 650	„
1903:	31 383	über	1 629 887 550	M.

Von diesen Conten entfallen 86 Proz. auf Kapitalien bis zu 50 000 M. und 14 Proz. auf grössere Kapitalsanlagen.

Für physische Personen waren Ende März 1903: 18 919 Conten über 727 556 400 M., für juristische Personen 5769 Conten über 617 979 100 M. und für Vermögensmassen ohne juristische Persönlichkeit 5974 Conten über 191 837 650 M. eingetragen. Die Zahl der Conten für Bevormundete oder in Pflegschaft Stehende betrug 1834.

Von den Zinsen liessen sich die Empfangsberechtigten halbjährlich 18 324 Posten von der Staatsschulden-Tilgungskasse in Berlin durch Werthbrief oder Postanweisung direkt zusenden, 5339 Posten wurden durch Gutschrift auf Reichsbank-Girokonto berichtigt und 13 896 Posten wurden bei den mit der Auszahlung betrauten Königlichen Kassen und Reichsbankanstalten abgehoben.

Von den Conteninhabern wohnen 27 011 in Preussen, 4020 in anderen Staaten Deutschlands, 262 in den übrigen Staaten Europas, 15 in Asien, 18 in Afrika, 54 in Amerika und 3 in Australien.

Laufende Verwaltungskosten werden von den Conteninhabern nicht erhoben. Für jede Einschrift ist ein einmaliger Betrag von 25 Pfg., für jede angefangenen 1000 M. des Kapitalbetrages, über den verfügt wird, für die Ausreichung von Schuldverschreibungen 50 Pfg. für je 1000 M. — Schuldbetrag — jedesmal mindestens 1 M. zu zahlen. An Gebühren für die gerichtliche und notarielle Beglaubigung der Anträge (§ 10 Abs. 2 d. Ges.) werden bei Beträgen bis 2000 M. 1,50 M., darüber 3 M. erhoben (§ 21 Ges. v. 1883).

§ 78. *Tit. 3.* Sonstige Einnahmen 53 000 M.

Hier werden eingestellt Beiträge von Beamten für die Benutzung von Wasserleitungen, Entnahme von Papier aus den staatlichen Papierbeständen, zu den Kosten der nach § 2a des Krankenversicherungsgesetzes erweiterten Krankenfürsorge u. s. w.

Vor allem aber wird hier gebucht der Ueberschuss des Depositums für den Gewinn aus der Verwaltung des sogen. Depositalfonds der Hauptverwaltung (s. auch § 80a).

Die Hauptverwaltung der Staatsschulden verwaltet nämlich zwei Nebenfonds: den Depositalfonds (A) und den Betriebsfonds (B).

A. Depositalfonds.

§ 79. Der Depositalfonds ist nach dem Berichte der Hauptverwaltung der Staatsschulden vom 1. Juni 1883 zunächst dazu bestimmt, die von einzelnen Gläubigern bei der Präklusion ganzer Schuldgattungen zwar angemeldeten, aus Mangel an den nöthigen Beweismitteln jedoch nicht sofort zahlungsfähigen und daher einstweilen nur reservirten Ansprüche durch Niederlegung ihres Werthes in einem separaten Fonds zu sichern. Doch ist seine Wirksamkeit späterhin auch auf die völlig abgesonderte Verwaltung der zur Aufsicht und successiven Abwicklung der Hauptverwaltung übertragenen, nicht integrirenden Theile des öffentlichen Schuldenwesens und überhaupt auf alle fremden Fonds ausgedehnt worden, welche mit den eigentlichen Verwaltungsmitteln der Hauptverwaltung nur in verwandtschaftlicher Beziehung stehen. Indem der Fonds auf diese Weise das Interesse der Privaten, betheiligten Kommunen und Staatsinstitute sichert, giebt er zugleich durch nutzbare Anlegung der in ihm sich konzentrirenden Geldmittel zu vortheilhaften Erwerbungen Gelegenheit.

In früherer Zeit war der Fonds beträchtlich höher wie heute, z. B. 1853 23,8 Mill. M., darunter allein 14,6 Mill. M. Beamtenkautionen. Letztere sind im Laufe der Zeit immer geringer geworden und neuerdings bekanntlich durch Gesetz allgemein beseitigt worden.

Gegenwärtig zerfällt der Fonds nur noch in drei Abteilungen, in

1. den Fonds zur Tilgung und Verzinsung provinzieller Staatsschulden. Er ist bestimmt zur Tilgung und Zinszahlung der auf ihn 1853 angewiesenen älteren provinziellen Schulden und zur Deckung unbekannter Ansprüche einzelner Gläubiger von alten provinziellen Schulden. Alle Einnahmen dienen zu seiner Vermehrung. Er betrug 1868 mehr als 600 000 Mark. Gegenwärtig (1. Okt. 1902) 405 450 M. Seit langen Jahren ist keine Ausgabe aus dem Fonds geleistet worden.

2. Das Generaldepositum für Privatpersonen wird gebildet durch Ueberweisung der Mittel zur Einlösung gekündigter aber nicht eingelöster Schuldverschreibungen, sowie der Mittel für die bei Einlösung von Schuldverschreibung fehlenden Coupons. Seine Einnahmen be-

stehen in den Zinsen seiner Bestände (1. Okt. 1900 rund 896,7 Mill. M.) und in den Deckungsmitteln für verjährte Schuldverschreibungen. Am Schlusse jeden Jahres werden die Werthe seiner Effekten berechnet und der Ueberschuss über das Ausgabesoll fliesst in Abtheilung:

3. Gewinne aus der Verwaltung des Depositalfonds.

Soweit die aus dem Gewinnüberschuss bei 2. fliessenden Einnahmen dieses Titels 30 000 M. übersteigen, wurden sie (seit dem Etat für 1870) unter die zufälligen Einnahmen der allgemeinen Kassenverwaltung aufgenommen. Seit dem Etat für 1883/84 wurde die jetzt noch in Geltung befindliche Bestimmung getroffen, dass sie unter Tit. 3 der Einnahmen der Staatsschuldenverwaltung den allgemeinen Staatsfonds zufliessen soll. Der Betrag von 30 000 M. bleibt auf dem Gewinntitel stehen zur Deckung von Kursverlusten bei dem Generaldepositum für Privatpersonen.

Ueber den Gesammtbestand des Depositalfonds und dessen neuesten Stand (1903: 1,3 Mill. M.) giebt alljährlich Beil. D. zum Etat der Staatsschuldenverwaltung Aufschluss.

B. Betriebsfonds.

§ 80. Der zweite der Nebenfonds, dessen jährlicher Zustand in Beil. C des Staatsschuldenetats dem Landtage mitgetheilt wird, bringt dem Staate besondere Ueberschüsse nicht. Er ist eingerichtet worden, um die Hauptverwaltung in die Lage zu setzen, auch in finanziell ungünstiger Zeit die zur Deckung ihrer Ausgaben für Verzinsung und Tilgung erforderlichen Mittel zu sichern.

Er diente stets hauptsächlich zum Ankaufe der Effekten für die verschiedenen Tilgungsfonds vor den Tilgungsterminen, um das Steigen der Kurse in Folge dieser Ankäufe einzuschränken, daneben aber auch noch zu anderen Zwecken. Im Jahre 1869 einigte sich die Regierung mit dem Landtage über seine Verwendung dahin, dass dieselbe erfolgen solle 1. zur vorschussweisen Beschaffung des Tilgungsbedarfs der Staatsanleihen, 2. zur Bestreitung der dadurch entstehenden Ausgaben besonders der Maklercourtage, 3. zur Bestreitung der Kosten der Verwaltung des Provinzialstaatsschuldenwesens, 4. zur Gewährung von Vorschüssen an die Kontrolle der Staatspapiere und an die Staatsdruckerei. Nach dem Etat 1879/80 fiel die Gewährung von Vorschüssen an die Staatsdruckerei fort, da letztere ans Reich verkauft wurde, dagegen kam als 5. Punkt hinzu: „zur Gewährung von Vorschüssen an die Reichspostverwaltung behufs Einlösung von Zinsscheinen der Preussischen Staatsanleihen bei der Oberpostkasse in Hamburg. 1884/85 wurde bei 4 noch zugefügt „und an das Staatsschuldbuchbureau“.

Die Einnahmen der Betriebsfonds bestehen zunächst in den noch vorhandenen Ausständen an Provinzial-Staatsaktienkapitalien, die aber nur noch 1200 M. (bei der Regierungshauptkasse in Oppeln) betragen.

Die Haupteinnahme bilden die Zinsen seiner Effekten vom Tage des Ankaufs bis zum Tage der Abgabe an die Tilgungsfonds und die präkludirten Zinsen von Staatsanleihen, welche nicht zur Verstärkung der Tilgungsfonds dienen, ferner die Kursgewinne bei Abgabe der Effekten an die Tilgungsfonds und die Zinsen seiner Bestände. Seine Ausgaben bestehen in den Kursverlusten bei Abgabe der Effekten an die Tilgungsfonds, den Anschaffungskosten derselben und in der Verwaltung der provinziellen Staatsschulden. Einnahme und Ausgabe werden im Etat nicht veranschlagt.

In Betreff der von der Hauptverwaltung geführten Verwaltung der Betriebsfonds untersteht dieselbe dem Finanzminister, der aber nicht berechtigt ist, den Fonds einzuziehen, oder zu anderen Zwecken zu verwenden. Der Betriebsfonds betrug 1833 rund 18 Mill. M., am 1. Juli 1870 5,1 Mill. M., sank bis 1873 auf 3,2 Mill. M., stieg aber seitdem allmälig bis rund 7,9 Mill. M. (1903). In Folge der fortschreitenden Tilgung älterer tilgbarer Schulden verengert sich naturgemäss der Kreis der Verwendungszwecke des Fonds, und er nimmt mehr und mehr den Charakter eines durch seine Zinsen sich mehrenden Staatsaktivfonds an.

Entwickelung des Tit. 3.

§ 80a. Der Betrag des Kap. 22 Tit. 3 ist der Natur seiner Zusammensetzung nach ein schwankender (s. Anl. I). Im Jahre 1897/98 war er noch mit 142 500 M. veranschlagt, ist aber seitdem hauptsächlich in Folge von Minderung der Gewinnüberschüsse aus der Verwaltung des Depositalfonds allmählich bis auf 53 500 M. zurückgegangen, 1891/92 und 1892/93 betrugen diese Ueberschüsse noch 167 148 M. bezw. 146 219 M., also durchschnittlich 156 668 M. für 1895/96 minderte er sich aber auf 71 402 M., also um 85 282 M. Die Ursache lag wesentlich darin, dass die Bestände der Fonds, welche zum grössten Theile in 4proz. Consols angelegt waren, zur Deckung der Ausgaben für gekündigte Schulddokumente u. s. w. theilweise hatten flüssig gemacht werden müssen. Die Effektenbestände betrugen beim Generaldepositum für Privatpersonen bei Beginn des Rechnungsjahres 1890/91 noch über 4 Mill. M., Ende 1894/95 dagegen nur noch etwas über 2 Mill. M. Die Zinseneinnahme aus den Effekten, welche 1890/91 bei diesem Depositum noch 163 800 M. betrug, belief sich 1894/95 nur noch auf 112 169 M.

Die 53 500 M. für 1902 — ermittelt nach dem Durchschnitt der Rechnungsjahre 1898/99 und 1899 — setzten sich wie folgt zusammen:

1.	Ueberschüsse des Depositums etc. . . .	53 100 M.
2.	Beiträge von Beamten etc.	179 „
3.	Krankenversicherungs-Beiträge . . .	50 „
4.	Erlös für verkaufte Akten etc.	171 „
	Summe . .	53 500 M.

Für 1903 ist der Fonds nach den muthmasslich zu verwendenden Einnahmen mit 21 500 M. höher, auf 75 000 M. in Ansatz gebracht.

III. Kapitel.

Ordentliche Ausgaben der Hauptverwaltung der Staatsschulden.

(Kap. 39 des Ausgabeetats.)

§ 81. Die Hauptverwaltung der Staatsschulden bestand nach der Verordn. von 1820 aus 1 Präsidenten und 4 Mitgliedern, nach dem Ges. v. 24. Febr. 1850 aus 1 Direktor und 3 Mitgliedern. Im Jahre 1884 trat das Bedürfniss hervor, mit Rücksicht auf die Uebernahme der Verwaltung der Reichsschuld, der starken Steigerung der preussischen Staatsschuld durch die Eisenbahnverstaatlichung und endlich die Einführung des Staatsschuldbuchs (1883) das Personal der Behörde erheblich zu vermehren. Es wurde das Ges. v. 13. Febr. 1884 (G.-S. S. 64) erlassen, wonach bestimmt wurde, dass die Behörde aus 1 Direktor und mindestens 3 Mitgliedern zu bestehen hat, die Erhöhung der Stellenzahl erfolgt also nunmehr nach Bedürfniss, wie bei anderen Behörden durch Einstellung neuer Stellen in den Etat. 1884 fand bereits eine Erhöhung der Mitglieder auf 5 statt. Von diesen sind 3 vollbesoldet und gehören ausschliesslich der Hauptverwaltung an, einer fungirt nebenamtlich und einer bekleidet seine Stelle als unbesoldetes Ehrenamt.

Die Gehälter dieser Beamten betrugen vor der allgemeinen Besoldungsaufbesserung von 1872: 10 500 M. nebst Dienstwohnung für den Direktor, 9000 M. für das erste Mitglied, 1500 M. für das zweite. Das Amt der zweiten Stelle war nebenamtlich, ebenso das der dritten Stelle, für welche überhaupt kein Gehalt (nur 900 M. Remuneration aus Reichsmitteln) vorgesehen war.

Die späteren Besoldungsverbesserungen waren

	nach 1872	1885/86	1897/98	1900
	M.	M.	M.	M.
Direktor	13 500	13 500	13 500	15 000
Mitglieder im Hauptamt[1])	8 700	7500—9900	7500—11000	7500—11000
Mitglieder im Nebenamt	1 500	1 500	1 500	1 500

[1]) früher 1, jetzt 3.

§ 82. Erheblich stärker vermehrte sich natürlich die Zahl der Bureau-, Kassen- und Unterbeamten im Laufe der Jahre. Es betrug die Zahl

	der Bureau- und Kassenbeamten	der Unterbeamten
1851	45	13
1861	53	17
1871	72	18
1881	74	17
1885	98	22
1886	109	22
1891	134	24
1894	140	28
1903	162	38

Von diesen Beamten des Jahres 1903 fungiren a) in der Kalkulatur, Registratur, Kanzlei- und Hausverwaltung 11 Bureau- und Kassenbeamte und 14 Unterbeamte, b) in der Kontrolle der Staatspapiere 69 bezw. 9, c) in der Staatsschuldentilgungskasse 34 bezw. 8, d) im Schuldbuchbureau 48 bezw. 7, in Summe 162 Bureau- und Kassenbeamte und 38 Unterbeamte.

Wäre nicht die Staatsschuld immer mehr vereinheitlicht worden (§ 22), so würde die Zahl der Beamten gewiss noch erheblich stärker gewachsen sein.

Die Entwickelung der Besoldungsverhältnisse ergiebt folgende Skala:

Beamte. (In Klammern die Zahl der Stellen 1903.)	Besoldungen (Mark)			
	vor **1872**	nach **1872**	nach **1892**	seit **1897/98**
(1) Rendant der Staatsschuldentilgungskasse		6600	6600	7200
(1) Dirigent der Kontrolle der Staatspapiere	2400—4800	6600	6600	
(1) Rendant des Schuldbuchbureaus		—	6600	—
(1) Kalkulaturvorsteher	und	—	—	6000
(3) Oberbuchhalter	3000—4500	5400	5400	
(66) Sekretäre, Buchhalter, Kassirer und Kanzleivorsteher	3300	3000—5400	3000—5400	3000—6000
(89) Kanzlei und Kassensekretäre	1800	1800—3800	1800—3800	1800—3800
(37) Unterbeamte	900—1350	1200—1650	1200—1800	1200—1800

§ 83. Die Besoldungen der höheren Beamten sind in Kap. 39 Tit. 1, der mittleren in Tit. 2, der unteren in Tit. 3 ausgeworfen. Die Entwickelung aller drei Titel gemeinsam bis 1879/80 zurück ergiebt sich aus Anl. I. Dort ist auch die Entwickelung der Tit. 4 (Wohnungsgeldzuschüsse), Tit. 5—6b andere persönliche Ausgaben (Remunerationen u. s. w.) und Tit. 7—8 sächliche Ausgaben (Bureaubedürfnisse u. s. w.) seit dem genannten Jahre ersichtlich. Zu besonderen Bemerkungen geben alle diese Titel keine Veranlassung.

Nur sei hervorgehoben:

1. dass die unter Kap. 39 Tit. 5 ausgeworfenen 37 500 M. in der Hauptsache zur Remunerirung von Hülfsarbeitern (Diätaren) im Bureau-, Kanzlei- und Unterbeamtendienst bestimmt sind — die Kosten für das Ausloosungspersonal (Notar u. s. w.) sind nicht erheblich;

2. dass für die Staatsschuldenkommission ausser den in Tit. 6 genannten 750 M. nur noch geringe Kosten für Porto und Bücher u. s. w., welche bei dem Fonds Kap. 39 Tit. 7 verrechnet werden, entstehen.

Von 1879/80 bis 1902 stiegen die Verwaltungskosten (Kap. 39) von 439 690 M. auf 1 100 068 M., also um 660 478 M. Davon sind aber 204 900 M. in Abzug zu bringen, welche das Reich gegenwärtig mehr zuschiesst als 1879/80, so dass sich für Preussen die eigentlichen Verwaltungskosten in dieser Zeit nur etwa verdoppelt haben, während die Staatsschuld auf über das fünffache in derselben Zeit gestiegen ist.

IV. Kapitel.

Extraordinarium.

§ 84. Das Extraordinarium ist im Allgemeinen unbedeutend, wie Anl. I des Näheren ergiebt. Es wurden im Extraordinarium ausgeworfen seit 1879/80 51 553 992 M. im Ganzen, davon

zu Bauzwecken: 1887/88 182 500 M., 1900 196 000 M. (Neubau nebst Dienstwohnung), 1902 13 200 M. (Neubau für Staatsschuldentilgungskasse), in Summe 391 700 M.;

zur ausserordentlichen Schuldentilgung: 1886/87 380 100 M., 1888/89 8 050 000 M., 1889/90 35 962 994 M., 1890/91 4 869 198 M., in Summe 50 262 292 M.;

Convertirungskosten: 1897/98 1 000 000 M.

III. Hauptabschnitt.

Staatsschulden, die nicht auf dem Etat der Staatsschuldenverwaltung stehen.

§ 85. Den in § 26 namhaft gemachten, auf dem Etat der Staatsschuldenverwaltung stehenden Schulden treten noch diejenigen Verpflichtungen des Staates hinzu, welche auf anderen Etats geführt und von anderen Behörden, als der Hauptverwaltung der Staatsschulden, verwaltet werden (Eisenbahn-, Domänen- und Forst- und Allgemeine Finanzverwaltung).

§ 86. 1. Auf dem Etat der Eisenbahnverwaltung (Kap. 31 Tit. 1 und 2) kommen in Betracht:

a) Die $4^1/_2$proz. Anleihe des Braunschweigischen Eisenbahnunternehmens vom 16. Juli 1874, welche Ende 1901 noch eine Höhe von 6 115 200 M. hatte. Die Zinsen sind am 1. Juli und 2. Januar fällig. Tilgung 1 Proz. unter Zuwachs der Zinsersparnisse. Ende der Tilgung 1918. Sie erfordert zur Verzinsung 263 817 M. und zur Tilgung 264 183 M. (s. § 195 des 7. Buches im I. Bande).

b) Eine bis zum Jahre 1932 an die Braunschweigische Staatsregierung zu zahlende jährliche Rente von 2 625 000 M., deren Kapitalwerth 45 651 351,59 M. beträgt (s. a. a. O. § 195 S. 979).

§ 87. 2. Auf dem Etat der Forstverwaltung ist unter Kap. 4 Tit. 2 ein Ausgabeposten von 561 000 M. an Ablösungsrenten und zeitweisen Vergütungen an Stelle der Naturalabgaben enthalten (s. Bd. I Buch II § 51 ff.). Der Betrag der gesammten Ablösungsrenten betrug im Jahre 1900 298 935,38 M. Der Kapitalwerth liess sich nicht genau berechnen, da die Amortisationsperioden sehr verschiedene sind. Zum 20fachen Betrage ergiebt sich ein Kapital von rund 5 978 000 M.

§ 88. 3. Auf dem Etat der Domänenverwaltung stehen unter Kap. 1 Tit. 16 für Zinsen von Passivkapitalien, Passivrenten, sonstige Abgaben und Lasten zusammen 1 320 011 M. aufgeführt, wovon auf

Zinsen von Passivkapitalien und Passivrenten, welche den Ausgaben für Staatsschulden gleichgestellt werden können, 108 000 M. entfallen.

An Passivkapitalien kommen 463 000 M. mit 20 000 M. Zinsen, an Passivrenten 1 770 000 M. Kapitalien mit 88 000 M. Passivrenten in Betracht. Ausserdem werden noch 440 000 M. Rentenbankrenten, die sich im Laufe der Zeit selbst tilgen, aus Titel 16 bezahlt. Zum 20fachen Betrage kapitalisirt würden dieselben ein Kapital von 8 800 000 M. darstellen (s. hierzu auch Bd. I Buch I §§ 61 u. 65).

§ 89. 4. Der Etat der Allgemeinen Finanzverwaltung enthält (1903) folgende Posten, welche den Staatsschulden und Renten ihrem Charakter nach gleichgestellt werden können:

a) Kap. 43 Tit. 1: Apanagen in Höhe von 101 280 M. (Kapitalwerth 101 280 × 10 = 1 012 800 M.);

b) Kap. 43 Tit. 2: Renten und Entschädigungen an Fürsten und Standesherren 1 699 220,78 M. (Kapitalwerth 1 699 220,78 × 25 = 42 480 519,50 M.);

c) Kap. 43 Tit. 4: Renten an die Militärwaisenhäuser zu Potsdam und Pretzsch und an das Soldatenkinderhaus zu Stralsund 400 218 M. (Kapitalwerth 400 218 × 25 = 10 005 450 M.);

d) Kap. 34 Tit. 5: Sonstige Renten und Entschädigungen für aufgehobene Zölle und andere Berechtigungen 214 928,87 M. (Kapitalwerth 214 928,87 × 25 = 5 413 221,75 M.).

5. Endlich ist der Staat durch die Aufhebung des Hinterlegungsfonds Selbstschuldner für die hinterlegten Gelder geworden und hat damit eine Schuld von etwa 28—29 Mill. M. übernommen, wozu noch 625 000 M. Zinsengutschrift hinzukommen (s. § 166). Die Verzinsung beansprucht $2\frac{1}{2}$ Proz. und ist für 1903 mit 560 000 M. bei Kap. 43 Tit. 14 des Etats der Allgemeinen Finanzverwaltung eingestellt.

§ 90. Unter Berücksichtigung obiger Ausführungen muss der Bestand der preussischen Staatsschulden (im wirthschaftlichen, nicht formellen Sinne) für 1. April 1903 wie folgt berechnet werden: 1. auf dem Etat der Staatsschuldenverwaltung 6 889 403 269 M. Kapitalschuld und etwa 28 Mill. M. kapitalisirte Rentenschulden (Kap. 38 des Etats); 2. auf dem Etat der Eisenbahnverwaltung 51 766 551 M.; 3. auf dem der Forstverwaltung 5 978 000 M.; 4. auf dem der Domänenverwaltung 11 033 000 M.; 5. auf dem der allgemeinen Finanzverwaltung 60 611 212 M.; 6. an hinterlegten Geldern etwa 29 Mill. M. Das ergiebt eine Gesammtsumme von 7 075 792 032 M., auf den Kopf der Bevölkerung 205 M.

An Verzinsung (einschl. Renten) ergiebt sich folgender Betrag: 1. auf dem Etat der Staatsschuldenverwaltung 235 912 162 M., an Renten (Kap. 38) 1 452 250 M.; 2. auf dem Etat der Eisenbahnverwaltung 2 888 817 M.; 3. auf dem Etat der Forstverwaltung 298 935 M.

Ablösungsrenten; 4. auf dem der Domänenverwaltung 548 000 M.; 5. auf dem der allgemeinen Finanzverwaltung 2 415 648 M.; 6. zur Verzinsung hinterlegter Gelder 560 000 M.

Die Summe der Passivrenten beträgt mithin nach dem Etat 1903 244 075 812 M. oder auf den Kopf der Bevölkerung[1]) 7,79 M.

Zur Tilgung sind ausgesetzt: 1. auf dem Etat der Staatsschuldenverwaltung (Kap. 36) 41 336 420 M.; 2. auf dem der Eisenbahnverwaltung 264 183 M., d. i. zusammen 41 600 603 M. oder auf den Kopf der Bevölkerung rund 1.20 M.

Schlussergebniss.

§ 91. Wenn nach § 90 die Summe aller preussischen Staatsschulden rund 7 Milliarden beträgt, so ist dabei zu berücksichtigen, dass alle Schulden für Reichszwecke, also für Aufgaben, die den preussischen Staatsangehörigen ebenfalls mit zu Gute kommen, und falls ein deutsches Reich nicht bestände, grossentheils aus preussischen Staatsmitteln gedeckt werden müssten, in jener Summe nicht einbegriffen sind. Die Reichsschuld beträgt jetzt annähernd 3 Milliarden. Rechnet man hiervon, der Bevölkerungsziffer entsprechend, $^3/_5$ auf Preussen, so würden der Schuldsumme von 7 Milliarden noch 1,8 Milliarden hinzutreten, sodass sich die Gesammtbelastung auf annähernd 9 Milliarden Mark stellen würde.

Auch diese Summe kann bei dem sonstigen Stande der preussischen Staatsfinanzen nur eine mässige genannt werden. Zwar lässt sich der Stand des gesammten diesem Schuldbetrag gegenüberstehenden Aktivvermögens des preussischen Staates nicht ziffermässig genau berechnen, sondern nur annähernd schätzen. Aber es kann keinem Zweifel unterliegen, dass sich auch bei vorsichtigster Schätzung der Werth der Gesammtaktiva nicht unerheblich höher stellte, als der der 7 Milliarden Passiven.

Das in den Eisenbahnen investirte Anlagekapital beträgt nach dem letzten dem Landtage vorgelegten Verwaltungsbericht der Eisenbahnverwaltung (No. 7 der Drucksachen der A. H. für 1903) rund 8 Milliarden Mark. Die Domänen werden, gering veranschlagt, mit etwa 402 Mill., der Forstbesitz mit 1243 Millionen bewerthet werden können.[2]) Das Anlagekapital der der Gewerbesteuer unterliegenden

---

[1]) nach der letzten Zählung (1900) 34 472 509 M.

[2]) Bei Gelegenheit der Vorarbeiten zur Ergänzungssteuer im Anfang der 90er Jahre, wurde, um Vergleichspunkte für die Schätzung des Gemeinen Werthes aller Liegenschaften zu finden, im Finanzministerium u. A. der Werth des überwiegenden Theiles des

Staatsbetriebe wurde 1897/98 bei der Gewerbesteuerveranlagung auf rund 131 Mill. M. geschätzt.[1]) Das ergiebt schon an werbendem Staatsvermögen — niedrig geschätzt — 10,1 Milliarden. Dazu ist noch an Kapitalvermögen zu rechnen in runden Zahlen:

Reservefonds der Rentenbanken 16,9, Betriebsfonds der Hauptverwaltung der Staatsschulden 7,9, Staatsaktivkapitalienbestand 58,3, Grundkapital der Centralgenossenschaftskasse 50, Ansiedelungskommission 120,5, Darlehnsforderungen 13,1 und für Kleinbahnen 20,8 Millionen Mark.

Der gesammte sonstige staatliche Grund- und Gebäudebesitz, vor allem derjenige der staatlichen Unterrichts-, Kunst- und wissenschaftlichen Anstalten, ferner der zu sonstigen Verwaltungszwecken bestimmten Gebäude (allgemeine Straf- und Justizverwaltung etc.) entzieht sich genauerer Schätzung. Doch zeigen schon die in Bd. II Buch V § 213 gegebenen Zahlen der in den letzten 30 Jahren für Hochbauten ausgegebenen Summen, dass auch hier viele hunderte Millionen Mark in Frage kommen. Gleiches gilt von den staatlichen Wasserbau- und wasserwirthschaftlichen Anlagen (s. a. a. O. § 164). Diese Gebäude sind allerdings bestimmten öffentlichen Verwaltungszwecken gewidmet, also kein freies Staatseigenthum im Sinne des werbenden Vermögens. Indessen werden doch auch aus ihnen nicht unerhebliche Einnahmen erzielt (vgl. z. B. § 154a a. a. O., wonach allein aus Miethen, Pachten und Nutzungen von fiskalischen Bauwerken jährlich über $^1/_2$ Million Mark Einnahmen erwachsen).

§ 92. Dem gegenüber berechnet sich nach demselben Etat die Aktivrente: 1. Ueberschuss der Domänen- und Forstverwaltung über die ordentlichen Ausgaben nach Abzug der Kosten der Centralverwaltung (mit 600 000 M. schätzungsweise berechnet) und der Rente an den Kronfideikommissfonds (rd. 7,7 Mill. M.) 56 129 834 M. 2. Geschäftsgewinn der Seehandlung 2 066 600 M. 3. Ueberschuss der Lotterie 9 147 800 M. 4. Ueberschuss der Münze 126 690 M. 5. Aus der Centralgenossenschaftskasse überwiesene Einnahmen (Zinsen) 1 500 000 M. 6. Ueberschuss der Berg-, Hütten- und Salinenverwaltung über die ordentlichen Ausgaben nach Abzug der Verwaltungskosten der Ministerialabtheilung für Bergwesen und der Oberbergämter, berg-

---

staatlichen Domänen- und Forstbesitzes schätzungsweise ermittelt Dabei ergaben sich als Durchschnittswerth fur 1 ha Domänenland (einschliesslich Grund und Boden sowie Gebäude, aber ohne bewegliches Inventar) 1155,6 M. und für 1 ha Holzung 440 M. Dieser Durchschnittssatz auf den Gesammtbesitz angewandt, ergiebt für die sämmtlichen Domänen einen Gesammtwerth von 347 663 × 1155,6 = 401,7 Mill. M, für die Forsten von 2 825 945 × 440 = 1243,4 Mill M Wollte man die letztjährigen Reinerträge der Domänen und Forsten kapitalisiren (mit 3 Proz.), so würde sich ohne Berücksichtigung der Extraordinarien für erstere ein Werth von 652 Mill, für letztere von 1243 Mill. M., bei Abzug der extraordinären Ausgaben vom Reinertrage 486 Mill. bezw. 1104 Mill M ergeben.

[1]) Im Einzelnen kamen auf die Gewerbebetriebe innerhalb der Handels- und Gewerbeverwaltung 105 Mill. M., der Domänen- und Forstverwaltung 8,3 Mill., Seehandlung 17,11 Mill M., Staatsministerium 0,6 Mill. M.

technischen Lehranstalten u. s. w. 26 057 911 M. 7. Ueberschuss der Einnahmen der Eisenbahnverwaltung über die ordentlichen Ausgaben 484 971 549 M. 8. Zinsen der Staatsaktivkapitalienfonds 1 862 740 M. 9. Rente von der Reichsbank 1 865 730 M. 10. Miethe und Pächte von fiskalischen Grundstücken der Bauverwaltung 626 500 M. 11. Ueberschuss der Bernsteinwerke 1 489 280 M. Zusammen: 585 844 634 M. Also pro Kopf der Bevölkerung 16,9 M. Der Ueberschuss der Aktivrente über die Passivrente beträgt demnach 16,93—7,79 M. = 9,14 M. pro Kopf der Bevölkerung. Rechnet man von der Zinsrente für die Schulden des Reiches $^3/_5$ für Preussen, so würde der Ueberschuss der Aktivrente sich nur auf 7,42 M. stellen.

§ 93. Den Stand in den früheren Jahren ergeben folgende Ziffern: Nach Richter S. 67 u. 81 ff. entfielen auf den Kopf der Bevölkerung (in Mark und Pfennigen) von 1806—1869

	an Schuldkapital[1])	an Passivrente (Zinsrente)	Aktivrente	Ueberschuss der Aktivrente über die Zinsrente
1806	15	0,70	2,20	+ 1,50
1822	60	2,50	1,38	— 0,92
1833	48	1,65	1,05	— 0,60
1848	29	0,90	1,14	+ 0,24
1866	45	1,85	3,63	+ 1,78
1868 alte Landestheile	46	1,77	3,33	+ 1,56
neue „	101	4,12	6,76	+ 2,64
1869 (Gesammtmonarchie)	60	2,35	3,87	+ 1,52
1891/92 (nach Sattler S. 289 u 214)	202	7,70	14,64	+ 6,94[2])
1903 (nach § 92 oben)	205	7,79	16,93	+ 9,14[3])

[1]) Dabei sind auch die nicht auf dem Etat der Hauptverwaltung der Staatsschulden stehenden Schulden in Ansatz gebracht Rentenschulden sind kapitalisirt.

[2]) Nach Abrechnung des Antheils an der Reichsschuld 5,85 M.

[3]) Nach Abrechnung des Antheils an der Reichsschuld 7,42 M.

Zweites Buch.

Die beiden Häuser des Landtags.

Die beiden Häuser des Landtags.

Allgemeines.

§ 94. Preussen ist mit der Königl. Verordnung v. 5. Dez. 1848, deren Vorschriften durch die Verfassungsurkunde v. 31. Jan. 1850 ersetzt wurden, in die Reihe der konstitutionellen Staaten eingetreten.

Das Wesen des konstitutionellen Staates besteht darin, dass einer aus Wahlen hervorgegangenen Vertretung des Volkes verfassungsmässig eine aktive Theilnahme an der Ausübung der Staatsgewalt eingeräumt ist.

Diese Volksrepräsentation setzt sich in Preussen nach englischem Vorbilde aus zwei Körperschaften zusammen. In der Verfassungsurkunde v. 31. Jan. 1850 sind diese beiden Abtheilungen der Volksvertretung als erste und zweite Kammer bezeichnet. Das Gesetz v. 30. Mai 1855 (G.-S. S. 316) betr. „die Abänderung der V.-U. in Ansehung der Benennung der Kammern“ legte der bisherigen ersten Kammer den Namen des „Herrenhauses“, der zweiten Kammer den Namen des „Hauses der Abgeordneten“ bei. Obgleich der von der Staatsregierung gestellte Antrag „als gemeinschaftliche Bezeichnung beider Häuser die des Allgemeinen Landtages“ festzusetzen, von der zweiten Kammer abgelehnt wurde, so ist doch seitdem, unter Genehmigung beider Häuser, die bekannte Publikationsformel „mit Zustimmung der beiden Häuser des Landtages“ regelmässig angewendet und damit die Kollektivbezeichnung „Landtag“ für beide Häuser gebräuchlich geworden.

Die beiden Abtheilungen der preussischen Volksvertretung bestehen als zwei Kollegien nebeneinander, welche, nach ihrer eigenen Kollegialverfassung, selbstständig berathen und beschliessen; dennoch bilden sie eine unauflösliche Einheit und werden gleichzeitig berufen, eröffnet, vertagt und geschlossen. Die Auflösung des einen Hauses zieht die Vertagung des andern Hauses nach sich (Verf.-Urk. Art. 77).

Eine wirkliche Vereinigung beider Häuser der Volksvertretung, um einen gemeinsamen Beschluss zu fassen, findet nur in zwei Fällen statt, nämlich wenn über die Frage der Nothwendigkeit der Regentschaft zu entscheiden ist (Art. 56) und wenn der Volksvertretung die Befugniss zusteht, einen Regenten zu wählen (Art. 57). In diesen beiden Fällen treten die beiden Häuser ausnahmsweise wie ein Kollegium zu einer vereinigten Sitzung zusammen und der Beschluss wird bei Durchzählung der Stimmen durch absolute Stimmenmehrheit gefasst.

§ 95. Die praktisch wichtigsten Rechte des Landtages sind die Theilnahme an der gesetzgebenden Gewalt, an der Steuer- und Anleihebewilligung, der Feststellung des Staatshaushalts sowie der Rechnungsentlastung (Art. 62—64, 100 ff.). Das sehr wichtige Recht des Art. 61, wonach die Minister durch Beschluss einer Kammer wegen des Verbrechens der Verfassungsverletzung, der Bestechung und des Verrathes angeklagt werden können, steht, da das dort verheissene Gesetz noch nicht ergangen ist, einstweilen nur auf dem Papiere.

Mit obigen Befugnissen sind die Rechte der Kammern aber nicht erschöpft. Jedes der beiden Häuser hat das Recht, Adressen an den König zu richten (Art. 81), behufs ihrer Information Kommissionen zur Untersuchung von Thatsachen zu ernennen (Art. 82), an sie gerichtete Schriften an die Minister zu überweisen und von denselben Auskunft über eingehende Beschwerden zu verlangen (Art. 81).

Als ausserordentliche, unter besonderen Verhältnissen wirksam werdende Rechte der Volksvertretung sind zu nennen: die Befugniss zur Entgegennahme des Verfassungseides beim Thronwechsel (Art. 54), das Mitwirkungsrecht bei Eintritt einer Regentschaft (Art. 56—58), das Einwilligungsrecht bei Uebernahme der Herrschaft über fremde Reiche (Art. 55), das Recht der Zustimmung zu jeder Veränderung der Grenzen des Staatsgebietes (Art. 2), also sowohl im Falle der Abtretung oder Veräusserung eines Theiles des Staatsgebietes, als auch im Falle des Erwerbs und der Einverleibung neuer Länder und Gebiete.

Endlich haben beide Kammern das Recht, ihre inneren Angelegenheiten nach Analogie der juristischen Personen selbstständig — ohne staatliche Genehmigung — zu regeln Sie prüfen und entscheiden über die Legitimation ihrer Mitglieder, wählen ihre Präsidenten, Vizepräsidenten und Schriftführer — ohne Königliche Bestätigung —, regeln ihren Geschäftsgang und ihre Disziplin durch eine Geschäftsordnung, und besitzen die Sitzungspolizei im Hause, welche der Präsident handhabt.

Den Mitgliedern ist das Recht der freien Meinungsäusserung und Abstimmung verfassungsmässig garantirt (Art. 83 u. 84).

§ 96. Ein näheres Eingehen auf diese einzelnen Befugnisse, ihren Umfang und ihre Bedeutung, würde den Rahmen dieses Werkes überschreiten. Ueber die Theilnahme des Landtages bei der alljährlichen Etatsfeststellung und sonstigen finanziellen Angelegenheiten s. Näheres in Anhang I.

Das sogen. Steuerbewilligungs- richtiger -Zustimmungsrecht ist dem Landtage verfassungsmässig zugesichert durch Art. 101, aber durch Art. 109 dahin eingeschränkt, dass die bestehenden Steuern so lange forterhoben werden, bis sie durch ein Gesetz abgeändert werden. Auch Anleihen dürfen nicht aufgenommen und Garantien zu Lasten des Staates nicht übernommen werden ohne Mitwirkung des Landtags (Art. 103 der Verf.-Urk.).

I.

Haus der Abgeordneten.

§ 97. Während in der Ersten Kammer (Herrenhaus) vor allem die Vertreter der Elemente historisch-begründeten Ansehens, ausgebreiteter Besitz- und Machtfülle, gewisser bedeutungsvoller kommunaler Institutionen, wissenschaftlich hervorragender Kreise u. s. w. sitzen, soll in der Zweiten Kammer (Abgeordnetenhaus) mehr „der regelmässige allgemeine Volkszustand, der Durchschnittsmassstab der populären Lebensverhältnisse“ (Herrmann Schulze) durch gewählte Vertreter zur Darstellung und Wirksamkeit kommen.

In der letzteren Kammer findet daher keine Präsentation, keine Ernennung von Mitgliedern statt. Die Kammer ist vielmehr eine reine, auf Wahlen aller Volkskreise beruhende Vertretungskörperschaft.

Die Bestimmungen über Wahlberechtigung, Wählbarkeit und Art der Wahlen enthalten die Art. 70—72 der Verf.-Urkunde, doch wird in Art. 72 auf ein das Nähere über die Ausführung der Wahlen bestimmendes Wahlgesetz verwiesen, bis zu dessen Erlass nach Art. 115 die vor dem Erlass der Verfassung ergangene, ursprünglich als ein Provisorium gedachte Verordnung vom 30. Mai 1849 in Kraft bleiben sollte. Da das verheissene Wahlgesetz bis heute nicht ergangen ist, gilt die Verordnung von 1849 auch jetzt noch. Bei Hinzutritt der Hohenzollernschen Lande, sowie der 1866 neu erworbenen Provinzen sind ebenfalls interimistische Wahlgesetze ergangen, welche im Wesentlichen die Verordnung von 1849 zur Grundlage haben (30. April 1851 und 11. März 1869). Auch im Herzogthum Lauenburg und in Helgoland ist die Verordnung vom 30. Mai 1849 eingeführt worden.

§ 98. Die neue Steuerreform-Gesetzgebung von 1891 und 1893 auf dem Gebiete des Staats- und Kommunalsteuerwesens machte einige Aenderungen der geltenden Bestimmungen erforderlich. Durch Gesetz vom 24. Juni 1891 (G.-S. S. 231) und das — nur für Hohenzollern nicht geltende — Gesetz vom 29. Juni 1893 (G.-S. S. 103) wurden Art. 71 und 115 der Verf.-Urkunde, sowie §§ 10—13 der Verordnung vom 30. Mai 1849 ausser Kraft gesetzt. Auch wurde in Folge dieser Gesetzgebung ein neues Wahlreglement vom Staatsministerium erlassen (18. Sept. 1893). Das neueste Wahlreglement datirt vom 14. März 1903.

Die Zahl der Mitglieder der zweiten Kammer war in Art. 69 der Verf.-Urk. v. 1850 auf 350 festgestellt. Dazu kamen 1851 2 Abgeordnete für die Fürstenthümer Hohenzollern, 1867 80 für die neuen Provinzen, 1876 1 für das Herzogthum Lauenburg, sodass die Gesammtzahl jetzt **433** beträgt.

Wegen der Feststellung der Wahlbezirke verweist Art. 69 auf ein besonderes Gesetz. Diese Regelung ist nur für die alten Provinzen endgültig erfolgt durch Gesetz v. 27. Juni 1860 (G.-S. S. 357). Für die neuen Provinzen wurden die Wahlbezirke einstweilen durch Verordn. v. 14. Sept. 1867 — noch vor Einführung der Preussischen Verfassungsurkunde — festgestellt; sodann wurde durch Gesetz v. 11. März 1869 (G.-S. S. 481) dieser Vertheilung Gesetzeskraft beigelegt, bis dahin, dass das in Art. 72 der Verf.-Urk. verheissene Wahlgesetz erlassen sein würde.

§ 99. Aenderungen geringerer Art, die im Laufe der Zeit durch kleinere Gebietsvermehrungen, Einführungen von Kreisordnungen u. s. w. nothwendig wurden, siehe im Einzelnen bei Dr. E. Schwartz „Verf.-Urk. für den Preussischen Staat, Breslau 1898“, welcher mit Bezug auf die Mannigfaltigkeit und Unübersichtlichkeit der Bestimmungen klagt, dass die vielen Wahlgesetze und Reglements „durch ihre systemlose Verworrenheit und Unübersichtlichkeit eines Grossstaates durchaus unwürdig seien“. Zum Theil ist indessen die Buntscheckigkeit durch den Zwang der geschichtlichen Vorgänge zu erklären. Jetzt, wo sich auf diesem Gebiete ein gewisser Abschluss vollzogen hat, wäre allerdings zu wünschen, dass das im Jahre 1850 verheissene Wahlgesetz endlich zu Stande käme.

Die Wahlen zum Hause der Abgeordneten sind indirekte d. h. die Abgeordneten werden von Wahlmännern in Wahlbezirken, die Wahlmänner von den Urwählern in Urwahlbezirken gewählt. Auf jede Vollzahl von 250 Seelen ist ein Wahlmann zu wählen. Gemeinden von weniger als 750 Seelen, sowie nicht zu einer Gemeinde gehörende bewohnte Besitzungen werden mit einer oder mehreren benachbarten Gemeinden zu einem Urwahlbezirke vereinigt. Gemeinden von 1750 oder mehr als 1750 Seelen werden von der Gemeindeverwaltungsbehörde in mehrere Urwahlbezirke getheilt.

§ 100. Wahlberechtigt als Urwähler ist nach den gegenwärtig geltenden Bestimmungen jeder selbständige Preusse, welcher das 24. Lebensjahr vollendet und nicht den Vollbesitz der bürgerlichen Rechte in Folge rechtskräftigen Erkenntnisses verloren hat, in der Gemeinde, in der er seit 6 Monaten seinen Wohnsitz oder Aufenthalt hat, sofern er nicht aus öffentlichen Mitteln Armenunterstützung erhält.[1])

Dieses Wahlrecht ist aber zum Unterschiede von dem allgemeinen Stimmrecht, wie es im Reiche gilt, eingeschränkt durch das Dreiklassensystem, durch welches das Gewicht der einzelnen Stimmen ein wesentlich verschiedenes wird. Die Urwähler werden nach Massgabe der von ihnen zu entrichtenden direkten Staats-, Gemeinde-, Kreis-, Bezirks- und Provinzialsteuern in drei Abtheilungen getheilt und zwar in der Art, dass auf jede Abtheilung ein Dritttheil der Gesammtsumme der Steuerbeträge aller Urwähler fällt.

Die Bildung der Abtheilungsliste, d. h. die Berechnung der Gesammtsumme und ihre Drittelung, erfolgt für jeden Urwahlbezirk

---

[1]) für aktive Militärpersonen ruht das Wahlrecht.

besonders, gleichviel, ob der Urwahlbezirk sich mit dem Gemeindebezirk deckt oder aus mehreren Gemeindebezirken zusammengesetzt ist oder einen Theil eines Gemeindebezirks bildet (§ 4 Gesetz vom 29. Juni 1893).

Die erste Wahlabtheilung besteht aus denjenigen Urwählern, auf welche die höchsten Steuerbeträge bis zum Belaufe eines Drittheils der Gesammtsteuer fallen. Die zweite Abtheilung besteht aus denjenigen Urwählern, auf welche die nächst niedrigeren Steuerbeträge bis zur Grenze des zweiten Drittheils fallen. Die dritte Abtheilung besteht aus den am niedrigsten besteuerten Urwählern, auf welche das dritte Drittheil fällt. In diese Abtheilung gehören auch diejenigen Urwähler, welche gar keine Steuer bezahlen.[1]) Jede Abtheilung wählt ein Drittheil der zu wählenden Wahlmänner. Ist die Zahl der in einem Urwahlbezirke zu wählenden Wahlmänner nicht durch drei theilbar, so ist, wenn nur ein Wahlmann übrig bleibt, dieser von der zweiten Abtheilung zu wählen. Bleiben zwei Wahlmänner übrig, so wählt die erste Abtheilung den einen, die dritte Abtheilung den andern.

Zum Wahlmann wählbar ist jeder stimmberechtigte Urwähler des Urwahlbezirkes ohne Rücksicht auf die Abtheilung.

Zum Abgeordneten wählbar ist jeder Preusse, der das dreissigste Lebensjahr vollendet, den Vollbesitz der bürgerlichen Rechte in Folge rechtskräftigen richterlichen Erkenntnisses nicht verloren hat und bereits ein Jahr lang dem preussischen Staatsverbande angehört hat.[2])

Die Legislaturperiode betrug früher 3 Jahre (Art. 73 der Verf.-Urk.), ist aber in Folge des Gesetzes v. 27. Mai 1888 (G.-S. S. 137) auf 5 Jahre verlängert.

§ 101. Das Mandat eines einzelnen Abgeordneten erlischt a) durch den Wegfall einer der Voraussetzungen der Wählbarkeit, b) durch bedingungslose Niederlegung, c) durch Annahme eines besoldeten Staatsamts oder durch Beförderung in ein Staatsamt mit höherem Rang oder höherem Gehalt. In den Fällen zu b) und c) ist die Wiederwahl zulässig.

Für sämmtliche Mitglieder des Abgeordnetenhauses geht ihre Eigenschaft verloren mit dem Tage des Ablaufes der fünfjährigen Legislaturperiode, sowie mit der Auflösung des Hauses, doch sind in beiden Fällen die bisherigen Mitglieder sogleich wieder wählbar.

Das Bureau.

§ 102. Der Ausdruck „Bureau des Abgeordnetenhauses“ hat einen doppelten Sinn. Die Geschäftsordnung (zuletzt festgestellt am

---

[1]) oder zu keiner Staatssteuer veranlagt sind.

[2]) Der Präsident und die Mitglieder der Oberrechnungskammer sowie die Mitglieder des Herrenhauses können nicht gewählt werden, wohl aber Beamte, die übrigens zum Eintritt keines Urlaubs bedürfen.

16. Mai 1876) versteht unter „Bureau“ den Präsidenten und die ihm zur Seite stehenden vom Hause aus seiner Mitte gewählten, also ehrenamtlichen Schriftführer (§§ 8, 13; § 18 Abs. 4; § 42 und § 63).[1])

In dem vom Etat gebrauchten Sinne (Bureau-Direktor, Bureaukasse, Bureaubedürfnisse) ist aber unter „Bureau“ die Gesammtheit des gegen Bezahlung angestellten oder vorübergehend angenommenen Verwaltungs- und Dienstpersonals zu verstehen, dessen der Präsident zur Erfüllung seiner Pflichten bedarf. Die Annahme und Entlassung dieses Personals steht nach § 12 der Geschäftsordnung dem Präsidenten zu;[2]) er hat ferner den Etat des Hauses festzustellen und die Rechnung der Bureaukasse an die Ober-Rechnungskammer einzureichen u. s. w.

Die Zahl der Beamten des Hauses hat sich im Laufe der Zeit nicht unerheblich vermehrt. Nach der Tabelle in § 106 ist die Zahl der etatsmässigen Beamten seit 1851 wie folgt gestiegen: 1851: 5, 1870: 9, 1885/86: 15, 1903: 30. Zu den 30 etatsmässigen Beamten kommen 169 nicht etatsmässige Personen, und zwar im mittleren Dienst 2 ständige Hülfsarbeiter gegen Jahresremuneration, sowie 30 nicht ständige Hülfsarbeiter gegen Tagegeld und im unteren Dienst 137 Personen gegen Tagegeld.

Das gesammte Bureau besteht aus folgenden Abtheilungen:

a) Haupt-Bureau nebst Kalkulatur, Kasse und Kanzlei mit sechs etatsmässigen Bureau-, Kalkulatur-, Kassen- und Kanzleibeamten und 1 ständigen Hülfsarbeiter, 11 diätarischen Bureau- und Kanzleihülfsarbeitern, 1 etatsmässigen und 6 diätarischen Dienern, sowie 1 diätarischen Buchbinder.

b) Stenographen-Bureau, worin 2 Vorsteher und 10 Stenographen etatsmässig, sowie 4 Hülfsstenographen, 1 Journalist, 12 Stenographenschreiber und 1 Diener gegen Tagegeld beschäftigt sind.

(Zur Vorbildung des bei dem Abgeordnetenhause, dem Herrenhause und dem Reichstage erforderlichen Stenographenpersonals wird in den Räumen des Abgeordnetenhauses das ganze Jahr hindurch eine von dem Ersten Stenographenvorsteher geleitete stenographische Fachschule unterhalten, an der die etatsmässigen Stenographen des Abgeordnetenhauses als Lehrer thätig sind.)

c) Bibliothek mit 1 etatsmässigen Bibliothekar, 1 ständigen Hülfsbibliothekar, 2 nicht ständigen Kanzleihülfsarbeitern, 1 etatsmässigen Diener und 1 diätarischen Buchbinder.

(Die Bibliothek enthielt 1870 rund 4500, 1885/86 rund 15 000, 1903 rund 75 000 Bände.)

---

[1]) cf. § 17 Abs. 5 „Präsident mit Zuziehung der Schriftführer“. § 59 a. E. „Präsident und die dienstthuenden Schriftführer“. § 58 Abs. 2 „des Präsidenten oder eines der beiden fungirenden Schriftführer“.

[2]) Nach einer Anmerkung zu Tit. 1 des Etats steht die Anstellung aller Beamten und Diätarien des Hauses in der Zeit zwischen zwei Sessionen dem Präsidenten der vorigen Session zu.

d) Botenmeisterei mit 1 etatsmässigen Kanzleisekretär als Botenmeister, 2 etatsmässigen Pförtnern und 64 diätarischen Boten, Dienern, Fahrstuhlführern und Pförtnern.

e) Heizungs-, Lüftungs- und elektrischer Betrieb mit 1 etatsmässigen Ingenieur, 2 etatsmässigen Maschinenmeistern und 14 diätarischen Maschinisten, Heizern, Fahrstuhl- und Lichtwarten.

f) Hausverwaltung mit 1 etatsmässigen Hausinspektor und einem aus 50 Köpfen bestehenden Hauspersonal gegen Tagelohn.

Eine sehr erhebliche Vermehrung des Personals zu d, e, f ist bei der Uebernahme des neuen Geschäftsgebäudes zu Ende des Jahres 1898 nöthig geworden.

An der Spitze des Bureaus im Etatssinne stand von jeher ein Bureauvorsteher, der aber schon seit den 50er Jahren die Amtsbezeichnung Direktor erhielt.

Während der Session wird von der Reichspostverwaltung im Geschäftsgebäude ein eigenes Postamt eingerichtet, das mit 1 Vorsteher, 3 Oberbeamten und 4 Unterbeamten besetzt ist.

Etatsmässige Behandlung.

§ 103. Ein Spezialetat für die beiden Kammern erscheint zum ersten Male im Jahre 1851. Im Jahre 1849 standen auf dem Etat des Finanzministeriums 300 000 M. als vorläufiger Betrag „zu den Diäten für die zweite Kammer der Volksvertretung und zu den anderen einschlagenden Ausgaben“. 1850 waren ohne nähere Spezialisirung in den Etat eingestellt 99 210 M. für die erste und 572 016 M. für die zweite Kammer, zusammen 671 226 M.

Einnahmen.

§ 103a. Einnahmen kommen auf dem Etat des Abgeordnetenhauses nur in geringem Masse und erst seit dem Jahre 1883/84 vor, wo 1840 M. gesetzliche Wittwen- und Waisengeldbeträge auf Grund des Gesetzes v. 20. Mai 1882 (G.-S. S. 298) für die Beamten und 378 M. an Entschädigung von Beamten für Dienstemolumente (Feuerung, Gas- und Wasserverbrauch) sowie 1502 M. für verkaufte Gegenstände von Kap. 27 Tit. 14 des Etats des Finanzministeriums hierher übernommen wurden. Die Wittwen- und Waisengeldbeiträge fielen, wie bei allen sonstigen Verwaltungen, 1889 fort, sodass für 1903 nur noch für die beiden letztgedachten und ähnliche Zwecke 2631 M. Einnahmen im Etat erscheinen.

Ausgaben.

§ 104. Die laufenden Ausgaben betrugen 1851 568 290, 1870, also nach Hinzutritt der neuen Provinzen, 729 000 M. und haben sich seitdem bis 1903 auf 1 680 995 M. gesteigert.

Dabei ist am meisten betheiligt Kap. 41 Tit. 6 „Reisekosten und Diäten für die Abgeordneten", der von 1851—1903 von 450 000 M. auf 1 121 150 M. stieg.

Hierzu ist zu bemerken:

Die Mitglieder des Hauses der Abgeordneten erhalten aus der Staatskasse Reisekosten und Diäten nach Massgabe des Gesetzes. Ein Verzicht darauf ist unstatthaft (Verf.-Urk. Art. 85). Das vorbehaltene Gesetz über die den Abgeordneten zu gewährenden Reisekosten und Diäten wurde zunächst nicht erlassen, sondern die Zahlung derselben fand vorläufig, und zwar bis zum Beginn der I. Session der XII. Legislaturperiode (1873—1874), unter Zugrundelegung von Sätzen statt, welche mittelst einer Königl. Ordre v. 23. Febr. 1849, also vor dem Inkrafttreten der Verfassungsurkunde v. 31. Jan. 1850, festgestellt worden waren.

Die Höhe der Reisekosten und Diäten der Mitglieder des Abgeordnetenhauses war durch diese Ordre unter analoger Anwendung derjenigen Bestimmungen normirt worden, welche nach damaliger Lage der Gesetzgebung bezüglich der Vergütung der Reisekosten und Diäten für kommissarische Geschäfte in Königlichen Dienstangelegenheiten bestanden. Die Observanz hatte sich dahin gebildet, dass jedem Mitgliede des Abgeordnetenhauses ohne Unterschied an Diäten täglich 3 Thlr. für die Dauer der Sitzungsperiode und die erforderlichen Reisetage, und die Reisekostenvergütung mit 1 Thlr. für die Meile, und auf Strecken, die auf Eisenbahnen oder Dampfschiffen zurückgelegt werden können, mit 10 Sgr. für die Meile, nebst einer Entschädigung an Nebenkosten beim Zugehen zur Eisenbahn oder zum Dampfschiffe und beim Abgehen von denselben mit 20 Sgr. für jedes Zu- und Abgehen zusammen, gezahlt worden sind.

Unterm 30. März 1873 (G.-S. S. 175) erst erging nach mehreren fehlgeschlagenen Versuchen (Näheres bei v. Rönne, Bd. I) das Gesetz v. 30. März 1873, betreffend die Reisekosten und Diäten der Mitglieder des Abgeordnetenhauses, durch welches folgende Bestimmungen getroffen worden sind: 1. die den Mitgliedern des Hauses der Abgeordneten zustehenden Reisekosten und Diäten werden nach den folgengen Sätzen gewährt: a) die Reisekosten, einschliesslich der Kosten der Gepäckbeförderung, α) bei Reisen, welche auf Eisenbahnen oder Dampfschiffen gemacht werden können, für die Meile mit 10 Sgr. und für jeden Zu- und Abgang mit 1 Thlr., β) bei Reisen, welche nicht auf Eisenbahnen oder Dampfschiffen zurückgelegt werden können, für die Meile mit 1 Thlr. 15 Sgr.; b) die Diäten mit 5 Thlr. für den Tag (§ 1 des Ges.); hinsichtlich der Berechnung der Reisekosten finden die bezüglich der Reisekosten der Staatsbeamten geltenden Vorschriften Anwendung (§ 2 des Ges.). Diese Bestimmungen sind demnächst durch das Gesetz v. 24. Juli 1876, betr. die Reisekosten und Diäten der Mitglieder des Abgeordnetenhauses in der Beziehung abgeändert worden, dass die durch das Gesetz v. 30. März 1873 bestimmten Sätze und die demselben zu Grunde liegenden Entfernungsmasse in die Reichsmarkrechnung, beziehungsweise in das Metermass übertragen, und im Anschlusse an diejenigen Sätze, welche für die Tagegelder und Reisekosten der Staatsbeamten auf Grund des Art. II des Gesetzes v. 28. Juni 1875 durch die Königl. Verordnung v. 15. April 1876 festgestellt sind, abgeändert worden sind.

Es betragen hiernach gegenwärtig die Tagegelder 15 M. für den Tag, die Reisekosten 13 Pfennig für das Kilometer und 3 M. für jeden Zu- und Abgang bei Reisen, die auf Eisenbahnen oder Dampfschiffen gemacht werden können, und 60 Pfg. für das Kilometer bei andern Reisen.

Das Gesetz v. 1873 hatte natürlich eine erhebliche Steigerung des Fonds, nämlich von 540000 auf 858000 M. also um 318000 M. zur Folge.

Eine weitere erhebliche Steigerung fand statt im Jahre 1899, nämlich um 311 150 M. und zwar deshalb, weil in neuerer Zeit die Durchschnittsdauer der Sessionen nicht, wie früher angenommen war, nur 120 Tage beträgt, sondern auf 165 Tage angenommen werden musste. Mehrfach fand übrigens auch eine Ermässigung des Fonds statt, weil in Folge der Ausdehnung des Eisenbahnnetzes die Reisekosten nach den Sätzen für Eisenbahnen statt für Landwege zu liquidiren waren (z. B. 1879/80 um 8000 M., 1892/93 um 33 940 M.).

Gegenwärtig beträgt der Fonds nunmehr 1 121 150 M.

§ 105. Der nächsthöhere Ausgabetitel ist Kap. 41 Tit. 7 für Bureaubedarf und ähnliche sächliche Ausgaben. Er steigerte sich in folgender Weise 1851: 69 270 M., 1870: 108 150 M., 1885/86: 214 000 M., 1903: 332 670 M.

Die Hauptsteigerung fällt in das Jahr 1874, wo in Folge der Initiative des Hauses (vergl. Sten. Verh. Abg.-H. 1874 S. 1029) eine starke Ausgabevermehrung zugleich mit Gehaltsverbesserungen stattfand und in das Jahr 1899, welches letztere eine Erhöhung allein von 225 000 M. auf 332 670 M., also um 107 670 M. brachte, in der Hauptsache wegen Mehraufwendungen für Heizung, Beleuchtung und Reinigung des neuen Amtsgebäudes (s. § 108), sowie wegen Beschaffung von Dienstanzügen für Pförtner und Saaldiener.

§ 106. Von den übrigen Ausgabetiteln kommt in erster Linie in Betracht:

Tit. 1. Besoldungen (1903: 96 860 M.).

Besonders auffallend ist die Vermehrung der etatsmässigen Stenographenstellen. Bis 1897/98 waren, abgesehen von den beiden Vorstehern, nur 2 Stenographen etatsmässig, in diesem Jahre kamen 8 etatsmässige Stellen hinzu, als erforderlich wurden 10 bezeichnet.

Die allgemeinen Besoldungsverbesserungen in den 90er Jahren sind auch den Bureaubeamten des Abgeordnetenhauses zu Gute gekommen, welche hierbei mit den Beamten der Ministerien rangirten.

Die Vermehrung der Beamtenzahl und ihre Besoldungserhöhungen sind aus nachfolgender Tabelle zu ersehen:

Zahl und Besoldung der etatsmässigen Beamten.

Beamte	1851		1870		1885/86		1903	
	Zahl	Besoldungen ℳ	Zahl	Besoldungen ℳ	Zahl	Besoldungen ℳ	Zahl	Besoldungen ℳ
Direktor (1851: Bureauvorsteher)	1	[1]) 4 500	1	[1]) 4 800	1	[4]) 8 100	1	7 200
Registratoren und Kalkulatoren	} 2	2 400 u. 3 000	3	} 2 400 3 600 4 800	4	} 3 000 bis 5 400	5	} 3 000—6 000
Bibliothekar	—	—	1	1 500	1	}	1	}
Beamte des stenographischen Bureaus	—	—	—	—	4	}	6 6	} 2 400—4 200
Ingenieur	—	—	—	—	—	—	1	3 000—6 000
Kanzleisekretäre	—	—	—	—	1	[5]) 3 000	2	1 800—3 800
Hausinspektor	[2]) 1	1 350	1	[3]) 1 500	1	[6]) 2 400	1	2 100
Pförtner	1	750	2	1 050	} 2	1 500 u. 1 350	3	} 1 200—1 800
Maschinenmeister	—	—	} 1	1 050	} 1	1 500	2	}
Kanzleidiener	—	—	}				2	}
Zusammen	**5**		**9**		**15**		**30**	

§ **106a.** Gleichzeitig mit dem Fonds für Besoldungen ist auch Tit. 3 (Remunerirungsfonds für Hülfsarbeiter etc.) im Laufe der Zeit nicht unerheblich gestiegen, wie aus Anl. VI ersichtlich.

Allein von 1898/99 auf 1899 stieg derselbe von 57 588 auf 95 920 M. in Folge der längeren Dauer der Sitzungsperioden (s. § 104).

Aus dem Fonds werden insbesondere auch die Stenographen, soweit sie nicht etatsmässig sind, die Hilfsbibliothekare etc. remunerirt.

§ **106b.** Für die etatsmässigen Beamten des Abgeordnetenhauses gelten im Uebrigen die für alle unmittelbaren Staatsbeamten geltenden Vorschriften (Wohnungsgeldzuschüsse, Dienstwohnungen, Pensionen, Reliktengelder etc.).

§ **107.** Die sonstigen Etatstitel geben zu besonderen Bemerkungen keinen Anlass. Tit. 8 (Unterhaltung der Gebäude) betrug bis 1885/86 9000 M. In diesem Jahre wurde er auf 12 000 M. gesteigert, vor allem, weil auch die Unterhaltungskosten für die Präsidialwohnung, die bisher auf Tit. 8 (jetzt 7) gestanden hatten, dorthin übernommen wurden. Die neue Amtswohnung machte eine Steigerung des Fonds nicht nöthig.

---

[1]) und 900 ℳ Remuneration für Rendanturgeschäfte. — [2]) Botenmeister u. Kastellan. — [3]) jährl. Remuneration. — [4]) davon 1 500 ℳ später wegfallend. — [5]) davon 450 ℳ künftig wegfallend. — [6]) davon 300 ℳ künftig wegfallend.

Extraordinarium.

§ 108. Extraordinäre Ausgaben für das Abgeordnetenhaus sind in den letzten Jahrzehnten nicht entstanden.

Die Kosten des im Anfang der 90er Jahre begonnenen Neubaues sind aus dem Extraordinarium der Bauverwaltung bestritten worden. Bisher sind nach den Etatserläuterungen an Gesammtkosten für die beiden Häuser veranschlagt 12 653 434 Mill., davon bis 1903 flüssig gemacht 11 154 134 M. und für 1903 bei Kap. 5 Tit. 63 ausgeworfen (als 12. Baurate) 1 500 000 M. (vergl. auch Band II Buch V § 214).

II.

Das Herrenhaus.

§ 109. Nach der oktroyirten Verf.-Urk. v. 5. Dez. 1848 (Art. 62 u. 63) sollte das Herrenhaus aus 180 Mitgliedern bestehen, welche durch die Provinzial-, Bezirks- und Kreisvertretungen gewählt werden sollten. Da solche Vertretungen aber noch nicht bestanden, so wurde in einem interimistischen Wahlgesetz v. 6. Dez. 1848, welches Wahlen für die erste Kammer ähnlich, wie für die zweite Kammer anordnete, und nur das Stimmrecht an einen Census knüpfte, für die Wählbarkeit Vollendung des 40. Lebensjahres und fünfjährige Angehörigkeit zum preussischen Staatsverbande angeordnet.

Auf Grund dieses Wahlgesetzes wurde die erste Kammer gewählt, welche mit der zweiten am 26. Feb. 1849 zur Revision der sogen. oktroyirten Verf.-Urk. v. 5. Dez. 1848 zusammentrat. Infolge einer königlichen Proposition kamen die Art. 65—68 der Verf.-Urk. v. 31. Jan. 1850 über die Zusammensetzung der ersten Kammer zu Stande.

Nach diesen Artikeln sollte die erste Kammer nicht mehr reine Wahlkammer sein, vielmehr zum Theil auf Grund von Erbberechtigung und königlicher Ernennung und nur mindestens zur Hälfte (und zwar 120 Mitglieder) auf Wahlen beruhen. Nach Art. 66 sollte die Bildung der Kammer auf dieser Grundlage erst am 7. Aug. 1852 eintreten. Es wurde aber unter Vorbehalt der Zustimmung der Kammern die Verordnung v. 4. Aug. 1852 „über die Bildung der ersten Kammer“ oktroyirt, welche die nach Art. 65 Lit. d und e der Verf.-Urk. hinsichtlich der Wahlen zu treffenden Bestimmungen provisorisch für die Dauer eines Jahres vom 7. Aug. 1852 ab erliess. (G.-S. 1852, S. 549 ff.) Diese Verordnung erhielt die nachträgliche Genehmigung der beiden Kammern. In der Sitzungsperiode 1852—1853 wurde endlich das Gesetz

v. 7. Mai 1853 „betr. die Bildung der ersten Kammer“ zu Stande gebracht (G.-S. 1853, S. 181).

Nach diesem Gesetze sollte die erste Kammer lediglich aus Mitgliedern bestehen, welche der König mit erblicher Berechtigung oder auf Lebenszeit beruft. Die Bildung sollte erfolgen durch königliche Anordnung, welche nur durch ein mit Zustimmung der Kammern zu erlassendes Gesetz abgeändert werden kann.

§ 110. Am 12. Okt. 1854 ist die im Art. 1 des Gesetzes v. 7. Mai 1853 angekündigte königliche Verordnung wegen Bildung der ersten Kammer erschienen (G.-S. S. 541 ff.), auf welcher die Zusammensetzung des preussischen Herrenhauses bis auf den heutigen Tag beruht.[1]) Dasselbe besteht nach dieser Verordnung:

a) aus den volljährigen Prinzen des königlichen Hauses, wenn der König sie beruft, b) aus Mitgliedern, welche mit erblicher Berechtigung und c) aus Mitgliedern, welche auf Lebenszeit vom Könige berufen werden.

1. Erbliche Mitglieder sind: a) das Haupt des fürstlichen Hauses Hohenzollern-Sigmaringen, b) die nach der Bundesakte v. 8. Juni 1815 zur Standschaft berechtigten Häupter der vormaligen deutschen reichsständigen Häuser im preussischen Lande, c) die übrigen nach der Verordnung v. 3. Febr. 1847 für die Herrenkurie des vereinigten Landtages berufenen Fürsten, Grafen und Herren; ausserdem gehören mit erblicher Berechtigung zum Herrenhause d) diejenigen Personen, welchen das erbliche Recht auf Sitz und Stimme im Herrenhause von dem König durch besondere Verordnung verliehen wird. Das Recht hierzu wird in der durch die Verleihungsurkunde festgesetzten Folgeordnung vererbt.

2. Als Mitglieder auf Lebenszeit kann der König berufen: a) Personen, welche ihm in Gemässheit der §§ 4—6 der Verordnung präsentirt werden, b) die Inhaber der vier grossen Landesämter im Königreiche Preussen,[2]) c) einzelne Personen, welche der König aus besonderem Vertrauen ausersieht; aus letzteren werden zur Begutachtung wichtige Rechtsfragen sowie für rechtliche Angelegenheiten des Hauses „Kronsyndici“ vom König bestellt.

§ 111. Das Präsentationsrecht steht zu: a) den nach der Verordn. v. 3. Febr. 1847 zur Herrenkurie des vereinigten Landtages berufenen evangelischen Stiftern Brandenburg, Merseburg und Naumburg; b) dem für jede Provinz zu bildenden Verbande der darin mit Rittergütern angesessenen Grafen für je einen zu Präsentirenden;[3]) c) den Verbänden der durch ausgebreiteten Familienbesitz ausgezeichneten Geschlechter, welche der König mit diesem Rechte begnadigt; d) den Verbänden des alten und befestigten Grundbesitzes. Die Anordnungen über die Wahl der für den alten und befestigten Grundbesitz zu präsentiren-

[1]) und welche als integrirender Theil der Verfassung anzusehen ist (v. Rönne), A. M. Arndt und Schwartz.

[2]) Oberburggraf, Obermarschall, Landhofmeister und Kanzler.

[3]) Ost- und Westpreussen bilden zusammen einen Verband.

den Mitglieder, sowie von Vertretern der gräflichen Provinzialverbände, sind durch das vom König vollzogene Reglement v. 12. Okt. 1854 ertheilt worden. Durch Allerh. Erl. v. 5. Nov. 1861 wurde dieses Reglement vom 12 Okt. 1854 in mehreren Punkten abgeändert. Schliesslich ist dann die Verordnung „betr. die definitive Erledigung der Vorbehalte wegen Bildung der Verbände des alten und befestigten Grundbesitzes, (Landschaftsbezirke) und wegen Wahl der Seitens dieser Verbände und der Provinzialverbände der Grafen zu präsentirenden Mitglieder des Herrenhauses“ am 10. Nov. 1865 ergangen. Darnach werden die Landschaftsbezirke des alten und befestigten Grundbesitzes so gebildet, dass auf Preussen [1]) 18, auf Brandenburg 15, auf Pommern 13, auf Schlesien 18, auf Posen 7, auf Sachsen 10, auf Westfalen 4, auf die Rheinprovinz 5 Mitglieder kommen (im ganzen 90). [2]) Zum alten Grundbesitze sind nur solche Rittergüter zu zählen, welche zur Zeit der Präsentation seit mindestens fünfzig Jahren im Besitze einer und derselben Familie sich befinden. Zum befestigten Grundbesitze gehören solche Rittergüter, deren Vererbung in der männlichen Linie durch eine besondere Erbordnung, Lehn, Majorat, Minorat, Seniorat; Fideikommiss, fideikom. Substitution gesichert ist; e) einer jeden Landesuniversität, die von den Universitäten zu Präsentirenden wählt der Senat aus der Reihe der ordentlichen Professoren; f) denjenigen Städten, welchen der König dies Recht beigelegt hat. Die von den Städten zu präsentirenden Vertreter werden von dem Magistrate oder in Ermangelung eines kollegialischen Vorstandes von den übrigen kommunalverfassungsmässigen Vertretern der Stadt aus der Zahl der Magistratsmitglieder erwählt.

Das Recht auf Sitz und Stimme im Herrenhause kann nur von Preussischen Unterthanen ausgeübt werden, welche sich im Vollbesitz der bürgerlichen Rechte befinden, ihren Wohnsitz innerhalb Preussen haben und nicht im aktiven Dienste eines ausserdeutschen Staates stehen.[3]) Ferner ist dazu — ausser bei den Prinzen des Königlichen Hauses — ein Alter von dreissig Jahren erforderlich.

Das Recht der Mitgliedschaft der ersten Kammer erlischt bei den von den Landschaftsbezirken, den Universitäten oder den Städten präsentirten Mitgliedern mit dem Verlust der Eigenschaft, in welcher die Präsentation erfolgt war.

Ferner geht das Recht der Mitgliedschaft der I. Kammer ausser den Fällen, wo das Strafgesetzbuch Verlust der bürgerlichen Ehre oder Untersagung der bürgerlichen Ehrenrechte auf Zeit vorschreibt, verloren, wenn das Haus durch einen vom König bestätigten Beschluss einem Mitgliede das Anerkenntniss unverletzter Ehrenhaftigkeit oder eines der Würde des Hauses entsprechenden Lebenswandels oder Verhaltens versagt. Wenn das Haus mit Rücksicht auf eine gegen ein Mitglied eingeleitete Untersuchung oder aus sonstigen wichtigen Gründen der Ansicht ist, dass demselben die Ausübung des Rechts auf Sitz und Stimme zeitweise zu untersagen sei, so ist zu einer solchen Massregel ebenfalls die königliche Genehmigung einzuholen.

§ 112. Die Gesammtzahl der Herrenhausmitglieder ist an keine Beschränkung gebunden. Ende 1903 gab es 295 berufene und ein-

---

[1]) Siehe Anm. 3 auf S. 1.

[2]) Die Zahl und Vertheilung dieser Landschaftsbezirke ist unverändert geblieben auch nach der im Jahre 1866 erfolgten Gebietserweiterung Preussens, ebenso sind Grafenverbände für die neuen Provinzen nicht gebildet worden.

[3]) Anm. 2 auf S. 99 gilt auch hier analog.

getretene, 5 berufene und nicht eingetretene Mitglieder. Nur die Mitglieder gewisser Kategorien sind auf eine bestimmte Anzahl festgesetzt, z. B. diejenigen, welche von den Verbänden des alten und befestigten Grundbesitzes und von den Provinzialgrafenverbänden präsentirt werden. Dagegen ist der König verfassungsmässig befugt, ohne Beschränkung der Zahl erbliche Mitglieder auf Grund Königl. Verordnung, sowie lebenslängliche Mitglieder aus Allerhöchstem Vertrauen jeder Zeit zu ernennen. Auch steht ihm das Recht zu, die Anzahl der zur Präsentation berechtigten Familienverbände und Städte zu vermehren.

§ 113. Zur Zeit haben die nachstehend aufgeführten 15 Familienverbände und 48 Städte das Präsentationsrecht zum Herrenhause, und zwar:

a) die Familien: v. Alvensleben, v. Arnim, v. Below, v. Bonin, v. Borcke, v. Bredow, von der Groeben-Langheim, v. Kleist, Grafen v. Königsmarck, von der Osten, v. Puttkamer, von der Schulenburg, v. Schwerin, v. Wedel, v. Zitzewitz;

b) die Städte: Königsberg i. Pr., Danzig, Thorn, Elbing, Memel, Berlin, Potsdam, Brandenburg a. Havel, Frankfurt a. O., Stettin, Stralsund, Greifswald, Posen, Bromberg, Breslau, Görlitz, Glogau, Liegnitz, Magdeburg, Halle a. S., Erfurt, Nordhausen, Mühlhaasen i. Th., Halberstadt, Altona, Flensburg, Kiel, Hannover, Hildesheim, Osnabrück, Münster i. W., Dortmund, Minden, Bielefeld. Cassel, Frankfurt a. M., Wiesbaden, Coblenz, Düsseldorf, Crefeld, Barmen, Elberfeld, Essen (Ruhr), Duisburg, Cöln, Bonn, Trier, Aachen.

§ 113a. Die neueste Feststellung der Geschäftsordnung des Herrenhauses datirt vom 15. Juni 1892.

Das Bureau.

§ 114. Auch beim Herrenhause hat sich die Zahl der Bureaubeamten[1]) im Laufe der Zeit vermehrt, wenn auch nicht in gleich starker Weise wie beim Abgeordnetenhause, was in der Natur der Sache liegt, da die Zahl der Sitzungen und Geschäfte des Herrenhauses eine sehr viel geringere ist, als bei jenem.

Zu den Bureaueinrichtungen gehören das stenographische Bureau und die Bibliothek. Ersteres besteht aus 2 etatsmässigen Beamten sowie aus 25 nur während der Session in einem Dienstverhältniss zum Herrenhaus stehenden Diätarien (12 Stenographen, 12 Stenographenschreibern und 1 Journalist). Die jetzige Organisation dieses Bureaus ist im wesentlichen noch die gleiche wie zu Beginn der fünfziger Jahre. Nur darin ist eine Aenderung eingetreten, dass die Zahl der

---

[1]) Die Doppeldeutigkeit des Wortes „Bureau" im Abgeordnetenhause kommt im Herrenhause nicht in Frage, da dieser Ausdruck in der Geschäftsordnung des Herrenhauses nicht vorkommt.

Diätarien im Laufe der Jahre um 6 vermehrt und im Jahre 1861 eine etatsmässige Stelle für den Vorsteher des stenographischen Bureaus geschaffen worden ist, während bis dahin diese Funktion im diätarischen Dienstverhältniss wahrgenommen wurde. Eine zweite etatsmässige Stelle für einen Stenographen kam durch den Etat von 1897/98 hinzu. Die Bibliothek ist bis zu dem Jahre 1875 von den übrigen Beamten des Herrenhauses mitverwaltet worden. Erst in jenem Jahre wurde dieses Amt einem besonderen Hülfsarbeiter übertragen, und folgte darauf im Jahre 1882 die Umwandlung dieser Stelle in eine etatsmässige Bibliothekarstelle. Die jährlichen Aufwendungen für die Bibliothek, seit den fünfziger Jahren von 600 M. bis 3000 M. steigend, belaufen sich seit 1892 auf durchschnittlich 5000 M. Der Bücherbestand umfasst etwa 48 400 Bände.

Die Art und Bezeichnung der Beamten und die Besoldungssätze sind die gleichen, wie beim Abgeordnetenhause. Auch hier erfolgt die Anstellung aller Beamten und Diätarien durch den Präsidenten des Herrenhauses, auch hier übt in der Zeit zwischen zwei Sessionen der Präsident der vorigen Session dieses Recht aus.

§ 115. Ueber die etatsmässige Behandlung siehe zunächst § 103 dieses Buches.

Einnahmen.

§ 116. Einnahmen erscheinen zum ersten Male im Jahre 1883/84 auf dem Etat des Herrenhauses aus ähnlichen Gründen, wie sie in § 103a aufgeführt sind.

Gegenwärtig stehen nur 630 M. auf dem Etat. Sie umfassen Zahlungen von Beamten des Herrenhauses für Feuerungsmaterial, Schornsteinreinigung, Beleuchtung sowie für Wasserverbrauch in ihren Dienstwohnungen, Erlös aus dem Verkauf unbrauchbarer Inventarienstücke, alter Akten, Drucksachen etc.

Ausgaben.

§ 117. Die laufenden Ausgaben haben gleichen Charakter und Bezeichnung wie beim Abgeordnetenhaus. Nur der Posten „Reisekosten und Diäten" fällt hier fort, da die Mitglieder des Herrenhauses solche nicht beziehen. Doch erhalten sie seit der Session von 1882/83 während der Dauer der Landtagssession freie Eisenbahnfahrkarten I. Klasse zwischen ihrem Wohnsitze und Berlin.

Die Gesammtausgaben betrugen (Anl. VII) nach den Etats von 1851: 99 210 M., 1870 — also nach Hinzutritt der neuen Provinzen — 102 730 M. und haben sich seitdem bis 1903 auf 216 470 M. gesteigert, hauptsächlich in Folge von Vermehrung von Beamtenstellen und Besoldungserhöhungen, zum Theil aber auch aus den in den beiden letzten Absätzen des § 119 angegebenen Gründen.

§ 118. Die Zahl und Besoldungshöhe der Beamten ergiebt die folgende Tabelle:

Beamte	1851 Zahl	1851 Besoldungen ℳ	1870 Zahl	1870 Besoldungen ℳ	1885/86 Zahl	1885/86 Besoldungen ℳ	1903 Zahl	1903 Besoldungen ℳ
Bureaudirektor	1	4500	1	[1]) 4 800	1	[4]) 8 100	1	[9]) 7 800
Kalkulatoren und Registratoren , . . .		Die von dieser Beamtenkategorie zu leistenden Dienstverrichtungen wurden von Personen im diätarischen Dienstverhältniss wahrgenommen.	2	4 800 u. 3 600	3	3 000 bis 5 400	3	
Bibliotkekar			—		[3]) 1		1	3 000 bis 6 000
Beamte des stenograph. Bureaus			1	2 400	1	[5]) 3 600	2	
Kanzleisekretäre			1	[2]) 1 500	1	[5]) 3 000	[7]) 2	1 800—3 800
Hausinspektor			1	1 500	1	[6]) 2 400	1	2 100
Portier			1	1 050	1		1	
Maschinenmeister . . .			—		—	1 200 bis 1 500	[8]) 1	1 200 bis 1 800
Kanzleidiener			1	900	1		1	
Zusammen . .			**8**		**10**		**13**	

Hierzu kommt noch ein Ingenieur, der für die den beiden Häusern des Landtages im neuen Landtagsgebäude gemeinsame Heizungs-, Beleuchtungs- und Ventilationsanlage sowie für die sonstigen technischen Anlagen bestellt ist. Die Anstellung dieses Beamten erfolgt vom Abgeordnetenhause aus und ist auch das Diensteinkommen desselben auf den dortigen Etat übernommen. Ein Viertel davon ist seit 1903 in den Etat des Herrenhauses als antheiliger, an das Abgeordnetenhaus abzuführen der Beitrag des Herrenhauses eingestellt.

Ausser jenen 14 Beamten sind während der Session bei dem Herrenhause in sämmtlichen Dienstzweigen, einschliesslich des Hausdienstes, in nicht etatsmässiger Dienststellung gegen 100 Personen beschäftigt. Bei dieser Zahlenangabe sind die räumlichen Verhältnisse des neuen Herrenhausgebäudes berücksichtigt.

§ 119. Die Hauptsteigerungen bei den Ausgabetiteln traten naturgemäss bei Tit. 1, 3 und 6 ein.

Die Besoldungserhöhungen fanden zumeist im Anschluss an die allgemeinen Besoldungserhöhungen statt (1872, 1890/91 — vergl. auch Etatserläuterungen zu diesem Etat — 1897/98).

[1]) und 1200 M. Remuneration. [2]) Botenmeister. [3]) die etatsmässige Bibliothekenstelle wurde durch den Etat 1882/83 geschaffen (besondere Hülfsarbeiter seit 1875). [4]) einschliesslich 1500 M. künfiig wegfallend. [5]) einschl. 450 M. künftig wegfallend. [6]) einschl. 300 M. künftig wegfallend. [7]) davon einer zugleich Botenmeister. [8]) und 385 M. künftig wegfallende Zulage. [9]) einschl. 600 M. künftig wegfallend.

Die verhältnissmässig häufigen Zulagen in früheren Jahren wurden gewährt, weil die Etatsverhältnisse des Herrenhauses es nicht gestatteten, einzelnen Beamten desselben nach längerer Dienstzeit durch Aufrücken eine Verbesserung ihres Diensteinkommens zu gewähren; es konnte dies nur auf dem Wege persönlicher Zulagen erfolgen.

Nach Einführung der Dienstalterszulagen ist das anders geworden — womit auch die Zulagen entfielen.

Der Tit. 3 (sog. Diätenfonds) stieg zuerst allmälig an, erhob sich aber besonders von 1898/99 auf 1899 von 44 040 M. auf 63 440 M., also um 19 400 M., weil bei dem Etatsansatz nach dem Durchschnitt der letzten zehn Jahre eine 5½ monatliche Sessionsdauer gegen früher 4 monatliche zu Grunde gelegt werden musste.

Die Steigerung des Tit. 6 von 50 880 M. in 1851 auf 81 370 M. in 1903 war eine naturgemässe Folge der allmäligen Geschäftsvermehrung (Bureaubedürfnissfonds).

Extraordinarium.

§ 120. Die Kosten des Neubaues des Herrenhauses, der noch in diesem Jahre bezogen wird, standen wie schon im § 108 ausgeführt ist, auf dem Etat der allgemeinen Bauverwaltung.

Auf dem Herrenhausetat waren dagegen in den Jahren 1873 u. 74 373 650 M. für Reparaturen und Umbauten des alten Herrenhausgebäudes ausgeworfen worden.

Drittes Buch.

Allgemeine Finanzverwaltung.

Einleitung.

§ 121. Der Etat der Allgemeinen Finanzverwaltung umfasste von 1873 bis zum Jahre 1879/80 einschliesslich auch die Einnahmen und Ausgaben des Finanzministeriums.[1]) Erst von 1880/81 ab erschien für letzteres ein besonderer Etat, in welchem sich vor Allem die Ausgaben für das Ministerium selbst, die Allgemeinen Verwaltungsbehörden, Pensions- und Reliktenanstalten und -Fonds, sowie der Allgemeine Dispositionsfonds, ferner die Rentenbanken und die Verwaltung des Thiergartens vorfinden.

Diejenigen Einnahmen und Ausgaben dagegen, deren Verwaltung zwar ebenfalls im Finanzministerium geführt wird, die aber sich nicht als ein einzelner Zweig der allgemeinen Staatsverwaltung darstellen, bei denen vielmehr vorwiegend finanzielle Zwecke in Frage kommen, wurden auf dem Etat der sogen. „allgemeinen Finanzverwaltung" weitergeführt.

§ 122. 1. Den wesentlichsten Theil der auf dem Etat der Allgemeinen Finanzverwaltung stehenden Posten machen die finanziellen Beziehungen zwischen dem Preussischen Staate und dem Deutschen Reiche aus; sie sind enthalten in Kap. 24 Tit. 1—3 der Einnahmen (Antheil an Reichszöllen und Steuern) und Kap. 42 der Ausgabe Tit. 1 (Matrikularbeiträge) sowie Tit. 2 (Zoll- und Verbrauchssteuer-Aversum für die Insel Helgoland).

2. Eine zweite Gruppe der auf dem Etat der Allgemeinen Finanzverwaltung stehenden Posten sind lediglich Einnahmeposten, nämlich die Einnahmen des Staats aus eigenem Vermögen und aus einzelnen selbstständigen Bankanstalten. Dahin gehören Kap. 24 Tit. 4 (Einnahmen des vormaligen Staatsschatzes), Tit. 5 (Zinsen von Aktienkapitalien), Tit. 7 (Rente von der Reichsbank) und 9 (Zinsen der in die Zentralgenossenschaftskasse investirten Kapitalien).

---

[1]) Vor 1873 gab es nur einen Etat des Finanzministeriums, der lediglich Ausgabeetat war. Die Einnahmen der Allgemeinen Finanzverwaltung waren in verschiedenen anderen Etats verstreut, die Ausgaben standen zum Theil früher unter der Rubrik: „Passiva der Generalstaatskasse" u. s. w.

3. Sodann kommt eine Gruppe von Posten, welche lediglich Ausgabeposten sind. Hier kommen vor Allem in Betracht die Kap. 43 Tit. 6—7 (Dotationen von Provinzen und Kreisen, Aemtern u. s. w.), und Tit. 8 (Bedürfnisszuschuss zu den Verwaltungsausgaben der Fürstenthümer Waldeck und Pyrmont), ferner einige Renten, Apanagen und Zuschüsse zu einzelnen Instituten.

4. Endlich findet sich eine grössere Zahl durch den Etat nur durchlaufender Posten vor, vor Allem die Hinterlegungsgelder und dafür vom Staate zu zahlende Zinsbeträge, vermischte Einnahmen und Rechnungsvergütungen bei der Hinterlegungsverwaltung (Kap. 24 Tit. 13—16 der Einnahme und Kap. 43 Tit. 13—16 der Ausgabe), sodann aber auch einige hier zu vereinnahmende und auf dem Etat der Schuldenverwaltung als Tilgungsbeträge zu verausgabende Summen (Kap. 24 Tit. 6, 6a, 8, 8a, 8b der Einnahme).

5. Im Extraordinarium werden in Einnahme oder Ausgabe gegebenenfalls die Ueberschüsse oder Fehlbeträge aus den Vorjahren gebucht.

Erster Abschnitt.

Finanzielle Beziehungen zwischen Preussischem Staat und Deutschem Reich.

(Kap. 24 Tit. 1—3 der Einnahme und Kap. 42 Tit. 1 u. 2 der Ausgabe).

I. Matrikularbeiträge und Ueberweisungen.

§ 123. Als es sich bei der Konstituirung des Norddeutschen Bundes darum handelte, über die Finanzquellen und -Wirthschaft des Bundes Verfassungsbestimmungen zu treffen, boten sich den Gesetzgebern verschiedene Vorbilder dar.[1]) In den Vereinigten Staaten von Nordamerika war die Finanzgewalt der Union eine ausschliessliche hinsichtlich aller Gebühren und Zölle auf die Einfuhr und Ausfuhr, während im Uebrigen Gesammtstaat und Einzelstaaten nebeneinander ein ziemlich uneingeschränktes Besteuerungsrecht besassen. In der schweizerischen Eidgenossenschaft waren dagegen die Einnahmequellen des Bundes fest begrenzt. Doch musste der Bund eine Quote des Ertrages einzelner Einnahmequellen (Zölle, Posteinnahmen etc.) den Kantonen zuführen. Reichten die verbleibenden Einnahmen zur Deckung der Ausgaben nicht aus, so mussten Matrikularbeiträge ausgeschrieben werden. Die deutsche Reichsverfassung von

---

[1]) Haenel, Deutsches Staatsrecht. Leipzig 1892.

1849 stand auf ganz ähnlichem Boden und sah nur in „ausserordentlichen Fällen“ eine Befugniss des Reiches zur Einführung von neuen Reichssteuern vor.

Die Deutsche Unionsverfassung von 1849 dagegen nahm der Union jedes eigene Besteuerungsrecht und verwies sie in ihren Einnahmen lediglich auf Matrikularbeiträge.

Bei der Ausarbeitung der als Grundlage der späteren Reichsverfassung dienenden Verfassung des Norddeutschen Bundes war die finanzielle Seite von vornherein sehr vernachlässigt worden.[1]) In dem preussischen Entwurfe, der den Kommissarien der norddeutschen Regierungen am 15. Dez. 1866 vorgelegt wurde, war von dem ganzen späteren Abschnitt XII „Bundesfinanzen“ überhaupt nicht die Rede. Erst durch die Bundeskommissarien wurden drei Artikel eingeschoben, welche einen Ausgabeetat vorsahen, dessen Deckung aus Zöllen, den „gemeinsamen Steuern“ (d. i. Verbrauchsabgaben), Post- und Telegraphenüberschüssen erfolgen und soweit diese nicht reichten, durch Matrikularbeiträge der Einzelstaaten, durch Umlagen auf die Bundesstaaten nach Massgabe der Bevölkerung erfolgen sollte. Zugleich wurde nach Art. 4 Nr. 2 die Kompetenz der Reichsgesetzgebung ausdrücklich auf indirekte Steuern beschränkt. In diesen Bestimmungen war also bereits eine klare Scheidung zwischen Reichs- und Landesfinanzen beabsichtigt, jenen sollten die indirekten, diesen die direkten Steuern zugewiesen werden. Das Bundesparlament stimmte aber diesem Finanzprogramm nicht zu. Die Beschränkung der Reichskompetenz auf indirekte Steuern wurde abgelehnt. Dabei kam zum Ausdruck, dass damit künftigen Beschlüssen über die definitive Abgrenzung der steuerlichen Kompetenzen zwischen Reich und Bundesstaaten nicht präjudizirt werden sollte. Man wollte nur nicht, dass die von der Bundesregierung offenbar so wenig vor- und durchgearbeitete Frage gewissermassen aus dem Handgelenk bei der Feststellung der Verfassung mit entschieden werden sollte. Auch bei demjenigen Artikel des Entwurfs, welcher von der Deckung der Ausgaben des Reiches handelte (Art. 66 der Bundes-, jetzt Art. 70 der Reichsverfassung), brachte man zum Ausdruck, sowohl dass die Kompetenz des Reiches in Bezug auf die Ausschreibung von Steuern durch die Verfassung nicht beschränkt werden solle, sowie, dass man mit der augenblicklichen Regelung des Reichsfinanzbedarfs keine definitive Regelung der Frage beabsichtige. Es wurde nämlich bestimmt: Zur Bestreitung aller gemeinschaftlichen Ausgaben dienen zunächst die etwaigen Ueberschüsse der Vorjahre, sowie die aus den Zöllen, den gemeinschaftlichen Verbrauchssteuern und aus dem Post- und Telegraphenwesen fliessenden gemeinschaftlichen Einnahmen. In-

---

[1]) vergl. Dr. Hugo Preuss, Reichs- und Landesfinanzen in „Volkswirthschaftliche Zeitfragen“. Jahrgang XVI. Berlin, Leonhard Simion 1895.

soweit dieselben durch diese Einnahmen nicht gedeckt werden, sind sie, so lange Reichsteuern nicht eingeführt sind, durch Beiträge der einzelnen Bundesstaaten nach Massgabe ihrer Bevölkerung aufzubringen, welche bis zur Höhe des budgetmässigen Betrages durch den Reichskanzler ausgeschrieben werden.

Der Ausdruck „Reichssteuern" umfasste direkte wie indirekte Steuern. Der Ausdruck „so lange nicht eingeführt sind" liess deutlich erkennen,[1]) dass die Matrikularbeiträge nur ein provisorischer Ersatz für das noch mangelnde Reichssteuersystem sein sollten.

Aber das Provisorium ist geblieben, die Reichs- und Landesfinanzen sind auch heute noch nicht fest gegen einander abgegrenzt.

§ 124. Bei der Berathung der Verfassung hatte man geglaubt, dass die Matrikularbeiträge nur einen verhältnissmässig geringen Ergänzungstheil der prinzipalen Einnahmeerträge ausmachen würden, wie dies im alten Bunde der Fall gewesen war. Doch stellte sich das Verhältniss in Wirklichkeit ganz anders. In den drei ersten Jahren von 1868—1870 stieg der Antheil der Matrikularbeiträge an den Gesammteinnahmen bereits von 26 auf 32 Prozent. Unter der Nachwirkung des Milliardensegens und des wirthschaftlichen Aufschwungs kurz nach dem Kriege trat zwar Anfang der 70er Jahre eine Minderung des Prozentsatzes bis auf 13,39 Proz. (1875) ein. Dann aber fing der Satz wieder zu steigen an und erhob sich bis 1878/79 auf 16,42 Proz. — (71 Mill. M.).

Preussen allein zahlte an Matrikularbeiträgen an das Reich 1871: 55,0, 1872 51,9, 1873 33,3, 1874 32,8, 1875 32,0, 1876 31,7, 1877—77/78 44,3, 1878/79 41,6 Mill. M.

§ 125. Diese unverhältnissmässige Höhe der Matrikularbeiträge machte sich für die Etats der Einzelstaaten in drückendster Weise fühlbar. Die Kopfsteuerqualität dieser Umlagen trat in ihrer Willkürlichkeit und Ungerechtigkeit zu Tage. Die Theorie betonte, dass in einem „Bundesstaat" im Gegensatze zum „Staatenbund" Matrikularumlagen auf die Einzelstaaten überhaupt keine innere Berechtigung hätten und auch nur als provisorischer Nothbehelf von den Verfassungsgesetzgebern gedacht seien.

Zweimal sind daher nennenswerthe Anläufe von der Reichsregierung gemacht worden, eine Reichsfinanzreform durchzuführen, einmal im Jahre 1879 und sodann später wieder in den Jahren 1893/95, beide Male aber ohne Erfolg.

Dieser blieb versagt einmal, weil in jedem Falle mit dem Reformplan andere Zwecke verquickt wurden (1879 schutzzöllnerische und 1893/94 und 1894/95 spezielle Steuerzwecke — Erhöhung der Wein-, Branntwein-, Bier- und Tabaksteuer —) sodann aber auch, weil die Reformpläne der Sache nicht genügend auf den Grund gingen, nur

---

[1] Dies kam auch in den Debatten zum Ausdruck und ist später von dem Reichskanzler Fürsten Bismarck ausdrücklich bestätigt worden. Reichstag, Sten. Ber. 1879 S. 927.

halbe Arbeit machten, und keine organisatorische, prinzipielle Abgrenzung auf steuerlichem Gebiete hinsichtlich dessen, was des Reiches und was der einzelnen Bundesstaaten sein soll, brachten.

Der erste Versuch war das sogen. Finanzreformprojekt des Fürsten Bismarck vom Jahre 1879. Dieses wollte theoretisch eine Scheidung der Kompetenzgrenze zwischen Reichs- und Landesfinanzen zwar nicht aussprechen, auch die Matrikularbeiträge rechtlich nicht aufheben, wollte vielmehr durch entsprechende Vermehrung der Zollerträge die Matrikularumlagen thatsächlich entbehrlich machen und darüber hinaus den Mehrertrag der neuen Zölle der Reichskasse zuweisen. Gleichzeitig hatten die Zollerhöhungen aber auch einen schutzzöllnerischen Charakter und die Reichsregierung liess nicht klar durchblicken, ob sie bei dem Projekte mehr den finanziellen oder den schutzzöllnerischen Gesichtspunkt im Auge hatte. Jedenfalls opferte sie schliesslich dem letzteren den Kern ihrer finanzreformatorischen Absichten.

Die schutzzöllnerische Mehrheit schuf unter Führung des Centrums die sogen. Franckenstein'sche Klausel. Diese[1]) bestimmte, dass derjenige Ertrag der Zölle und der Tabaksteuer, welcher die Summe von **130 000 000 Mark**[2]) in einem Jahr übersteigt, den einzelnen Bundesstaaten nach Massgabe der Bevölkerung, mit welcher sie zu den Matrikularbeiträgen herangezogen werden, zu überweisen ist. Diese Ueberweisung erfolgt vorbehaltlich der definitiven Abrechnung zwischen der Reichskasse und den Einzelstaaten auf Grund der im Artikel 39 der Reichsverfassung erwähnten Quartalsextrakte und Jahresabschlüsse.

Der hierin ausgesprochene Gedanke wurde späterhin weitergeführt durch § 32 des Reichsstempelgesetzes v. 1. Juli 1881/3. Juni 1885 (§ 45 des Ges. v. 27. April 1894) und § 39 des Branntweinsteuergesetzes v. 24. Juni 1887 (R.G.Bl. S. 253), durch welche der Ertrag der Verbrauchsabgabe von Branntwein, sowie die sogen. Börsensteuer ganz den Einzelstaaten zugewiesen wurde.

Durch diese Bestimmungen wurden die Matrikularbeiträge thatsächlich zunächst aus der Welt geschafft, oder doch wenigstens stark eingeschränkt, indem die vermehrten Zolleinnahmen pp. bis zur Höhe der Matrikularbeiträge gegen diese aufgerechnet werden konnten; das Mehr verblieb aber nicht dem Reiche, wie die Reichsregierung dies gewollt hatte, zur selbstständigen Verwendung, sondern floss nach der Clausula Franckenstein den Einzelstaaten wieder zu.

Der erklärte Zweck jener vom Centrum und den Konservativen durchgesetzten Klausel war einmal ein politischer, nämlich dem

---

[1]) § 8 des Zolltarifgesetzes v. 15. Juli 1879, R.G.Bl. S. 207.

[2]) Es wurde angenommen, dass die Höhe der bisherigen Zolleinnahmen 130 Mill. M. ausmachte und diese wurden dem Reich von vornherein vorbehalten, der darüber hinausgehende Betrag wurde gegen die Matrikularumlagen aufgerechnet.

Reichstag das Einnahmebewilligungsrecht zu erhalten, welches darin lag, dass er die fehlenden Einnahmen jeder Zeit auf die Bundesstaaten umlegen konnte — daher der formelle Fortbestand der Matrikularbeiträge — andererseits ein finanzieller, die Einzelstaaten an den Mehreinnahmen des Reiches aus indirekten Steuern mit zu betheiligen, um Erleichterungen in ihrem direkten Steuersystem eintreten zu lassen, zugleich aber auch um eine zu grosse finanzielle Erstarkung der Reichskasse zu verhüten — daher die Ueberweisung der — 130 Mill. M. übersteigenden — Zoll- und Tabaksteuer-Einnahmen pp. an die Einzelstaaten.[1])

Weniger rein finanzpolitische Erwägungen waren es, womit die Ueberweisung dieser Einnahmen an die Einzelstaaten gerechtfertigt wurde, als vielmehr allgemein politische, föderalistische. Man wollte hauptsächlich unitarische Gelüste der Reichsregierung, die man befürchtete, paralysiren.

§ 126. Der finanzielle Erfolg dieser Finanzgesetzgebung stellte sich für die ersten 14 Jahre wie folgt. Es betrugen (nach Anl. IXa u. b):

Im Etatsjahr	Die Matrikularbeiträge (einschliesslich der durch Nachtrags-Etats festgestellten Beträge, aber ausschliesslich der Aequivalente für Brausteuer etc.) Mark	Die Ueberweisungen aus dem Ertrage der Zölle, Tabak-, Branntwein-, Wechselstempelsteuer Mark	Die Ueberweisungen mithin gegen die Matrikularbeiträge Mark
1879/80 . .	72 076 560	8 022 650	— 64 054 504
1880/81 . . .	64 146 779	38 243 072	— 25 903 707
1881/82 . . .	85 203 890	68 023 580	— 17 180 310
1882/83 . . .	84 827 314	83 456 110	— 1 371 204
1883/84 . . .	73 955 320	85 503 271	+ 11 547 951
1884/85 . . .	64 040 208	105 027 318	+ 40 937 110
1885/86 . . .	102 777 860	115 792 301	+ 13 014 441
1886/87 . . .	119 178 158	137 056 661	+ 17 878 503
1887/88 . . .	170 936 665	176 323 997	+ 5 387 332
1888/89 . . .	207 780 197	277 801 194	+ 70 020 997
1889/90 . . .	215 267 087	355 033 901	+ 139 766 814
1890/91 . . .	301 102 200	378 914 522	+ 77 812 322
1891/92 . . .	316 499 252	383 377 288	+ 66 878 036
1892/93 . . .	316 301 778	358 925 091	+ 42 623 313

So lange dieses günstige Verhältniss für die Einzelstaaten bestand,[2]) gab man sich auf dieser Seite mit der Regelung der Sache

[1]) Ein Antrag Bennigsen, der den Ueberschuss der Reichseinnahmen über die Ausgaben ebenfalls den Einzelstaaten überweisen aber zugleich einen beweglichen Steuerfaktor einführen wollte, um die Matrikularbeiträge zu beseitigen (beweglicher Zoll vom Kaffee und bewegliche Salzabgabe) wurde von der Kommission abgelehnt

[2]) Der Grund lag zum Theil in der Neueinführung von indirekten Reichssteuern, zum Theil in dem hohen Masse, in welchem in Folge des wirthschaftlichen Aufschwungs die

durchaus zufrieden. Die Einzelstaaten gründeten ihre Finanzwirthschaft im Laufe der Jahre vielfach auf einen Mehrbetrag der Ueberweisungen über die Matrikularbeiträge als auf einen dauernden Bestandtheil ihres Budgets;[1]) sie haben auf die letzteren nicht nur neue dauernde, ohne diese Mehrüberweisungen nicht gedeckte Ausgaben übernommen, sondern auch eigene erhebliche Einnahmen daraufhin preisgegeben, insbesondere durch Aufhebung beziehungsweise Erleichterungen direkter Steuern, Abgaben etc. zur Entlastung der unbemittelten Volksklassen (Erleichterung der Schullasten, Landesmeliorationen etc.) und die Dotirung von Verbänden. (Für Preussen kamen z. B. in Betracht die Erleichterung der Klassen- und klassifizirten Einkommensteuer [Gesetz v. 16. Juli 1880 und 26. März 1883], die lex Huene v. 14. Mai 1885 Erleichterung der Volksschullasten 1888 u. 1889.)

Nach der Rede des Staatssekretärs Graf v. Posadowsky im Reichstag 1893/94 (Sten. Ber. S. 910) waren von 1879—1893 in den Einzelstaaten zusammen über 454 Millionen Steuern erlassen worden und nur 95 Millionen dagegen neu eingeführt.

§ 127. Als nun aber seit 1890/91 der Ueberschuss der Ueberweisungen gegen die Matrikularumlagen zu sinken begann, von 1889/90 bis 1892/93 bereits von 139,7 Mill. M. auf 42,6 Mill. M. gefallen war und sich für 1893/94 das Verhältniss nach dem Voranschlage — bei Uebernahme der durch die Heeresverstärkung entstehenden Mehrausgaben — in einen Ueberschuss der Matrikularumlagen über die Ueberweisungen bis über 40 Mill. M. umzuwandeln drohte,[2]) machte sich in den Einzelstaaten der Wunsch einer Neuregelung des Reichsfinanzwesens so stark geltend, dass sich die Regierung zur Vorlage des Entwurfs eines Gesetzes über die Neuordnung des Reichsfinanzwesens entschloss. Diesmal war die Vorlage zwar nicht mit schutzzöllnerischen Massnahmen verquickt, wie 1879, aber sie stand im engen Zusammenhange mit der neuen Heeresverstärkung und mit mehreren neuen Reichssteuer-Gesetzentwürfen, durch welche gleichzeitig die Mittel für die Heeres- wie die Finanzreform beschafft werden sollten (Tabak-, Wein-, Börsen- und Stempelsteuer). Auch hier zeigte sich diese Verquickung als schädlich. Erst wurden die einzelnen Steuergesetzentwürfe abgelehnt und dann folgte ihnen das Reichsfinanzreformprojekt nach.

§ 128. Freilich fand das letztere auch sonst im Hause, abgesehen von Konservativen und Nationalliberalen, keine Freunde und ist auch in der Theorie von den Vertretern der Finanzwissenschaft vielfach abfällig beurtheilt worden.

Etatsansätze der Einnahmen und damit der Ueberweisungen durch die Rechnung sich erhöhten. Vergl. Anl. IXc Sp. 9 u. IXa u. b Sp. 8.

[1]) Nach der Begründung der Vorlage des Reichsfinanzreform-Gesetzentwurfs von 1893 hat die Franckenstein'sche Klausel von 1879/80—1892/93 den Einzelstaaten über $2^1/_2$ Milliarden Mark und — nach Abzug der Matrikularumlagen — rund 287 Mill. M. eingebracht.

[2]) Thatsächlich gestaltete sich das Rechnungsergebniss günstiger. S. Anl. IXc.

In seinen Hauptzielen wollte dieser Entwurf (Nr. 51 der Drucksachen des Reichstags) — zunächst nur auf 5 Jahre — eine feste Relation zwischen Matrikularumlagen und Ueberweisungen herstellen, also den Gedanken der clausula Franckenstein aufrecht erhalten und gewissermassen noch ausbilden, indem den Einzelstaaten jährlich ein gewisser fester Mindestbetrag als Ueberschuss der Ueberweisungen gegen die Matrikularumlagen zugesichert werden sollte (40 Mill. M.). Ein Uebersteigen der Matrikularbeiträge über die Ueberweisungen wurde damit ausgeschlossen, erstere also dadurch rechtlich und formell forterhalten, aber thatsächlich beseitigt. Um jene 40 Millionen auch in schlechten Jahren zur Verfügung zu haben, sollte ein Ausgleichs- oder Reservefonds (bis zum Betrage von 40 Mill. M.) aus den Ueberschüssen der Rechnung gegen den Etat gebildet werden, um die Fehlbeträge der mageren Jahre aus den fetten zu ergänzen. Weitere Rechnungsüberschüsse sollten zur Schuldentilgung dienen. Fehlbeträge, soweit sie nicht aus dem Reservefonds Deckung fanden, sollten durch (bewegliche) Zuschläge zu den Stempel- und Verbrauchssteuern Deckung finden.

Nach der Erklärung des Abg. Lieber erkannte die Centrumsfraktion zwar an, dass der Entwurf sich in der Richtung der Grundgedanken der Franckensteinschen Klausel bewege, stimmte aber gegen denselben, weil sie die mit der Reform zusammenhängende Vermehrung der indirekten Steuern vor Allem auf dem vorgeschlagenen Wege nicht für sachlich und zeitlich opportun ansah. Die Regierung sah sich mit Rücksicht auf diese Motivirung veranlasst, im folgenden Jahre einen erneuten Entwurf auf im Uebrigen wesentlich unveränderter Grundlage, doch mit der Aenderung vorzulegen, dass auf einen Ueberschuss der Ueberweisungen über die Matrikularumlagen verzichtet wurde, aber auch dieser Entwurf fand im Reichstag keine Annahme, sodass nunmehr der bestehende Zustand der Franckensteinschen Klausel fortdauerte.

§ 128. Eine gewisse Aenderung trat hierin erst ein durch das auf Initiative der Centrumspartei ergangene Gesetz v. 16. April 1896 (R.G.Bl. S. 103), durch welches eine Erhöhung der dem Reich verbleibenden Zoll- und Tabaksteuereinnahmen für 1895/96 von 130 auf 143 Mill. M. vorgesehen und zugleich bestimmt wurde, dass der zurückbehaltene Mehrbetrag sowie die Hälfte des etwaigen Ueberschusses der Gesammtsumme aller Ueberweisungen an die Bundesstaaten über die Matrikularbeiträge in 1896/97 zur Tilgung der Reichsschuld zu verwenden seien. Aehnliche Bestimmungen trafen sodann die Reichsgesetze v. 24. März 1897 (R.G.Bl. S. 95), 31. März 1898 (R.G.Bl. S. 138), 25. März 1899 (R.G.Bl. S. 189) und 30. März 1900 (R.G.Bl. S. 173).[1]) Nur wurde nach diesen Gesetzen nicht die Hälfte

[1]) Das Gesetz v. 30. März 1900 hat noch seine besondere Vorgeschichte:

Die Einzelstaaten müssen nämlich ihre nach dem Etat festgestellten Matrikularbeiträge monatlich pränumerando zahlen, da nach Art. 70 der Reichsverfassung der

der Ueberschüsse der Ueberweisungen über die Matrikularumlagen, sondern 3/4 zur Schuldentilgung bestimmt und nur 1/4 den Einzelstaaten zugetheilt. Auch für 1896/97 wurde nachträglich der zur Schuldentilgung zu verwendende Betrag auf 50 Mill. festgesetzt, was etwa 3/4 des Ueberschusses ausmachte. Für 1897/98 waren 37 1/2 Mill., 1898/99 42,4 Mill. M. zur Reichschuldentilgung verfügbar, sodass an Stelle der nach der Franckensteinschen Clausel dem Reiche vorzubehaltenden 130 Mill. Zoll- und Steuereinnahmen in 1896/97 180000000, in 1897/98 167500000, in 1898/99 172400000 M. dem Reiche verblieben.

§ 128a. Auch ist seit 1897/98 ein weiterer Paragraph in die Gesetze mit aufgenommen, wonach in dem Falle, wenn in dem zweiten auf das in Rede stehende Etatsjahr folgende Etatsjahr (also bei 1897/98 im Etatsjahr 1899/1900 u. s. w.) die Matrikularbeiträge das Etatssoll der Ueberweisungen um mehr als den Betrag der für das erstere Etatsjahr über die Matrikularbeiträge hinaus erfolgenden Ueberweisungen übersteigen, der Mehrbetrag insoweit unerhoben bleibt, als in ersterem Jahre Ueberschüsse zur Reichsschuldentilgung verfügbar geworden sind

Diese etwas schwer verständliche Bestimmung mag an folgendem Beispiel veranschaulicht werden: [1]

Angenommen, es seien für das Jahr 500 Mill. M. Matrikularbeiträge im Etat ausgeschrieben, 480 Mill. M. Ueberweisungen veranschlagt. Nach Abschluss der Rechnung stellt sich heraus, dass an Ueberweisungsgeldern nicht 480, sondern 532 Mill. M., also 52 Mill.

Reichskanzler berechtigt ist, dieselben bis zur Höhe des budgetmässigen Betrages einzufordern und die Abrechnungen zwischen Reichskasse und Landeshauptkassen allmonatlich stattfinden.

Hinsichtlich der Ueberweisungen hält dagegen das Reich an der Fiktion fest: die bewilligten Steuern gehören zunächst dem Reich und können auf Grund der clausula Franckenstein und der entsprechenden späteren Gesetze an die Einzelstaaten erst herausgezahlt werden, wenn die Abrechnung darüber vorliegt. Es wird deshalb von den Einzelstaaten die Zahlung der Matrikularumlagen gewissermassen als Vorschuss vorab eingezogen und erst, nachdem der im Art. 39 der Reichsverfassung vorgeschriebene Vierteljahresabschluss fertig gestellt ist (was meist erst nach fünf Monaten eintritt), findet die Zurückzahlung des Geldes in Form von Ueberschüssen aus den Erträgen der Steuern und Zölle statt.

Ein solches Verfahren belastet die Bundesstaaten thatsächlich mit der Hergabe von Betriebsmitteln für die Reichsfinanzverwaltung in einem mit dem Anwachsen der Matrikularbeiträge zunehmenden Umfange. Besonders die kleineren Bundesstaaten leiden erheblich unter diesem Verfahren.

Um die Nachtheile aus diesem Zustande zu beseitigen, hatte die Reichsregierung schon im Jahre 1892 einen Gesetzentwurf wegen einer dauernden Verstärkung des Betriebsfonds der Reichshauptkasse (gegenwärtig nur etwa 43 Mill. M.) um 67 Mill. M. unter Verwendung der überschüssigen Mittel des Reichsinvalidenfonds eingebracht (Verhandlungen des Reichstages von 1892/93 Anl. Bd. 1 S. 3, Drucks. Nr. 10). Sowohl dieser wie ein im Jahre 1893 vorgelegter zweiter, inhaltlich gleicher Entwurf (Verhandlungen des Reichstags von 1893/94 Anl. Bd. 1 S. 26, Drucks. Nr. 10) waren indessen unerledigt geblieben.

Im Jahre 1900 legte nun die Reichsregierung einen neuen Entwurf vor, nach welchem die aus dem Rechnungsjahre 1900 verbleibenden Ueberschüsse der Ueberweisungen über die Matrikularbeiträge für dieses eine Jahr nicht, wie bisher, zu 3/4 zur Schuldentilgung, sondern in ganzer Höhe — man rechnete auf etwa 56 Mill. M. — zur Vermehrung des Betriebsfonds, der damit auf etwa 100 Mill. M. gestiegen wäre, verwendet werden sollten. Der Entwurf wurde aber schon in der Kommission abgelehnt (Reichstag, Sten. Verhandl. 1900 S. 4892), statt dessen kam das Ges. v. 30. März 1900 (G.-S. S. 173) zu Stande.

[1]) Vgl. auch Rede des Staatssekretärs Grafen Posadowsky v. 23. Februar 1897 der Reichstagsverhandlungen S. 4877 ff.

mehr als veranschlagt, verfügbar sind in Folge vermehrter Zoll- und Steuereinnahmen. Dann werden zunächst 20 Mill. den Einzelstaaten überwiesen, damit die Spannung zwischen Matrikularbeiträgen und Ueberweisungen zu gleicher Höhe ausgeglichen wird; von dem Mehr von 32 Mill. M. werden $^1/_4 = 8$ Mill M. den Einzelstaaten überwiesen, dagegen $^3/_4 = 24$ Mill. M. zur Reichsschuldentilgung verwendet.

Angenommen sodann: der Etat für das zweitfolgende Jahr sähe 520 Mill. M Matrikularumlagen vor, während die Ueberweisungen nur auf 480 Mill M. veranschlagt werden konnten, dann würden in Höhe der obenerwähnten 24 Mill. M. an Matrikularumlagen unerhoben bleiben

Die leges Lieber wollen also auf der einen Seite verhindern, dass die Einzelstaaten zu Lasten der Reichsschuldvermehrung Mehrüberweisungen vom Reiche behalten, „bei diesem zu Kost gehen", andererseits sollen aber auch die Matrikularumlagen nicht indirekt dazu verwendet werden, um Reichsschulden zu tilgen.

Der Tendenz jener Gesetze, neben einer vermehrten Schuldentilgung durch zweckmässige Verwendung der rechnungsmässigen Ueberschüsse und durch Inbeziehungsetzung mehrerer Rechnungsjahre zu einander einen thunlichsten Ausgleich zwischen Ueberweisungen und Matrikularumlagen zu schaffen, ist die Reichsregierung in Uebereinstimmung mit dem Reichstag auch insofern entgegenzukommen bemüht gewesen, als sie in den letzten Jahren schon bei der Etatsaufstellung auf eine thunlichste Einschränkung der „Spannung" zwischen Ueberweisungen und Matrikularumlagen bedacht gewesen sind. Man hat bei den Etatsfestsetzungen daran festgehalten, dass der durch Ueberweisungen ungedeckte Matrikularumlagebetrag die Grenze von 24 Mill. M. nicht überschreitet.

Für das Jahr 1903 hat die Durchführung dieses Prinzips allerdings dazu geführt, dass das ungedeckte Defizit für die laufenden Ausgaben in Höhe von 72,1 Mill. M. durch eine Zuschussanleihe gedeckt werden musste (die aber möglichst bald wieder aus etwaigen vorhandenen Mehrerträgen an Ueberweisungssteuern gedeckt werden soll, s. § 129).

§ 129. Schon das Gesetz v. 30. Mai 1900 (G.-S. S. 173) kam thatsächlich nicht zur Ausführung, weil seine Voraussetzung (Ueberschuss der Ueberweisungen über die Matrikularbeiträge) nicht eintraf. 1901 und 1902 unterblieben gleichartige Gesetze wegen der ungünstigen Einnahmeergebnisse ebenfalls. Erst im Jahre 1903 ist ein ähnliches Gesetz v. 28. März wiederum erlassen worden (R.G.Bl. S. 109), welches insofern noch weiter geht, als die frühere Gesetzgebung, als hier sämmtliche rechnungsmässigen Mehrbeträge der Ueberweisungen gegenüber dem Etatsanschlage für die Jahre 1902/03 und nöthigenfalls auch für die folgenden Jahre zur Tilgung der für 1903 erforderlichen Zuschussanleihe von 72 Mill. verwendet werden müssen.

Die Schuldentilgung aus den leges Lieber bis 1899 einschliesslich betrug im ganzen 142 Mill. M. — Drucksach. des Reichst. v. 22. Okt. 1902 Nr. 781. Siehe Reichstagsverhandl. 1900/1902. — Ihre thatsächliche Wirkung für die Verminderung der Reichsschuld ist hiernach nur eine geringe zu nennen. Ihre moralische Seite, die Anerkennung seitens des Reichstags, dass das fortgesetzte Schuldenmachen, ohne an deren Wiederbezahlung zu denken, zu einer Misswirthschaft werden müsse, ist ungleich wichtiger. Indirekt liegt in diesem Anerkenntniss zugleich das Zugeständniss, dass dem Reiche neue Einnahmequellen für die Deckung der stetig wachsenden Ausgaben erschlossen werden müssen. Denn die Schulden des Reichs sind hauptsächlich zur Deckung periodisch wiederkehrender Ausgaben, vor allem zu Bauten pp. im Bereiche der Heeres- und Marineverwaltung, aufgenommen, Ausgaben, welche richtigerweise zum grossen Theile aus laufenden Einnahmen bestritten werden müssten.

Die Reichsschulden haben also grossentheils zur Deckung von Defizits gedient, welche entstanden, weil auf der einen Seite der Reichstag neue Steuern nicht bewilligen wollte, auf der anderen Seite eine stärkere Heranziehung der Einzelstaaten zu den Matrikularbeiträgen, — die andere laufende Einnahmequelle des Reichs — das Finanzgleichgewicht derselben besonders der kleineren unter ihnen, zu sehr bedroht haben würde. Letzteres Moment wird aber dauernd fortbestehen. Der Reichstag wird also auf die Dauer seinen Widerstand gegen neue Steuern aufgeben müssen, wenn er das leichtsinnige Schuldenmachen von Jahr zu Jahr aufgeben will.

In den leges Lieber liegt aber indirekt auch noch das weitere Zugeständniss der Mehrheit des Reichstages. dass der Grundgedanke der clausula Franckenstein, das Reich auf einen festbegrenzten Betrag des Zoll- und Steueraufkommens festzulegen und die natürlichen Steigerungen dieser Einnahmequellen lediglich den Einzelstaaten zukommen zu lassen, sich nicht ferner aufrecht erhalten lässt. Indem die leges Lieber einen Theil dieses Mehrs den Einzelstaaten vorenthalten, um alte Defizitanleihen im Wege der Schuldentilgung damit wieder einzulösen, decken sie — wirthschaftlich betrachtet — laufende Reichsausgaben zurückliegender Perioden aus diesen Beträgen, lassen also das Reich über den in der Franckensteinschen Klausel festgesetzten Betrag hinaus an den jährlichen Mehrbeträgen der Zölle und Steuern durch diese Hinterthür doch partizipiren.

Eine Reichsfinanzreform wird, unseres Erachtens an diesen beiden indirekten Zugeständnissen anzuknüpfen und sie weiter auszubilden haben.

Sie wird vorsehen müssen: Vermehrung der eigenen Einnahmequellen des Reiches, um der fortdauernden Aufnahme von Defizitanleihen Einhalt zu thun (v. Mayr, Ueber die Reichsfinanzreform in seinen Broschüren von 1893 und 1903). Sodann aber wird sie führen müssen zu einer Betheiligung des Reichs an der natürlichen Steigerung von Zöllen und Steuern unter Beseitigung des in der Franckensteinschen Klausel ein für alle Mal festgesetzten Antheils.[1]) Endlich wird sie eine andere Vertheilungsgrundlage für die Matrikularumlagen, sowie eine Maximalgrenze für die Höhe derselben festzusetzen haben.

Zur Reichsfinanzreform.

§ 130. Die Frage einer Reichsfinanzreform hat m. E. zwei Seiten, eine grundsätzliche, organisatorische und eine aktuelle, verwaltungspolitische. Bei ersterer handelt es sich darum „reinlich zwischen Reichs- und Landesfinanzen zu scheiden“, aus grundsätzlichen

[1]) Von den an die Franckensteinsche Klausel anschliessenden Gesetzen, die in § 125 genannt sind, d. h. Branntweinsteuergesetz etc wird hier der Kürze halber abgesehen.

Erwägungen heraus das gegenseitige Steuergebiet, die Einnahmequellen beider Staatskörper zu bestimmen. Bei letzterer kommt sodann zur Erörterung, von welcher Steuerart und in welchem Masse das Reich zur Deckung seiner Ausgaben innerhalb der ihm grundsätzlich zugewiesenen Grenzen Gebrauch machen soll.

Die letztere Frage steht ausserhalb des Rahmens dieses Buches, welches nur vom Preussischen Staatshaushalt handelt. Die erstere Frage aber glaube ich in Folgendem kurz streifen zu müssen.

Werden alle Verwaltungsausgaben von einem einzigen öffentlichen Verbande geleistet, so ist die Frage, welche Steuerarten zur Aufbringung des Bedarfs zu wählen sind, insofern erleichtert, als sich in der Regel ein Steuersystem empfehlen wird, welches sowohl direkte, wie indirekte, Real- wie Personalsteuern umfasst. Jede Steuer hat nämlich für einzelne Steuerpflichtige ihre Härten und Ungerechtigkeiten, die durch ein System verschiedenartiger Steuern sich am besten ausgleichen lassen. Ausserdem sind auch die Ausgaben eines einheitlichen Verbandes zum Theil diesen, zum Theil jenen Interessentengruppen vorzugsweise von Vortheil, es ist also auch nicht unbillig, wenn bald diese bald jene Interessentengruppe eine stärkere Vorzugsbelastung durch diese oder jene Steuerform erfährt. Die Steuerpolitik wird daher in einem solchen Einheitsverband, ohne dass ein Eingehen auf die wirthschaftliche Natur der Ausgaben nöthig wäre, nur zu fragen haben, wie sich am besten eine entsprechende Heranziehung aller Bevölkerungsklassen unter Vermeidung von Ueberbürdung oder ungerechtfertigte Entlastungen einzelner Klassen herstellen lässt.

Komplizirter wird die Sache aber, wenn die öffentlichen Verwaltungsaufgaben und -Ausgaben zwischen mehreren Verbänden getheilt werden müssen.

Schon der Umstand, dass jedem dieser Verbände in Folge des Ausgabebestimmungsrechts in der Regel auch ein Einnahmebestimmungsrecht wird eingeräumt werden müssen, hat, wenn ihnen allen die gleichen Steuerarten zur Deckung ihres Ausgabebedarfs zur Verfügung stehen, den Nachtheil zur Folge, dass leicht eine zu starke Anspannung der am bequemsten zu erhebenden und ertragreichsten unter den Steuerarten erfolgt, dass also der eine Kreis der Steuerpflichtigen zum unberechtigten Vortheil eines anderen über Gebühr belastet wird. Findet dagegen die ganze oder theilweise Ueberweisung der einen Steuerart an diesen, einer anderen an jenen Verband statt, so ist damit eine gerechtere und gleichmässigere Heranziehung der Steuerpflichtigen von vorneherein besser gewährleistet.

Aber auch aus inneren Erwägungen heraus empfiehlt sich eine Theilung der Steuergewalt zwischen den verschiedenen öffentlichen Verbänden.

Wenn z. B. in einem Staate, wie dies gegenwärtig in Preussen der Fall ist, eine grundsätzliche Trennung des Ausgabenbedarfs unter bestimmten Gesichtspunkten zwischen Staat und Kommunen erfolgt, und den letzteren in vorwiegendem Masse Ausgaben lokaler und wirthschaftlicher Natur überwiesen werden, während der Staat die den ganzen Staatsbezirk betreffenden und ethische Kulturzwecke erfüllenden Aufgaben vorzugsweise für sich vorbehält, so wird es richtig sein, auch diejenigen Steuerarten, welche vorzugsweise die dauernd Ortsangesessenen und die von den wirthschaftlichen öffentlichen Anlagen besonderen Vortheil ziehenden Steuerpflichtigen am meisten belasten (Realsteuern), den Kommunalverbänden, dagegen die alle Censiten gleichmässig nach ihrer Steuerkraft und Leistungsfähigkeit treffenden Steuerarten (Einkommen-Ergänzungssteuer) dem Staate vorzubehalten.

Die Bedeutung eines solchen Zusammenhangs zwischen der wirthschaftlichen Natur der Deckungsmittel mit denjenigen der Ausgaben ist schon in älterer Zeit erkannt worden. In den ersten Stadien des Entstehens öffentlicher Verbände finden wir häufig, dass die Deckung der Ausgaben für die einzelnen gemeinschaftlichen Anstalten auf einzelne ganz bestimmte Einnahmequellen (Zwecksteuern, Gebühren, Gefälle) basirt sind.

Eine derartig enge Verquickung zwischen Einnahme- und Ausgabebedarf verwirft nun zwar die heutige Anschauung von der Bedeutung und den Aufgaben der staatlichen und anderen öffentlichen Verbände mit Recht. Ist eine Ausgabe als im gemeinsamen Interesse liegend anerkannt worden, so darf der Ausgabebetrag (in der Regel) nicht von dem jeweiligen Ertrage und Eingange der erhobenen Gebühren oder besonderer Zwecksteuern abhängig gemacht werden. Dem würde sowohl die sachgemässe Erfüllung des Ausgabezweckes, wie die Einheit des Kassenwesens widersprechen. Zwecksteuern sind daher auch dem preussischen Kommunalabgabengesetz von 1893 fremd. Im Uebrigen ist aber gerade durch die Kommunalsteuerreform von 1893 der allgemeine Grundsatz einer sachlichen Theilung der Steuergewalt zwischen Staat und Kommune in richtiger und vorbildlicher Weise zur Durchführung gelangt.

Im Allgemeinen wird nun die innere Inbeziehungsetzung des Ausgabebedarfs mit der Auswahl der Art der Einnahmequellen in den öffentlichen Verbänden von Jahr zu Jahr um so nothwendiger werden, je stärker der Ausgabebedarf überhaupt anschwillt, je mehr darin eine wirthschaftliche Ausgabegruppe in den Vordergrund tritt, endlich je mehr öffentliche Zwangsbeiträge (Steuern) als Deckungsmittel in Betracht kommen. Denn je stärker der Censit genöthigt wird, die Einkünfte seiner Privatwirthschaft und damit seine private Lebenshaltung zu Gunsten des öffentlichen Verbandes, in dem er lebt, einschränken zu müssen, umsomehr wird er nicht nur geneigt sein, missmuthig auf den begünstigteren Nachbar zu blicken und zu prüfen, ob dieser nicht zu Unrecht einer geringeren Belästigung unterworfen ist, sondern, auch wenn die steuerliche Heranziehung an sich rechtlich auf dem Boden der Gesetzgebung steht, doch weiter zu fragen, ob die Natur der Hauptausgaben des Verbandes es denn rechtfertigt, gerade ihn stärker zu belasten, als jenen Nachbar, dem vielleicht diese Hauptausgaben zu viel grösserem Nutzen gereichen, als ihm selbst. In einem Einheitsverband werden natürlich solche Erwägungen schwerer Platz greifen, da hier Ausgaben aller Art zusammenkommen. Bei einer Theilung der Aufgaben zwischen mehreren öffentlichen Verbänden mit je besonderer Besteuerungshoheit treten sie dagegen stärker in den Vordergrund.

Die notorische Thatsache, dass die Verwaltungsausgaben sowohl im Staat wie im Reich sich seit einer Reihe von Jahrzehnten in einer enorm steigenden Richtung bewegen, die allem Anschein auch in der Zukunft anhalten wird, der fernere Umstand, dass die wirthschaftliche Natur der Ausgaben des Reiches und der Bundesstaaten in ihrer Hauptsache eine wesentlich verschiedene ist, der Umstand endlich, dass das Reich über privatwirthchaftliche Erwerbsquellen nur in sehr geringem Masse verfügt, also zur Deckung des vermehrten Ausgabebedarfs hauptsächlich auf Steuern angewiesen ist, machen es daher von Jahr zu Jahr nothwendiger, zwischen Reich und Staat zu einer festen grundsätzlichen Erledigung der Frage, welche Einnahmequellen oder welche Antheile an denselben dem Reich einerseits, den Bundesstaaten andererseits zuzuweisen sind, zu kommen, mit anderen Worten die Abgrenzung der Einnahmegebiete, welche schon die Bundeskommissare bei Errichtung der Bundesverfassung zu regeln beabsichtigten[1]), endlich definitiv festzulegen.

Für die Beantwortung dieser Frage treten zwei Gesichtspunkte in den Vordergrund, ein steuerlicher, steuertechnischer und ein etats- bezw. volkswirthschaftlicher.

Der speziell steuerliche, oder wie wir ihn nennen wollen, steuertechnische Gesichtspunkt weist offenbar die Mehrzahl der indirekten Steuern dem Reiche zu; die Natur der Zölle und Verbrauchsabgaben fordert eine einheitliche Regelung durch das Reich.[2]) Ihre Regelung den Einzelstaaten zu überlassen, würde grosse technische aber auch wirthschaftliche Nachtheile im Gefolge haben, was einer näheren Ausführung kaum bedürfen wird. (Gewisse andere indirekte Steuerarten, wie z. B. Umsatzsteuern, Luxussteuern, deren Wirkung eine mehr lokale ist, könnten ohne Bedenken auch kleineren Verbänden überlassen werden, dürfen aber hier wegen ihrer geringen finanziellen Bedeutung ausser Betracht gelassen werden.)

Anders liegt die Sache bei den direkten Steuern.

Während sich eine Verschiedenheit der Zölle und Verbrauchssteuern und Wechselstempelsteuern in verschiedenen Bundesstaaten bei den gegenwärtigen engen wirthschaft-

---

[1]) indem sie die indirekten Steuern dem Reich, die direkten den Einzelstaaten zuweisen wollten, s. oben S. 117.

[2]) Bei Börsen- und Wechselstempelsteuer ist die einheitliche Regelung wenigstens sehr wünschenswerth.

lichen und Verkehrsverhältnissen der einzelnen Staaten untereinander sofort in jedem der anderen Staaten nachtheilig fühlbar machen würde, erscheint es für den einen Bundesstaat im Wesentlichen von geringerer Bedeutung, welches direkte Steuersystem die anderen Bundesstaaten bei sich eingeführt haben, ob Einkommen- oder Ertragssteuersystem u. s. w.

Von diesem rein steuerlichen Gesichtspunkte aus betrachtet, würde also die ursprüngliche Idee der Bundeskommissare, dem Reiche die indirekten Steuern, den Bundesstaaten die direkten zu überlassen, durchaus nicht unberechtigt sein.

Demgegenüber ist aber ein anderer Gesichtspunkt mehr etats- oder volkswirthschaftlicher Natur nicht zu übersehen.

Die Frage nach der Wahl der Steuerarten darf bei Konkurrenz mehrerer öffentlicher Verbände wie Reich und Bundesstaaten, wie oben betont, nicht vom steuerlichen Gesichtspunkte allein, sondern muss auch im Zusammenhange mit der Natur der Ausgaben des wirthschaftlichen Körpers, um den es sich handelt, betrachtet werden.

Welchen Charakter trägt nun das Gros der Reichsausgaben?

Nach dem Reichshaushaltsetat entfallen etwa $^3/_4$ von allen Reichsausgaben auf Zwecke militärischer, im Interesse der Sicherheit und Macht Deutschlands zu verwendenden Ausgaben.

Nun ist an der Sicherheit, dem Bestande und der Bedeutung des Deutschen Reiches und den daraus fliessenden Ausgaben jeder Reichsangehörige in höchstem Masse interessirt. Deutschland ist vermöge seiner Lage vielleicht der exponirteste aller Grossstaaten und eine mangelhafte Bewehrung würde unseren nachbarlichen Neidern und Rivalen bald Gelegenheit geben, uns ihre Macht und ihren Hass zu unserem Nachtheil fühlen zu lassen. Ein unglücklicher Krieg würde aber nicht nur Tausende von Menschenleben aller Bevölkerungsschichten gefährden und zahllose Familien ins Elend bringen, sondern auch Handel und Wandel lahmlegen und dadurch die Unternehmer wie die Arbeiter schwer schädigen und in ihrer wirthschaftlichen Existenz bedrohen. Aus diesem Grunde ist es vom wirthschaftlichen Standpunkte richtig, dass alle Stände, alle Reichsbürger an dieser Last mittragen helfen. Da nun die wichtigsten direkten Steuern [1]) nach den geltenden Grundsätzen wegen der Härte ihrer Erhebungsart u. s. w. vor den an Zahl weit überwiegenden Haushaltungen mit niedrigem Einkommen, besonders vor dem Einkommen des sogen. ungelernten Arbeiters Halt machen, so würden diese allein sich zur Besteuerungsbasis für das Reich nicht eignen. Die indirekten Steuern, soweit sie Zölle und Verbrauchssteuern sind, erfüllen andererseits zwar die Voraussetzung der Heranziehung Aller am besten. Aber neben diesem Vortheil leiden sie insofern an einem Mangel, als sie verhältnissmässig die Budgets der ärmeren Stände stärker treffen als die der Besitzenden. Nun bedeutet aber gerade für die Besitzer der hohen und höchsten Einkommen, der Industriellen und Handeltreibenden, jede Stärkung und Machterweiterung des Reiches quantitativ, materiell und pekuniär ganz besonders grosse Vortheile, wie die letzteren andererseits auch bei Störungen und Schädigungen der Machtfülle des Reiches und seiner Sicherheit in ihren Einkommens- und Vermögensverhältnissen im Allgemeinen viel schneller und stärker getroffen werden, als die unteren Bevölkerungsklassen. Man denke nur auf der einen Seite an die enormen Gewinne, welche bei dem durch eine starke Flotte geschützten Handel im Ausland verdient werden, andererseits an die grossen Kapitalsverluste aus Kredit- und Kurserschütterungen, welche schon das blosse Drohen eines Krieges zu veranlassen pflegt.

Alle diese Erwägungen fordern u. E., dass zwar ein erheblicher Theil der Ausgaben zur Sicherheit und Stärkung des Reiches d. h. der Militär- und Marinelasten durch indirekte, ein anderer aber durch solche Steuern aufgebracht wird, welche die Besitzenden in stärkerem Masse als die Nichtbesitzenden, am besten nach ihrer Leistungsfähigkeit, treffen, d. h. eben durch direkte Besteuerung.

Wie steht es nun demgegenüber mit der Natur des Hapttheiles der Ausgaben der bundesstaatlichen Etats? Nach dem Etat des grössten Bundesstaates, Preussen,[2]) ent-

---

[1]) vor allem die Einkommen- und Ergänzungssteuer.

[2]) dessen Verhältnisse aber denen der meisten anderen Bundesstaaten in dieser Beziehung ähnlich sind.

fallen für 1903 von den 462 Mill. M. Staatszuschüssen für den Civilaufwand[1]) rund 165 Mill. Mark auf das Kultus- und Unterrichtsministerium, davon allein 94 Mill. M. auf das Volksschulwesen, 118,6 Mill. M. auf das Finanzministerium, davon auf Pensions- Reliktenzwecke und Gnadenbewilligungen rund 80 Mill. M., auf Justizkosten 40,7 Mill. M., auf Verwaltung des Innern 58,5 Mill. M., davon rund 39 Mill. M. auf Polizei- und rund 8 Mill. M. auf Strafanstaltsverwaltung, während für Handel, Gewerbe und Landwirthschaft rund zusammen 75 Mill. M. bereitgestellt wurden, die aber auch wiederum zum grossen Theil den minderbegüterten Landwirten und Gewerbetreibenden zu Gute kommen. Bei den Staatsverwaltungsausgaben der einzelstaatlichen Budgets überwiegen hiernach, und zwar, wenn man die Entwickelung auf einen längeren Zeitraum zurückverfolgt, in steigendem Masse Ausgaben, welche vorwiegend den breitesten Volksschichten zum Vortheile gereichen. Diese Lasten werden nun aber zum grössten Theil durch Steuerarten gedeckt, welche jene breiten Volksschichten so gut wie gar nicht heranziehen. In Preussen lassen die Einkommensteuer und Ergänzungssteuer weite Volksschichten völlig frei. Von der Gesammtbevölkerung (34 Millionen) unterliegen mehr als 20 Millionen der Einkommensteuer nicht, weil das steuerpflichtige Einkommen den Betrag von 900 M. nicht übersteigt. Die Ergänzungssteuer trifft nur 13 Proz. der Bevölkerung. Mit diesen beiden Steuern wird aber in Preussen der bei weitem grösste Theil der Staatsverwaltungsausgaben gedeckt. Die preussischen indirekten Steuern, deren Reineinnahmen nur etwa ein Viertel der direkten ausmachen, fliessen zum grössten Theil aus der Stempel- und Erbschaftssteuer, welche wiederum in erster Linie Besitz, Handel und Verkehr treffen. Ja, selbst die Ueberschüsse der Eisenbahnen, die ebenfalls an der Aufbringung der Staatsverwaltungsausgaben hervorragend betheiligt sind, stellen sich, da sie zu zwei Drittel aus dem Güterverkehr stammen, in erster Linie als eine Belastung der besitzenden Klassen dar.

Diesen thatsächlichen Verhältnissen gegenüber würde es, wenn man von der wirthschaftlichen Natur der einzelstaatlichen Ausgaben ausgeht, richtiger sein, wenn die Deckung derselben in stärkerem Masse auf die breiten Volksschichten vertheilt würde, d. h. durch Zölle und Verbrauchssteuern erfolgte, als dies gegenwärtig geschieht.

So ergiebt sich für die Regelung der Frage der Abgrenzung der Reichs- und Landesfinanzen eine Divergenz, indem steuertechnische Rücksichten eine Ueberlassung der indirekten Steuern an das Reich, der direkten an die Einzelstaaten fordern, während andererseits der Gesichtspunkt ausgleichender Gerechtigkeit auf wirthschaftlichem Gebiete auf eine stärkere Ausnutzung der indirekten Steuerquelle für den Staat, der direkten für Reichszwecke hindeutet. Uns scheint aus diesen Erwägungen gefolgert werden zu müssen, dass zwar die steuerliche Ausschreibung und die Aufbringung der indirekten Steuern dem Reiche, der direkten Steuern den Bundesstaaten aus steuertechnischen Gründen verbleibt, dass aber weder die Erträge der indirekten Steuern allein dem Reiche, noch der direkten allein den Einzelstaaten überlassen werden dürfen. Es muss eine Kombination gefunden werden.

Diese darf aber keine mechanische sein. Man muss davon ausgehen, dass von den Zöllen und Verbrauchsabgaben, wenn sie auch aus allgemeinen historischen und steuertechnischen Gründen Reichssteuern bleiben müssen, den Einzelstaaten ein Anrecht auf einen gewissen Theil derselben zugesprochen werden muss mit Rücksicht auf die Natur der von ihnen hauptsächlich zu leistenden Kulturaufgaben. Der Antheil wird aber, da diese Aufgaben von Jahr zu Jahr wachsen, einen gewissen Prozentsatz darzustellen haben, wie dies z. B. schon heute der Fall in der Schweiz ist. Wie hoch dieser Antheilssatz zu berechnen sei, würde den Gegenstand genauerer Untersuchungen bilden müssen.

Die Verteilung dieses Betrages dürfte natürlich nicht nach dem rohen Massstabe der Bevölkerungsziffer erfolgen. Die Einzelstaaten haben eben einen inneren Anspruch auf einen Theil des indirekten Gesammtsteuerertrages und dieser Antheil kann sich nur nach ihrem Antheil an dem Gesammtertrage richten. Da derselbe nicht genau zu ermitteln ist, muss eventuell eine Schätzung nach gesetzlich bestimmten Gesichtspunkten erfolgen. Dies

---

[1]) S. § 185.

wird nicht ohne Schwierigkeiten geschehen können. Ist aber die Nothwendigkeit des Ziels erkannt, so wird sich auch ein gangbarer Weg finden lassen und eine selbst mangelhafte Schätzung würde immer noch eine Verbesserung gegenüber dem gegenwärtigen rohen Vertheilungsmassstab der Ueberweisungen nach der Bevolkerungszahl darstellen.

Auf der anderen Seite sind die Einzelstaaten an den Reichsausgaben durch Beiträge, für deren Aufbringung sie mit ihren direkten Steuern eintreten müssen, zu betheiligen und zwar um so mehr, je stärker sich die Vermehrung der Reichsausgaben in solchen für militärische und ähnliche Zwecke äussert. Handelt es sich andererseits um erhebliche Mehrausgaben fur sozialpolitische und andere den breiteren Volksmassen zu Gute kommende Zwecke, wie sie ja neuerdings von Jahr zu Jahr stärker in den Vordergrund treten, so erscheint eine Vermehrung der indirekten Besteuerung besser am Platze.[1])

In welcher Form soll nun diese Heranziehung der Einzelstaaten aus ihren direkten Steuerquellen zu Reichszwecken erfolgen?

Die Einführung einer Reichseinkommensteuer neben den einzelstaatlichen Einkommensteuern würde der ganzen Absicht der Reform, eine Theilung der Steuergewalt zwischen Reich und Bundesstaaten herbeizuführen, widersprechen.

Wenn in allen Einzelstaaten dasselbe direkte Steuersystem bestände, so würde eine Erhebung von Zuschlagen zu Reichszwecken die von selbst gegebene Form sein. Die reichsgesetzliche Anordnung einer solchen übereinstimmenden Regelung würde indessen einen zu tiefen Eingriff in die bundesstaatliche Finanzgewalt bedeuten, eine vollständige Umwandlung der Finanzgebahrung einzelner Bundesstaaten zur Folge haben und schon mit Rücksicht auf die in engem Zusammenhange mit der direkten Besteuerung stehende Kommunalbesteuerung nicht ausfuhrbar sein.

Die Heranziehung wird hiernach auch in Zukunft am besten in der historischen und dem föderalistischem Prinzipe entsprechenden Form der Erhebung von Matrikularbeiträgen erfolgen, wie dies schon heute geschieht. Nur darf auch hier aus inneren Gründen die Vertheilung der von den einzelnen Staaten aufzubringenden Summen nicht nach dem rohen Massstabe der Bevolkerungsziffer, sondern sie muss nach dem Prinzipe der Leistungsfähigkeit erfolgen.

Bei gutem Willen durfte sich ein solcher Massstab wohl finden lassen.

Hätten alle Bundesstaaten eine nach der Leistungsfähigkeit bemessene Einkommensteuer wie Preussen, so würde das Einkommensteuersoll die beste Vertheilungsgrundlage bilden So lange dies nicht der Fall ist, muss man sich fur die Staaten ohne solche Steuer mit einer fiktiven Ermittelung begnügen. Die Fiktion wird etwa in folgender Weise vorgenommen werden können: Fur Preussen wird statistisch der Durchschnittssatz des Einkommensteuerbetrages auf den Kopf der Bevolkerung für den Staat, wie für kleinere Verwaltungsbezirke, Stadtkreise etc, ermittelt. Wendet man diese Sätze auf die gleichartigen Bezirke bezw. Städte der anderen Staaten an, so lässt sich für jeden Staat fiktiv ein Einkommensteuersoll (Durchschnittssatz × Bevolkerung) berechnen, welches der Verteilung der Matrikularbeiträge zu Grunde gelegt werden konnte Ist auf diese Weise der jedem Bundesstaate zugewiesene Umlagebetrag ermittelt, so bleibt es diesem sodann überlassen, wie er den Betrag aufbringen will und kann, durch Einkommen-, Ertrags-, Vermögenssteuern u. s. w. Dies ist schon deshalb erwünscht, weil es im Allgemeinen besser erscheint, wenn die Art und Weise, wie und in welchem Umfang sich die eventuelle Erhöhung der direkten Steuern u. s. w. vollzieht, in den Einzellandtagen unter sorgsamer Berücksichtigung der wirthschaftlichen und sozialen Verhältnisse geprüft und entschieden wird und nicht im Reichstag, wo die einzig mögliche, namlich uniforme Normirung der direkten Besteuerung an der einen Stelle des Reiches wohl erträglich, an anderen Theilen unerträglich wirken kann und muss.[2])

---

[1]) Dabei denken wir aber nicht etwa an eine Zwecksteuer Es handelt sich um Motive des Gesetzgebers bei Begründung einer Vermehrung der einen oder anderen Art der Einnahmequellen des Reichs.

[2]) Weiter zu gehen, wie dies vor Allem A. Wagner thut (Bd. IV seiner Finanz-

Eine derartige Regelung wie die vorgeschlagene scheint allerdings den von den Einzelstaaten hauptsächlich betonten Nachtheil des gegenwärtigen Systems, das Schwankende, Unsichere in der Finanzgebahrung (s. Buchenberger, Finanzpolitik und Staatshaushalt in Baden von 1850 bis 1900, Heidelberg 1902 S. 30) gänzlich unberücksichtigt zu lassen. Indessen glauben wir, dass, wenn die Matrikularbeiträge auf der Grundlage der Leistungsfähigkeit der Bundesstaaten erhoben werden, auch die Folgerung zu ziehen ist, dass gesetzliche Garantien gegeben werden müssen, welche eine Belastung der Budgets der Einzelstaaten über deren Leistungsfähigkeit hinaus verhindern. Diese Grenze kann nicht mechanisch in einer ein für alle Mal festgestellten Summe bestimmt werden. Sie lässt sich aber in einem Prozentsatz des in den Einzelstaaten aufkommenden bezw. fingirten Einkommensteuerertrages finden. Damit sind die Einzelstaaten auf der einen Seite gegen eine übergrosse Belastung mit Matrikularbeiträgen gesichert, während ihnen andererseits der prozentuale Antheil an den Reichszoll- und Steuereinnahmen immerhin feste dauernde, im voraus mit einer gewissen Wahrscheinlichkeit zu veranschlagende jährliche Einnahmen sichert.

Schwerwiegender würde uns der Einwand gegen die obigen Reformvorschläge erscheinen, dass das Reich dauernd das Recht behalten soll, Ausgaben zu beschliessen und deren Deckung den Einzelstaaten zuzuwälzen, während, wie Buchenberger a. a. O S. 27 hervorhebt, „man als erste Voraussetzung der Erhaltung gesunder Finanzwirthschaft es stets erachtet hat, dass die für die Ausgaben verantwortlichen Organe auch für die entsprechenden Deckungsmittel zu sorgen haben". Indessen darf gerade für die vorliegenden Verhältnisse nicht übersehen werden, dass bei der Vermehrung der Hauptausgabegruppe im Reiche, der Militär- und Marinelasten, das treibende Element weniger der Reichstag, wie die Reichsgewalt und die sie vertretenden Ressorts sind. Handelt es sich aber um starke Vermehrungen der Ausgaben für sozialpolitische Zwecke, Veteranenbeihilfen u. s. w., so würde u. E. bei der Einführung einer Finanzreform auf der vorgeschlagenen Grundlage die Regierung mit grösserem Nachdrucke und mit stärkeren Gründen die Aufbringung der erforderlichen Mehrbeträge durch indirekte Steuern verlangen können. Andererseits dürfte u. E. auch der Hinweis darauf, dass in den Einzelstaaten die Natur der Ausgaben an sich eine stärkere Belastung mit indirekten Steuern fordern würde, als solches gegenwärtig der Fall ist,

---

wissenschaft S. 809), welcher auf eine von Reichs wegen in ihren Grundzügen für alle Einzelstaaten festzustellende gleiche Verfassung der direkten Steuern abzielt, hat mancherlei Bedenken. Wagner geht dabei von dem Standpunkte des Steuerzahlers aus, von dem aus es gleichgültig ist, an welchen der öffentlichen Verbände die Leistung und zu welchem Zwecke die Verwendung stattfindet, von dem aus es vielmehr in erster Linie darauf ankommt, dass eine Ueberbürdung einzelner Klassen und Kategorien der Steuerzahler, wie auch eine ungerechtfertigte Entlastung anderer verhütet wird (vgl. von demselben Verfasser die Ziff IX seiner Leitsätze über das ethische und soziale Moment in Finanzen und Steuern [Sonderabdruck aus der Sozialen Praxis Nr. 35] 1903). Dieser Gesichtspunkt ist gewiss von grosser Bedeutung Seine volle Durchführung setzt aber entweder den Einheitsverband voraus oder in einem Territorium mit mehreren öffentlichen Verbänden die Ueberordnung eines derselben über die anderen. So besteht z. B. in Preussen eine Ueberordnung des Staats über die Kommunalverbände, in Bezug auf die Finanzgewalt, bisher aber nicht eine solche des Reichs über die Bundesstaaten. Sie kann natürlich jeder Zeit vom Reiche geschaffen werden. Zweifellos wäre eine Regelung der Finanzreform im Sinne A. Wagners ein erster Schritt dazu, ein erster starker Eingriff des Reichs in die Finanzgewalt der Bundesstaaten, aber es fragt sich sehr, ob die Bundesregierungen nach dem Grundsatze Principiis obsta sich nicht scheuen möchten, ihn zu beschreiten. Sie dürften es vorziehen, dem von Wagner mit Recht betonten Interesse des Steuerzahlers eben durch eine „Theilung" der verschiedenen Steuerarten zwischen Staat und Reich Rechnung zu tragen derart, dass eine gleichzeitige uneingeschränkte Belastung derselben Steuerobjekte durch beide Körperschaften verhindert wird.

der Reichsregierung bei neuen indirekten Steuervorlagen eine stärkere Position geben, wie bisher.

Reformen der vorgedachten Art setzen allerdings eine Aenderung der Reichsverfassung voraus. Indessen ist schon oben (§ 123) hervorgehoben worden, dass den fraglichen Verfassungsbestimmungen von vorneherein nur ein provisorischer Charakter zugedacht worden war.

II. Zoll- und Verbrauchssteuer-Aversum für die Insel Helgoland.

(Kap. 42 Tit. 2 der Ausgabe. — 1903: 28 300 M.)

§ 131. Dieser Betrag wurde zum ersten Mal eingestellt in den Etat für 1892/93 mit 22 600 M., hielt sich bis 1897/98 auf wesentlich gleicher Höhe, hat sich seitdem bis 1901 auf 30 160 M. gesteigert, ging aber für 1902 wieder auf 27 820 M. zurück (1903: 28 300 M.).

Die Einstellung beruht auf § 2 des Reichsgesetzes v. 15. Dez. 1890 (R.-G.-Bl. S. 207). Dieser Paragraph bestimmt, dass mit dem Tage der Einverleibung Helgolands in den preussischen Staat die Verfassung des Deutschen Reiches, jedoch mit Ausnahme des Abschnitts VI über das Zoll- und Handelswesen, auf der Insel in Geltung tritt, sowie, dass Preussen zu den Reichsausgaben für das Gebiet der Insel durch Zahlung eines Aversums nach Massgabe des Art. 38 Abs. 3 der Reichsverfassung beiträgt.

Die Ausnahme des Abschnittes VI der Reichsverfassung ist erfolgt, weil nach Art. XII Nr. 5 des deutsch-englischen Vertrages vom 1. Juli 1890 die Verpflichtung besteht, den zur Zeit der Uebergabe der Insel dort geltenden Zolltarif[1]) bis zum 1. Juni 1910 nicht zu erhöhen. Mit Rücksicht auf diesen Zoll- und Verbrauchssteuerausschluss musste ein Aversum festgesetzt werden.

Der Tit. 2 besteht in seiner jetzigen Bedeutung seit 1892/93. Bis 1888/89 einschliesslich enthielt er übrigens auch bereits Aversionalbeträge bis zur Höhe von 1 020 230 M. und zwar für Zölle und Verbrauchssteuern der vom Zollgebiete des Deutschen Reichs ausgeschlossenen Landestheile (Altona etc.).

Nachdem vom 15. Oktober 1888 alle bisher vom Deutschen Zollgebiete ausgeschlossen gewesenen Preussischen Gebietstheile, mit alleiniger Ausnahme der Hafenanlagen und der angrenzenden Petroleumlagerplätze bei Geestemünde, in die Zolllinie eingeschlossen worden sind, waren jene Beträge von diesem Zeitpunkte ab in Wegfall gekommen.

---

[1]) Wein 10--14 M. Bier 2,80 M. bezw. 3,60 M. Spiritus 25 M., 31,50 M., 38 M. etc. nach dem Grade des Alkohols. Petroleum 0,06 M.

Zweiter Abschnitt.

Einnahmen des Staates aus eigenem Vermögen und aus einzelnen selbstständigen Bankinstituten.

(Kap. 24 Tit. 4, 5, 7 und 9 der Einnahme).

§ 132. Hier kommen in Betracht:

I. Einnahmen des vormaligen Staatsschatzes.

(Kap. 24 Tit. 4 der Einnahmen. — 1903: 10 800 000 M.)

Durch Ziff. III V.-O. v. 17. Jan. 1820 wurde die Errichtung eines Staatsschatzes angeordnet, wozu 12 Mill. M. durch Verausgabung von Staatsschulden aufgebracht werden sollten. Der Staatsschatz, welcher im Wesentlichen ein Kriegsschatz sein sollte, war zu vermehren aus Ersparnissen bezw. Mehreinnahmen der laufenden Verwaltung und aus etwaigen speziell hierzu zu überweisenden Einnahmen. Als solche zufällige Einnahmen wurden in der Allerh. Kab.-O. v. 17. Juni 1826 u. A. bezeichnet die Erlöse aus der Veräusserung solcher „Besitzungen und Anlagen des Staates", die nicht zu den Domänen gehörten, weil mit letzteren ja den Staatsgläubigern Garantie bestellt war. (Letztere Unterscheidung ist nunmehr bekanntlich gegenstandslos geworden, § 40). Bis 1848 erhöhte sich der Staatsschatz allmählich auf 58,2 Mill. M. Im Jahre 1866 wurden aus den Beständen des Staatsschatzes 60 Mill. M. zu den Kriegskosten verwendet, nach Beendigung des Krieges wurde der Staatsschatz wieder mit 82 Mill. M. angefüllt. Bei Beginn des Krieges 1870/71 hatte sich der preussische Staatsschatz auf rund 90 Mill. M. erhöht.

Als nach Errichtung des Deutschen Reiches aus den Beträgen der französischen Kriegskostenentschädigung ein Kriegsschatz für das Reich von 120 Mill. M. ausgesondert wurde, wurde Preussen in den Stand gesetzt, seinerseits den den grössten Theil des preussischen Staatsschatzes bildenden preussischen Kriegsschatz von 90 Mill. M. anderweitig zu verwenden. Dies geschah durch das Gesetz vom 18. Dez. 1871 (G.-S. S. 593) in der Weise, dass man seinen Bestand zur Tilgung der vorhandenen 5 proz. Staatsanleihen (von 1859) sowie von einem Theile der Passivrenten, die mit dem 20fachen Betrage ablöslich waren, verwendete.

Alle Einnahmen, welche in Gemässheit der bisherigen Bestimmungen dem Staatsschatz zuzuführen waren, fliessen nach dem Gesetze fortan den allgemeinen Staatsfonds zu, und sind, soweit über dieselben nicht als Deckungsmittel im Staatshaushalt des betreffenden Jahres oder anderweitig unter Zustimmung der beiden Häuser des Landtages verfügt wird, zur Tilgung von Staatsschulden zu verwenden und an die Staatsschulden-Tilgungskasse abzuführen (§ 5 a. a. O.). S. aber § 133.

Am Schlusse des Jahres 1871 betrug der Baarbestand — nach Abzug jener 90 Mill. M. — noch 7 892 029 M. Die weitere Entwickelung der Bestände des Fonds, der Einnahmen und Ausgabeverwendung wird alljährlich in einer besonderen Beilage des Etats der Allgemeinen Finanzverwaltung nachgewiesen.

§ 133. In dieser Nachweisung sind zunächst (I) enthalten — Aktivforderungen (1903: 1595000 M.) und Zinsen derselben (69000 M.)[1])

Sodann folgen (II) unter a) die Einnahmen aus dem Verkauf von Staatsgrundstücken im Bereiche der Domänen- und Forstverwaltung (1903: 2 600 000 M.).

Bis zum Jahre 1899 einschliesslich wurden in dieser Rubrik unter a) die Einnahmen aus dem Verkauf von Domänen und Forstgrundstücken in den neuen Provinzen, welche der Staatsschuldenverwaltung nicht mit verhaftet waren (s. Näheres in Band I Buch I § 9) aufgeführt. Dabei wurde seit 1896/97 in Folge Vereinbarung zwischen Regierung und Landtag ein Vermerk aufgenommen, wonach die über den Betrag von 800 000 M. etwa aufkommende Mehreinnahme zur Erwerbung und etwa nöthigen baulichen Einrichtung von kleineren Domänen, namentlich in denjenigen Landestheilen der Monarchie, in denen Domänen gar nicht oder nur vereinzelt vorhanden sind, und zum Ankauf von Grundstücken zu den Forsten verwendet werden.

Seit 1900 werden auch die Einnahmen aus dem Verkauf von Domänen und Forstgrundstücken in den alten Provinzen, welche bis dahin unter besonderem Kap. 3 der Einnahmen des Etats vereinnahmt und zur Schuldentilgung verwendet wurden (a. a. O. § 9), hier nachgewiesen, da mit diesem Jahre die Spezialgarantie dieser Domänen und Forsten auf Grund der Verordn. v. 17. Jan. 1820 in Folge der Tilgung der Schulden der alten Landestheile fortgefallen ist. Zugleich wurde der bis dahin auf 1 400 000 M. veranschlagte Verkaufserlös auf 2 600 000 M. und der Betrag, über welchen hinaus eine Verwendung zu Neuankäufen zulässig ist, auf 1 600 000 M. erhöht. Gegenwärtig werden etwa 1 Mill. M. zu derartigen Neuankäufen verwendet (vergl. die Vermerke zu Kap. 10 Tit. 3 u. 11 Tit. 2 des Extraordinariums der Domänen- und Forstverwaltung).

§ 133a. In der Budgetkommission: 2 Sitzung vom 18. Jan. 1900 gab der Regierungsvertreter mit Bezug auf die budgetmässige Beurtheilung und Behandlung der hier in Frage stehenden Angelegenheit folgende Erklärung ab:

Nach der Verordnung vom 17. Jan. 1820 sollte aus Ersparnissen, bezw. Mehreinnahme der laufenden Verwaltung und aus etwaigen speziell hierzu zu überweisenden Einnahmen ein Staatsschatz gebildet werden. Als solche zufällige Einnahmen wurden in der Verordnung vom 17. Juni 1826 unter Anderem bezeichnet die Erlöse aus der Veräusserung solcher „Besitzungen und Anlagen des Staates“, die nicht zu den Domänen gehörten, mit welchen letzteren den Staatsgläubigern Garantie bestellt war.

---

[1]) Alle Einnahmen nach zweijährigem Durchschnitt berechnet.

Der Staatsschatz sollte im Wesentlichen die Bestimmung eines Kriegsschatzes haben, und nachdem die Schaffung eines solchen durch das Reich erfolgt war, wurde daher durch Gesetz vom 18. Dez. 1871 der preussische Staatsschatz aufgehoben, über seine Bestände im Einzelnen verfügt und zugleich bestimmt, dass alle ihm bisher zugeflossenen Einnahmen fortan dem allgemeinen Staatsfonds zufliessen und, soweit über dieselben nicht als Deckungsmittel im Staatshaushaltsetat oder anderweit unter Zustimmung des Landtages verfügt werde, zur Schuldentilgung zu verwenden sein.

Seitdem werden die Erlöse für veräusserte Staatsgrundstücke bei den „Einnahmen des vormaligen Staatsschatzes" in den Etat der allgemeinen Finanzverwaltung eingestellt, und wird auf diese Weise über sie mit Zustimmung des Landtages verfügt, bisher regelmässig als Deckungsmittel für die Staatsausgaben In letzterer Hinsicht ist seit einigen Jahren eine Aenderung eingetreten, indem für die der Garantie für die Staatsschulden nicht unterliegenden Domänen- und Forstveräusserungsgelder aus den neuen Provinzen, soweit sie insgesammt über eine gewisse Summe hinausgehen, durch Festsetzung im Etat die Wiederverwendung zum Ankauf von Domänen und Forstgrundstücken zugelassen ist. Nachdem die Garantie fur die Staatsschulden ihre Erledigung gefunden hat, wurde dem Etat für 1900 die Ausdehnung dieses Verfahrens auf die Veräusserungserlöse aus den alten Provinzen beantragt.

Diese Etatsfestsetzung bedeutete also eine neue Vereinbarung zwischen der Staatsregierung und dem Landtage im Sinne der vorerwähnten Bestimmung des Gesetzes vom 18. Dez. 1871, durch welche der Staatsregierung aus dem Erlöse für Domänen und Forstgrundstücke die Mittel zum Ankaufe ebensolcher Grundstücke zur Verfügung gestellt werden.

Die Befugniss zur Veräusserung von Staatsgrundstücken ohne Mitwirkung des Landtages hat die Staatsregierung von jeher geubt, und sie ist darin auch weder durch eine Bestimmung der Verfassungsurkunde noch sonstwie beschränkt, letzteres nur mit einer einzigen Ausnahme, indem nämlich seit dem Ende der 60er Jahre des vorigen Jahrhunderts in Folge der bekannten Vorgänge beim Verkauf der Rechte des Staates an dem Cöln-Mindener Eisenbahnunternehmen in die Eisenbahnkreditgesetze regelmässig eine Bestimmung des Inhalts aufgenommen wird, dass zur Veräusserung der betreffenden Bahn die Zustimmung des Landtages erforderlich sei. Im Uebrigen aber ist die Staatsregierung nicht beschränkt in der Befugniss zur Veräusserung von Staatsgrundstücken ohne Zustimmung des Landtages. Der Bestimmung im Art 99 der Verfassungsurkunde wird genügt, indem die Erlöse bei den Einnahmen des vormaligen Staatsschatzes zum Etat veranschlagt werden. Nach der Natur der Sache kann dies aber nur schätzungsweise, bezw auf Grund der Durchschnitte der Vorjahre geschehen, da bei Aufstellung des Etats nicht zu übersehen ist, welche einzelnen Veräusserungen in dem betreffenden Etatsjahre erfolgen werden. Hierin ist auch durch die Bestimmung in § 2 Nr. 2 des Staatshaushaltsgesetzes vom 11 Mai 1898 nichts geändert, wie in der Begründung zu dieser Bestimmung ausdrücklich erklärt und bei der Berathung des Gesetzes anerkannt ist.

Es wurde darauf in der Kommission beschlossen, die Diskussion auch auf Kap. 10 Tit. 4 (jetzt 3) der einmaligen und ausserordentlichen Ausgaben auszudehnen.

Abg v. Jagow erkannte an, dass die Regierung bei den An- und Verkäufen der Domänen den Bestimmungen des Komptabilitätsgesetzes entsprochen habe Eine andere Frage dränge sich jedoch auf, ob dem Landtage eine genügende Mitwirkung gesichert sei. Eine vorherige Genehmigung des Landtages könne allerdings nicht in Frage kommen Der Landtag müsse aber jährlich prüfen können, ob das Verfahren der Regierung seinen Wünschen entspreche Sei dies nicht der Fall und gebe die Regierung eventuell keine Sicherheit, dass sie in Zukunft anders verfahren würde, so sei der Landtag in der Lage, die betreffende Position für das folgende Etatsjahr zu streichen. Wenn es sich also auch für den Landtag nur um eine nachträgliche Kontrolle handeln könne, so sei andererseits die Nachweisung über die Domänenab- und -zugänge in der jetzigen Gestalt nicht genügend Sie müsse in Zukunft die wichtigeren Grundstücke namentlich aufführen, insbesondere die Gründe eingehend erläutern, die für den An- und Verkauf bestimmend gewesen seien

Nach einer weiteren Diskussion, an der sich noch die Abg. v. Arnim und Dr. Friedberg betheiligen, wird Kap. 1 Tit. 3a und b und Kap. 10 Tit. 4 der einmaligen und ausserordentlichen Ausgaben genehmigt, indem die Kommission einstimmig feststellt, dass die Staatsregierung

1. die Veräusserungserlöse von Domänen und Forstgrundstücken zu anderen Zwecken als zum Ankauf ebensolcher Grundstücke nicht verwenden kann,

2. für solche An- und Verkäufe an die vorherige Genehmigung des Landtages allerdings nicht gebunden ist,

3. jedoch gehalten sein soll, dem Landtag alljährlich eine Uebersicht über die Verschiebungen in der Nachweisung der bei der Domänen- und Forstverwaltung durch Kauf und Tausch vorgekommenen Flächenzugänge, sowie der durch Verkauf, Tausch und in Folge von Separationen und Ablösungen eingetretenen Flächenabgänge vorzulegen.

§ 133b. Unter b) wird der Verkaufserlös aus nicht zur Domänen- und Forstverwaltung gehörigen Grundstücken aufgeführt, unter denen sich vor allem eisenbahnfiskalische Grundstücke, sowie Berliner Grundstücke befinden. Die Einnahmen werden nach zweijährigem Durchschnitt aufgestellt und schwanken in den einzelnen Jahren, sind aber in der letzten Zeit meist mit 4—600 000 M. veranschlagt (1903: 4 915 000 M.).

§ 134. Es folgen (III) Einnahmen aus dem Erlöse von Prästationen.

Auch hier wurden unter a) erst seit 1900 die früher in Kap. 3 der Einnahme nachgewiesenen und zur Schuldentilgung verwendeten Ablösungskapitalien für Domänengefälle, einschliesslich der Tilgungsquoten für Domänen-Amortisationsrenten der alten Provinzen zusammen mit den schon früher hier vereinnahmten Ablösungskapitalien der neuen Provinzen vereinnahmt. Unter den Einnahmen sind auch die auf Grund des § 41 des Gesetzes, betreffend die Ablösung von Reallasten in der Provinz Schleswig-Holstein, vom 3. Jan. 1873 (G.-S. S. 3) und auf Grund des § 20 zu 2 des Gesetzes vom 23. Juli 1876 und des § 6 zu 2 des Gesetzes vom 16. Juni 1876 (G.-S. S. 357 und 369), betreffend die Ablösung der Reallasten in Hessen-Nassau, als Abfindung für abgelöste Domanialabgaben eingehenden Rentenbriefkapitalien enthalten.

1903 waren im Ganzen veranschlagt 1 331 000 M.; unter b) — nicht zur Forst- und Domänenverwaltung gehörige Objekte — waren 1903: 23 000 M. veranschlagt.

§ 134a. Endlich erscheinen unter Ziff. IV Bestände aufgelöster und noch bestehender Kassen und Fonds, die aber für 1902 nur mit insgesammt 267 000 M. veranschlagt sind.

Die Gesammteinnahme des vormaligen Staatsschatzes schwankt naturgemäss in den einzelnen Jahren, hat sich indessen seit 1894/95 nicht wesentlich verändert (8—10 Mill. M.). In den 70er Jahren hatte sie die gleiche Höhe. Von 1880 bis 1894/95 war der Betrag ein wesentlich niedrigerer, 2—6 000 000 M. Ausschlaggebend war dabei hauptsächlich die Position unter IIb (s. oben § 133b).

2. Zinsen von Staatsaktivkapitalien.

(Kap. 24 Tit. 5 der Einnahme.)

§ 135. Die Staatsaktivkapitalien sind nie von erheblicher Bedeutung gewesen; sie betragen gegenwärtig noch nicht 60 Millionen (1903: 58 267 857 M.) und werfen einen Zinsenbetrag von 1 862 740 M. aus, ein Betrag, der, wie Anl. VIII ergiebt, sich im Laufe der letzten 30 Jahre wenig verändert hat. Höhe und Zusammensetzung der Kapitalien und Berechnung der voraussichtlichen Zinseneinnahmen finden alljährlich in einer besonderen Beilage (B) des Etats der Allgemeinen Finanzverwaltung statt, welche zum ersten Male im Jahre 1873 erschien.

Der Bestand der Aktivkapitalien vermehrte sich hauptsächlich nach Hinzutritt der neuen Provinzen.

Durch die Verordn. v. 5 Juni 1867 (G.-S. 1867 S. 1072) wurde bestimmt, dass die Verwaltung der in den im Jahre 1866 neu erworbenen Landestheilen vorhandenen, zum Staatseigenthume gehörigen Aktivkapitalienfonds, soweit sie nicht für spezielle Verwaltungszwecke bestimmt sind, an die Generalstaatskasse in Berlin übergehen, und dass für die Verwaltung und Verwendung der Bestände und der Aufkünfte dieser Fonds lediglich diejenigen allgemeinen Bestimmungen und Grundsätze gelten sollen, welche überhaupt für die Verwaltung und Verwendung von Staatsgeldern massgebend sind. Mit Bezugnahme auf die Verordn v. 5. Juni 1867 wurde jedoch demnächst durch die Verordn. v. 16. Sept. 1867 (G.-S. 1867, S. 1528) angeordnet, dass die bisher bei dem kurhessischen Staatsschatze verwalteten Kapitalien dem kommunalständischen Verbande des Regierungsbezirks Kassel als ein demselben gehöriges und von ihm zu verwaltendes Vermögen zu überweisen seien.

Im Einzelnen setzten sich die Staatsaktivkapitalien für 1903 wie folgt zusammen:

Effektenbestände und Forderungen des Fonds nach dem Stande vom 15. Nov. 1901.

		Vor der Linie Mark	Mark
1.	Schuldverschreibungen der $3^1/_2$ proz. konsolidirten Staatsanleihe		7 849 150
2.	Schuldverschreibungen der 3 proz. konsolidirten Staatsanleihe		43 176 850
3.	Schuldverschreibungen der $3^1/_2$ proz. Reichsanleihe		10 000
4.	Deutsche Reichsbank-Antheilscheine		381 000
5.	Aktien der Almelo-Salzbergener Eisenbahngesellschaft (829 000 Gulden Holländisch)		1 409 300
6.	Stammaktien der Frankfurter Dampfschleppschifffahrts-Gesellschaft für die Rhein- und Main-Schifffahrt		55 000
7.	$3^1/_2$ proz. Bergisch-Märkische Eisenbahn-Prioritäts-Obligationen Serie III		42 600
8.	3 proz. Magdeburg-Halberstädter Rentenpapiere		1 374 000
9.	4 proz. Ost- und Westpreussische Rentenbriefe		6 600
10.	4 proz. Schlesische Rentenbriefe		8 775
11.	4 proz. Schleswig-Holsteinische Rentenbriefe		2 906 850
12.	4 proz. Rheinisch-Westfälische Rentenbriefe		26 325
13.	4 proz. Hannoversche Rentenbriefe		810
14.	4 proz. Sächsische Rentenbriefe		3 225
			57 250 485
15.	Hypothekenforderungen und Darlehen	833	1 017 372
	Zusammen	833	58 267 857

Anschlag der Zinseneinnahmen des Staats-Aktivkapitalfonds für das Etatsjahr 1902.

Kapitalbetrag Mark	Zinsfuss	Betrag der Zinsen Mark
381 000	10,96 Proz. Dividende für 1902, veranschlagt nach der Dividende für 1900	23 813
1 409 300	5 Proz Dividende für das Betriebsjahr 1901/2, veranschlagt nach der Dividende für 1900/1 und 100 Gulden Holländisch = 168,95 M.	69 843
55 000	5 Proz. Dividende für 1902, veranschlagt nach der Dividende für 1900	2 750
2 952 585	4 Proz.	118 103
7 901 750	3½ Proz.	276 561
44 550 850	3 Proz.	1 336 526
1 017 372	zu verschiedenen Zinssätzen (einschliesslich 13 750 Mark zinslos)	35 145
58 267 857	Summe . . .	1 862 741

1873 betrug der Bestand des Fonds rund 28,8 Mill. M., wovon rund 19 Millionen aus den neuen Landestheilen stammten (darunter 15 Mill. Mark 4 proz. Schuldverschreibungen der Kurhessischen Landeskreditkasse auf den Staat lautend).

Für 1903 bilden den Hauptposten (43 Mill. M.) Schuldverschreibungen der 3 proz. konsolidirten Anleihe.

3. Rente von der Reichsbank.

(Kap. 24 Tit. 7 der Einnahme). — 1903: 1 865 730 M.

§ 136. In Ausführung des Art. 4 Ziff. 4 der Reichsverfassung wurde vom Reiche unterm 14. März 1875 (R.-G.-Bl. S. 177 ein Reichsbankgesetz erlassen, welches im ersten Titel die für alle Banken gemeinsamen Bestimmungen enthält, während der zweite Titel von der zu errichtenden Reichsbank und der dritte Titel von den Privatnotenbanken handelt.

Die Reichsbank ist durch Abtretung der Preussischen Bank an das Reich begründet worden. Der § 61 des Reichsbankgesetzes hatte den Reichskanzler ermächtigt, mit der Preussischen Regierung einen Vertrag über diese Abtretung auf den in dem gedachten § 61 bezeichneten Grundlagen abzuschliessen. Nachdem hierauf durch das Preussische Gesetz v. 27. März 1875 (G.-S. S. 166) der Preussischen Staatsregierung die Ermächtigung ertheilt worden war, auf den gleichen Grundlagen wegen Abtretung der Preussischen Bank an das Deutsche Reich einen Vertrag mit dem Reichskanzler abzuschliessen, ist zwischen dem letzteren, Namens des Deutschen Reiches einerseits, und den mit der Ausführung des Preussischen Gesetzes v. 27. März 1875 beauftragten Preussischen

Ministerien der Finanzen und für Handel, Gewerbe und öffentliche Arbeiten Namens der Preussischen Regierung andererseits, der Vertrag v. 17./18. Mai 1875 (G.-S. S. 224) über die Abtretung der Preussischen Bank an das Deutsche Reich abgeschlossen worden, durch welchen die Preussische Bank mit allen ihren Rechten und Verpflichtungen auf das Reich, und zwar mit der Massgabe übertragen worden ist, dass das Reich diese Bank auf die zufolge des § 12 des Reichsbankgesetzes errichtete Reichsbank überträgt. Die Reichsbank ist hierauf am 1. Jan. 1876, nachdem die Preussische Bank mit dem 31. Dez. 1875 ihre Wirksamkeit geschlossen hatte, eröffnet worden (Statut v. 21. Mai 1875, R.-G.-Bl. S. 203).

Nach § 1 des genannten Vertrags zieht der Preussische Staat mit dem 1. Jan. 1876 sein Einschusskapital bei der Preussischen Bank von 5 720 400 M. und seinen Antheil an dem Reservefonds von 9 000 000 M. zurück und nach § 3 erhält Preussen eine Entschädigung vom Reich von 15 Mill. M. für die Abtretung der Preussischen Bank. Diese Gelder von 29 720 400 M. sind zur Deckung bereits genehmigter Ausgaben (Gesetz v. 25. März 1872, G.-S. S. 288, 2. April 1875, G.-S. S. 193, Gesetz v. 5. April 1876, G.-S. S. 99) u. s. w. verwendet worden.

Nach § 6 des Vertrags bezahlt ferner die Reichsbank zur Erfüllung der von der Preussischen Bank durch den Vertrag v. 28./31. Jan. 1856 hinsichtlich der Staatsanleihe von 49 794 000 M. übernommenen Verbindlichkeiten an Preussen vom 1. Jan. 1876 eine jährliche Rente von 1 865 730 M. in halbjährlichen Raten. Diese Verbindlichkeit erlischt mit dem 1. Juli 1925, so dass für 1925 nur der am 1. Juli fällige Betrag von 932 865 M. zu zahlen ist.

4. Zinsen von der Preussischen Centralgenossenschaftskasse.

(Kap 24 Tit 9 der Einnahme). — 1903: 1 500 000 M.

§ 137. Näheres über die Beziehungen des Staats zur Centralgenossenschaftskasse findet sich in Anhang II zum Etat der landwirthschaftlichen Verwaltung (Bd. II Buch II § 436 ff.) vor.[1])

Nach § 3 des Gesetzes vom 31. Juli 1895 (G.-S. S. 310), des § 1 des Gesetzes vom 8. Juni 1896 (G.-S. S. 123) und des § 1 des Gesetzes vom 20. April 1898 (G.-S. S. 67) sind als Zinsen des Grundkapitals (5 Millionen, später 20 bezw. 50 Mill. M.) aus dem Reingewinn bis zu 3 Proz. und wenn der Reservefonds 25 Prozent des Grundkapitals erreicht hat, bis zu 4 Proz. von der Kasse an den Staat zu zahlen.

In Folge dessen waren in den Etats für 1897/98 und 1898/99 je 400 000 M., 1899 800 000 M., 1900—1902 je 1 Mill. M., zusammen 4,6 Mill. M. veranschlagt worden, thatsächlich sind von 1895/96 bis 1901 rund 3 Mill. M. an den Staat abgeführt worden (s. a. a. O. S. 944). 1902 sind hinzugekommen 1 500 000 M.

---

[1]) s. auch Anhang II des vorliegenden Buchs (Nachträge).

Dritter Abschnitt.

Lediglich in Ausgabe erscheinende Posten der Allgemeinen Finanzverwaltung.

§ 138. Unter den auf dem Etat der Allgemeinen Finanzverwaltung stehenden Posten, welche lediglich in Ausgabe erscheinen, kommen vor Allem in Betracht:

1. Staatliche Dotationen an Kommunalverbände.

Diese sind enthalten in Kap. 43 Tit. 6—7.

a) *Tit. 6*: Gewährung von Provinzialfonds für Zwecke der Selbstverwaltung, einschliesslich der Mittel zur Durchführung der Kreisordnung (1903: 47 559 111 M.).

I. Vorgeschichte.

Schon die Stein-Hardenbergischen Reformen gingen von der Erkenntniss aus, dass die vielfachen Aufgaben des öffentlichen Lebens am besten gelöst, die Lebenskraft eines Staates am stärksten gefördert würde, wenn man zu der öffentlichen Verwaltung in weitestem Umfange die lokalen und grösseren kommunalen Verbände heranziehe und das Laienpublikum durch Betheiligung an den staatlichen Angelegenheiten stärker am Staate interessire.

Es gelang aber damals nur, die Stadtgemeinde zu einem selbstständigeren, entwickelteren kommunalen Leben zu führen (Städteordnung vom 19. Nov. 1808) während die Landgemeinden, abgesehen von den westlichen Provinzen, noch lange Jahre hindurch mehr dem Namen als der Bedeutung nach selbstständige kommunale Gebilde blieben.

Der Kreis und die Provinz mit ihren ständischen Vertretungen waren so vorherrschend staatliche Verwaltungsbezirke, dass der Begriff von selbstständigen Verwaltungskörpern bei ihnen durchaus zurücktrat. Durch die Kreisverfassungen in den Jahren 1825—1828 wurden zwar neben der Ritterschaft auch Stadt- und Landgemeinden eine gewisse Theilnahme an der Kreisvertretung eingeräumt und durch Verordnungen aus den 40er Jahren wurde diesen Vertretungen das Recht der Ausgabebewilligung zu gemeinnützigen Einrichtungen und bei Nothständen ein entsprechendes Besteuerungsrecht der Kreiseingesessenen gewährt. Bei dem Uebergewicht aber, welches die Ritterschaft durch ihre Virilstimmen gegenüber Städten und Landgemeinden hatte, bei der geringen Theilnahme an der eigentlichen Kreisverwaltung, welche fast lediglich in der Hand des Landrathes lag, war nicht die Rede davon, dass diese Verbände für das allgemeine Wohl des Kreises Nennenswerthes leisteten. Ganz ähnlich stand es mit den ebenfalls in den 20er Jahren reorganisirten Provinzialverbänden, deren Thätigkeit sich im Wesentlichen auf die Verwaltung des kommunalständischen Vermögens beschränkte.

Die Verf.-Urk. v. 31. Jan. 1850 hatte in ihrem Art. 105 allerdings den Kreisen, Bezirken und Provinzen nach Analogie des Staates eine konstitutionelle Verfassung verheissen. Die Bestimmungen dieses Artikels wurden aber ebenso wie die auf seiner Grundlage ergangene „Kreis-, Bezirks- und Provinzialordnung v. 11. März 1850" durch die Gesetze v. 24. Mai 1853 (G.-S. S. 228 u. 238) wieder aufgehoben.

§ 139. Erst der Hinzutritt der neuen Landestheile Hannover, Hessen-Nassau u. s. w. nach dem Jahre 1866, welche mit dem berechtigten Wunsche hervortraten, gewisse Theile des vorhandenen Staatsvermögens ihrer Provinz erhalten zu sehen, wurde die Frage der Neuorganisation der Kreis- und Provinzialverbände wiederum brennender.

Durch den Allerh. Erl. v. 16. Sept. 1867 (G.-S. S. 1528) (s. auch Gesetz v. 25. März 1869, G.-S. S. 525), waren dem kommunalständischen Verbande des Regierungsbezirkes Kassel die Einnahmen des vormals Kurhessischen Staatsschatzes (s. oben § 135) überwiesen worden. Der Verordnung folgte das Gesetz v. 7. März 1868 (G.-S. S. 223), durch welches der Provinz Hannover die Summe von jährlich 1 500 000 M. aus den Staatseinnahmen überwiesen wurde zur Deckung 1. von Verwaltungskosten, 2. von Zuschüssen für Landesbibliothek-, Kunst- und wissenschaftlichen Zwecken, 3) der Unterhaltungskosten für Irren-, Blinden, Taubstummen- und Landarmenanstalten, sowie das jüdische Schul- und Synagogenwesen, 4) zu Chausseen, 5) zu Landesmeliorations- u. ähnl. Zwecken.

Diese jährliche Rente wurde den Jahreszinsen eines bisher dem Hannoverschen Staate gehörigen Domanial-Ablösungs- und Veräusserungsfonds von 61 280 991 M. entnommen, dessen Zinsen nunmehr in die allgemeine preussische Staatskasse vereinnahmt wurden.

Das Gesetz erging auf Anregung des Hannoverschen Provinziallandtages, um die Zinsen jenes Fonds dem Hannoverschen Volke zu erhalten, und die Verwendungszwecke waren von dem Gesichtspunkte aus gewählt, dass dieselben am besten von der mit den Provinzial- und Lokalverhältnissen vertretenen Provinzial-Vertretung und -Verwaltung besorgt werden würden (Abg.-H. 1867/68 Aktenst. Nr. 47).

Diesem Vorgange schloss sich zunächst das Gesetz v. 25. März 1869 (G.-S. S. 525) an, durch welches die Einnahme des durch Allerh. Erl. v. 16. Sept. 1867 (G.-S. S. 1529) dem kommunalständischen Verbande des Regierungsbezirks Kassel überwiesenen vormals Kurhessischen Staatsschatzes (1868: 16,8 Mill. M. mit 1 006 401 M. Zinsen) und

v. 11. März 1872 (G.-S. S. 257), durch welches eine Summe von jährlich 426 000 M. und eines Kapitals von 139 140 M. dem kommunalständischen Verbande des Regierungsbezirks Wiesbaden zu wesentlich gleichen Zwecken wie in Hannover überwiesen wurden.

Bei den Verhandlungen über diese Gesetze wurde staatlicherseits wiederholt in Aussicht gestellt, dass auch für die übrigen Provinzen eine ähnliche Dotirung behufs Uebernahme entsprechender, bisher vom Staate durchgeführter Aufgaben erfolgen sollte. Hand in Hand mit diesen Plänen der Regierung ging ihre Absicht, die bisher stets gescheiterte Reform der Neuorganisation der Kreis- und Provinzial-Verbände auf der Grundlage der Dezentralisation und Selbstverwaltung endlich durchzuführen. Zunächst legte die Regierung im Herbste 1869 den Entwurf einer Kreisordnung vor, der allerdings, wie auch ein modifizirter Entwurf von 1871 nicht Gesetz wurde, aber doch die Grundlage für die am 13. Dez. 1872 (G.-S. S. 661) zu Stande gekommene Kreisordnung für die 6 östlichen Provinzen bildete. Am 29. Juni 1875 (G.-S. S. 335) folgte sodann die Provinzialordnung für die 6 östlichen Provinzen. Beide Ordnungen wurden späterhin auch in den westlichen Provinzen eingeführt.

Mit diesen Neuorganisationen wurde zugleich die Grundlage geschaffen, um die bei Gelegenheit der Berathungen über das Gesetz v. 7. März 1868 (G.-S. S. 223) von der Staatsregierung abgegebenen Verheissungen der Ausdehnung des Dotationsprinzips auch auf die übrigen Provinzen des Staates einzulösen. Dies waren Preussen, Brandenburg, Pommern, Posen, Schlesien, Sachsen, Schleswig-Holstein, Westfalen und die Rheinprovinz, sowie Stadtkreis Frankfurt a. M., die Hohenzollernschen Lande und das Jadegebiet.

Auf sie findet daher hauptsächlich das Gesetz betr. die Dotation der Provinzial- und Kreisverbände vom 30. April 1873 (G.-S. S. 187) und das zur weiteren Ausführung der §§ 5 u. 6 dieses Gesetzes ergangene Gesetz v. 8. Juli 1875 (G.-S. S. 497) Geltung.

II. Die Dotationsgesetze von 1873 und 1875.

§ 140. In dem Gesetze von 1873 wurden unterschieden Fonds zu eigenen provinziellen Zwecken und Fonds zur Durchführung der Kreisordnung in den verschiedenen Provinzen, welche letztere auch den Provinzen überwiesen wurden, von diesen aber auf die Kreise untervertheilt werden müssen. Für ersteren Zweck wurden 6 Mill. M., für letzteren 3 Mill. M. aus den Einnahmen des Staatshaushalts zur Verfügung gestellt und als dauernde Renten bei dem Etat der allgemeinen Finanzverwaltung eingestellt.

Während an den 6 Mill. M. für Provinzialzwecke die Provinzen Hannover und Hessen-Nassau nicht Theil nahmen, wurden an den 3 Mill. M. für Kreiszwecke auch diese beiden Provinzen mitbetheiligt.

Die Untervertheilung der Provinzial- wie der Kreisfonds auf die einzelnen Provinzen bezw. der Kreisfonds innerhalb der Provinzen auf die einzelnen Kreise sollte „nach Land und Leuten" d. h. zur Hälfte nach dem Massstabe des Flächeninhaltes, zur anderen Hälfte nach dem Massstabe der Bevölkerung erfolgen (§§ 1—3 Ges. v. 30. April 1873, §§ 1—5 und §§ 26 ff. Ges. v. 8. Juli 1875).

a) Die Fonds zur Durchführung der Kreisordnung — 3 Mill. M.

(§ 1 Nr. 2 Ges. v. 30. April 1873.)

§ 141. Solange das Ausf.-Ges. v. 8. Juli 1875 noch nicht ergangen war, wurde in denjenigen Provinzen, welche schon eine neue Kreisordnung besassen (Preussen, Brandenburg, Pommern, Schlesien und Sachsen) der auf sie entfallende Theil der obengenannten 3 Mill. M. zur Durchführung der Kreisordnung, insbesondere für die Kosten des Kreisausschusses und der Amtsverwaltung, nach „Land und Leuten" auf die einzelnen Landkreise definitiv untervertheilt, ausserdem wurden diesen Provinzen einstweilen[1]) 1 440 000 M. aus dem Antheil an der zu Provinzialverwaltungszwecken bestimmten Dotation (s. unter b) von 6 Mill. M. ebenfalls zur Untervertheilung an die Landkreise „für die Zwecke der Kreisordnung" überwiesen.

§ 142. In denjenigen Provinzen, welche eine neue Kreisordnung noch nicht besassen (Posen, Schleswig-Holstein, Hannover, Westfalen, Rheinprovinz, Cassel, Wiesbaden, ferner in Frankfurt a. M. sowie in Hohenzollern) wurden die auf sie nach „Land und Leuten entfallenden" Antheile an jenen 3 Mill. M. einstweilen zinsbar belegt und für ihre Rechnung verwaltet (§ 5 Gesetz von 1873).

§ 143. Durch § 26 des Ges. v. 8. Juli 1875 wurden sodann zunächst die in den Jahren 1873, 1874 und 1875 gesammelten und vom Staate verwalteten Antheile der in § 142 genannten Provinzen diesen als Kapitalien nebst Zinsen einmalig überwiesen und zwar

	M.
1. dem Provinzialverbande von Posen	660 951
2. „ „ „ Schleswig-Holstein . . .	407 457
3. „ „ „ Hannover	852 228
4. „ „ „ Westfalen	584 622
5. „ „ der Rheinprovinz	1 000 233
6. dem Kommunalverbande des Reg.-Bez. Kassel . . .	274 284
7. „ „ „ „ Wiesbaden . .	165 438
8. dem Stadtkreise Frankfurt a. M.	20 394
9. dem Landeskommunalverbande der Hohenzollernschen Lande	26 694.

Ueber die Verwendung galt dasselbe wie in § 141.

[1]) Von 1875 ab wurde die Feststellung der Höhe der den Kreisen zuzuweisenden Beträge in das freie Ermessen der Provinziallandtage gestellt, § 5 Nr. 1 Ges. v. 8. Juli 1875.

Die definitive Untervertheilung ihres Antheils an jenen 3 Mill. M. erfolgte erst durch Ges. v. 8. Juli 1875 § 26. Darnach wurden überwiesen an Jahresrenten:

		M.
1.	dem Provinzialverbande von Posen	220 317
2.	„ „ „ Schleswig-Holstein	135 819
3.	„ „ „ Hannover	284 076
4.	„ „ „ Westfalen	194 874
5.	„ „ „ Rheinprovinz	333 411
6.	dem Kommunalverbande des Reg.-Bez. Kassel	91 428
7.	„ „ „ „ Wiesbaden	55 146
8.	dem Stadtkreise Frankfurt a. M.	6 798
9.	dem Landeskommunalverband der Hohenzollernschen Lande	8 898.

Hier fand also keine direkte Untervertheilung an die Landkreise statt wie in den bei § 141 genannten Provinzen; die Untervertheilung wurde vielmehr den Provinzen überlassen. Diese konnten die Beträge auch bis zur Einführung der Kreisordnung in ihrem Bezirke für ihre Provinzialzwecke mit verwenden, um eine unnütze Aufspeicherung von Geldern zu vermeiden.

Die Ueberweisung zu Kreiszwecken erfolgte bei Einführung der Kreisordnungen, vgl. hierzu Ges. v. 6. Mai 1884 (G.-S. S. 181) für Hannover §§ 109, 110, Ges. v. 7. Juni 1885 (G.-S. S. 193) für Hessen-Nassau §§ 110, 111, Ges. v. 31. Juli 1886 (G.-S. S. 217) für Westfalen §§ 97, 98, Ges. v. 30. Mai 1887 (G.-S. S. 209) für die Rheinprovinz §§ 97, 98, Ges. v. 26. Mai 1888 (G.-S. S. 139) für Schleswig-Holstein §§ 146, 147.

b) Die Fonds zur Durchführung der Provinzialordnung. (6 Mill. M.)

(§ 1 Nr. 1 Ges. v. 30 April 1873 und Ges v. 8. Juli 1875.)

§ 144. Die Antheile sowohl der älteren Provinzen — mit Ausnahme der in § 141 genannten Rente von 1 440 000 M. — wie der in § 142 genannten Provinzen mit Ausnahme von Hannover und Hessen-Nassau (vgl. § 140) an den im Gesetz von 1873 zur Verfügung gestellten 6 Mill. M. wurden während der Jahre 1873, 1874 und 1875 einstweilen zinsbar belegt. Sie sind den Provinzialverbänden sodann durch § 3 des Ges. v. 8. Juli 1875 nebst Zinsen definitiv als einmalige Beträge überwiesen und zwar

		M.
1.	dem Provinzialverbande von Preussen	2 085 696
2.	„ „ „ Brandenburg	1 172 106
3.	„ „ „ Pommern	990 513
4.	„ „ „ Posen	1 546 011
5.	„ „ „ Schlesien	1 748 493

		M.
6.	dem Provinzialverbande von Sachsen	1 037 646
7.	„ „ „ Schleswig-Holstein	952 929
8.	„ „ „ Westfalen	1 363 284
9.	„ „ der Rheinprovinz	2 326 635
10.	dem Stadtkreise Berlin	345 519
11.	„ „ Frankfurt a. M.	47 079
12.	dem Landeskommunalverbande der Hohenzollernschen Lande	62 433
13.	dem Provinzialverbande von Hannover für das Jadegebiet	1 656.

Durch Ges. v. 8. Juli 1875 wurden ferner die im Gesetz von 1873 zur Durchführung der Provinzialzwecken gewährten 6 Mill. M. Jahresrenten vom 1. April 1876 an auf 13 440 000 M., also um 7 440 000 M. erhöht. Die Untervertheilung auf die Provinzen erfolgte zunächst provisorisch durch § 2 des Gesetzes und definitiv durch die Verordn. v. 12. Sept. 1877 (G.-S. S. 227) auf die einzelnen Provinzen nach dem Massstab von „Land und Leuten".

Es erhielten:

		M.
1.	der Provinzialverband von Preussen	2 435 714
2.	„ „ „ Brandenburg	1 549 077
3.	„ „ „ Pommern	1 156 487
4.	„ „ „ Posen	1 139 700
5.	„ „ „ Schlesien	2 070 111
6.	„ „ „ Sachsen	1 223 613
7.	„ „ „ Schleswig-Holstein	697 693
8.	„ „ „ Westfalen	1 033 501
9.	„ „ der Rheinprovinz	1 756 736
10.	der Stadtkreis Berlin	289 155
11.	„ „ Frankfurt a. M.	39 453
12.	der Landeskommunalverband der Hohenzollernschen Lande	46 021
13.	der Provinzialverband von Hannover für das demselben einverleibte Jadegebiet	2 739.

§ 145. Die Verwendung aller dieser Dotationen (§ 144) ist nicht in das freie Belieben der Provinzialverbände gestellt. Vielmehr wurden ihnen bestimmte Verwendungszwecke gesetzlich vorgeschrieben (§§ 4, 5 Gesetz v. 8. Juli 1875). Danach sind diese Summen ähnlich wie nach dem Gesetze über die Hannöversche Rente (von 1 500 000 M.) zur Förderung des Wegebaues, der Landesmeliorationen, des Landarmen- und Korrigenden-, Irren-, Taubstummen- und Blindenwesens, zur Unterstützung von milden Stiftungen, sowie zu Kunst- und wissenschaftlichen und zu anderen im Wege der Gesetzgebung festzustellenden Zwecken zu verwenden, während der Staat den Staatshaushalt von den bisher zu diesen Zwecken geleisteten Zuschüssen entlastet.

Daneben sind jene Fonds (nach § 5 des Ges.) allerdings auch zu den Provinzialverwaltungskosten mit zu verwenden. Auch können die Provinziallandtage (nach § 37 der Provinzial-Ordnung und § 5. a. a. O.) weitere Beihülfen an die Kreise zur Durchführung der Kreisordnung bewilligen (wodurch die Ueberweisung der 1 440 000 M. — s. § 144 Anm. — in den 6 östlichen Provinzen von da ab gegenstandslos geworden ist).

c) Besondere an die Provinzen überwiesenen Anstalten und Fonds.

§ 146. Gleichzeitig mit diesen Dotationen von zusammen 16,4 Mill. M. (§§ 141—44) wurde durch das Ges. v. 8. Juli 1875 den Provinzen eine Anzahl von Anstalten und Fonds, welche den künftig der Fürsorge der Provinzen überlassenen Zwecken dienten, vom Staate zur Verwaltung und Unterhaltung übertragen. Dahin gehörten vor Allem eine Anzahl Irren-, Taubstummen-, Waisen etc. Anstalten, Hebammenlehrinstitute,[1]) Ackerbau-, Wiesen- und Obstbauschulen,[2]) sowie die Staatschausseen,[3]) ferner die durch die Königliche Botschaft v. 7. April 1847 und den Landtagsabschied v. 24. Juli 1847 zinsfrei gewährten Hülfskassenfonds,[4]) die Provinzial-Meliorationsfonds,[5]) die Schlesischen Viehassekuranzfonds (§ 11 des Gesetzes v. 8. Juli 1875), die Zuschüsse für das Hebammenwesen[1]) und endlich eine Reihe von Staatsnebenfonds des Ministeriums des Innern.[6])

Soweit staatliche Zuschüsse zu einzelnen dieser Anstalten gewährt wurden, zahlte der Staat diese Zuschüsse in der bisherigen Höhe an die Provinzen als Rente weiter.

§ 146a. In Anlage XI Sp. 2—8 ist näher angegeben, wie sich die auf die einzelnen Provinzen entfallenden Dotationsrenten stellen.

III. Weitere Entwickelung bis zum Gesetz vom 2. Juni 1902.

§ 147. Die bedeutende Entwickelung, welche die den Provinzialverbänden durch das Dotationsgesetz v. 8. Juli 1875 (G.-S. S. 497) überwiesenen Thätigkeitsgebiete im Verlaufe des seitdem verflossenen Vierteljahrhunderts erfahren haben, hat ihren natürlichen Ausdruck in einer erheblichen Steigerung der den Provinzen obliegenden finanziellen Lasten gefunden.

Nach den Anlagen X, XI u. XII betrugen im Jahre 1869 die Ausgaben der kommunalständischen Verbände 19,9 Mill. M., davon 2,2 Mill. Mark für extraordinäre Ausgaben. 1887/88 waren dieselben bereits auf

---

[1]) Hierüber Näheres in Bd. II Buch I §§ 654, 457—59, 464, 469, 631 ff.

[2]) Bd. II Buch II § 244 ff.

[3]) Bd. II Buch V §§ 274 ff.

[4]) a. a. O. Anhang II S 928.

[5]) Bd. II Buch II § 134 u §§ 149 ff

[6]) s. Bd. II Buch VI § 277.

50,6 Mill. M. gestiegen, davon 3,3 Mill. M. extraordinäre Ausgaben. Im Jahre 1901 machten sie dagegen aus 77 Mill. M., davon extraordinäre 10,8 Mill. M., sodass für ordinäre Ausgaben 66,1 Mill. M. verblieben, wovon rund 30 Mill. M. auf Wegebauten, rund 15 Mill. M. auf Korrigenden-, Armen-, Irren-, Idioten-, Epileptischen Fürsorgewesen, 3,4 Mill. M. auf Taubstummen- und Blindenwesen, 5,5 Mill. M. auf Schuldenzinsen, 2,5 Mill. M. auf Beihülfen zur Durchführung der Kreisordnung u. s. w. entfielen.

Prozentual gerechnet[1]) betrugen die Ausgaben für das Wegewesen 46,25 v. H., für das Landarmen- und Korrigendenwesen einschliesslich der Fürsorge für Irre u. s. w. 26,52 v. H., für die Verzinsung und Tilgung von Schulden 8,44 v. H., für die Verwaltung des Verbandes 5,27 v. H., für Beihülfe an die Kreise 3,85, für landwirthschaftliche Zwecke u. s. w. 3,41, für die unter dem Titel „Sonstige Ausgaben" verrechneten Kosten 2,41, für wohlthätige Zwecke 1,27, für Kunst und Wissenschaft 1,05, für die Fürsorgeerziehung Minderjähriger 1,01 und endlich für das Hebammenwesen 0,52 v. H.

Auf den Kopf der Bevölkerung gerechnet, stellten sich die Ausgaben im Jahre 1901 der einzelnen Provinzen wie folgt:

in	ordentliche Ausgaben Mark	Gesammtausgaben Mark	in	ordentliche Ausgaben Mark	Gesammtausgaben Mark
Ostpreussen	2,22	2,47	Schleswig-Holstein ohne Lauenburg	2,75	3,94
Westpreussen	2,28	2,99	Hannover	2,60	3,14
Brandenburg	1,59	1,95	Westfalen	1,94	2,92
Pommern	2,36	2,72	Kassel	3,15	3,37
Posen	2,14	2,17	Wiesbaden	2,66	3,25
Schlesien	1,35	1,36	Rheinprovinz	1,92	1,92
Sachsen	1,98	2,15	Hohenzollern	4,48	4,86

Die staatlichen Dotationen reichen natürlich längst nicht mehr aus, um die Ausgaben zu decken. Nach Anl. X u. XI wurden noch 1887/88 von 50,6 Mill. M. Ausgaben 33,9 Mill. M. = 67 Prz., durch die Staatsdotation 1901 von 76,9 Mill. M. nur 35,6 Mill. M. = 46,3 Prz. gedeckt.

Diese Verhältnisse haben, in Folge jener Ausgabesteigungen, im Verlaufe des letzten Jahrzehnts eine theilweise beträchtliche Steigerung der Provinzialumlagen und zwar gerade in den wirthschaftlich schwächsten Landestheilen zur Folge gehabt, eine Steigerung, welche dort in Verbindung mit der hohen Kommunalbelastung in Kreisen und Gemeinden eine ernstliche Gefährdung der Prästationsfähigkeit bedeutet. So sind die Umlagen für Provinzialzwecke stellenweise bis auf 20 Proz. und darüber der Staatseinkommensteuer gestiegen.

Am fühlbarsten ist die Ausgabesteigerung auf den Gebieten des Armen- und des Chausseewesens hervorgetreten. Auf dem erst-

[1]) vgl. Statist. Correspondenz Jahrg. 29 Nr. 7.

genannten Gebiete ist es besonders das Ges. v. 11. Juli 1891 (G.-S. S. 300), das den Provinzen als Landarmenverbänden durch die Verpflichtung, für Bewahrung, Kur und Pflege der hülfsbedürftigen Geisteskranken, Idioten, Epileptischen, Taubstummen und Blinden in näher bestimmter Weise Fürsorge zu treffen, festgestelltermassen Kosten verursacht hat, welche die ordentlichen Landarmenlasten bei weitem übersteigen. Was den Wegebau anbelangt, so sind den Provinzen namentlich durch den Neubau von Kunststrassen, durch die Unterhaltung der letzteren sowie durch die Unterstützung des Kunststrassenbaues in Kreisen und Gemeinden erhebliche Mehrlasten erwachsen, welche sich besonders fühlbar in denjenigen wirthschaftlich schwächeren östlichen Provinzen gemacht haben, die zur Zeit des Ueberganges der Chausseeverwaltung von dem Staate auf die Provinzen (§§ 18 ff. des Dotationsgesetzes vom 8. Juli 1875) in der Ausstattung mit Kunststrassen hinter den übrigen Landestheilen zurückgeblieben waren und für die dadurch bedingte schwerere Neubauverpflichtung einen Ausgleich bei der Rentenvertheilung nicht erhalten haben (vergl. Bd. II Buch V § 276).

Auf vielfaches Drängen namentlich auch aus dem Abgeordnetenhaus heraus (vergl. z. B. die Verhandlungen betr. das Fürsorgeerziehungsgesetz v. 2. Juli 1900, s. Bd. II Buch VII § 253 ff.), nahm der Staat daher Veranlassung, die 1875 den Provinzen überwiesenen Dotationsrenten um 10 weitere Millionen durch Ges. v. 2. Juni 1902 zu erhöhen.

Von diesen 10 Millionen wurden 3 Mill. M. für Zwecke des Chausseewesens ausgesondert und nach den in Bd. II Buch VI § 276 näher dargelegten Grundsätzen auf die Provinzialverbände unter besonderer Berücksichtigung der östlichen Provinzen vertheilt. Die übrigen 7 Millionen verblieben dagegen für den anderen Theil der Reform, die Erleichterung der provinziellen Armenlasten zu einem Drittel und die Unterstützung leistungsschwacher Kreise und Gemeinden auf dem Gebiete des Armen- und Wegewesens (einschl. Bau und Unterhaltung von Brücken) zu zwei Dritteln.

Die Untervertheilung der 7 Mill. M. auf die einzelnen Provinzen erfolgte nicht wieder nach dem 1873 und 1875 angewendeten Massstabe von Land und Leuten, sondern nach einem zwar komplizirteren, aber in der Sache wohl zutreffenderen kombinirten Massstabe, nämlich zu einem Drittel nach dem umgekehrten Verhältnisse der Staatseinkommensteuer, zu einem Drittel nach dem Prozentverhältnisse der kommunalen Abgaben zur Staatseinkommensteuer, zu einem Drittel nach der Zahl der Civilbevölkerung.

In Folge dessen erhielten von jenen 7 Mill. M. nach der Verordn. v. 22. Juni 1902 (G.-S. S. 258) an Jahresrenten:

1. der Provinzialverband von Ostpreussen	710 980	Mark,
2. „ „ „ Westpreussen	701 661	„

3.	der Provinzialverband von Brandenburg	487 186	„
4.	„ „ „ Pommern	490 613	„
5.	„ „ „ Posen.	653 253	„
6.	„ „ „ Schlesien	658 689	„
7.	„ „ „ Sachsen	475 277	„
8.	„ „ „ Schleswig-Holstein . .	463 164	„
9.	„ „ „ Hannover	503 267	„
10.	„ „ „ Westfalen	547 301	„
11.	„ „ der Rheinprovinz	647 825	„
12.	„ Bezirksverband des Regierungsbezirkes Cassel	316 766	„
13.	„ „ „ „ Wiesbaden[1])	221 893	„
14.	„ Stadtkreis Berlin	86 687	„
15.	„ Lauenburgische Landeskommunalverband[2]) .	17 133	„
16.	„ Landeskommunalverband der Hohenzollernschen Lande	18 305	„

§ 149. Begründet wurde in den Motiven (Nr. 36 Drucks. des Abg.-H. 1902) der neue Vertheilungsmassstab in folgender Weise:

Es kann dahingestellt bleiben, ob für die Zwecke der mehrgenannten Dotationsgesetze von 1873 und 1875 der Massstab einer Rentenvertheilung nach Land und Leuten der zutreffende gewesen ist und ob nach Lage der damaligen Steuergesetzgebung die Berücksichtigung des Moments der grösseren oder geringeren Leistungsfähigkeit einen entsprechenden Ausdruck hätte finden können. Jedenfalls kann der damals für die Vertheilung gewählte allgemeine Massstab für den vorliegenden Entwurf schon deshalb nicht übernommen werden, weil dieser Entwurf nicht wie die früheren Dotationsgesetze eine Dezentralisation von Staatsaufgaben, sondern eine Unterstützung der Provinzial- und der engeren Kommunalverbände auf gewissen Gebieten ihrer Selbstverwaltungsthätigkeit zum Zwecke hat Wo es gilt, kommunale Lasten zu erleichtern und Verbände, welche wegen schwacher Leistungsfähigkeit in der Befriedigung kommunaler Bedürfnisse, wie besonders des Kunststrassenbaues, im Rückstande sind, durch Staatsdotationen zu stärken, da kann Grösse und Volkszahl der Provinz für die Rentenvertheilung nicht allein entscheidend sein. Auch die thatsächlich auf den in Frage stehenden kommunalen Gebieten geleisteten Ausgaben können keine Vergleichsgrundlage liefern. Denn abgesehen davon, dass sich diese Ausgaben, insbesondere die Wegebauleistungen, in den einzelnen Landestheilen in verschiedener Weise auf die Instanzen der Provinz, der Kreise und Gemeinden je nach der kommunalen Verfassung vertheilen, würde eine Zugrundelegung der wirklichen Ausgaben in den einzelnen Provinzen die wichtige Thatsache ausser Acht lassen, dass einzelne Provinzen bisher zu wenig leistungsfähig gewesen sind, den kommunalen Bedürfnissen zu genügen, und dass es eben beabsichtigt ist, diese mangelnde Leistungsfähigkeit durch Staatsmittel zu ergänzen. Auch das Moment der verschiedenen zukünftigen Bedürfnisse auf den einzelnen kommunalen Gebieten ist für den Massstab der Rentenvertheilung nicht verwerthbar, weil sich eine irgendwie zuverlässige Bezifferung dieser Bedürfnisse nicht geben lässt.

Der Gesetzentwurf hat sich im genauen Anschluss an die oben bezeichneten Grundgedanken der Reform für einen aus den drei Momenten der Leistungsfähigkeit, der Belastung mit kommunalen Abgaben und der Bevölkerungszahl kombinirten Massstab der Rentenver-

---

[1]) Frankfurt a. M. ist durch § 1 der Provinzialordnung für Hessen-Nassau v. 8. Juni 1885 (G.-S. S. 247) dem Bezirksverband Wiesbaden einverleibt

[2]) Zu den zu dotirenden Verbänden hinzugekommen durch Ges v. 23. Juni 1876 (G.-S S. 169). Besonderer Kommunalverband (§§ 7, 8 u. 1a der Provinzialordnung für Schleswig-Holstein v. 27. Mai 1888 (G.-S. S. 194).

theilung entschieden. Dass der wirthschaftlich schwächste Landestheil, welcher gleichzeitig die schwersten Kommunallasten zu tragen hat, der unterstützungsbedürftigste ist, entspricht der Natur der Sache. Das Erforderniss gleichmässigen kulturellen Fortschritts in den verschiedenen Theilen der Monarchie bringt es mit sich, dass die reichlichste Unterstützung dorthin zu fliessen hat, wo auf den schwächsten Schultern die schwersten Lasten ruhen. Da die moderne Einrichtung der Staatseinkommensteuer, wie sie dem Einkommensteuergesetz v. 24. Juni 1891 (G.-S. S. 175) zu Grunde liegt, einen zuverlässigen Gradmesser der Leistungsfähigkeit liefert, lässt sich das Moment der Bedürftigkeit bei der Kombination des Vertheilungsmassstabes unschwer durch das Verhältniss des umgekehrten Aufkommens an Staatseinkommensteuer in den Provinzen zum Ausdrucke bringen. Das fernere Moment der kommunalen Belastung drückt sich in der Summe der Provinzial-, Kreis- und Gemeindesteuern aus, welche auf der Provinzialbevölkerung lasten. Indessen würden hier absolute Zahlen ein richtiges Bild des kommunalen Steuerdrucks nicht zu geben vermögen, da eine grosse Summe kommunaler Steuererträge, wie das Beispiel unserer grossen steuerkräftigen Städte lehrt, gerade umgekehrt das Merkmal hoher Leistungsfähigkeit sein kann. Einen zuverlässigen Massstab empfindlichen kommunalen Steuerdruckes vermag nur das Verhältniss zu liefern, in welchem die Summe aller die Provinzialbevölkerung belastenden Kommunalabgaben zu der von dieser Bevölkerung aufzubringenden Staatseinkommensteuer, welche der zuverlässigste Ausdruck der Leistungsfähigkeit ist, steht Dabei wird zur besseren Veranschaulichung der durchschnittlichen Leistungsfähigkeit und Belastung sowohl bei der Berechnung des Solls an Staatseinkommensteuer als auch bei derjenigen der prozentualen Belastung der Staatseinkommensteuer mit Kommunalabgaben der auf den Kopf der Provinzialbevölkerung entfallende Betrag bezw Prozentsatz zu Grunde zu legen sein. Als letztes Moment verlangte die Bevölkerungszahl bei der Bestimmung des Vertheilungsmassstabes Berücksichtigung. Denn es leuchtet ein, dass bei einer Rentenvertheilung ausschliesslich nach Bedürftigkeit und Belastung diejenigen Provinzen benachtheiligt werden würden, innerhalb deren eine starke Bevölkerung die Bedürfnisse und damit die Kosten der wichtigsten Verwaltungszweige steigert; aus diesem Gesichtspunkte eignet sieh die Volkszahl in erster Linie zur Ergänzung des Vertheilungsmassstabes. Freilich setzt dieser kombinirte Massstab, dessen drei verschiedene Bestandtheile auf Drittelquoten der zu überweisenden Gesammtrenten im Entwurf vertheilt sind, eine Vergleichbarkeit der verschiedenen zu dotirenden Verbände voraus; wollte man etwa den Landeskommunalverband der Hohenzollernschen Lande und die Provinz Ostpreussen nach dem gleichen Massstabe behandeln — was übrigens schon deshalb zur Zeit unausführbar wäre, weil die Hohenzollernschen Lande erst im Etatsjahre 1901 in den Geltungsbereich des Einkommensteuergesetzes einbezogen worden sind —, so wäre es bei ähnlichen Durchschnittssätzen im Einkommensteueraufkommen und in der kommunalen Belastung eine Folge der Verhältnissberechnungen, dass von zwei Dritteln der Gesammtrente ähnliche Beträge auf den grossen Verband Ostpreussen und den kleinen der Hohenzollernschen Lande entfielen. Zur Vermeidung dieses offenbaren Fehlers hat der Entwurf für die kleineren, einer Provinz nicht angeschlossenen Landeskommunalverbände des Kreises Herzogthum Lauenburg und der Hohenzollernschen Lande auf den Massstab der älteren Dotationsgesetze, denjenigen von „Land und Leuten" zurückgegriffen.

IV. Etatsmässige Behandlung.

§ 150. Die auf Grund der Dotationsgesetze von 1873, 1875, 1902 den Provinzen überwiesenen Jahresrenten werden unter Kap. 43 Tit. 6 des Ausgabeetats der Allgemeinen Finanzverwaltung alljährlich in den Staatshaushaltsetat eingestellt unter der Bezeichnung: „Zur Gewährung von Provinzialfonds für Zwecke der Selbtverwaltung einschliesslich der Mittel zur Durchführung der Kreisordnung."

Die Summe betrug bis 1901 37 559 111 M., 1902 wurden von den obigen 10 Millionen die eine Hälfte, 1903 die zweite Hälfte eingestellt, sodass nunmehr der Gesammtbetrag 47 559 111 M. jährlich ausmacht. Nach Anl. XI Sp. 9 sind das etwa 20 Mill. M. mehr, als an Provinzialabgaben erhoben worden.

§ 151. b) *Kap. 43. Tit. 7.* Beitrag zu den Kosten der Amtsverwaltung bezw. Polizeiverwaltung nach Massgabe des § 70 der Kreisordnung für die Provinzen Ost- und Westpreussen, Brandenburg, Pommern, Schlesien und Sachsen v. 13. Dez. 1872 (G.-S. S. 661) in Verbindung mit § 11 des Gesetzes, betr. die Ueberweisung weiterer Dotationsrenten an die Provinzialverbände, v. 2. Juni 1902 (G.-S. S. 167) und des § 61 der Kreisordnung für die Provinz Schleswig-Holstein v. 26. Mai 1888 (G.-S. S. 139) 978 639 M.

§ 3 des Ges. v. 30. April 1873 (G.-S. S. 187) bestimmte: Diejenigen Fonds, welche nach § 1 Nr. 2 auf jede der Provinzen Preussen, Brandenburg, Pommern, Schlesien und Sachsen entfallen, werden nach demselben Massstabe (§ 2) auf die einzelnen Landkreise dieser Provinzen vertheilt und denselben zur Durchführung der Kreisordnung, insbesondere für die Kosten des Kreisausschusses und der Amtsverwaltung (§ 1 Nr. 2) v. 1. Jan. 1873 ab dauernd überwiesen. In gleicher Weise und nach gleichem Massstabe wird der Gesammtbeitrag, welchen der Staat nach § 70 Abs. 1 der Kreisordnung v. 13. Dez. 1872 zu den Kosten der Amtsverwaltung zu leisten hat, den gedachten Landkreisen überwiesen, sobald und insoweit die in § 70 a. a. O. bezeichneten Aufwendungen für den Fiskus erspart werden.

Der gedachte § 70 der östlichen Kreisordnung bestimmte: Als Beitrag zu den Kosten der Amtsverwaltung überweist der Staat den Kreisen diejenigen Summen, welche er in Folge des gegenwärtigen Gesetzes durch das Eingehen der Königlichen Polizeiverwaltungen, durch den Wegfall der Schulzenremunerationen und anderer Polizeiverwaltungskosten an den im Staatshaushaltsetat für das Jahr 1873 für ebengenannte Zwecke veranschlagten Ausgaben fernerhin ersparen wird.

(Abs. 2 des § 70 hatte eine Untervertheilung der den Provinzen überwiesenen Summen nach Massgabe des Bedürfnisses vorgesehen, was nun durch § 3 Ges. v. 1873 abgeändert worden ist.)

Soweit die Kosten der Amtsverwaltung durch obige Ueberweisungen nicht gedeckt werden, muss das Amt sie tragen, in zusammengesetzten Amtsbezirken findet eine Untervertheilung der Kosten auf die betheiligten Gemeinden und Gutsbezirke statt. § 70 der Kreisordnung (s. auch O.-V.-G. E. V. 61 I. 119, 132, II. 72, III. 87, IV. 139, XXII. 7).

Auf Grund vorgedachter Vorschriften wurden im Etat 1875 745 500 M. in Kap. 43 Tit. 7[1]) der Ausgabe eingestellt. Diese Summe wurde erhöht 1890/91 unter entsprechender Veränderung der Titelbezeichnung auf

---

[1]) Damals Kap. 62 Tit. 10 des Etats.

Grund des § 61 der Kreisordnung für Schleswig-Holstein v. 26. Mai 1888, welcher eine der östlichen Kreisordnung nachgebildete Bestimmung enthielt. Die Erhöhung betrug 134 545 M., sodass der Betrag des Fonds in diesem Jahre auf 880 045 M. stieg.

Die Einführung der Kreisordnung in Hannover, Hessen-Nassau, Rheinprovinz und Westfalen zu Mitte der 80 er Jahre hatte weitere Erhöhungen nicht herbeiführen können, weil hier die Voraussetzungen zu einer ähnlichen Vorschrift wie in den Kreisordnungen für die östlichen Provinzen und Schleswig-Holstein nicht vorlagen.

Die für Schleswig-Holstein eingesetzte Summe erwies sich aber nicht als ausreichend und machte von Jahr zu Jahr Erhöhungen nöthig, so dass der auf diese Provinz entfallende Antheil des Fonds für 1903 bis auf 228 639 M. gestiegen ist.

Der für die östlichen Provinzen bestimmte Theil ist durch § 11 des Gesetzes betr. die Ueberweisung weiterer Dotationsrenten an die Provinzialverbände v. 2. Juni 1902 (G.-S. S. 167) v. 1. April 1901 ab auf die Jahressumme von 750 000 M. dauernd festgesetzt werden. Als Grund wurde in den Gesetzesmotiven angegeben, dass die geringfügigen Unterschiede zwischen den Ersparnisssummen der einzelnen Etatsjahre die Arbeit und das Schreibwerk in jedem Jahre nicht rechtfertigen. Es sei daher die Durchschnittssumme der letzten 10 Etatsjahre mit zusammen 750 000 M. als feste Jahressumme ein- für allemal festgesetzt worden.

2. Bedürfnisszuschuss zu den Verwaltungsausgaben der Fürstenthümer Waldeck-Pyrmont.

(Kap. 43 Tit 8 der Ausgabe. — 1903 530 000 M.).

§ 152. Schliesslich bleibt noch des ganz eigenthümlichen Verhältnisses zu gedenken, in welches durch den Staatsvertrag v. 18. Juli 1867, welcher die Genehmigung beider Häuser des Landtages erhalten hat, die Fürstenthümer Waldeck und Pyrmont zu dem Preussischen Staate getreten sind.[1]) Nach diesem Vertrage hat Preussen v. 1. Jan. 1868

[1]) Die Regierung der Fürstenthümer Waldeck und Pyrmont hatte schon durch frühere Staatsverträge einzelne Zweige der Verwaltung (Post- und Telegraphenwesen, Gerichtsbarkeit der höchsten Instanz) an Preussen überlassen. Die Besorgniss, dass die Fürstenthümer den finanziellen Anforderungen des Norddeutschen Bundes ohne eine Ueberbürdung des Landes nicht gewachsen sein möchten, hat indess die Fürstliche Regierung bestimmt, mit der Preussischen Regierung wegen Abtretung der gesammten Verwaltung der Fürstenthümer an Preussen in Unterhandlung zu treten, deren Ergebniss der Staatsvertrag v. 18. Juli 1867 ist. Nachdem die Waldeckschen Stände demselben ihre Zustimmung ertheilt haben, ist derselbe auch den beiden Häusern des Preussischen Landtages zur verfassungsmässigen Beschlussnahme vorgelegt und von diesen die Genehmigung des Vertrages ertheilt worden (vergl. den Vertrag nebst Schlussprotokoll v. 18. Juli 1867 und der erläut. Denkschrift in den Sten.-Ber. des Abg.-H. 1867—68, Anl.-Bd. I, S. 21, Nr. 13, die Schlussberathung in der Sitzung des Abg.-H. v. 11. Dez. 1867 in den Sten.-Ber desselben Bd I, S. 333—350 und in der Sitzung des H.-H. v 20. Dez. 1867 in den Sten.-Ber. desselben 1867—68, Bd. I, S. 76 bis 78). Der Vertrag ist demnächst in der G.-S. 1868 S. 1 ff. publizirt worden.

Das Fürstenthum Waldeck hat einen Umfang von 20,26 Quadratmeilen, von welchen

ab die gesammte innere Verwaltung der Fürstenthümer, mit Ausnahme derjenigen, welche dem Fürstlichen Konsistorium in seiner Eigenschaft als Oberkirchenbehörde zusteht, sowie mit Ausschluss der Verwaltung des Stiftes Schaaken, übernommen. Die Verwaltung wird Namens des Fürsten in Uebereinstimmung mit der Verfassung und den Gesetzen der Fürstenthümer geführt. Preussen bezieht die gesammten Landeseinnahmen der Fürstenthümer und bestreitet die sämmtlichen Landesausgaben mit Ausschluss der Ausgaben für das Oberkonsistorium in seiner Eigenschaft als Oberkirchenbehörde. Der König von Preussen übt bezüglich der inneren Verwaltung der Fürstenthümer die volle Staatsgewalt, wie sie dem Fürsten verfassungsmässig zusteht. Letzterem bleibt jedoch das Begnadigungsrecht, sowie das Recht der Zustimmung zu Verfassungsänderungen und Gesetzen, insoweit sie nicht die Organisation der Justiz- und Verwaltungsbehörden betreffen, vorbehalten. An der Spitze der Verwaltung steht ein von dem Könige zu ernennender Landesdirektor, welcher die verfassungsmässig der Landesregierung obliegende Verantwortlichkeit übernimmt. Die Organisation der Justiz- und Verwaltungsbehörden steht Preussen zu; es können die Befugnisse höherer Instanzen Preussischen Behörden übertragen werden. Der Fürst übt die ihm verbleibende Vertretung des Staates nach Aussen durch den Landesdirektor und unter dessen Verantwortlichkeit. Die Dauer des Vertrages war vorbehaltlich eines mindestens einjährigen Kündigungsrechtes vor Ablauf dieser Frist, auf zehn Jahren vereinbart.[1]) Der Vertrag v. 18. Juli 1867 wurde von Preussen im Jahre 1876 gekündigt und lief daher am 31. Dez. 1877 ab. Auf den Wunsch des

19,17 auf das eigentliche Waldeck und 1,19 auf das von dem letzteren 6 Meilen entfernt liegende Fürstenthum Pyrmont kommen. Die Zahl der Einwohner betrug im Jahre 1864 59 143, und am 1. Dez. 1900: 57 918. Das Fürstenthum zerfällt in die vier Kreise Twiste, Eisenberg, Edder und Pyrmont. Am 17. Aug. 1852 ist ein neues Staatsgrundgesetz zu Stande gekommen (vergl. in Zachariäs Samml. d. D Verf.-Ges. S. 1091), nach welchem der Landtag aus 15 in Einer Kammer versammelten Mitgliedern besteht.

[1]) Die dem Vertrage beigefügte Denkschrift bemerkt, dass derselbe den Interessen beider Kontrahenten entspreche; denn während die Souveränetät des Fürsten aufrecht erhalten, und damit zugleich die Stellung Waldecks im Norddeutschen Bunde gewahrt bleibe, werde es möglich, dem Fürstenthume die Kosten eines komplizirten, mit den Bevölkerungsverhältnissen nicht im Einklange stehenden Verwaltungsapparates zu ersparen. — Vergl. auch über die Motive des Vertrages, insbesondere vom politischen Standpunkte aus, die Erklärungen des Ministerpräsidenten Graf v. Bismarck in der Sitzung des Abg.-H. v. 11 Dez. 1867 in den Sten-Ber., Bd. I, S. 336—339, 341, 344. Der Ministerpräsident hat den Vertrag als eine „Administrativkonvention" (s. a. O S. 337) bezeichnet und für denselben die Analogie von Militär- und Justizkonventionen angeführt. Von anderer Seite ist derselbe ein: „Akzessionsvertrag" genannt worden (vergl. a. a. O. S. 333), und der Abg. Windthorst-Meppen (a. a. O. S 338) äusserte, „es werde der Inhalt des Vertrages das Objekt einer sehr interessanten völkerrechtlichen und staatsrechtlichen Studie sein". — Uebrigens wurde der von der Komm. des Abg.-H. gestellte Antrag: „Der Staatsregierung die Erwartung auszusprechen, sie werde die vollständige Vereinigung der Fürstenthümer mit Preussen in Gemässheit des Art. 3 der Verf.-Urk. bald herbeiführen", von dem Plenum des Hauses abgelehnt (a. a. O.).

Fürsten zu Waldeck und Pyrmont wegen Abschliessung anderweiter, die Lage des Landes sicherstellenden Vereinbarungen mit Preussen, waren indess bereits vorher Verhandlungen eingeleitet, deren Ergebniss ein neuer Vertrag v. 24. November 1877[1]) geworden ist. Danach führt Preussen die innere Verwaltung der Fürstenthümer fort, es ist jedoch auch die Verwaltung des Stiftes Schaaken auf Preussen übertragen worden. Ausgeschlossen und dem Fürsten vorbehalten ist nur diejenige Verwaltung, welche dem fürstlichen Konsistorium in seiner Eigenschaft als Oberkirchenbehörde zusteht, sowie die Verwaltung des Domanialvermögens, letztere jedoch mit den in den Art. 9 bis 11 des Vertrages bestimmten Massgaben. Im Uebrigen hat der neue Vertrag im Wesentlichen die Bestimmungen des früheren aufrecht erhalten. Nach Art. 12 ist derselbe auf die Dauer von zehn Jahren abgeschlossen, dem Fürsten jedoch das Recht vorbehalten, nach Ablauf von drei Jahren vom 24. Nov. 1877 ab, auf Revision desselben hinsichtlich der Höhe des nach Art. 9 aus den Einkünften des Domanialvermögens zu leistenden Beitrages zu den Landesausgaben anzutragen oder auch den Vertrag zu kündigen, welcher alsdann noch bis zum Ablaufe des auf die Kündigung folgenden Kalenderjahres gültig bleibt.

Eine weitere Erneuerung des Vertrags hat unterm 2. März 1887 (G.-S. S. 177) stattgefunden, der sich ebenfalls im Wesentlichen dem alten anschliesst, aber auf unbestimmte Dauer — mit zweijähriger Kündigung — abgeschlossen ist.

§ 153. Der jährliche Zuschuss zu den Verwaltungskosten der beiden Fürstenthümer erscheint in Kap. 43 Tit. 8 des Etats der Allgemeinen Finanzverwaltung.

Bis 1896/97 wurde er als Zuschuss bezeichnet. Seitdem ist der Ausdruck „Bedürfnisszuschuss“ gewählt worden aus folgenden Gründen:

In Folge von Erinnerungen der Oberrechnungskammer, welche es nicht für zulässig erachtete, den Zuschuss den Fürstenthümern auch dann in seiner vollen etatsmässigen Höhe zu belassen, wenn derselbe in dieser Höhe zur Deckung des Ausgabebedarfs nicht erforderlich war, also wenn der Staatshaushalt der Fürstenthümer mit einem Ueberschusse abschloss, ist in der Rechnungskommission des Abgeordnetenhauses wiederholt die Frage wegen der rechtlichen Natur des Zuschusses zur Sprache gekommen. Das Nähere hierüber enthalten die Berichte der genannten Kommission über die allgemeine Rechnung: für 1888/89, Drucks. des Hauses der Abgeordneten IV. Session 1892 Nr. 142 S. 18 ff.; für 1889/90, V. Session 1892/93 Nr. 262 S. 15 ff.; für 1890/91, I. Session 1894 Nr. 95 S. 9 ff.

Es handelte sich dabei um die Frage, ob der Zuschuss als ein fixirtes Pauschquantum oder als ein Bedürfnisszuschuss anzusehen sei,

---

[1]) Vergl. diesen Vertrag (nebst Denkschrift) in den Sten.-Ber. des Abg.-H. 1877 bis 1878, Anl.-Bd. II, Nr. 123, S. 1022.

und im letzteren Falle, ob derselbe als ein nicht zu überschreitender oder aber als ein Bedürfnisszuschuss in dem Sinne anzusehen sei, dass er nach Massgabe des wirklichen Bedürfnisses jedes einzelnen Jahres zu zahlen sei, gleichviel ob dabei eine Ueberschreitung des Etatsbetrages oder eine Ersparniss an demselben eintrete.

Die letztere Ansicht wurde bei den erwähnten Erörterungen seitens der Staatsregierung vertreten, vornehmlich im Hinblick auf die Bestimmungen im Art. 3 der Accessionsverträge:

> „Preussen bezieht die gesammten Einnahmen der Fürstenthümer und bestreitet die sämmtlichen Landesausgaben mit Ausschluss der Ausgaben für das Konsistorium in dessen Eigenschaft als Oberkirchenbehörde“.

Es ist jedoch von der Zurückziehung des von demselben zur Deckung des Ausgabebedarfs im einzelnen Jahre nicht erforderlich gewesenen Betrages — welche nach der von der Staatsregierung angenommenen Natur des Vorschusses gerechtfertigt gewesen wäre — um deswillen abgesehen worden, weil die Gewährung Preussischer Staatsmittel über den Etatsbetrag hinaus und bis zur vollen Höhe des wirklichen Ausgabebedarfs der Fürstenthümer fortgesetzt abgelehnt war und es daher angezeigt erschien, den etatsmässigen Betrag des Zuschusses jedenfalls so lange unverkürzt den Fürstenthümern zu zahlen bezw. zu belassen, als der Gesammtbetrag der danach sich herausstellenden Ueberschüsse nicht über den Gesammtbetrag der zur Deckung früherer Fehlbeträge verwendeten Vermögensbestände der Fürstenthümer hinausgehen würde.

Die Rechnungskommission hat sich in dieser Beziehung der Auffassung der Staatsregierung angeschlossen und beantragt, die betreffenden Ausgaben, jedoch, da sie zur Deckung von Fehlbeträgen früherer Jahre, nicht zur Bestreitung der Ausgaben der betreffenden Etatsjahre dienten und sich insofern als verspätete Ausgaben charakterisirten, als ausseretatsmässige zu genehmigen, und diesem Antrage gemäss ist auch von beiden Häusern des Landtags beschlossen worden.

Es ist also bisher der Zuschuss Preussens zu den Verwaltungsausgaben der Fürstenthümer thatsächlich als ein fixirtes Pauschquantum behandelt worden und hierbei sollte es auch noch für das Jahr 1895, das letzte der Waldeckischen Finanzperiode 1893/95, verbleiben, welches voraussichtlich wiederum mit einem Fehlbetrage abschliessen wird. Für die Folge sollte aber dann der Charakter des Zuschusses als eines nur in Höhe, aber auch in voller Höhe des wirklichen Bedürfnisses jedes Jahres zu zahlenden zur Geltung gelangen, so dass also der danach etwa nicht erforderliche Betrag der Etatssumme des Zuschusses als erspart, dagegen ein etwa über die Etatssumme hinaus erforderlich werdender Betrag als Mehrausgabe nachzuweisen bezw. dessen Nachbewilligung bei dem Preussischen Landtage zu beantragen ist.

Um auch in dem Text des Etats diesen Charakter des Zuschusses kenntlich zu machen, ist der letztere seitdem ausdrücklich als „Bedürfnisszuschuss" bezeichnet worden (vergl. Denkschrift D. zu jenem Etat).

§ 154. Ursprünglich betrug der Zuschuss 240 000 M. Seit 1878/79 wurde er auf 310 000 M. gebracht.

Er reichte aber in dieser Höhe zur Deckung des Ausgabebedarfs trotz sparsamster Bemessung des letzteren nicht mehr aus und bedurfte einer weiteren Erhöhung im Jahre 1896/97. Der Staatshaushalt der Fürstenthümer hatte schon seit dem Bestehen des Accessionsverhältnisses fast alljährlich mit Fehlbeträgen abgeschlossen; Ueberschüsse haben sich nur in den Jahren 1873 und 1874 in erheblicherem Betrage in Folge der Ueberweisungen aus der französischen Kriegskontribution, demnächst in geringfügigem Betrage in den Jahren 1879 und 1880 und sodann wiederum in erheblicheren Beträgen in den Jahren 1888, 1889 und 1890 hauptsächlich in Folge reichlicherer Ueberweisungen aus den Einnahmen des Reichs ergeben. In allen übrigen Jahren hat der Staatshaushalt mit Fehlbeträgen abgeschlossen, welche aus dem Stammvermögen der Fürstenthümer gedeckt worden sind; ihr Gesammtbetrag ging bis zum Jahre 1894 einschliesslich über den Gesammtbetrag der vorerwähnten Ueberschüsse um rund 228 600 M. hinaus. Insbesondere hatten sich, im Wesentlichen in Folge der gesteigerten Anforderungen seitens des Reichs, welche bei Aufstellung des Waldeckischen Staatshaushaltetats für 1893/95 noch nicht berücksichtigt werden konnten, Fehlbeträge für 1893 und 1894 in Höhe von bezw. rund 85 900 M. und 87 600 M. ergeben.

Liessen schon diese Rechnungsergebnisse die Unzulänglichkeit des Preussischen Zuschusses in seinem bisherigen Betrage erkennen, so kam ferner in Betracht, dass für die Folge auf reichlichere Ueberweisungen von Seiten des Reichs nicht mehr gerechnet werden konnte. Während daher noch in dem Staatshaushaltsetat für 1893/95 die Ueberweisungen um rund 48 000 M. höher als der Marikularbeitrag veranschlagt waren, sind in dem Etat für 1896/98 Ueberweisungen und Matrikularbeitrag im Gleichgewicht gegen einander veranschlagt; hierdurch allein steigerte sich also der seitherige Deckungsbedarf um rund 48 000 M. Von ferneren Mehrausgaben kamen insbesondere in Betracht die Steigerung des gesetzlichen Zuschusses aus Landesmitteln zur Waldeckischen Staatsdiener-Wittwenkasse u. s. w. Der Zuschuss wurde daher 1896/97 auf 400 000 M. gesteigert.

§ 155. Die neueste Erhöhung auf 530 000 M. erfolgte im Jahre 1899.

In den Bemerkungen zum Etat wurde folgende Begründung gegeben:

In dem Staatshaushaltsetat für die Fürstenthümer Waldeck und Pyrmont auf die Jahre 1899, 1900 und 1901 haben verschiedene Mehrausgaben, insbesondere an Matrikularbeitrag zu den Ausgaben des Reichs (57 400 M., welchen an Ueberweisungen vom Reiche nur ein Mehrbetrag von 41 600 M. gegenübersteht), zur Erhöhung der Besoldungen der Volksschullehrer (46 600 M.), zur Aufbesserung der Beamtengehälter (25 000 M.), für die Auseinandersetzungsbehörden (9 800 M., welchem Mehrbedarf noch eine Mindereinnahme von 15 000 M. hinzutritt), an Zuschuss zur Wittwenkasse (13 200 M.), an Zuschuss für das vom Staate zu unterhaltende Gymnasium (8 700 M.) und zur Verbesserung der äusseren Lage der Geistlichen (7 250 M.) vorgesehen werden müssen.

Die Deckung dieser Mehrausgaben kann Mangels eigener steigerungsfähiger Einnahmen der Fürstenthümer nur durch Erhöhung des Preussischen Bedürfnisszuschusses erfolgen.

3. Apanagen und Renten an Fürsten und Standesherren.

§ 156. a) *Kap. 43 Tit. 1.* — 101 280 M. und *Tit. 2:* 1 699 221 M.

Die hier aufgeführten Apanagen sind nicht etwa diejenigen der Prinzen des Königlichen Hauses, welche vielmehr aus der Kronfideicommissrente gezahlt werden müssen, sondern nur solche Apanagen, welche in Folge der Annektirung der neuen Provinzen i. J. 1866 vom preussischen Staat als Rechtsnachfolger der früheren Regierungen übernommen worden sind. Im Etat für 1868 waren an derartigen Apanagen noch 1 261 524 M. aufgenommen, der Betrag (Tit. 1) ist seitdem naturgemäss immer mehr gesunken, wurde daher schon seit 1868 als künftig wegfallend im Etat bezeichnet und macht heute nur noch 101 280 M. aus. Die in Tit. 2 enthaltenen Renten und Entschädigungen an Fürsten und Standesherren beruhen zum grössten Theil auf besonderen Verträgen und sind meist Aequivalente für abgetretene Rechte und Besitzungen. Sie wurden in früherer Zeit als „Passiva“ der Generalstaatskasse geführt und kamen erst später auf den Etat des Finanz-Ministeriums bezw. der Allg. Finanzverwaltung.

Der Betrag des Tit. 2 ist im Gegensatze zu Tit. 1 nicht zurückgegangen, sondern hat im Laufe der Zeit sogar noch eine nicht unwesentliche Steigerung erfahren (Anl. VIII). So kamen 1882/83 zu den vorhandenen 521 005 M. noch 681 270 M. hinzu, nämlich:

1. die (bisher aus dem Hessischen Haushalte gezahlte) Rente des Landgrafen Friedrich Wilhelm von Hessen mit 606 720 M. gemäss § 3 Abs. 2 des Gesetzes v. 16. März 1881 (G.-S. S. 140),

2. die den Fürstlichen Häusern Hessen-Philippsthal und Hessen-Philippsthal-Barchfeld nach Art. 2 des Vertrages v. 13. Dez. 1880 (G.-S. für 1881 S. 142) zustehende Rente mit 75 000 M.

Die Rente ad 2 beträgt jährlich 300 000 M., es waren jedoch gemäss Art. 6 des gedachten Vertrages für die Zeit bis Ende 1887 drei Viertheile vorausgezahlt; mithin war bis zu diesem Zeitpunkte nur noch $^1/_4$ mit 75 000 M. jährlich zu zahlen.

1887/88 und 1888/89 kamen dann weitere 225 000 M. hinzu, sodass die Summe im letzteren Jahre bis auf 1 736 022 M. gestiegen war. Seitdem hatte in Folge einzelner Ablösungen wieder eine Verminderung der Titelsumme bis auf 1 699 221 M. in 1903 stattgefunden.

Die einzelnen auf den Etats der Regierungshauptkassen stehenden Posten der Tit. 1 und 2 sind folgende:

Kassel *(Kap. 43 Tit. 1)*: An den Prinzen Friedrich Karl Ludwig Konstantin von Hessen 96 000 M. Apanage jährlich ständig. (Die Apanage von 96000 M. steht nach Art. XIII des Vertrages v. 26. März 1873 den nachgeborenen Prinzen der Familie Hessen-Rumpenheim zu, welche sich nicht im Genusse der Fideikommissrente der Kurhessischen Fürstenfamilie befinden); an den Landgrafen Alexander Friedrich von Hessen 5280 M. Deputat- und Supplementgelder, zusammen 101 280 M.

§ 157. b) *Kap. 43 Tit. 2.* Renten an Fürsten und Standesherrn 1 699 221 M.

Liegnitz. Sr. Hoheit dem Herzog Ernst Günther zu Schleswig-Holstein auf Schloss Primkenau Rente 233 440 M. (Nach § 1 des Ges. v. 1. April 1885, G.-S. S. 98, ist eine Jahresrente von 300 000 M. dem Herzoglich Schleswig-Holsteinischen Hause zu zahlen; davon sind 150 000 M. nicht ablösbar, 150 000 M. ablösbar. Von ersterem Theil erhielt Prinz Christian zu Schleswig-Holstein durch Verfügung vom 23. Mai 1886 30 000 M., während 120 000 M. der Herzog Ernst Günther bezieht. Von den ablösbaren 150 000 M. sind allmählich 36 560 M. abgelöst worden).

Schleswig: Dem Herzog Friedrich Ferdinand zu Schleswig-Holstein-Sonderburg-Glücksburg (Abfindungsrente, sie beruht auf dem Gesetze v. 20. März 1882, G.-S. S. 125, und enthält eine Abfindung für den Verzicht des Herzoglich Glücksburgischen Hauses auf die Successionsrechte in die ehemals Herzoglich Plön'schen und Glücksburgischen Lande).

Hannover: Dem Freiherrn Theodor Ludwig Otto von Cornberg auf Rungsdorf bei Godesberg a. Rh. für abgetretene Hoheitsrechte 925 M.

Osnabrück: Dem Herzog von Arenberg immerwährende Rente als Entschädigung für verlorene nutzbare Regalien 10 791,68 M.; dem Fürsten von Rheina-Wolbeck, als Fideikommissnachfolger, die dem Herzog von Looz-Corswaren gebührende immerwährende Rente als Entschädigung und Abfindung für geleistete Verzichte auf geschehene Abtretungen (Staatsvertrag v. 11./20. Okt. 1824) 3700 M., zusammen 14 491,68 M.

Münster: 1. Dem Fürsten von Rheina-Wolbeck, früher dem Herzog von Looz-Corswaaren Rente 9000 M.; 2. dem Herzog von Arenberg 40 500 M.; 3. dem Fürsten von Salm-Salm 40 170 M.; 4. dem Herzog von Croy zu Dülmen 18 000 M.; 5. dem Fürsten zu Salm-Horstmar: a) Abkommensrente aus dem Jahre 1829 60 000 M.; b) Zuschuss zu dem evangelischen Kultus in Coesfeld 900 M. zusammen 60 900 M.; 6. dem Fürsten von Salm-Kyrburg, Rente 18 000 M.; 7. dem Fürsten zu Bentheim-Steinfurt, Rente 1500 M. zusammen 188 070 M. — ad 1, 2 und 4—7 sind Renten für aufgehobene standesherrliche Ansprüche. Ablösungsbestimmungen sind in den betreffenden Staatsverträgen nicht enthalten. Ablösung kann daher nur durch freie Vereinbarung erfolgen.

Minden: der Fürstlich Lippeschen Regierung in Detmold nach § 3 des Staatsvertrages v. 17. Mai 1850 wegen Abtretung der mitlandesherrlichen Rechte über Lippstadt, feste Rente 27 360 M.

Arnsberg: An den Fürsten von Wittgenstein-Berleburg: Entschädigungsrente wegen der regulirten Abgaben aus dem Rezesse v. 6. Juli 1821 und laut Verfügung v. 24. Sept. 1821 11 000 M.; Zuschuss zu dieser Rente laut genehmigten Vertrages v. 22. Mai 1834 und Verfügung v. 26. Aug. 1835 271 M.; Entschädigungsrente aus dem Reichsdeputationsschluss v. 25. Febr. 1803 – 15 000 Fl. nach dem Verhältniss 24½ Fl. = 14 Thlr.; zufolge Allerh. Kab.-O. v. 25. Febr. und Min.-Erl. v. 11. Mai 1848 25 714,30 M.; Entschädigung wegen der Fünftel-Abzüge an den Domänen-Prästationen laut Vertrages vom 14. Juli, Allerh. Kab.-O. v. 16. Sept. und Verfügung v. 7. Okt. 1828 231 M.; Entschädigung für Abtretung der Verwaltungsrechte und Gerichtsbarkeit laut genehmigten Vertrages v. 22. Mai 1834 und Verfügung v. 26. Aug. 1835 3000 M.; Rente wegen Verkaufs der Patrimonial-Gefälle in der Herrschaft Homburg laut Allerh. Ordre v. 21. Juni und Verfügung v. 11. Okt. 1838 6000 M.; dem Fürsten von Wittgenstein-Wittgenstein-Hohenstein: aus dem Rezesse v. 6. Mai 1828 laut Allerh. Kab.-O. v. 11. Sept. 1829 und Verfügungen v. 22. Sept. 1829 und 22. Nov. 1849 und zwar: für den aus der Landessteuer erhaltenen Beitrag zur Hofhaltung unter dem Namen Küchengelder 3000 M.; für die Abtretungen verschiedener Rechte und Leistungen 10 200 M., zusammen 13 200 M.; die Zahlung der ganzen Summe erfolgt an die Fürstliche Generalkasse gemäss Schreiben des vormaligen Appellationsgerichts in Arnsberg v. 10. Juni 1857. Als Erhöhung der durch Vertrag v. 6. Mai 1828 festgesetzten Entschädigungsrente laut Staatsvertrages v. 7. Febr. 1846, Allerh. Kab.-O. v. 7. Aug. 1846 und Min.-Erl. v. 10. Jan. 1847 6300 M.; für den Verzicht auf die dem Fürstlichen Hause zustehenden Regierungsrechte nach dem unterm 5. Mai 1865 abgeschlossenen, durch Allerh. Kab.-O. v. 24. Juni 1867 bestätigten Nebenprozesse und laut Min.-Erl. v. 22. März 1869 3000 M. zusammen 68 716,30 M.

Kassel: An den Landgrafen Alexander Friedrich von Hessen, Rente 606 720 M.; an die Fürstlichen Häuser Hessen-Philippsthal und Hessen-Philippsthal-Barchfeld, Rente 300 000 M., zusammen 906 720 M. (s. oben).

Wiesbaden: Vormals Nassauische Renten. Den Töchtern der verstorbenen Gräfin Emilie von Reichenbach-Lessonitz (mit Ausnahme der Tochter Josepha Karoline Louise Wilhelmine Emilie, verehelichten Gräfin Zichy), früher dem Fürstlichen Hause Wied 18 925,71 M.; denselben 12 480 M.; denselben 138,51 M.; denselben, früher den Besitzern der Herrschaft Schaumburg-Holzappel 7 268,58 M.; dem Grafen von Alt- und Neuleiningen - Westerburg 9 017,14 M., zusammen 47 829,94 M.

Koblenz: Wied-Neuwied — nicht ablösbar — 45 000 M.; Solms-Lich (Ablösbarkeit zweifelhaft) 7667,86 M., zusammen 52 667,86 M.

General-Staatskasse: an den Fürsten Leopold von Hohenzollern (Staatsvertrag v. 7. Dez. 1849 Art. 7 (G.-S. S. 289) 75 000 M.; an den Prinzen Christian zu Schleswig-Holstein (s. oben) 30 000 M. zusammen 105 000 M.

4. Sonstige Renten und Entschädigungen.

§ 158. *Kap. 43 Tit. 5.*[1]) Sonstige Renten und Entschädigungen für aufgehobene Zölle und andere Berechtigungen (einschliesslich 2582,64 M. künftig wegfallend) 214 929 M.

Es handelt sich um Renten und Entschädigungen, welche im Wesentlichen auf rechtlicher oder gesetzlicher Verpflichtung beruhen, meist aufgehobene Wasserzölle und Gewerbeberechtigungen betreffen, und sämmtlich auf den Etats der Regierungshauptkassen geführt werden. Die höchsten Gesammtantheile der Summe von 214 929 M. entfallen auf Potsdam (30 808 M. für verlorene Schleusen- und Wasserzölle), Frankfurt a. O. (33 496 M., ebenfalls für Aufhebung verschiedener Zölle und Gewerberechte), Stralsund (12 000 M. an den Magistrat für aufgehobene Zollrechte), Erfurt (33 700 M., darunter 24 600 M. für Aufhebung des „Geleites" von Sachsen-Weimarischer Regierung), Aurich (20 350 M. an den Magistrat zu Emden wegen Aufhebung des früheren Emszolles), Cöln (10 468 M. reichszuschussmässige Renten) u. s. w.

---

[1]) Kap. 43 Tit. 3 ist gegenwärtig vacat. — Seit 1889/90 standen auf diesem Titel Zuschüsse zur Ablösung von Domänenamortisationsrenten (in den Kreisen Heiligenstadt, Mülhausen und Worbis), die aber 1890/91 in Folge Ablösungen fortfielen. -- 1892/93 wurden in diesen Titel eingestellt 530 000 M Rente an die Provinz Sachsen für Uebernahme der Verwaltung und Unterhaltung seither fiskalischer Wege, die bis dahin auf dem Etat der Bauverwaltung standen, aber auf Grund des § 44 des Ges. v. 11. Juli 1891 (G.-S. S. 316) der Provinz zur Unterhaltung überwiesen wurden. Seit 1893/94 verringerte sich der Betrag um 404 374 M. in Folge Ablösung Weitere Ablösungen fanden in den folgenden Jahren statt, sodass der Posten von 1897/98 wieder ganz vom Etat verschwand.

Der Betrag des Fonds ist in Folge von Ablösung einzelner Renten im Laufe der Zeit zurückgegangen. Er betrug 1873 408 777 M., 1876 283 239 M., 1886/87 225 711 M., bis 1897/98 erhob er sich wieder auf 230 594 M., ist aber seitdem wieder bis auf 214 929 M. gesunken, hauptsächlich in Folge Wegfalls einer der Stadt Elbing für aufgehobene Berechtigungen gewährten sogenannten Kämmereikompetenz von jährlich 15 279 M. vom 1. Jan. 1899 ab und in Folge einiger Ablösungen.

5. Militärwaisenhaus Potsdam-Pretzsch und Soldatenkinderhaus zu Stralsund.

§ 159. *Kap. 43 Tit. 4.* — 1903: 398 654 M.

a) Das Militärwaisenhaus zu Potsdam[1]) (mit der Anfang des 19. Jahrhunderts eingerichteten Filiale zu Schloss Pretzsch für Waisenmädchen) ist gegründet 1724. Stiftungsurkunde v. 2. Juni 1737 und Instruktion v. 18. März 1740.

Es ist bestimmt „zur Unterstützung und Erziehung der Kinder verstorbener und ausnahmsweise auch noch lebender Militärpersonen des preussischen Heeres und hat die Rechte einer juristischen Person (§ 42 ff. II 19 A.L.R.). Die Verwaltung führt ein besonderes Direktorium, (Präses: der Kriegsminister). Die Etats werden Allerhöchst für drei Jahre genehmigt.

§ 160. Das Potsdamsche Militärwaisenhaus ist eine Königliche Stiftung, ist aber bei seiner Gründung mit einem eigenen Vermögen ausgestattet worden, welches von dem Direktorium verwaltet wird. Bedeutende Theile desselben, namentlich Monopole und Privilegien sind im Laufe der Zeit verloren gegangen, doch ist das Waisenhaus durch feste Staatsrenten jedesmal entschädigt worden.

Das Kapitalvermögen betrug 1859 — ausser den Nebenfonds — 20 400 Thlr. in Gold und 1 156 238 Thlr. in Courant. 51 668 Thlr. Zinserträge.

Der zum Theil durch obige Renten gesteigerte jährliche Staatszuschuss betrug bei Gründung des Norddeutschen Bundes 396 759 M.[2]) Es kam nun in Frage, ob dieser Zuschuss auf die Bundeskasse zu übernehmen sei. Auf Grund eines Votums des Justizministers vom 12. Sept. 1867, wonach die Unterstützung der Militärwaisen nicht Sache des Bundes sei, das Militärwaisenhaus also nicht unter die dem Bundesheere gehörigen Einrichtungen (Art. 62 der Bundesverfassung) zu rechnen sei, wurde die Rente auf preussischen Fonds beibehalten und wird seitdem vom preussischen Staat alljährlich fortgezahlt.

Dem Militärwaisenhaus zu Potsdam ist u. A. nach der Allerh. Stiftungsurkunde v. 26. Okt. 1734 alles benöthigte Brenn-, Bau- und

[1]) Geschichte des Potsdamschen Militärwaisenhauses Berlin und Potsdam 1824 Vergl. auch J.-M.-Bl. 1859 S. 214 und 1866 S. 227.

[2]) 1849 hatte er etwa 230 000 M. betragen.

Reparaturholz taxfrei zu verabfolgen. Bei der Verlegung des Waisenhauses für Mädchen nach Schloss Pretzsch ist durch Allerh. O. v. 3. Juni 1829 der Filiale die gleiche Vergünstigung gewährt.

Statt der Naturalabgabe ist durch Allerh. O. v. 23. Sept. 1854 und 31. März 1857 bis auf Weiteres eine Goldrente getreten, die alle drei Jahre nach den Licitationsdurchschnittspreisen besonders festgesetzt wird (vom Landwirthschafts- und Finanzminister) und bei Kap. 43 Tit. 4 mit nachgewiesen wird (1. Jan. 1900 betrug die Rente 29699 M.). Je nach der Höhe dieser Rente vermehrt oder vermindert sich der in § 159 genannte Betrag etwas.

§ 161. b) Das Soldatenkinderhaus zu Stralsund ist ursprünglich und zwar schon 1778 — unter schwedischer Herrschaft — zunächst als eine Unterrichtsanstalt für arme Soldatenkinder gegründet worden.

Anlässlich der Allerh. O. v. 16. Nov. 1872 betreffend die Auflösung der Garnisonschulen, war mit der Aufhebung derjenigen zu Stralsund auch die Benutzung dieses Soldatenkinderhauses eingestellt, auf Grund einer Immediatvorstellung durch Allerh. Kab.-O. v. 3. Nov. 1877 aber entschieden, dass diese Anstalt als selbstständige Stiftung nicht habe aufgelöst werden sollen.

Die Stiftungseinnahmen bestanden zum Theil aus solchen auf Grund rechtlicher Verpflichtung des preussischen Fiskus (3315 M.) während 1737 M. Bedürfnisszuschüsse waren. Seit 1867 wurden diese Zahlungen aus Mitteln der Reichs-Militärverwaltung geleistet, von 1885/86 aber übernahm der preussische Staat die Zahlung der auf rechtlicher Verpflichtung beruhenden 3315 M. auf seinen Etat. Die 1737 M. Bedürfnisszuschüsse fielen fort.

Die Anstalt erhielt ein neues Statut unterm 25. Juni 1889, wonach das Kapitalvermögen 121 900 M. beträgt, der Staatszuschuss 3315 M. Die Verwendung der Einnahmen regelt § 3 des Statuts (Schulgeldbeihülfen, Unterbringung von Soldatenkindern in Erziehungsanstalten etc.). Die Zahlung des Zuschusses erfolgt an das 1. Bataillon des 42. Infanterie-Regiments in Stralsund.

6. Zuschuss zur Tilgung der ständischen Schulden der Niederlausitz.

§ 162. *Kap. 43 Tit. 9.* — 7361 M.

Die Kriegsschuld der Niederlausitz von 1812 sollte nach dem auf der Allerh. Kab.-O. v. 23. Juli 1829 und 30. März 1832 beruhenden Regulativ v. 9. Nov. 1836 (Amtsbl. des Königl. Regierungsbezirks Frankfurt a./O. S. 418 ff.) v. 1. Jan. 1835 ab in fortlaufenden je zehnjährigen Perioden von dem betreffenden Kommunalverband derart getilgt werden, dass für die Dauer jeder Amortisationsperiode der hundertste Theil der Schuldsumme nebst ersparten Zinsen als Amortisationsfonds ausgesetzt wird. Der Staat gab das erste Mal 15 000 M.

Jahreszuschuss zur Tilgung, in den späteren Tilgungsperioden vermindert sich der Betrag nach Verhältniss der Verminderung der Schuldsumme. In der fünften bis 1884 laufenden Periode betrug der Jahresbeitrag des Markgrafenthums Niederlausitz 23 003 M., der Staatszuschuss 7361 M.

In Folge Beschlusses des Kommunallandtages des Markgrafenthums Niederlausitz, diese 23 003 M. nicht bloss bis Ende 1884, sondern zur schnelleren Abtragung bis zur gänzlichen Tilgung jährlich zu zahlen, hat auch der Staat durch Allerh. O. v. 18. Juli 1882 die Fortzahlung von 7361 M. Zuschuss genehmigt. Die Tilgung wird nunmehr im Jahre 1917 beendet sein.

Auf Tit. 9—11 findet § 33 des Komptabilitätsgesetzes v. 1898 Anwendung.

7. Zuschuss für das Theater in Kassel.

§ 163. *Kap. 43 Tit. 12.*[1]) — 108 000 M.

Der Zuschuss stand früher auf dem Etat der Verwaltung des vormaligen Kurfürstlich Hessischen Hausfideikommisses und wurde in obiger Höhe 1876 auf den Etat der Allgemeinen Finanzverwaltung übertragen (vergl. auch Bd. II Buch I § 489 Anm. 1).

Vierter Abschnitt.

Durchlaufende Posten des Etats der Allgemeinen Finanzverwaltung.

I. Hinterlegungswesen.

(Kap. 24 Tit. 13, 14 und 16 der Einnahme und Kap. 43 Tit. 13—16 der Ausgabe.)

§ 164. Das Hinterlegungswesen beruhte in Altpreussen bis in die 70er Jahre auf der Depositalordnung v. 17. Sept. 1793 und der Verordn. v. 18. Juli 1849 (G.-S. S. 295). Darnach bestanden besondere Depositalverwaltungen bei den Kreisgerichten, welche die Hinterlegungsbestände und zwar getrennt von dem allgemeinen Staatsvermögen verwalteten. In der Hand von nicht richterlichen Behörden befand sich das Hinterlegungswesen nur in den nicht landrechtlichen Theilen der Rheinprovinz, für welche in Anlehnung an die Vorschriften des französischen Rechts eine besondere Depositenkasse in Köln bestand, die dem Finanzminister untergeordnet war, übrigens

---

[1]) Tit. 10 und 11 sind seit 1900 bezw. 1899 fortgefallen. Sie enthielten 90 000 M. Beihülfe für die Stadt Königsberg i. Pr. zur Verzinsung und Tilgung der städtischen Kriegsschuld und 10 000 M. Beihülfe für die Stadt Elbing zur Tilgung der städtischen Kriegsschuld und hörten mit der Tilgung der Schulden auf.

aber auch die Depositengelder gesondert von dem allgemeinen Staatsvermögen verwaltete (Ges. v. 24. Juni 1861, G.-S. 1862 S. 1 ff.). In den 1866 hinzugekommenen Landestheilen waren die verschiedenartigsten Depositaleinrichtungen massgebend. Nachdem zunächst die Vormundschaftsordnung v. 5. Juli 1875 für den Geltungsbereich des Allgemeinen Landrechts die Vorschrift beseitigt hatte, dass flüssige baare Mündelgelder zum gerichtlichen Depositorium abzuliefern seien, ging man in Preussen dazu über, durch Ges. v. 19. Juli 1875 betreffend das Hinterlegungswesen (G.-S. S. 531 ff.) das Hinterlegungswesen von den Gerichten allgemein abzutrennen und auf Behörden oder Kassen der Verwaltung zu übertragen. In weiterem Verfolg erging dann die Hinterlegungsordnung v. 14. März 1879 (G.-S. S. 249 ff.), welche die einheitliche Ordnung des Hinterlegungswesens — Hinterlegungsstellen wurden die Regierungen, als deren Kassen fungiren die Regierungshauptkassen – auf der gedachten Grundlage herstellte und zugleich insofern einen Schritt weiter ging, wie das Ges. v. 1875, als nunmehr alle hinterlegten baaren Gelder als in das Eigenthum des Staates übergehend behandelt wurden und von diesem verzinst werden müssen. Die vorhandenen Depositalfonds wurden eingezogen und die Trennung der Verwaltung dieser Fonds von der Verwaltung des übrigen Staatsvermögens aufgehoben (§ 94 der Hinterlegungsordn. v. 1879).

Zur Rechtfertigung dieses Verfahrens führten die Motive aus:

Bei Annahme des Grundsatzes, dass der Staat das Eigenthum an den hinterlegten Geldern erlangt, erscheint der Hinterleger dem Staate gegenüber in keinem anderen Verhältnisse wie jeder andere Staatsgläubiger, dem für die Erfüllung der staatsseitig übernommenen Verpflichtungen der Staat ohne besondere Sicherheitsbestellung mit seinem gesammten Vermögen, seinen Einkünften und seinem Kredite haftet. Diese allgemeine Sicherheit wird auch für die Erfüllung der aus den Hinterlegungen dem Staate erwachsenden Verbindlichkeiten ausreichen, wie bisher, wo die Anlegung in Staatsobligationen zulässig war.

Zugleich wurde in § 96 bestimmt, dass die vorhandenen Depositalbestände und die zur Hinterlegung eingehenden Baarbestände zur Bestreitung solcher Ausgaben zu verwenden seien, zu deren Deckung durch besondere Gesetze die Aufnahme von Anleihen bewilligt ist, soweit letztere noch nicht begeben sind.

In Höhe der hiernach verfügbar gewordenen Beträge wird die durch jene besonderen Gesetze dem Finanzminister ertheilte Ermächtigung zur Ausgabe von Schuldverschreibungen ausser Kraft gesetzt. Die Verwendung der Beträge zu dem in Abs. 1 bestimmten Zwecke unterliegt der Kontrolle der Staatsschuldenverwaltung.

Ueber die erfolgte Verwendung ist dem Landtage alljährlich Rechenschaft zu geben. Siehe Anl. II Sp, 8b und Bd. I Buch VII Anl. LXVI Sp. 8d.

Diese Verwendung der Bestände empfahl sich am meisten wegen ihrer Einfachheit. Die Nothwendigkeit zur Ausgabe von Schuldverschreibungen und zu deren Verzinsung wird in Höhe der zu verwendenden Bestände beseitigt und der Staat erleidet demnach keinen Schaden, wenn er in Zukunft genöthigt ist, die Mittel zur Verzinsung der hinterlegten Gelder aus allgemeinen Staatsfonds zu leisten.

1878 waren disponibel beim allgemeinen Hinterlegungsfonds 47 997 980 M., bei der Hauptdepositenkasse in Kassel 1 575 938 M., bei der Depositenkasse in Cöln 6 404 463 M., in den Gerichtsdepositorien der Appellationsggerichtsbezirke Kassel, Kiel, Frankfurt a. M., Celle 2 397 539 M., zusammen 58 375 920 M.

§ 165. Nach § 96 der Hinterlegungsordnung sind die Einnahmen sowie die Ausgaben an hinterlegten Geldern, sowie an Zinsen im Etat ersichtlich zu machen.

Es finden sich nun auf dem Etat der allgemeinen Finanzverwaltung: 1. in Einnahme (Kap. 24) Tit. 13, enthaltend die zur Hinterlegung gelangten Baargelder.

Sie wurden zum ersten Mal für 1880/81 mit 66 559 000 M. eingestellt nach dem Durchschnitte der drei vorhergegangenen Jahre. Da aber die Einnahmen an hinterlegten Geldern seit dem 1. Okt. 1879 in Folge der veränderten Justizgesetzgebung erheblich abnahmen, so konnten 1881/82 nur 41 000 000 M., 1882/83 nur 31 000 000 M., 1883/84 nur 25 500 000 M. mehr eingestellt werden. Seitdem hat der Betrag zwischen 25 und 31 Mill. M. geschwankt, wie aus Anl. VIII des Näheren ersichtlich ist.

Nach der Höhe des Betrages bei Tit. 13 richtet sich Tit. 14 der Einnahme, welcher die den Hinterlegungsbetheiligten zuzuschreibenden Zinsen enthält.

Die Staatskasse haftet nach § 9 der Hinterlegungsordnung den zum Empfang der hinterlegten Gelder Berechtigten für das Kapital zu dem hinterlegten Betrage und die Zinsen, welche bis zum Zeitpunkt der Herauszahlung des Kapitals gutgeschrieben werden. Die Zinsenhöhe bestimmt Königl. Verordn. (Verordn. v. 21. Mai 1879, G.-S. S. 383: 2½ Proz.). Mit Ablauf von zehn Jahren hört, wenn nicht ein neuer Antrag erfolgt, die Verzinsung des hinterlegten Geldes auf (§§ 53—57 a. a. O.), und nach weiteren zwanzig Jahren kann das Geld gerichtlich aufgeboten werden (§§ 58—62 a. a. O.).[1])

2. Diesen beiden Titeln der Einnahme entspricht Kap. 43 der Ausgabe Tit. 13 „zu Rückzahlungen von hinterlegten Geldern“ und Tit. 15 „Zinsen, welche den Hinterlegungsbetheiligten gutzuschreiben sind“. Die Höhe dieser beiden Posten deckt sich regelmässig mit Tit. 13 und 14 der Einnahme, da durch die Annahme zur Hinterlegung sowohl in Höhe der hinterlegten Beträge, als auch der davon zu entrichtenden und bis zur Auszahlung den einzelnen Massen gutzuschreibenden Zinsen eine Zahlungsverpflichtung des Staats entsteht, welche ihrem

[1]) Für Hinterlegung von Werthpapieren und Kostbarkeiten gelten andere Grundsätze, die aber hier nicht interessiren.

Betrage nach alljährlich rechnungsmässig nachzuweisen ist. Die gutzuschreibenden Zinsen sind deshalb wie neu hinterlegte Gelder behandelt und im Etat als Einnahme, gleichzeitig aber auch in demselben Betrage als Ausgabe eingestellt.

§ 166. Lediglich in Ausgabe also nicht als durchlaufender Posten erscheint nur Kap. 43 Tit. 14 der Ausgabe:

„Zu Auszahlungen von Zinsen hinterlegter Gelder“.

Auch die Höhe dieses Postens steht mit der Höhe der Einlagen in Zusammenhang, doch ist er meist etwas niedriger als der Betrag der bloss gutgeschriebenen Zinsen.

Er ist für 1903 mit 560 000 M. ausgeworfen.

§ 167. Von unwesentlicher Bedeutung sind: Kap. 24 Tit. 16 der Einnahme (sonstige vermischte Einnahmen bei der Verwaltung hinterlegter Gelder 1902: rund 1000 M. und Kap. 43 Tit. 16 der Ausgaben, Rechnungsvergütungen 1902: rund 998 M.).

§ 168. Kap. 24 Tit. 15 der Einnahme vacat seit 1896/97. Er enthielt die Zinsen von den Beständen des vormaligen Hinterlegungsfonds und der Fonds der vormaligen Hauptdepositenkasse in Kassel, sowie der Depositenkasse in Cöln (cf. § 94 Ges. v. 14. März 1879) und ist fortgefallen, nachdem der Rest der Hypotheken, die sich in diesen Beständen befanden, zurückgezahlt war.

Die genauere Nachweisung und Berechnung der hinterlegten Gelder und der erforderlichen Zinsen erfolgt alljährlich in einer besonderen Beilage (C) des Etats der Allgemeinen Finanzverwaltung.[1])

2. Zur Schuldentilgung zu verwendende Beträge.

§ 169. Zu den lediglich durchlaufenden Posten gehören: a) Kap. 24 Tit. 6 der Einnahme:

Privatrenten-Ablösungskapitalien, welche nach § 62 des Ges. v. 2. März 1850 (G.-S. S. 112) und § 11 des Ges. v. 3. April 1869, G.-S. S. 544, zur Tilgung von Staatsschulden bestimmt sind, 49 198 M.

In Ausgabe erscheint der Posten allerdings nicht auf dem Etat der Allgemeinen Finanzverwaltung, sondern auf dem der Staatsschuldenverwaltung. Bis zum Jahre 1874 wurden die Einnahmen extraordinär verrechnet. Da sie aber jährlich wiederkehren, übernahm man sie seitdem ins Ordinarium.

Nach § 59 ff. des Ges. v. 2. März 1850 (G.-S. S. 112) über die Rentenbanken[2]) hat in den Fällen, wo der Staat zur Vermittlung bei

---

[1]) Vergl. übrigens auch die Verfügungen über das Hinterlegungswesen (M.-Bl. d. i. V. 1900 S 5 u. 7).

[2]) vergl. auch § 9 des Rentenbankgesetzes und §§ 14 und 15 des Ges. v. 28. Mai 1860 (G.-S. S. 221). — Hohenzollern. Näheres über die Rentenbank selbst in Bd. II Buch VII.

der Abfindung des Berechtigten mit seinen Rentenbanken angerufen wird, der Berechtigte seine Entschädigung durch diese Banken mit dem zwanzigfachen Betrage der vollen Rente in Rentenbriefen zu empfangen. Dafür muss der Berechtigte den 18fachen Betrag baar an die Staatskasse zahlen.

Diese Baarbeträge sind nach § 62 a. a. O. zur Tilgung von Staatsschulden zu verwenden. Sie werden in Tit. 6 als Einnahme nach dreijährigem Durchschnitt eingestellt.

Der Staat ist verpflichtet, der Rentenbank alljährlich vier und ein halbes Prozent der ausgegebenen Rentenbriefe (§ 61) in halbjährigen Raten, und zwar während $56^{1}/_{12}$ Jahren von der Ausstellung eines jeden Rentenbriefes gerechnet, zu entrichten; es sei denn, dass durch ein Gesetz eine Vermehrung des Tilgungsfonds behufs früherer Amortisation der Rentenbriefe bestimmt wird.

Vgl. auch Gesetz wegen Ausdehnung der Verordn. v. 28. Sept. 1867, betreffend die Ablösungen von Reallasten, welche dem Domänenfiskus im vormaligen Königreich Hannover zustehen, v. 3. April 1869 (G.-S. S. 544):

> § 11. Wenn der Verpflichtete die Ablösung auf Grund des § 3 der Verordn. v. 28. Sept. 1867 durch Baarzahlung des achtzehnfachen Betrages des Jahreswerthes der abzustellenden Rechte bewirken will, so ist der Berechtigte befugt, die Abfindung zum zwanzigfachen Betrage in Rentenbriefen zu verlangen. Für diesen Fall sind die Bestimmungen der §§ 59 bis 63 des Gesetzes über die Errichtung von Rentenbanken v. 2. März 1850 massgebend.

b) *Tit. 6a.* Beträge der auf Grund der §§ 18 bis 27 des Gesetzes v. 14. Juli 1893 (G.-S. S. 119) an die Staatskasse zurückerstatteten Grundsteuerentschädigungen 1903: 500 000 M. (vergl. hierzu „Etat der Schuldenverwaltung" § 59 dieses Buches).

§ 170. c) *Kap. 43 Tit. 8.* Rückzahlungen und Zinsen auf Darlehne, welche auf Grund von Gesetzen zur Beseitigung von Nothständen etc. bewilligt sind, 657 929 M.

Der vorliegende Titel hat eine gewisse Aehnlichkeit mit dem auf dem landwirthschaftlichen Etat (Kap. 32 Tit. 5) stehenden Titel: „Rückzahlungen und Zinsen von den aus dem früheren Meliorationsfonds gewährten Darlehen 1902: 258 348 M." (s. hierüber Näheres in Bd. II Buch II § 141 und 143 ff.).

In letzterem Falle handelt es sich um Darlehen, welche aus dem laufenden und extraordinären Meliorationsfonds der landwirthschaftlichen Verwaltung gewährt worden sind, während hier Darlehen in Frage kommen, die auf Grund besonderer Gesetze aus Anleihen bewilligt wurden, für welche meist Schuldverschreibungen (Konsols) vom Staate ausgegeben wurden (s. Anl. II).

Die Rückzahlungen und Zinsen aus Meliorationsdarlehen flossen früher nicht den allgemeinen Staatsgeldern zu, sondern waren bestimmt, wieder zu Meliorationszwecken verwendet zu werden (s. § 141 a. a. O.). Erst seit 1875, wo der allgemeine Landesmeliorationsfonds aufgelöst wurde (§ 144 a. a. O.) flossen auch diese Rückzahlungen nicht mehr diesem Fonds zu, sondern in die allgemeine Staatskasse.[1])

Die auf Kap. 43 Tit. 8 stehenden Rückzahlungen und Zinsen aus Nothstandsdarlehen wurden bis zum Jahre 1889/90 zu allgemeinen Staatszwecken verwendet. Seitdem werden sie auf Grund einer Vereinbarung zwischen Landtag und Abgeordnetenhaus zur Schuldentilgung verwendet, erscheinen daher im Kap. 35 Tit. 3 dieser Verwaltung in gleicher Höhe, wie bei dem Etat der Allgemeinen Finanzverwaltung in Einnahme (s. § 59 dieses Buches).

Der Betrag des Fonds ist der Natur der Sache nach in den einzelnen Jahren ein schwankender. Nach Anl. VIII hielten sich die Schwankungen seit den 70er Jahren zwischen 243 244 M. (1880/81) und 979 280 M. (1896/97).

Für 1903 kamen auf die noch ausstehenden Darlehne im Gesammtbetrage von rund 11 843 000 M. an Rückzahlungen und Zinsen zur Vereinnahmung auf Grund der nachfolgenden Gesetze:

	Mark
vom 23. Dez. 1867 (G.-S. S. 1929) und 3. März 1868 (G.-S. S. 174)	6 742,06
vom 24. April 1873 (G.-S. S. 185)	44 157,13
vom 22. Juli 1876 (G.-S. S. 294)	19 201,75
vom 23. Febr. 1881 (G.-S. S. 25)	175 279,54
vom 21. Jan. 1883 (G.-S. S. 3)	10,20
vom 13. Mai 1888 (G.-S. S. 103) und 8. Mai 1889 (G.-S. S. 102)	90 234,42
vom 20. Juni 1888 (G.-S. S. 251)	312 303,76
vom 20. April 1898 (G.-S. S. 29)	10 000,—
Summe . . .	657 928,86.

Die Höhe der im Ganzen bisher aus diesem Titel zur Schuldentilgung verwendeten Beträge ergiebt sich aus Anl. V dieses Buches und aus Bd. I Buch VII Anl. LXVI.

§ 170a. Auch die beiden folgenden, auf dem Etat der Allgemeinen Finanzverwaltung in Einnahme stehenden Posten wurden kraft Vereinbarung zwischen Staatsregierung und Landtag zur Schuldentilgung verwendet (vergl. Kap. 57 Tit. 2 des Staatsschuldenetats). Siehe auch hier oben § 59.

Tit. 8a. Rückzahlungen und Zinsen etc. auf Ausgaben, welche auf Grund von Anleihegesetzen zur Förderung des Baues von Kleinbahnen geleistet sind, 18 700 M.

---

[1]) S. § 16 des Komptabilitätsges. v. 11. Mai 1898.

Die Ausgaben zu 8a beruhen auf § 1 Ziff. III des Ges. v. 8. April 1895 (G.-S. S. 91) und § 1 Ziff. III des Ges. v. 3. Juni 1896 (G.-S. S. 100) und Ges. v. 8. Juni 1897 (G.-S. S. 103).

§ 170b. *Kap. 24 Tit. 8b.* Rückzahlungen und Zinsen auf Baudarlehne, welche auf Grund von Anleihegesetzen zur Verbesserung der Wohnungsverhältnisse von Arbeitern etc. gewährt worden sind, 375 696 M.

Nach dem Gesetze v. 13. Aug. 1895 (G.-S. S. 521) wurden erstmalig 5 Mill. M. von der Staatsregierung — durch Ausgabe von Consols — zur Verfügung gestellt, um einmal Wohnhäuser für Rechnung des Staates zu errichten, in denen Arbeiter in Staatsbetrieben (Bauverwaltung, Eisenbahn-, Bergwerksverwaltung) sowie gering besoldete Beamte gegen geringe Miethe[1]) Wohnung finden, und zweitens Baudarlehne für die genannten Kategorien zu gewähren. Weitere Gesetze, durch welche zu gleichem Zwecke gleiche Summen bewilligt wurden, folgten 2. Juli 1898, 23. Aug. 1899 und 9. Juli 1900 (näheres über die Verwendung siehe in Bd. I Buch III § 34, VII § 137, Bd. II Buch V § 280 S. 1263).

Für die Rückzahlungen und Zinsen auf Baudarlehne, welche auf Grund dieser Gesetze gewährt sind, ist 1897/98 obiger Fonds in den Etat eingestellt worden. Die Miethzinsen für vom Staate bereit gestellte Wohnungen erscheinen dagegen unter den Einnahmen desjenigen Ressorts, von welchem die Wohnungen gebaut sind (Eisenbahn-, Bau- und Bergwerksverwaltung etc.). Der Fonds Tit. 8b hat naturgemäss eine grosse Steigerung im Laufe der Jahre erfahren, wie sie aus Anl. VIII ersichtlich ist, 1897/98 18 764 M., 1903 375 696 M.

Extraordinäre Ausgaben.

§ 171. An ausserordentlichen Ausgaben sind nur hervorzuheben die beiden Posten von 408 148 M. im Jahre 1886/87 und 42 000 M. im Jahre 1888/89, die aber nur eine rechnungsmässige Bedeutung hatten. Näheres darüber siehe in den betreffenden Bemerkungen zu jenen Etats.

Ausserordentliche Einnahmen.

§ 172. *Kap. 24 Tit. 17.* Auf Grund besonderen Gesetzes zur Ergänzung der Einnahmen des Staatshaushaltsetats für das Etatsjahr 1903 72 700 000 M. (durch Nachtragsetat 1902, G.-S. S. 167, auf 70 976 935 M. ermässigt).

Die unter diesem Titel gebuchten Einnahmen können verschiedenartiger Natur sein. So wurden z. B. 1874 und 1879/80 24 bezw. 16,2 Mill. M. aus der französischen Kriegskosten-Entschädigung als ausserordentliche

[1]) Der Miethzins ist nach § 3 des Gesetzes so zu bestimmen, dass er nach Deckung der Kosten für die Verwaltung und bauliche Unterhaltung der Gebäude eine angemessene Verzinsung des Anlagekapitals und die Amortisation der Baukosten gewährt.

Einnahme, 1869: 5,1 Mill. M. Erlös aus Aktivbeständen in den Etat eingestellt.

Vor allen Dingen ist aber der Titel dazu bestimmt, Ueberschüsse aus den Vorjahren oder Anleihen zur Deckung von Fehlbeträgen aufzunehmen, die, wenn sie Vorjahre betreffen, rechnungsmässige Defizits sind, und wenn sie das laufende Jahr betreffen, etatsmässige Defizits heissen.

Bis zum Jahre 1897 kam die Einstellung von Ueberschüssen aus den Vorjahren[1]) vielfach vor (vgl. u. A. Rechnung von 1884/85 u. A.). Da aber das Schuldentilgungsgesetz v. 8. März 1897 die Schuldentilgung aus Rechnungsüberschüssen gesetzlich vorschreibt, also freie Ueberschüsse eigentlich nicht mehr kennt, so werden diese auch nicht mehr als ausserordentliche Einnahmen in die Rechnung des zweitfolgenden Jahres eingestellt, sondern auf Grund eines vorläufigen Finalabschlusses v. 15. Juli als Ausgabe bei Kap. 37 des laufenden Ausgabeetats der Staatsschuldenverwaltung gebucht, bezw. zur Verrechnung gebracht.

Falls dagegen die laufenden Einnahmen eines Jahres nicht zur Deckung der ordentlichen und ausserordentlichen Ausgaben ausreichen, so muss in der Regel, wie in dem Falle für 1903, eine Anleihe auf Grund eines besonderes Gesetzes aufgenommen werden, deren aufzubringender Nettoerlös dann hier eingestellt wird.

So zeigt sich in diesem Titel gewissermassen das Facit des ganzen Etats.

Es ist daher hier der gegebene Ort, die Endergebnisse der jährlichen Finanzgebahrung Preussens auf eine längere Zeitdauer zurück zu vergleichen und dabei zugleich die wichtigsten Schlussergebnisse aller vorangegangenen Ausführungen in grossen Zügen sich noch einmal zu vergegenwärtigen.

Fünfter Abschnitt.

Rückblick und Gesammtergebniss.

(Siehe hierzu Anl. XIII und XIV.)

§ 173. Verfolgt man die Geschichte der Preussischen Finanzverwaltung bis in die Zeit der Entstehung des Brandenburgisch-Preussischen Staatswesens zurück, so sehen wir durchaus nicht nur Lichtseiten des Preussischen Finanzwesens. Insbesondere befanden sich zur Zeit der Markgrafen und der ersten Kurfürsten die Landesherren häufig und nicht immer ohne eigene Verschuldung in grossen finanziellen Nöthen.

---

[1]) Und zwar fand die Einstellung stets in das zweitfolgende Jahr statt, da erst in diesem Rechnung vorliegt.

Von dem Zeitraume an aber, wo der preussische Staat beginnt, jenen von seinen Fürsten zielbewusst angebahnten und durchgeführten Aufschwung zu nehmen, der ihn bald zur zweiten und schliesslich zur ersten Vormacht in Deutschland führen sollte, d. h. von der zweiten Hälfte des 17. Jahrhunderts, von der Regierungszeit des grossen Kurfürsten an, finden wir das Bestreben der Landesherren scharf hervortreten, neben der Schaffung eines brauchbaren Heeres die Staatsverwaltung vor allen Dingen auf eine solide, in ihren Wurzeln festgegründete Finanzverwaltung zu stützen.

Charakteristisch tritt hervor die grosse Einfachheit und Sparsamkeit in der fürstlichen und königlichen Hofhaltung. Selbst der prachtliebende Friedrich I., dessen Prunkentfaltung übrigens zumeist einem politischen Interesse diente und mit dem Streben nach Erlangung der Königlichen Krone zusammenhing, war im Grunde ein solider Finanzmann.[1])

Allen jenen Fürsten ist auch eigen die sorgfältige Behütung und Verbesserung des in Folge mancher günstigen Umstände[2]) recht erheblich gewordenen Domanial- und Forstbesitzes, der schon seit Friedrich Wilhelm I. aufhörte, Krongut zu sein und in den Dienst des Staates, der Allgemeinheit gestellt wurde.

Die Unveräusserlichkeit des Domanialbesitzes war bereits unter Kurfürst Friedrich I. zum Grundsatz erhoben und mehrfach von seinen Nachfolgern in letztwilligen Verfügungen und Landtagsrezessen bestätigt worden. Das Allgemeine Landrecht (Theil II Tit. 14 § 16) liess den Uebergang von Domänengütern in die Hände von Privatbesitzern nur dann zu, wenn der Staat „auf andere Weise schadlos gehalten" wurde.

Diese sorgfältige Hütung des Domänenbesitzes hatte nicht allein den Vortheil, dass dem Staate feste und sichere Einkünfte erhalten blieben, sondern war für das an sich arme Land auch insofern von der grössten Wichtigkeit, als es den Steuerdruck sehr erleichterte.

Nach den von G. Schmoller[3]) zusammengestellten älteren Berechnungen waren die Domänenerträge 1688 etwa halb so gross wie diejenigen der Steuern, kamen ihnen 1740 sogar fast gleich und machten auch 1806 noch einen sehr grossen Teil der Einnahme im Vergleich mit letzteren aus.

§ 173a. Nach den bei Frhrn. von Reden „Allgemeine vergleichende Finanzstatistik", Darmstadt 1856, Bd. II. 2. Abth. S. 76 ff. gegebenen Zahlen stellten sich die Reineinnahmen der Kriegskasse am Ende der Regierung Friedrich Wilhelms I. auf 4,0 Mill. Thlr, wovon 2,44 Mill. auf die Kontribution (auf dem Lande) und 1,4 Mill. auf die Accise (in den Städten) entfielen; die Einnahmen der sog. Domänenkasse machten damals 3,36 Mill. Thlr. aus, wovon auf Domänen und Forsten 2,61 Mill. Thlr., auf Salzregal 0,54 Mill. Thlr. kamen Anfang

---

[1]) E. Richter, Preuss. Staatsschuldenwesen, Breslau 1869 S. 12

[2]) Bd I. Buch 1 §§ 1 ff.

[3]) Vgl. G. Schmoller: Die Epochen der preussischen Finanzpolitik im Jahrbuch für Gesetzgebung, Verwaltung und Volkswirthschaft im Deutschen Reich. Leipzig 1877. S. 53 ff.

des 19. Jahrhunderts betrugen (S. 80 a. a O.) und zwar vor dem Tilsiter Frieden die Reineinnahmen der Domänen 7,466 Mill. Thlr., der Forsten 1,233 Mill., zusammen 8,699 Mill., der Salzregie 9,500 Mill Dagegen brachte die Kontribution 5,615 Mill. Thlr., die Accise und Zoll 9,500 Mill Thlr. auf. Die Gesammteinnahmen betrugen 31—33 Mill. Thlr.

Nach dem Tilsiter Frieden sanken die Reineinnahmen natürlich schon in Folge der Verminderung des Länderbestandes sehr Sie betrugen 1812: 17,18? Mill. Thlr. (davon 4,360 Mill. Domänen und Forsten, Salzregie 1,678 Mill., Kontribution und Grundsteuer 2,984 Mill., Accise und Landkonsumtionssteuer 6,020 Mill, Stempel- und Gewerbesteuer 1,382 Mill.)

§ **174.** Für die politische Fortentwickelung war dieser verhältnissmässig grosse Besitz werbenden Vermögens mit sicheren und stetigen Einkünften von grösster Bedeutung. Gewiss ist, dass Friedrich der Grosse, wenn er nicht von seinen Vorgängern eine so wohlgeordnete Domänenverwaltung übernommen hätte, kaum die kostspieligen, Preussen zur Grossmacht erhebenden Kriege hätte führen können, gewiss, dass der preussische Staat von 1806—1815 die harte Zeit erheblich viel schwerer[1]) ertragen haben würde, dass die Neuordnung seiner Finanzen und insbesondere seines Schuldenwesens (1815—1820) nicht entfernt so glatt vor sich gegangen wäre, wenn der Staat nicht über einen verhältnissmässig so bedeutenden und ergiebigen Domänenbesitz verfügt hätte.

Wenn daneben auch noch die Steuerschraube von dem Grossen Kurfürsten und Friedrich dem Grossen immerhin für jene Zeit scharf genug angespannt wurde (Kontribution auf dem platten Lande, Accise und Regie in den Städten), so war auch dies auf eine wohlerwogene, weitsichtige Finanzpolitik zurückzuführen. Denn dadurch eben wurde es diesen Fürsten möglich, ihre Kriege, Macht- und Gebietserweiterungen durchzuführen, ohne den Staat zugleich in grosse Schuldenlasten zu stürzen, die für ein von der Natur wenig begünstigtes Land wie Preussen leicht verhängnissvoll hätten werden können.

Nur durch eine so umsichtige und sparsame Finanzverwaltung war es möglich, dass der Grosse Kurfürst trotz seiner vielen Kriege, trotz der Schaffung eines ständigen Heeres von 30 000 Mann, die Staatseinnahmen von 440 000 Thlr. auf 3 289 000 Thlr., also auf mehr als das siebenfache zu steigern vermochte,[2]) sowie dass Friedrich der Grosse, wiewohl für Militärzwecke in den Jahren 1756—1763 über 99 Mill. Thlr. verbraucht waren, beim Friedensschluss noch über Bestände von 30 Mill. Thlr. verfügte und 1786 bei seinem Ableben noch einen Staatsschatz von 55,2 Mill. Thlr. hinterlassen konnte.[3])

§ **174a.** In Folge der Napoleonischen Kriege änderte sich das günstige Bild des preussischen Finanzwesens leider sehr zu seinem Nachtheil. Die Einnahmen sanken, die Schulden stiegen in Folge der

---

[1]) Vgl. Breysig im Schmoller'schen Jahrbuch 1892 S. 522 (Brandenb. Staatshaushalt in der zweiten Hälfte des 17. Jahrhunderts) u. A.

[2]) Breysig a. a. O. S. 520.

[3]) Richter a. a. O. S. 14.

Kriegslasten enorm (s. hierzu auch § 3 in Bd. III Buch I). Die finanzielle Nothlage — allerdings gleichzeitig begünstigt durch veränderte nationalökonomische Lehren und Anschauungen — führte vor Allem dazu, dass die entgeltliche Veräusserung von Domänen wieder zugelassen wurde, „soweit sie die Bedürfnisse des Staates und eine verständige Staatswirtschaft nothwendig und vortheilhaft erscheinen liesse“ (Edikt v. 6. Nov. 1809;[1]) und in dem Edikt v. 27. Okt. 1810 (G.-S. S. 25) wurde sogar der successive Verkauf aller Domänen angekündigt, um die Staatsschulden zu tilgen. Glücklicher Weise gestattete der günstige Erfolg der Befreiungskriege bald, mit dem begonnenen Verkauf wieder aufzuhören, sodass nur für einige 20—30 Mill. Thlr. Domänenveräusserungen in jener Zeit stattfanden, während auf der anderen Seite durch die Säkularisationen von allerdings ebenfalls zur Veräusserung und Schuldentilgung bestimmtem Kirchengut auch wieder Domänenvermehrungeu eintraten.

§ 175. Nebenher musste natürlich auf eine möglichste Anspannung aller Steuerquellen Bedacht genommen werden. Dies führte zu den lebhaftesten Klagen. Doch war es im Anfang des 19. Jahrhunderts nicht so sehr die Höhe der Steuerlast, welche die Steuerzahler unzufrieden machte, als die Ungerechtigkeit der Vertheilung, die ungerechtfertigten Exemtionen und Prägavationen, und — besonders bei den indirekten — die lästigen und den freien Verkehr von Ort zu Ort, von Stadt und Land schwer schädigenden Erhebungsarten.

Als die Folgen des Krieges eine Erhöhung der Steuern nöthig machte, galt es vor Allem, hier reformirend vorzugehen.

Die ersten 20 Jahre des 19. Jahrhunderts sind daher auch so reich, wie keine spätere Periode, an finanziellen Gesetzen und grundlegenden Neuschöpfungen.[2]) Die Namen v. Stein, Motz, Maassen, Rother sind aufs engste mit ihnen verknüpft. In der Besteuerung der Staatsangehörigen trat ein vollständiger Umschwung der bestehenden Verhältnisse ein.

Bahnbrechend waren in dieser Beziehung zunächst die Edikte v. 27. Okt. 1810 und v. 7. Sept. 1811 über die Finanzen des Staates und das Abgabensystem etc., deren Bestimmungen allerdings zunächst nur theilweise zur Ausführung kamen.[3])

Die Grundsteuer freilich (Kontribution), welche vor allem wegen der Exemtionen der Domänen und Rittergüter, dann aber auch wegen der grossen Ungleichheiten innerhalb der einzelnen Provinzialgebiete einer Neuregelung von Grund aus bedurfte, die auch in dem gedachten Edikt verheissen wurde, erfuhr — abgesehen von den westlichen Pro-

---

[1]) Bd. I Buch I S. 14

[2]) Allerdings auch von manchen missglückten Versuchen (s. unten).

[3]) Vgl. Näheres hierüber in Bd. I Buch VIII §§ 11 ff. und Buch IV §§ 2 ff.

vinzen (1839) und Posen (1844) — erst 1861 eine wirkliche Reformirung für den ganzen Umfang der Monarchie.

Dagegen fand eine Neuregelung der übrigen direkten und indirekten Abgaben von 1810 ab mit dem Bestreben statt, zwar eine Erhöhung der indirekten Abgaben von der Konsumtion und dem Luxus eintreten zu lassen, die Besteuerung aber auf weniger Artikel[1]) zu beschränken wie bisher, die zahllosen lästigen Erhebungsmodalitäten zu beseitigen und sodann einige neue direkte Steuerformen einzuführen.

Die Vorspannverpflichtung, der Mühlen-, Bier- und Branntweinzwang wurde aufgehoben (1810), dagegen wurde — unter gleichzeitiger Durchführung der Gewerbesteuerfreiheit — eine Gewerbepatentsteuer und zwar von allen Gewerben eingeführt. Ueberhaupt wurde sowohl für die direkten wie indirekten Steuern grundsätslich die gleichmässige Heranziehung aller Klassen des Volkes unter Beseitigung der Exemtionen proklamiert. Auch die verschiedene steuerliche Behandlung von Stadt und Land, die seit der Zeit des Grossen Kurfürsten[2]) stets bestanden hatte, wollte man beseitigen, indem man die Konsumtionsabgaben, namentlich die Mehlaccise auch auf das platte Land ausdehnte (1810). Aber schon 1811 (Edikt v. 7. Sept. 1811) kam man auf den alten Unterschied wieder zurück und führte an Stelle der Mehlaccise auf dem platten Lande und in kleineren Landstädten an deren Stelle eine „fixirte" Personensteuer von $^1/_2$ Thlr. pro Jahr ein.

§ 176. Die bei dieser Steuerart hervortretende Schwierigkeit, neue zweckmässige den Verhältnissen und Bedürfnissen Rechnung tragende Steuerformen zu finden, zeigte sich übrigens auch bei den anderen Steuerarten. Die Belastung sämmtlicher Gewerbe mit einer neuen Steuer, wie sie 1811 eingeführt war, erwies sich als zu drückend. Eine weitere, allerdings zunächst nur zur Deckung ausserordentlicher Kriegsbedürfnisse bestimmte Vermögens- und Einkommensteuer (1812) begegnete im Volke grösstem Widerspruch und brachte statt der erhofften 20 Mill. Thlr. nur $4^1/_2$ Millionen ein. Die ebenfalls wenig ertragreichen und lästigen Luxussteuern mussten 1814 wieder aufgehoben werden. Auch das Stempelgesetz von 1810 war reformbedürftig. Nach Beendigung der Freiheitskriege kamen zudem zahlreiche neue Landestheile mit buntscheckigen Steuersystemen hinzu, sodass schon nach kaum 10 Jahren seit dem Steueredikte von 1810 eine neue Reformirung des Steuersystems unumgänglich nothwendig wurde.

Nachdem 1816 zunächst in den alten Provinzen die Binnen- und Provinzialzölle aufgehoben und 1818 die Zoll- und Verbrauchssteuergesetzgebung für die ganze Monarchie neu geordnet war, fand im Jahre

---

[1]) Besonders die Accise hatte sich schliesslich zu einer fast alle Gegenstände des Gebrauchs umfassenden universellen Besteuerungsart ausgebildet.

[2]) S. Bd. I Buch III S. 1068.

1820 unmittelbar anschliessend an die Reformirung des Staatsschuldenwesens (vgl. Bd. III Buch I § 7 ff.) durch vier Gesetze v. 30. Mai 1820[1]) eine allgemeine Neuregelung der Steuer statt, die sodann im Wesentlichen die Grundlage der Steuergesetzgebung für die nächsten 70 Jahre geblieben ist. Man kann daher — nach der vorausgegangenen politischen Wiedergeburt des Landes — das Jahr 1820 mit einer gewissen Berechtigung als das Jahr der finanziellen Wiedergeburt Preussens bezeichnen.

Das allgemeine Gesetz über die Entrichtung des Abgabenwesens v. 30. Mai 1820 bestimmt u. A., dass die indirekten Steuern nach den schon ergangenen Gesetzen von 1818, 1819, 1820, sowie nach dem noch zu erlassenden Stempelgesetz (1822) erhoben werden sollten; auf dem Gebiete des direkten Steuerwesens wurde bestimmt, dass die Grundsteuern, wenn sie einstweilen auch noch nach den in den einzelnen Provinzen geltenden Sonderbestimmungen weiter erhoben werden sollten, doch eine gewisse Höhe ($^1/_5$ des Reinertrags) nicht überschreiten dürften. Das Gewerbesteuergesetz beschränkte die Besteuerung auf solche Gewerbe, welche wirklich fähig waren, die Steuer zu tragen. Endlich wurde eine in 5 Klassen abgestufte Personalsteuer und an deren Stelle in 132 grösseren Städten eine Mahl- und Schlachtsteuer eingeführt, welche letztere erst 1873 der allgemeinen nunmehr auf Stadt und Land gleichmässig ausgedehnten Personal- (Einkommen-) besteuerung weichen musste.

§ 177. Auch insofern kann man mit dem Jahre 1820 eine neue Phase in der Geschichte der Entwickelung des preussischen Finanzwesens beginnen, als von nun an die steuerlichen Einnahmen die Einkünfte aus den Domänen und Forsten weit zu überflügeln beginnen. Der Grundsatz, die Staatsausgaben mehr auf Zwangsbeiträge Aller statt auf privatwirthschaftliche eigene Einnahmen des Staates zu gründen, fängt nunmehr an zu prävaliren.

Schon nach dem Etat von 1821, dem ersten veröffentlichten preussischen Etat,[2]) stehen 16,8 Mill. M. Einkünften aus Domänen und Forsten an direkten Steuern 51,6 Mill. M., an indirekten Abgaben, einschliesslich Salzmonopol, 67,2 Mill. gegenüber. Bis 1849 steigert sich das Verhältniss wie folgt: Domänen und Forsten: 21,6 Mill. M., direkte Steuern: 58,0 Mill. M., indirekte Abgaben: 89,2 Mill. M.

Zu den Domänen treten als weitere Betriebsverwaltungen mit steigenden Erträgen allerdings hinzu die Postverwaltung, Verwaltung der Bergwerke, Hütten, Salinen und die Lotterieverwaltung, deren Reinerträge von 1821—1849 von 2,4, bezw. 1,7, bezw. 1,5, zusammen 5,6 Mill. M., auf 8,8 Mill. M. steigen.

---

[1]) Es handelt sich um die Gesetze 1. betr. Einrichtung des Abgabenwesens (G.-S. S. 134), Einführung der Klassensteuer (G.-S. S. 140), der Mahl- und Schlachtsteuer (G.-S. S 143), der Gewerbesteuer (G -S. S. 147) Am 7. März 1822 folgte ein neues Stempelgesetz.

[2]) S. bei v. Reden a. a. O. S 88/89.

Aber auch mit Hinzurechnung dieser Einnahmen behalten die Einnahmen steuerlicher Natur bei beiden das Uebergewicht im Staatshaushaltsetat (s. Anlage XIII.).

§ 178. Die letztgedachte Zeitperiode von 1820 ab bis etwa Mitte der 40er Jahre zeigt für die allgemeinen wirthschaftlichen Verhältnisse Preussens und im Zusammenhange damit auch für die Finanzlage des Staates eine im Ganzen stark aufsteigende Entwickelung. Der Zinsfuss, zunächst für Mobiliaranlagen, Staatsanleihen etc., sodann auch für Hypotheken, weist eine sinkende Tendenz auf.[1]) Schulden brauchte der Staat mit Rücksicht auf die ruhige politische Lage und die mit dem allgemeinen wirthschaftlichen Aufschwunge und der Bevölkerungszunahme steigenden Erträge der vorhandenen Einnahmequellen nur in geringem Maasse aufzunehmen.[2]) Auch der in diese Periode fallende Beginn umfassender Eisenbahnbauten vermehrte die Schuldenlast einstweilen noch nicht. Man überliess die Eisenbahnen Privatgesellschaften und sicherte diesen Zinsgarantien zu, an den Ueberschüssen betheiligte sich der Staat nur als Aktionär. Dagegen fanden erhebliche Schuldentilgungen statt.[3]) Die Staatspapiere stiegen im Kurse, und eine Convertirung von 5 auf 4½ Proz. konnte vorgenommen werden.

Im Staatshaushaltsetat trat die günstige Fortentwickelung der allgemeinen Wirthschafts- und Finanzlage wie folgt zu Tage.

Der Etat für 1821 sah an Zuschüssen zur allgemeinen Staatsverwaltung im Ganzen 150 Mill. M. vor. Davon entfielen auf die Civilverwaltungen 47,7 Mill. = 31,8 Proz., auf die Militärverwaltung 68,4 Mill. M. = 45,6 Proz., auf den Dienst der öffentlichen Schuld 33,9 Mill. M. = 22,6 Proz.[4])

Demgegenüber waren in dem Etat für 1849 vorgesehen an Zuschüssen zur allgemeinen Staatsverwaltung (nach Anl. XIII) 180,7 Mill. M., wovon entfielen auf die Civilverwaltung 81,0 Mill. M. = 44,8 Proz., auf die Militärverwaltung 76,8 Mill. M. = 42,5 Proz., auf die öffentliche Schuld 22,9 Mill. M. = 12,7 Proz.

Die Steigerung der militärischen Ausgaben ist hiernach ebenso wie derjenigen für den Dienst der Staatsschuld erheblich hinter der Vermehrung für die Civilverwaltungs-, d. h. Kulturzwecken dienenden Ausgaben zurückgeblieben. Die Einnahmen haben sich ohne weitere Steuererhöhungen auf rund 180 Mill. M. gesteigert.

---

[1]) Näheres in Kahn: Geschichte des Zinsfusses in Deutschland Stuttgart 1884. (S. auch oben § 41).

[2]) Er wäre übrigens auch gesetzlich nicht dazu berechtigt gewesen. (Näheres oben in Buch I. dieses Bandes § 13.)

[3]) Näheres bei E. Richter a. a. O S. 50ff Von 1820—1833 wurden 128,3 Mill, von da bis Ende 1847 rund 112 Mill. M. Schulden getilgt.

[4]) v. Reden a. a. O. S. 89.

§ 179. Die nächste Periode von Ende der 40er bis Ende der 60er Jahre muss demgegenüber als eine solche absteigender finanzieller Verhältnisse für den Preussischen Staat angesehen werden. Der Zinsfuss steigt, die Kurse der Staatspapiere sinken. Zuerst sind es die Ereignisse des Jahres 1848, die, wenn auch nur vorübergehend, den Staatskredit stark erschüttern, die Kurse der Staatspapiere, allerdings auch nur vorübergehend, bis auf 69 Proz. herabdrücken.[1]) In der folgenden Zeit waren es neben der starken allgemeinen Inanspruchnahme des Kredits vor allen zu Eisenbahn- und Militäranleihen die starken mehrfachen wirthschaftlichen und Handelskrisen (1857, 1864) und politischen Erschütterungen, die besonders in Preussen, welches zum Theil an den letzteren aktiv betheiligt war, und durch die sog. Konfliktszeit der 60er Jahre seinen Staatskredit noch besonders schädigte,[2]) einen nachhaltigen ungünstigen Kurs der Staatspapiere hervorriefen. Insbesondere waren es der Krimkrieg (1854), der österreichisch-sardinische Krieg (1859), der dänische Krieg (1864) und der preussisch-österreichische Feldzug (1866), welche zu dem Sinken der preussischen Staatspapiere und dem Steigen des Zinsfusses bis gegen Ende der 60er Jahre beitrugen. Selbst nach siegreicher Beendigung des Krieges von 1866 kam das Gefühl der Sicherheit in den politischen Verhältnissen zunächst noch nicht recht auf. Erst mit den glänzenden Waffensiegen Preussens 1870/71 trat Zuversicht in die politische Lage, und in Folge dessen ein Sinken des Zinsfusses ein, welches von da an — begünstigt von dem Milliardensegen der französischen Kriegskontribution, vom wirthschaftlichen Aufschwunge u. s. w. — allmählich sich bis in die neueste Zeit fortgesetzt hat.

Die politische Unreife der 50er und 60er Jahre, das Bestreben Preussens und seines ersten Staatsmannes Bismarcks, in erster Linie die militärische Stärke seines Landes zu vervollkommnen, spiegelt sich in den Staatshaushaltsetats von 1849—1866 deutlich wieder. Nach Anlage XIII Sp. 4 u. 5 stiegen die laufenden Ausgaben für die Zuschussverwaltungen von 1849 bis 1866 von 198,0 auf 302,7 Mill. M., d. h. um 104,7 Mill. M. Von letzteren entfielen 49,8 Mill. auf militärische Zwecke, 26,3 Mill. auf den Dienst der öffentlichen Schulden — von denen wieder ein erheblicher Theil auf Militäranleihen entfiel[3]) und nur 28,2 Mill. auf Civilverwaltungsausgaben (davon 15,7 Mill. M. auf Justiz, 6,3 Mill. auf Inneres, 2,8 Mill. auf Kultus und Unterricht, 1,3 Mill. M. auf Landwirthschaft und Gestüte). Rechnet man aber die eigenen Einnahmen

[1]) S. auch Anl. III

[2]) Während Anfang der 60er Jahre die übrigen deutschen Staaten ihre Anleihen zu 4 Proz emittiren konnten, machte Preussen, als es 1862 die $4^1/_2$proz. Anleihen von 1850 und 1852 in 4proz. konvertirte, völlig Fiasko, indem nur die Hälfte der Gläubiger zustimmte. Kahn, S 142/143

[3]) Nach E. Richter, S 58ff., kann man rund 84 Mill, nicht ganz die Hälfte der von 1848—1866 aufgenommenen Schulden, für Militärausgaben rechnen.

der Zuschussverwaltungen ab, die bei der Justiz in dem gedachten Zeitraum um 20 Mill., beim Innern um 1 Mill. M. stiegen, so stellt sich das Bild für die Civilverwaltung noch ungünstiger. Es stiegen dann die Zuschüsse für Civilverwaltung von 81,0 auf 85,0 Mill. M., für Militärverwaltung von 76,8 auf 124,0 Mill., für öffentliche Schuld von 22,6 auf 48,9 Mill. M.

Das Extraordinarium stieg von 1849 – 1866 für die Militärverwaltung von 4,4 auf 10,5 Mill. M., während es bei der Civilverwaltung sogar von 11,6 auf 5,6 Mill. M. sank.

Deutlicher können die grossen Opfer, welche dem Volke durch den Militarismus auferlegt wurden, nicht illustrirt werden. Ebenso klar aber ist, dass ohne diese grossen Rüstungen die Kriege von 1864, 1866 und 1870/71 nicht den glänzenden Verlauf genommen haben würden, welcher ihnen thatsächlich beschieden war.

§ 180. Auf welche Weise fanden nun diese starken Mehrausgaben für die militärischen Rüstungen und die öffentliche Schuld Deckung?

Die Einnahmen der eigentlichen Betriebsverwaltungen stiegen (nach Anl. XIII, Sp. 6 u. 7) von 1849—1866 von 30,9 Mill. M. auf 77,7 Mill. M., also um 46,8 Mill. An dieser Steigerung waren aber die Domänen so gut wie gar nicht betheiligt, während auf die Forsten rund 9 Mill. M. entfielen. Die Post und Telegraphie brachte 2,3 Mill. M. mehr auf, die Lotterie 1,5 Mill. mehr, aus dem Antheil des Staates an der Preussischen Bank ergab sich ein Mehr von rund 3,3 Mill. M. Die Berg- und Hüttenverwaltung lieferte endlich ein Mehr von 6,5 Mill. M. Bei weitem der grösste Theil des Mehrs entfiel aber auf die Reineinnahmen der neuen Staatseisenbahnen, welche mit 22,8 Mill. M. bereits 1866 alle anderen staatlichen Betriebsverwaltungen erheblich überflügelten.[1])

Immerhin konnte von dem gesammten Mehrbetrag der Ausgaben aus den Mehreinnahmen von Betriebsverwaltungen nur der kleinere Theil gedeckt werden, den grösseren Theil mussten die steuerlichen Abgaben aufbringen.

Nach Anl. XIII stiegen denn auch die direkten Steuern in dem gedachten Zeitraume von 58 auf 92 Mill. M., d. h. um 34 Mill. oder rund 58 Proz. Das bestehende Steuersystem wurde dabei zwar nicht umgestossen, wohl aber mannigfachen Verbesserungen unterzogen.

Nachdem zunächst durch Gesetz v. 24. Febr. 1850 (G.-S. S. 62) die Grundsteuerbefreiungen grundsätzlich aufgehoben worden waren, fand im Jahre 1861 die lange verheissene Grundsteuerreform endlich statt, wobei für die aufgehobenen Exemtionen Entschädigungsgelder bewilligt wurden. Die bisherige Steuer wurde in eine - mit 4, bei gewerblichen Gebäuden 2 Proz. des Nutzungswerthes bemessene — be-

[1]) allerdings steigerten sie auch die öffentliche Schuld.

sondere Gebäudesteuer und eine Liegenschaftsteuer (Grundsteuer im engeren Sinne) getheilt, von denen nur die letztere kontingentirt blieb, wie bisher. Es erfolgte eine vollständige Neukatastrirung und -Veranlagung, die nicht weniger wie rund 60 Mill. M. kostete.[1]) Der Ertrag der Grundsteuer blieb denn auch 1866 annähernd der gleiche wie 1849 (28—29 Mill. M. Netto), während die neue Gebäudesteuer rund 9 Mill. M. einbrachte.

Auch die Personal(Klassen)steuer und die Gewerbesteuer erfuhren in dem Zeitraume Abänderungen und Verbesserungen. Einen so grossen Fortschritt sie bei ihrer Einführung gegen die bisherigen Steuerformen bedeutet hatten, so hatte sich doch bald gezeigt, dass sie den fortschreitenden wirthschaftlichen Verhältnissen und der steigenden Vermehrung des Volkseinkommens in der ursprünglichen Form hinreichend zu folgen nicht im Stande waren. Während von 1822 bis 1837 die Bevölkerung in den klassensteuerpflichtigen Orten um ca. 22,4 Proz. stieg, hob sich das Klassensteuersoll nur um knapp 13 Proz. Dazu kam, dass die Minderleistungsfähigen verhältnissmässig weit stärker von der Steuer betroffen wurden, als die Begüterten, die mit einem höheren Satz als 144 Thlr. überhaupt nicht belegt werden konnten. Bei der Gewerbesteuer war es vor Allem die Zusammenfassung aller, der grössten wie der kleinsten Handelsgeschäfte in einer — nach Mittelsätzen steuernden — Klasse, die einerseits eine ungebührliche Belastung der kleinen Handelstreibenden zur Folge hatte, andererseits eine auch nur einigermassen angemessene Besteuerung der immer mehr zunehmenden Grossbetriebe unmöglich machte.

So erging denn zur Reformirung der Klassensteuer das Gesetz v. 1. Mai 1851 (G.-S. S. 193), welches für die Einkommen von 3000 M. und darüber eine klassifizirte Einkommensteuer einführte, die in 30 Stufen von 90 M. bis 21 600 M. stieg und drei Prozent des Einkommens besteuern sollte; auch wurden hinsichtlich der für die niederen Einkommen beibehaltenen Klassensteuer einige Verbesserungen eingeführt. In der Gewerbesteuer wurden durch Gesetz v. 19. Juli 1861 (G.-S. S. 697) die in die Klassen A und B untergetheilten[2]) Handelsunternehmungen in die 3 Klassen A I, A II und B geschieden und als Kriterium für die Einreihung in eine dieser Klassen der Geschäftsumfang bestimmt, sodass die Grossbetriebe nach A I, die Mittelbetriebe nach A II, die geringfügigen nach B kamen. Die Sätze von A I und A II wurden gegen die früheren Steuersätze der Handelsklasse entsprechend erhöht, diejenigen für die jetzige Klasse B denen der alten Klasse B gleichbelassen.

Beide Steuergesetzänderungen blieben auf den Steuerertrag nicht einflusslos. An Stelle der für 1850 mit 22 Mill. Nettoertrag veran-

---

[1]) v Zedlitz-Neukirch, „30 Jahre Steuer- und Finanzpolitik“, S. 100.

[2]) je nachdem sie kaufmännische Rechte besassen oder nicht.

schlagten Klassensteuer konnten in den Etat 1852 eingestellt werden 7,3 Mill. M. Nettoertrag der klassifizirten Einkommensteuer und 21,7 Mill. M. Klassensteuer, zusammen 29 Mill. M. (1866: 38 Mill.). Die Gewerbesteuer, die für 1860 nur mit 9,5 Mill. Nettoertrag veranschlagt war, erscheint im Etat 1866 mit 11,4 Mill. M., eine freilich immerhin verhältnissmässig noch geringe Steuersumme

Zu diesen Steuerverbesserungen trat seit 1854 als eine neue direkte Abgabe die Eisenbahnabgabe hinzu (Ges. v. 30. Mai 1853, G.-S. S. 449),[1]) welche 1866 mit 4,9 Mill. M. veranschlagt werden konnte.

§ 181. Auch die indirekten Steuern (einschl. Salzmonopol) trugen in dem Zeitraum 1849–1866 einen namhaften Theil zur Deckung der stark gestiegenen Militärlast bei. Sie haben sich (Anl. XIII Sp. 6 u. 7) von 89,3 auf 116,9 Mill. M., d. h. um 27,6 Mill. M., also um 14,3 Proz. erhöht, was den Vergleich mit der Steigerung der direkten Steuern (58 Proz.) allerdings nicht aushielt. Die Steigerung floss hauptsächlich aus der Rübenzuckersteuer in Folge der mehrfachen Erhöhungen der Steuersätze — s. Bd. I Buch VIII S. 1295 — (1849 rund 1 Mill., 1866 rund 14 Mill.), ferner aus der Branntweinsteuer, die von 13,4 Mill. auf rund 22 Mill. M. und aus der Stempelsteuer, die von 10,6 Mill. auf rund 16 Mill. M. stieg. Auch die Schlacht- und Mahlsteuer, Tabaksabgabe, Braumalzsteuer u. s. w. wiesen, wenn auch unerheblichere, Steigerungen nach. Dagegen fiel die Weinsteuer (1849 rund 300 000 M.) ganz fort (1865), und die Eingangs-, Ausgangs- und Durchgangsabgaben[2]) sanken um rund 5 Mill. Mark (von 39 Mill. auf 34 Mill. M.).

§ 182. Die Ereignisse des Jahres 1866, sowie die Annexionen der neuen Provinzen, die Gründung des Norddeutschen Bundes und die damit zusammenhängende Landes- und Bundesgesetzgebung hatten für den preussischen Staatshaushalt und die preussischen Finanzen eine derartige Veränderung zur Folge, dass eine Vergleichung der Etatszahlen im Ganzen zwischen der Zeit vorher und nachher nur beschränkten Werth haben kann.

Vor Allem waren es die Zölle und indirekten Steuern, welche seit jener Zeit aufgehört haben, im preussischen Etat, wo sie 1866 noch fast 48 Proz. der gesammten Nettoeinnahmen aus den Ueberschussverwaltungen ausmachten, eine auch nur annähernd entsprechende Rolle zu spielen, indem die Zölle und Verbrauchssteuern von nun an in die Bundes-(Reichs-)kasse flossen und den Bundesstaaten nur noch für die innerhalb ihres Gebietes vorzunehmende Erhebung und

---

[1]) Das Gesetz erstreckte sich nur auf inländische Eisenbahn-Aktiengesellschaften und erhielt später eine Ergänzung in dem auf ausländische und einzelne physische Personen oder Personenmehrheiten ohne die Form von Aktiengesellschaften Anwendung findenden Gesetz v 16. März 1867 (G-S. S. 465)

[2]) 1861 wurden die Durchgangsabgaben aufgehoben.

Verwaltung Vergütungen vom Reich (früher Bund) gewährt werden.[1]) Nur wenige indirekte Steuerarten verblieben den Einzelstaaten zur selbstständigen Verwerthung, vor Allem die Stempelsteuer[2]) und die (in Preussen 1874[3]) reformirte) Erbschaftssteuer. Sodann gehen von nun an auf den Reichsetat über die Einnahmen der Post- und Telegraphenverwaltung.

Auf der anderen Seite tritt eine ausserordentliche Entlastung der Ausgabeetats der Bundesstaaten ein durch die Uebernahme der Kriegs- und Marinelasten auf den Reichsetat, zu deren Deckung freilich bald sehr erhebliche Matrikularbeiträge von den Einzelstaaten aufgebracht werden müssen.

Bei dieser wesentlichen Umgestaltung des preussischen Etats nach Gründung des Norddeutschen Bundes (später des Deutschen Reichs) ist in der in Anl. XIV enthaltenen ausführlichen Zusammenstellung der Einnahmen und Ausgaben aller Verwaltungszweige — nach der Rechnung — nicht weiter als bis zum Jahre 1869, in welchem sich die wesentlichsten Umgestaltungen bereits vollzogen hatten, zurückgegangen worden.

Bei dem Vergleich der Zahlen dieses Jahres im Verhältniss zu denen des Jahres 1866 — von den durch die Bundesgründung geschaffenen Aenderungen abgesehen — ist im Allgemeinen zu berücksichtigen, dass die Einnahmen aus Domänen und Forsten, Eisenbahnen und Steuern sich vermehrt haben in Folge Zutritts der neuen Provinzen; doch hatte die Annexion zugleich auch eine Steigerung der Betriebs- wie der allgemeinen Staatsverwaltungsausgaben zur Folge.

Der rechnungsmässige Nettoüberschuss der Domänen betrug 1869 23,4 Mill. statt 14,1 Mill. M. in 1866,[4]) derjenige der Forsten 18,4 Mill. statt 16,2 Mill. M., der Bergwerke, Hütten, Salinen 12,7 Mill.[5]) statt 9,8 Mill. M., der Eisenbahnen 44,6 Mill. statt 22,8 Mill. M., der direkten Steuern 123,9 Mill. statt 92 Mill. M. Dagegen ist der Ueberschuss aus Zöllen und indirekten Steuern auf 42,5 Mill. von 116,9 Mill. Mark zurückgegangen, Posteinnahmen sind ganz fortgefallen. Die Summe der Ueberschussverwaltungen brachte ein 261,7 Mill. statt 286,7 Mill. M., also weniger rund 25 Mill. M.

Dem gegenüber sind an Ausgaben fortgefallen die 1866 mit 134 Mill. M.[6]) im Etat stehenden Nettoausgaben für Militär und Marine, sodass für die Zwecke der Civilverwaltung und der öffentlichen Schuld

---

[1]) Die seit 1879 eingeführten Ueberweisungen vom Reich stellen sich als Dotationen, nicht als steuerliche Einnahmen Preussens dar.

[2]) mit Ausnahme des Wechselstempels, den das Reich für sich in Anspruch nahm.

[3]) Bis dahin wurde ein Erbschaftsstempel erhoben.

[4]) Die Zahlen für 1866 sind Etatszahlen, entsprechen also etwa den Durchschnittszahlen nach den Rechnungen der Vorjahre.

[5]) wobei noch rund 2,3 Mill M Bergwerksabgaben in Abzug gebracht sind, während unter den 9,8 Mill. M von 1866 rund 1,6 Mill M. derartiger Abgaben mitenthalten sind.

[6]) Sp. 9 u. 11 in Anl XIII.

noch eine Ersparniss gegen früher von 109 Mill. M. übrig bleibt. Davon wurden gebraucht 26,4 Mill. M. für das Mehr im Dienst der öffentlichen Schuld, der in 1869 75,4 Mill. statt in 1866 49 Mill. M. erforderte, während die Mehrzuschüsse für die Civilstaatsverwaltungsausgaben[1]) von 1866 bis 1869 von 90,7 Mill. auf 117 Mill. M. stiegen, also 26,3 Mill. M. mehr in Anspruch nahmen. Die von der Ersparniss an Militärlasten noch weiter restirenden 57 Mill. M. reichten dagegen nicht mehr aus zur Deckung der neu hinzutretenden Matrikularumlagen, die für 1869 nicht weniger wie 58,4 Mill. M. betrugen.

Die Zeit seit 1869.

§ 183. Der Zeitpunkt von Ausgang der 60er Jahre bezw. Anfang der 70er Jahre bildet den Anfang einer neuen Epoche in der Finanzverwaltung Preussens, die man sowohl mit dem Jahre 1867, 1868, 1869 oder 1870/71 beginnen kann. Wir haben das Jahr 1869 gewählt, weil sich einmal in dem Etat dieses Jahres der Einfluss der Annexionen und der Gründung des Norddeutschen Bundes bereits voll geltend macht, andererseits die in Folge des 1870er Krieges für die Jahre 1870 und 1871 bedingten Ausnahmeverhältnisse ausser Ansatz bleiben. Sodann kommt aber auch noch in Betracht, dass in diesem Jahre der neuernannte Finanzminister Camphausen die Form der unkündbaren Rente als Staatsschuldobligation eingeführt hat. die allmählich bis zur Jetztzeit alle anderen Schuldformen bis auf wenige, finanziell nicht in Betracht kommende Ueberbleibsel verdrängt hat. Diese Neuerung ist um deswillen geeignet, als ein Markstein in der Geschichte unseres Finanzwesens bezeichnet zu werden, weil die Einführung einer Seitens der Gläubiger nicht kündbaren Staatsschuld als ein äusseres Zeichen dafür gelten kann, dass ein Staatswesen politisch so gefestet, finanziell so wohlgeordnet und fundirt ist, dass eine gänzliche oder auch nur längere Zeit dauernde Zahlungsunfähigkeit selbst unter ungünstigen Wirthschafts- und politischen Verhältnissen nicht zu besorgen ist, und dass andererseits der Vermögensstand der einheimischen Bevölkerung für die Aufnahme steigender Anleihebeträge ausreichend, sowie die Zuversicht derselben zu dem heimischen Staatswesen gross genug sind, um die Sorge der Verhütung einer Ueberschuldung lediglich der Staatsregierung zu überlassen.

§ 184. Die Zeitperiode von 1849—1866 war für Preussen gewissermassen eine Vorbereitungszeit für die grossen politischen und militärischen Aktionen Ende der 60er und Anfang der 70er Jahre. Während die kulturellen, vor allem die ethischen Aufgaben des Staates darunter allerdings erheblich litten, war andererseits der Staat auf rein wirth-

---

[1]) einschl. der Ausgaben für die beiden Häuser des Landtags.

schaftlichem Gebiete insofern nicht ganz unthätig, als er im Interesse der Ausgestaltung des Verkehrswesens Eisenbahnen zu bauen und eine bereits nicht unbeträchtliche Schuldenlast dafür aufzunehmen begann.

Die nächste Periode seit 1869 stellte die Zeit der Ernte für die grossen vorher gebrachten Opfer dar, wobei nunmehr auch die kulturellen und ethischen Aufgaben des Staates wieder zur Geltung kamen.

Der Zeitraum von Beginn der 70er Jahre ab charakterisirt sich für Preussen wie Deutschland als eine im Wesentlichen friedliche, der wirthschaftlichen Fortentwickelung gewidmeten Periode. Kriegswolken drohten zwar, besonders in den ersten Jahrzehnten, mehrfach. Die zielbewusste Friedenspolitik seiner Herrscher behielt aber die Oberhand und sicherte dem Lande die Möglichkeit, die Vortheile der wiedergewonnenen politischen Einheit auf wirthschaftlichem Gebiete nach Innen und Aussen mit nie geahntem Erfolge sich nutzbar zu machen. Wie in den 20er und 30er Jahren, so hat auch in den letzten drei Dezennien des 19. Jahrhunderts die friedliche Entwickelung den grössten Aufschwung von Industrie, Handel und Verkehr zur Folge, Kapitalien und Vermögen werden in grosser Anzahl gesammelt und der Zinsfuss weist eine stetig sinkende Tendenz nach.

Während die Consolidation auf Grund des Gesetzes von 1869 noch auf dem 4½prozent. Typ der Consols beruhte, und sogar noch alte 4prozent. Staatsschuldscheine in 4½prozent. Consols umgewandelt wurden, konnte Ende der 70er Jahre bereits für neue Anleihen der 4prozent. Typ in Anwendung gebracht werden. Im Jahre 1885 wurden die auf Grund des Consolidations-Gesetzes von 1869 ausgegebenen 4½prozent. Consols mit gutem Erfolge in 4prozent. umgewandelt. Gleichzeitig begann man neue 3½prozent. Consols auszugeben, seit 1890 sogar 3prozentige. 1896/97 folgte eine weitere Conversion der 4prozent. Consols in 3½prozent., gleichfalls mit vollem Erfolge, zugleich hielt die Regierung bei neuen Anleihen allgemein am 3prozent. Typ fest.[1])

Der grosse politische und wirthschaftliche Aufschwung auf allen Gebieten des öffentlichen Lebens nach 1870 brachte auch eine stark gesteigerte Thätigkeit der Staatsmaschine mit sich und nahm fortgesetzt erheblich steigende öffentliche Geldmittel in Anspruch.

Dabei waren es auf dem Gebiete der allgemeinen Staatsverwaltung ebenso sehr die Aufgaben der Landessicherheit und Landesvertheidigung, wie der inneren Wohlfahrt und Kulturentwickelung, welche den Staatssäckel belasteten.

Ein genauer Vergleich der Steigerung der Gesammtausgaben auf den Gebieten der Staatsverwaltung seit 1869 ist leider erschwert

[1]) Näheres darüber Bd. III Buch I § 41 ff.

durch den Umstand, dass nicht nur die Heeres- und Marineausgaben, sondern auch ein Theil der früher auf dem preussischen Etat des Innern, für Handel und Gewerbe, Landwirthschaft, Kultus geführten Ausgaben in Folge des Art. 4 der Reichsverfassung seitdem auf dem Reichsetat erscheint, zum Theil auch wichtige früher staatliche Verwaltungsgebiete auf weitere kommunale Verbände übergegangen sind (Dotationsges. v. 1873, 1875 etc.). Gewisse Anhaltspunkte für einen wenn auch nicht bis ins Einzelne zutreffenden Vergleich lassen sich indessen doch finden.

§ 185. Dabei ergiebt sich, dass die vielfach verbreitete Annahme, als seien die Heeres- und Marineausgaben im Laufe der letzten Jahrzehnte in einem verhältnissmässig stärkeren Tempo gestiegen wie die Ausgaben zu den sog. Kulturzwecken, durchaus nicht den thatsächlichen Verhältnissen entspricht.

Nach den Preussischen Staatshaushaltsetats von 1872 und 1903 stellten sich die Ausgaben für allgemeine Civilverwaltungszwecke (Ausgabegruppe C des Staatshaushaltsetats) nach Abzug der eigenen Einnahmen — in 1000 Mark:

	1872	1903	Steigerung	in Proz.
ordentliche Ausgaben . . .	125 985 [1])	405 583	279 598	221
ordentliche u. extraordinäre Ausgaben	142 081 [1])	462 202	320 121	225

Dagegen betrugen nach den betreffenden Reichsetats:

	1872	1903	Steigerung	in Proz.
die Militär- und Marine-Ausgaben im Ordinarium	281 266	730 275	449 009	159
Ordinarium und Extraordinarium	299 558	848 826	549 268	183

Auch die neuesten Ziffern der seit einigen Jahren vom Statistischen Amt des Reiches herausgegenenen Statistik über die Finanzen des Reichs und der Bundesstaaten ergeben, dass die Kulturaufgaben innerhalb der Reichsgemeinschaft gegenüber den Ausgaben zum Schutze und zur Sicherheit des Reichsgebiets wohl zu ihrem Rechte kommen. Nach dieser Statistik wurden vom Reich und allen Bundesstaaten zusammen 1900 (bezw. 1901) an ordentlichen und ausserordentlichen Ausgaben verausgabt 3187 Mill. M. (S. 244 a. a. O.). Wenn von diesem Betrage auch rund 600 Mill. M., welche Ueberweisungen des Reichs an die Bundesstaaten darstellen, ausscheiden müssen, so nehmen von

[1]) Der Etat sieht höhere Summen vor, doch mussten 67 809 000 M in Abzug gebracht werden, welche heute auf dem Etat der Allgemeinen Finanzverwaltung (Ausgabegruppe B des Staatshaushaltsetats) stehen (Apanagen, Passiva der Generalstaatskasse, Matrikularumlagen), damals aber als Staatsverwaltungsausgaben verrechnet wurden.

dem Reste von 2587 Mill. M. Marine und Militär nur 883 Mill. M. = rd. 34 Proz. in Anspruch, während 1604 Mill. M. = rd. 66 Proz. auf sonstige allgemeine Staats (Civil-) verwaltung entfallen. Vergleicht man hiermit den alten preussischen Militärstaat, so tritt der Unterschied in der verhältnissmässigen Antheilnahme des Civilaufwandes gegenüber dem Militäraufwand in dem gesammten Aufwand für Staatsverwaltungszwecke zu Gunsten der Jetztzeit deutlich hervor. Nach Anl. XIII kamen im Jahre 1866 von insgesammt 275 Mill. M. allgemeiner Staatsaufwand 134,6 oder rund 49 Proz. auf Militär- und Marinelasten und nur 90,7 Mill. oder rund 33 Proz. auf den Civildienstaufwand, während der Dienst der öffentlichen Schuld, die auch zum grossen Theil wieder Militärzwecken diente, rund 18 Proz. in Anspruch nahm.

Die Entwickelung der militärischen und Marinelasten seit den 70er Jahren hier eingehender zu verfolgen, würde den Rahmen dieses Werkes überschreiten.

Dagegen verdient die Steigerung des Aufwandes für Civilverwaltung und Kulturaufgaben in Preussen in den letzten drei Dezennien eine eingehendere Würdigung. Zur Veranschaulichung der Entwickelung der Ausgaben in den hauptsächlichsten Ausgabegruppen diene nachstehende Tabelle.

Es stiegen die Staatszuschüsse d. h. die Ausgaben des betr. Verwaltungszweiges nach Abzug der eigenen Einnahmen von 1869 (Rechnung) bis 1903 (Etat) in 1000 M. wie folgt (I = ordentliche und ausserordentliche Ausgaben zusammen, II = lediglich ordentliche Ausgaben):

	1869		1903		Steigerung		Proz.	
	I	II	I	II	I	II	I	II
Finanzministerium	29 697	29 652	118 657	112 567	88 960	82 915	300	280
Handels-, Gewerbe- und Bauverwaltung	30 095	25 681	47 223	[1])31 986	17 128	6 305	57	25
Justizverwaltung	7 185	5 891	40 779	32 531	33 594	26 640	468	452
Verwaltung des Innern	23 641	22 679	58 528	56 596	34 887	33 917	148	150
Landwirthschafts- und Gestütsverwaltung	4 500	4 090	27 857	20 545	23 357	16 455	519	402
Min. d. g. Unterrichts- und Medizinalangelegenheiten	18 070	16 807	165 477	147 610	147 407	130 803	816	778
Summe der Civilstaatsausgaben	117 187	108 037	462 202	405 583	345 015	297 546	294	275
Extraordinarium	9 150		56 619		47 469		518	

[1]) Würde man Handels- und Gewerbeverwaltung von der Bauverwaltung trennen, so würde sich für erstere Verwaltung eine weit stärkere prozentuale Steigerung ergeben, wie sich ergiebt, wenn man die Zahlen von 1880/81 bis 1903 in Anl. XIV (Sp. 17 d) vergleicht.

§ 186. Ein näheres Eingehen auf die Natur der in Betracht kommenden Mehrausgaben im Allgemeinen zeigt zunächst, dass der breiteste Raum unter den Mehrausgaben aller Ressorts die Besoldungsverbesserungen und die Vermehrung des staatlichen Beamtenpersonals einnehmen.

In die Periode von 1869 an fallen zwei grosse allgemeine Besoldungsverbesserungen, von denen die eine im Jahre 1872 stattfand, die andere sich auf die neunziger Jahre erstreckt (vor allem 1890/91 und 1897/98). Die Besoldungsverbesserung von 1872 brachte eine jährliche Mehrausgabe für die Staatskasse von rund 15 Mill. M., diejenige aus den 90er Jahren sogar von über 90 Mill. M.[1]) mit sich.

Für diese grosse Differenz der in den Jahren 1872 und 1890ff. aufgewandten Summen kommt natürlich auch eine erhebliche Vermehrung der staatlichen Beamtenstellen mit in Betracht.[2]) Nach der Anl. XV stieg die Zahl der etatsmässigen Beamtenstellen lediglich bei den hier in erster Linie interessirenden Zuschussverwaltungen von 1868 bis 1902 von 32 202 auf 56 064, ihre Gehaltsbezüge von 59,1 Mill. auf 141,2 Mill. M.

Besonders gross war die Beamtenvermehrung im Gebiet der landwirthschaftlichen Verwaltung von 359 auf 2242, der Kultus- und Unterrichtsverwaltung von 1931 auf 3616, der Justizverwaltung von 14 444 auf 19 682, des Ministeriums des Innern von 9313 auf 22 640, wo besonders Polizei- und Strafanstaltsverwaltung in Betracht kommen.

Zu dem Mehr an Gehaltsbezügen kamen nach 1872 auch die Wohnungsgeldzuschüsse hinzu, welche im Jahre 1873 zum ersten Male mit rund 13 Mill. M. erscheinen und im Bereiche der Zuschussverwaltungen 1902 15,9 Mill. M. ausmachten.

Auch die Zahl der Hülfskräfte und die Höhe der für diese festzusetzenden Remunerationen stieg erheblich, von rund 7 Mill. M. auf 18,8 Mill. M.

Aber auch für sonstige Nebenbezüge der Beamten, insbesondere für Tagegelder und Reisekosten der Beamten wurden erhebliche Mehrbeträge ausgegeben.

Endlich wurde auch für die pensionirten Beamten und für die Relikten verstorbener Beamten und Pensionäre im steigenden Masse gesorgt. Die aus dieser Fürsorge entstehenden Kosten werden für sämmtliche Beamte (auch der Ueberschussverwaltungen) auf dem Etat des Finanzministeriums geführt und zwar in Kap. 62 Tit. 3 (Pensionen) und Tit. 5a (Gesetzliche Wittwen- und Waisengelder).

---

[1]) Vergl. Immediatbericht des Finanz-Ministers für die Jahre von 1897 bis 1899, S. 10.

[2]) Am meisten auf dem Gebiete der Eisenbahnverwaltung (von 10 836 in 1868 auf 129 058 in 1902).

Die genannten beiden Fonds betrugen

	Tit. 3	Tit. 5a	
nach der Rechnung 1869 . .	10,1	—[1])	Mill. M.
nach dem Etat 1903	52,0	19,2	„ „

Das macht ein Mehr von rund 61 Mill. M., wobei allerdings allein die Eisenbahnverwaltung mit einigen 20 Mill. M. betheiligt ist.

§ 187. Eine nähere Prüfung der einzelnen Hauptverwaltungszweige der allgemeinen Staatsverwaltung zeigt zunächst bei dem Finanz-Ministerium, dass von dem Mehr von 82 Mill., abgesehen von jenen 61 auf diesem Etat stehenden Millionen für Pensionen und Reliktengeldern, der hauptsächlichste Theil für die allgemeinen Verwaltungsbehörden (Oberpräsidien und Regierungen) verbraucht wurde, welche 1869 (einschl. der Finanzdirektion in Hannover) 7,1 Mill., 1903: 20,5 Mill. M. in Anspruch nahmen, was eine Steigerung um 118 Proz. bedeutet.

§ 188. Von allen Zuschussverwaltungen den bei weitem grössten Antheil an den 297 Mill. M. Mehr der ordentlichen und den 345 Mill. Mehr der Gesammtausgaben in der Zeit von 1869—1903 nimmt die Verwaltung der geistlichen, Unterrichts- und Medizinal-Angelegenheiten in Anspruch, nämlich 131 bezw. 147 Mill. M.

Eine nähere Prüfung dieser Zahlen ergiebt wiederum, dass es in der Hauptsache die Ausgaben für Unterrichtszwecke sind, welche sich so enorm gesteigert haben. Für diese wurden ausgegeben im Ordinarium[2]) 1869: 11 Mill. M.. 1903 waren vorgesehen ausschliesslich des Technischen Hochschulwesens rund 117 Mill., einschl. desselben 135,6 Mill. M., was eine Steigerung von nicht weniger als 106 bezw. 114 Mill. M., also von 963 und mehr Prozent bedeutete.

Von den Ausgaben für Unterrichtzwecke sind es wieder diejenigen für die allgemeine Volksschule, welche alle übrigen Ausgaben weit übertreffen, wie folgender Vergleich ergiebt:

Das Ordinarium gab bezw. warf aus in Mill. M.:

	1869	1903	Steigerung	Proz.
für Universitäten	2,6	11,5	8,9	342
höhere Schulen[3])	1,6	13,8	12,2	755
Elementar-Unterrichtswesen[4])	4,0	90,5	86,5	2162.

[1]) Damals bestand keine allgemeine staatliche Reliktenversorgung. Diese wurde erst 1850 eingeführt Für Wittwen- und Waisenverpflegungsanstalten wurden 1869 ausgegeben 2,9 Mill., 1903 standen hierfür noch im Etat (Kap. 60 Tit. 1 – 10) = 4,6 Mill. M.

[2]) Abgesehen von dem Antheil an den Kosten der Centralverwaltung und unter Ausserachtlassung des Abschnitts „Kultus und Unterricht gemeinsam“ für 1903, wo er zumeist kirchliche Ausgaben enthielt und enthält.

[3]) Auschliesslich Provinzial-Schulkollegien und Prüfungskommission.

[4]) Für 1869 sind eingerichtet die Ausgaben der Rechnung des Kap. 64 Tit 22—26 und von Tit. 35 (Verbesserung der äusseren Lage der Geistlichen und Lehrer) die Hälfte.

Für die Universitäten giebt hiernach der Staat gegenwärtig das 4fache, für höhere Schulen das 8½fache, für das Elementar-Unterrichtswesen aber das 22½fache wie vor 34 Jahren aus.

Bei den Universitäten waren es vor allem die Laboratorien, Sammlungen, naturwissenschaftlichen und klinischen Institute, welche die hohe Ausgabesteigerung zur Folge hatten,[1]) während es bei den höheren Schulen hauptsächlich die Steigerung der persönlichen Kosten vor allem in Folge Erhöhung der Lehrergehälter und Vermehrung des Lehrerpersonals gewesen ist, die zu stark vermehrten Staatszuschüssen führte,[2]) zu deren Deckung vielfach weder die Schulgelderhöhungen, noch die Gemeindezuschüsse ausreichten.

Die erste Besoldungsverbesserung der höheren Lehrer (1872) kostete dem Staat jährlich 1,3 Mill. M.,[3]) die weitere Steigerung auf Grund des Normalbesoldungsplanes von 1892 und seiner verschiedenen (jetzt bereits 5) Nachträge, sowie des Ges. v. 25. Juli 1892 für nicht staatliche höhere Schulen ist mit insgesammt 3 Mill. M. gewiss nicht zu niedrig veranschlagt. Dazu können gegenwärtig an Pensions-[4]) und „Reliktenbeträgen[5]) für die höheren staatlichen Anstalten allein etwa rund 2 Mill. M. jährlich veranschlagt werden.

Auch bei dem Elementar-Unterrichtswesen ist es vor allen Dingen die Vermehrung der Lehrerzahl, wie die Erhöhung der Lehrergehälter, also der **Personalbedarf**, welcher die enorme Steigerung der Staatsbeihülfen hervorgerufen hat.

Von 1871—1901 stiegen die persönlichen Volksschullasten von 22,4 Mill. M. auf 186,8 Mill., also um 164,4, die sächlichen von 7,4 Mill. auf 83,0 Mill. M., also um 75,6 Mill. M.

Zugleich mit der steigenden Fürsorge des Staats für die Verbesserung der Volksschullehrergehälter begann die Staatsregierung seit den 80er Jahren auf die allmähliche Durchführung der **Unentgetlichkeit** der Volksschule hinzuwirken, sodass, während 1878/79 noch 12,9 Mill. M. oder rund 13 Proz. der Volkschuleinnahmen aus Schulgeld aufkamen, dieser Betrag i. J. 1901 auf 0,8 Mill. M. (= 0,31 Proz.) gesunken ist.

Die Steigerung der Staatslasten kann im Einzelnen hier nicht verfolgt werden.[6]) Doch sei hervorgehoben, dass dem Staate u. A. das Lehrerpensionsgesetz von 1885 eine jährliche Mehrlast von 1,8 Mill., steigend jährlich durchschnittlich um 600 000 M., später langsamer (1903 auf 5,5 Mill. M.), die Reliktengesetze von 1889, 1890, 1899 eine

---

[1]) Bd. II Buch I § 108.

[2]) Bd. II Buch II § 258.

[3]) a. a. O. § 262ff

[4]) Vgl. Ges. v. 25 April 1896 (G.-S. S. 87) und a a O. § 273ff.

[5]) Vgl Bd. II Buch II § 276—278a.

[6]) Näheres Bd. II Buch I, vor Allem in § 404ff. und in den Nachträgen (Anhang II des vorliegenden Buches).

jährliche Belastung der Staatskasse mit rund 1,8 Mill. M. verursachen, und dass endlich die Ges. v. 14. Juni 1888[1])/31. März 1889 die Staatskasse mit 26 Mill., jährlich um 500 000 M. steigend, die Regelung der Dienstalterszulagen im Verwaltungswege seit 1888 mit weiteren 9 Mill. Mark, jährlich um 650 000 M. steigend, belasteten und dass endlich das Lehrerbesoldungsgesetz v. 3. März 1897 einen weiteren Mehraufwand von 10,8 Mill. M. zur Folge hatte, sodass gegenwärtig (1903) zu den Lehrergehältern und Dienstalterszulagen allein aus Kap. 121 Tit. 32 und 35 zusammen nicht weniger wie 50,7 Mill. jährlich staatlich bereit gestellt werden.

Daneben entfallen aber aus Tit 34 für unvermögende Schulverbände noch jährlich etwa 10—11 Mill. — (der Rest kommt auf sächliche Zwecke) — auf Lehrerbesoldungen und sonstige persönliche Schulausgaben, sodass der Staat für Volksschullehrer-Besoldungszwecke u. s. w.[2]) jährlich im Ganzen etwa 60 Mill M verausgabt.

Was die sächlichen Ausgaben zu Unterrichtszwecken anbetrifft, so finden sie sich zum grössten Theil im Extraordinarium der Unterrichtsverwaltung vor.

Im Ganzen sind hier ausgegeben bezw. bereitgestellt in der Zeit von 1870 bis 1903[3]) an extraordinären Kosten:

	Universitäten	Höhere Schulen	Elementarunterrichtswesen
von 1870—1879/80 . .	34 130 613	7 881 144	15 341 808
„ 1880/81—1889/90 .	22 692 211	6 849 549	8 846 914
„ 1890/91—1899 . .	19 413 949	5 244 749	17 964 021
„ 1900—1903	15 339 930	3 997 695	28 189 466
Summe . .	91 576 703	23 973 137	70 342 209

Auf dem Gebiete des Technischen höheren Unterrichtswesens ist seit 1869 ebenfalls viel von Seiten der Staatsregierung geschehen. Die Politechniken zu Charlottenburg, Hannover und Aachen wurden zu Technischen Hochschulen ausgebildet, zwei neue Technische Hochschulen zu Danzig und Breslau sind in der Entstehung begriffen. Die laufenden Ausgaben für Technisches Hochschulwesen stiegen von 1871 bis 1903 von 508 804 auf 2 691 773 M., also auf mehr als das Fünffache.

Auf kirchlichem Gebiete sind namhafte Mehrausgaben hauptsächlich erst in der neuesten Zeit durch die Verbesserung der Pfarrerbesoldungen (im Jahre 1898) entstanden, die dem Staate 5,5 Mill. M. Mehrausgabe verursachte,[4]) im Medizinalwesen sind dem Staate ebenfalls erst neuerdings namentlich durch das neue Kreisarztges. v. 1899 nicht unerhebliche laufende Mehrausgaben von

[1]) a a O. § 411a.

[2]) Abgesehen von Pensionen, Reliktengeldern, Unterstützungen von ausgeschiedenen Lehrern etc und von den Spezialfonds für Posen und Westpreussen.

[3]) S. Bd. II Buch I Anl III und vorliegenden Band Anl. XVI

[4]) Immediatbericht des Finanz-Ministers an den König, 1897--99 S. 13

7—800 000 M. erwachsen. Auf dem Gebiete von Kunst und Wissenschaft sind dagegen bereits seit Beginn der 70er Jahre namhafte Mittel bewilligt worden, nachdem in früherer Zeit diese Seite der öffentlichen Fürsorge allerdings sehr stiefmütterlich behandelt worden war. Von 1870—1903 stiegen hier die laufenden Ausgaben von 954 483 M. auf 2 691 773 M. Daneben wurden aber extraordinär bereitgestellt bezw. bewilligt 1870—1880: 13 166 114 M., 1880—1890: 14 966 498 M., 1890 bis 1899: 11 032 947 M., 1899—1903: 13 195 849 M., zusammen 52 361 408 M.

§ 189. Bei dem Ministerium des Innern sind es hauptsächlich Polizei- und Strafanstaltsverwaltung, die in dem behandelten Zeitraum grosse staatliche Mehrausgaben verursachten, und zwar belasteten bei jener hauptsächlich die ordinären Fonds, bei letzterer besonders auch die extraordinären Kosten für Bauten etc. die Staatskasse in hervorragendem Masse.

Das Ordinarium für Polizeiverwaltung einschliesslich Landgendarmerie stieg von 1869—1903 von rund 9,5 Mill. M. auf 36,9 Mill. M. Besonders auffallend ist die Steigerung seit Erlass des sogen. Polizeikostengesetzes für die Städte mit Konigl. Polizeiverwaltung (1892), welches hauptsächlich die Steigerung (aus Anl. LXXXI in Bd. II Buch VI) von 1890/91 bis 1903 von 25 auf 36,9 Mill. verursacht hat, ein Mehrbetrag, der durch die Steigerung der Einnahmen aus den Beiträgen der Städte im gleichen Zeitraum von 0,7 auf 9,9 Mill. nur zum Theil ausgeglichen wird.[1])

Die laufenden Ausgaben für die Strafanstaltsverwaltung stiegen von 1869—1903 (nach Abzug der eigenen Einnahmen) von rund 3 Mill. M. auf 9,5 Mill. M., also auf das Dreifache, daneben wurden aber seit 1870 rund 31 Mill. M. für Bauzwecke bereitgestellt, während für die Polizeiverwaltung im gleichen Zeitraum nur 8,9 Mill. M. extraordinär bewilligt zu werden brauchten.

§ 190. Was die beiden Verwaltungen zur Förderung und zum Schutz der produktiven Stände, für Landwirthschaft und Handel und Gewerbe anbetrifft, so wurden auf beiden Gebieten zu Beginn der Periode noch verhältnissmässig recht geringe staatliche Mittel bereitgestellt, da man in jener Zeit noch mehr der Ansicht huldigte, dass eine Verausgabung von Staatsmitteln auf diesen Gebieten in umfangreicherem Masse ein unnöthiges und sogar schädliches Einmischen in die freie wirthschaftliche Entwickelung bedeute. Erst seit Beginn der 70er Jahre wurde dieser Standpunkt mehr und mehr verlassen, und besonders die Förderung des landwirthschaftlichen und gewerblichen Unterrichts ist seitdem energisch vom Staate in die Hand genommen worden. Auf dem Gebiete der Landwirthschaft ging man gleichzeitig auch zu einer direkten Pflege und Förderung der Landwirthschaft, vor Allem auf dem Gebiete der Viehzucht über,

---

[1]) Näheres Bd. II Buch VI § 96.

während die direkte Pflege und Förderung gewisser Gewerbe, vor Allem des Handwerks, mit erheblicheren staatlichen Mitteln erst neuerdings in dem Staatshaushaltsetat hervortritt.[1])

Den Fortschritt des Ordinariums der beiden Verwaltungen zeigt folgende Uebersicht:

Es betrugen die Ausgaben, nach Abzug der eigenen Einnahmen

	für die Landwirthschafts- und Gestütverwaltung Mill. M.	für die Handels- und Gewerbeverwaltung Mill. M.
1869	4,5	?[2])
1880/81 . . .	8,8	1,2
1903	27,8	8,5

Absolut stärker ist also die Steigerung der Ausgaben bei der Landwirthschaft, relativ bei Handel und Gewerbe.

Speziell die staatlichen Zuschüsse[3]) für Fachunterricht erhöhten sich wie folgt:

	Landwirthschaftl. Unterricht[4]) Mill. M		Handels- u. gewerbl. Unterricht Mill. M.
1869	0,4		?
1880/81 . . .	0,6	1885/86[5]) . .	1,0
1903 (Etat) . .	1,6		6,3

Hier ist demnach die Steigerung für gewerblichen und Handelsunterricht eine verhältnissmässig beträchtlich höhere. Dagegen verdient hervorgehoben zu werden, dass die laufenden staatlichen Zuschüsse zu Viehzucht, Fischerei, Landesmeliorationen von 1869—1903 von rund 0,7 Mill. M. auf 3,7 Mill. M., also auf über das Fünffache stiegen.

§ 191. Die Bauverwaltung ist diejenige Verwaltung, welche im Allgemeinen prozentual die geringste Steigerung der Ausgaben in dem behandelten Zeitraum, sowohl im Ordinarium, wie im Extraordinarium aufzuweisen hat, doch ist hier die Summe der ausseretatsmässig (aus Anleihen) bereitgestellten Mittel sehr hoch, wie aus Bd. II Buch V näher zu ersehen ist. Das Ordinarium stieg von 1880/81[6]) bis 1903 von 29,7 auf 48,7 Mill. M. (die eigenen Einnahmen fallen nicht ins Gewicht), die Steigerung beträgt also nur 19 Mill. M. oder 64 Proz. Dabei ist zu beachten, dass diese Steigerung vor Allem

[1]) vgl. auch Bd. II Buch II § 311 ff. und Buch IV § 122 ff.

[2]) Leider lassen sich die Ausgaben für die Handels- und Gewerbeverwaltung für 1869 nicht feststellen, da sie noch mit denjenigen für die Bauverwaltung verquickt waren (bis 1879/80).

[3]) also Ausgaben nach Abzug der eigenen Einnahmen.

[4]) abgesehen vom thierärztlichen Unterrichtswesen.

[5]) dies Jahr musste genommen werden, weil im Jahre 1880/81 das gewerbliche Schulwesen auf dem Etat des Kultusministeriums stand und erst 1885/86 auf den Handels- und Gewerbeetat zurückübertragen wurde.

[6]) s. auch Anm. 1 auf Seite 185.

dem Wasserbau zu Gute gekommen ist, indem z. B. allein die drei zu sächlichen Ausgaben auf dem Gebiete des Wasserbauwesens bestimmten Titel 15 (Seegewässer), Titel 16 (Binnengewässer), Titel 17 (Kanäle) im Kap. 65 gestiegen sind von 1880/81 - 1903 von zusammen 8,9 auf 18,5 Mill. M., also um fast 10 Mill. M.

Auch unter den im Etat der Bauverwaltung eine besonders wichtige Rolle spielenden extraordinären Ausgaben sind es die Wasserbauten, welche alljährlich in steigendem Masse die bereitgestellten Mittel in Anspruch nehmen, z. B. 1903 allein für See- und Binnengewässer 8,7 Mill. bei 14,8 Mill. M. des Gesammtextraordinariums. Dabei ist nicht ausser Acht zu lassen, dass alle extraordinären Staatsausgaben zu sogenannten wasserwirthschaftlichen Zwecken, vor Allem zu Landesmeliorationen, auf dem Landwirthschaftsetat erscheinen, während freilich auch die Mehrzahl der Hochbauten (Justiz-, Strafanstalts- etc. Bauten) nicht auf dem allgemeinen Bauetat, sondern auf den betreffenden Ressortetats ausgeworfen werden. Insgesammt wurden in dem Zeitraum von 1880—1901 extraordinär und ausseretatsmässig (durch Anleihen) für Wasserbauzwecke — abgesehen von Meliorationen etc. — 457,5 Mill. M., für Hochbauten von 1878—1900 348 Mill. M. an sächlichen Kosten verausgabt.[1])

§ 192. Bei dem Justizetat sind im Laufe der Zeit die eigenen Einnahmen, die im Jahre 1869 nicht weniger als rund 86 Proz. der Ausgaben deckten, in erheblicher Weise zurückgegangen. Zum Theil[2]) war es die neue Justizreorganisation aus Ende der 70er Jahre, welche bewirkte, dass schon 1880/81 die Einnahmen nur noch rund 60 Proz. der Ausgaben deckten. Eine Besserung in diesem Antheilsverhältniss hat erst seit Miquels Amtsantritt, welcher sich allgemein eine pflegliche Behandlung der eigenen Einnahmen der Zuschussverwaltungen angelegen sein liess, stattgefunden (1903 rund 67 Proz.).[3])

Was die Ausgaben anbelangt, so sind es auch bei dieser Verwaltung hauptsächlich die Stellenvermehrungen und Besoldungsverbesserungen, welche die starke Steigerung der Gesammtausgaben im Ordinarium, von 47,8 auf 116,7 Mill. M. — nach Abzug der eigenen Einnahmen von 5,8 auf 32,5 Mill. M. — veranlasst haben.

An extraordinären Ausgaben wurden bereitgestellt in der gedachten Zeitperiode ca. 160 Mill. M. Ein grosser Theil entfiel dabei auf die der Justizverwaltung unterstehenden, oft mit den Amtsgerichten verbundenen Gefängnisse.

§ 193. Wie fanden diese vielfachen und erheblichen Ausgabesteigerungen bei dem Staats-Civilaufwand in den letzten 3 Dezennien nun ihre Deckung?

---

[1]) s. Bd. I Buch V § 164.

[2]) auch andere Gründe waren massgebend, vgl. Bd. II Buch IX § 310.

[3]) Immediatbericht 1896/97 S 11 und 1897/98 S. 39. Vgl. auch Reichsanzeiger 1898, besondere Beilage zu Nr. 129 S. 1 3. Spalte.

Vergegenwärtigt man sich noch einmal das Wachsthum der Staatsverwaltungsausgaben, so ergiebt sich aus Sp. 23d der Anl. XIV, wenn man die Zahlen der Rechnung 1869 mit dem Durchschnitt der Rechnungszahlen für 1900, 1901 und 1902 vergleicht, ein Mehr von rund 327 Mill. M. Dazu tritt bei den Dotationen einschliesslich Staatsschuldenverwaltung etc. (Sp. 12c) bei gleicher Rechnung ein Mehr von 244 Mill. M., zusammen 571 Mill. M.

Diese hohen ordinären und extraordinären Mehrbeträge für Zwecke der allgemeinen Staatsverwaltung aufzubringen, würde für die preussischen Finanzminister eine schwierige, vielleicht unlösbare Aufgabe gewesen sein, wenn ihnen nicht drei Momente in diesem Zeitraume zu Hülfe gekommen wären, nämlich in erster Linie die grossen, rapide steigenden Eisenbahnüberschüsse besonders in Folge der seit Ende der 70er Jahre durchgeführten Verstaatlichungsaktion, die eine Steigerung der gedachten Ueberschüsse von 1879/80 - 1900 von 94,4 Mill. auf 472,8 Mill. M. zur Folge hatte — seitdem sind trotz der Ungunst der wirthschaftlichen Verhältnisse die Reinerträge unter 415 Mill. noch nicht herabgesunken — sodann (seit 1890) die Miquelsche Steuerreform und endlich auch — während der 80er Jahre — die grossen Mehrüberweisungen vom Reich, die in den 10 Jahren von 1883—1893 für Preussen zusammen nicht weniger als 289,8 Mill. M. betrugen (Sp. 11c in Anl. XIV).

Nun ist allerdings zu berücksichtigen, dass durch die Eisenbahnverstaatlichungsaktion Preussen auch eine Schuldenlast von etwa 6 Milliarden übernommen hat, deren in ihrer Höhe schon soeben angegebene Verzinsung und Tilgung aus den Eisenbahnüberschüssen zu decken ist, sowie dass noch gegenwärtig rund 25 Mill. M. jährlich für Pensionen und Relikten von Eisenbahnbeamten, die nicht durch den Eisenbahnetat, sondern durch den Etat des Finanzministeriums laufen, von den Eisenbahnüberschüssen in Abrechnung zu bringen sind. Nach Sp. 4d der Anl. XIV beträgt indessen das Mehr des Ueberschusses der Eisenbahnverwaltung, verglichen nach der Rechnung von 1869 und dem Durchschnitt der Rechnungen 1900, 1901 und 1902 rund 436 Mill. M. Rechnet man hiervon auch zunächst das Mehr an den Ausgaben für Dotationen (Staatsschuld) und 25 Mill. M. für auf dem Etat des Finanzministeriums stehende Pensionen und Reliktengelder der Eisenbahnbeamten mit zusammen 269 Mill. M. ab, so bleiben immerhin — nach Abzug dieser gebundenen Eisenbahnüberschüsse — noch rund 167 Mill. M. freie Eisenbahnmehrüberschüsse übrig, so dass von dem oben erwähnten Mehr der erforderlichen Zuschüsse von (327 Mill. M. — 25 Mill.) = 302 Mill. M. nur noch 135 Mill. ungedeckt sein würden.

Die Steigerung der Reineinnahmen der übrigen drei wichtigsten Betriebsverwaltungen, Domänen, Forsten, Berg-, Hütten- und Salinenverwaltung ist demgegenüber erheblich zurückgeblieben. Der Reinertrag der Domänen, die 1869 einen Ueberschuss von 23,4 Mill. M. lieferten, ist seit Beginn der 90er Jahre stetig zurückgegangen und betrug nach dem Durchschnitt der Rechnungen für 1900/1901 und 1902 jährlich nur noch 11,8 Mill. M. Das Mehr des Ueberschusses aus der Forst- und Bergverwaltung ist trotz einer verhältnissmässig nicht unerheblichen Steigerung (es beträgt, wenn man die Rechnung des Jahres 1869 mit dem Durchschnitt der Rechnungen für 1900—1902 vergleicht, bei der Forstverwaltung rund 26,9 Mill. M., bei der Berg- etc. Verwaltung rund 23,4 Mill. M., zusammen 50,3 Mill. M.) doch nur geeignet, neben der Deckung des bei den Domänen eingetretenen Minderertrags von 11,6 Mill. für 39 Mill. des Mehrs an allgemeinem Staatsaufwand aufzukommen. Rechnet man noch rund 5 Mill. M. Mehrüberschuss aus der Lotterieverwaltung hinzu, so bleiben für die Betriebsverwaltungen — abgesehen von den Eisenbahnen — etwa 44 Mill. M., also nur etwa ein Drittel des Mehrs der freien Eisenbahnüberschüsse zur Deckung des Mehrbedarfs der allgemeinen Staatsverwaltung verfügbar.

Sonach würden von dem Mehr an Zuschüssen für die allgemeine Staatsverwaltung aus anderen Quellen als den Betriebsverwaltungen noch rund 91 Mill. M. zu decken sein.

Die Deckung dieses Restes war den direkten und indirekten Steuern vorbehalten. Der Ueberschuss der ersteren stieg nach der gleichen Rechnungsmethode von 1869—1903 von 123,9 Mill. auf 202,7 Mill., also um 78,8 Mill. M., der der indirekten Steuern von 42,5 Mill. auf 53,8 Mill., also um 11,3 Mill., zusammen um rund 90,1 Mill. M., was rund zwei Drittel des Mehrs an freien Eisenbahnüberschüssen ausmacht.

§ 194. Die grosse Bedeutung der Eisenbahnüberschüsse für die Balanzirung des preussischen Staatshaushaltsetats in Rücksicht auf die Höhe ihrer Erträge springt hieraus sichtlich in die Augen. Neben diesem günstigen Einflusse auf die Etatsgestaltung treten indessen auch nachtheilige Seiten derselben scharf hervor.

Wenn man die Schwankungen der Ueberschüsse in den Spalten 1c (Domänen), 2c (Forsten), 3c (Bergwerke etc.), 7c (direkte) und 8c (indirekte Steuern) zwischen den Rechnungen der einzelnen Jahre miteinander vergleicht, so sind hier Unterschiede von 9 Mill. M. bei den Bergwerken etc. (z. B. von 1899 zu 1900), von 15 Mill. M. bei den direkten Steuern (z. B. von 1898/99 auf 1899) schon aussergewöhnliche Erscheinungen.[1]) Bei der Eisenbahnverwaltung aber finden wir von 1900 auf 1901, wo die Verstaatlichungsaktion bereits fast ganz durchgeführt war, eine Schwankung nach unten von 472,8 auf 415,6 Mill., also ein Minus von 57,2 Mill. M., von 1898/99 zu 1899 ein Mehr von

[1]) Das Sinken des Ueberschusses von 1894/95—1895/96, Sp. 7c der Anl. XIV, um rund 35 Mill. M. war eine direkte Folge der Steuerreformgesetze, kann also hier ausser Betracht bleiben.

52,8 Mill. M. Dazu kommt, dass die Rechnung von dem Voranschlag oft sehr erheblich abweicht, z. B. von 1901 um 48,7 Mill. M. (1895/96 sogar um 68 Mill. M.). Die Unsicherheit, welche dadurch in den Etat getragen wird, liegt auf der Hand.

§ 195. Verschärft wird dieser Nachtheil durch die finanziellen Verhältnisse oder vielmehr Missverhältnisse zwischen Einzelstaaten und Reich. Aus Spalte 11 der Generaltabelle geht die Unberechenbarkeit der Ansprüche des Reichs an die Einzelstaaten hervor. Solange eine feste finanzielle Scheidung zwischen Reich und Einzelstaaten bezw. die finanzielle Selbständigmachung des Reichs nicht stattfindet, werden die aus der Unsicherheit dieser Finanzbeziehungen folgenden nachtheiligen Rückwirkungen auch auf den preussischen Etat nicht zu verhindern sein.

Nach der Natur ihrer Ursachen bewegen sich nun aber die Schwankungen in den Einnahmen des preussischen Staats mit denen im Reich in ganz ähnlicher Richtung. Die Einnahmen der Eisenbahnen, der Bergwerksverwaltung, der Forsten und Domänen, der indirekten Steuern, ja selbst der direkten Steuern, nachdem die festen Realsteuern der viel beweglicheren Einkommen- und Vermögenssteuer gewichen sind, hängen ebenso wie diejenigen aus Zöllen, Verbrauchs- und Stempelabgaben von dem wechselnden Stande des Erwerbs- und Wirthschaftslebens ab. Zur Zeit wirthschaftlicher und politischer Krisen können für den Staat bedenkliche Folgen hieraus entstehen. Denn der Ausgabebedarf wird dann nur eine beschränkte Verminderung gestatten, während die Einnahmen in solchen Zeitläuften plötzlich enorme Ausfälle zeigen werden.

Der plötzliche wirthschaftliche Rückgang der letzten Jahre hat ein lehrreiches Beispiel für obige Ausführungen gegeben.

Während die Ueberschüsse der Betriebsverwaltungen (Sp. 6d) noch von 1898/99 auf 1899 um 59,5 Mill. M. stiegen (von 551,7 auf 611,2 Mill. M.), sanken sie in den Jahren 1900 und 1901 um zusammen 88,4 Mill. M., 1902 weiter um 1,6 Mill. M. und konnten für 1903 nur auf 486,2 Mill. M. veranschlagt werden,[1]) was gegen die Rechnung von 1899 ein Minus von nicht weniger als 125 Mill. M. = rund 20,5 Proz. bedeutet.

Es bedurfte einer ganzen Reihe von andern günstigen Momenten, um gegenüber dem steigenden Ausgabebedarf zu ermöglichen, dass die Etats von 1901 und 1902 balanzirten und bei dem Etat für 1903 eine Defizitanleihe von rund 70 Mill. M.[2]) zur Herstellung des Gleichgewichts in dem Staatshaushalt genügen konnte.

Einmal kam nämlich in Betracht, dass die Veranlagung der Einkommensteuer nach dem dreijährigen Durchschnitte einen Ausgleich

---

[1]) Die Besserung in den wirthschaftlichen Verhältnissen scheint glücklicherweise den Voranschlag für zu ungünstig erweisen zu wollen.

[2]) Sp. 11b[1] der Anl. XIV.

zwischen den Einkommensrückgängen der ungünstigen Jahre mit einzelnen besseren Jahren der vorangegangenen Zeit und mit dem natürlichen Wachsthum des Volkseinkommens herbeiführte, der zur Folge hatte, dass trotz der Ungunst der Zeiten der Etat für 1903 noch ein um 15,2 Mill. M. höheres Steuererträgniss als die Rechnung von 1899 veranschlagen konnte.

Als weiteres günstiges Moment erschien es, dass man in Folge der gegenwärtigen Reichsfinanzpolitik im Reiche bemüht ist, ein festes Spannungsverhältniss zwischen Matrikularumlagen und Ueberweisungen innezuhalten, sodass das Mehr an Matrikularumlagen gegen Ueberweisungen von 1903 gegen 1899 nur 8 Mill. M. betrug. Indessen ist klar, dass bei einem längeren Anhalten der ungünstigen wirthschaftlichen Konjunktur dieses Spannungsverhältniss zwischen Matrikularumlagen und Ueberweisungen vom Reiche nicht aufrecht zu erhalten sein würde.[1]) Eine Verschlechterung dieses Verhältnisses aber auch nur um einige 30 Millionen würde im Verein mit einem durch die ungünstige wirthschaftliche Konjunktur bedingten Sinken der Eisenbahnüberschüsse die Unhaltbarkeit des jetzigen finanziellen Verhältnisses zwischen Einzelstaaten und Reich, wie es sich in vielen kleineren Bundesstaaten, die nicht wie Preussen über eine so ergiebige Betriebsverwaltung, wie dessen Eisenbahnen verfügen, schon bisher auf das Drückendste geltend gemacht hat, auch für Preussen aufs Deutlichste erweisen.

Endlich würde trotz der vorgenannten günstigen Umstände die Finanzlage der letzten Jahre in Preussen noch eine bedeutend ungünstigere geworden sein, wenn dem Etat nicht die zahlreichen stillen Reserven zu Gute gekommen wären, die der Finanzminister v. Miquel im Etat (besonders im Extraordinarium) angelegt hatte und welche es z. B. ermöglichten, ohne wesentliche Schädigung der betr. Verwaltungszweige das Extraordinarium, welches in den Etats für 1900 und 1901 zusammen mit 169,1 Mill. M. ausgeworfen war, für 1902 und 1903 nur mit 104,7 Mill. M. in Ansatz zu bringen, die letzte Periode also um rund 64 Mill. M. zu entlasten.[2])

§ 196. Die vorgedachten Nachtheile, welche sich aus der Fundirung eines grossen Theiles der Staatsverwaltung auf die Ueberschüsse der Eisenbahnverwaltung ergeben, können natürlich gleichwohl nicht zu dem Wunsche führen, dass die Verstaatlichungsaktion wieder rückgängig gemacht werde, was thatsächlich ja wohl auch kaum durchführbar sein würde.

Auch ist die Frage der Verstaatlichungspolitik ja nicht allein von finanziellen Gesichtspunkten zu entscheiden, sondern auch aus volkswirtschaftlichen, ökonomi-

---

[1]) falls nicht eben neue eigene Reichseinnahmequellen erschlossen werden.

[2]) Nur unter Finanzminister Camphausen hat in den 70er Jahren stellenweise eine so starke Dotirung des Extraordinariums stattgefunden, wie in den letzten Jahren der v. Miquelschen Finanzverwaltung (s. die Zahlen in Anl. XVI).

schen, Verkehrs- und vor allem strategischen Gesichtspunkten zu beurtheilen, auf die hier nicht näher eingegangen werden soll.

Insbesondere ist die Ausgestaltung der Eisenbahnen als einer Hauptfinanzquelle des Staates, obwohl dies bei Beginn der Verstaatlichungsaktion keineswegs beabsichtigt war,[1]) heutzutage als ein Faktum anzusehen, mit welchem die preussische Finanzverwaltung rechnen muss und auf welches nicht mehr verzichtet werden kann, wenn nicht eine starke Einschränkung in den Ausgaben für Kulturzwecke, die gerade in den letzten Jahrzehnten zum grossen Theil auf die steigenden Eisenbahnzuschüsse basirt worden sind, eintreten oder zu einer starken Vermehrung der direkten Steuerlast geschritten werden soll. Die Verhältnisse haben sich eben stärker erwiesen, als der Wille der Staatsregierung wie des Parlaments.

Allerdings würde der Staat, wenn das Privatbahnsystem durchgeführt worden wäre, nicht ganz ohne Einnahmen aus den Eisenbahnen geblieben sein, direkt durch Erhebung einer Transportsteuer, indirekt durch Erfassung der grossen Gesellschaften und der Aktieninhaber im Wege der Einkommen- und Ergänzungssteuer. Diese Einnahmen würden aber natürlich nicht annähernd eine Höhe haben erreichen können, wie sie das Staatsbahnsystem bietet. Die in Frankreich von den grossen Privateisenbahngesellschaften erhobene Billet- und Frachtscheinsteuer bringt nur 70 Mill. Frcs. ein. Dabei ist zu berücksichtigen, dass der Staat dort viele erhebliche Garantieverpflichtungen gegenüber den Gesellschaften übernommen hat, und viele Subventionen hat zahlen müssen, um einen dem öffentlichen Interesse Genüge leistenden Ausbau der weniger rentabelen Nebenbahnstrecken zu erreichen.

§ 197. Muss hiernach der bestehende Zustand im Wesentlichen aufrecht erhalten werden, so darf doch andererseits in Würdigung der schwerwiegenden Nachtheile, welche sich für die Budgetgebahrung aus der Eisenbahnverstaatlichung ergeben, nicht versäumt werden, dass die geeigneten Vorkehrungen getroffen werden, um diese Nachtheile und Gefahren auf ein thunlichstes Mindestmass zurückzuführen.

Wir lernten bereits als einen Nachtheil das Schwankende in dem Etats- wie rechnungsmässigen Ergebnisse der Eisenbahnüberschüsse erkennen. Um diese Schwankungen möglichst zu vermindern, hatte schon der Minister v. Miquel einen sogen. Ausgleichsfonds schaffen wollen und dies in dem Gesetzentwurf von 1897, welcher gleichzeitig die gesetzliche Schuldentilgung wieder einführte, zum Ausdruck gebracht. Jener erstere Theil des Gesetzentwurfs scheiterte indessen bereits im Abgeordnetenhause; dieses wollte in viel eingreifenderer Weise Hülfe schaffen und — auf Antrag der nationalliberalen und freikonservativen Parteien — einen Höchstbetrag von Eisenbahnüber-

[1]) vgl. die Rede des Ministers v. Maybach am 10. Juni 1888 im Herrenhause.

schüssen, die zur Deckung allgemeiner Staatsverwaltungsausgaben verwendet werden dürfen, festgesetzt wissen[1]) — ein Vorschlag, mit welchem sich indessen so leicht kein preussischer Finanzminister einverstanden erklären wird. Unter dem jetzigen Finanzminister Frhrn. v. Rheinbaben ist aber nunmehr durch Ges. v. 3. Mai 1903 ein Ausgleichsfonds für die Eisenbahnverwaltung geschaffen worden. Die neue Einrichtung hatte einen Vorläufer schon in dem seit 1895/96 bis 1900 alljährlich aus den Rechnungsüberschüssen der Vorjahre gebildeten ausseretatsmässigen Dispositionsfonds (Kap. 37 des Ausgabeetats der Staatsschulden), welcher von diesem Jahre an bis 1900 mit zusammen rund 200 Mill. M. dotirt werden konnte (s. § 66 ff.).

Diese Einrichtung hatte aber den Mangel, dass der Dispositionsfonds nur aus den Rechnungsüberschüssen des jeweiligen Vorjahres gespeist wurde und erst nach eingetretener Verkehrssteigerung, also durchweg bei aufsteigender Konjunktur, verwendet werden kann, aber gerade dann fehlt, wenn in mageren Jahren eine rückläufige Entwickelung der Eisenbahneinnahmen eintritt. Gerade in solchen Jahren ist der genannte Fonds aber vom Standpunkte der Eisenbahnverwaltung wie der allgemeinen Staatsfinanzen besonders nötig. Ist die Eisenbahnverwaltung in solchen Zeiten nicht im Besitze eines derartigen Fonds, so kann sie erst bei steigendem Verkehr die nöthigen Massnahmen treffen, sie muss sie dann vielfach überhasten, ohne doch überall dem Bedarf in der Kürze der zur Verfügung stehenden Zeit genügen zu können. Zugleich liegt es im finanziellen Interesse des Staates, in den Zeiten niedriger Konjunkturen die hier in Rede stehenden Aufgaben zu lösen, nicht aber zu warten, bis die Hochkonjunktur wieder eingesetzt hat, die naturgemäss für die Staatskasse wesentlich erhöhte Ausgaben bedingt.

Deshalb wurde nunmehr gesetzlich bestimmt, dass die Ueberschüsse der jedesmaligen Jahresrechnung zur Bildung und Ergänzung eines Ausgleichsfonds bis zur Höhe von 200 Mill. zu verwenden seien, der dann dienen soll einmal zur jährlichen Dotirung eines ausseretatsmässigen Dispositionsfonds von 30. Mill., in zweiter Linie zur Ausgleichung eines rechnungsmässigen Minderüberschusses bei der Eisenbahnverwaltung, endlich zur Verstärkung des Extraordinariums dieser Verwaltung bei ungünstigen Zeiten.

Da bei der augenblicklichen Finanzlage auf Ueberschüsse nicht zu rechnen ist, wurden zugleich 60 Mill. aus Anleihemitteln bewilligt, um den ausseretatsmässigen Dispositionsfonds auf 2 Jahre dotiren zu können.

Eine weitere nicht zu gering zu veranschlagende Gefahr der Basirung namhafter Staatsausgaben auf die Eisenbahnüberschüsse liegt darin,

[1]) Freiherr v. Zedlitz-Neukirch, Dreissig Jahre preussischer Finanz- und Steuerpolitik. Berlin 1901. S 58.

dass hohe Rentabilitätsjahre leicht zur Uebernahme neuer dauernder Ausgaben[1]) auf den Staatshaushaltsetat eventl. auch zur Aufgabe vorhandener Einnahmequellen verleiten, die dann bei Rückschlägen in den finanziellen Erträgnissen nicht wieder vom Etat abgesetzt werden können; auch ist die Besorgniss nicht unberechtigt, dass, wie dies bei Verkehrsanstalten und speziell auch bei Eisenbahnunternehmungen als Erfahrungssatz gelten kann, mit der Zeit aus verschiedensten Ursachen ein dauernder Rückgang in dem Reinertragskoeffizenten, in der Rentabilität, eintreten wird, wozu insbesondere auch umwälzende Veränderungen in der Technik sehr erheblich beitragen können.

In dem Immediatsberichte des Finanz-Ministers an den König über die Jahre 1897—1899 wird hierzu ausgeführt:

„Eine Steigerung der Reinerträgnisse der Eisenbahnen in dem bisherigen Masse ist der ganzen Natur der Sache nach für die Dauer nicht zu erwarten, selbst wenn von wirthschaftlich ungünstigen Konjunkturen, von umwälzenden Veränderungen in der Technik u. s. w. ganz abgesehen wird. Während der private Industrielle in der Lage ist, bei Steigerung der Produktionskosten, Erhöhung der Arbeitslöhne, Verbesserungen der Einrichtungen und Anlagen den Preis der Waaren entsprechend zu erhöhen, ist der Staat, zumal bei dem fortwährenden Drängen nach Verbilligung der Tarife, dem Baue weniger rentabler Linien, der fortschreitenden Vermehrung der Personenzüge u. s. w. nicht im Stande, Ersatz für die vermehrten Ausgaben in dem Preise seiner Leistungen in Tariferhöhungen zu suchen. Auch in der Möglichkeit, den erfahrungsmässig stetig wachsenden Kosten der persönlichen Dienstleistungen mit einer stärkeren Ersetzung persönlicher Arbeitskräfte durch maschinelle Einrichtungen zu begegnen, ist die staatliche Eisenbahnverwaltung wie die meisten Verkehrsanstalten nach der Natur ihres Betriebes beschränkt. Wie unten näher dargelegt werden wird, nimmt gerade die Zahl der Beamten und Arbeiter innerhalb des Gebiets der Eisenbahnverwaltung fortgesetzt ganz ausserordentlich zu.[2])

„Aus vorstehenden Bemerkungen ergiebt sich von selbst, dass auch eine dauernde Steigerung der Roheinnahmen keineswegs eine ent-

---

[1]) In der That liegt darin ein Vorzug des französischen Privatbahn-Systems, dass bei Neubewilligung von Mehrausgaben jedesmal die Deckungsfrage erörtert werden muss, die dann oft zu Ersparungen an anderen Ausgabengruppen führt, während in Preussen jahrelang unerwartet hohe Eisenbahn-Einnahmen zur Verfügung standen, die die Begehrlichkeit aller Resssorts wie auch der Parlamentskreise nach Neubewilligung von Ausgaben gewissermassen gross zogen.

[2]) Vgl. hierzu Anl. XV, wonach von 1868—1902 bei der Eisenbahnverwaltung die Zahl der etatsmässigen Beamten von 10 836 auf 129 058, also um mehr als das 12 fache, die Besoldungen von 10 auf 190 Mill., die Remunerirungsfonds von 9000 M. auf 123,1 Mill. stiegen. Aus letzterem Fonds werden u. A. rund 60 000 Bahnunterhaltungsarbeiter besoldet, während aus sächlichen Fonds noch etwa an 48 000 Werkstättenarbeiter Betriebslöhne gezahlt werden müssen.

sprechende Erhöhung der Nettoeinnahmen bedeutet — was bei Beurtheilung der Einwirkung der Wasserstrassen auf die Eisenbahnüberschüsse in Betracht zu ziehen ist.

„Für die preussische Finanzverwaltung ergiebt sich aus dieser Lage der Dinge die dringende Nothwendigkeit, bei den Etatsfeststellungen nicht mit zu grosser Sicherheit auf eine der früheren Entwickelung entsprechend starke Vermehrung der Eisenbahnüberschüsse zu bauen, vielmehr die Frage der Deckung der Staatsausgaben mit besonderer Vorsicht zu behandeln."

Die Erkenntniss der hierin liegenden Gefahren hatte bereits zum Erlasse des sog. Eisenbahngarantiegesetzes von 1882 geführt, um eine ausreichende Abschreibung der in den Eisenbahnen investirten Anlagekapitalien durch planmässige Tilgung der Eisenbahnschulden zu sichern. Das Gesetz verfehlte indessen seinen Zweck.[1])

Von grösserer Bedeutung war die 1884 zwischen Regierung und Landtag getroffene Vereinbarung,[2]) wonach in den jährlichen Etat diejenigen Amortisationsersparnisse als ausserordentliche, aussergesetzliche Tilgung eingestellt wurden, welche alljährlich in Folge der mit der Verstaatlichung der Eisenbahnen zusammenhängenden Umwandlung von tilgbaren Eisenbahnobligationen in untilgbare Consols gemacht wurden."

§ 197a. Die durch das Ges. v. 8. März 1897 (G.-S. S. 43) in Preussen eingeführte gesetzliche Schuldentilgung wurde vom Finanz-Minister ebenfalls vornehmlich mit den durch die Eisenbahnverstaatlichung geschaffenen Sonderverhältnissen in Preussen begründet.

Jenes Gesetz fordert bekanntlich die ordentliche jährliche Tilgung einer festen Quote der Staatsschuld ($^3/_4$ Proz.) aus den ordentlichen Einnahmen des Etats sowie die Verwendung aller Rechnungsüberschüsse zur Schuldentilgung. Mit beiden Massnahmen wird zugleich der Finanzverwaltung eine wirksame Handhabe gegeben, zu weit gehende Forderungen der verschiedenen Ressorts oder des Landtags auf Befriedigung von Wünschen und Aufnahme von Verpflichtungen für die Zukunft, deren Erfüllung in Zeiten des Rückganges ernstliche Schwierigkeiten verursachen würde, zurückzuweisen.

§ 197b. Dem Zwecke, die Rentabilität der Eisenbahnen auf die Dauer nachhaltiger zu gestalten, dient endlich der seit 1892 ebenfalls durch Vereinbarung zwischen Regierung und Landtag[3]) zur Durchführung gelangte Grundsatz, dass die Ueberschüsse der Eisenbahnen nicht eher zu allgemeinen Staatszwecken Verwendung finden dürfen, bis alle eigenen Bedürfnisse der Eisenbahnen und der sich aus ihnen ergebenden Verpflichtungen in reichlichem Masse erfüllt worden sind.

---

[1]) Näheres in Bd. I Buch VIII § 230. S. auch Schwarz, Staatsschuldentilgung etc., S. 24.
[2]) Vgl. oben § 58.
[3]) Vgl. Sten. Ber. d. A.-H. 1892 S. 1665.

In Ausführung dieses Grundsatzes werden die fortgesetzt nothwendigen Ausgaben zur Befriedigung gewisser periodisch bezw. regelmässig wiederkehrender Bedürfnisse der Eisenbahnen, insbesondere also Ausgaben für die durch die Entwickelung des Verkehrs erforderlich gewordene Umgestaltung und Erweiterung der Betriebsanlagen, der Gleise, Bahnhöfe und Werkstätten, sowie für die Vermehrung der Lokomotiven und Wagen, seit jener Zeit nicht mehr, wie früher, zum Theil aus Anleihen, gedeckt, sondern lediglich auf das Extraordinarium des Jahresetats verwiesen, ein Umstand, der eine Steigerung des letzteren im Verhältniss zum Ordinarium bis auf 10 Proz. und darüber zur Folge hatte (s. Sp. 4b u. c der Anl. XIV).

§ 198. Uebrigens wird, wenn man die trotz der gedachten Vorsichtsmassregeln noch verbleibenden Gefahren und Nachteile, welche aus der Eisenbahnverstaatlichung für die Etatsgebahrung Preussens folgen, richtig würdigt, daraus zugleich — neben den sonstigen volkswirthschaftlichen und strategischen Gründen — ein weiterer Grund entnommen werden müssen, eine Entlastung des Eisenbahnverkehrs durch Ausbau von wichtigen Wasserstrassen herbeizuführen und damit indirekt eine zu starke Abhängigmachung der Finanzgebahrung von den Eisenbahnen zu verhindern. Der Einnahmeausfall oder vielmehr die Verminderung der Steigerungschancen der Eisenbahnüberschüsse wird zwar dabei kaum durch entsprechende Mehreinnahmen bei der Kanalverwaltung ausgeglichen werden, da diese der Natur der Verhältnisse nach eigentliche Finanzquellen nicht werden können.[1]) Aber die durch die Kanalanlagen gesteigerte Hebung der industriellen, landwirthschaftlichen und Handelsbetriebe wird sich in eine Vermehrung von Volkseinkommen und Volksvermögen umsetzen, welche die Erträgnisse der staatlichen Einkommen- und Vermögenssteuer steigert. Steigerungen der Erträge dieser Steuerarten sind aber bei der Nachhaltigkeit und der grösseren Stetigkeit dieser Einnahmequelle, von einer bei weitem tieferen und nachhaltigeren Bedeutung für die Staatsfinanzen, als selbst etwas höhere, aber doch grossen Schwankungen und grossem Risiko ausgesetzte Eisenbahnüberschüsse.

§ 199. Um auf die übrigen drei wichtigsten staatlichen Betriebsverwaltungen noch etwas näher einzugehen, so zeigt die Entwicklung der Reinerträge aus den Domänen (Sp. 1c der Anl. XIV, wie auch Anl. IV in Bd. I Buch I), dass, wenn man auch den absoluten Rückgang zum Theil in der augenblicklichen landwirthschaftlichen Nothlage und anderen Gründen zu suchen hat (Bd. I Buch I S. 146), die Bedeutung dieser Einnahmequelle als Staatsfinanzquelle doch im Allgemeinen von Jahr zu Jahr abnimmt. Im 18. und zu Anfang des 19. Jahrhunderts bildeten ihre Erträge noch die Hälfte bis ein

---

[1]) Vgl. Bd. II Buch VII.

Viertel aller Staatseinnahmen, heute sind sie auf 2—3 Prozent der Gesammterträge der Ueberschussverwaltungen herabgegangen.

Wenn ihre Einnahmen auch im Allgemeinen den Vortheil der Stetigkeit haben, so würde bei dem verhältnissmässig geringen Ertrage die Veräusserung der Domänen doch von schwertragender Bedeutung für den ordentlichen Staatseinnahmeetat kaum sein. Selbst der in dem Domanialbesitz steckende Kapitalwerth würde für Zeiten unglücklicher Kriege heute, wo die gesammte wirthschaftliche Lebenskraft eines Volkes für Staatsgläubiger von ganz anderer Bedeutung ist, als der Besitz selbst erheblichen, indessen doch nur mässig rentirenden Grundbesitzes, nicht mehr entfernt die Bedeutung haben, als dies zur Zeit der Freiheitskriege der Fall war.

Wenn gleichwohl auch heute der Veräusserung unserer Staatsdomänen nicht das Wort zu reden ist, so ist ausser den in Bd. I Buch I § 14 bereits betonten Gründen vor Allem für uns der Gesichtspunkt entscheidend, dass durch die Forterhaltung des Domänenbesitzes die Möglichkeit erhalten wird, wenn sich die Nothwendigkeit dazu erweisen sollte, in grösserem Massstabe mit der Auftheilung grösserer Domänenkomplexe zu Gunsten einer Vermehrung und Stärkung des Kleingrundbesitzes überzugehen.

§ 200. Eine für die Staatsfinanzen weit bedeutungsvollere Entwicklung, wie die Domänen, hat der staatliche Forstbesitz genommen.

Im Anfang des 19. Jahrhunderts (1821) betrug der Reinertrag aus Forsten nur 3,7 Mill. M. gegen 22,3 Mill. M. aus den Domänen,[1]) 1849 bereits 7,3 Mill. M. (s. Anl. XIII), 1869 18,4 Mill. M. (s. Anl. XIV), nach der Rechnung von 1900 dagegen schon fast 50 Mill. M. und auch für 1903 konnte er noch mit 42,1 Mill. M. veranschlagt werden. Schon diese Entwicklungszahlen, wie auch der Umstand, dass die verhältnissmässig hohen Transportkosten ein übermässiges Holzangebot vom Auslande in ähnlicher Weise wie dies bei dem Getreide der Fall gewesen ist und noch ist, kaum jemals befürchten lassen, deuten darauf hin, dass die stetige Steigerung der Reinerträge der Forsten, wie sie die bisherigen Erfahrungen ergeben haben, auch für die Zukunft andauern, eher sich noch vermehren wird. Wenn auch gegenwärtig nicht unbeträchtliche Mengen Holz vom Ausland eingeführt werden, so liegt darin für die Rentabilität unserer Staatslasten umsoweniger eine Gefahr, als der Gesammtbedarf an Hölzern in Deutschland aus einheimischen Wäldern nicht voll gedeckt werden kann.

Aber auch ganz abgesehen von diesen finanziellen Erwägungen, ist die allgemeine, land- und volkswirthschaftliche, klimatische, ethische und sanitäre Bedeutung grösserer Waldkomplexe in der Hand des Staates eine so grosse, dass die Erhaltung und Pflege derselben nach

---

[1]) v. Reden a. a. O. S. 80.

jeder Richtung hin im wohlverstandensten Interesse des Staates liegt und daher auch die seit neuerer Zeit inaugurirte Aufforstungspolitik[1]) nur mit grösster Wärme begrüsst werden kann.

§ 201. Die staatlichen Berg-, Hütten- und Salinenwerke haben sich im Allgemeinen als eine steigende Finanzquelle erwiesen (1849 3,3 Mill. M., 1869 12,7 Mill. M., 1900 — nach der Rechnung — 42,2 Mill. M., 1903 — nach dem Etat — 24,7 Mill. M. Reinertrag), wenn sie auch weder, was die Stetigkeit und Gleichmässigkeit, noch was die Steigerungsfähigkeit anbetrifft, mit der Forstverwaltung wetteifern können.

Die finanzielle und volkswirthschaftliche Bedeutung der Bergwerks- etc. Verwaltung ist in Bd. I Buch III § 117 eingehender gewürdigt und dort nachzulesen; auch hinsichtlich der Lotterie, deren Reineinkünfte sich von 1869—1903 allmählich von 3,9 auf 9,1 Mill. M. gesteigert haben, sei auf Bd. I Buch V § 20 und den Anhang II (Nachträge) des vorliegenden Bandes verwiesen.

§ 202. Was die steuerlichen Staatseinnahmen anbelangt, so hat sich hinsichtlich der indirekten Steuern, wie Sp. 8c der Anl. XIV ergiebt, das Bild seit 1869 verhältnissmässig nur wenig verändert, die Reinüberschüsse sind nur um rund 10 Mill. M. gestiegen, von 42,5 auf 52,2 Mill. M., die Gründe im Einzelnen sind in Bd. I Buch IX § 80 kurz zusammengefasst. Die hauptsächlichste Ursache wird in der Reformirung der Stempelgesetzgebung durch das neue Stempelgesetz vom 31. Juli 1895 (G.-S. S. 413) zu suchen sein, welches den Ertrag aus dieser Steuer von 1894/95—1901 nach der Rechnung von 22,3 Mill. auf 33,3 Mill. M. steigerte. Für 1903 sind sogar 35,5 Mill. M. veranlagt.

Weit grössere Bedeutung für die preussische Finanzgebahrung beanspruchen — seit Uebergang der wichtigsten indirekten Steuern auf das Reich — die direkten Steuern.

§ 203. Betrachtet man die Entwickelung der Einnahmen und Ausgaben der direkten Steuerverwaltung, nach Sp. 7 der Anl. XIV, so muss zunächst im Auge behalten werden, dass die Zahlen vor Beginn der 90er Jahre und nachher ein durchaus verschiedenes Bild über die direkte Steuerbelastung der Staatsangehörigen geben.

Im Jahre 1869 entfielen von den 130,5 Mill. Roheinnahmen in Sp. 7a nur 54,8 Mill., also 42 Proz., auf Personalsteuern (Klassen- und klassifizirte Einkommensteuer), während 68,2 Mill., also rund 52 Proz., auf die Realsteuern (Grund-, Gebäude-, Gewerbesteuern) und der Rest auf die Eisenbahnabgabe und andere Einnahmen kamen. Nach dem Etat für 1903 entfallen dagegen von den 215,6 Mill. M. Roheinnahmen auf die Personalsteuern (Einkommensteuer 174 Mill. und Ergänzungssteuer 35,5 Mill.) zusammen 209,5 Mill. M., also nicht weniger wie

[1]) Immediatbericht 1896/97 S. 37, 1897/99 S. 27. S. auch Bd. I Buch II § 2.

97,2 Proz., während die Grund- und Gebäudesteuer, sowie die Steuer vom stehenden Gewerbebetrieb ganz in Wegfall gekommen sind und die Hausirgewerbesteuer (2,8 Mill.), Eisenbahnabgabe (0,5 Mill.) und sonstige Einnahmen sich in den Rest von 2,8 Proz. der Gesammtsumme theilen.

Während also 1869 noch über die Hälfte der Staatseinnahme an direkten Steuern aus Ertragssteuern floss, bei denen ein Schuldenabzug nicht stattfand, und nur 42 Proz. auf die die Schulden berücksichtigenden und die Leistungsfähigkeit des Einzelnen treffenden Personalsteuern kamen, wird heute fast der ganze direkte Steuerbedarf aus Steuern der letzteren Art aufgebracht. Berücksichtigt man dabei noch, dass im Jahre 1869 von dem in Sp. 7a enthaltenen Gesammtbetrage auf den Kopf der Bevölkerung 5,3 M. entfiel, und dieser Betrag sich 1903 — nach der Bevölkerungsziffer von 1900 — nur auf 6,2 M. gesteigert hat, dass diese Steigerung aber viel weniger auf das Konto einer Steuererhöhung, wie auf dasjenige einer gerechteren Veranlagung und genaueren Erfassung des unter der alten Personalsteuergesetzgebung sich der Besteuerung leicht entziehenden Einkommens zu schreiben ist,[1]) so tritt schon aus diesen wenigen Ziffern hervor, welche grossen Erfolge die Miquelsche Steuerreformgesetzgebung auf dem Gebiete des staatlichen Steuerwesens im Hinblick auf eine gerechtere Lastenvertheilung aufzuweisen hat.

Noch schärfer zeigt sich Miquels Verdienst auf diesem Gebiete, wenn man die Ueberschüsse aus den direkten Steuern vor und nach 1891 miteinander vergleicht.

In dem ganzen Zeitraum von 1869—1890/91, also in 21 Jahren, stieg die Roheinnahme bei den direkten Steuern nur von 130,5 Mill. auf 176,5 Mill. M., der Ueberschuss von 123,9 auf 162,5 Mill. M., während von 1890/91—1903, also in 13 Jahren, die Roheinnahme von 176,5 auf 215,6, der Ueberschuss aber von 162,5 auf 198,3 Mill. M. stieg. Von dem Mehr an Ueberschüssen aus den direkten Steuern, welches ein Vergleich der Rechnung von 1869 mit dem Etat von 1903 in Höhe von 75,4 Mill. ergiebt, entfielen also 38,6 Mill. auf die erste Periode von 21 Jahren und 35,8 Mill. auf die zweite, nur 13jährige Periode, deren letzte Jahre zudem noch unter den Nachwehen ungünstiger wirthschaftlicher Verhältnisse zu leiden hatten, und sonst vermuthlich den Mehrertrag der ersten Periode noch erheblich übertreffen würden. Allerdings haben in der erstgenannten Periode (im Anfang der 80er Jahre) mehrfache Steuererleichterungen stattgefunden,[2]) die man etwa auf 20—25 Mill. beziffern kann, dagegen hat der Staat durch die Miquelsche Reform auf die gesammten Realsteuern (einschl. der Bergwerksabgabe mit 6,9 Mill.) im damaligen

[1]) vgl. v. Zedlitz a. a. O. S. 96.

[2]) Näheres Bd. I Buch VIII § 25; v. Zedlitz S. 82 ff.

Betrage von rund 102 Mill. M.[1]) zu Gunsten der Gemeinden verzichtet, und demgegenüber einen Ersatz nur in einer Ergänzungsbesteuerung des fundirten Besitzes in runder Höhe von 35 Mill., in der Aufhebung der lex Huene in Höhe von 24 Mill. M., sowie in rund 3 Mill. Wegfall von bisher an die Gemeinden bezahlten Hebungs- etc. Gebühren, also zusammen 62 Mill. M. erhalten, während alles sonstige Mehr hauptsächlich der inneren Verbesserung der Einkommensteuer und nur zu sehr geringem Theil der Erhöhung von Steuersätzen zu Gute zu halten ist.

In der That hat die gegenwärtige Einkommensteuer bisher eine ausserordentlich viel grössere Steigerungsfähigkeit und eine grössere Anpassungsfähigkeit an die Bewegungen des Wirthschaftslebens wie die alte Klassen- und klassifizirte Einkommensteuer erwiesen.

Unter der Herrschaft der früheren Steuer stieg die Einnahme nach der Rechnung von 1884/85 (also nach Erlass der Gesetze wegen Aufhebung bestimmter Steuerraten) von 58,3 M. bis 1891/92 nur auf 76,6 Mill. M., obgleich recht gute Wirthschaftsjahre in diese Zeit fielen, also um 18,3 Mill. M., per Jahr um 3 Mill. M. Seit 1892/93 bis 1901 steigerte sich dagegen die Roheinnahme aus der Einkommensteuer nach der Rechnung von 121,3 Mill. M. auf 184,3 Mill. M. oder um 63 Mill. M., d. i. pro Jahr um rund 7 Mill. M. Dabei ist aber zu bemerken, dass in Folge der ungünstigen Wirthschaftsjahre zu Anfang der 90er Jahre die Einkommensteuererträge[2]) zunächst von 1892/93 bis 1894/95 auf 120,9 Mill. M. zurückgingen und erst von da ab, der Besserung der wirthschaftlichen Verhältnisse entsprechend, stiegen, sodass sich von 1894/95 – 1901 sogar eine durchschnittliche Vermehrung der Roheinnahme um jährlich rund 9 Mill. M. ergeben würde.

Jedenfalls lassen diese Zahlen deutlich ersehen, welche Bedeutung die Einkommensteuer für den preussischen Etat durch die Miquelsche Reform gewonnen hat. Sie bildet mit den Eisenbahnüberschüssen die pièce de résistance unserer Finanzen. Sie wird sogar im Hinblick auf die grössere Gleichmässigkeit ihrer Entwickelung, und doch gleichwohl ihrer Anpassungsfähigkeit an die wirthschaftliche Gesammtlage, und bei ihrer grossen dauernden Steigerungsfähigkeit mit der Zeit die Bedeutung der Eisenbahnuberschüsse überflügeln und sich immer mehr zum eigentlichen Rückgrat unserer Staatsfinanzen ausbilden. Nach dem Nettovoranschlag für 1903 fungiren die staatlichen Personalsteuern (Einkommensteuer einschl. der seit 1894/95 wesentlich gleichgebliebenen Ergänzungssteuer) bereits mit 198,3 Mill. M. Reinerträgen, die freien Eisenbahnüberschüsse nur noch mit 110,1 Mill. Wenn sich das Bild bei einer nicht unwahrscheinlichen Besserung der wirthschaftlichen Verhältnisse auch in den nächsten Jahren vielleicht wieder

---

[1]) Heute ergiebt die vom Staate weiter erfolgende Veranlagung weit höhere Ziffern.

[2]) Anl. LXVIII in Bd. I Buch VIII.

etwas zu Gunsten der Eisenbahnüberschüsse verschieben wird, so wird, wie man glauben darf, doch auf die Dauer die Einkommensteuer den gewonnenen Vorsprung behalten.

Auf die Einzelheiten der Steuerreformen seit 1869 einzugehen, unterbleibt hier, da eine erschöpfende Darstellung in Bd. I Buch VIII gegeben ist, wo vor Allem die Miquel'sche Reform und ihre Begründung und Bedeutung eingehende Würdigung gefunden hat (§ 47ff. a. a. O.).

§ 204. Wenn wir nun zum Schlusse noch auf das wirkliche Endergebniss der Staatshaushaltsrechnungen, wie es sich in den verschiedenen in Obigem dargestellten Perioden gestaltet hat, etwas näher eingehen, so sehen wir, dass in der ersten Periode, von 1820 bis Ende der 40er Jahre, Etats- oder Rechnungsdefizite, soweit sich dies feststellen liess, überhaupt nicht entstanden. Zum Theil mögen hierbei die im allgemeinen günstigen wirthschaftlichen Verhältnisse mitgewirkt haben. Aber auch andere Momente hatten darauf Einfluss. Einmal lag die Möglichkeit, entstehende Defizite durch Anleihen zu decken, nicht vor, da Anleihen nach der Verordn. v. 17. Jan. 1820 (G.-S. S. 9) ohne eine „reichsständische Versammlung“, die damals noch nicht bestand, nicht aufgenommen werden durften.[1]) Sodann bestimmte eine weitere Kab.-O. vom genannt. Tage (G.-S. S. 21), dass die damals als Bedarf bei der laufenden Verwaltung angenommene Summe von 50863150 Thlr. „unter keiner Bedingung erhöht werden dürfe, und dass die Chefs der einzelnen Verwaltungen und das gesammte Staatsministerium dafür um so mehr verantwortlich seien, als die bewilligte Summe im Ganzen zu den in den bisherigen Etatsnachweisungen angegebenen Zwecken ausreichen werde“. Auf die Dauer liess sich eine derartige Bestimmung freilich nicht durchführen, indessen ist aus der bei v. Reden S. 327 gegebenen Tabelle doch ersichtlich, dass die Etats bis Ende der 20er Jahre im Wesentlichen an dieser Summe festhielten und auch im Laufe der 30 Jahre Ausgabesteigerungen nur sehr langsam und allmählich stattfanden. Erst in den 40er Jahren, besonders in der zweiten Hälfte, nehmen die Ausgabevermehrungen ein schnelleres Tempo an. Indessen standen gerade für diesen Zeitraum, wie sich aus S. 99 a. a. O. ergiebt, auch erhöhte Staatsmittel zur Verfügung, sodass alljährlich erhebliche Bestände aus den Vorjahren übernommen werden konnten, die sich von 1840—46 zwischen 11—17 Mill. Thlr. bewegten. Erst Ende der 40er Jahre reichten in Folge des stark gestiegenen Ausgabebedarfs die Einnahmen nicht mehr aus (v. Reden S. 102ff.) und es musste auf den Staatsschatz sowie auf Anleihen zurückgegriffen werden. Unterm 25. April 1848 wurde eine sog. freiwillige Anleihe von 15 Mill. Thlr. ausgeschrieben, welche zur Deckung der Fehlbeträge in den Etats von 1848 und 1849 verwendet wurde.

---

[1]) S. hierzu Bd. III Buch I § 10.

§ 205. Mit dem Aufhören des absolutistischen Regiments und Einführung des konstitutionellen Systems (1848) bekam nun auch das Etatswesen einen anderen Charakter. Bis dahin war man bei der Etatsaufstellung mehr von privatwirthschaftlichen Gesichtspunkten ausgegangen. Man vertheilte die vermuthliche Reineinnahme unter die einzelnen Ressortchefs (wenn auch natürlich auf Grund von Bedürfnissanmeldungen) und verpflichtete sie, mit den überwiesenen Summen Haus zu halten.

Der nunmehr stärker[1]) zur Geltung kommende staatswirthschaftliche Standpunkt liess zwar eine Anpassung der Ausgaben an die Einnahmen ebenfalls nicht entbehrlich erscheinen, räumte jenen aber insofern eine Gleichberechtigung mit den Einnahmen ein, als er bei als nothwendig erkanntem Ausgabebedarf die Deckung vorübergehender Fehlbeträge durch Anleihen, dauernder durch Vermehrung oder Erhöhung der Einnahmequellen nicht nur zulässt, sondern fordert.

Waren hiernach für die Zeit seit 1849 die Voraussetzungen zu etatsmässigen und rechnungsmässigen Fehlbeträgen in stärkerem Masse wie bisher gegeben, so finden wir im Laufe der 50er und 60er Jahre doch immer noch nur verhältnissmässig wenige Defizitjahre. Freilich lag dies zum Theil daran, dass in diesem Zeitraum für eigentliche Kulturaufgaben verhältnissmässig wenig Mittel ausgegeben wurden, wogegen sich bei den Einnahmen, wie aus Anl. XIII ersichtlich — abgesehen von den Domänen — fast überall nicht unerhebliche Steigerungen ergaben. Vor allem kamen dabei die Ueberschüsse der neuen staatlichen Eisenbahnen und die Steigerungen bei den direkten Steuern (Einführung der klassifizirten Einkommensteuer 1851, Reformen der Grund- und Gebäude- und Gewerbesteuer 1861) sowie den indirekten Steuern in Betracht. Fast alles Mehr an Einnahmen verschlangen aber die Militärkosten und die durch zahlreiche Anleihen zu Eisenbahn-[2]) und Militärzwecken stark angeschwollenen Staatsschuldverpflichtungen. Denn der Ankauf bezw. die Neuerrichtung von Eisenbahnen konnte natürlich nur im Anleihewege erfolgen. Was die Militärausgaben anbetrifft, so finden zwar die laufenden Kosten der Militärverwaltung in den ordentlichen Staatseinnahmen zumeist ihre Deckung. Nur aus Anlass der Theuerung in den Jahren 1854 und 1855 mussten 15,8 Mill. M. zur Deckung der Mehrkosten der ordentlichen Militärverwaltung (sowie 3,8 Mill. M. aus gleichem Anlass bei der Strafanstaltsverwaltung), endlich 3,5 Mill. M. (1856 und 1857) zur Deckung der Mehrkosten der Militärverwaltung in Folge Beibehaltung der dreijährigen Dienst-

---

[1]) Ausgesprochen war der Grundsatz, dass sich beim Staate die Einnahmen nach den Ausgaben richten müssten, allerdings schon in der Hardenberg'schen Denkschrift von 1807 (sog. Rigaer Denkschrift), aber erst allmählich kam er praktisch zur Durchführung.

[2]) Von 1848—1864 zusammen einschl. der übernommenen Eisenbahnprioritäten und Aktien rund 315 Mill. M., ohne letztere 248,9 Mill. M. E. Richter S. 58.

zeit bei der Infanterie verwandt werden, die aus den Anleihen von 1854 und 1855 (Prämienanleihe) entnommen wurden. Für ausserordentliche Militärlasten wurden aber Anleihen nöthig: 1850 54 Mill. M. für die Mobilmachung gegen Oesterreich und für die ausserordentlichen militärischen Aufwendungen der Jahre 1850 und 1851, 42,6 Mill. M. aus den Anleihen von 1854 und 1855 für die ausserordentlichen Militärausgaben in den Jahren 1854/56, 90 Mill. M. im Jahre 1859 zur Deckung der Kosten der im Sommer desselben Jahres stattfindenden Mobilmachung gegen Frankreich aus Anlass des Italienischen Krieges, wogegen die Kosten des Dänischen Krieges (1864) mit 51 Mill. M. wieder aus den Ueberschüssen der Jahre 1863, 1864, 1865 gedeckt werden konnten.[1])

§ **206.** In der letzten Periode, von 1869 ab, kommt die Zahl der Defizitjahre bei weitem häufiger vor, als in den früheren Jahren, und dies, obgleich die Militärlasten auf das Reich übergegangen sind. Wir verzeichnen als Defizitjahre — nach Anl. XIV Sp. 25/26 die Jahre 1869, 1874, 1875, 1877/78, 1878/79, 1879/80, 1880/81, 1881/82, 1883/84. 1884/85, 1885/86, 1891/92, 1892/93, 1893/94, 1894/95, endlich 1901. Insgesammt betrugen diese Fehlbeträge von 15 Jahren 303,9 Mill. M., im Durchschnitt pro Jahr 20,3 Mill. M. Ihnen standen nun aber auch eine ganze Reihe von Ueberschussjahren gegenüber, nämlich die Jahre 1870—73, 1876 und 1877 (1 Vierteljahr), 1882/83, 1886/87—1890/91, 1895/96—1899, 1900 und 1902. Die Gesammtüberschüsse in diesen 18¹/₄ Jahren betrugen 916,6 Mill. M., pro Jahr im Durchschnitt 50,2 Mill. Mark. Die Ueberschussjahre sind also nicht nur zahlreicher als die Defizitjahre, sondern die Ueberschüsse übertreffen auch die Fehlbeträge im Durchschnitt um das 1¹/₂fache. Dabei darf allerdings nicht ausser Acht gelassen werden, dass die Ueberschüsse zum Theil auf Ausnahmeverhältnisse zurückzuführen sind, insbesondere auf Einstellung von Beträgen aus der Kriegskontribution in die Etats während der 70er Jahre, sowie — besonders in der Zeit von 1866/67—1890/91 — auf die Ueberweisung grosser Summen aus Reichsmitteln auf Grund der Clausula Franckenstein. Aber wenn man diese Beträge auch in Abzug brächte, würde das Gesammtergebniss doch noch zu Gunsten der Ueberschussjahre abschliessen, ein Umstand, der der Preussischen Finanzverwaltung nur zur Ehre gereichen kann, und welcher zugleich zeigt, dass selbst eine Reihe von Defizitjahren, wenn sie lediglich auf die durch die Ungunst der wirthschaftlichen Verhältnisse geschmälerten Reineinnahmen der Ueberschussverwaltungen zurückzuführen ist, an sich noch keinen Grund zu Besorgnissen bietet, indem nach Besserung der wirthschaftlichen Verhältnisse mit ziemlicher Sicherheit wieder Ueberschussjahre zu erwarten sind.

---

[1]) während 16 Mill. M. aus den Beständen des Staatsschatzes entnommen wurden. E. Richter S. 59.

Der Umstand, dass sich auf eine längere Reihe von Jahren die Ueberschüsse und Fehlbeträge miteinander ausgleichen, scheint dem Gedanken der Bildung eines Ausgleichsfonds für den gesammten Etat [1]) Vorschub zu leisten, durch welchen ein gleichmässigeres Schlussergebniss der Rechnungen erzielt werden könnte. Es fragt sich aber, ob, auch abgesehen von den Bedenken, welche sich aus volkswirthschaftlichen Gründen gegen die Ansammlung eines solchen Reservefonds in der Staatskasse geltend machen lassen, es nicht auch im rein finanztechnischen und finanzpolitischen Sinne besser ist, mit Ueberschuss- und Defizitjahren zu operiren, da auf diese Weise das wahre Bild der Etatsverhältnisse auch dem weniger Eingeweihten klarer zu Tage tritt, als es geschehen würde, wenn durch Auffüllung aus Reservetöpfen und Einfüllung in Reservetöpfe eine Verdunkelung des wirklichen Thatbestandes entsteht. Auf die Einführung längerer Etats- und Wirthschaftsperioden, die mit Rücksicht auf den Ausgleich von Ueberschüssen und Defiziten mehrerer Jahren zweckmässiger erscheinen könnte, als die jährliche Etatsaufstellung, würde trotz mancher Vortheile, namentlich in Bezug auf die Entlastung der Staatsregierung, doch für die Ordnung von Staatshaushalt und Rechnungsführung zu grosse Bedenken haben, auch wohl die durch den Art. 99 der Verf.-Urk. gewährleisteten Rechte des Landtags einzuschränken geeignet sein.

§ 207. Wenn wir hiermit unsere Ausführungen beschliessen, so können wir nicht umhin, mit freudiger Genugthuung und patriotischem Stolze zu empfinden, dass unter dem Gesichtspunkte der alljährlichen Rechnungsergebnisse das Gesammtbild, welches der preussische Etat in den letzten 70 Jahren bietet, sich als ein gleich günstiges darstellt, wie wir es im Laufe unserer Darstellungen bereits bei den verschiedensten einzelnen Verwaltungsgebieten, insbesondere auch beim Staatsschuldenwesen, betonen konnten. Die Ordnung und Sicherheit der preussischen Finanz- und Etatsverhältnisse, die als gute Tradition von den früheren Hohenzollern übernommen und schon von den älteren Finanzschriftstellern als vorbildlich hingestellt wurde, ist von den späteren Herrschern zielbewusst weitergeführt worden, hat aber vor Allem auch bei den beiden Häusern des Landtages stets vollstes Verständniss, Unterstützung und sogar direkte Förderung gefunden.

Nur ein Schatten schwebt gegenwärtig noch über dem preussischen Finanzwesen, das ist die Finanzgebahrung im Reich, das starke Anschwellen der im technischen Sinne unproduktiven Reichsschuld, die Unsicherheit und Planlosigkeit in dem Reichs-Einnahmewesen und die sich daraus ergebenden schädigenden Rückwirkungen auf den Etat Preussens. Indessen sind die hier vorhandenen Missstände allmählich so offenkundig geworden, haben sich die Verhältnisse hier so zuge-

[1]) Der oben erwähnte Ausgleichsfonds der Eisenbahnverwaltung verfolgt, wie dort ausgeführt, wesentlich andere Zwecke.

spitzt, dass selbst ein Reichstag, welcher nach seiner ganzen Zusammensetzung der, ohne Schaffung erhöhter Einnahmequellen aus indirekten Steuern nicht denkbaren, Reichsfinanzreform so abhold sein dürfte, wie der jetzige, sich einer baldigen Regelung der Frage nicht länger entziehen kann, wenn er sich nicht grober Versündigung an den ihm obliegenden Pflichten gegenüber der gegenwärtigen wie zukünftigen Generation schuldig machen will.

Die Güte des Heeres und der Finanzen sind die beiden Grundmauern, auf denen Preussens Grösse und die Einheit Deutschlands emporgewachsen sind. Diese Grundmauern unseres Staatswesens in jeder Beziehung intakt, leistungs- und entwickelungsfähig zu erhalten, ist vielleicht für keine andere Grossmacht der Welt eine solche Lebensfrage, wie für das nach allen Seiten so exponirte und von so vielen Neidern auf politischem wie wirthschaftlichem Gebiete umgebene Preussen und Deutschland.

Anhang.

I. Formelle Ordnung des Staatshaushaltes.

II. Nachträge.

I.

Formelle Ordnung des Staatshaushaltes.[1])

§ 208. Die formelle Ordnung des Staatshaushaltes ist, soweit die einzelnen Spezialetats in Frage kommen, bereits bei Erörterung derselben mit behandelt worden.

Hier mögen daher nur noch einige Bemerkungen allgemeiner Art Platz finden.

Staatshaushaltsetats kannte man in Preussen bereits in der Zeit des absoluten Regiments, doch wurden sie als geheim zu haltende Wirthschaftspläne der Regierung behandelt.

Erst im Jahre 1820, als nach den Freiheitskriegen das gesammte Staatsfinanzwesen einer gründlichen Neuregulirung unterworfen, das Staatsschuldenwesen neu und einheitlich geregelt, zur ordnungsmässigen Verzinsung und Tilgung der Staatsschulden und Deckung der sonstigen Ausgaben neue, gleichmässig fliessende Steuern nach einheitlichem Plane durchgeführt wurden, erachtete man es für nothwendig, das so stark mit Zwangsabgaben zu belastende Volk auch über den jeweiligen Zustand des Staatshaushaltsetats zu informiren. Die Kab.-O. v. 17. Jan. 1820 bestimmte deshalb:

> „Damit Jedermann von dem wahren Zustande der Finanzen des Staats vollständig unterrichtet werde und sich überzeuge, dass nicht mehr an Abgaben gefordert werde, als das dringende Bedürfniss für die innere und äussere Sicherheit sowie zur Erfüllung der zum wahren Vorteile und zur Erhaltung des Staats eingegangenen Verpflichtungen unumgänglich nöthig macht, so soll der Hauptfinanzetat nach erfolgter Prüfung und Feststellung zur öffentlichen Kenntniss kommen und auch mit dieser Kundgebung von 3 zu 3 Jahren fortgefahren werden."

Demgemäss wurde zunächst der Etat für 1821 veröffentlicht, der in Einnahmen und Ausgaben mit 50 Mill. Thalern = 150 Mill. M. ab-

---

1) Ueber die Prüfung der Rechnung durch die Oberrechnungskammer (und Landtag) s. Bd II Buch VII § 308 ff.

schloss. Die nächste Veröffentlichung erfolgte erst 1829, sodann 1832, 1835, 1838, 1840; seitdem fand die Veröffentlichung alljährlich statt.

Die veröffentlichten Etats entsprachen indessen, worauf schon Frhr. v. Reden in seiner vergleichenden Finanzstatistik (Darmstadt 1856, Bd. II 2. Abth. S. 100) hinwies, ihrem Zwecke, „Jedermann von dem wahren Zustande der Finanzen zu unterrichten,“ nur sehr unvollkommen.

Sie waren äusserst summarisch gehalten, enthielten nur die Reineinnahmen (Nettoetats), wiesen also weder die Roherträge, noch die Gewinnungskosten nach; auch die eigenen Einnahmen der einzelnen Zuschussverwaltungen, die zur Zeit bei der Justizverwaltung und den Auseinandersetzungsbehörden nicht unerheblich waren, kamen nicht zum Ausdruck. Der Umstand, dass der Etat zum Theil aus den Etats der Regierungshauptkassen, zum Theil aus dem der Generalstaatskasse zusammengestellt war, in welche letztere die Ueberschüsse verschiedener Spezialkassen flossen, hatte auf der einen Seite Lücken, auf der anderen Wiederholungen zur Folge u. A. m.

Seit 1844 wurden in dem Etat neben den Reinerträgen die Roherträge, sowie die Betriebs- und Verwaltungskosten der Betriebsverwaltungen angegeben, indem dieselben vor der Linie geführt wurden. Nur bei Post, Lotterie, indirekten Steuern erscheinen lediglich die Ueberschüsse der einzelnen Verwaltungen bezw. Abgaben. Bei der Justizverwaltung wurden die eigenen Einnahmen mit angeführt. Ferner wurden dem Etat zum ersten Male „Erläuterungen“ beigegeben. Der Etat 1847 schritt noch weiter in dieser näheren Detaillirung des Etats fort.

§ 209. Das Geburtsjahr des preussischen Staatshaushaltsetats im eigentlichen Sinne und in der heutigen Form datirt aber erst vom Jahre 1849. Der Etat für dieses Jahr wurde am 27. Dez. 1848 durch die Preussische Gesetzsammlung veröffentlicht. Er entsprach im Allgemeinen den Anforderungen, welche man in einem konstitutionellen Staate an die Offenheit der Finanzverwaltung machen muss und verwirklichte im Grossen und Ganzen die Zusicherung in dem Berichte des Finanzministers, „dass über das Aufkommen und über die Veränderung der Staatseinnahmen keinerlei Geheimniss bleiben solle zwischen der Regierung und den gesetzlichen Vertretern des Volkes“.

Der Etat ging „soviel als thunlich“ von der Bruttoeinnahme (Art. 99 der Verf.-Urk.) aus und wies auch die Betriebs- und Verwaltungskosten in Ausgabe nach. Um einen Vergleich mit den früheren Jahren zu ermöglichen, wurde für 1849 noch eine nach der Form und Ordnung der älteren Etats aufgestellte ganz summarische Nachweisung der Nettoeinnahmen und der eigentlichen Verwaltungsausgaben beigefügt. Im Ganzen umfasste der Etat nebst Erläuterungen, Vergleichungen und Beilagen 2 Foliobände mit fast 1000 Seiten.

In den folgenden Jahren beschäftigte sich Regierung und Abgeordnetenhaus sehr eingehend mit der Durchprüfung des Etats nach der formellen wie materiellen Seite hin. Die Etatsentwürfe enthielten umfangreiche Anlagen (4 Foliobände Beläge). Die Kammerkommissionen gaben eingehende Berichte und Gutachten ab (vgl. Protokolle der Centralkommission der 2. Kammer von 1850, Bericht derselben Kommission v. 10. Febr. 1851, dem eine Uebersicht über die damalige gesammte Finanzlage vorangeschickt ist, Berathung v. 3. Febr. 1852 — 18. Sitzung der II. Kammer — u. s. w.)[1])

§ 209a. Die äussere Form des Staatshaushaltsetats hat natürlich im Einzelnen seit jener Zeit immerhin noch mannigfache Veränderungen erlitten, die zum Theil mit Organisationsveränderungen der verschiedenen Staatsbehörden im Zusammenhang stehen und bereits bei den in Betracht kommenden einzelnen Verwaltungszweigen erörtert worden sind.

Die erste Eintheilung nach Kapiteln fand im Etat für 1851 statt. Sodann hatte schon die Centralkommission zur Prüfung des Etats den Antrag gestellt, dass gewisse allgemeine Grundsätze[2]) bei der Berathung des Etats für 1852 u. s. w. massgebend sein sollten. Ausdrücklich wurden von den beiden Kammern sodann allgemeine Grundsätze für alle Etats als massgebend anerkannt in den Sitzungen der I. Kammer v. 13. Mai und der II. Kammer v. 14. Mai 1854.[3])

Im Jahre 1873, wo die formelle Anordnung des Etats überhaupt einer wesentlichen Umänderung unterworfen worden ist,[4]) wurde diejenige Kapitel- uud Titelbezeichnung eingeführt, wie sie auch heute noch im Wesentlichen die Grundlage für die Stoffgliederung des Etats bildet.

Der Grundsatz des Art. 99 der Verfassungsurkunde, wonach alle (Brutto-) Einnahmen und -Ausgaben des Staats im Etat erscheinen müssen, ist in seiner vollen Schärfe erst im Laufe der Zeit überall zur Durchführung gekommen, worauf ebenfalls an mehreren Stellen bereits hingewiesen worden ist (vgl. z. B. Band II Buch I §§ 1 ff.. 329, Buch II § 296 u. A. m.).

Die Aenderungen, welche in der Etatsaufstellung und in dem Inhalte der Etatsbeilagen erforderlich wurden, haben nicht immer zur Erleichterung des Etatsverständnisses für den Leser beigetragen (vgl. z. B. das in Band II Buch I § 329 Gesagte).

Beilagen des Etats.

§ 210. Feste Grundsätze für den Inhalt der den Spezialetats beigegebenen Beilagen und deren Form giebt es im Allgemeinen nicht.

[1]) s. auch v Reden a. a. O. S. 116.

[2]) abgedruckt bei v. Reden S. 115/116. [3]) ebenda S. 333 ff.

[4]) wozu u. A. das im Jahre 1872 erlassene Gesetz über die Oberrechnungskammer mit Anlass gegeben hatte Siehe übrigens auch Bd. II Buch VIII §§ 1 ff.

Doch sind gewisse Beilagen gesetzlich vorgeschrieben. Siehe z. B. unten Ges. v. 11. Mai 1898 §§ 3, 4, 6, 7.

Bei einigen Etats, z. B. dem des Innern, haben sich die Beilagen nach Form und Inhalt gegen früher fast vollständig verändert. In dem einen Spezialetat werden Erläuterungen zu jedem einzelnen Etatstitel gegeben, in dem anderen nicht. Eine Durchprüfung des ganzen Etats nach der formellen Seite zum Zwecke der grösseren Verständlichkeitmachung für den Leser würde gewiss keine undankbare Aufgabe sein.

Zur Zeit (1903) besteht der dem Landtag vorgelegte Etatsentwurf, welcher an Umfang im Laufe der Zeit ganz ausserordentlich zugenommen hat, aus 3 Theilen, nämlich 1. dem Hauptetat, welcher die einzelnen Etatskapitel nachweist, und dem ein Vorbericht, seit neuerer Zeit auch ein besonderer Nettoetat beigegeben ist. Daran schliesst sich der Etat der seit 1895 bestehenden Centralgenossenschaftskasse (s. Bd. II Buch II §§ 435 ff.) nebst Erläuterungen an. Dieser Theil umfasst[1]) 86 Seiten;

2. dem ersten Band der Anlagen, welcher die Spezialzuschussverwaltungen, Domänenverwaltung, Forstverwaltung, Verwaltung der direkten Steuern, Verwaltung der indirekten Steuern, Lotterieverwaltung, Seehandlungsinstitut, Münzverwaltung, Berg-, Hütten- und Salinenverwaltung, Eisenbahnverwaltung, nach Etatskapiteln und Titeln geordnet umfasst und zugleich die Beilagen und Erläuterungen dazu enthält. Dieser Theil umfasst 308 Seiten;

3. dem zweiten Band der Anlagen, welcher die Dotationen und Allgemeine Finanzverwaltung sowie die Spezialzuschussverwaltungen: Staatschuldenverwaltung, das Herrenhaus, das Haus der Abgeordneten, allgemeine Finanzverwaltung, das Bureau des Staatsministeriums, Staatsarchive, Generalordenskommission, das Geheime Civilkabinet, Oberrechnungskammer, Prüfungskommission für höhere Verwaltungsbeamte, des Disziplinarhofes und des Gerichtshofes zur Entscheidung der Kompetenzkonflikte, das Gesetzsammlungsamt in Berlin, Deutscher Reichs- und Preussischen Staatsanzeiger, Ansiedelungskommission für Westpreussen und Posen, das Ministerium der auswärtigen Angelegenheiten, das Finanzministerium, Bauverwaltung einschliesslich der Centralverwaltung des Ministeriums der öffentlichen Arbeiten, Handels- und Gewerbeverwaltung einschliesslich der Centralverwaltung des Ministeriums für Handel und Gewerbe, Justizverwaltung, das Ministerium des Innern, landwirtschaftliche Verwaltung einschliesslich der Centralverwaltung des Ministeriums für Landwirthschaft, Domänen und Forsten, Gestütverwaltung, das Ministerium der geistlichen, Unterrichts- und Medizinalangelegenheiten, Kriegsministerium, nach Kapiteln und Titeln nebst Erläuterungen und Beilagen umfasst und noch eine beträchtlich grössere Seitenzahl als Bd. I enthält.

---

[1]) Im Jahre 1903.

Gang der Aufstellung des Etats.

§ 211. Die Aufstellung des Etats beginnt zunächst mit der Fertigstellung der Spezialetats, welche gemäss der Kab.-O. v. 29. Mai 1826[1]) von den einzelnen Ressortministern und obersten Verwaltungschefs unter eigener Verantwortlichkeit aufgestellt, sodann aber vom Finanzminister (Etats- und Kassenabtheilung) auf die Nothwendigkeit der Ansätze, formelle Behandlung u. s. w. nachgeprüft werden. Auf Grund der nach Einigung der betreffenden Ministerien festgestellten Spezialetats stellt der Finanzminister den Hauptetat und den Entwurf des zugehörigen Etatsgesetzes[2]) auf. Beide werden sodann im Staatsministerium festgesetzt und nach Königlicher Sanktion dem Landtag vorgelegt und mit einer einleitenden Rede vom Finanzminister begleitet, an welche sich die Generaldiskussion (erste Lesung) anschliesst. Die Hauptdiskussion über die einzelnen Etatsposten erfolgt bei der zweiten Lesung, welche auch den bei weitem grössten Zeitraum in Anspruch nimmt. Bei der dritten Lesung wird noch eine kleine Nachlese gehalten, werden unerledigte Punkte aufgeklärt u. s. w.

Am Schlusse der ersten Lesung beschliesst das Haus, ob die Budgetkommission den Entwurf zunächst vor der zweiten Lesung vorberathen und an das Haus darüber berichten soll; es können aber auch im späteren Stadium einzelne Posten an diese Kommission zur Vorberathung verwiesen werden.

Hat der Entwurf des Staatshaushaltsetats und seiner Anlagen die Genehmigung des Abgeordnetenhauses erhalten, so wird er nebst den Anlagen an das Herrenhaus weitergereicht; dieses kann nach Art. 62 Abs. 3 der Verf.-Urk. keine Aenderungen vornehmen, sondern den Etat nach den Beschlüssen des Abgeordnetenhauses nur im Ganzen annehmen oder ablehnen, durch Ablehnung im Ganzen das Abgeordnetenhaus aber indirekt zu Aenderungen einzelner Posten veranlassen.[3]) Ist eine Einigung erzielt und die Sanktion durch die Krone erfolgt, so findet die Veröffentlichung in der Gesetzsammlung statt.

Ueber die Vorlage der Allgemeinen Rechnung an den Landtag sowie über Etatsüberschreitungen vergl. Näheres bei dem Abschnitt Oberrechnungskammer in Band II Buch VII.

---

[1]) Ueber die dieser Ordre vorangegangenen Verfügungen s. Dr. E. Schwartz, Preuss. Verf.-Urk., Breslau 1898, S. 290 ff. Vgl. übrigens auch Bd. II Buch VIII § 1.

[2]) Ueber die Form dieses Gesetzes s. ebenfalls a. a. O. S 293 Näheres

[3]) Da Aenderungen seitens des Herrenhauses sehr selten vorkommen, so entspricht der in den Drucksachen des Herrenhauses zum Abdruck gelangende Etatsentwurf, wie er sich nach den Beschlüssen des Abgeordnetenhauses gestaltet, in der Regel dem vom König sanktionirten Etat, was für die Benutzung der von der Regierung festgestellten, im Druck erscheinenden Etatsentwürfe von Bedeutung ist.

Grundsätze für die Art der Etatsaufstellung und die Etatsausführung.

§ **212.** Die Grundsätze, welche von den Ministerien bei der Aufstellung der Etats im Einzelnen zu beobachten sind, waren bis zum Jahre 1898 nur zum kleineren Theile in der Instruktion für die Oberrechnungskammer von 1824 und dem Gesetz v. 27. April 1872 enthalten, während sie in der Hauptsache sich als Usance der Ministerien in ausdrücklicher oder stillschweigender Uebereinstimmung mit den Kammern herausgebildet hatten.

Durch das Gesetz v. 11. Mai 1898 (G.-S. S. 77) betreffend den Staatshaushalt (das sog. Komptabilitätsgesetz) sind nunmehr die wichtigsten Grundsätze für die Etatsaufstellung und -Ausführung festgestellt und es ist damit eine sichere Grundlage für die formelle Ordnung des Staatshaushalts geschaffen worden.

Im Folgenden gelangt daher dieses Gesetz im genauen Wortlaute zum Abdruck. Auch ist an zahlreichen Stellen auf frühere Ausführungen zu den einzelnen Gesetzesparagraphen und auf praktische Beispiele von deren Anwendung verwiesen worden.

Bei dem Abdrucke ist der Uebersichtlichkeit halber die Eintheilung des Stoffes nach Hauptgruppen erfolgt, wie sie bei der Redaktion zu Grunde lag, aber in dem Wortlaut des Gesetzes aus Zweckmässigkeitsgründen allerdings nicht aufgenommen ist.[1]) Die Bestimmungen des Gesetzes sind folgende:

I. Voranschlag (Aufstellung des Etats). (§§ 1—12.)

§ 1. Der Staatshaushaltsetat (Art. 99 der Verfassungs-Urkunde) enthält den Voranschlag für alle im Laufe jedes Etatsjahres voraussichtlich eingehenden Einnahmen und erforderlich werdenden Ausgaben des Staates

§ 2 Zu den in den Staatshaushaltsetats aufzunehmenden Einnahmen und Ausgaben gehören auch:

1. Erlöse aus der Veräusserung von beweglichem oder unbeweglichem Eigenthum des Staates.[2])
2. Einnahmen, welche dem Staate durch Beiträge Dritter zu im Staatshaushaltsetat vorgesehenen Ausgaben zufliessen [3])
3. Einnahmen und Ausgaben auf Grund von Anleihegesetzen, wenn und soweit in den letzteren die Aufnahme in den Staatshaushaltsetat vorgesehen ist.[4])

---

[1]) Die Regierungsvertreter führten als Gründe in der Kommission aus: dass anderenfalls leicht Unsicherheit und Zweifel darüber entstehen könnten, welche Bedeutung z. B. der Stellung einer Vorschrift in einem bestimmten Abschnitte beizumessen sei, die auch in das Verhältniss der Vorschriften anderer Abschnitte eingreife, ohne einen eigentlichen generellen Charakter zu besitzen, ohne also in einen allgemeinen Theil zu gehören, dass das Gesetz nur für Kenner, nicht für das grosse Publikum bestimmt sei u. s. w.

[2]) vgl. dazu Bd. II Buch III § 133a.

[3]) s. u. A. Bd. II Buch VI § 94, Buch V § 155 u. A. m.

[4]) Ein Beispiel s. Bd. II Buch I § 664.

4. Die Einnahmen und Ausgaben derjenigen zu besonderen Zwecken bestimmten Fonds, über welche dem Staate allein die Verfügung zusteht, sofern diese Fonds nicht juristische Persönlichkeit besitzen [1])
5. Die Einnahmen und Ausgaben derjenigen Unterrichts-, wissenschaftlichen, Kunst- und ähnlichen Anstalten, welche vom Staate allein oder mit Hülfe von Zuschüssen Dritter zu unterhalten sind, sofern diese Anstalten nicht juristische Persönlichkeit besitzen.[1])

Vertragsmässige Rechte und Stiftungsbestimmungen werden durch die Vorschriften unter 4 und 5 nicht berührt.

§ 3.[2]) Mit den Spezialetats der betreffenden Staatsverwaltungen sind dem Landtage Nachweisungen von den veranschlagten Einnahmen und Ausgaben derjenigen der alleinigen Verfügung des Staates unterliegenden besonderen Fonds mitzutheilen, welche juristische Persönlichkeit besitzen und welche ganz oder zum Theil zu solchen Zwecken bestimmt sind, für welche auch allgemeine Staatsmittel verwendet werden. In den Nachweisungen sind die Einnahmen der einzelnen Fonds nach den hauptsächlichsten Quellen, die Ausgaben nach den hauptsächlichsten Verwendungszwecken gesondert anzugeben.

Dasselbe gilt bezüglich der Einnahmen und Ausgaben derjenigen Unterrichts-, wissenschaftlichen, Kunst- und ähnlichen Anstalten,
1. welche vom Staate allein oder mit Hülfe von Zuschüssen Dritter zu unterhalten sind, aber juristische Persönlichkeit besitzen,
2. welche vom Staate und von Dritten gemeinschaftlich zu unterhalten sind,
3. welche von Dritten zu unterhalten sind, aber vom Staate mit Zuschüssen, die nicht auf rechtlicher Verpflichtung beruhen, unterstützt werden.

Diese Bestimmungen finden keine Anwendung auf die ausschliesslich für den Elementar- oder Fortbildungs-Unterricht bestimmten Anstalten, sowie auf solche Anstalten, welche mit Zuschüssen aus den dazu im Etat bereitgestellten Dispositionsfonds unterstützt werden.

§ 4.[2]) Von denjenigen der alleinigen Verfügung des Staates unterliegenden besonderen Fonds, welche nicht unter die Bestimmungen im § 2 Nr. 4 oder im § 3 Abs. 1 dieses Gesetzes fallen, sind dem Landtage mit den Spezialetats der betreffenden Staatsverwaltungen Nachweisungen unter Angabe der Jahresbeträge der einzelnen Fonds mitzutheilen.

§ 5. Solange und soweit beide Häuser des Landtags zustimmen, kann von der Mittheilung der in den §§ 3 und 4 bezeichneten Nachweisungen bezüglich einzelner Fonds oder Anstalten oder bezüglich gewisser Kategorien derselben abgesehen werden.

§ 6 Bei dem Seehandlungsinstitut sind sowohl in dem Spezialetat als in dem Staatshaushaltsetat der Geschäftsgewinn und die Verwaltungseinnahmen des Instituts, in dem Spezialetat auch die Verwaltungsausgaben desselben zu veranschlagen.

Mit dem Spezialetat des Seehandlungsinstitut ist dem Landtage der Verwaltungsbericht und der Hauptabschluss des Instituts für das letzte abgelaufene Etatsjahr mitzutheilen.[3])

§ 7. Bei solchen Verwaltungen, welche nicht ausschliesslich für Rechnung des Staates geführt werden, ist sowohl in den Spezialetat der betreffenden Staatsverwaltung als in den Staatshaushaltsetat der Antheil des Staates an dem für die Gemeinschaft veranschlagten Ueberschusse oder Zuschusse einzustellen.

Die Einnahmen und Ausgaben solcher gemeinschaftlichen Verwaltungen sind in einer dem Spezialetat der betreffenden Staatsverwaltung beizufügenden Nachweisung dem Landtage mitzutheilen.

§ 8. Durch die Etats werden Privatrechte oder Privatpflichten weder begründet noch aufgehoben.

---

[1]) s. Bd. II Buch I § 1 ff.

[2]) zu §§ 3 u. 4 vgl. ausser der in der vorigen Anmerkung citirten Stelle auch Bd. II Buch VI § 277 a.

[3]) vgl. auch Bd. I Buch IV § 10.

§ 9.[1]) Nach gesetzlicher Feststellung des Staatshaushaltsetat ist derselbe nebst den zugehörigen Spezialetats durch die Staatsregierung der Oberrechnungskammer mitzutheilen.

§ 10. In den Kassenetats, welche für die ausführenden Behörden und Kassen auf Grund des Staatshaushaltsetat und der mit demselben festgestellten Spezialetats auszufertigen sind, sind die Einnahmen und Ausgaben in dem Rahmen der durch diese Etats festgestellten Kapitel und Titel in Ansatz zu bringen.

Diese Bestimmung findet keine Anwendung auf diejenigen Kassenetats und Theile von Kassenetats für die Hauptkassen und die Generalstaatskasse, in welchen die in anderen Kassenetats nach Kapiteln und Titeln ausgebrachten Einnahmen und Ausgaben nur summarisch nach Verwaltungsbezirken oder Verwaltungszweigen aufgeführt werden.

§ 11. Die Kassenetats können für einen mehrjährigen Zeitraum festgestellt werden.

Werden in den Ansätzen eines für mehrere Jahre festgestellten Kassenetats durch den Staatshaushaltsetat für eines der folgenden Jahre Aenderungen herbeigeführt, so sind darüber, sofern die Uebereinstimmung der Kassenetats mit dem Staatshaushaltsetat nicht durch einen jährlich festzustellenden Gesammtkassenetat für den betreffenden Verwaltungszweig herbeigeführt wird, besondere, diese Uebereinstimmung herstellende Deklarationen auszufertigen.[2])

§ 12. Die Kassenetats sind, insoweit die über ihre Ausführung zu legenden Rechnungen nach den Bestimmungen des Gesetzes vom 27 März 1872, betreffend die Einrichtung und die Befugnisse der Oberrechnungskammer (G-S S 278), der Revision durch die Oberrechnungskammer unterliegen, alsbald nach ihrer Ausfertigung mit einer Uebersicht der Zu- und Abgänge gegen den vorhergehenden Etat in beglaubigter Abschrift der Ober-Rechnungskammer mitzutheilen

Eine gleiche Mittheilung hat hinsichtlich der nach § 11 zu erlassenden Deklarationen stattzufinden

II. Führung des Staatshaushalts. (§§ 13–38.)

a) Gemeinsame Vorschriften für Einnahmen und Ausgaben. (§§ 13—15.)

§ 13. Die Einnahmen und Ausgaben sind in der Rechnung unter denjenigen Kapiteln und Titeln, unter welchen sie im Etat vorgesehen sind, oder wenn nur ein entsprechendes Soll aus der vorhergehenden Rechnung zu übertragen war (§§ 42 und 45), an der betreffenden Stelle der folgenden Rechnung nachzuweisen.

Mehreinnahmen und Mehrausgaben sind an den vorbezeichneten Stellen der Rechnung als Zugang nachzuweisen. Ist jedoch nur eine Sollausgabe aus der vorhergehenden Rechnung übertragen, so ist eine etwaige Mehrausgabe gegen dieselbe in der Rechnung, getrennt von den etatsmässigen Ausgaben, als ausseretatsmässige Ausgabe nachzuweisen.

In gleicher Weise sind Einnahmen und Ausgaben, welche weder unter einen Etatstitel fallen noch bei einem Soll aus der vorhergehenden Rechnung zu verrechnen sind, in der Rechnung, getrennt von den etatsmässigen Einnahmen und Ausgaben, als ausseretatsmässige Einnahmen und Ausgaben nachzuweisen

§ 14. Alle Einnahmen und Ausgaben sind, vorbehaltlich der in den §§ 42 bis 46 dieses Gesetzes hinsichtlich der Einnahme- und Ausgabereste getroffenen Bestimmungen, in der Rechnung desjenigen Etatsjahres nachzuweisen, in welchem sie fällig geworden sind.

Die am 1. April postnumerando fälligen Einnahmen und Ausgaben, sowie diejenigen Einnahmen und Ausgaben ohne bestimmten Fälligkeitstermin, deren Rechts- und Entstehungsgrund in dem vorhergehenden Etatsjahre liegt und deren Fälligkeit noch in der darauf folgenden Zeit bis zum Jahresabschlusse für das letztere (§ 39) herbeizuführen ist, sind in der Rechnung des vorhergehenden Jahres nachzuweisen

Eine von den vorstehenden Bestimmungen abweichende Verrechnung der Einnahmen oder Ausgaben kann in den Spezialetats festgesetzt werden.[3])

---

[1]) zu § 9 ff. auch Band II Buch VII §§ 308, 309.

[2]) z. B. Bd II Buch I § 329.

[3]) vgl Bd II Buch IV § 138, ferner Bd. I Buch II § 38. Auch in der Berg-, Eisenbahnverwaltung und in der Justizverwaltung finden derartige Abweichungen statt.

§ 15. Alle Einnahmen und Ausgaben sind mit ihrem vollen Betrage in der Rechnung nachzuweisen und es dürfen weder von Einnahmen vorweg Ausgaben in Abzug gebracht, noch auf Ausgaben vorweg Einnahmen in Anrechnung gebracht werden.

Tantiemen und sonstige Gebühren für die Erhebung von Einnahmen sind unter den Ausgaben nachzuweisen.

b) Vorschriften für die Einnahmen. (§§ 16—19.)

§ 16. Alle Einnahmen des Staates werden für Rechnung der Staatsfinanzverwaltung als Deckungsmittel für den gesammten Ausgabebedarf des Staates erhoben, sofern nicht für einzelne Einnahmen durch die Spezialetats oder durch besondere Gesetze etwas Anderes bestimmt ist.[1])

Die Einnahmen der im § 2 unter Nr. 4 bezeichneten Fonds sind nur für Zwecke der letzteren zu verwenden.

§ 17. Stundungen für die Erfüllung von Zahlungsverpflichtungen gegen den Staat dürfen nur ausnahmsweise unter besonderen Umständen bewilligt werden.

Stundungen über den Jahresabschlusstermin (§ 39) derjenigen Kasse hinaus, welcher der rechnungsmässige Nachweis der betreffenden Einnahmen obliegt, dürfen von den Behörden nur auf Grund einer seitens des zuständigen Ministers ertheilten Ermächtigung und unter Angabe der Gründe bewilligt werden.

Diese Bestimmungen finden keine Anwendung auf solche Zahlungsverpflichtungen, bei welchen Kreditgewährungen für bestimmte Fristen durch allgemeine Vorschriften der zuständigen Behörden zugelassen oder im Geschäftsverkehr gebräuchlich sind.

Auch bleiben die für einzelne Verwaltungszweige bestehenden besonderen gesetzlichen Bestimmungen über die Stundung von Zahlungsverpflichtungen unberührt.

§ 18. Von der Einziehung dem Staate zustehender Einnahmen darf nur im einzelnen Falle und, abgesehen von der Unmöglichkeit der Einziehung, nur auf Grund einer durch gesetzliche oder durch Königliche Bestimmung ertheilten Ermächtigung abgesehen werden. Nur unter gleicher Voraussetzung dürfen auch zur Staatskasse vereinnahmte Beträge zurückerstattet werden.

Die nicht zur Einziehung gelangten oder zurückerstatteten Beträge sind in der dem Landtage gemäss § 47 dieses Gesetzes vorzulegenden Uebersicht von den Staats-Einnahmen und -Ausgaben bei den betreffenden Etatstiteln summarisch mitzutheilen. Solange und soweit beide Häuser des Landtags zustimmen, kann von dieser Mittheilung bezüglicher einzelner Arten nicht zur Einziehung gelangter oder zurückerstatteter Beträge abgesehen werden.

§ 19. Zur Staatskasse vereinnahmte Beträge, welche zurückerstattet werden müssen, sind, wenn die Zurückerstattung erfolgt, solange die betreffenden Fonds noch offen sind, von der Einnahme bei den letzteren wieder abzusetzen, bei späterer Zurückerstattung aber als Ausgabe zu verrechnen.

Zurückerstattete Gerichtskosten und Geldstrafen sowie indirekte Steuern können immer von der Einnahme abgesetzt werden.

Bei der Eisenbahnverwaltung können die Beträge an Einnahmen aus dem Personen-, Gepäck- und Güterverkehr, welche in der Rechnung des Vorjahres auf Grund der zum Jahresabschlusse stattgefundenen vorläufigen Feststellung zu viel verrechnet sind, von den Einnahmen des folgenden Etatsjahres abgesetzt werden.

c) Vorschriften für die Ausgaben. (§§ 20—36.)

§ 20. Den Ausgabefonds dürfen Rückeinnahmen, unbeschadet der Bestimmung im § 36 dieses Gesetzes nur auf Grund besonderer Ermächtigung durch den Etat zugeführt werden.[2])

---

[1]) Bd. III Buch III § 170. S. auch die Ausgabefonds des Etats Kap. 45 Tit. 10, Kap. 68 Tit. 14, Kap. 102 Tit. 11, Kap. 122 Tit. 4, 6 u. s. w.

[2]) vgl. einen solchen Fall in Bd. II Buch VI § 154a.

Bei Bauausführungen dürfen jedoch die Erlöse aus der Wiederveräusserung von Grundstücken und beweglichen Gegenständen, welche über den dauernden Bedarf hinaus aus den betreffenden Baufonds erworben sind, den letzteren, solange dieselben noch offen sind, wieder zugeführt werden.

Bei Bauten, welche auf Grund eines dem Landtage vorgelegten Bauanschlags ausgeführt werden, dürfen auch sonstige bei der Bauausführung sich ergebende Einnahmen zu den Kosten des Baues mitverwendet werden, wenn diese Einnahmen in dem Bauanschlage veranschlagt und von dem gesammten Kostenbedarf in Abzug gebracht sind.[1])

§ 21. Besoldungen und andere bei der Pensionirung in Anrechnung zu bringende Diensteinkünfte dürfen nur auf Grund einer durch die Spezialetats oder durch besondere Gesetze ertheilten Ermächtigung verliehen werden [2])

§ 22. Die Gnadenbezüge von den Diensteinkünften verstorbener Beamten sind bei denselben Fonds zu verausgaben, aus welchen die betreffenden Diensteinkünfte zu zahlen waren.

Diese Bestimmung kommt auch bei den Fonds zu Pensionen und zu Unterstützungen entsprechend zur Anwendung.

§ 23. Ersparnisse, welche bei den Fonds zu Besoldungen und zu sonstigen Diensteinkünften etatsmässiger Beamten dadurch entstehen, dass Stellen zeitweise nicht besetzt sind oder von ihren Inhabern nicht versehen werden, können bis auf Höhe der für die einzelne Stelle verfügbaren Beträge, wenn und soweit sie nicht zur Bestreitung der Kosten einer kommissarischen Verwaltung der Stelle erforderlich sind, zur Gewährung von ausserordentlichen Remunerationen für die unmittelbare oder mittelbare Betheiligung an der Wahrnehmnng der Geschäfte der betreffenden Stelle verwendet werden

Bleibt eine neu errichtete Stelle länger als ein Jahr unbesetzt, so ist hierüber in der dem Landtage gemäss § 47 dieses Gesetzes vorzulegenden Uebersicht bei dem betreffenden Etatstitel Mittheilung zu machen.

Aus Ersparnissen, welche dadurch entstehen, dass die Besoldungsfonds nicht vollständig unter die Stelleninhaber vertheilt worden sind, sowie aus Ersparnissen bei den Fonds zu Wohnungsgeldzuschüssen dürfen Remunerationen nicht gewährt werden.

Eine von den vorstehenden Bestimmungen abweichende Verwendung von Ersparnissen kann in den Spezialetats festgesetzt werden.

Die vorstehenden Bestimmungen kommen auch bei Ersparnissen an den Fonds zur Remunerirung von Hülfsarbeitern entsprechend zur Anwendung.

§ 24. Im Uebrigen dürfen ausserordentliche Remunerationen und Unterstützungen für Beamte nur aus denjenigen Fonds gewährt werden, welche in den Etats dazu bestimmt sind.[3])

§ 25. Aus den Fonds einer Behörde zur Remunerirung von Hülfsarbeitern dürfen, sofern nicht in den Spezialetats etwas Anderes bestimmt ist, Bewilligungen an etatsmässig angestellte Beamte derselben Behörde nicht erfolgen.

§ 26. In den dem Landtage vorzulegenden Spezialetats sind bei den betreffenden Besoldungsfonds oder Fonds zur Remunerirung von Hülfsarbeitern die Einnahmen der Beamten aus Nebenämtern nachrichtlich mitzutheilen.

§ 27 Gebühren für die Erhebung von Staatseinnahmen und für die Leistung von Staatsausgaben sind nur von denjenigen Beträgen zu berechnen, welche für das betreffende Etatsjahr als wirklich eingegangen beziehungsweise verausgabt nachgewiesen werden.

§ 28. Die Ueberlassung von Dienstwohnungen an Beamte erfolgt nach Massgabe des Etats.

§ 29. Die Ueberlassung von Wohnungen und von anderen Nutzungen an den zur Verfügung des Staates stehenden Gebäuden und Grundstücken, sowie von sonstigen Natural-

---

[1]) vgl. Bd. II Buch V § 154.

[2]) hierzu Bd. II Buch VI § 163 a E. Buch VIII § 1.

[3]) vgl. Bd. I Buch I § 49.

bezügen an Beamte darf nur gegen Entgelt stattfinden, sofern nicht in den Spezialetats etwas Anderes bestimmt ist.

Die für Dienstwohnungen zu entrichtenden Vergütungen sind, soweit sie nicht gemäss der Bestimmung im § 4 Abs. 2 des Ges. v 12. Mai 1873, betreffend die Gewährung von Wohnungsgeldzuschüssen an die unmittelbaren Staatsbeamten (G.-S. S. 209), gegen den Wohnungsgeldzuschuss aufgerechnet werden, als Einnahmen nachzuweisen.

§ 30. Der Ausführung von Neubauten sowie von Reparaturbauten auf Kosten des Staates sind Bauanschläge zu Grunde zu legen. Inwieweit hiervon abgesehen werden darf, bestimmt der Minister der öffentlichen Arbeiten und soweit es sich um Bauten handelt, welche ohne dessen Mitwirkung auszuführen sind, der zuständige Minister.

Unter welchen Voraussetzungen, insbesondere bei welcher Höhe der Bausumme, die Bauanschläge der technischen Revision und Feststellung durch die höchste Baubehörde oder durch die nachgeordneten Behörden unterliegen, ist Gegenstand Königlicher Anordnung.[1])

Mit den über die einzelnen Bauausführungen zu legenden Rechnungen sind der Ober-Rechnungskammer die erforderlichen bautechnischen Beläge vorzulegen.

§ 31. Alle für Rechnung des Staates angekauften beweglichen Gegenstände müssen bei der Rechnungslegung über die dafür verausgabten Geldbeträge entweder als vollständig verwendet oder in einer besonderen Naturalrechnung (§ 10 des Ges v 27. März 1872, betr. die Einrichtung und die Befugnisse der Oberrechnungskammer, G.-S. S. 278) in Einnahme oder, insofern sie aus Utensilien oder Geräthschaften bestehen oder zu Sammlungen gehören, als inventarisirt nachgewiesen werden.

Werden bewegliche Gegenstände für die Zwecke eines anderen Etatsfonds als desjenigen, aus welchem sie beschafft sind, abgegeben, so ist der Werth dieser Gegenstände, wenn er im einzelnen Falle insgesammt mehr als 3000 Mark beträgt, aus dem ersteren Fonds zu vergüten, sofern nicht in den Spezialetats etwas Anderes bestimmt ist.

Diese Vergütung findet nicht statt, wenn der Fonds, aus welchem die Beschaffung erfolgt ist, zur Beschaffung von Gegenständen der betreffenden Art auch für die Zwecke desjenigen Fonds bestimmt ist, welchem die Werthe der abgegebenen Gegenstände zu Gute gekommen sind.

Auch dürfen Sammlungsstücke von einer staatlichen Sammlung an eine andere ohne Vergütung des Werthes abgegeben werden.

§ 32. Auf solche Fonds, welche im Etat ganz oder zu einem Theil als Dispositionsfonds, Fonds zu unvorhergesehenen Ausgaben oder unter einer sonstigen allgemeinen, die Ausgabezwecke nicht bestimmt angebenden Bezeichnung zur Verfügung der Verwaltung gestellt sind, dürfen, sofern nicht in den Spezialetats etwas Anderes bestimmt ist,[2]) keine Ausgaben angewiesen werden, welche unter einen anderen Etatstitel fallen.

§ 33. Ausgabebeträge, über welche seitens der Verwaltung beim Eintritt bestimmter Voraussetzungen oder eines bestimmten Zeitpunktes nicht weiter verfügt werden darf, sind, sofern sich diese Beschränkung nicht schon aus der Bezeichnung der Ausgabezwecke in den Etats ergiebt,[3]) in den letzteren als künftig wegfallend zu bezeichnen.[4])

§ 34. Ausgabebeträge der im § 33 bezeichneten Art sind von dem Zeitpunkte ab, mit welchem die Befugniss der Verwaltung zur Verfügung über dieselben aufhört, in den Rechnungen als Minderausgabe nachzuweisen.

---

[1]) vgl. Bd. II Buch V § 206.

[2]) einen solchen Fall s. Bd II Buch I § 359. Auf den Allerhöchsten Dispositionsfonds (Kap. 63 Tit. 1 des Etats des Finanz-Ministeriums) findet § 32 überhaupt keine Anwendung, da er nicht zur Verfügung der Verwaltung steht.

[3]) Das ist der Fall z. B. bei Kap. 43 Tit. 9 u. 11, Kap. 60, 62 Tit. 4 u. 9, Kap. 63 Tit. 3

[4]) z. B. Bd. III Buch III § 162.

Dasselbe hat stattzufinden:

1. bei Diensteinkünften überzähliger Beamten mit dem Eintritt des Beamten in eine andere Stelle des Staatsdienstes bis auf Höhe der mit derselben verbundenen Besoldung oder sonstigen der Besoldung gleichstehenden Diensteinkünfte,
2. bei persönlichen Zulagen und sonstigen lediglich an die Person geknüpften Diensteinkünften in dem Masse, als der Beamte, welcher dieselben bezieht, erhöhte normalmässige Diensteinkünfte erhält, sofern nicht in den Spezialetats etwas Anderes bestimmt ist

In beiden Fällen bleibt der Mehrbetrag an Wohnungsgeldzuschuss, welcher einem Beamten in Folge der Versetzung an einen Ort einer höheren Servisklasse zu gewähren ist, bei der Einziehung oder Kürzung als künftig wegfallend bezeichneter Diensteinkünfte ausser Betracht.

§ 35. Sollen von einer Mehrzahl von Stellen einer Kategorie eine oder mehrere Stellen nach dem Abgange der zeitigen Inhaber oder bei den nächsten innerhalb dieser Kategorie eintretenden Erledigungsfällen eingezogen werden, so ist für jede der einzuziehenden Stellen,

1 wenn in den Etats die Besoldungen für diese Kategorie nach einem Durchschnittssatze für jede Stelle ausgebracht sind, der Betrag dieses Durchschnittssatzes,
2. wenn die Besoldungen nach Dienstaltersstufen geregelt sind, der Betrag der Mindestbesoldung dieser Kategorie

in den Etats als künftig wegfallend zu bezeichnen

Bleibt in dem Falle zu 1 bei einer Stellenerledigung die dadurch frei werdende Besoldung hinter dem Durchschnittssatze zurück, so ist der an dem letzteren fehlende Betrag einzuziehen, sobald und insoweit später über die Mindestbesoldung hinausgehende Beträge zur Erledigung kommen

In dem Falle zu 2 ist bei einer Stellenerledigung der Betrag der thatsächlich frei werdenden Besoldung einzuziehen.

§ 36. Verausgabte Beträge, welche der Staatskasse zurückerstattet werden, sind, wenn die Zurückerstattung erfolgt, solange die betreffenden Fonds noch offen sind, von der Ausgabe bei den letzteren wieder abzusetzen, bei späterer Znrückerstattung aber als Einnahmen zu verrechnen.

d) Besondere Bestimmungen über Verträge bezw. über Defekte. (§§ 37 u 38.)

§ 37 Alle Verträge für Rechnung des Staates müssen auf voraufgegangene öffentliche Ausbietung gegründet sein, sofern nicht Ausnahmen durch die Natur des Geschäfts gerechtfertigt oder durch den zuständigen Minister für den einzelnen Fall oder für bestimmte Arten von Verträgen zugelassen werden.

Mit Beamten, welche die Verwaltung selbst führen, oder an derselben betheiligt sind, dürfen in Bezug auf diese Verwaltung Verträge nicht abgeschlossen werden Ausnahmen dürfen nur durch den zuständigen Minister zugelassen werden.

Die von den Behörden rechtsgültig abgeschlossenen Verträge dürfen zum Nachtheil des Staates nachträglich weder aufgehoben noch abgeändert werden. Ausnahmen sind mit Königlicher Genehmigung zulässig und bedürfen, wenn der abgeschlossene Vertrag der Genehmigung des Landtages unterlegen hat, auch der Zustimmung des letzteren.

§ 38. Defekte dürfen, abgesehen von der Unmöglichkeit der Einziehung, nur auf Grund einer durch Königliche Bestimmung ertheilten Ermächtigung niedergeschlagen werden (Vergl. § 17 des Gesetzes v. 27 März 1872, betreffend die Einrichtung und die Befugnisse der Oberrechnungskammer, G.-S S. 278)

Die nicht zur Einziehung gelangten Beträge sind in der dem Landtage gemäss § 47 dieses Gesetzes vorzulegenden Uebersicht von den Staats-Einnahmen und -Ausgaben bei den betreffenden Etatstiteln summarisch mitzutheilen Solange und soweit beide Häuser des Landtags zustimmen, kann von dieser Mittheilung bezüglich einzelner Arten nicht zur Einziehung gelangter Beträge abgesehen werden.

III. Rechnungslegung und Kontrolle (§§ 39—56).

§ 39. Der Abschluss der Kassenbücher für jedes Etatsjahr erfolgt bei der Generalstaatskasse spätestens im dritten Monat nach dem Ablaufe des Etatsjahres, bei den übrigen Kassen zu entsprechend früheren, von dem zuständigen Minister und dem Finanzminister festzusetzenden Terminen.

§ 40. Bei keiner Kasse dürfen nach erfolgtem Jahresabschluss (§ 39) noch Einnahmen oder Ausgaben für Rechnung des abgelaufenen Etatsjahres gebucht werden

Ausgenommen hiervon sind die Buchungen zur Ausführung der Bestimmungen über die Verwendung von Ueberschüssen des Staatshaushalts.[1])

§ 41 Vorschüsse, welche bis zum Jahresabschluss (§ 39) nicht haben abgewickelt werden können, sind in einem Anhange zu der Kassenrechnung nachzuweisen

§ 42. Haben Einnahmebeträge, welche nach Massgabe der Bestimmungen im § 14 dem abgelaufenen oder einem früheren Etatsjahre angehören, bis zum Jahresabschluss nicht eingezogen werden können, so sind dieselben für das abgelaufene Etatsjahr als Einnahmereste nachzuweisen und für das folgende Etatsjahr in Solleinnahme zu stellen.

Ihre Vereinnahmung erfolgt demnächst für Rechnung desjenigen Etatsjahres, in welchem sie eingehen.

§ 43 Haben Ausgaben, welche nach Massgabe der Bestimmungen im § 14 dem abgelaufenen Etatsjahre angehören, bis zum Jahresabschluss nicht geleistet werden können, so werden die zur Bestreitung derselben erforderlichen Beträge, auch wenn dieselben unter Zusammenrechnung mit den wirklich geleisteten Ausgaben eine Etatsüberschreitung[2]) ergeben, reservirt und in das folgende Etatsjahr übertragen.

Bestände, welche nach Reservirung der zu Restausgaben erforderlichen Beträge beim Jahresabschluss verbleiben, sind in der Rechnung als erspart nachzuweisen.

§ 44. Die Bestimmung im § 43 Absatz 2 findet keine Anwendung und es können die am Jahresschlusse verbleibenden Bestände zur Verwendung in die folgenden Jahre übertragen werden:

1. bei denjenigen Ausgabefonds, bei welchen dies durch eine entsprechende Bestimmung in dem Spezialetat zugelassen ist,[3])
2. bei allen Baufonds

§ 45 Die auf Grund der Bestimmungen in den §§ 43 und 44 in das folgende Etatsjahr zu übernehmenden Beträge sind für das abgeschlossene Etatsjahr als zu Restausgaben bestimmt, beziehungsweise als in das folgende Etatsjahr übergehender Bestand nachzuweisen und für das folgende Etatsjahr in Sollausgabe zu stellen

§ 46. Bei den übertragbaren Ausgabefonds (§ 44) können die aus dem Vorjahre übernommenen Mittel (§ 43 Absatz 1 und § 44) auch zu den Ausgaben des laufenden Etatsjahres und ebenso die Fonds des laufenden Etatsjahres auch zur Bestreitung solcher Ausgaben verwendet werden, welche nach Massgabe der Bestimmungen im § 14 früheren Etatsjahren angehören.

Bei den nicht übertragbaren Fonds dürfen die zu Restausgaben reservirten Beträge nur zur Bestreitung der Restausgaben, für welche sie bestimmt sind, und nur bis zum Jahresabschluss für das folgende Etatsjahr verwendet werden. Insoweit sie bis dahin nicht zur Verwendung gelangt sind, sind sie in der Rechnung als erspart nachzuweisen; die etwa später noch erforderlich werdenden Zahlungen sind aus den Mitteln für das laufende Etatsjahr zu leisten Letzteres gilt auch bezüglich solcher Ausgaben, welche nach Massgabe der Bestimmungen im § 14 früheren Etatsjahren angehören, zu deren Deckung aber Mittel nicht oder nicht in ausreichendem Masse reservirt worden sind.

§ 47. Eine Uebersicht von den Staats-Einnahmen und -Ausgaben eines jeden Etatsjahres ist dem Landtage im folgenden Etatsjahre vorzulegen.[4])

---

[1]) vgl. Bd. III Buch I § 66, 67.

[2]) Ueber den Begriff der Etatsüberschreitung s Bd. II Buch VII § 309 Anm. 1.

[3]) einen solchen Fall s. Bd. II Buch I § 243 u. A. m.

[4]) s. zu § 47 ff Bd. II Buch VII §§ 208 u. 209.

Dieser Uebersicht ist die gemäss § 19 Absatz 3 des Gesetzes v. 27. März 1872, betreffend die Einrichtung und die Befugnisse der Oberrechnungskammer (G.-S. S 278) dem Landtage vorzulegende Nachweisung der Etatsüberschreitungen und der ausseretatsmässigen Ausgaben beizufügen

Innerhalb derselben Frist sind dem Landtage vorzulegen:

1. Nachweisungen über die Verwendung derjenigen Centralfonds, welche im Etat ganz oder zu einem Theil als Dispositionsfonds, Fonds zu unvorhergesehenen Ausgaben oder unter einer sonstigen allgemeinen, die Ausgabezwecke nicht bestimmt angebenden Bezeichnung zur Verfügung der Verwaltung gestellt sind.[1] Ausgenommen hiervon sind solche Fonds, deren Rechnungen der Revision durch die Oberrechnungskammer nicht unterliegen. Solange und soweit beide Häuser des Landtags zustimmen, kann auch bezuglich anderer Fonds von der Vorlegung der vorbezeichneten Nachweisungen abgesehen werden.
2. Eine Nachweisung von den als endgültig erspart zu löschenden Beträgen der durch besondere Gesetze zur Verfügung gestellten Kredite

Eine nachträgliche Verwendung der nach der Nachweisung zu 2 zu löschenden Beträge darf nicht erfolgen.

§ 48. In den von den Kassen zu legenden Rechnungen sind die Einnahmen und Ausgaben in derselben Anordnung nachzuweisen, in welcher sie in den Kassenetats (§ 10) aufgeführt sind

§ 49 Die Kassenrechnungen (§ 48) haben sowohl in ihren einzelnen Ansätzen als im Ganzen das bei dem Jahresabschluss festgestellte Ergebniss der Kassenbucher wiederzugeben.

§ 50. Die Kassenrechnungen werden der Regel nach für ein volles Etatsjahr gelegt. Ausnahmen sind nur mit Zustimmung der Oberrechnungskammer zulässig.

§ 51. Die Kassenrechnungen sind vor der Einsendung an die Oberrechnungskammer durch die zuständigen Behörden einer Vorprüfung (Abnahme) zu unterziehen.

Bei der Abnahme sind die Rechnungen und, soweit dies noch nicht geschehen ist, auch die Beläge rechnerisch zu prüfen und zu bescheinigen, sowie in formeller und materieller Hinsicht zu prüfen und mit den nothigen Erläuterungen und Bemerkungen, sowie den etwa noch fehlenden Bescheinigungen zu versehen.

Das über die Abnahme der Rechnung aufzunehmende Protokoll ist mit der Rechnung an die Oberrechnungskammer einzusenden.

§ 52. Mit der gemäss der Bestimmung im Art. 104 der Verfassungsurkunde dem Landtage vorzulegenden allgemeinen Rechnung über den Staatshaushalt eines jeden Jahres ist für jeden Verwaltungszweig, für welchen mit dem Staatshaushaltsetats ein Spezialetat festgestellt ist, eine Spezialrechnung vorzulegen.

Alle Einnahmen und Ausgaben sind in diesen Rechnungen nach den Kapiteln und Titeln des Etats nachzuweisen, und zwar in der allgemeinen Rechnung in derselben Weise, wie sie im Staatshaushaltsetat, in den Spezialrechnungen in derselben Weise, wie sie in den Spezialetats zum Ansatz gebracht sind

Ausseretatsmässige Einnahmen und Ausgaben (§ 13 Absatz 2 und 3) sind unter zusätzlichen Abschnitten nachzuweisen.

§ 53. Sowohl in der allgemeinen Rechnung als in den Spezialrechnungen (§ 52) sind bei den einzelnen Kapiteln und Titeln und bei den Schlusssummen je in einer besonderen Spalte nachzuweisen:

I. bei den Einnahmen:

1. die aus dem Vorjahre übernommenen Einnahmereste (Soll nach der vorigen Rechnung);
2. der Einnahmeansatz des Etats (Soll nach dem Etat);
3. die nach No. 1 und 2 sich ergebende gesammte Solleinnahme;

---

[1]) auf den Allerhöchsten Dispositionsfonds Kap. 63 Tit. 1 findet die Bestimmung keine Anwendung.

4. die wirklich eingegangenen Einnahmen (Isteinnahme);
5. die verbliebenen Einnahmereste;
6. die nach No. 4 und 5 sich ergebende Summe;
7. das Mehr oder Weniger der Summe zu No. 6 gegen die Summe zu No. 3.

II. bei den Ausgaben:

1. die auf Grund der Bestimmungen in den §§ 43 bis 45 aus dem Vorjahre übernommenen Beträge (Soll nach der vorigen Rechnung);
2. der Ausgabeansatz des Etats (Soll nach dem Etat);
3. die nach No. 1 und 2 sich ergebende gesammte Sollausgabe;
4. die wirklich geleisteten Ausgaben (Istausgabe);
5. die auf Grund der Bestimmungen in den §§ 43 bis 45 in das folgende Etatsjahr zu übertragenden Beträge;
6. die nach No. 4 und 5 sich ergebende Summe;
7. das Mehr oder Weniger der Summe zu No. 6 gegen die Summe zu No. 3.

§ 54. Die allgemeine Rechnung hat ferner nachzuweisen:

1. den nach der vorigen Rechnung übernommenen und den in die folgende Rechnung übergehenden Kassenbestand;
2. die Betriebsfonds.

§ 55. Die Bestimmungen im § 2 unter No. 4 und 5 und in den §§ 3 und 4 dieses Gesetzes sind spätestens durch den Staatshaushaltsetat, bezw. die Spezialetats für das Jahr v. 1. April 1900/1901 zur Ausführung zu bringen. Im Uebrigen tritt dieses Gesetz mit dem 1. April 1899 in Kraft.

§ 56. Alle diesem Gesetze zuwiderlaufenden Bestimmungen früherer Gesetze und Verordnungen treten ausser Kraft.

II.

Nachträge.

§ **213.** Da es der Umfang des Stoffes und das dadurch bedingte nicht gleichzeitige Erscheinen der einzelnen Lieferungen zur Folge haben musste, dass die Darstellung in den früher erschienenen Lieferungen nicht bis auf den gleichen Zeitpunkt wie die neueren reicht, so werden, um dem Leser ein abschliessendes bis auf die Gegenwart reichendes Gesammtbild zu gewähren, für die in früheren Lieferungen behandelten Verwaltungen die Hauptabschlusszahlen der Etatskapitel und wichtigeren Etatstitel bis auf die neueste Zeit (Etat 1903) nachgetragen in Anl. XII. Im Anschluss an diese Tabellen werden nachstehend noch erläuternde Bemerkungen zu den einzelnen Verwaltungen gegeben, in denen zugleich die wichtigeren inzwischen neu ergangenen gesetzlichen und Verwaltungsbestimmungen kurz angedeutet sind.

I. Ueberschussverwaltungen.

§ **214. Domänenverwaltung.** Der im letzten Absatz des § 9 des I. Buches (Bd. 1 S. 22) bezeichnete Zeitpunkt freier Disposition über die Erlöse aus Domänenveräusserungen in den alten Landestheilen ist im Laufe des Rechnungsjahres 1899 eingetreten, und es ist von der erlangten Bewegungsfreiheit auch alsbald Gebrauch gemacht worden, indem nun auch in grösserem Masse Domänen der alten Provinzen, deren Beibehaltung nicht erforderlich erschien, veräussert und aus den Erlösen im Kap. 10 Tit. 4 des Extraordinariums unter Erweiterung der Bestimmung des Titels auf „Erwerbung und erste Einrichtung von Domänen und Domänengrundstücken“ ohne die bisherigen Beschränkungen auf „kleinere“ Domänen und bestimmte Landestheile reichlichere Mittel, seit 1900 jährlich 700000 M. verfügbar gemacht sind. Verkauft sind in den Etatsjahren 1898/99 bis 1901 beziehentlich 292,654, 1184,111, 3419,112 und 3000,092 ha; davon entfielen auf die neuen Provinzen etwa 238, 328, 688 und 242 ha, in den drei Jahren 1899 bis 1901 also im Gegensatz zu früher weitaus der grösste Theil auf die alten Landestheile; insbesondere wurden verkauft 1899 im Regierungsbezirk Köslin 785,6 ha, 1900 in den Bezirken Marienwerder,

Stralsund und Magdeburg 546, 476 und 1473 ha, 1901 in den Bezirken Frankfurt a. O., Posen und Magdeburg 218,3, 1030 und 970,9 ha. In den neuen Provinzen wurden grössere oder doch besonders werthvolle Flächen verkauft besonders in Schleswig-Holstein (1900: 476,3 ha für 1 213 828 M., 1901: 183 ha) und in den Regierungsbezirken Aurich (1899: 177,2 ha, 1900: 100,7 ha, 1901: 210,6 ha), Wiesbaden (1899: 90,15 ha, 1900: 26,8 ha für 635 182 M., 1901: 11,3 ha für 1 167 421 M.), Lüneburg (1901: 120¼ ha) und Kassel (1899: 90,15 ha, 1901: 107,4 ha). Die in Schleswig-Holstein 1900 veräusserte Fläche bestand in der Hauptsache, 465 ha, in dem das Trennewurther Vorland, dem neuen Steert-Sommerkoog und den Rathjensdorfer Sommerkoog, die alle nun mit Winterbedeichung versehen waren, umfassenden „Kaiserin Auguste-Viktoria-Koog“, die im Wiesbadener Bezirk 1900 und 1901 veräusserten in dem „Neroberg“ bei Wiesbaden und in dortigem Baugelände. Umgekehrt wurden im Ganzen angekauft: 1898/99 355,508, 1899: 1568,643, 1900: 3808,788 und 1901: 2129,699 ha. Hiervon entfielen auf die alten Provinzen etwa 300, 1314, 2940 und 2119 ha, und zwar insbesondere 1898/99 auf die Bezirke Arnsberg 116,7, Coblenz 164,6 ha, 1899 auf Königsberg 1305 ha, 1900 auf Marienwerder 519 Köslin 1805, Stralsund 1071, Minden 319,6, Coblenz 40,5 und Aachen 147,3 ha, 1901 auf Danzig 426,3, Köslin 866,4, Merseburg 81,1, Arnsberg 56,5, Aachen 452,2 ha. Von den neuen Provinzen hatte Ankäufe grösseren Umfangs nur Schleswig-Holstein aufzuweisen, wo 1899 Vorwerke mit 251¾ und 1900 solche mit 847½ ha erworben wurden, eine Erwerbung von besonders hohem Werth 1900 Wiesbaden in den für mehr als 1,1 Mill. M. angekauften Wilhelmj'schen Weingütern in Rauenthal-Eltville. Die insgesammt gezahlten Kaufpreise betrugen in den 4 Jahren beziehentlich 448 301, 1 700 286, 4 105 150 und 1 330 125 M., die Erlöse aus Verkäufen 1 348 328, 2 573 545, 8 336 856 und 7 231 927 Mark. In allen diesen Zahlen über Grösse und Werth der umgesetzten Objekte dokumentirt sich der durch die bis 1899 bestehende Haftung der Domänen für Staatsschulden verhinderte Beginn einer grosszügigeren Domänenpolitik.

Die durch Tausch bewirkten Zugänge betrugen 1898/99 bis 1901 96,927, 1,929,649, 39,428 und 38,978 ha, die durch Tausch und Ablösung bewirkten Abgänge 110,546, 688,424, 55,045 und 49,314 ha. Insgesamt sind von 1867 bis Ende 1901 dem Domänenareal hinzugetreten 11 807,816 ha mit 155 596 M. Grundsteuerreinertrag, entzogen worden 61 830,042 ha mit 1 260 946 M. Grundsteuerreinertrag, während die Kaufgelder der gekauften Flächen betrugen 9 062 519, die der verkauften 84 821 046 M.

Die An- und Verkäufe der letzten Jahre betrafen vorzugsweise Domänenvorwerke, sodass deren Bestand sich trotz Zerschlagung von Vorwerken in Rentengüter, Ueberweisung an die Ansiedelungskommission, Uebertragung der der Gestütsverwaltung verpachteten

Vorwerke auf deren Etat und Verpachtung einzelner Vorwerke in Parzellen nach dem Etat für 1903 stellte auf 823 Pachtungen mit 1172 Vorwerken — deren Zählung freilich eine andere wie früher ist — und 347 663 ha nutzbarem Areal, während die entsprechenden Zahlen 1899 waren 804, 1054 und 336 542. Bei einem solchen Flächenzuwachs hat, wie die Anl. XVI zeigt, endlich 1903 der Rückgang der Sollerträge der Vorwerke einem Steigen derselben Platz gemacht, sodass in diesem Jahre mit 13,1966 Millionen wieder ziemlich der Voranschlag von 1899 erreicht ist. Dagegen hat sich der Rückgang der Pachtzinse bei Neuverpachtungen alljährlich fortgesetzt. Denn es brachte die Neuverpachtung von

1899:	47	Pachtungen nur	766 596 M.	gegen bisher	850 112 M.	mit weniger 83 516 M.
1900:	32	„ „	510 357 „	„ „	615 602 „	„ „ 105 245 „
1901:	48	„ „	733 899 „	„ „	1 002 352 „	„ „ 268 453 „
1902:	35	„ „	619 873 „	„ „	790 904 „	„ „ 173 031 „

Mehrerlöse von irgend nennenswerthem Betrage wurden nur erzielt in den beiden ersten Jahren in Ostpreussen, 1901 in Schlesien, Hannover und Hessen-Nassau.

Der ständige Rückgang der grundherrlichen Hebungen und Hebungen von veräusserten Domänenobjekten (Tit. 1), sowie der Amortisationsrenten (Tit. 2) — letzterer trotz Hinzutritts von ca. 11 000 M. Renten von zwei in Rentengütern zerschlagenen Domänen — beruht auf Ablösungen, Umwandlung von Gefällen in Amortisationsrenten und Ablauf der Amortisationsperioden, der Minderansatz der Einnahmen aus einzelnen Domänengrundstücken u. s. w. (Tit. 4) für 1900 ausser auf anderen Flächenabgängen und Mindererträgen auf Ueberweisung der an die Gestütsverwaltung verpachteten Grundstücke auf deren Etat, der Mehransatz 1901 auf dem Zugang von Ländereien durch Auftheilung eines Vorwerkes und durch Erwerb der Wilhelmj'schen Weingüter. Auch 1902 würde ein Mehr von rund 19 200 M., in der Hauptsache durch den 1901 erfolgten Ankauf von Grundstücken auf der „hohen Schaar“ bei Lauenbruch im Kreise Harburg, zu verzeichnen sein, wenn nicht der „Ertrag der Weingüter“ mit 265 504 M. in einen besonderen Tit. 4a versetzt wäre; für 1903 sind in Folge höherer Pachterlöse und — mit 3000 M. — in Folge Ueberweisung einer aufgelösten kleinen Domäne Mehrerträge vorgesehen. Die wirklichen Erträge der Weingüter beliefen sich 1897/98 und 1898/99 durchschnittlich auf 336 169, 1898/99 und 1899 durchschnittlich auf 304 346 M.

Von den Mineralbrunnen und Badeanstalten (Tit. 5) ist seit 1900 auch Weilbach — für jährlich 3700 M. — verpachtet. Dagegen sind 1903 aus Mitteln des Extraordinariums die „König Wilhelms-Felsenquellen“ in Ems für 2,3 Millionen — unter Uebernahme einer Hypothek von 230 000 M. — angekauft, deren Ertrag für 1903 auf 203 925 M. berechnet ist. Theils hierauf, theils auf verstärkten Badebetrieb und Mineralwasserabsatz, mit 42000 M. allerdings auch auf die in Gemässheit der Bestimmungen des Gesetzes über den Staatshaushalt seit 1902 hier in Einnahme, im Kap. 1 Tit. 22 wieder in Ausgabe zu stellenden Zinsen des rd. 1¼ Millionen betragenden Emser Kurfonds, sind die Mehreinnahmen dieses Einnahmetitels zurückzuführen.

Der „Emser Kurfonds“ besteht in ⅓ eines 1868 der Staatsregierung von der Gesellschaft zum Betriebe der Kuretablissements in Wiesbaden und Ems aus dem Reinertrage der gesellschaftlichen Unternehmungen zur Forderung der Interessen dieser Badeorte überwiesenen Kapitalfonds, von dem die übrigen ⅔ Wiesbaden überwiesen sind Ueber die Zinsen des Emser Fonds verfügt eine vom Staate und der Stadt Ems gewählte Kommission zu Gunsten des Badeorts.

Auch in Tit. 7 ist ein geringer Zinsbetrag eines Staatsnebenfonds (Klubstiftung zu Zilly zu Gunsten alter Dienstboten und Arbeiter dieser Domäne) hinzugetreten.

§ 215. Bei den dauernden Ausgaben der Domänenverwaltung haben im Allgemeinen seit 1899 wenig bedeutende Veränderungen stattgefunden. Es sind einzelne neue Beamtenstellen errichtet.

1900 wurden ein zweiter Weinbaudirektor mit 2700—5700 M. Gehalt für die Anlagen in der Saar- und Moselgegend, 1901 ein Badekassenrendant in Norderney mit 1800—4200 und für die Binnensee- und Stromfischerei in Masuren und Litthauen 13 etatsmässige Fischereiaufseher mit 900—1500 M., 1902 ein Meliorationsbauwart fur die Landgewinnungsarbeiten an der Ostfriesischen Küste mit 1650—3000 M., zwei Weinbergsaufseher mit 1200—1600 und ein Weideaufseher mit 900—1200 M., 1903 in Folge Auflösung des Brunnenkomtoirs in Ehrenbreitstein, da nunmehr von Ehrenbreitstein nur die Versendung des Brunnens auf dem Wasserwege, die mit der Bahn von Ems aus erfolgt, gegen Wegfall des Brunnenkommissars und Packhofsaufsehers ein Lagerverwalter mit 1500—1800 M. angestellt; dagegen sind in Wegfall gekommen ausser den beiden schon genannten Stellen diejenigen von 1 Magazinverwalter in Ehrenbreitstein, 1 Bademeister in Schlangenbad, 1 Gärtner in Weilbach, 1 Rentamtsdiener und 1 Kanalwärter (1900), 1 Domänenrentmeister, 1 Rentamtsdiener (1902), 1 Rentbeamter in Berlin und 1 Brunnenmeister in Langenschwalbach (1903).

Hierauf, auf die 1900 vom Etat des Finanzministeriums für 1899 übergegangenen Gehaltsaufbesserungen für Unterbeamte, auf vereinzelte andere Gehaltsaufbesserungen und auf den wechselnden Bedarf an Dienstalterszulagen sind die Aenderungen in den Voranschlägen der Besoldungsfonds, auf die Aenderungen im Beamtenapparat und 1903, wie bei allen Verwaltungen, auf den Wegfall der V. Servisklasse, diejenigen bei den Wohnungsgeldzuschüssen zurückzuführen. Auch die Mehr- und Minderansätze bei einzelnen Titeln der „Andern persönlichen Ausgaben“ und den „Dienstaufwandsentschädigungen“ erklären sich ganz oder theilweise hierdurch, während bei den übrigen Ausgaben der wechselnde Istbedarf der Vorjahre, die Vermehrung oder Verminderung der zu bewirthschaftenden Objekte u. s. w. für den Voranschlag bestimmend war. In die Wagschale fielen namentlich die Bewirthschaftungs- und Betriebskosten für die Wilhelmj'schen Weingüter (1900 ca. 52000 M.), für die „König Wilhelms-Felsenquellen“ in Ems

(1903 auf 77 460 M. veranschlagt), für die übrigen Bade- und Brunnenverwaltungen, insbesondere für die Pastillen- und Brunnensalzfabrikation in Ems (1903: 58 000 M.), und für die in Selbstverwaltung stehenden Vorwerke und Grundstücke (1902 bei Tit. 21 trotz Uebertragung von 203 600 M. für die Weingüter auf den neuen Tit. 21a nur ein Minderansatz von 9510 M., 1903 ein Mehransatz von 108 775 M.). Ueberall stehen jedoch den Mehrausgaben auch Mehreinnahmen gegenüber. Dagegen bedeutet die starke, überwiegend in dem Anwachsen der Gemeinde- und Kreissteuern begründete Steigerung des Titels 16 (Zinsen, Abgaben, Lasten u. s. w.) eine recht unerfreuliche Mehrbelastung der Staatskasse.

Weit reicher als in den Vorjahren ausgestattet war, auch abgesehen von der schon im vorigen Paragraphen erwähnten Erhöhung des Ankaufsfonds, das Extraordinarium. 1900 wurden neu eingestellt 40 000 M. zur Beförderung der Anlandung zwischen der Hamburger Hallig und dem Festland und, einmalig, 1200 M. für Kommissare zur Pariser Weltausstellung; verstärkt wurden der Zuschuss zum Domänenbaufonds von 0,5 auf 0,8 und der Fonds für die Weinbergsanlagen in der Saar- und Moselgegend von 0,14 auf 0,3 Millionen, während nur die 1899 noch mit 234 500 M. ausgebrachten Eindeichungskosten für das Trennewurther Vorland u. s. w. verschwanden. Im nächsten Jahre aber wurden nicht nur viele der auch im Vorjahre ausgebrachten Fonds mit wesentlich höheren Beträgen, derjenige zur Verbesserung der Arbeiterwohnungen mit 0,75 statt bisher 0,5, Zuschuss zum Domänenbaufonds 1,8 gegen 0,8, Landgewinnungsarbeiten 0,07 und 0,068 statt 0,04 und 0,066 Millionen, ausgestattet, sondern auch neu bewilligt für einen Centrallagerkeller in Trier für die neuen Weinbergsanlagen als erste Rate der auf 1/2 Millionen veranschlagten Kosten 116 300 M., von auf 200 000 M. veranschlagten Aufhöhungskosten der als künftiges Baugelände sehr werthvollen Grundstücke auf Wilhelmsburg bei Hamburg als erste Rate 50 000 M., zum Erwerb von 227,6 ha auf der „hohen Schaar“ (vgl. den vorigen Paragraphen) in der Nähe von Hamburg 2 352 000 M., zu Meliorationen im Warthebruch als erste Rate des auf 500 850 M. bezifferten domänenfiskalischen Antheils 150 000 M. und endlich zur Vorbereitung der Auftheilung und Veräusserung der Domäne Dahlem bei Berlin als Baugelände 3 Millionen. Einem solchen abnorm hohen Extraordinarium musste und konnte 1902 ein erheblich niedrigeres folgen. Die Kosten für Dahlem, hohe Schaar und Warthebruch kehrten nicht wieder, der Meliorationsfonds nur mit 0,2 (gegen 0,4), der Fonds für Arbeiterwohnungen u. s. w. nur mit 0,25, der Zuschuss zum Baufonds nur mit 0,5, die Ausgaben für die neuen Weinbergsanlagen nur mit 0,2 (gegen 0,3), diejenigen für Landgewinnungsarbeiten in Ostfriesland nur mit 0,066 (gegen 0,068) Millionen; nur für den Centrallagerkeller in Trier betrug die zweite Rate 200 000 M. und für Landgewinnungsarbeiten in Schleswig-Holstein wurden 80 000 M. ausgeworfen. In dem Etat für 1903 liegt der Schwerpunkt des Extraordinariums auf den schon erwähnten 2,07 Millionen für die „König Wilhelms-Felsenquellen" in Ems. Aber auch für Meliorationen, Arbeiterwohnungen, Domänenbaufonds, die neuen Weinbergsanlagen und die Landgewinnungsarbeiten im Schleswiger Regierungsbezirk wurden trotz der üblen Finanzlage 100 000, 250 000, 200 000, 119 000 und 11 000 M. mehr als 1902, und zu neuen Eindeichungen im Kreise Husum als erste Rate 50 000 M. neu bewilligt; nur die dritte Rate für den Trierer Lagerkeller konnte auf 100 000, die Rate für die ostfriesischen Landgewinnungen auf 60,000 M. beschränkt werden.

Die somit in den letzten Jahren ausserordentlich hohen Zuschüsse zu dem Domänenbaufonds sind hauptsächlich durch grosse Bauten bei den Bädern erforderlich geworden. Allein in Ems erforderte die Fassung und Sicherung der Quellen, Erneuerung der Fülleinrichtungen, Umbau der Pastillenfabrik, Neubauten bei den König Wilhelms-Felsenquellen u. s. w 1902 und 1903 1,2 Mill. M.

§ 216. Forstverwaltung. Das Areal der Staatsforsten hat sich:

	vermehrt				verringert			
	1898/99	1899	1900	1901	1898/99	1899	1900	1901
durch:								
Kauf . . . . . um *ha*	7 230,65	4 776,613	4 970,354	8 571,180	96,709	128,298	177,892	3 012,348
Tausch . . . „ „	3 117,593	3 205,636	3 675,016	1 121,396	263,980	422,544	616,937	308,424
Ablösung u.s.w. „ „	287,68	99,458	238,244	214,619	157,731	591,800	276,354	205,033
und zwar: in besonders erheblichem Masse in den Bezirken:								
Königsberg . um *ha*	1 301,9	443,2	957,6	666,9	—	—	—	—
Gumbinnen . „ „	—	—	—	1 393,4	—	—	—	2 110,376
Danzig . . . „ „	861,4	925,1	429,6	778,5	—	—	—	—
Marienwerder „ „	1 134,8	1 331,6	842,9	1 823,4	—	—	188,1	—
Potsdam . . „ „	1 693,1	1 483,4	470,6	—	—	—	182,1	—
Frankfurt a./O. „ „	806,8	551,8	326,0	755,9	—	111,9	—	—
Stettin . . . . „ „	—	—	438,4	—	—	—	—	—
Köslin . . . . „ „	888,7	—	414,0	943,0	—	—	—	—
Posen . . . . „ „	392,6	861,7	—	—	—	—	—	319,8
Bromberg . . „ „	—	—	—	346,7	—	—	—	—
Magdeburg . „ „	—	—	—	—	—	—	—	369,1
Lüneburg . . „ „	653,1	—	—	346,9	—	—	—	—
Schleswig . . „ „	—	—	—	408,9	—	—	—	—
Kassel . . . „ „	—	—	—	—	—	—	132,8	—
Düsseldorf . „ „	—	—	225,1	—	—	—	153,2	—
Arnsberg . . „ „	—	—	—	781,3	—	—	—	—
an Grundsteuer-Reinertrag betrug der Zugang . . . M.	23 221	23 073	28 356	23 629	—	—	—	—
der Abgang . . . „	3 815	8 964	8 146	10 593	—	—	—	—
das Kaufgeld betrug für die gekaufte Fläche . . . . M.	1 416 726	120 486	1 250 674	1 794 431	—	—	—	—
d. i. durchschn. pro *ha*	182	250,4	251,63	209,36	—	—	—	—
für die verkaufte Fläche . . . . M.	190 723	367 901	1 712 121	8 286 173	—	—	—	—
das ist pro *ha* . . .	1 972	2 737	9 624,5	2750,74	—	—	—	—

Die ungewöhnlich hohen Durchschnittsverkaufs- und niedrigen Kaufpreise lassen erkennen, dass die Erwerbungen wie bisher grossentheils heruntergewirthschaftete Flächen, die Verkäufe hochwerthiges Baugelände betrafen.

Die Gesammtfläche betrug Ende 1902 2 824 416 ha, wovon zur Holzzucht bestimmt waren 2 534 396 ha, unnutzbar 117 068 ha. Der Naturalertrag stellte sich nach den Abnutzungssätzen für die Jahre 1900 bis 1903 an kontrollfähigem Material auf 6 650 885, 6 788 757, 6 896 256 und 6 975 311, an nicht kontrollfähigem auf 2 061 219, 2 058 213, 2 063 337 und 2 064 199 Festmeter.

Die für die Gestaltung des Forstetats ausschlaggebenden Einnahmen für Holz (Tit. 1) hat in Wirklichkeit 1898/99 bis 1901 betragen 7 5213 582, 79 399 450, 89 020 458 und 88 857 441 M.; hiervon entfielen 1899 bis 1901 auf Nutzholz, 59 035 208, 66 351 258 und 64 113 533, auf Brennholz, 2 0364 242, 22 669 200 und 24 743 908 Mark. Die Voranschläge waren so vorsichtig aufgestellt, dass sie auch in den Jahren 1898/99 bis 1901 mit 61½, 66, 71½ und 75 Millionen weit hinter den wirklichen Einnahmen zurückblieben; man kann sogar zweifelhaft sein, ob hier nicht in der Vorsicht in der Veranschlagung denn doch des Guten etwas zuviel gethan ist. Ob es gerechtfertigt war, für 1902 nur den Ansatz von 1901 beizubehalten, wird das Ergebniss jenes Jahres lehren. Für 1903 sind 6 Millionen mehr vorgesehen.

Auch von den übrigen Einnahmen haben nach Ausweis der Anl. XVI die meisten in den letzten Jahren Steigerungen erfahren. Die Etatsansätze beruhen auf den, bei Vorliegen besonderer Verhältnisse nicht unverändert zu Grunde gelegten Isteinnahmen der jeweils letzten zwei Jahre. Dem Tit. 2 „Nebennutzungen“ sind indessen 1900 die bis dahin in dem Tit. 5 besonders verrechneten Einnahmen aus der Flösserei hinzugetreten, wogegen 1901 die Einnahmen der kleinen Torfstiche von Tit. 2 auf 4 übergingen.

Am höchsten, 4 934 000 M., waren die wirklichen Einnahmen aus Nebennutzungen im Durchschnitt der Jahre 1900 und 1901; doch war diese Höhe grossentheils auf Streu- und Futternoth und besonders hohe Erträge meliorirter Wiesen zurückzuführen. Verhältnissmässig ausserordentlich hoch war die Einnahmesteigerung bei Tit. 11. „Verschiedene Einnahmen“, zum grossen Theil desshalb, weil weitere Besoldungserstattungen hinzutraten, theils von den bisherigen Verpflichteten, wie insbesondere der Klosterkammer in Hannover, theils von anderen Verpflichteten, deren Waldungen erst in die Verwaltung der Staatsforstverwaltung übergingen, wie von Gemeinden, Instituten und Interessentenschaften im Kreise Altenkirchen. Die Rückzahlungen auf Vorschüsse an Forstbeamte haben sich verdreifacht, weil entsprechend höhere Mittel für solche Vorschüsse in Kap. 2 Tit. 9c der Ausgabe eingestellt sind.

§ 217. Unter den dauernden Ausgaben der Forstverwaltung haben die Besoldungstitel Kap. 2 Tit. 1—4 die erhebliche Steigerung von 9 860 703 M. 1899 auf 11 098 720 M. 1903[1]) erfahren, theils nach Massgabe des Dienstalters der Beamten, theils durch die 1899 erfolgte Aufbesserung der Förster und Unterbeamten (vgl. Band I Buch II § 33), die für 1900 allein den Tit. 3 um 405 100 M. anschwellen liess, theils endlich durch die Errichtung neuer Stellen.

	Neu errichtet sind Stellen für				dagegen eingezogen Stellen für			
	1900	1901	1902	1903	1900	1901	1902	1903
Regierungs- und Forsträthe	—	1	1	—	—	—	—	—
Oberförster	[2]) 5	5	[6]) 4	6	—	—	—	—
Revierförster und Förster	42	23	31	16	[3]) 2	—	—	—
Waldwärter	—	3	2	—	[4])32	4	7	77
Thiergartenförster in Cleve	—	—	—	—	—	—	1	—
Meister	—	—	—	—	2	[5]) 1	2	—
Wärter	—	—	—	—	1	1	1	1
Dünenmeister	—	—	—	1	—	—	—	—
Dünenaufseher	—	—	—	2	—	—	—	—
Hülfsförster	—	—	—	600	—	—	—	—

Die neue, mit 1200—1400 M. (Alterszulagen je 100 M.) besoldete Beamtenkategorie der Hülfsförster ist für den ambulanten Dienst in Folge der intensiveren Wirthschaft erforderlich geworden.

Die Vermehrung der Beamten bedingte auch die Verstärkung solcher Fonds, die zu Nebenbezügen, für diese als Stellenzulagen, Dienstaufwands-, Miethsentschädigungen, Umzugskosten u. s. w. bestimmt sind, der Titel 10, 11, 12, 13, 15 und 34 des Kap. 2. Dazu traten bei Tit. 13 (Stellenzulagen u. s. w. für Förster etc.) 1900 aus dem 1899 beim Finanzministerium ausgebrachten Stellenzulagefonds für Unterbeamte 8700 M., 1903 aber zu Dienstaufwandsentschädigungen an Revierförster und Förster, die ihnen mit Rücksicht auf die Zunahme der Geschäfte im Aussendienst auf die vermehrte Nothwendigkeit ihrer Theilnahme an oft weit vom Stationsort entfernten Holzversteigerungen und auf die Vermehrung des Schreibwerks als eine Entschädigung für jede Art des Dienstaufwandes, „insbesondere auch für Ausrüstung und Abnutzung der Waffen und Kleider etc.“, gewährt werden sollen, 583 200 M.

Ob es nicht möglich gewesen wäre, diese erhebliche dauernde Belastung des Etats für eine Beamtenkatagorie, die so oft aufgebessert worden ist, wie kaum eine andere, und zu

[1]) In der Anlage befindet sich ein Druckfehler, indem bei den Ausgaben der Forstverwaltung die Zahlen von 1900 für 1903 nochmals gesetzt sind; die richtigen Zahlen sind: 11 098 720, 106 160, 2 583 100, 3 025 410, 21 396 410, 38 209 800, 242 000, 4 138 200, 42 590 000, 44 886 000, 2 690 000 u. 42 196 000. Auch ist in Spalte 2 zu lesen „6—9c“ statt „9c“.

[2]) Und 1 Verwalter, der durch Ges. v. 7. Aug. 1897 (G.-S. S. 285) der Staatsaufsicht unterstellten Forsten im ehemaligen Justizamt Olpe mit 2900 M. Einheitsgehalt. [3]) Privatförster auf Tit. 7 übertragen. [4]) davon 13 auf Tit. 7 übertragen [5]) Auf den landwirthschaftlichen Etat übertragen. [6]) Ausserdem der Thiergartenverwalter in Cleve von Tit. 4 auf 2 übertragen. [7]) Ausserdem 1 Forstverwalter.

der ohnehin schon ein u. W. grosser Andrang stattfindet, bis zu einem Zeitpunkt aufzuschieben, wo der Staatshaushaltsetat ohne Anleihe zu balanziren ist, oder aber statt dieser Aufwendung neue Försterstellen eventuell unter Hinzunahme der Mittel für die „Hülfsförster“, deren Stellen wir nach den frühern Wahrnehmungen doch das Prognostikon zu stellen geneigt sind, dass sich nach und nach immer mehr von ihnen zu Forsterstellen auswachsen werden, zu begründen, wagen wir nicht zu beurtheilen

Die „Andern persönlichen Ausgaben“ in den Titeln 6 bis 9c des 2. Kapitels sind von 1899 bis 1903 nur von 2 528 700 bis auf 2 583 100 M.[1]) gestiegen, da allein durch Errichtung der 600 Hülfsförsterstellen der Fonds zur Remunerirung von Forsthülfsaufsehern u. s. w. (Tit. 7) eine Erleichterung um 613 080 M. erfuhr und deshalb trotz Mehrbedarfs bei anderen Titeln die Summe der „Andern persönlichen Ausgaben“ von 3 076 400M. für 1902 auf den fast $^1/_2$ Million niedrigeren Betrag für 1903 sich ermässigte. Auch der gegen 1899 immer noch verbleibende Mehrbedarf aber würde sich in einen erheblichen Minderbedarf verwandeln, wären nicht 1901, weil sie ihrer Natur nach zu den persönlichen Ausgaben gehören, die Beschäftigungsdiäten der mit Forstvermessungen und Betriebsregulirungen beauftragten Hülfsarbeiter mit 190 000 M. von Kap. 2 Titel 21 („Zu Forstkulturen u. s. w.“) und die Kosten für vorübergehende Stellvertretung erkrankter und beurlaubter Oberförster mit 63 000 M. von Kap. 2 Tit. 34 („Umzugskosten, Diäten, Reisekosten“) auf den nun den Zusatz „sowie bei den Forstmessungen und Betriebsregulirungen“ erhaltenden Tit. 6 „Zur Remunerirung von Hülfsarbeitern bei den Regierungen und bei den Oberförstern“ übertragen worden und hätten nicht noch andere, demnächst zu erwähnende Uebertragungen von den sächlichen Ausgaben stattgefunden.

Dass bei der immer intensiveren, auch, wie wir sehen, erheblich höhere Einnahmen abwerfenden Wirthschaft die „Sächlichen Verwaltungs- und Betriebskosten“ (Kap. 2 Tit. 16—35), insbesondere die Werbungs- und Transport- (Tit. 16) und die Kulturkosten (Tit. 21) steigen mussten, ist natürlich: sie stellten sich 1903 auf 21 396 410 M.[1]) — davon Tit. 16: 10 650 000, Tit. 21: 5 138 500 M. — gegen 20 314 445 Mark — davon Tit. 16 $9^1/_2$ und Tit. 21 5.1235 Millionen — 1899, wobei noch die eben erwähnte Erleichterung um 253 000 M. zu berücksichtigen ist. Ausserdem sind 1901 auch die Vertretungskosten für erkrankte und beurlaubte Forstschutz- und Forstkassenbeamten mit 22 000 und 8000 M. von Tit. 34 auf Tit. 7 bezw. 8 und von Tit. 21 7000 M. für bei Vermessungen und Betriebsregulirungen beschäftigte Hülfsarbeiter aus der Kategorie der mittleren und unteren Beamten auf Tit. 7 überwiesen, ferner in demselben Etat 291 000 M. bisher noch im Tit. 21 verrechnete Kosten für das Forsteinrichtungsbureau des landwirthschaftlichen Ministeriums auf den Etat der landwirthschaft-

[1]) Vgl. wegen des Druckfehlers in der Anlage XVI die Anm. 1 auf S. 235.

lichen Verwaltung. Des Weiteren hat der Tit. 23 „Betriebskosten der Torfgräbereien" 1901 eine Erleichterung um 5000 M. durch Ueberweisung des Rupkalwener Moors im Gumbinner Bezirk an die Generalkommission erfahren und endlich 1903 der Tit. 34 „Umzugskosten etc." eine solche um 445 000 M. Tagegelder für die Oberforstmeister, von denen 42 000 M. ebenfalls auf die „Andern persönlichen Ausgaben" (Tit. 10 Dienstaufwandsentschädigungen der höheren Beamten). Andererseits freilich übernahm der Kulturfonds Tit. 21 im Jahre 1901 von dem Extraordinarium die Kosten für Moor- und Wiesenmeliorationen mit 200 000 M. und 1903 von der landwirthschaftlichen Verwaltung 98 000 M. Kosten für die der Forstverwaltung überwiesenen Binnendünen im Regierungsbezirk Königsberg, der Wegebaufonds Tit. 18 in demselben Jahr von der Bauverwaltung 10 446 M. für die Landstrasse Memel-Cranz und einige andere fiskalische Wege. Es würde auch nicht möglich gewesen sein, den Ansatz der sächlichen Verwaltungs- und Betriebskosten in den immerhin gegenüber der Einnahmevermehrung engen Grenzen zu halten, wären nicht durch das Extraordinarium dem Forstbaufonds Tit. 17 im Jahre 1900 0,6, 1901 1,5, 1902 und 1903 je 0,25, dem Wegebaufonds Tit. 18 1901 0,7, 1902 und 1903 je 0,4 und dem Fonds zu Beihülfen für Chausseebauten etc. Tit. 19 1901 0,3, 1902 und 1903 je 0,1 Million zugeführt worden.

Die Zahl der Dienstgehöfte betrug nach dem Etat für 1903 für Oberforster 688, für Revierförster und Förster 3618 gegen 665 und 3421 1899.

In der Anordnung der Titel 16—35 des Kap. 2 sind folgende Aenderungen eingetreten: Tit. 24 „Betriebskosten der Flössereien" ist 1900 aufgelassen, die Bestreitung der Ausgaben den Titeln 20 und 35 zur Last gelegt, ebenso 1901 der Tit. 30 „Für Fischereizwecke" unter Verweisung des Bedarfs auf den Forstkulturfonds Tit. 21; endlich sind 1902 die Titel 32, 33 und von Tit. 35 die „vermischten Ausgaben" zu einem Titel 32 zusammengefasst.

Auch die „Allgemeinen Ausgaben" (Kap. 4) sind seit 1899 nach Massgabe des steigenden Bedarfs nicht unerheblich, von 3 753 700 auf 4 138 200 M.[1]) angewachsen, wozu besonders die Real- und Kommunallasten (Tit. 1: 1,6 gegen 1,37 Millionen 1899) und die sozialpolitischen Ausgaben des Tit. 2a (614 000 gegen 513 000 M.) beigetragen haben.

Bei den Forstlehranstalten (Kap. 3) ist hervorzuheben, dass 1903 bei den beiden Akademien für Vorlesungen, die bisher je ein Oberförster nebenamtlich abhielt, je ein besonderer Professor angestellt uud ausserdem in Münden eine Sekretärstelle mit 1500—2700 M. errichtet ist.

Das Extraordinarium belief sich 1900 bis 1903 auf 4,086, 5,9, 2 65 und 2,6 Millionen[1]), und zwar waren ausgeworfen neben den schon erwähnten Zuschüssen an dauernde Fonds für:

---

[1]) Wegen des Druckfehlers in der Anlage XVI vgl. Anm. 1 auf S. 235.

	1900 M.	1901 M.	1902 M.	1903 M.
Ablösung von Servituten etc.	500 000	500 000	300 000	200 000
Ankauf von Grundstücken . .	2 400 000	2 400 000	1 400 000	1 400 000
Melioration von Mooren und Wiesen	200 000	200 000	—	—
Anlage und Betheiligung an der Anlage von Kleinbahnen etc.	200 000	200 000	—	—
Jnsthäuser	80 000	100 000	100 000	100 000
die Schleuse bei Guszianka .	105 000	—	—	—
Kommission zur Pariser Weltausstellung	1 200	—	—	—
Fernsprechanlagen	—	—	100 000	100 000
Herstellung einer Wasserverbindung zwischen dem Teltowkanal und dem Wannsee, woraus Erleichterung der Holzabfuhr und Erhöhung des Werthes des angrenzenden forstfiskalischen Besitzes erwartet wird, erste Rate eines Beitrages von 200 000 M.	—	—	—	100 000
Vorarbeiten für eine im Zuge der geplanten, den fiskalischen Grunewald durchschneidenden Heerstrasse Charlottenburg - Döberitz, welche eine Werthsteigerung dieses fiskalischen Besitzes erwarten lässt, auszuführende Havelbrücke	—	—	—	40 000

§ 218. Berg-, Hütten- und Salinenverwaltung. Mit der von uns (Bd. I S. 482) befürworteten Abstossung der vereinzelten kleineren Staatsbergwerke und Begründung eines staatlichen Bergwerksbesitzes im Ruhrbecken ist in den letzten Jahren ein Anfang gemacht: das Steinkohlenbergwerk am Osterwald ist 1899 an die „Aktiengesellschaft Fabrik feuerfester und säurefester Produkte zu Vallendar“ verkauft worden. Dagegen sind auf Grund des Ges. v. 13. März 1902 für einen Kaufpreis von rund 51 712 892 M., wozu an Neben-, Ausrüstungs- und Betriebskosten sogleich 6 287 108 M. traten, neuere Herstellungskosten nach Abzug der Einnahmen bis 1908 noch 31,6 Millionen anschlagsmässig treten sollen, 52 Steinkohlenfelder in den Kreisen Recklinghausen und Lüdinghausen, das Steinkohlenbergwerk Waltrop, die sämmtlichen Kuxe der Gewerkschaften „Vereinigte Gladbeck“, „Bergmannsglück“, „Gute Hoffnung“ und „Berlin“, das Steinkohlenfeld „Potsdam“ und die Rechtsansprüche aus zwei Muthungen, insgesammt ca. 96 Normalfelder à 500 000 Quadratlachter (= 2 189 000 qm) erworben worden; es ist in Aussicht genommen, mit dem Abbau daselbst 1903 beginnen zu können. Ausserdem hat sich Preussen an dem durch Konsolidationsvertrag v. 9. Juli 1898/13. Febr. 1899 entstandenen „Kalisalzbergwerk Asse“ mit 100 von insgesammt 1000 Kuxen betheiligt, während davon Anhalt 61, Braunschweig 501, den Rest 9 mit dem Anhaltischen Fiskus unter dem Namen „Schutzbohrgemeinschaft“ vereinigt gewesene Aktiengesellschaften und Berggewerkschaften besitzen.

Die Förderung der fiskalischen Steinkohlengruben hatte 1900 den Höhepunkt erreicht, immerhin aber auch noch 1901 ein in Anbetracht der eingetretenen Absatzstockung befriedigendes Ergebniss aufzuweisen. Die Preise und Werthe sind sogar noch 1901 gestiegen. Denn es betrug (vgl. hierzu die Anl. XXIX) zum I. Bande):

im Etatsjahr	die Förderung: die gesammte Steinkohlenförderung	die Förderung: in Oberschlesien	die Förderung: im Saargebiet	die Förderung: bei Obernkirchen ($^1/_2$)	der Durchschnittspreis der Förderung für die Oberschlesische Grube	der Durchschnittspreis der Förderung für die Saarwerke	der Gesammtwerth der Förderung	Durchschnittswerth einer Tonne	Von dem Gesammtwerth entfallen auf Preussischen Antheil ($^1/_2$) von Obernkirchen
	Tonnen				Mark				
1899	15 151 731	5 230 289	9 169 920	161 771	7,062	10,35	139 035 990	9,6	1 633 888
1900	15 469 539	5 292 755	9 382 387	172 089	8,055	11,99	162 206 917	10,49	1 825 517
1901	15 121 989	5 141 372	9 296 326	157 104	8,843	12,47	167 134 680	11,05	1 690 811

Dabei war in Oberschlesien die Förderung 1899 durch ausgedehnte Aus- und Vorrichtungsarbeiten, insbesondere das Abtäufen mehrerer Schächte, und unregelmässiges Anfahren der Belegschaft, 1900 durch Flötzbrand auf „Königin Luise“ sowie Abtäufungsschwierigkeiten und ungünstiges Flötzverhalten auf Bielschowitz beeinträchtigt.

Bei den Braunkohlenbergwerken betrug die Förderung 1899 bis 1901 425 081, 463 024 und 438 747 To., ihr Werth 1 286 224, 1 444 146 und 1 368 171 M., bei den Eisenerzbergwerken jene 88 203, 87 172 und 78 539 To., dieser — bei Durchschnittspreisen im Dillenburger Revier von 11,06, 11,68 und 13 M. pro Tonne Eisenstein — 933 197, 970 431 und 975 979 M. An sonstigen Erzen wurden gefördert:

im Etatsjahr	Zinkerz To.	Zinkerz i. Werthe v. Mark	Bleierz To.	Bleierz i. Werthe v. Mark	Kupfererz To.	Kupfererz i. Werthe v. Mark
1899 . . .	18 154	2 352 401	64 834	7 276 457	14 484	513 014
1900 . . .	16 862	1 761 583	65 335	7 870 793	14 678	593 141
1901 . . .	17 754	1 580 007	70 784	6 465 479	15 180	421 922

im Etatsjahr	Silbererz To.	i. Werthe v. Mark	Arsenikerz To.	i. Werthe v. Mark	Schwefelkies und sonstige Vitriolerze To.	i. Werthe v. Mark
1899	6	125 373	6	10 735	1 480	18 512
1900	2	28 754	2	2 562	875	10 765
1901	9	97 493	9	23 025	993	11 981

Von der Bleierzgewinnung entfielen auf die Friedrichsgrube 33 673, 34 053 und 38 291 To. im Werthe von 4 407 624, 4 595 432 und 3 881 798 M, auf den Preussischen Antheil ($^4/_7$) an der Ausbeute des Rammelsbergs 18 636, 19 418 und 19 221 To. im Werthe von 167 725, 174 767 und 172 992 M, der Rest auf den Oberharz, von der Kupfererzgewinnung auf den Oberharz 170, 96 und 146 To im Werthe von 28 163, 13 328 und 14 140 M, der ganze Rest auf den Rammelsberg. Das Zinkerz wurde in Clausthal und Lautenthal, das Silber- und Arsenikerz nur in Grund, Schwefelkies und Vitriolerz nur am Rammelsberg gewonnen Im Allgemeinen war die Erzförderung eine flotte; nur am Oberharz machte sich in Folge der Entstehung neuer Salzbergwerke in der Nähe Arbeitermangel bemerkbar, und 1901 waren dort zahlreiche Neuanlagen und Verbesserungen der Betriebsanlagen auszuführen. Einen ständigen Rückgang, auf 2300, 1804 und 1795 To. erfuhr wiederum die eigene Bleierzförderung der Friedrichsgrube.

Die Lage des Erzmarktes war 1899 und 1900 eine günstige, während 1901 die Preise sehr stark wichen: der Durchschnittserlös betrug in den 3 Jahren für die Tonne Zinkerz 129,55, 105,66 und 90,02, für Bleierz der Friedrichsgrube 130,89, 134,95 und 101,38, am Oberharz 261,4, 268,38 und 182,34 M., für Kupfererz des Rammelsbergs 33,9, 39,69 und 27,12 M

Der Rüdersdorfer Kalkbruch, die Gipsbrüche bei Lüneburg und Segeberg sowie die oberharzische Kalkspatgewinnung lieferten Produkte im Werthe von 1 782 876, 1 894 225 und 1 771 081 M.

Hiervon entfielen auf Rüdersdorf 1 648 889, 1 766 088 und 1 643 023 M. bei Produktionsmengen von 404 790, 416 120 und 371 587 cbm rohen Kalksteinen und 33 028, 39 403 und 41 156 To. gebrannten Kalk und Erlösen von 3,22, 3,15 und 3,26 M. für 1 cbm jener und 14,75, 15,19 und 15,31 M. für 1 To. dieses.

Bei der somit überwiegend günstigen Gestaltung der Jahre 1899 bis 1901 wurden die Voranschläge der Einnahmen aus den Bergwerken — ausschliesslich der Gemeinschaftswerke — (vgl. Bd. I Anl. XXVII und die Anl. XVI zu diesem Bande) von der Wirklichkeit weit übertroffen; denn die wirklichen Einnahmen stellten sich auf 143 155, 165 189 und 167 784 Mill. M. Für 1902 und 1903 werden gleich glänzende Ergebnisse kaum erwartet werden dürfen.

Den Voranschlägen für 1902 und 1903 liegen hinsichtlich der Steinkohlen folgende Verkaufsmengen und Verkaufspreise zu Grunde:

1902: 1 302 940 To. zu $7^1/_2$–8[1]) und 10,58[2]) M., 1903: 13 267 950 To zu $7^1/_2$–8[1]), 10[3]) und 11,29[2]) M.

Auf die „Produkte" (Kap. 9 Tit. 1) entfallen von den in der Anl. XVI angegebenen Solleinnahmen 1900: 125 533 990, 1901: 146 063 470, 1902: 146 150 130 und 1903: 152 252 680 M., auf die „Oekonomischen Nutzungen und sonstigen Einnahmen" (Tit. 2) 4 266 010, 4 737 450, 5 164 470 und 538 540 M. Die somit auch bei diesen Ein-

[1]) Oberschlesien. [2]) Saar. [3]) ver. Gladbeck.

nahmen hervortretende Steigerung ist indess überwiegend ohne materielle Bedeutung, da sie hauptsächlich in Mehreinnahmen für die an die Belegschaft zum Selbstkostenpreise abzugebenden Spreng- und Geleuchtstoffe besteht.

Ueber die Produktion der Hütten in den Jahren 1899 bis 1901 geben die umstehenden Tabellen (vgl. hierzu die Anl. XXXI zum I. Band) Aufschluss. Sie zeigen, dass hier die Ergebnisse weniger befriedigend als bei den Bergwerken waren. Bei den Eisenhütten machte sich die ja von der Eisenindustrie ausgehende Krisis natürlich früher noch wie bei den Kohlenbergwerken in Mangel an Aufträgen geltend, und die oberharzischen Metallhütten konnten weder von den dortigen Bergwerken noch vom Auslande Erze in genügender Menge und namentlich genügender Güte erhalten. Die Preise aber wichen 1901 in erheblicher Weise, ganz besonders für Blei.

Es betrug für die wichtigsten Erzeugnisse der Durchschnittspreis und zwar für:

	1899 M.	1900 M.	1901 M.
1 To. Eisenguss in Gleiwitz	156,35	177,65	146,43
1 „ Stahlguss „ „	324,11	360,09	308,02
1 „ Maschinenfabrikate in Gleiwitz .	552,00	621,00	680,00
1 „ Kaufblei der Friedrichshütte .	310,57	336,57	220,72
1 „ Kaufglätte „ „ .	339,10	360,12	271,52
1 Kg. Silber „ „ .	82,40	86,08	77,93
1 „ „ am Oberharz . .	81,44	84,88	76,77
1 To Kaufblei „ „ . .	293,34	335,24	235,47
1 „ Kupfer „ „ . .	1459,42	1511,96	1440,58
1 „ Kupfervitriol „ „ . .	348,97	447,99	406,57
1 „ Eisenvitriol „ „ . .	14,02	16,72	17,50
1 „ Zinkvitriol „ „ . .	57,18	60,00	55,02
1 „ Schwefelsäure „ „ . .	18,23	17,36	15,74
1 „ Glaubersalz „ „ . .	15,00	15,00	14,28
1 „ Farben „ „ . .	183,22	206,93	205,54

Die Solleinnahme (vgl. die Anl. XXVII zum I. Bande und Anl. XVI zu diesem) wurde daher von der wirklichen wohl 1899 und 1900 mit 21 752 519 und 24 186 178 M. noch überstiegen, 1901 aber mit nur 18 174 182 M. nicht mehr erreicht. Die Voranschläge für 1902 und 1903, von denen auf Produkte entfallen 21 486 900 und 20 103 725 M. gegen 21 062 180 und 23 334 840 M. 1900 und 1901, beruhen auf der Annahme einer gegen die Wirklichkeit von 1901 erheblich höheren Produktion und hinsichtlich der meisten Erzeugnisse auch etwas besserer Preise.

Von den Salzwerken wurde das weitaus bedeutendste, Stassfurt, 1900 von dem seit längerer Zeit von den Anhaltischen Werken her drohenden Wasserdurchbruch betroffen, durch den die von der Heydt- und Achenbachschächte zum Ersaufen kamen; auch musste der Antheil am Produktenverkauf des Kalisyndikats 1901 eingeschränkt werden,

Produktion der staatlichen Hüttenwerke. — A. Eisenhütten. (Mengen in Tons à 20 Ctr.)

1	2	3	4	5	6	7	8	9	10	11	12	13	14	15	16	17
Etatsjahr	Eisengiesserei Gleiwitz				Hüttenwerk Malapane			Rothehütte			Sollingerhütte			Lerbacherhütte Gusswaaren	Summe Spalte 2—15	Werth von Spalte 16 ℳ
	Roheisen	Gusswaaren	Stabeisen und Eisenfabrikate	Stahl	Gusswaaren	Stabeisen und Eisenfabrikate	Stahl	Roheisen	Gusswaaren	Stabeisen und Eisenfabrikate	Gusswaaren	Stabeisen und Eisenfabrikate	Stahl			
1899	24 601	11 832	1 457	1 168	845	896	833	1 643	1 112	19	729	1	65	1 698	46 899	6 342 765
1900	23 312	10 803	1 215	1 264	841	993	688	1 759	1 006	18	655	0,2	70	1 402	44 024	6 586 020
1901	22 110	11 868	1 226	1 063	611	880	577	1 437	1 074	10	775	1	105	1 240	42 977	5 597 146

B. Blei- und Silberhütten. (Mengen — ausser Gold und Silber — in Tons à 20 Ctr.)

1	2	3	4	5	6	7	8	9	10	11	12	13	14	15	16	17	18	19
Etatsjahr	Friedrichshütte						Metallhütten am Oberharz								Werth von Spalten			
	Silber kg	Kaufblei	Bleiglätte	Zink	Zinkvitriol	Farbe	Gold kg	Silber kg	Blei	Kupfer	Vitriole	Schwefelsäure	Glaubersalz	Farbe	2, 8 und 9 ℳ	3, 4 und 10 ℳ	5 und 11 ℳ	7, 12—15 ℳ
1899	9 556	19 404	1 161	137	11	—	80,94	26 930	9 711	209	712	2 049	32	74	3 207 160	9 269 728	368 241	270 218
1900	8 897	19 914	979	160	7	—	52,02	37 360	9 142	194	585	1 460	15	72	4 082 690	10 118 842	352 812	277 704
1901	7 298	19 995	1 511	148	—	—	71,97	31 923	8 774	155	687	1 708	30	73	3 220 851	7 775 237	271 519	315 035

Produktion der staatlichen Salzwerke.

1	2	3	4	5	6	7	8	9	10	11	12	13	14	15	16	17
Jahr	Steinsalz					Kalisalz (Stassfurt)		Siedesalz								Summe von Spalte 6, 8 und 16
	Menge in Tonnen				Werth von Spalte 5			Menge in Tonnen							Werth von Spalte 15	
	Stassfurt	Erfurt	Stetten	Summe von Sp. 2—4	ℳ	Menge in Tonnen	Werth ℳ	Inowrazlaw	Schönebeck	Dürrenberg	Artern	Sooden	Neusalzwerk	Summe von Spalte 9—14	ℳ	ℳ
1899	71 896	19 643	2 509	94 048	459 356	346 589	5 261 221	20 859	61 742	25 635	9 031	2 766	1 671	121 104	3 034 409	8 754 986
1900	61 517	16 954	2 759	81 230	372 352	379 956	5 478 966	22 135	62 270	25 640	9 462	2 562	1 620	123 689	3 326 687	9 178 005
1901	71 323	15 159	3 369	89 851	412 456	362 846	4 862 136	21 305	63 558	22 785	8 824	3 000	1 732	121 204	3 286 268	8 609 540
Hierzu für 1901 Bleicherode						5 654	48 680									+ 48 680

Uebersicht über den Preussischen (4/7) Antheil an der Produktion der Kommunion-Hütten am Unterharz.

1	2	3	4	5	6	7	8	9	10	11	12	13	14	15	16	17	18	19	20	21	22	23	24	25
Jahr	Hütten und Fabriken																		Herzog Julius- und Frau Sophienhütte					
	Gold		Silber		Kaufblei und Glätte		Kupfer		Vitriole		Schwefelsäure		Glaubersalz		Ofengalmei		Farbe		Zinkvitriol		Schwefel		Ofengalmei	
	kg	Werth ℳ	kg	Werth ℳ	To.	Werth ℳ	To.	Werth ℳ	To.	Werth ℳ	To.	Werth ℳ	To.	Werth ℳ	To.	Werth ℳ	To.	Werth ℳ	To.	Werth ℳ	To.	Werth ℳ	To.	Werth ℳ
1899	42,40	118 711	5 540	451 781	2 961	873 480	886	1 292 621	819	227 820	11 158	212 773	79	1 071	—	—	30	4 857	2 771	145 059	29	1 912	10	437
1900	43,15	120 810	6 166	521 321	2 962	978 876	803	1 214 158	812	257 245	12 396	225 847	84	1 131	—	—	24	4 417	2 761	148 624	29	1 818	—	—
1901	51,65	144 603	6 307	492 893	2 942	716 654	916	1 319 261	570	245 542	13 635	223 753	98	1 296	—	—	26½	5 232	2 919	151 835	25	1 624	—	—

und Schönebeck litt zeitweise unter Arbeitermangel. Das Ergebniss der Salzwerke war das auf der Tabelle auf S. 243 dargestellte, also für 1899 und 1900 ein Mehr an Förderung und Werth derselben, für 1901 im Ganzen und bei Kali- und Siedesalz ein beträchtliches Minus.

Die Durchschnittspreise betrugen bei den beiden bedeutendsten Werken, Stassfurt und Schönebeck, für

	1899 M	1900 M.	1901 M.
1 To. Fördersteinsalz	4,6	2,87	3,02
1 „ gemahlenes Steinsalz		7,25	6,56
1 „ Kalistücksalz	15,2	11,13	10,96
1 „ gemahlenes Kalisalz		16,00	14,15
1 „ Kainit und Sylvinit (mit 12,4 Proz. Kali)	14,03	14,19	13,02
1 „ Karnallit und Kieserit (mit 9 Proz. Kali)	8,26	8,27	6,54
1 „ Chlorkalium	133,52	133,13	131,46
1 „ schwefelsaures Kali	156,06	157,06	159,63
1 „ Kalidünger (mit 20 Proz. Kaligehalt)	31,90	32,39	32,30
1 „ Speisesalz	25,13	25,98	25,99

Die wirklichen Einnahmen der Salzwerke betrugen 1899 bis 1901 10 493 704, 10 797 229 und 10 795 724 M. Die in Anl. XVI nachgewiesenen Solleinnahmen für 1902 und 1903 beruhen auf der Veranschlagung gegen das Ist von 1901 geringerer Fördermengen für die älteren Werke, dagegen einer Kaliförderung von 20 000 und 39 560 To. und für 1903 von 5 560 To. Erzeugnissen der Kaliaufbereitung in Bleicherode, während auf ungefähr gleiche Preise wie 1901 gerechnet ist. Auf die Produkte entfallen von den Solleinnahmen für 1900—1903 beziehentlich 9 344 635, 10 488 355, 10 125 130 und 10 805 300 M.

Auch auf den Besuch der Badeanstalten blieb 1901 die Verschlechterung der wirthschaftlichen Lage nicht ohne Einfluss: Die Isteinnahmen stiegen 1899—1900 von 371 708 auf 391 076, 1901 dagegen nur auf 409 529 M., und auch das nur, weil natürlich vorwiegend die Bäder weniger benutzende minder schwer Leidende ausblieben. Von den Etatsansätzen der Anl. XVI entfallen auf den Badebetrieb 1900—1903 303 180, 345 250, 368 400 und 386 830 M.

Mit, zumal in Anbetracht der 1901 eingetretenen Preisrückgänge, recht günstigem Erfolge haben die Gemeinschaftswerke am Unterharz gearbeitet. Der Rammelsberg förderte auf den Preussischen $^4/_7$ Antheil 1899—1901 18 636, 19 419 und 19 221 To. Bleierze im Werthe von 167 725, 174 767 und 172 992 M., 14 314, 14 582 und 15 034 To. Kupfererze im Werthe von 484 851, 578 813 und 407 782 M., 1343, 771 und 918 To. Schwefelerze und kiesige Erze im Werthe von 17 690, 10 146 und 11 529 M., endlich 137, 103 und 75 To. Vitriolerze im Werthe von 822, 619 und 452 M. Die Produktion der Hütten am Unterharz ergiebt die Tabelle auf S. 243. Spurlos ging freilich, wie man an dem Sinken der Werthe 1901 sieht, die Krise auch an diesen Werken nicht vorüber. Der Preussische Antheil an den Solleinnahmen betrug für die Werke am Unterharz 1900—1903 4 117 136, 4 479 856, 4 310 976 und 3 714 560 M., für Obernkirchen 1 338 250, 1 731 195, 1 760 000 und 1 885 500 M. Es ist also am Unterharz für 1903 auf eine starke Einnahmeverminderung, und zwar wegen Rückgangs der Silber, Blei- und Kupferpreise, gerechnet. Die wirklichen Einnahmen Preussens betrugen 1899—1901 vom Unterharz 4 908 456, 5 062 100 und 4 477 756, von Obernkirchen 1 523 558, 1 701 011 und 1 555 939 M.

Die nur noch ganz untergeordnete Bedeutung besitzenden „Andern Einnahmen" haben sich durch den Beitritt immer zahlreicherer Dampfkesselbesitzer zu den Dampfkessel-Ueberwachungsvereinen (vgl. Bd. I S. 336) sehr erheblich verringert. Dass 1903 trotzdem wieder mehr als ½ Million im Etat erscheint, rührt daher, dass entsprechend dem Staatshaushaltsgesetze 89 500 M. Beiträge der Provinzen zu den Kosten der geologischen Landesaufnahme in den Etat aufgenommen sind; diese Summe erscheint daher auch wieder als Mehrausgabe in Kap. 21 Tit. 4 und 6.

§ 219. Von den dauernden Ausgaben sind diejenigen für die Bergabtheilung des Ministeriums (Kap. 19) nach Massgabe des Dienstalters der Beamten, ferner durch Gründung zweier — je einer 1902 und 1903 — neuen Stellen für vortragende Räthe und durch Gewährung von 1200 M. Zulage für den ständigen bautechnischen Hülfsarbeiter gestiegen. Bei den Oberbergämtern und den bergtechnischen Lehranstalten (Kap. 21 und 22) sind eine Anzahl neuer Stellen errichtet und zwar:

1900 für 1 Zeichner und 1 Landesgeologen, 1901 für 1 Oberbergrath, 1 Sekretär, 2 Zeichner, 10 Revier-Berginspektoren, eine neue mit 3000—4200 M. besoldete Beamtenkategorie aus der Klasse der Berg-Assessoren zur Unterstützung der Revierbeamten, 3 Revier-Bureau-Assistenten, bei der geologischen Landesanstalt und Bergakademie in Berlin für einen zweiten Direktor (8000 M.), 3 Landes-, 3 Bezirksgeologen, 1 Chemiker, 1 Sammlungs-Kustos (2700—5100 M.), 4 Verwaltungsbeamte und Zeichner und 3 Unterbeamte, endlich bei der Bergschule in Saarbrücken für 2 Lehrer, 1902 bei den Oberbergämtern für 2 Sekretäre, 1 Zeichner, 5 Revier-Berginspektoren, bei den Berliner Anstalten für 1 Professor, 1 Bezirksgeologen, 1 Kustos (gegen Wegfall der Bibliothekarstelle) und 1 Unterbeamten und 1903 bei den Oberbergämtern für 2 Sekretäre, 1 Revierbeamten, 5 Revier-Berginspektoren, 1 Revier-Bureau-Assistenten, je 1 „Einfahrer", wie seit 1900 die Revier-Aufsichtsbeamten heissen, I. und II. Kl., bei den Berliner Anstalten für 1 Verwaltungsbeamten und 2 Unterbeamte.

Auf diese Stellenvermehrungen, auf das Aufsteigen der Gehälter nach Dienstaltersstufen, welche letztern seit 1900 auch auf die Landesgeologen (die Stufen steigen um je 600 M.) und die Bezirksgeologen (die Stufen steigen um je 400 M.) ausgedehnt sind, auf den Hinzutritt der im vorigen Paragraphen erwähnten 89 500 M. von Provinzen usw., auf Erhöhung der Tagegelder- und Reisekostenfonds der Oberbergämter behufs häufigerer Befahrung der Gruben, auf erhöhte Ausgaben für Hülfslehrer und zu Unterstützungen der Schüler an den Bergakademien, um einen reichlicheren Beamtennachwuchs heranzubilden, auf Vermehrung der Bureaubedürfnisse für die zunehmenden Geschäfte und behufs besserer Ausstattung der Sammlungen ist das Anwachsen des Kap. 20 und 21 zurückzuführen; allein der Tagegelder- und Reisekostenfonds der Oberbergämter ist um 130 500 M. verstärkt, um insbesondere den „Einfahrern" eine häufige Besichtigung zu gestatten.

Die „Sonstigen Verwaltungs- und Betriebsausgaben" (Kap. 22) haben sich 1903 hauptsächlich deshalb um rund 281 000 M. vermindert, weil die Kosten der Bohrversuche mit 250 000 M. auf die Tit. 5--11 des Kap. 14 (Betriebskosten der Bergwerke) vertheilt und die Fonds für Bauprämien und Baudarlehen (Tit. 9 und 10) um 7000 bezw. 24 000 M. gekürzt sind. Umgekehrt hatte die starke Ausgabevermehrung 1902 ihren Grund in der Verstärkung dieser beiden Fonds um 25 100 und 54 900 M. gehabt.

Von den allein ausschlaggebenden Betriebskosten (Kap. 14—18) entfielen

auf	nach dem Etat 1900 M.	1901 M.	1902 M.	1903 M.
Besoldungen:				
bei den Bergwerken	3 573 030	3 620 140	3 706 190	3 909 800
„ „ Hütten	379 580	386 080	383 910	391 520
„ „ Salzwerken	415 450	423 180	428 520	431 120
„ „ Badeanstalten	11 140	15 740	18 140	19 370
Wohnungsgeldzuschüsse:				
bei den Bergwerken	224 892	238 272	246 648	263 460
„ „ Hütten	20 664	21 672	22 584	24 048
„ „ Salzwerken	12 372	13 092	13 512	14 100
„ „ Badeanstalten	288	288	288	504
Andere persönl. Ausgaben (Tit. 3—4c):				
bei den Bergwerken	396 880	386 320	388 580	413 820
„ „ Hütten	42 250	44 290	43 540	43 600
„ „ Salzwerken	45 455	46 985	46 690	48 130
„ „ Badeanstalten	4 980	4 980	5 650	5 770
Materialien und Geräthe:				
bei den Bergwerken	20 461 340	23 740 080	23 836 540	26 171 030
„ „ Hütten	16 569 660	17 970 900	16 522 400	15 715 390
„ „ Salzwerken	2 443 280	2 585 210	2 729 520	3 156 260
„ „ Badeanstalten	55 060	60 990	62 970	61 100
Löhne:				
bei den Bergwerken	65 435 514	71 576 959	73 019 094	77 894 920
„ „ Hütten	2 199 410	2 248 810	2 293 570	2 308 330
„ „ Salzwerken	2 369 470	2 699 410	2 771 790	2 875 980
„ „ Badeanstalten	40 790	42 230	51 390	46 200
Bauten, Unterhaltung der Gebäude u. s. w. (Tit. 8—9):				
bei den Bergwerken	6 290 470	7 330 785	7 099 120	8 567 240
„ „ Hütten	690 650	981 000	831 590	739 140
„ „ Salzwerken	1 593 260	2 451 090	1 972 160	2 081 800
„ „ Badeanstalten	102 530	150 620	156 700	168 600
Abgaben, Grundentschädigungen und Landerwerb:				
bei den Bergwerken	2 777 043	3 844 191	4 496 328	5 822 710
„ „ Hütten	34 160	43 120	72 040	47 440
„ „ Salzwerken	389 883	392 403	398 260	561 420

Wohlfahrtszwecke:	1900	1901	1902	1903
bei den Bergwerken	5 249 563	6 109 565	6 637 108	7 020 790
„ „ Hütten	147 478	172 058	171 958	178 760
„ „ Salzwerken	148 665	156 845	165 570	195 010
Verschiedene Ausgaben der Bergwerke	432 856	450 486	792 466	603 876
„ „ „ Salzwerke	372 995	372 975	342 708	422 998

Wie sich aus dieser fast alle und jedenfalls alle ins Gewicht fallenden Titel umfassenden Zusammenstellung schliessen lässt, können die Besoldungen bei den Bergwerken nicht nur durch das Hinzutreten der 1899 beim Finanzministerium ausgebrachten Aufbesserungen und dem Mehrbedarfe nach dem Dienstalter gestiegen sein, sondern es müssen auch ziemlich umfangreiche Stellenvermehrungen hinzugekommen sein.

Es sind gegen 1899 mehr (+) bezw. weniger (—) vorhanden bei den

Bergwerken:	Hütten:	Salzwerken:	Badeanstalten:
+ 1 Vorsitzender der Direktion für die westfälischen Werke			
+ 2 Mitgl. derselben			
+ 3 Direktoren I. Kl.			
— 2 „ II. „		+ 1 Direktor II. Kl.	
+ 5 Betr.-Inspektoren	— 1 Betriebsinspektor	+ 1 Betriebsinspektor	
+ 1 Rendant			
+ 4 Sekretäre			
— 17 Faktoren	— 1 Faktor	— 4 Faktoren	
+ 55 Schichtmeister	+ 3 Schichtmeister	+ 8 Schichtmeister	+ 2 Schichtmeister
+ 2 Grubenmarkscheider			
+ 11 ob. Werksb. I. Kl.	+ 1 ob. Werksb. I. Kl.	+ 2 ob. Werksb. I. Kl.	
+ 24 „ „ II. „	+ 1 „ „ II. „	— 2 „ „ II. „	
+ 154 mittl. „ I. „	+ 4 mittl. „ I. „	+ 2 mittl. „ I. „	+ 1 mittl. Werksb. I. Kl.
— 16 „ „ II. „		— 1 „ „ II. „	
+ 9 untere „ I. „		+ 2 untere „ II. „	
+ 1 Kanzlist			
+ 1 Bote			

Bei den übrigen Titeln beruht der Mehr- und Minderbedarf im Allgemeinen auf den Schwankungen des Betriebsumfanges, der Löhne und Materialienpreise, der baulichen Erfordernisse und des Erfordernisses an neuen Grundstücken sowie den andern, bei Besprechung dieser Ausgaben im III. Buche des I. Bandes erwähnten gewöhnlichen Ursachen. Speziell im Jahre 1903 fiel bei fast allen Titeln besonders ins Gewicht der Mehrbedarf für die neuen westfälischen Anlagen.

Was insbesondere die Neubaufonds (Tit. 8 der Kap. 14—17) anlangt, so waren hieraus an besonders hohen Aufwendungen erforderlich: 1900 für die 3 Oberschlesischen Gruben 986 820 M., für das Bergwerk am Deister 149 200 M., für die Harzwerke 206 200 M., für die Saarwerke fast 2 Mill. M., für Friedrichshütte 134 500 M., für Stassfurt 614 600 M.; 1901 für die Bergwerke in Oberschlesien 1 201 740 M., für Rüdersdorf 150 000 M., für die Harzwerke 355 500 M., für den Deister 109 300 M., für die Saar rund $1^1/_2$ Mill. M., für Friedrichshütte 305 700 M., für Gleiwitz 149 700 M., für Stassfurt 810 500 M, für Bleicherode 849 700 M.; 1902 für die Oberschlesischen Gruben 901 000 M., für Rüdersdorf 200 000 M., für die Gruben am Oberharz 274 200 M., für den Deister 120 000 M., für die Saar reichlich $1^1/_2$ Mill M., für Gleiwitz 108 000 M., für Stassfurt 455 000 M., für Bleicherode 641 800 M.; 1903 für die Oberschlesischen Gruben 288 000 M., für Rüdersdorf 180 000 M., für die Bergwerke am Oberharz 537 800 M, für den Deister 114 000 M, für Westfalen 1 352 620 M., für die Saar 2 822 000 M., für Inowrazlaw 100 000 M., Schönebeck 155 000 M, Stassfurt 326 500 M., Bleicherode 700 000 M.

Die auffallende Bedarfssteigerung für Wohlfahrtszwecke der Bergwerke und Hütten 1901 rührte davon her, dass für die Oberschlesische Knappschaftskasse ein neues Statut die Beiträge erhöht hatte. Insgesammt beliefen sich — mit Ausschluss der Gemeinschaftswerke — die Zuschüsse zu Knappschaftskassen 1901 auf 4 484 209 M., die Ausgaben auf Grund des Unfallversicherungsgesetzes auf 1 855 132, diejenige auf Grund des Invalidenversicherungsgesetzes auf 532 538 M. Die Belegschaften betrugen:

	1899	1900	1901
bei den Steinkohlenbergwerken	56 751	59 312	61 062
„ „ Braunkohlenbergwerken	633	648	672
„ „ Eisenerzbergwerken	572	596	606
„ „ Oberzharzbergwerken und der Friedrichsgrube	3 842	3 741	3 692
in Rüdersdorf	835	847	837
bei den Eisenhütten	1 848	1 871	1 994
„ der Friedrichshütte	595	634	650
„ den Hütten am Oberharz	680	651	627
„ „ Salzwerken	2 236	2 476	2 751

Die reinen Arbeitslöhne im Steinkohlenbergbau stellten sich pro Jahr (für 1 Schicht) auf Mark für

	eigentliche Bergarbeiter	sonstige Arbeiter unter Tage	Arbeiter über Tage	jugendliche Arbeiter	weibliche Arbeiter	im Durchschnitt der Belegschaft
			in Oberschlesien:			
1899	896 (3,27)	827 (2,86)	705 (2,44)	259 (0,96)	279 (1,02)	801 (2,87)
1900	983 (3,57)	918 (3,14)	771 (2,66)	294 (1,08)	311 (1,11)	877 (3,12)
1901	969 (3,52)	919 (3,17)	783 (2,69)	302 (1,09)	321 (1,14)	872 (3,10)
			in Niederschlesien:			
1899	916 (3,04)	886 (2,92)	759 (2,49)	313 (1,04)	438 (1,43)	846 (2,8)
1900	991 (3,27)	950 (3,11)	811 (2,66)	333 (1,12)	463 (1,52)	910 (3,00)
1901	936 (3,15)	906 (3,03)	810 (2,68)	332 (1,12)	469 (1,56)	871 (2,92)
			im Oberbergamtsbezirk Dortmund:			
1899	1491 (4,84)	1027 (3,16)	1076 (3,18)	360 (1,24)	—	1255 (3,96)
1900	1592 (5,16)	1096 (3,36)	1125 (3,32)	369 (1,28)	—	1332 (4,18)
1901	1447 (4,98)	1024 (3,35)	1080 (3,32)	355 (1,26)	—	1224 (4,07)
			im Saarrevier:			
1899	1158 (3,99)	842 (2,72)	846 (2,86)	276 (1,11)	—	1019 (3,46)
1900	1193 (4,11)	837 (2,83)	921 (3,00)	302 (1,09)	—	1044 (3,56)
1901	1191 (4,09)	855 (2,89)	929 (3,01)	316 (1,13)	—	1042 (3,54).

Bei den Gemeinschaftswerken haben gegen 1899 erheblichere Veränderungen der Voranschläge — für die Preussischen Antheile — nach Massgabe des Betriebsumfanges, der Materialienpreise, Löhne u s. w. erfahren folgende besonders ins Gewicht fallende Titel:

	1900	1901	1902	1903
A. Werke am Unterharz:	M.	M.	M.	M.
Materialien und Geräthe	2 340 504	2 530 496	2 524 016	2 145 436
Löhne	607 040	629 808	634 448	636 704
Bauten	74 857	69 714	92 857	90 971
Unterhaltung der Gebäude u. s. w.	125 304	152 064	152 464	158 720
Abgaben etc.	27 872	30 000	32 416	39 168
Wohlfahrtszwecke	37 168	38 016	40 002	41 360

B. Obernkirchen:	1900	1901	1902	1903
Materialien und Geräthe	110 500	173 540	239 750	224 400
Löhne	795 200	936 740	940 000	1 000 000
Bauten	52 500	415 000[1])	365 540[1])	307 310[1])
Unterhaltung der Gebäude etc.	20 750	28 000	31 500	33 500
Abgaben etc	11 555	37 000	13 500	23 750
Wohlfahrtszwecke	77 450	76 850	89 950	93 800

Dazu kamen 1900 und 1901 Betriebszuschüsse für Asse mit 119 000 und 180 000 M., während für 1902 und 1903 auf die Nothwendigkeit eines solchen nicht gerechnet wurde.

Die Gesammtbelegschaft betrug am Unterharz 1899—1901 1342, 1351 und 1398, in Obernkirchen 1898, 2052 und 3034 Mann

Das wirkliche Betriebsergebniss der einzelnen Werke, nach Oberbergamtsbezirken geordnet, war in den Jahren 1899 – 1901 folgendes, der Ueberschuss mit +, der Zuschuss mit — bezeichnet, das Sollergebniss in Klammern beigefügt:

		1899 M.		1900 M.		1901 M.
Oberbergamtsbezirk Breslau:						
Friedrichshütte	+	911 457	+	910 175	+	732 899
	(+	715 900)	(+	796 000)	(+	796 100)
Centralverwaltung Zaborze	—	132 478	—	109 899	—	164 051
	(—	99 900)	(—	105 600)	(—	125 280)
Konigsgrube	+	3 099 248	+	4 813 874	+	5 659 608
	(+	2 475 000)	(+	2 625 500)	(+	4 332 000)
Königin Luise	+	8 659 892	+	8 839 882	+	9 653 908
	(+	6 585 000)	(+	7 453 000)	(+	9 720 000)
Bielschowitz	—	239 984	—	421 577	—	881 470
	(—	125 000)	(+	53 500)	(+	41 600)
Friedrichshütte	+	1 001 762	+	1 346 272	—	266 638
	(+	174 500)	(+	670 500)	(+	1 193 600)
Gleiwitz	+	300 437	+	173 781	+	27 744
	(+	66 200)	(+	163 600)	(+	176 200)
Malapane	—	92 786	+	10 976	+	7 952
	(+	29 200)	(+	5 400)	(+	5 600)
Inowrazlaw	+	37 423	+	8 403	+	54 997
	(+	37 000)	(+	39 800)	(+	42 200)
Oberbergamtsbezirk Halle:						
Rüdersdorf	+	316 653	+	156 220	+	15 115
	(+	232 820)	(+	208 000)	(+	60 500)
Braunkohlenwerk Eggersdorf	—	3 929	+	19 056	+	11 259
	(+	500)	(+	7 400)	(+	6 700)
„ Löderburg	+	82 200	+	87 410	—	9 815
	(+	73 900)	(+	81 400)	(+	45 000)
„ Langenbogen	+	35 802	+	46 896	+	28 244
	(+	52 300)	(+	44 000)	(+	28 800)
„ Dürrenberg	+	29 672	+	30 677	+	16 285
	(+	20 400)	(+	18 000)	(+	17 200)
Salzwerk Schönebeck	+	586 614	+	592 440	+	551 597
	(+	406 400)	(+	444 600)	(+	521 300)
„ Stassfurt	+	3 103 237	+	1 825 256	+	989 747
	(+	1 874 000)	(+	1 919 000)	(+	2 400 000)
„ Dürrenberg	+	267 092	+	356 347	+	304 319
	(+	221 500)	(+	220 200)	(+	230 000)
„ Artern	+	37 816	+	74 836	+	74 383
	(+	30 500)	(+	40 800)	(+	45 100)

[1]) Neue Tiefbauanlage beim IV. Tiefbau.

	1899 M.	1900 M.	1901 M.
Salzwerk Erfurt	+ 187	+ 13 936	+ 4 840
	(+ 6 200)	(+ 3 000)	(+ 3 000)
„ Bleicherode	— 733 008	— 710 432	— 1 456 734
	(— 467 900)	(— 608 100)	(— 1 281 600)
Oberbergamtsbezirk Clausthal:			
Berginspektion Clausthal	+ 210 434	— 142 210	— 470 365
	(+ 23 610)	(+ 130 500)	(+ 218 400)
„ Lautenthal	+ 297 213	+ 192 741	— 106 465
	(+ 88 960)	(+ 113 920)	(+ 108 940)
„ Grund	+ 323 758	+ 332 650	+ 23 159
	(+ 60 760)	(+ 154 360)	(+ 252 200)
Steinkohlenbergwerk am Deister	+ 762 816	+ 1 009 055	+ 766 237
	(+ 18 510)	(+ 319 600)	(+ 793 900)
„ „ Osterwald	— 6 227	—	—
	(— 41 810)	—	—
Gipsbruch bei Lüneburg	+ 35 597	+ 31 414	+ 37 292
	(+ 43 400)	(+ 43 600)	(+ 40 300)
„ „ Segeberg	+ 24 643	+ 14 232	+ 15 144
	(+ 13 200)	(+ 14 500)	(+ 16 500)
Braunkohlenbergwerk am Habichtswald	+ 1 383	+ 4 054	+ 7 028
	(+ 420)	(+ 3 430)	(— 8 440)
„ „ Meisner	— 1 855	+ 3 848	+ 2 777
	(+ 3 300)	(+ 2 100)	(+ 1 320)
Hütte bei Clausthal	+ 45 949	+ 31 552	+ 20 919
	(+ 60 810)	(+ 34 000)	(+ 10 700)
„ „ Altenau	+ 31 834	+ 26 158	— 271 135
	(+ 21 570)	(+ 22 090)	(+ 26 100)
„ „ Lautenthal	+ 22 256	+ 77 021	+ 52 625
	(+ 30 090)	(+ 53 700)	(+ 49 300)
„ „ Andreasberg	+ 23 645	+ 45 289	— 615
	(+ 17 140)	(+ 19 700)	(+ 17 800)
Rothehütte	+ 16 062	+ 18 914	— 40 687
	(+ 21 680)	(+ 20 190)	(+ 21 600)
Lerbacher Hütte	+ 44 485	— 3 368	— 20 010
	(+ 12 050)	(+ 8 400)	(+ 15 200)
Sollingerhütte	+ 24 148	— 20 286	— 67 885
	(+ 8 230)	(+ 10 200)	(+ 5 400)
Saline Sooden	— 25 051	— 6 251	+ 12 191
	(— 30 750)	(— 26 940)	(+ 1 960)
Oberbergamtsbezirk Dortmund:			
Ibbenbüren	+ 362 936	+ 719 584	+ 410 870
	(+ 92 420)	(+ 75 790)	(+ 547 890)
Neusalzwerk	— 19 176	— 3 225	+ 11 274
	(— 1 900)	(+ 150)	(+ 6 370)
Oberbergamtsbezirk Bonn:			
Saarwerke	+ 15 945 316	+ 25 436 527	+ 24 987 739
	(+ 11 488 230)	(+ 13 161 320)	(+ 16 757 640)
Berginspektion Dillenburg	+ 126 917	+ 61 377	+ 8 242
	(+ 80 500)	(+ 83 900)	(+ 115 900)
Salzwerk Stetten	— 5 660	+ 4 386	— 5 109
	(+ 7 000)	(+ 1 000)	(+ 1 000)
Kommunionwerke am Unterharz	+ 1 376 276	+ 1 129 108	+ 918 010
	(+ 632 000)	(+ 795 200)	(+ 933 320)
Obernkirchen	+ 287 849	+ 169 786	— 183 075
	(+ 140 000)	(+ 200 000)	(± 0)
Asse	—	— 211 300	— 222 200
	—	(— 119 000)	(— 180 000)

Was uns in diesen Zahlen entgegentritt, ist die schnelle Veränderlichkeit der Erträge, die Unsicherheit ihrer Schätzung und die besondere Unsicherheit der Erträge der Hütten und Erzbergwerke: der Ueberschuss der Staatswerke ohne Badeanstalten und Gemeinschaftswerke war veranschlagt 1899—1901 auf 23,809, 27,723 und 36,702 Mill. M., und er stellte sich auf 35,509, 45,898 und 40,712 Mill. M; die Hütten aber sollten abwerfen 403 370, 969 430 und 1 474 922 M., und sie warfen ab 1899 und 1900 1 417 487 und 1 706 308 M., erforderten dagegen 1902 einen Zuschuss von 573 635 M.; die Erzbergwerke am Oberharz aber ergaben gegen die Etats 1899 rund 658 000 M. mehr, 1900 rund 16 000 M. weniger und 1901 rund 1 033 000 M. weniger!

Von den nicht ungewöhnlich hohen Extraordinarien der Jahre 1900—1903 waren bestimmt für

	1900 M.	1901 M.	1902 M.	1903 M.
Bohrarbeiten	150 000	150 000	150 000	—
Ankauf eines Gutes im Interesse der Saarwerke	213 100	—	—	—
„ „ Forstes im Interesse der Herzog-Juliushütte (4/7)	197 000	—	—	—
Ankauf von Grundstücken im Interesse der Königsgrube in Oberschlesien	530 000	—	—	425 000
Neubau der Akademie in Clausthal	60 000	200 000	150 000	205 000
eine Wasserversorgungsanlage an der Saar	300 000	190 000	—	—
Kommissare zur Pariser Weltausstellung	6 000	—	—	—
Wasserleitungen in Oberschlesien	—	50 000	1 000 000	280 000
Dienstgebäude des Oberbergamts Bonn	—	200 000	112 300	50 000
„ der neuen Bergwerksdirektion i. Westf.	—	—	—	10 000
Umbauten bei der Bergakademie in Berlin	—	—	—	30 000
Erweiterungsbau bei derselben (Grunderwerb)	—	—	—	88 000
Ankauf d. Kokerei d. Montangesellschaft Lothringen-Saar zu Gunsten der Grube Heinitz (1. Rate von insgesammt 1 Mill.)	—	—	—	200 000

§ 220. Bernsteinverwaltung. Die Einnahmen aus der Verwaltung der Bernsteinwerke bilden auch jetzt noch einen Titel (3b) der Einnahmen der Handels- und Gewerbeverwaltung. Sie haben sich so günstig entwickelt, dass der Etatsansatz in der aus der Anlage XVI ersichtlichen Weise hat gesteigert werden können.

Die Ausgaben sind seit 1901 in einem besonderen Kapitel (68a) der Handels- und Gewerbeverwaltung mit folgenden Titeln untergebracht:

		1901 M.	1902 M.	1903 M.
1.	Besoldungen	49 800	51 300	50 768
2.	Wohnungsgeldzuschüsse	3 492	4 356	4 356
	Andere persönliche Ausgaben:			
3.	Vergütungen für Hülfsbeamte und Hülfskräfte etc.	7 370	5 870	7 670
3a.	Dienstbezüge der von Stantien & Becker übernommenen, nicht etatsmässige Stellen bekleidenden Beamten	50 620	49 550	48 526
4.	Unterstützungen, ausserordentliche Remunerationen, Belohnungen	2 000	2 000	2 000
	Sächliche und vermischte Ausgaben:			
5.	Tagegelder, Reise- und Umzugskosten	5 000	7 600	7 600
6.	Materialien und Geräthe, mit Ausnahme derjenigen zu Bauten und zu Wohlfahrtszwecken	550 000	540 000	560 000

		1901 M.	1902 M.	1903 M.
7	Löhne (mit derselben Ausnahme wie zu Tit. 6)	540 000	550 000	590 000
8.	Neu- und Erweiterungsbauten	155 000	20 000	3 000
9.	Unterhaltung der Gebäude etc.	60 000	90 000	100 000
10.	Abgaben, Grundentschädigungen und Landerwerb . .	80 000	64 400	70 000
11.	Wohlfahrtszwecke	25 000	35 000	40 000
12.	Verschiedene Ausgaben	1 500	1 500	1 800

Es ist also dieselbe, nur im Tit. 4 etwas zusammenfassendere Gruppirung der Ausgaben wie bei den Bergwerken, Hütten und Salzwerken. Die Entwicklung der Ausgaben im Einzelnen, wie insbesondere bei den „Sächlichen und vermischten Ausgaben", erklärt sich aus dem Umstande, dass es sich um ein neu übernommenes, zunächst grössere neue Anlagen und Instandsetzungen erforderndes, aber auch, wie die Einnahme zeigt, an Umfang zunehmendes Unternehmen handelt.

Das etatsmässige Beamtenpersonal besteht jetzt aus: 1 Direktor (8 400 M.), 1 Bergwerksdirektor (4 200—7 200 M.), 1 Rendant der Hauptkasse, 1 Hauptbuchhalterei-Vorsteher und Vorsteher der Handelsabtheilung und 1 Lagerverwalter (3 000—4 500 M.), 2 Sekretären mit 1 800—4 200 M. und 3 solchen mit 1 500—3 800 M., 3 obern Werksbeamten I. Klasse (2 000—3 400 M.), 2 solchen II. Klasse (1 800—2 800 M.), 2 mittleren I Klasse (1 500—2 700 M.) und 1 Kanzlisten (1 500—2 200 M.).

Einmalig wurden bewilligt 1902 zum Ankauf eines Grundstücks in Königsberg 85 600 M. und 1903 als erste Rate der auf 170 000 M. veranschlagten Kosten der auf diesem Grundstück auszuführenden Erweiterung des Verwaltungsgebäudes 85 000 M.

Dem Etat werden seit 1902 Verwaltungsberichte beigefügt, nach denen betrug die wirkliche Einnahme 1900 und 1901 2 844 168 und 3 105 781 M., die wirkliche Ausgabe 1 527 152 und 1 584 036 M.

§ **221. Seehandlung.** Der Geschäftsbetrieb der Seehandlung war auch 1899 erheblich weniger gewinnbringend wie 1897/98, hat sich dann aber günstiger gestaltet. Die der Gruppirung in den Anlagen XXVII bis XXIX des I. Bandes entsprechenden Zahlen waren:

1	2	3	4	5	6	7
Jahre	Umsatz	Abschluss	Einnahme	Von Sp. 4 entfallen auf Ertrag d. gewerbl. Unternehmungen	Gewinn	Soll-ablieferung an die Staatskasse
	(in Tausend Mark)		ℳ	ℳ	ℳ	ℳ
1899	4 357 854	± 493 668	2 951 538	222 402	1 500 927	2 347 300
1900	3 852 581	± 358 910	2 873 236	241 109	2 106 029	2 058 900
1901	4 979 368	± 514 475	3 415 852	153 202	2 594 607	1 734 700

Gewinn der Seehandlung aus den Bankgeschäften — ohne Abzug der Verwaltungs- und der Ausgaben für den laufenden Geschäftsbetrieb.

1	2	3	4
Etatsjahr	Zinsenüberschuss ℳ	Provisionen u. s. w. ℳ	Effektenverkehr ℳ
1899	2 163 430	519 138	— 1 073 023
1900	2 085 213	482 733	+ 47 671
1901	2 058 904	573 816	+ 612 821

Personal- und Bedürfniss-Etats der Seehandlung.

1	2	3	4	5	6	7	8
	Besoldungen				Andere persönliche Ausgaben		
Etatsjahr	Generaldirektion (Tit 1) ℳ	Kassen-, Bureau- und Kanzleibeamte (Tit. 2) ℳ	Unterbeamte (Tit. 3) ℳ	Wohnungsgeldzuschüsse (Tit. 4) ℳ	Remunerirung von Hülfsarbeitern und Hülfsdienern (Tit. 5) ℳ	Ausserordentliche Unterstützungen für ausgeschiedene Beamte u. s. w. (Tit. 6) ℳ	Ausserordentliche Remunerationen und Unterstützungen für Kanzlei- und Unterbeamte (Tit. 6 a) ℳ
1900	37 500	119 100	20 300	32 460	15 600	1 000	5 000
1901	38 400	133 500	22 860	38 040	18 900	1 000	5 000
1902	38 400	144 500	23 100	40 920	26 900	1 000	6 500
1903	46 500	148 800	24 980	42 960	34 750	1 000	6 500

Noch: Personal- und Bedürfniss-Etats der Seehandlung.

1	9	10	11	12	13	14	15
	Noch: Andere persönliche Ausgaben			Sächliche Ausgaben			
Etatsjahr	Ausserordentliche Remunerationen für mittlere Beamte (Tit. 6 b) ℳ	Ausserordentliche Unterstützungen für höhere und mittlere Beamte (Tit. 6 c) ℳ	Wittwen- und Waisengelder, Pensionen u. s. w. (Tit 7) ℳ	Bureaubedürfnisse (Tit 8) ℳ	Unterhaltung des Dienstgebäudes u. s. w. (Tit 9) ℳ	Ausgaben auf Grund des Invaliditäts- und Altersversicherungsgesetzes (Tit 10) ℳ	Summe ℳ
1900	1 600	1 400	49 230	103 000	6 000	10	392 200
1901	1 600	1 400	59 580	159 000	300	100	479 680
1902	3 000	1 500	56 760	148 000	300	100	490 980
1903	3 000	1 500	59 560	116 200	3 000	150	488 900

Die Schwankungen im Gewinn entfallen, wie aus obigen Zusammenstellungen zu entnehmen ist, vorzugsweise auf das Ergebniss des Effektenverkehrs. Zu dem Ertrage aus den gewerblichen Unternehmungen trugen 1899 beide Unternehmungen, Bromberg und Landeshut, bei, während die für 1900 und 1901 angegebenen 241 109 und 153 202 M. nur die Erträge der Bromberger Mühlen sind; Landeshut ergab dagegen Verluste von 103 984 und 88 876 M.

Beschäftigt waren 1901 in Landeshut 124 männliche und 263 weibliche Personen mit durchschnittlichen Jahresverdiensten von 655 und 400 M, in Bromberg, wo übrigens in der Burchardmühle 4 Walzengänge im Betriebe waren, 14 Gesellen und 75 Tagearbeiter mit jährlichen Durchschnittslöhnen von 1 067,04 und 882,37 M. In Landeshut wurden 19 361 Ctr. roher Flachs verhechelt, 7 083 Ctr. verhechelter Flachs und 13 824 Ctr. Werg versponnen, produzirt 16 516 Schock Garn; in Bromberg vermahlen 160 000 Ctr. Weizen, 156 284,8 Ctr. Roggen, 28 618 Ctr. Gerste und 1 322½ Ctr Buchweizen, ausserdem für fremde Rechnung 383 539 Ctr. Weizen und Roggen und 175 Ctr. Zwieback, aus der Vermahlung für eigene Rechnung dargestellt 156 702,6 Ctr. Weizen-, 150 826,6 Ctr. Roggen-, 28 093,3 Ctr. Gersten- und 1 302½ Ctr Buchweizenfabrikate, abgesetzt beziehentlich 162 090,4, 159 119,3, 27 046,8 und 465,7 Ctr. solcher Fabrikate.

Von den Verwaltungsausgaben sind die Besoldungen und Wohnungsgeldzuschüsse hauptsächlich durch Vermehrung des Beamtenapparats um 1 Seehandlungsrath, 11 mittlere und 3 Unterbeamte gestiegen, im Uebrigen die Ausgaben durch den steigenden Geschäftsverkehr, die Bureaubedürfnisse 1901 und 1902 dadurch besonders gestiegen, dass wegen Neubaues des Geschäftsgebäudes die Seehandlung in Miethsräumen untergebracht war.

Der Reingewinn der Seehandlung stellte sich 1899 bis 1901 auf 4,3628, 6,1217 und 7,5419 Proz. des 34 402 515,41 M. betragenden Kapitalvermögens des Instituts. Die Vermehrung des Vermögens auf diesen Betrag gegen 33 997 209,55 M. Ende März 1898 rührte aus einer Umbuchung und von Gewinn aus erst 1898/99 endgültig erledigten Geschäften her.

Der Geschäftsverkehr des Königlichen Leihamts hat sich in den letzten Jahren erheblich gesteigert. Es betrugen Ende 1901 die Zahl der Pfänder 120 199, welche mit 3 108 856 M. beliehen waren, das umgesetzte Pfandkapital 9 599 287 M., das beim Leihamt beschäftigte Kapital 3 927 645 M., die Solleinnahme an Pfandzinsen 390 708 M., die sonstige Einnahme 5572 M., der Reingewinn 23 131,42 M.

§ 222. Lotterieverwaltung. Die Preusische Staatslotterie hat in den letzten Jahren in steigendem Masse unter Schwierigkeiten im Loseabsatz zu leiden gehabt, die hervorgerufen waren durch den wirthschaftlichen Rückgang, die Vermehrung der anderen deutschen und ausserdeutschen Staatslotterien, deren Vertriebsorgane theilweise mit allen Mitteln marktschreierischer Reklamen arbeiteten, durch die Vermehrung der Privatlotterien und durch die Verdoppelung des Reichsstempels auf Lotterielose (vgl. Bd. I Buch IX § 16). Die Letztere nöthigte dazu, 1901 den Preis der Lose auf 192 M. zu erhöhen, die Gewinne in ihrer Höhe etwas zu kürzen, den Gewinnabzug des Staates und der Einnehmer von 15⅘ auf 15½ Proz. herabzusetzen und die bisher für die Lotteriekasse berechneten $13^4/_5$ Proz. vom Betrage der Freilose in Wegfall zu bringen. Gleichzeitig wurde übrigens auch die Zahl der Lose um 620, auf 190 000 Stamm- und 35 000 Freilose, reduzirt und die Schreibgebühr für die Freilose beseitigt. Um dem stockenden Loseabsatz aufzuhelfen, wurde zunächt den Einnehmern gestattet, Mittelspersonen als ihre, nicht der Lotterieverwaltung, Organe anzunehmen und nachgelassen, dass die Erneuerungslose auch noch nach Ablauf der Erneuerungsfrist, solange die Ziehung noch nicht begonnen hat, und sie nicht schon anderweitig als Kauflose abgesetzt sind, den bisherigen Spielern ohne nochmalige Zahlung der Einsätze für die Vorklassen verabfolgt werden dürfen, womit für die Lotterieverwaltung eine Einbusse von ca. 80 000 M. verbunden war. Als diese kleinen Mittel sich als nicht ausreichend erwiesen, wurde von der 209. Lotterie ab ein ganz neuer Spielplan aufgestellt, welcher durch wesentliche Vermehrung der mindestens das Doppelte des Einsatzes betragenden „wirklichen" und der mittleren Gewinne — die Gewinne von 1000 M. sind von 1642 auf 2634, die zu 3000 M. von 1216 auf 1761, die zu 5000 M. von 87 auf 117 und die zu 10 000 M. von 44 auf 58 Stück vermehrt —, Ausstattung schon jeder Vorklasse mit einem Gewinne von 100 000 M. und der letzten Klasse mit einer Prämie von 300 000 M. auf den ersten in der letzten Halbtagsziehung gezogenen Gewinn von 1 000 M. oder mehr die Gewinnchancen verbessert hat. Die Mittel hierzu sind beschafft durch Vermehrung der Klassen von 4 auf 5 — alle übrigen Staatslotterien hatten bereits 5—7 Klassen —, Vermehrung der Stammlose von 190 000 auf 196 000 Stück neben 28 000 statt bisher 35 000 Freilosen —, die geringe Erhöhung des Losepreises von 192 auf 200 M. oder für jede Klasse 40 M. (einschliesslich 1 M. Schreibgebühr und $6^2/_3$ M. Stempel pro Klasse) und einen Zuschuss des Staates von 300 000 M. aus seinem Gewinnantheil behufs Zahlung der Prämie. Der Spielplan ist nun folgender:

I. Klasse:

1 Gewinn zu 100 000 M., 1 zu 40 000, 1 zu 20 000, 1 zu 10 000, 1 zu 5000, 2 zu 3000, zus. 6000, 4 zu 1000 zus 4000, 10 zu 500 zus. 5000, 20 zu 400 zus 8000, 50 zu 300 zus. 15 000. 100 zu 200 zus. 20 000, 300 zu 100 zus. 30000, 6509 zu 50 zus. 325 450 und 7000 Freilose zu $32^1/_3$ zus. rd. 226 333 M. Insgesammt 7000 Gewinne und 7000 Freilose zus. 814 783 M.

II. Klasse:

1 Gewinn zu 100000 M., 1 zu 50000, 1 zu 30 000, 1 zu 15 000, 1 zu 10000, 2 zu 5000 zus. 10 000, 4 zu 3000 zus 12 000, 10 zu 1000 zus. 10000, 20 zu 500 zus. 10000, 50 zu 400 zus. 20000, 100 zu 300 zus. 30000, 300 zu 200 zus. 60000, 6509 zu 96 zus. 624 864 und 7000 Freilose zu $32^1/_3$ zus. rd. 226 333 M. Insgesammt 7000 Gewinne und 7000 Freilose zus. 1 208 197 M.

III Klasse:

1 Gewinn zu 100000 1 zu 60000, 1 zu 40000, 1 zu 20000, 1 zu 15 000, 2 zu 10000 zus. 20 000, 4 zu 5000 zus. 20000, 10 zu 3000 zus. 30 000, 20 zu 1000 zus. 20000, 50 zu 500 zus. 25 000, 100 zu 400 zus. 40 000, 300 zu 300 zus. 90000, 6509 zu 144 zus. 937 296 und 7000 Freilose zu $32^1/_3$ zus. rd. 226 333 M. Insgesammt 7000 Gewinne und 7000 Freilose zus. 1 643 629 M.

IV. Klasse:

1 Gewinn zu 100000 M., 1 zu 75000, 1 zu 50000, 1 zu 40000, 1 zu 20000, 2 zu 15000 zus. 30000, 4 zu 10000 zus. 40000, 10 zu 5000 sus 50000, 20 zu 3000 zus. 60000, 50 zu 1000 zus. 50000, 100 zu 500 zus. 50000, 300 zu 400 zus. 120000, 6509 zu 192 zus. 1249728 und 7000 Freilose zu 32 1/3 zus. rd. 226333 M. Insgesammt 7000 Gewinne und 7000 Freilose zus. 2161061 M.

V Klasse:

1 Prämie zu 300000 M, 1 Gewinn zu 500000 M., 1 zu 200000, 1 zu 150000, 2 zu 100000 zus. 200000, 2 zu 75000 zus. 150000, 2 zu 60000 zus. 120000, 2 zu 50000 zus. 100000, 2 zu 40000 zus. 80000, 10 zu 30000 zus. 300000, 20 zu 15000 zus 300000, 50 zu 10000 zus. 500000, 100 zu 5000 zus. 500000, 1725 zu 3000 zus. 5175000, 2550 zu 1000 zus. 2550000, 4191 zu 500 zus. 2095500 und 63341 zu 240 zus. 15201840 M. Insgesammt 72000 Gewinne und 1 Prämie zus. 28422340 M.

Die Ziehung umfasst in den 4 ersten Klassen je 2, in der letzten 18 Tage.

Das Spielkapital (Tit. 1 der Einnahme) berechnet sich danach für eine Lotterie wie folgt:

Klasse	Anzahl der zu begebenden Stammlose	Freilose	Einsatz abzüglich der Schreibgebühr und der Reichsstempelabgabe ℳ	Nachzahlung auf die Vorklassen der Freilose ℳ	Gesammt-Einkommen ℳ
1.	196 000	—	6 337 333 1/3	—	6 337 333 1/3
2.	189 000	7 000	6 111 000	226 333 1/3	6 337 333 1/3
3.	189 000	7 000	6 111 000	452 666 2/3	6 563 666 2/3
4.	189 000	7 000	6 111 000	679 000	6 790 000
5.	189 000	7 000	6 111 000	905 333 1/3	7 016 333 1/3
In Einnahme und Ausgabe durchlaufender Betrag der Freilose.					905 332 1/3

Wenn für 1903 noch nicht das Doppelte dieser Summe von 33,95 Mill., sondern nur 66,4955 Mill. im Etat erscheinen, so liegt dies daran, dass 1903 noch eine Lotterie (die 208.) nach dem alten Plane abzuspielen war, nach dem das Spielkapital nur 32 545 500 M. betrug. Von den übrigen Einnahmetiteln (vgl. Anlage XL zum I. Bande) ist Tit. 2 um die vorher erwähnten 80 000 M. gesunken, Tit. 3, die durchlaufende Reichsstempelabgabe, auf 12809100 M., Tit. 5 (aus dem Spiel der Freilose etc.) auf 500000 M. gestiegen, Tit. 5 (Gewinnabzüge) auf 1001400 M. gestiegen (vor der Reform des Spielplans 1901 und 1902 nur 9 665 900 M.), Tit. 6 auf 7000 M. zurückgegangen.

Von den Ausgaben muss nun nach dem oben über die Prämie Bemerkten diejenige für die Gewinnzahlung (Tit. 1) den Tit. 1 der Einnahme 1903 um den Betrag der Prämie einer, künftig von 2 Lotterien übersteigen. Die Gewinnprovision der Einnehmer ist durch die Erhöhung der Gewinnsumme 1903 auf 955 000 M. gestiegen gegen 915 900, 916 600 und 916 400 M. in den drei Vorjahren. Bei den Verwaltungskosten haben bis 1902 nur unbedeutende Veränderungen stattgefunden, während 1903 insgesammt ein Mehrbedarf von 17 400 M. vorgesehen ist als Folge der Reform, darunter die Gehälter für 2 neue Beamte (1 Buchhalter und 1. Korrespondenzsekretär) und 11 020 M. bei den „Sächlichen Ausgaben“, insbesondere für Druckkosten.

Der neue Plan scheint sich bewähren zu wollen: während zur I. Klasse der 208. Lotterie ca. 15 000 Lose nicht abgesetzt wurden, waren es trotz der Vermehrung der Lose um 6000 Stück bei der I. Klasse der 209. Lotterie nur ca. 7500, und zur V. Klasse blieben nur etwa 2000 übrig, auch diese aber nur, weil es bei der Einteilung der Lose (1/1, 1/2, 1/4, 1/10) nicht annähernd möglich war, der Nachfrage nach Zehntellosen zu genügen, sodass thatsächlich die 196 000 Stammlose die Nachfrage nicht deckten.

§ **223. Münzverwaltung**. Die Einnahmen aus der Prägung (Tit. 1) sind gegen das jeweilige Vorjahr 1900 um 1900 M., 1901 aber um 185 500 M. höher angesetzt, 1901 wegen auf das Dreifache, Doppelte und Anderthalbfache erhöhten Ausprägung von Silber-, Nickel- und Kupfermünzen; für 1902 sind 1000, für 1903 1500 M. weniger eingestellt als für 1901, mithin für 1903 521 500 M. Die sonstigen Einnahmen sind auf Grund der wirklichen Ergebnisse alljährlich etwas höher angesetzt worden. Bei den Ausgaben war die Steigerung geringer, sodass sich der Sollüberschuss 1901 bis 1903 auf mehr als das Zwölffache desjenigen von 1900 stellte. Die Ausgabevermehrung rührte her von Errichtung einer neuen Betriebs-Assistentenstelle, von Mehrbedarf nach Massgabe des Dienstalters der Beamten und nach den Ergebnissen der Vorjahre.

§ **224. Eisenbahnverwaltung**. Von den noch vorhandenen Privatbahnenen sind die kleinen Nebeneisenbahnen Ostrowo-Skalmierzyce (16,53 km) und Eisenberg-Crossen (8,25 km) am 1. Juli 1902 erworben (Ges. v. 20. Mai 1902 — G.-S. S. 175). Durch dasselbe Gesetz ist die Regierung zum Erwerb der Schmalspurbahnen Salzungen-Vacha und Dorndorf-Kaltennordheim (Feldabahn), welche z. Z. noch an Sachsen-Weimar verpachtet sind, ermächtigt. Wichtiger ist der in dem Etat für 1903 noch nicht berücksichtigte Erwerb der Marienburg-Mlawkaer, Altdamm-Colberger, Stargard-Cüstriner, Kiel-Eckernförde-Flensburger, Dortmund-Gronau-Enscheder (Ges. v. 28. Mai 1903 — G.-S. S. 123) und der Ostpreussischen Südbahn (Ges. v. 18. Mai 1903 — G.-S. S. 148), deren Streckenlängen betragen 149,3, 178,45, 192,1, 80,72, 96,89 und 242,84 km. Die Kaufpreise betrugen — neben Uebernahme der Schulden — 17 120 000, 6 003 000, 4 500 000, 3 727 275, 30 Mill. und 18 Mill. M. Der Erwerb erfolgt durch Umtausch der Aktien in 3prozentige Konsols.

Es erhalten bei der Bahn:

Marienburg-Mlawka	5 Stammaktien à	600 M.	2400 M. Konsols und pro Aktie	8,4 M. Zuzahlung	
	5 Stammprioritätsaktien à	600 „	4000 „ „ „ „ „	2 „	„
Altdamm-Kolberg .	4 Stammaktien à	500 „	2700 „ „ „ „ „	6,72 „	„
	2 „ à	1000 „	2700 „ „ „ „ „	13,44 „	„
	4 Prioritäts-Stammaktien à	500 „	2700 „ „ „ „ „	6,72 „	„
Stargard-Küstrin .	2 Stammaktien B à	500 „	1600 „ „ „ „ „	14 „	„
	2 „ A à	500 „	1400 „ „ „ „ „	12 „	„

Kiel-Eckernförde-
Flensburg . . . . . 2 Stammaktien
und Stammprioritätsaktien à 500 M. 1300 M. Konsols und pro Aktie 14,5 M. Zuzahlung
Dortmund-Gronau-
Enschede . . . . . jede Aktie den doppelten Nennwerth in Konsols und auf je 600 M. Aktiennennwerth 81 M. Zuzahlung.
der Ostpreussischen
Südbahn . . . . . . je 4 Stammaktien à 600 M. 2400 M. Konsols, je 4 Stammprioritäts-Aktien à 600 M. 2700 M. Konsols und auf jede Aktie 57 M. Zuzahlung.

Die für den Erwerb durch die beiden Gesetze v. 18. Mai 1903 eröffneten Kredite betragen für den Aktienumtausch 108 619 200 und 28 687 500 M. für die Zuzahlungen, Abfindungen und Bauvorschüsse 7 912 411 und 5 145 500 M.; die übergehenden Aktivfonds sollen betragen 9 861 663 und 5 613 782 M.

Sodann ist nach dem Staatsvertrage v. 14. Dez. 1901 (Ges. v. 7. Juli 1902 — G.-S. S. 297) die Main-Neckarbahn in die Betriebsgemeinschaft der Preussisch-Hessischen Staatsbahnen eingetreten; der Antheil Badens an den Einnahmen erscheint seit 1903 im Etat als Ausgabekap. 25, die von Baden zu erstattenden Ausgaben als Einnahmekap. 11, jene mit 2 725 000 M., dieser mit 1 805 000 M. In die Finanzgemeinschaft sind also die Badischen Strecken der Main-Neckarbahn nicht eingetreten.

Die gesammte Länge der Preussisch-Hessischen Vollspurbahnen betrug Ende des Etatsjahres 1901 31 276,18 km, davon 30 248,31 km Preussischer und 1027,87 km Hessischer Besitz; hierzu kommen 183,84 km Preussische Schmalspurbahnen. Ende 1903 sollen 32 534,22 km normalspurige Bahnen im Betriebe sein ausschliesslich der 1903 erworbenen Privatbahnen.

Von den Ende 1901 betriebenen normalspurigen Bahnen waren

von den	Haupteisenbahn km	Nebeneisenbahn km	1 gleisig km	2 gleisig km	3 gleisig km	4 gleisig km
Preussischen Staatsb. .	19 323,72	10 924,59	17 993,14	12 109,72	47,07	98,38
Hessischen Staatsb. .	711,80	316,07	733,12	294,25	—	—

Das verwendete Anlagekapital betrug Ende 1901 im Bereiche der Betriebsgemeinschaft für Vollspurbahnen 8 141 523 038 M. oder für 1 km 260 311 M., für den Preussischen Besitz 7 874 860 996 M. bezw. 260 341 M., einschliesslich der sämmtlichen Preussischen Schmalspurbahnen und Anschlussbahnen ohne öffentlichen Verkehr im Ganzen 8 166 026 819 M., für 1 km 256 443 M., ausserhalb der Betriebsgemeinschaft für Preussen 13 035 014 M. oder für 1 km 215 811 M.

Durch Gesetze zur Erweiterung und Vervollständigung des Staatseisenbahnnetzes (vgl. Bd. I Buch VII § 40) wurden bewilligt und zwar durch Ges. v. 20. Mai 1902 für 18 neue Nebeneisenbahnen 91 795 000 M., zum Erwerb von Ostrowo-Skalmierzyce, Eisenberg-Krossen und der Feldabahn 3 100 329,95 M., für Ausbau von Nebenbahnen zu Hauptbahnen 8 310 000 M., für Mehrkosten für Eisenbahnbauten 5 081 000 und für Kleinbahnen 20 000 000 M, durch Ges. v 18. Mai 1903 (G.-S. S. 157) für die Hauptbahn Saarbrücken-Bous 13 877 000, für 15 neue Nebenbahnen 72 476 000 M., an Mehrkosten für Bahnbauten 6 006 000, für Kleinbahnen 5 000 000 und zur weiteren Betheiligung an der Altdamm-Kolberger Bahn 115 630,4 M.

§ 225. Die Frequenz des Personenverkehrs ist 1900 auf 581,6 Millionen beförderter Personen und 14 025 Mill. Personenkilometer, 1901 dagegen nur auf 595,2 Mill. Personen und 14 409 Mill. Personenkilometer gestiegen; in dieser 1901 geringern Verkehrszunahme trotz zweier in das Rechnungsjahr fallenden Osterfeste wird man die Wirkung des wirthschaftlichen Umschwungs, theilweise freilich auch der Mehrbenutzung der Berliner Strassenbahnen zu erblicken haben. Auf den Bahnkilometer entfielen 1900 469 992, 1901 474 339 Personen, was für 1901 auch eine ungleich geringere Steigerung der Verkehrsdichtigkeit bedeutet, als für 1900 gegenüber 1899. Ebenso tritt die Wirkung der Stockung im Wirthschaftsleben in der volkswirthschaftlich unerfreulichen (vgl. Bd. I S. 682) Steigerung der durchschnittlichen Reiselänge auf 24,11 und 24,21 km 1900 und 1901 hervor; zum Theil freilich mag sie auch auf den Abfluss von Verkehr der Berliner Stadtbahn auf die Strassenbahnen und 1900 auf die Reisen zur Pariser Weltausstellung und zu den Oberammergauer Passionsspielen zurückzuführen sein.

Der Verkehr auf zusammenstellbare Fahrscheinhefte hat natürlich 1901 in Folge Verlängerung der Gültigkeitsdauer der Rückfahrkarten enorm nachgelassen: es wurden verkauft 1900 525 258 Stück über rd. 615 119 000 km, 1901 nur 314 638 über 376 784 000 km; von der Gesammtzahl der Karten entfielen auf Reisen von 600—1000 km 47,11 bezw. 41,06, auf Reisen von 1000—2000 km 42,65 und 46,18, auf Reisen über 2000 km 10,24 und 12,76 vom Hundert. Wenn sonach der Antheil der Karten auf grosse Entfernungen erheblich gestiegen ist, so liegt das wohl daran, dass diese Karten zum grösseren Theil als die auf kürzere über Strecken ausserhalb Preussens führen, auf denen ohnehin kein Freigepäck gewährt wird, und die Rückfahrkarten kürzere Geltung haben. Die Zahl der gewöhnlichen Rückfahrkarten hat sich 1900 auf 44, 1901 aber auf 51,9 Mill. gehoben, die der Arbeiter-Rückfahrkarten betrug 1900 4,689, 1901 nur 4,624, die der Arbeiter-Wochenkarten 6,67 bezw. 6,621, die der Sommerkarten 0,3425 bezw. 0,219, die der Sonder-Rückfahrkarten 0,641 bezw. 0,5436, die der Zeitkarten 0,1414 bezw. 0,1446, die der Schülerkarten 0,0263 bezw. 0,0276 und die der Sonntagskarten 5,695 bezw. 5,247 Mill. Auf diese acht Arten von Rückfahrkarten wurden zurückgelegt Tausende Kilometer 1901 gegen 1900: 3 754 587 gegen 2 895 534, 229 517 gegen 244 214, 682 361 gegen 679 291, 97 297 gegen 154 720, 61 963 gegen 65 577, 981 251 gegen 916 167, 59 434 gegen 52 541, 209 604 gegen 229 721, im Ganzen auf 70,627 Mill. Rückfahrkarten 6 076 514 000 km gegen 5 237 764 000 km auf 63,478 Mill. Karten 1900. Man erkennt hierin die Wirkung der längeren Gültigkeitsdauer der gewöhnlichen Rückfahrkarten, in Folge deren die Sommerkarten etc. zum grossen Theil eingezogen sind. Der Schlafwagen bedienten sich 1900 155 921, 1901 146 294 Personen, der D-Züge mit Platzkarten 2 703 396 und 2 785 536

Die Verkehrsfrequenz in den einzelnen Wagenklassen etc anlangend, so stehen den in den Spalten 6—20 der Anl. XLVIII zum I. Bande für die Zeit bis 1899 angegebenen Zahlen für 1900 und 1901 folgende gegenüber:

Spalte:	6	7	8	9	10	11	12	13
1900 . . .	2 119	57 788	279 872	234 112	7 743	235 654	1 906 945	5 328 425
1901 . . .	2 125	58 046	258 068	268 592	8 331	223 401	1 877 142	5 349 550

Spalte:	14	15	16	17	18	19	20
1900 . . .	5 920 663	633 336	111,23	33,00	19,04	25,29	81,80
1901 . . .	6 245 921	713 044	105,15	32,34	20,73	23,25	85,39

Ein Rückgang hat also 1901 in der Personenzahl der III. Klasse (Sp 8) stattgefunden, der auf den Verkehrsabfluss von der Berliner Stadt- und Ringbahn zurückgeführt wird, weshalb er auch von keiner Verminderung der Kilometerzahl (Sp. 13) begleitet war.

Die Gesammteinnahme aus der Personenbeförderung hat 1900 mit 370 705 050 M. den Voranschlag um etwa 14, das Vorjahr um mehr als 25 Millionen übertroffen, ist dagegen 1901 sogar auf 37 008 888 M., d. i. fast 7½ Mill. weniger wie veranschlagt, gesunken, ein Fall, der seit den 70er Jahren nur ein Mal, 1892/93, dagewesen ist. Theilweise ist dies zwar auf den Wegfall des Verkehrs zur Pariser Ausstellung und nach Oberammergau, hauptsächlich aber auf die Wirthschaftslage und u. E. auch auf die Ausdehnung der Gültigkeitsdauer der Rückfahrkarten zurückzuführen. Auf das letzte Moment weist auch das starke Sinken der Einnahme auf den Personenkilometer, von 2,64 auf 2,57 Pfennig, und speziell in den beiden verhältnissmässig am meisten für weite Reisen benutzten beiden ersten Wagenklassen von 7,56 auf 7,33 und von 4,56 auf 4,39 Pf. hin; in der III. Klasse ist die Einnahme für den Personenkilometer dagegen sogar von 2,67 auf 2,71 Pf. gestiegen, in der IV. nur von 1,95 auf 1,90 Pf. gesunken, bei der Militärbeförderung freilich von 1,31 auf 1,07 Pf., dies aber doch als Folge der Ermässigung der Fahrpreise (vgl. Bd. I Buch VII § 56). Für 1 km Betriebslänge betrug die Einnahme 1900 12 423, 1901 nur 12 183 M., für jede beförderte Person 64 bezw. 62 Pf. Von der Einnahme aus der Personenbeförderung entfielen auf die Wagenklassen I—IV und die Militärbeförderung 1900: 4,81, 23,44, 38,33, 31,18 und 2,24 Proz.; 1901: 4,42, 22,28, 39,24, 32,00 und 2,06 Prozent. Auch hier sehen wir einen Rückgang in den beiden obersten Klassen, in denen am meisten Luxusreisen, die man bei ungünstiger Wirthschaftslage unterlässt, und Reisen auf weitere Entfernungen, für die die frühere kurze Gültigkeitsdauer der Rückfahrkarten nicht ausreichte, zurückgelegt werden. Natürlich hat sich der Antheil der Einnahme aus den Rückfahrkarten an der Gesammteinnahme aus der Personenbeförderung 1901 ausserordentlich gehoben, von 132 431 084 auf 158 954 132 M., während die Einnahme aus zusammenstellbaren Fahrscheinheften von 25 057 062 auf 15 412 411 M., die aus dem Schlafwagenverkehr von 1 074 599 auf 1 031 060, aus Platzkarten von 3 275 131 auf 3 198 446 M. herabgegangen ist. Da die Einnahme aus dem Gepäckverkehr sich 1900 auf 10 451 940, 1901 auf 10 466 665, die Nebenerträge sich auf 2 863 863 und 2 863 347 M. stellten, belief sich die gesammte wirkliche Einnahme aus dem Personen- und Gepäckverkehr 1900 auf 384 020 853, 1901 auf 383 418 500 M. Für 1902 und 1903 sind veranschlagt für Personenbeförderung ausschliesslich Militärbeförderung 368,88 und 367,65, für Militärbeförderung 6,86 und 7,75, für Gepäck 10,26 und 10,28, für Beförderung von Hunden 0,408 und 0,46, für Sonderzüge 0,7 und 0,71 und an Nebenerträgen 2,92 und 2,9, zusammen also 390,028 und 389,75 Millionen.

Für die Entwicklung der Einnahmen aus dem Güterverkehr waren einige tarifliche Aenderungen nicht ohne Einfluss.

Der am 1 Juli 1900 ausgegebene Nachtrag I zum Deutschen Eisenbahngütertarif, Theil I, enthält u A. Ermässigungen für Viehzucker und denaturirten Spiritus. Ausnahmetarife wurden u. A. eingeführt bezw. bestehende weiter ermässigt: für Steinkohlen, Braunkohlen, Koks, Briketts, Torf und Torfbriketts zwischen deutschen Seehäfen und den Umschlagsplätzen an inländischen Wasserstrassen für die Zeit vom 12. Sept. 1900 bis 1. Okt. 1902, für Eisen-, Stahl- und Kupferdraht für Seekabelwerke, aus Anlass landwirthschaftlicher Nothstände ein Nothstandstarif für Futter- und Streumittel nach den östlichen Provinzen, der Rheinprovinz und Pfalz (6. Febr. 1901 bis 30. Sept. 1901 und 1. Dez. 1901 bis 31. März 1902) und ein besonders ermässigter Ausnahmetarif für Futter-, Streu- und Saatmittel nach Posen und Westpreussen und Theilen der anderen ostelbischen Provinzen (bis Ende Juni 1902 bezw. für Saatgut bis 15. Okt. 1901), für den Uebergangsverkehr in gewissen Massenartikeln, wie Düngemittel, Kartoffeln, Rüben, Brennstoffe u. s. w. von und nach gewissen Kleinbahnen, für die Ausfuhr von Zucker und unter gewissen Bedingungen für Rohzucker an Raffinerien, für Eisen- und insbesondere Minetteerze aus Lothringen und Luxemburg zum Hochofen- und Bleihüttenbetrieb, für Koks zum Hochofenbetrieb und Kokskohlen zur Herstellung von solchem vom Ruhr-, Saar- und Wurm-Indebezirk nach Lothringen, Luxemburg und dem Saarrevier, für Giessereiroheisen, für zum Reihenpflaster nicht verwendbare Pflastersteine (der allgemeine Ausnahmetarif fur Wegebaumatorialien), für Eis v. 1. Febr. bis Ende 1902 u. a. m.

Die Entwicklung des Güter- und Viehverkehrs 1900 und 1901 ergeben folgende, der Anlage LI zum I. Bande entsprechende Tabellen:

Uebersicht über den Güter- (einschl. Vieh-) Verkehr.

1	2	3	4	5	6	7	8	9	10
	Gesammtzahl der						Von der Ist-Einnahme (Spalte 7) entfallen auf		
Betriebsjahr	beförderten Tonnen	gefahrenen Tonnenkilometer	Anzahl der To.-km. auf 1 km Betriebslänge	Beförderungsstrecke für 1 To.	Gesammt-Soll-Einnahme aus dem Güter- und Viehverkehr	Gesammt-Ist-Einnahme aus dem Güter- und Viehverkehr	1 Bahnkilometer	1 To.	1 To.-km
	in Tausenden			km	ℳ	ℳ	ℳ	ℳ	Pf.*)
1900. . .	214 605	25 249 504	806 888	119,55	900 960 000	922 785 651	30 280	4,21	3,52
1901	210 649	24 018 354	751 786	116,34	959 015 000	884 173 534	28 498	4,13	3,55

1	11	12	13	14	15	16	17	18	19	20	21	22
	Von a) den beförderten Tonnen, b) den gefahrenen Tonnenkilometern											
Betriebsjahr	auf Eilgut						auf Frachtgut					
	a)		b)		c)		a)		b)		c)	
	1000 To.	%	1000 To.-km	%	1000 ℳ	%	1000 To.	%	1000 To.-km.	%	1000 ℳ	%
1900.	1 374	3,24	175 039	0,69	29 885	3,24	204 283	95,19	24 410 026	96,67	835 710	90,56
1901. . .	1 461	3,34	174 341	0,73	29 520	3,34	199 005	94,47	23 145 469	96,37	798 813	90,35

*) In der Anlage LI befindet sich im Kopf der Spalte 10 ein Druckfehler: es muss natürlich heissen „Pfennig", nicht Mark.

1	23	24	25	26	27	28	29	30	31	32
Betriebsjahr	c) der Ist-Einnahme entfallen (in Tausenden von To., To.-km und ℳ)									
	auf Vieh						nach dem Normaltarife befördertes Gut			
	a)		b)		c)		a)	b)	c)	
	1000 To.	%	1000 To.-km.	%	1000 ℳ	%	1000 To.	1000 To.-km.	1000 ℳ	%
1900 . . .	2 024	0,94	342 676	1,36	26 064	2,83	82 777	8 785 671	454 419	52,47
1901 . . .	1 959	0,93	334 473	1,39	25 439	2,88	80 339	8 257 481	432 488	52,18

Hierzu ist zuvörderst zu bemerken, dass seit 1900 die Gewichtsmengen des Spezialtarifs für bestimmte Eilgüter sowie die Einnahmen daraus nicht mehr beim Frachtgut, sondern beim Eilgut nachgewiesen werden; dasselbe geschieht seit 1903 ausnahmslos hinsichtlich der Leichen — mit Ausnahme derer für Anatomien — und der in Personen- oder Schnellzügen beförderten Fahrzeuge. Daher rührt die beim Eilgut wahrzunehmende unverhältnissmässige Steigerung gegen 1899 und die weitere Zunahme der Tonnenzahl unter geringer Abnahme der Tonnenkilometer bei demselben für 1901. Im Uebrigen tritt uns überall 1901 die beeinträchtigende Wirkung der wirthschaftlichen Stockung entgegen.

Ganz besonders hat sich diese erklärlicherweise bei den Kohlentransporten geltend gemacht: es wurden gegen Frachtberechnung befördert Kohlen, Koks und Brikets 1900 90 526 309, 1901 nur 86 352 566 To; ihre Tonnenkilometerzahl betrug 1900 10 866 372 660, 1901 nur 9 981 774 008, die Einnahme für die Kohlentransporte 1900 272 506 753, 1901 nur 252 301 921 M. Von andern wichtigen Massengütern weisen 1901 eine Verkehrsabnahme auf insbesondere Eisen und Eisenwaaren, Eisen- und andere Erze, Steine, Kalk, Zement, Getreide, Erden, Holz, Garne, Kartoffeln, Thon- und Glaswaaren; allein bei Eisen und Eisenfabrikaten betrug dieselben im norddeutschen Verkehrsbereiche [1]) rund 1,3326 Mill. Tonnen, bei Eisenerz rund 553 000 To., bei andern Erzen 124 000, bei Steinen und Erden 1,0677 Mill. To. bei Kalk und Zement 0,3628 Mill. To. Eine Verkehrszunahme war insbesondere zu verzeichnen bei Düngemitteln (ca. 0,5987 Mill. To.), Rüben (1,7629 Mill. To.), Zucker (0,327 Mill To.), Braunkohlen und Braunkohlenbrikets und -Koks (0,322 Mill. To.), Steinkohlenbrikets (0,139 Mill. To), Mehl, Kleie und Mühlenfabrikate (0,1262 Mill To.). Die Abnahme bei Steinkohlen und Steinkohlenkoks betrug in diesem Verkehrsbereich allein 2,2629 Mill. To.

Bei den einzelnen Positionen des Etatstitels „Güterverkehr" betrugen

	die wirklichen Einnahmen 1900 M.	die wirklichen Einnahmen 1901 M.	die Solleinnahmen 1902 M.	die Solleinnahmen 1903 M.
1. Eilgut	29 885 037	2 950 013	30 260 000	30 150 000
2. Frachtgut	835 709 992	798 812 701	846 730 000	806 980 000
3. Postgut	1 028 928	1 148 121	1 077 000	1 180 000
4. Militärgut	3 116 178	3 211 327	2 930 000	3 240 000
5. Vieh	26 064 221	25 439 486	26 350 000	25 580 000
6. Leichen	453 514	465 323	460 000	480 000
7. Dienstgut	3 270 615	3 933 828	3 393 000	3 970 000
8. Nebenerträge	23 257 166	21 642 735	23 515 000	21 860 000

[1]) Mit Ausschluss von Sachsen, Mecklenburg, den See- und Rheinhäfen.

und bei den sonstigen weniger in's Gewicht fallenden Titeln der Einnahmen des Kap. 10, und zwar

bei	M.	M.	M.	M.
Tit 3. Für Ueberlassung von Bahnanlagen etc.	25 946 619	27 945 507	26 925 400	27 817 000
„ 4. Ueberlassung von Betriebsmitteln .	16 689 314	14 874 376	16 737 100	14 795 000
„ 5. Erträge aus Veräusserungen	25 727 904	26 987 132	27 222 000	30 534 000
„ 6. Verschiedene Einnahmen	17 165 289	16 323 612	16 414 400	16 519 000

Gegenüber dem Voranschlag wiesen somit 1901 die meisten der wichtigsten Positionen bezw. Titel, nämlich beim Güterverkehr die Positionen 2, 5 und 8 und die Tit. 4 und 5 Mindererträgnisse auf, und gegenüber der Isteinnahme des Vorjahres war dies bei denselben Positionen des Tit. 2 und bei Tit. 4 und 6 der Fall, im Grossen und Ganzen alles Folgen des Niedergangs von Handel und Industrie und infolgedessen des Verkehrs. Die günstigere Gestaltung bei Tit. 3 im Jahr 1901 war auf Vermehrung der von andern Bahnen mitbenutzten Anlagen, vermehrte Beschäftigung der Werkstätten für die Neubauverwaltung, vermehrte entgeltliche Leistungen für die Post und vor Allem auf ein Mehr von fast $1^1/_2$ Millionen an von der Neubauverwaltung zu erstattenden Verwaltungskosten zurückzuführen, bei Tit. 5 auf einen Mehrerlös von rd. 1,56 Mill. für Materialien und Materialabfälle, da grössere aus dem Vorjahr herrührende Mengen Altmaterialien erst 1901 verkauft wurden. Das 1901 bei Tit. 6 gegen den Etat entstandene Mehr von 427 312 M. ist in erster Linie einer Steigerung der Pächte für Bahnhofswirthschaften zu danken. Die Aenderungen in den Voranschlägen für 1902 und 1903 gegen diejenigen für das jeweilige Vorjahr beruhen auf den im zuletzt abgeschlossenen Jahre gemachten Erfahrungen und den eingetretenen oder zu erwartenden Zugängen an neuen Strecken u. s. w.

Insgesammt ergab sich für die Preussisch-Hessische Betriebsgemeinschaft gegen das Etatssoll des Kap. 10 für 1900 mit 1 358 671 300 Mark eine Mehreinnahme von 33 664 330 M., gegen dasjenige für 1901 mit 1 437 237 400 M., dagegen eine Mindereinnahme von 83 514 739 M.!

Die wenig belangreichen übrigen Einnahmen brachten 1900 und 1901, und zwar die Main-Neckarbahn (Kap. 17) 599 854 und 526 274, die Wilhelmshaven-Oldenburger (Kap. 18) 713 967 und 693 118, die Betheiligung an Privatbahnen (Kap. 19) 177 255 und 195 373, endlich die „Sonstigen Einnahmen“ in Kap. 20 502 436 und 487 756 M. Die aus der Anl. XVI ersichtlichen Veranschlagungen derselben für 1902 und 1903 weisen, abgesehen von der Main-Neckarbahn, von der bereits im vorigen Paragraphen die Rede war, keine wesentlichen Abweichungen gegen die Isteinnahme des jeweils vorletzten Vorjahres auf. Infolge der neuen Verstaatlichungen treten für 1903 an Einnahmen hinzu die Betriebsüberschüsse der Bahnen Marienburg-Mlawka mit 1 196 500, Altdamm-Kolberg mit 344 850, Stargard-Küstrin mit 385 570, Kiel-Eckernförde-Flensburg mit 260 000, Dortmund-Gronau-Enschede mit 3 140 912 und Ostpreussische Südbahn mit 1 577 970 M., die wir indess bei den Vergleichen der Einnahmen und Ausgaben im Folgenden ausser Betracht lassen.

An ausserordentlichen Einnahmen waren 1902 zu erwarten weitere Beitragsraten der Städte Hamburg, Breslau, Aachen, Neuss, M.-Gladbach, Gelsenkirchen und Friedberg zu den dortigen Bahnhofsbauten, für die Hamburger auch von der Lübeck-Büchener Eisenbahngesellschaft, und von Interessenten für eine Strassenüberführung auf der Strecke Duisburg-Hamm, zusammen 2,366 Mill., hiervon 2 Mill. für Hamburg und 150 000 M für M.-Gladbach, 1903 für die Bahnhofsanlagen in Hamburg, Neuss, M.-Gladbach und die erwähnte Strassenüberführung ebensolche Beiträge, ferner solche der Städte Bonn, Wiesbaden und Homburg v. d. H zu den Kosten der dortigen Bahnhofsbauten, von Trier zur Erweiterung des Haltepunkts Löwenbrücken, und von den Interessenten zur Bahnhofserweiterung in Broich und zu einer Verbindungsbahn Leutzsch-Wahren, insgesammt 3 811 500 M., davon 2 Mill. für Hamburg und $1^1/_2$ Mill. für Wiesbaden

§ 226. Dass 1902 eine gegen das Vorjahr um rund 25,2 Millionen höhere Einnahme aus den vom Staate verwalteten Eisenbahnen von einer um 9 109 700 M. höheren Ausgabe in Kap 23 begleitet war, kann nicht überraschen, eher, trotz Berücksichtigung des Eintritts der Main-Neckarbahn in die Betriebsgemeinschaft, dass 1903 einem um rund 39,2 Mill. niedrigeren Voranschlag der Einnahmen eine um 8,465 Mill. höhere Sollausgabe gegenübersteht, ein neuer Beleg dafür, in wie beschränktem Masse die Ausgaben Einnahmeverminderungen folgen. Freilich, eine superfiskalische Verwaltung hätte wohl wenigstens einen grossen Theil der Mehrausgaben hintanhalten können. So sind die gegen 1901 bis 1903 hervorgetretenen Mehrbedarfe an Besoldungen und Wohnungsgeldzuschüssen -- vgl. Anl. LVII zu Bd. I und Anl. XVI zu diesem Bande — zwar theilweise durch das Dienstalter der Beamten bedingt, überwiegend aber dadurch, dass die Zahl der etatsmässigen Beamten 1902 auf 128 928 und 1903 auf 132 635 erhöht wurde, und zwar weniger, um den Verkehr überhaupt bewältigen zu können, als vielmehr im Interesse der Sicherheit und Bequemlichkeit des Verkehrs sowie der Abkürzung der täglichen Dienstzeit.

Im Einzelnen sind 1902 und 1903 neu errichtet die Stellen für 24 Direktionsmitglieder, 2 Vorstände von Betriebsinspektionen, 1 von Maschinen- und 6 von Werkstätteninspektionen, 1 Betriebskontroleur, 20 Stationsvorsteher I. Kl, 47 Güterexpeditionsvorsteher, 16 Stationskassenrendanten, 40 technische Eisenbahnsekretäre, 11 Werkstättenvorsteher, 339 nichttechnische Eisenbahnsekretäre, Kassenkontroleure, Rechnungsrevisoren und Materialienverwalter I Kl, 31 Stationsvorsteher II Kl, 260 Güterexpedienten, 77 Bahnmeister I Kl, 17 Werkmeister, 2 Zeichner I. Kl., 53 Kanzlisten I. Kl., 383 Bureauassistenten, Stationsverwalter und Stationsassistenten, 699 Lokomotivführer, 1 Schiffsmaschinisten, 19 Maschinisten bei elektrischen Anlagen, 352 Zugführer, 1 Steuermann, 37 Werkführer, 5 Lade-, 56 Wagen- und 129 Rangirmeister, 39 Maschinenwärter bei elektrischen Anlagen, 96 Fahrkartenausgeber, 424 Haltestellenaufseher und Weichensteller I. Kl., 17 Maschinenwärter, 699 Lokomotivheizer, 2 Schiffsheizer, 11 Magazinaufseher, 4 Kassen- und Bureaudiener, 99 Fahrkartenausgeberinnen, 846 Weichensteller, 47 Wagenwärter, 6 Portiers, 201 Bahnsteigschaffner, 1075 Schaffner und Bremser und 2 Matrosen, eingezogen nur diejenigen von 20 Beamten in der Gehaltsklasse der Inspektionsvorstände (hauptsächlich Vorstände von Telegrapheninspektionen), 5 Bauinspektoren, 21 Stationseinnehmern, 495 Betriebssekretären, 14 Materialienverwaltern II Kl., 44 Bahn- und Telegraphenmeistern, 150 Zeichnern und Kanzlisten, 181 Telegraphisten, 361 Packmeistern, 12 Brückenwärtern, 96 Bahnwärtern und Nachtwächtern.

Ersparnisse konnten dagegen infolge der Stellenvermehrungen und des Verkehrsrückganges 1903 gegen 1902 vorgesehen werden bei den Fonds für Hülfsarbeiter etc. (Tit. 3) und für Tagegelder etc. (Tit. 4), hier bei den Fahr-, Stunden- und Nachtgeldern, während diejenigen für ausserordentliche Remunerationen und Unterstützungen für Beamte und deren Hinterbliebenen (Tit. 5 bis 5c) infolge der Personalvermehrungen erhöht werden mussten. Aber auch für Unterstützung von Arbeitern und deren Hinterbliebenen (Tit. 5d) und für Wohlfahrtszwecke (Tit. 6) sind reichlichere Mittel vorgesehen, hier hauptsächlich an statutenmässigen Pensionen, Zuschüssen zur Arbeiterpensionskasse, Unfallrenten und Krankengeldbeiträgen.

Die Zahl der entlohnten Beamten und Arbeiter betrug durchschnittlich 1900: 350 928, 1901: 352 752, d i. pro km 11,48 und 11,33. Die Zahl der Mitglieder betrug 1901 durchschnittlich bei den Betriebskrankenkassen 235 952, bei den Baukrankenkassen 3952, die Zahl der Erkrankungsfälle bei den Betriebskrankenkassen 1901 81 546, die der Krankheitstage 2 073 689, die Ausgabe für ärztliche Behandlung 1 580 109 M, für Arznei und Heilmittel 954 232, an Krankengeld 3 181 581, an Wöchnerinnenunterstützung 22 524, an Kur- und Verpflegungskosten in Krankenanstalten 384 289, an Sterbegeld 584 946 M., die Ausgabe überhaupt 6 975 451 M., die Einnahme im Ganzen 7 192 251 M., davon an Beiträgen der Mitglieder 4 392 029, an solchen der Eisenbahnverwaltung 2 180 094 M. (vgl. hierzu Bd. I Anl. LIX).

Bei der Arbeiterpensionskasse (vgl. Anl. LX zu Bd I) waren Ende 1901 vorhanden in Abtheilung A 225 828, in B 185 346. Die Einnahme betrug bei A 3 928 779, bei B 6 759 359 M., darunter Mitgliederbeiträge und ebenso Beiträge der Eisenbahnverwaltung bei A je 1 543 796, bei B je 2 253 414 M., die Ausgaben bei A 1 735 546, bei B 1 946 511 M., darunter bei A Renten 1 295 882, für Heilverfahren 202 444, bei B Zusatzrenten 571 343, Wittwengeld 713 313, Waisengeld 225 617 M. Es bezogen am 1. Jan. 1902 Pensionen, Zusatzrenten und Ausnahmerenten 5 783, Wittwengeld 9 116, Waisengeld 9 737 Personen.

Die Zahl der Unfälle (vgl. § 158 Buch VII Bd I) betrug 1900 und 1901 an Entgleisungen 340 und 296, an Zusammenstössen 215 und 190, an sonstigen Unfällen 1 539 und 1 351. Dabei wurden getödtet 78 und 59 Reisende sowie 360 und 323 Bahnbeamte und Bahnarbeiter im Dienst, 3 und 3 sonstige Beamte im Dienst, endlich 175 und 181 fremde Personen, verletzt 260 und 260 Reisende, 792 und 664 Bahnbeamte und -Arbeiter, 42 und 36 andere Beamte, 173 und 162 fremde Personen. Auf eigene Unvorsichtigkeit waren zurückzuführen 471 bezw. 437 Tödtungen und 777 bezw. 758 Verletzungen. Auf 1 000 000 Reisende kamen 1900 0,13, 1901 0,1 getödtete, 1900 0,45, 1901 0,44 verletzte. Auf Grund des Haftpflichtgesetzes wurden aus Tit. 12 der „Sächlichen Ausgabe“ geleistet einmalige Abfindungen 1900 849 694, 1901 1 322 888, fortlaufende Zahlungen 2 740 086 bezw. 2 776 395 M.

Die sächlichen Ausgaben beliefen sich

bei Titel:	in der Wirklichkeit 1900 M.	1901 M.	nach dem Etat für 1902 M.	1903 M.
7. Unterhaltung und Ergänzung der Inventarien, Beschaffung der Betriebsmaterialien auf .	107 385 757	108 535 141	109 275 000	108 607 000
hiervon Kohlen, Koks und Brikets	68 225 603	70 259 677	69 727 000	69 583 000
8 Unterhaltung und Ergänzung der baulichen Anlagen . . .	153 577 655	152 684 852	171 477 000	175 893 000
hiervon Löhne	38 709 684	39 383 910	(42 862 000)	44 719 000
Oberbau- u. Baumaterialien	66 812 571	58 213 665	(75 880 000)	80 413 000

bei Titel:	in der Wirklichkeit 1900 M.	1901 M.	nach dem Etat für 1902 M.	1903 M.
9. Unterhaltung, Erneuerung und Ergänzung der Betriebsmittel und maschinellen Anlagen auf	139 710 773	140 009 746	145 259 000	146 973 000
hiervon Löhne	50 153 472	50 346 563	51 514 000	52 752 000
Werkstattsmaterialien . .	33 468 545	30 636 295	31 957 000	31 582 000
Lokomotiven	26 099 879	29 685 980	29 300 000	28 607 000
Personenwagen	7 203 017	9 719 798	10 000 000	11 575 000
Gepäck- und Güterwagen .	17 641 530	14 003 288	15 700 000	15 118 000
10. Benutzung fremder Bahnanlagen und Dienstleistungen fremder Beamten	6 175 725	6 513 738	6 148 400	6 752 300
11. Benutzung fremder Betriebsmittel	13 601 892	12 902 809	13 636 800	13 025 000
12. Verschiedene Ausgaben . .	23 983 427	24 587 192	23 719 200	23 109 900
hiervon Steuern etc. . . .	13 777 286	13 829 920	14 131 000	12 705 000
auf Grund des Haftpflichtgesetzes	3 589 780	4 099 283	3 367 400	3 876 100
Ersatzleistungen	2 528 860	2 876 693	2 337 400	2 554 200
Staatsnebenfonds zu Wohlfahrtszwecken	109 296	98 463	120 400	102 200

An Kohlen, Koks und Brikets, die den Hauptposten des Ausgabetitels 7 bilden, wurden verbraucht — die in Klammern beigefügten Zahlen sind der Konsum zur Lokomotivfeuerung 1900 und 1901 6 439 722 (5 812 241) und 6 175 281 (5 554 328) To. Gezahlt wurden für die Tonne Steinkohlen 1900 10,26, 1901 11,11 M. Bezogen wurden 1901 etwa die Hälfte der Steinkohlen aus Westfalen, etwa 40 Proz. aus Oberschlesien, die Steinkohlenbrikets (717 934 To.) zu etwa $^6/_7$ aus Westfalen, zu etwa $^1/_8$ aus Oberschlesien, der Koks (62 184 To.) zu etwa $^3/_5$ aus Westfalen, zu etwa $^1/_7$ aus Niederschlesien; Braunkohlen und Brikets aus solchen wurden 1901 133 017 To. verwendet Für 1 km Betriebslänge betrug der Heizverbrauch 1900 211, 1901 198 To. Für 1902 nach Massgabe ist veranschlagt der Verbrauch für Lokomotivfeuerung auf 5 919 350 To. Steinkohlen, Steinkohlenbrikets und Koks zum Preise von 10,59 M., für 1903 auf 5 741 130 To. zu 10,94 M. pro To.

Die durchschnittlichen Lohnsätze der — 1900 durchschnittlich 56 699, 1901 56 923 — aus Tit 8 Pos. 1 gelöhnten Bahnunterhaltungsarbeiter sind in beiden Jahren gestiegen, auf 2,27 und 2,31 M. Für 1902 und 1903 ist mit der Beschäftigung von nicht unerheblich grösseren Arbeiterzahlen gerechnet. An Materialien wurden für Erneuerung des Oberbaues zu Lasten des Tit. 8 verwendet 1900 159 409 To. Schienen, 58 969 To. Kleineisenzeug, 5 641 Stück Weichenzungen, 4 181 Stück Stellböcke und 8 105 Stück Herz- und Kreuzungsstücke, 82 857 To. eiserne Schwellen, 2 583 074 Stück hölzerne Bahn- und 372 703 Weichenschwellen, 1901 beziehentlich 166 337 To., 62 091 To., 5 844, 4 398 und 8 159 Stück, 81 010 To., 2 588 719 und 307 278 Stück. Hiermit wurden — neben Einzelauswechselungen — 1900 1 783 km und 1901 1 856 km Gleise umgebaut. Die Eisenschienen sind bis Ende 1901 auf den durchgehenden Gleisen bis auf 1 276,66 km verschwunden, während die eisernen Schwellen etwas mehr als früher, auf 16 371 km Anwendung gefunden hatten. 1902 sollten 2 085,1, 1903 2 109,13 km neuen Oberbau erhalten und hierzu sowie zu Einzelauswechselungen verwendet werden 1902 bezw. 1903 185 879 bezw. 187 900 To Schienen, 74 789 bezw. 80 000 To. Kleineisenzeug, in jedem Jahre 6 400 Stück Zungen, 4 800 Stellböcke, 8 800 Herz- und Kreuzungsstücke, 1902 2,904, 1903 3,0011 Mill. hölzerne Bahn-, 380 000 bezw. 385 000 m hölzerne Weichen- und 101 015 bezw. 110 300 To. eiserne Schwellen. Die Schienenpreise waren 1903 etwas niedriger als 1902 veranschlagt, auf 119 M. gegen 120,27 M. pro To.; die Preise der übrigen Materialien waren 1903 theils etwas niedriger, theils höher als 1902 angenommen, für Kleineisenzeug auf 154,89 gegen 170,73 M. pro To., für Zungen, Stellböcke und Herz- und Kreuzungsstücke pro Stück auf bezw. 450, 30 und 195 gegen 475, 35 und 195 M., für hölzerne Bahnschwellen auf 4,4524 M gegen 4,4625 M. pro Stück, für eiserne auf 110 gegen 111,4 M. pro To. Die Durchschnittskosten der gewöhnlichen Unterhaltung der Anlagen sind jetzt zum Theil nicht unerheblich niedriger angenommen wie 1901, insbesondere für den km Bahnkörper nur auf 150, für Stellwerke auf 22 M. für jeden Hebel, für Zufuhrwege etc auf 5 M. pro ar, für elektrische Leitungen etc. auf 36 M. pro km, dagegen höher für Gebäude, und in Folge der Streckenvermehrung ergiebt sich gegen 1901 noch an solchen Unterhaltungskosten ein kleiner Mehrbedarf

Der Fuhrpark ist 1900 und 1901 aus Tit. 9 dergestalt vermehrt, dass Ende 1901, trotz Ausrangirung von 791 Lokomotiven (einschl. 3 Motorwagen), 609 Personen-, 242 Gepäck- und 17 864 Güterwagen, vorhanden waren 13 200 Lokomotiven im Neuwerthe von rund 572 2/5 Mill., 24 307 Personen-, 6 398 Gepäck- und 288 242 Güterwagen im Anschaffungswerthe von 260, 45 3/5 und 791 1/2 Mill. M. 1902 und 1903 sollten je 500 Lokomotiven und 650 Personenwagen, an Gepäck- und Güterwagen aber 1902 5 188, 1903 5 000, ausserdem 1903 für die Main-Neckarbahn 3 Lokomotiven, 14 Personen- und 2 Gepäckwagen beschafft werden. Ueberdies gewähren die Extraordinarien für 1902 und 1903 die Mittel zur Anschaffung von weiteren 438 Lokomotiven, 920 Personen-, 3 650 Gepäck- und Güterwagen. Geleistet sind 1901 (1900) von den eigenen und fremden Lokomotiven auf eigenen Strecken 334 994 896 (330 794 128) Nutz-, 24 754 527 (25 449 211) Leerfahrt-, 163 546 520 (151 395 000) Rangir- und 7 349 924 (7 152 474) Reservedienstkilometer, von eigenen Lokomotiven auf eigenen und fremden Strecken 335 079 944 (331 199 393) Nutz-, 24 763 692 (25 455 739) Leerfahrt-, 164 531 180 (152 410 620) Rangir- und 7 359 972 (7 164 058) Reservedienstkilometer, von den eigenen Wagen auf eigenen und fremden Strecken 12 782 883 734 (12 989 182 152) Achskilometer, von eigenen und fremden Wagen auf eigenen Strecken 12 875 904 837 (13 021 409 264) Achskilometer; auch in den Leistungen der Wagen zeigt sich also der Rückgang des Verkehrs 1901, und zwar entfällt die Minderleistung ganz auf die Güterwagen: die eigenen leisteten auf eigenen und fremden Strecken 1901 314 896 364 Achskilometer, die eigenen und fremden auf eigenen Strecken 275 666 786 Achskilometer weniger als 1900. Für 1903 sind veranschlagt die Lokomotivkilometer der eigenen Lokomotiven auf eigenen und fremden Strecken auf 519,6 Mill, die Achskilometer der eigenen Wagen, und zwar der Personenwagen auf 2 803, der Gepäck- und Güterwagen auf 10 099 Mill. Der Einheitssatz der Unterhaltungskosten ist 1902 und 1903 namhaft höher als 1901 veranschlagt, 1903 (1902) für 1 000 Lokomotivkilometer auf 75,11 (74,5), für 1 000 Personenwagen-Achskilometer auf 5,09 (4,56) und für 1 000 Achskilometer der Gepäck- und Güterwagen auf 2,97 (2,91) M. Die Arbeitslöhne in den Eisenbahnwerkstätten sind 1902 gestiegen, 1903 zum Theil etwas gesunken: für ein Tagewerk wurde 1903 (1902) durchschnittlich gezahlt an Hülfskräfte im unteren Werkstättendienst 2,95 (2,94), Vorarbeiter 4,25 (4,19), Werkstättenhandwerker im Tagelohn 3,50 (3,44), im Stücklohn 4,12 (4,20), handwerksmässig ausgebildete Handarbeiter im Tagelohn 2,25 (2,78), im Stücklohn 3,65 (3,69), sonstige Werkstättenhandarbeiter im Tagelohn 2,67 (2,63), im Stücklohn 3,40 (3,45), Lehrlinge 1,10 (1,10) M. Beschäftigt waren durchschnittlich 1900 47 407 und 1901 48 120 Arbeiter, während die Etats für 1902 und 1903 die Beschäftigung von deren 48 728 und — in Folge des Hinzutretens der Main-Neckarbahn — 49 663 in Aussicht nehmen.

Die Voranschläge für Benutzung fremder Bahnanlagen und Dienstleistungen fremder Beamten (Tit. 10) sind 1900 und 1901 infolge der Verkehrssteigerung im Jahr 1900, infolge Hinzutritt neuer Pacht- oder Gemeinschaftsverhältnisse u. a. m. erheblich überschritten worden. Die Voranschläge für 1902 und 1903 entsprechen aber den Istausgaben von 1900 und 1901, für 1903 zuzüglich des besonders durch die Mitbenutzung des Heidelberger Bahnhofs seit Eintritt der Main-Neckarbahn in die Betriebsgemeinschft bedingten Mehrbedarfs. Bei Tit. 12 ist bemerkenswerth, dass die Ausgabe an Kommunaleinkommensteuern in Preussen 1900 12 204 900 und 1901 12 171 200 M. betrug und für 1902 auf 12 582 600, für 1903 auf 12 678 000 M. veranschlagt ist, wobei in Betracht zu ziehen ist, dass die Zuschläge zur Einkommensteuer in den Gemeinden und Kreisen fortgesetzt höher werden, wodurch etwaige Verminderungen des Prinzipalsteuersolls der Eisenbahnen aufgewogen werden.

Die gesammten Betriebsausgaben beanspruchten von der Betriebseinnahme 1900 59,48 und 1901 61,75 Proz.; nach den Voranschlägen für 1902 und 1903 sollen sie beanspruchen 61,42 und 63,79 Proz. Der Betriebskoëffizent ist also gegen 1899 sehr erheblich gestiegen und dementsprechend hat sich der Reinertragskoëffizent verschlechtert; eine ganz besonders starke Verschlechterung wäre 1903 zu erwarten, wenn der Voranschlag mit seinen 47,652 Mill. Minderüberschuss gegen 1902 zutreffen sollte.

Auf 1 km Betriebslänge, 1 000 Lokomotivnutzkilometer und 1000 Wagenachskilometer betrugen die wirklichen Betriebsausgaben 1901 26 840, 2 495 und 64,93 M. gegen 27 081, 2 500 und 63,6 M. 1900. An den Betriebsausgaben waren 1901 (1900) betheiligt die Besoldungen mit 22,22 (21,72), Wohnungsgeldzuschüsse mit 2,74 (2,67), Remunerirung von Hülfsarbeitern etc. mit 14,42 (14,70), Tagegelder etc. mit 3,83 (3,85), die Remunerations- und Unterstützungsfonds Tit. 5—5d mit 0,57 (0,55), Wohlfahrtszwecke mit 2,96 (2,84), zusammen die persönlichen Ausgaben mit 46,74 (46,33) Proz., von der sächlichen Unterhaltung etc. der Inventarien und Beschaffung der Betriebsmaterialien mit 12,98 (12,97), Unterhaltung etc. der baulichen Anlagen mit 18,27 (18,54), Unterhaltung etc. der Betriebsmittel mit 16,75 (16,87), Benutzung fremder Bahnanlagen etc. mit 0,78 (0,75), Benutzung fremder Betriebsmittel mit 1,54 (1,64) und Verschiedene Ausgaben mit 2,94 (2,90) Prozent.

Wegen der Ausgabekapitel 24, 25, 29, 30, 31 und 32 wird es genügen, auf die Zahlenangaben in der Anl. XVI und das oben im § 224 über den Anschluss der Main-Neckarbahn Bemerkte Bezug zu nehmen.

Die Abrechnung mit Baden hinsichtlich der Main-Neckarbahn soll sich nach dem Etat für 1903 wie folgt gestalten:

Antheil Badens an den Verkehrseinnahmen der auf seinem Gebiet belegenen Strecken der Main-Neckarbahn	2 550 000 M.
Hierzu als Ersatz für alle sonstigen Betriebseinnahmen ein Zuschlag von 6,86 Proz., der dem Prozentsatz entspricht, den bei der Preussisch-Hessischen Eisenbahngemeinschaft alle Betriebseinnahmen, abzüglich der Verkehrseinnahmen und der statutarischen Pensionskassenbeiträge von den Verkehrseinnahmen ergeben, mit rd. . .	175 000 „
Mithin Ausgabe Kap 25:	2 725 000 M.

Auf Betriebsausgaben ist von Baden zu erstatten (Kap 11 der Einnahme) ein Prozentsatz von den vorstehend ermittelten Badischen Einnahmen, der sich aus dem Verhältniss der Jahresausgaben zu den Jahreseinnahmen der Preussisch-Hessischen Eisenbahngemeinschaft ergiebt. Hierbei gelten a) als Jahreseinnahmen die Einnahmen des Kap. 10 mit

Ausschluss der statutmässigen Pensionskassenbeiträge der Beamten; b) als Jahresausgaben alle Ausgaben der Gemeinschaft fur die im Betriebe befindlichen Bahnstrecken mit Ausnahme der Pensionen der Beamten, der Wittwen- und Waisenbezüge der Hinterbliebenen von Beamten, der öffentlichen Abgaben und der Aufwendungen für grössere Erweiterungen und Umbauten von Bahnanlagen. die mehr als 100 000 M. kosten, zuzüglich jedoch der Hälfte der Kosten der Preussischen Centralverwaltung. Dieser Prozentsatz stellt sich nach dem Etatssoll für 1903 auf 66,24 Proz. = rund 1 805 000 M.

Für die Eisenbahnabtheilungen des Ministeriums (Kap. 32) sind 1902 und 1903 insgesammt neu geschaffen die Stellen für drei vortragende Räthe, 2 Bureaubeamte und — zur Beaufsichtigung der Güterbewegung im technischen Bureau — 1 Eisenbahndirektor (7200 M.); eingezogen sind dagegen die Stellen eines ständigen technischen Hülfsarbeiters und im technischen Bureau eines Baubeamten; hierdurch, durch das Dienstalter der Beamten sowie durch Erhöhung der Beiträge an die Bauverwaltung für Kanzlei- und Unterbeamte (Tit. 4 und 5) sind die Besoldungsfonds, aus dem ersten Grunde auch die Wohnungsgeldzuschüsse gestiegen. Die übrigen Mehrausgaben sind überwiegend natürliche Folgen der Ausdehnung der Verwaltung; insbesondere ist Tit. 8 „Remunerirung von Hülfsarbeitern etc." 1903 auch deshalb auf 202 000 Mark erhöht, weil aus ihm die Bezüge eines neuen, bei der Bauverwaltung vorgesehenen, aber lediglich in der Eisenbahnverwaltung beschäftigten vortragenden Rathes für Hochbauwesen zu bestreiten sind. Neu eingestellt ist seit 1902 als Tit. 8a ein Fonds von 18 000 M. „Zur Ueberweisung von Eisenbahnbeamten an einzelne diplomatische Vertretungen im Auslande" behufs Studiums der dortigen Eisenbahnverhältnisse.

Von den Extraordinarien der beiden Jahre 1902 und 1903 sind insgesammt bestimmt für Neu-, Erweiterungs- und Umbauten auf Bahnhöfen ca. 61 Millionen, für zweite und fernere Gleise fast 12 Millionen, für Ausbau der Weichselstädtebahn zur Vollbahn 1,7; für einen besondern Bahnkörper der Ostfriesischen Küstenbahn 0,3, für das Gleis Danzig-Holm 0,4, für Brückenbauten ca 1,7, für andere Bauten auf den Strecken und Ueber- und Unterführungen ca 0,7, für Neuanlage (insbesondere Opladen und Burbach) und Erweiterung von Werkstätten nahezu 6, für eine Gasanstalt 0,067, für die Düsseldorfer Ausstellung 0,45, für Telegraphenleitungen von Berlin nach dem Westen 0,2, zur Herstellung und Verbesserung von Weichen- und Signalstellwerken ($2 \times 2^1/_2 =$) 5, zu Vorkehrungen gegen Schneeverwehungen und Waldbrände ($2 \times 0,3 =$) 0,6, fur elektrische Sicherungsanlagen ($1 + 2,3 =$) 3,3, zur Aufstellung von Ausfahrsignalen ($0,6 + 0,8 =$) 1,4, zu Dienst- und Miethswohngebäuden für untere Eisenbahnbedienstete 2, zur Vermehrung der Betriebsmittel ($37 + 15 =$) 52, zur Herstellung von schwerem Oberbau auf den mit durchgehendem Schnellzugsverkehr am meisten belasteten Strecken in schnellerem Tempo, als es mit den Mitteln des Ordinariums möglich ist, (1903 eine erste Rate von) 15, zur Betheiligung an Schnellfahrtversuchen der Studiengesellschaft für elektrische Schnellbahnen 0,3, als Dispositionsfonds für Grunderwerb ($2 + 0,1 =$) 2,1 und als Dispositionsfonds für unvorhergesehene Ausgaben ($2 \times 2^1/_2 =$) 5 Mill. M. Bis Ende 1901 waren mit elektrischer Streckenblockung rund 7 200 km Bahnstrecken mit einem Kostenaufwand von rund 9 Mill. M. ausgerüstet; ferner waren 1256 Schienenkontakte hergestellt, die der Schluss des Zuges überfahren haben muss, ehe eine Entblockung, d. h. die Freigabe der Einfahrt in den Streckenabschnitt für einen andern Zug möglich ist. Weitere Massnahmen, die zur Sicherung des Zugverkehrs neuerdings getroffen sind, sind „Haltfalleinrichtungen" der Signalarme, die, bei dem Befahren eines solchen Kontakts in Wirksamkeit versetzt, verhindern, dass versehentlich der Signalarm in der Fahrstellung verbleibt, Vorsignale, um bei unsichtigem Wetter die Stellung der Blocksignale rechtzeitig erkennen zu lassen, und die Ende 1901 zum grössten Theil, mit 1,1 Mill. M. Aufwand, beschafft waren; ferner Ausfahrsignale auf Stationen und mit Kreuzungs- und Ueberholungsgleisen ausgestatteten Haltestellen; an solchen Ausfahrsignalen waren bis Ende 1901 mit einem Kostenaufwand von rund 3,3 Mill. M. 1 567 Stück aufgestellt. In den Jahren 1902 und 1903 ist endlich mit der Ausrüstung wichtigerer Strecken mit Streckenfernsprechern vorgegangen, und es sind umfassende Versuche behufs Ausfindigmachung einer möglichst sichern Deckung auf der Strecke liegen gebliebener Züge angestellt worden.

§ 227. Nach Abzug der gesammten dauernden und einmaligen Ausgaben von den gesammten ordentlichen und ausserordentlichen Einnahmen verblieb ein Ueberschuss von 467 201 073 M. für 1900 und von 404 726 639 M. für 1901, also für das letztere Jahr nicht weniger als 62½ Mill. weniger als ein Jahr zuvor. Für 1902 und 1903 sollten verbleiben 440 926 710 und 393 308 549 M. Danach stellt sich für 1900 und 1901 der wirkliche, für 1902 und 1903 der etatsmässige Reinertragskoëffizent auf 34,0, 29,78, 31,13 und 28,55 Proz. Der wirkliche ist also 1901 zum ersten Mal seit 1885/86 unter 30 Proz gesunken. Im Ordinarium stellte der aus den Eisenbahnen der Preussisch-Hessischen Betriebsgemeinschaft sich ergebende Betriebsüberschuss, d. i. Einnahme Kap. 10 abzüglich Ausgabe Kap. 23, eine Verzinsung des durchschnittlichen Anlagekapitals dar 1900 von 7,14, 1901 nur von 6,41 Proz., während sich das Preussische Anlagekapital bei der Main-Neckarbahn mit 9,79 bezw. 8,47 Proz., bei der Wilhelmshaven-Oldenburger mit 7,67 bezw. 7,39 Proz., bei den Oberschlesischen Schmalspurbahnen mit 9,23 bezw. 8,46 Proz. verzinste.

Die in der Anl. LXVII zu Bd. I für die Jahre bis 1899 angegebenen Zahlen über die Ausführung des Eisenbahngarantiegesetzes sind für die späteren Jahre folgende:

Spalte	Etat **1900** M.	Etat **1901** M.	Insgesammt bis Ende **1901** M.	Etat **1902** M.	Etat **1903** [1]) M.
2	1 394 143 307,47	13 555 504 806,27	18 655 474 641,86	1 413 961 739,00	1 376 003 927,00
3	845 070 580,07	851 975 509,20	11 549 788 582,27	883 760 529,00	894 843 878,00
4	549 072 722,40	503 529 297,07	7 105 686 059,59	530 201 210,00	481 160 049,00
5	152 803 900,68	144 640 693,53	3 414 286 326,52	141 618 191,32	132 594 028,16
6	—	2 200 000,00	15 400 000,00	—	2 200 000,00
7	152 803 900,68	146 840 693,53	3 429 686 326,52	141 618 191,32	134 794 028,16
8	396 268 826,72	356 688 603,54	3 675 999 733,07	388 583 018,68	346 366 020,84
9	7 551 587 931,28	7 868 947 066,16	—	8 084 998 126,18	8 242 335 997,98
10	56 636 909,48	59 017 103,00	85 753 167,20	60 637 485,95	61 817 519,99
11	339 631 917,24	297 671 500,54	2 817 246 565,87	327 945 552,73	284 482 500,85
12	3 074 540,48	3 134 095,43	79 130 051,96	3 069 419,29	3 094 377,09
13	295 820 274,95	326 637 882,89	2 466 501 995,81	357 603 059,99	314 498 922,82
14	29 997 981,69	—	199 853 076,75	—	—
15	67 376 029,60	26 916 625,22	930 514 608,55	27 910 539,40	28 772 730,93
16	4 162 604 189,33	4 117 945 687,45	—	—	—

[1]) Ohne Berücksichtigung des in Folge der neuen Verstaatlichungen aufgestellten Nachtragsetats v. 25. Mai 1903 (G.-S. S. 167).

Ist somit weder nach dem wirklichen Ergebniss des Rechnungsjahres 1901 noch nach den veranschlagten Ergebnissen der Jahre 1902 und 1903 für den ausseretatsmässigen Dispositionsfonds der Eisenbahnverwaltung etwas übrig geblieben, so ist ihm doch jetzt durch das Gesetz, betr. die Bildung eines Ausgleichsfonds für die Eisenbahnverwaltung, v. 3. Mai 1903 (G.-S. S. 155) eine Speisung gesichert. Dieses Gesetz bezweckt a) den Mangel zu beseitigen, dass der ausseretatsmässige Dispositionsfonds nur aus den Rechnungsüberschüssen des jeweiligen Vorjahres gespeist und daher erst nach eingetretener Verkehrssteigerung, also bei aufsteigender Konjunktur verwendet werden konnte, aber gerade in mageren Jahren fehlte, wo es nötig ist, bauliche etc. Vorkehrungen für einen zu erwartenden Verkehrsaufschwung zu treffen, und die Preise und Löhne, mithin die Kosten solcher Vorkehrungen niedriger sind; b) die Eisenbahnverwaltung vor den Unzuträglichkeiten der in Jahren eines Defizits im Staatshaushalt unumgänglichen Beschneidung des Extraordinariums zu sichern; c) einen Fonds zu schaffen, aus dem in solchen Jahren ein durch Anleihe zu deckendes Defizit vermieden oder herabgemindert werden kann. Das Gesetz will diese Zwecke dadurch erreichen, dass es anstatt des § 3 des Ges. v. 8. März 1897, betr. die Tilgung der Staatsschulden, über die Verwendung von Ueberschüssen dahin Bestimmung trifft, dass, wenn sich nach der Jahresrechnung ein Ueberschuss des Staatshaushalts ergiebt, derselbe zunächst zur Bildung oder Ergänzung eines Ausgleichfonds bis zur Höhe von 200 Mill. M. und nur der darüber hinausgehende Betrag zu einer weiteren Tilgung von Staatsschulden bezw. Verrechnung auf bewilligte Anleihen zu verwenden ist. Der Ausgleichsfonds ist in nachstehender Reihenfolge zu verwenden: 1. zur Bildung oder Ergänzung eines ausseretatsmässigen Dispositionsfonds der Eisenbahnverwaltung bis zur Höhe von 30 Mill. M. zur Vermehrung der Betriebsmittel, Erweiterung und Ergänzung der Bahnanlagen sowie zu Grunderwerbungen behufs Vorbereitung derartiger Erweiterungen im Falle eines nicht vorherzusehenden Bedürfnisses der Staatsbahnen bei zu erwartender Verkehrssteigerung; 2. zur Ausgleichung eines rechnungsmässigen Minderüberschusses der Eisenbahnverwaltung, insoweit derselbe nicht durch einen etwaigen Ueberschuss im gesammten übrigen Staatshaushalt gedeckt wird; 3. zur Verstärkung der Deckungsmittel im Staatshaushaltsetat behufs angemessener Ausgestaltung des Extraordinariums der Eisenbahnverwaltung nach näherer Bestimmung des jeweiligen Staatshaushaltsetats. Der Fonds ist nur vom Finanz-Minister zu verwalten; über seine Verwendung, über die dem Landtage natürlich Rechenschaft zu geben ist, disponiren dieser und der Arbeitsminister gemeinsam. Da nun 1901 keinen Ueberschuss im Staatshaushalt ergab, auch für 1902 keiner zu erwarten war, hätten jene Bestimmungen allein zunächst nur auf dem Papier gestanden. Das Gesetz hat daher weiter bestimmt, dass für die oben unter 1 bezeichneten Zwecke — den Dispositionsfonds der Eisenbahnverwaltung — erstmalig 30 Mill. M. aus Anleihemitteln bereitzustellen sind. Die Regierung hatte die Bereitstellung von 60 Mill. vorgesehen mit der Massgabe, dass in einem und demselben Etatsjahre nicht mehr als 30 Mill. sollten verwendet werden dürfen. Wie sich das Gesetz bewähren wird, bleibt abzuwarten. Jedenfalls enthält es eine grosse Stärkung der Eisenbahn- gegenüber der Finanzverwaltung.

§ 228. **Direkte Steuern.** Die Veranlagung der Einkommensteuer für 1902 ergab ein Veranlagungssoll von 188 837 843 M. bei 3 762 047 Steuerpflichtigen, also gegen 1901 nur ein Mehr an Steuern von noch nicht 2 Millionen, das lediglich auf die 3 759 377 physischen Personen entfällt, während die nicht physischen Personen 117 225 M. weniger als 1901 aufbrachten. Es zeigt sich in diesen Zahlen wieder der Einfluss der ungünstigen Wirthschaftslage.

Die weitern den im § 96 des VIII Buches des I. Bandes gegebenen entsprechenden wichtigeren Daten über die Einkommensteuerveranlagung sind folgende: Veranlagungssoll von 1 941 Aktiengesellschaften und Kommanditgesellschaften 17 275 397 M., 124 Berggewerkschaften 1 098 138 M., 390 eingetragenen Genossenschaften 92 552 M., 215 Konsumvereinen (§ 1 Nr. 5 des Ges.) 178 272 M; steuerpflichtiges Einkommen dieser 4 Gruppen von Personenmehrheiten 596 418 809, 27 893 309, 3 485 939 und 5 081 434 M, eingezahltes Aktienkapital etc 6 599 690 367, 638 953 212, 28 328 847 und 4 292 852 M.; der steuerfreie Betrag von $3^1/_2$ Proz. des Aktienkapitals etc. betrug 254 467 886 M. Bevölkerungsziffer 34 551 274, hiervon einkommensteuerfrei als Exterritoriale etc. 9 846, wegen Einkommens von nicht mehr als 900 M 20 603 403, und zwar in den Städten 7 527 590, auf dem platten Lande 13 085 659, steuerpflichtig (einschl. der Freigestellten und ihrer Angehörigen) dort 7 503 766, hier 6 434 259, zusammen 13 938 025. Veranlagte Censiten 4 064 234 = 10,88 Proz. der Bevölkerung, davon Städte 2 470 288, Land 1 593 946, nach Einkommen von mehr als 3 000 M. 449 681 = 1,3 Proz. der Bevölkerung und 11,96 Proz. aller Censiten, mit Einkommen von 900 – 3 000 3 309 696 = 88,04 Proz., 3 000 — 6 000 M. 291 341 = 7,75 Proz., 6 000 – 9 500 M 77 636 = 2,07 Proz., 9 500 – 30 500 M. 64 737 = 1,72 Proz., 30 500 — 100 000 M. 13 205 = 0,35 Proz., über 100 000 M 2 762 = 0,07 Proz. aller Censiten. Die Bevölkerung vertheilt sich nach der Veranlagung wie auf der Tabelle am Ende dieser und Anfang der nächsten Seite angegeben. Veranlagtes Einkommen der physischen Personen 8 559 884 832 M., hiervon Städte 6 002 000 100, Land 2 557 884 732 M., für einen Censiten dort 2 581,27, hier 1 783,54, überhaupt 2 276,94 M. Veranlagtes Einkommen der Steuerpflichtigen uber 3 000 M. 4 099 996 632 M., davon aus Kapitalvermögen 1 237 093 711, aus Grundvermögen 996 253 083, aus Handel, Gewerbe und Bergbau 1 475 083 154, aus gewinnbringender Beschäftigung 1 084 406 191 M. Schuldenzinsen, dauernde Lasten und andere Abzüge 692 839 507 M.; ohne diese Abzüge entfielen von dem Gesammteinkommen auf jene 4 Arten von Quellen beziehentlich 25,81, 20,79, 30,78 und 22,63 Proz.

	Anzahl der Köpfe					
	in den Städten		auf dem Lande		insgesammt	
	überhaupt	v. H.	überhaupt	v. H.	überhaupt	v. H.
A. Einkommensteuerfrei						
a) weil das Einkommen den Betrag von 900 M. nicht überschreitet .	7 527 590	50,08	13 085 659	67,04	20 613 249	59,66
b) nach §§ 18 und 19 freigestellt (einschliesslich der Personen, deren Veranlagung ausgesetzt ist)	761 433	5,07	949 242	4,86	1 710 675	4,95
zusammen A. .	8 289 023	55,14	14 034 901	71,90	22 323 924	64,61

	Anzahl der Köpfe in den Städten überhaupt	v. H.	auf dem Lande überhaupt	v. H	insgesammt überhaupt	v. H.
B Zur Einkommensteuer veranlagt in den Gruppen						
a) von mehr als 900 bis 3 000 M.	5 631 656	37,47	5 096 364	26,11	10 728 020	31,05
b) „ „ „ 3000 „ 6 000 „	693 640	4,61	289 298	1,48	982 938	2,84
c) „ „ „ 6000 „ 9 500 „	200 987	1,34	53 233	0,27	254 220	0,74
d) „ „ „ 9500 „ 30 500 „	173 833	1,16	36 653	0,19	210 486	0,61
e) „ „ „ 30500 „ 100 000 „	35 131	0,23	7 841	0,04	42 972	0,12
f) „ „ „ 100000 M	7 086	0,05	1 628	0,01	8 714	0,03
zusammen B . .	6 742 333	44,86	5 485 017	28,10	12 227 350	35,39
Zusammen A und B . .	15 031 356	100,00	19 519 918	100,00	34 551 274	100,00

Das Sollaufkommen der Steuer in Höhe von 170 193 484 M vertheilt sich auf die Städte mit 128 238 941 M. und auf das Land mit 41 954 543 M. Der Steuerbetrag des einzelnen Censiten stellte sich im Durchschnitte in den Städten auf 2,14, in den Stadtkreisen insbesondere auf 2,23, auf dem Lande auf 1,64, überhaupt auf 1,99 v. H. des veranlagten Einkommens Auf den Kopf der Bevölkerung entfallen in den Städten 8,53 — in den Stadtkreisen 11,10 — auf dem Lande 2,15 und überhaupt 4,93 M.

An Steuer bringen die einzelnen Einkommensgruppen der Censiten auf, und zwar

die Censiten mit einem Einkommen von		M	v. H. des Gesammtsolls
über 900 bis 3 000 M.	in den Städten	30 596 143	
	auf dem Lande	18 449 601	
	überhaupt	49 045 744	28,82
„ 3 000 „ 6 000 „	in den Städten	19 792 498	
	auf dem Lande	6 583 936	
	überhaupt	26 376 434	15,50
„ 6 000 „ 9 500 „	in den Städten	12 699 170	
	auf dem Lande	2 941 956	
	überhaupt	15 641 126	9,19
„ 9 000 „ 30 500 „	in den Städten	25 216 290	
	auf dem Lande	4 801 650	
	überhaupt	30 017 940	17,64
„ 30 500 „ 100 000 „	in den Städten	18 648 240	
	auf dem Lande	3 996 600	
	überhaupt	22 644 840	13,31
über 100 000 M.	in den Städten	21 286 600	
	auf dem Lande	5 180 800	
	überhaupt	26 467 400	15,55

Die §§ 18 und 19 des Gesetzes sind auch in diesem Jahre wieder in einem höheren Masse zur Anwendung gekommen. Auf Grund des § 18 sind unter 3 309 696 Censiten, welche bei obigem Einkommen zu einer Gesammtsteuer von 49 045 744 M veranlagt worden sind, 284 139 Censiten, und zwar in den Städten 133 713 und auf dem Lande 150 426 freigestellt. In Gemässheit des § 19 des Gesetzes sind von den hierbei in Betracht kommenden 3 678 673 Censiten, welche bei obigem Einkommen zu einer Gesammtsteuer von 91 063 304 M. veranlagt worden sind, 19 252 Censiten, und zwar in den Städten 9 901 und auf dem Lande 9351 freigestellt.

Den Zahlen der Tabelle auf S. 1218 f. des I. Bandes stehen für 1902 folgende gegenüber: lit. a) 3,76; b) 188,84; c) 2670; d) 18,64; e) 2,33; 1,43; 3,76; 15,47; 7,35; 10,88; f) 128,24; 41,95; 170,19; g) 6002,00; 2 557,88; 8 559,88; h) 346 339; 103 342; 449 681; 2,304; 0,529; 1,301; i) 3 783,65; 1 009,19; 4 792,84; 997,87; 239,22; 1 237,09; 607,07; 389,18; 996,25; 1 280,42; 194,67; 1 475,08; 898,29; 186,12; 1 084,41; k) 498,17; 194,67; 632,84; 427,34; 163,37; 590,73.

Als Solleinnahme an Einkommensteuer sind für 1903 in den Etat 174 Mill. eingestellt, an Ergänzungssteuer 35½ Mill. M.

Die Ergänzungssteuerveranlagung für 1902 bis 1904 ergab bei 1 297 485 Censiten (= 3,76 vom Hundert der Bevölkerung), von denen auf die Städte 616 917 (= 4,10 Proz. der Bevölkerung), auf das Land 680 568 (= 3,49 Proz.) entfielen, 36 916 587,8 M., davon in den Städten 23 874 108, auf dem platten Lande 13 042 479,8 M.

Die übrigen Zahlen der Ergänzungssteuerveranlagung sind folgende — vgl. Band I Buch VIII § 101 —: Veranlagte Bevölkerung 4 772 815, davon Städte 1 951 479, Land 2 821 336, das sind beziehentlich 3,68, 3,16 und 4,15 Köpfe auf einen Censiten. Unter den Censiten befanden sich 946 674, die zur Einkommensteuer nach Einkommen von nicht mehr, und 350 811, die von mehr als 3 000 M. veranlagt waren. Steuerpflichtiges Vermögen 75 657 476 085 M., davon Städte 47 581 434 248, Land 28 076 041 837 M., durchschnittlich für einen Censiten dort 77 127,77, hier 41 253,84, überhaupt 58 310,87 M. Es sind veranlagt nach Vermögen von 6 000—20 000 M. 634 398 = 48,89 Proz., 20 000—32 000 M. 228 171 = 17,59 Proz., 32 000—52 000 M. 177 633 = 13,69 Proz., 52 000—100 000 M. 137 700 = 10,61 Proz., 100 000—200 000 M. 66 844 = 5,15 Proz., 200 000—500 000 M. 35 947 = 2,77 Proz., 500 000—1 000 000 M. 10 191 = 0,79 Proz., 1 Mill. bis 2 Mill. M. 4 257 = 0,33 Proz., über 2 Mill. M. 2 344 Censiten = 0,18 Proz. ihrer Gesammtzahl. Steuerpflichtiges Vermögen der zur Einkommensteuer nach Einkommen mit mehr als 3 000 M. Veranlagten 53 222 067 085 M., davon Städte 39 442 630 218, Land 13 779 436 837 M und nach Vermögensarten: Kapitalvermögen 28 788 260 589, Grundbesitz 28 248 372 820, Anlage- und Betriebskapital in Handel, Gewerbe und Bergbau 10 469 378 442, selbständige Rechte und Gerechtigkeiten 134 470 012 M.; Kapitalwerth der Schulden 14 418 414 778 M. Für Stadt und Land getrennt sind die entsprechenden Zahlen: 23 235 803 882 und 5 252 456 707, 17 312 223 024 und 10 936 149 796, 9 034 151 455 und 1 435 226 987, 67 694 854 und 66 775 158, 10 207 242 967 und 4 211 171 811 M. Steueraufkommen: a) pro Kopf der Bevolkerung in den Städten 1,59, auf dem Lande 0,67, überhaupt 1,07 M; b) in den neun oben unterschiedenen Vermögensgruppen 3 341 050,4; 2 425 979; 3 605 576,2; 4 820 771; 4 677 497; 5 522 599,4; 3 635 358; 3 056 965,8 und 5 830 821 M., das sind beziehentlich vom Gesammtsoll 9,05; 6,57; 9,77; 13,06; 12,67; 14,96; 9,85; 8,28 und 15,79 Prozent. Auf Grund des § 17 Nr. 1 des Ergänzungssteuergesetzes sind in den Städten 1 844 751, auf dem Lande 864 684 Censiten befreit, auf Grund der Nr. 2 a. a. O. 71 229 und 224 523, auf Grund der Nr. 3 a. a. O. 457 und 826, und auf Grund des § 19 a. a. O sind 62 426 und 217 053 zu ermässigten Steuersätzen veranlagt und in Stadt und Land zusammen 353 freigestellt. Der Tabelle in § 102 des VIII. Buches des I. Bandes entsprechen nach der letzten Veranlagung folgende Zahlen: a) 0,62; 0,68; 1,30; 4,10; 3,49; 3,76; b) 23,87; 13,04; 36,92; c) 47 581,43; 28 076,04; 75 657,48; d) 264 683; 86 128; 350 811; 1,761; 0,441; 1,015; e) 49 649,87; 17 990,61; 67 640,48; 23 235,80; 5 552,46; 28 788,26; 17 312,22; 10 936,15; 28 248,37; 9 034,15; 1 435,23; 10 469,38; 67,69; 66,78; 134,47; f) 10 207,24; 4 211,17 und 14 418,41.

An Einkommen- und Ergänzungssteuer zusammen entfielen 1902 auf den Kopf der Bevölkerung 6,53 M.

Von den vom Staate nicht mehr erhobenen Steuern waren 1902 veranlagt: Grundsteuer 41 540 540,28 M., davon auf dem Lande 38 090 238,75 M, Gebäudesteuer 64 172 375,8 M., hiervon in den Städten 48 838 622,8 M., an Gewerbesteuer 1903 auf 569 752 Steuerpflichtige 31 766 444 M, also in Folge des Darniederliegens von Handel und Industrie nur 3 462 M. mehr als 1901 und auf einen Steuerpflichtigen nur 2 013 M. Auf die einzelnen Steuerklassen entfallen 1903 (entfielen 1902), und zwar auf

Klasse	Steuerpflichtige M.	Proz. der Gesammtzahl	Steuer M	Proz. des Veranlagungssolls
I	6 840 (6 957)	1,2 (1,3)	13 766 372 (14 147 384)	43,3 (44,5)
II	10 888 (10 734)	1,9 (1,9)	3 308 372 (3 230 356)	10,4 (10,2)
III	89 976 (88 838)	15,8 (16,0)	7 258 816 (7 149 218)	22,9 (22,5)
IV	462 028 (450 375)	81,1 (80,9)	7 432 884 (7 236 024)	23,4 (22,8)

Zur Waarenhaussteuer waren 1902 (1901) veranlagt 86 (109) Betriebe mit einer Steuer von 1 913 270 (3 073 905) M. In 20 Orten betrug die Waarenhaussteuer 1902 mehr als 100 Proz. der Gewerbesteuer der Klasse IV, in 19 zwischen 50 und 100 Proz derselben, und in 6 überstieg sie das Veranlagungssoll der beiden Gewerbesteuerklassen III und IV. Der Rückgang von 1901 auf 1902 ist zurückzuführen auf die Beschränkung bisher steuerpflichtiger Betriebe auf den Absatz von Waaren nur einer der im Gesetz unterschiedenen Gruppen und auf die Auslegung des Gesetzes durch das Oberverwaltungsgericht, das insbesondere die Konsumanstalten gewerblicher Unternehmer für steuerfrei erklärt hat.

Die Steuer vom Gewerbebetrieb im Umherziehen ergab 1901 2 918 618 M., die Eisenbahnabgabe 1 942 986 M. Von dem bei letzterer für 1903 eingestellten Betrage — vgl. die Etatsansätze in Anl. XVI — entfallen 310 525 M. auf die 1903 verstaatlichten Bahnen (vgl. § 223), sodass künftig hier eine um mehr als die Hälfte geringere Einnahme zu erwarten ist, wenn nicht neue Bahnen hinzutreten.

Der Ausgabeetat der Verwaltung der direkten Steuern weist 1903 gegen 1902 bei den Besoldungen einen Mehrbedarf von 126 918, bei Wohnungsgeldzuschüssen einen solchen von 13 100, bei den andern persönlichen Ausgaben von 98 400, bei den „Sonstigen Kosten der Veranlagung“ von 59 400, bei den „Sächlichen und vermischten Ausgaben“ von 207 682 M. auf. Bei den Besoldungen rührt derselbe her von Uebertragung der Stellen für 2 Regierungsräthe, 7 Regierungs-Sekretäre und 3 Kanzlisten von dem Etat der Regierungen etc. auf die Steuerdirektion in Berlin, von Errichtung von 6 Katasterämtern und der Stellen für 4 Katasterzeichner, von Uebernahme von 5 Kanzlisten vom Etat des Finanzministeriums und von höherem Bedarf an Dienstalterszulagen. Dagegen sind 3 Kreiskassen aufgehoben, die Stellen von 8 Vollziehungsbeamten eingezogen und die Gehälter von 18 Steuersekretären auf den Besoldungsfonds der Regierungen etc. übertragen. Es ergiebt sich daher bei den vier Besoldungstiteln — vgl. Anl. LXX zu Bd. I — ein Bedarf von 797 060, 3 603 150, 1 985 447 und 1 855 774 M. Die Wohnungsgeldzuschüsse sind durch die Stellenvermehrungen und die Aufhebung der V. Servisklasse gestiegen, von den andern persönlichen Ausgaben nur, und zwar durch die Vermehrung der Geschäfte, Tit. 6 auf 1 335 000 M., während Tit. 8 einen Minderbedarf von 1 600 M. infolge Verminderung der Vollziehungsbeamten aufweist, die „Sonstigen Kosten der Veranlagung“ bei Tit. 15 und 16 um beziehentlich 500 und 62 500 M. durch Vermehrung der Geschäfte und Erhöhung der an Stadtkreise für die Veranlagung der Einkommen- und Ergänzungssteuer zu gewährenden Vergütungen; dagegen ist bei Tit. 17 ein Minderbedarf von 3 600 M. vorgesehen. Wenn die Bureaubedürfnisse (Tit. 19) um 25 800 M. gestiegen sind, so rührt das lediglich daher, dass, hauptsächlich infolge Erweiterung der Dienstwohnung des Finanz-Ministers, die Ministerialatheilung für indirekte Steuern das bis dahin von der Direktion für die Verwaltung der direkten Steuern benutzte Gebäude „Hinter dem Giesshause Nr. 1“ mit Ausnahme des Erdgeschosses bezogen hat und für die Direktion

Miethsräume für eine Jahresmiethe von 59000 M. beschafft sind. Die Tit. 20, 21 und 27 sind nach Massgabe der Istausgabe der 3 Vorjahre um 200000, 3900 und 182 M. höher, Tit. 24 aus demselben Grunde um 17700 M. niedriger bemessen, während bei Tit. 22 wegen Aufhebung von 3 Kreiskassen 1700, bei Tit. 25 wegen Uebergang des vorerwähnten Dienstgebäudes auf das Finanzministerium 2800 M. abgesetzt sind.

§ 229. **Indirekte Steuern.** In der Gesetzgebung des Deutschen Reiches über die Zolle und Verbrauchssteuern haben sich seit dem Abschluss des I Bandes dieses Werkes wichtige Aenderungen vollzogen Der in § 8 des IX. Buches des I Bandes erwähnte Entwurf eines neuen Zolltarifs und Zolltarifgesetzes ist schliesslich, nachdem von den ihm feindlichen und in deren Abwehr auch von den ihm freundlichen Parteien im Reichstage zum Theil recht bedenkliche Mittel zur Anwendung gebracht waren, in vielfach veränderter Gestalt zur Annahme gelangt und am 26. Dez. 1902 vom Kaiser vollzogen worden (R.-G.-Bl. 1902 S. 303). Sein Inkrafttreten bleibt Kaiserlicher Verordnung vorbehalten, und die Tarifsätze erlangen praktische Bedeutung alsdann nur, soweit sie nicht durch die demnächst abzuschliessenden neuen Handelsverträge abgeändert werden. Es erübrigt sich daher für die Aufgaben dieses Werkes, auf den neuen Tarif schon einzugehen

Die in der vorangegangenen Session nicht erledigte Aufgabe einer Aenderung des Branntweinsteuergesetzes — vgl. Bd. I Buch IX § 9 — ist durch die Novelle v 7 Juli 1902 (R-G.-Bl. S. 243) gelöst Durch dieselbe ist vom 1 Okt 1902 bis 30 Sept. 1912 die Brennsteuer wieder in Hebung gesetzt, und zwar mit weit hoheren Sätzen als früher: je nachdem die Erzeugung beträgt 200—300, 300—400, 400-600, 600—800, 800—1000, 1000—1200, 1200—1400, 1400—1600, 1600—1800 oder mehr als 1800 hl, 2, 2½, 3, 3½, 4, 4½, 5, 5½, 6 oder 6½ M. für 1 hl; ausschliesslich Getreide verarbeitende Brennereien zahlen für die Erzeugung bis zu 300 hl überhaupt keine, für diejenige von 300-600 hl nur die halbe Brennsteuer, landwirthschaftliche Genossenschaftsbrennereien, die als solche am 1. April 1895 bestanden haben, nur ⅘; landwirthschaftliche Brennereien, die Kartoffeln und Mais verarbeiten, zahlen ausserdem für jedes in der Zeit vom 16. Juni bis 15. Sept. hergestellte Hektoliter eine Brennsteuer von 3 M., wenn sie aber der Maischbottigsteuer unterliegen, bei einer Tagesbemaischung von nicht mehr als 1050 l Bottichraum, nichts, bei 1050—1500 l 1 M., bei 1500—3000 l 2 M. Der Zuschlag zur Brennsteuer für gewerbliche Melasse- und Rübenbrennereien wird für die am Kontingent betheiligten, mindestens seit 1. Juli 1895 bestehenden auf 6 M. herabgesetzt. Die Steuervergütung von 6 M wird für den zur Essigbereitung verwendeten Branntwein nicht mehr gewährt, wohl aber wird für denaturirten Spiritus die Brennsteuer vergütet. Ausserdem ist neben einigen anderen Aenderungen der von auf ihren Antrag von der Maischbottig- oder Branntweinantriebsteuer befreiten landwirthschaftlichen und Materialbrennereien zu erhebende Zuschlag zur Verbrauchsabgabe herabgesetzt und seine Skala weiter ausgebildet.

Der Brüsseler Vertrag über die Behandlung des Zuckers v. 5. März 1902 — vgl. § 13 des IX. Buchs des I. Bandes — ist am 1. Sept 1903 in Kraft getreten (R-G-Bl 1903 S. 7). Derselbe enthält die Verpflichtung der Vertragsstaaten zur Aufhebung aller direkten und indirekten Ausfuhrprämien, der Unterwerfung der Fabriken unter das Niederlageverfahren und ihrer unausgesetzten Bewachung, ferner der Belegung des Zuckers aus Prämien bewilligenden Ländern mit einem besonderen Zolle in mindestens den Prämien gleicher Höhe, endlich der Zulassung des Zuckers aus Vertragsstaaten zum niedrigsten Satze des Einfuhrtarifs und der gleichmässigen Behandlung von Rohr- und Rübenzucker. Behufs Ueberwachung der Ausführung des Vertrages setzen die Vertragsstaaten eine ständige Kommission in Brüssel ein. An dem Vertrag sind ausser Deutschland betheiligt Oesterreich-Ungarn, Grossbritannien, Frankreich, Italien, Spanien, Holland, Belgien, Schweden und Norwegen. Gleichzeitig mit diesem Vertrage ist das die Konsequenzen ziehende Gesetz wegen Abänderung des Zuckersteuergesetzes v 6 Jan 1903

(R.-G.-Bl. S. 1) in Kraft getreten. Dasselbe hebt die Vorschriften des Zuckersteuergesetzes über die Ausfuhrprämien und die „Betriebssteuer“ sowie den „Betriebssteuerzuschlag“ auf, da ja diese beiden Abgaben die Mittel für die Prämien lieferten, und setzt die Zuckersteuer von 20 auf 14 M. für den Doppelcentner herab; endlich werden als Frist der gegen Sicherheit erfolgenden Steuerstundung 6 Monate gesetzlich festgelegt.

Die sich aus einem Vergleich der Anl. XVI mit der Anl. LXXI zum I. Bande ergebenden Aenderungen der Einnahmevoranschläge für 1903 gegen 1902, die bei den Reichssteuern ein Weniger von 594 000 M., bei den Einnahmen für alleinige Rechnung Preussens ein Mehr von 2 305 000 M. aufweisen, beruhen auf der auch in früheren Jahren angewendeten Berechnungsart, der Aenderung des Zucker- und Branntweinsteuergesetzes und dem Hinzutreten der Schaumweinsteuer — vgl. Anm. zu § 8a Buch IX Bd. I — für deren Erhebung und Verwaltung eine vom Bundesrath festzusetzende Vergütung gezahlt wird. Allein bei der Zuckersteuer beträgt der Einnahmeausfall mehr als 1 Million, wogegen aus der Branntweinsteuer Preussen 345 000 M. mehr verbleiben sollen. Bemerkenswerth ist das trotz der wirthschaftlichen Ungunst der Zeiten zu erwartende Mehrerträgniss der Stempelsteuer von 2,3 Millionen; die Isteinnahme betrug zwar 1901 nur 33 395 520 M. gegen 36 561 881 und 34 424 195 M. 1899 und 1900; doch rechnete man z. Z. der Aufstellung des Etats für 1903 für 1902 auf einen Ertrag von 35,3 Mill. M. Die Erbschaftssteuer brachte 1901 10 171 514 M.

Die dauernden Ausgaben sind für 1903 um 158 100 M. höher als für 1902 veranschlagt, und zwar sind mehr vorgesehen — vgl. hierzu die Anl. LXXII zum I. Bande — bei der Centralstempel- und Drucksachenverwaltung (Etats-Kap. 7) an Besoldungen 860 M. nach Massgabe des Dienstalters der Beamten, bei der Provinzialsteuerverwaltung (Kap. 8) bei Tit. 1 aus demselben Grunde 1 800 M., bei Tit. 2 aus diesem Grunde und infolge Errichtung zweier Sekretärstellen 10 950 M., bei Tit. 4 die Wohnungsgeldzuschüsse für diese Beamten mit 864 M., im Kap. 9 „Zoll- und Steuererhebung und Kontrolle“ nach Massgabe des Dienstalters und zu neuen Stellen bei Tit. 1 15 100, Tit. 2 22 100 und Tit. 3 19 885 M.

Es sind zwar in Folge Aenderung der Küstenbewachung in Schleswig-Holstein weggefallen 1 Kreuzzollinspektor, 1 Bureaugehülfe desselben, 10 Assistenten auf Wasserfahrzeugen, 14 Schiffer und 43 Matrosen. Dafür sind aber neu errichtet die Stellen von 2 Oberkontroleuren, 2 Hauptamts-Assistenten, 2 Einnehmern I. Kl., 1 Einnehmer II. Kl., 3 Zoll- und Steueramts-Assistenten, 38 Grenz- und Steueraufsehern und 1 Zollamtsdiener.

An Wohnungsgeldzuschüssen etc. (Tit. 4) sind für die neuen Beamten 31 500 M. mehr erforderlich. Bei Tit. 7 ist behufs Einrichtung von Lehrkursen zur theoretischen und praktischen Ausbildung der Zoll- und Steuerbeamten ein Mehrbetrag von 10 000 M. eingestellt, bei Tit. 9 ein solcher von 55 015 M. in der Hauptsache behufs Anmiethung von Wohnungen für die Grenzaufsichtsbeamten, um deren Wohnverhältnisse zu verbessern. Bei Kap. 10 „Allgemeine Ausgaben“ beanspruch t die Verwaltung des Thüringischen Zoll- und Steuervereins im Tit. 10 einen um 2 500 M. höhern Beitrag, Tit. 12 mit Rücksicht auf Vermehrung der im Lohnverhältnisse stehenden Hülfskräfte eine Verstärkung um 500 M.

Minderbedarfe sind zu verzeichnen bei Kap. 8 Tit. 3 nach Massgabe des Dienstalters der Beamten 940 M., bei Kap. 9 Tit. 5 400 M. wegen Abgang von Stellenzulagen. Tit. 5 des Kap. 10 ist unter Ueberweisung seines verbleibenden Bedarfs auf Tit. 4 infolge Beseitigung des Kreuzzolldienstes aufgelassen, der nunmehr erweiterte Tit. 4 mit 611 850 M. dotirt.

Das Extraordinarium ist mit 167 000 M. für den Königsberger Packhof, mit 291 500 M. zum Neubau von Dienstgebäuden, im Uebrigen zum Neubau von Dienstwohnungen für 2 Obergrenzkontroleure und 21 Grenzaufseher bestimmt.

II. Zuschussverwaltungen.

(S. Anl. XVI.)

I. Verwaltung der geistlichen, Unterrichts- und Medizinal-Angelegenheiten (Band II Buch I).

Einnahmen (Band II Buch I §§ 1 ff.).

§ **230.** Die eigenen Einnahmen der Kultus- etc. Verwaltung stiegen von 1899—1903 von 4 448 359 M. auf 6 365 192 M. Daran waren vor Allem betheiligt die Schullehrer-Seminare und Präparandenanstalten (Kap. 34 Tit. 4) mit 120 000 M., die Technischen Hochschulen mit fast 400 000 M. (vgl. hierzu Bd. II Buch I § 205 b), das Medizinalwesen mit rund 70 000 M.

Am meisten steigerte sich Tit. 10 (Vermischte Einnahmen), der 1899 45 530 M. und 1903 924 908 M. ausmachte. Doch schwanken die Beträge dieses Titels naturgemäss sehr, weil hier vielfach einmalige Einnahmen eingestellt wurden (1900: 355 105 M., 1901: 102 497 M., 1902: 195 002 M., 1903: 924 908M.).

Die Steigerung für 1903 beruhte u. A. auf folgenden zwei sehr erheblichen einmalige Posten:

1. Beitrag der Interessenten zu den Kosten der Errichtung einer Technischen Hochschule in Breslau, erste Rate . . 250 000 M.,
2. Leistung des Bergischen Schulfonds zu den Kosten des Neubaues für das Gymnasium in Düsseldorf und des Erwerbes der Prinz Georgschule daselbst . . . 295 000 „

Ausgaben.

§ 231. Die gesammten Ausgaben im Ordinarium der geistlichen Unterrichts- etc. Verwaltungen stiegen nach Anl. XVI von 1899 bis 1903 von 137,7 Mill. auf 153,9 Mill. M., also pro Jahr durchschnittlich um 4,5 Mill. M.

An extraordinären Ausgaben wurden bereitgestellt 1900: 13 752 876 M., 1901: 30 656 121 M., 1902: 15 556 214 M., 1903: 17 867 199 Mark, insgesammt in diesen vier Jahren 77 832 410 M.

Die Betheiligung der einzelnen Verwaltungszweige ergiebt sich aus folgenden Ausführungen:

Kirche (Band II Buch I §§ 25ff. und 470ff.)

§ 232. Die kirchlichen Ausgaben in Kap. 111—116a des Etats haben sich von 1899 bis 1903 nicht wesentlich gesteigert, von 5,9 auf 6,0 Mill. M. (s. Anl. XVI). Auch bei den in der Rubrik „Kultus und Unterricht gemeinsam" enthaltenen kirchlichen Ausgabetiteln (vgl. Bd. II Buch I § 470) findet sich eine erhebliche Steigerung nur bei dem sog. Patronatsbaufonds, der von 1899 bis 1903 von 2 479 000 auf 2 629 000 M. stieg, (vgl. hierzu auch a. a. O. § 476).

Hat sich hiernach der staatliche Ausgabeetat für kirchliche Zwecke in den letzten Jahren nicht wesentlich vermehrt, so ist doch die kirchliche und staatliche Gesetzgebung im Hinblick auf den weiteren Ausbau der Kirchengemeinde- und Synodalverfassung namentlich für die grösseren Stadtzentren und vor Allem nach der vermögensrechtlichen Seite hin mehrfach thätig gewesen.

So wurde entsprechend den in den älteren Provinzen und in Kassel, Schleswig-Holstein sowie Wiesbaden bereits bestehenden Vorschriften, — K.-Ges. v. 16. Juli 1895/St.-Ges. v. 18. Juni 1895 (G.-S. S. 272 u. 271) K.- und St.-Ges. v. 14. Juli 1895 (G.-S. S. 287 u. 286) K.-Ges. v. 8. Juni 1898/St.-Ges. v. 9. Juni 1898 (G.-S. S. 117—120) — durch K.-Ges. v. 24 Juni u. 7. Juli 1900/St.-G. v. 25. Juni u. 8. Juli 1900 auch für die evangelisch-lutherische Kirche in Hannover die Vertretung dieser Kirche in vermögensrechtlicher Beziehung auf eine feste gesetzliche Grundlage gestellt. Die Hannöversche Kirche wurde als Rechtspersönlichkeit anerkannt und soll in vermögensrechtlichen Angelegenheiten durch das Landeskonsistorium vertreten werden.

Die Bezirks-Synodalverbände, welchen die Rechte juristischer Persönlichkeiten beigelegt werden (Erwerbung und Veräusserung von Grundeigenthum etc.) werden durch den Bezirkssynodalausschuss vertreten.

War ferner im Jahre 1895 unterm 17. Mai/18. Mai (G.-S. S. 177 und 175) für die Stadt Berlin an Stelle der schwerfälligen Einrichtung der vereinigten vier Kreissynoden ein Stadtsynodalverband mit den Rechten juristischer Persönlichkeit und erweiterten Rechten und Pflichten, vor allem hinsichtlich der Befriedigung dringender kirchlicher Bedürfnisse der zugehörigen Kirchengemeinden[1]) getreten und in diesem Gesetz zugleich auch für andere grössere Ortschaften die Gründung ähnlicher Gesammtverbände innerhalb der evangelischen Landeskirche der älteren Provinzen vorgesehen worden, so wurden gleichartige Gesetze nunmehr auch in den neuen Provinzen erlassen, so für die evangelisch-lutherische Kirche in Schleswig-Holstein (K.-Ges. v. 25. Juni 1898/St.-Ges. v. 25. Juni 1898 (G.-S. S. 133 und 135), in Hannover v. 7. Juni 1900/8. Juni 1900 (G.-S. S. 271 und 273).

Da sich ein gleiches Bedürfniss auch für die **katholische** Kirche herausstellte, wurde auch für diese ein den bewährten Vorschriften der für die evangelische Landeskirche erlassenen Gesetze nachgebildetes Gesetz erlassen, Ges. v. 29. Mai 1903 (G.-S. S. 179).[2])

Auch in einem weiteren Punkte ist neuerdings für die katholische Kirche eine der für die evangelische Kirche bereits bestehenden Einrichtungen nachgebildete Gesetzesbestimmung getroffen worden, nämlich hinsichtlich der Bildung kirchlicher Hülfsfonds für neu zu errichtende katholische Pfarrgemeinden. Ueber diese Fonds in der evangelischen Kirche s. die Anm. 1 zu § 51b in Band II Buch I). Durch Ges. v. 29. Mai 1903 (G.-S. S. 182) wurde auch für die katholische Kirche die Möglichkeit der Gründung besonderer Diözesanhülfsfonds geschaffen, für welche alljährlich eine Umlage bis zu 1 Proz. der Staatseinkommensteuer von der bischöflichen Behörde erhoben werden darf.

Auf dem Gebiete der evangelischen Landeskirche ist schliesslich mit Bezug auf Bd. II Buch I § 62 noch hervorzuheben, dass sich die evangelische Kirche des Konsistorialbezirks Frankfurt inzwischen an den Pfarr-Wittwen- und Waisenfonds angeschlossen hat. Auch ist ein soeben (12. Okt. 1903) an die evangelische Landeskirche ergangener Königlicher Erlass zu erwähnen, worin bestimmt wird, dass in den Entwurf des nächstjährigen Staatshaushaltsetats behufs Aufhebung der gesetzlichen Pfarrbeiträge an den Pfarr-Wittwen- und Waisenfonds eine an diesen zu zahlende Staatsrente von jährlich 850000 M., sowie ferner die erforderlichen Mittel zur Erhöhung der Dienstaufwandentschädigung der Generalsuperintendenten auf den durchschnittlichen Jahresbetrag von 2000 M. eingestellt werden sollen.

§ 233. Aus dem Extraordinarium der kirchlichen Verwaltung ist hervorzuheben, dass im Interesse der Festigung und Beförderung des Deutschthums in Posen in den Jahren 1901, 1902 und 1903 je 500000 Mark zur Verstärkung des Patronatsbaufonds bezw. zur Gewährung von Beihülfen an deutsche evangelische und katholische Kirchengemeinden in den ehemals polnischen Laudestheilen bei Kirchen- und Pfarrhausbauten bereitgestellt worden sind.

---

[1]) S. Abgeordnetenhaus 1895, Aktenst. Nr. 52.

[2]) Begründung vgl. in Abgeordnetenhaus 1903, Drucks. Nr. 128

Universitäten (Band II Buch I §§ 92 ff.).

§ 234. Die Zahl der Studirenden auf den preussischen Universitäten hat sich nach den neuesten statistischen Zahlen auch in den letzten Jahren erheblich weiter gesteigert. Während sie im Winter 1898/99 15 838 betrug (Bd. II Buch I § 96), stieg sie für den Winter 1901/02 auf 17 794 (S. S. 1901 17 102).[1]) Die Dozentenzahl betrug demgegenüber (a. a. O. § 100) 1898/99 1 382 (darunter 567 ordentl. Prof., 28 Honorar-Prof., 295 a. o. Prof. und 492 Privatdozenten, Assistenten etc.) und war bis 1901/02 gestiegen auf 1 480 (darunter 572 ordentl. Prof, 38 Honorar-Prof., 317 a. o. Prof. und 553 Privatdozenten etc.).

Die Steigerung der Studentenzahl in den einzelnen Universitäten ergeben folgende Ziffern:

	Winter-Semester 1898/99:	Winter-Semester 1901/02:
Berlin	5 873	6 471
Breslau	1 524	1 750
Königsberg	764	911
Halle	1 623	1 744
Kiel	664	870
Bonn	1 790	2 091
Göttingen	1 199	1 350
Greifswald	767	717
Marburg	1 019	1 054
Münster	561	781
Braunsberg	54	55

Einen Rückgang weist hiernach nur Greifswald auf, und zwar sind dabei hauptsächlich die theologische und medizinische Fakultät betheiligt.[2])

Dem gesteigerten Besuch entspricht auch eine erhebliche Ausgabesteigerung. Das Ordinarium wuchs von 1899 auf 1903 von 9,1 auf 11,5 Mill. M. (Anlage XVI). Berlin allein erhielt etwa $^1/_2$ Mill. M. mehr. Aber auch viele der anderen Universitäten kamen auf eine Steigerung von 100 000 M. und mehr.

Der Staatszuschuss (Sp. 1) ist, wie ein Vergleich mit Anlage XI in Bd. II Buch I ergiebt, seit 1899 um über 18 Proz. gestiegen, die eigenen Einnahmen (Sp. 4) nur um 11,3 Proz. Die Einnahmen aus Sp. 2 und 3 sind sogar je um etwa 20 000 M. gefallen. Bei den Ausgaben kommt natürlich der Hauptantheil wieder auf die Universitätsinstitute (Sp. 8), welche allein 374 000 M. mehr in Anspruch nahmen. Für Besoldungen etc. (Sp. 7 und 12) wurden etwa 321 000 M. in 1903 mehr ausgegeben als 1899.

---

[1]) Die damit zu vergleichenden Ziffern für 1899 siehe in Bd. II. Buch I § 103 u. § 108.

[2]) Nach den Ergänzungsheften des Centralblatts für die Allgem. Unterrichtsverwaltung.

Es betrugen die Einnahmen und Ausgaben nach dem Etat 1903

Bezeichnung der Universitäten.	Einnahme (Mark). Aus Staatsfonds	Aus Stiftungs- und bestimmten Zwecken gewidmeten und anderen Fonds	Zinsen von Kapitalien und Revenüen von Grundstücken und Gerechtsamen	Aus eigenem Erwerbe	Summe	Ausgabe (Mark) Kosten der akademischen Verwaltung	Besoldungen bezw. Remunerationen der Professoren und Lehrer
1. Königsberg . .	1 042 933	6 146	13 247	177 399	1 239 725	38 055	384 090
2. Berlin	2 904 745	7 575	4 767	489 827	3 406 914	140 420	818 850
3 Greifswald . . .	493 821	3 697	334 150	209 259	1 040 927	60 213	328 050
4. Breslau	1 212 272	—	28 928	290 695	1 531 895	56 032	461 250
5. Halle	1 135 201	54 272	3 433	509 177	1 702 083	72 232	392 350
6. Kiel	943 590	1 152	14 570	261 371	1 220 683	48 130	319 290
7. Göttingen . . .	634 954	558 569	2 172	211 459	1 407 154	53 494	432 395
8. Marburg	786 600	50 991	41 967	137 987	1 017 545	51 675	311 950
9. Bonn	1 156 185	6 092	15 688	264 022	1 441 987	60 825	471 910
10. Münster	370 508	2 414	561	13 110	386 594	16 979	211 650
11. Braunsberg (Lyceum). . . .	60 448	200	1 052	787	62 487	2 799	49 700
Summe . .	**10 741 257**	**691 108**	**460 535**	**2 565 093**	**14 457 994**	**600 854**	**4 181 485**

Bezeichnung der Universitäten	Ausgabe (Mark). Für Institute und Sammlungen und für den Universitäts-Gottesdienst	Für Konviktorien, Unterstützungen und Stipendien	Baukosten, Abgaben und Lasten	Zur Deckung von Einnahme-Ausfällen und zu unvorhergeschenen und Mehr-Ausgaben	Zu Wohnungsgeldzuschüssen für die Lehrer und Beamten	Summe
1. Königsberg . .	662 762	34 782	49 304	13 348	57 384	1 239 725
2. Berlin	1 998 746	8 270	142 540	99 609	198 480	3 406 915
3 Greifswald . . .	535 339	20 834	39 685	14 399	42 408	1 040 927
4. Breslau.	847 879	9 603	57 546	30 573	69 012	1 531 895
5. Halle	1 039 007	31 148	71 507	30 871	64 968	1 702 083
6. Kiel.	701 502	5 237	64 827	31 525	50 172	1 220 683
7. Göttirgen . . .	729 330	43 455	57 891	35 150	55 440	1 407 154
8. Marburg	517 405	18 687	51 930	25 181	40 716	1 017 544
9. Bonn	722 251	14 056	62 830	36 291	73 824	1 441 986
10. Münster	99 028	5 854	9 332	9 528	34 224	386 594
11. Braunsberg (Lyceum). . . .	4 600	650	728	1 130	2 880	62 487
Summe . .	**7 857 849**	**192 576**	**608 118**	**327 603**	**689 508**	**14 457 993**

§ 235. Auch im Extraordinarium mussten erhebliche Summen bereitgestellt werden, in den 4 Jahren 1900—1903 zusammen 15,3 Mill. M. Die hauptsächlichsten Neu-, Um- etc. Bauten sind folgende: 1. für 1900: zum Neubau der Königlichen und Universitätsbibliothek in Berlin, einschliesslich der Nebenanlagen, dritte Rate

200 000 M.; zum Neubau einer Universitäts-Irrenklinik in Kiel, zweite Rate 250 000 M.: zum Ankauf von Grundstücken an der Universität Halle, sowie zur Herstellung eines neuen Auditorien- und Seminargebäudes, erste Rate 353 000 M.; zur Ausfüllung von Lücken in den Universitätsbibliotheken einschliesslich der Paulinischen Bibliothek zu Münster sowie in den Seminar-Bibliotheken der Universitäten einschliesslich der Akademie zu Münster 200 000 M.; 2. für 1901: zum Um- und Erweiterungsbau des bisherigen Ersten Chemischen Instituts der Universität Berlin behufs Unterbringung des Instituts für Meereskunde, erste Rate 200 000 M.; zum Neubau der Chirurgischen Klinik in Greifswald, zweite Rate 200 000 M.; zum Neubau einer Universitäts-Irrenklinik in Kiel, dritte und letzte Rate 458 900 M. 3. für 1902: zur Herstellung eines eigenen Gebäudes für das Poliklinische Institut für innere Medizin in Berlin, erste Rate 230 000 M.; zum Neubau der Chirurgischen Klinik in Greifswald, dritte Rate 260 000 M.; zum Neubau der Irrenklinik ebenda, erste Rate 200 000 M.; zur Herstellung eines neuen Auditorien- und Seminargebäudes in Halle 200 000 M.; zum Neubau eines Geschäftshauses für das Ministerium, zweite Rate 450 000 M.; zum Um- und Erweiterungsbau des bisherigen Ersten Chemischen Instituts in Berlin behufs Unterbringung des Instituts für Meereskunde und des Geographischen Instituts einschliesslich der inneren Einrichtung, zweite und letzte Rate 218 000 M.; 4. für 1903: zum Neubau und zur inneren Ausstattung eines Geschäftshauses für das Ministerium, dritte und letzte Rate 331 000 M.; zum Neubau der Irrenklinik in Greifswald, zweite Rate 200 000 M.; zur Herstellung eines Neubaues für die Chirurgische Klinik in Kiel, zweite Rate 270 000 M.

Besonders bemerkenswerth auf dem Gebiete der Universitäts-Verwaltungspolitik ist in dem Zeitraume seit 1899 das Bestreben der Staatsregierung, auch in denjenigen beiden Provinzen, in denen Universitäten bis dahin noch nicht bestanden[1]) einzelne Fakultäten einzurichten, oder in anderer Weise einen gewissen Ersatz für die fehlende Universität zu schaffen.

So ist die Ausgestaltung der bisherigen Akademie in Münster in Westfalen durch Angliederung einer rechts- und staatswissenschaftlichen Fakultät zur Universität erfolgt,[2]) zu welchem Zwecke in das Ordinarium für 1902 rund 70000 M. Mehrausgaben eingestellt wurden. (Ueber die Baukosten s. oben). Die Provinz Westfalen und Stadt Münster schossen zusammen 250 000 M. bei, die bei Kap. 34 Tit. 10 vereinnahmt werden.

Für Posen ist neuerdings die Bildung einer wissenschaftlichen Akademie zu Stande gekommen. (S. unten unter „Kunst und Wissenschaft".)

---

[1]) S Bd. II Buch I §§ 93 und 94.

[2]) C-Bl. d U.-V. 1902 S. 532

Auch die Provinz Westpreussen besitzt nach der Trennung der Provinz Preussen in Ost- und Westpreussen keine eigene Universität mehr. Doch ist ihr gegenwärtig in der Errichtung der Technischen Hochschule zu Danzig ein gewisser Ersatz zu Theil geworden.

Technische Hochschulen (Band II Buch I § 171 ff.).

§ 236. Die Frequenzentwicklung auf den 3 Hochschulen Berlin, Hannover, Aachen hat wie diejenige der Universitäten ebenfalls nicht unbeträchtlich zugenommen. Die Frequenz betrug im Wintersemester 1898/99 5115, dagegen 1901/02 5926, wovon 3881 auf Berlin, 1488 auf Hannover und 557 auf Aachen entfielen. Das Lehrpersonal stieg von 554 (im Jahre 1898/99) auf 604 (in 1901/02), darunter 99 bezw. 111 etatsmässige Professoren.

Die Gesammtausgaben für Technische Hochschulen stiegen von 1899 bis 1903 im Ordinarium von 2,0 Mill. M. auf 2,7 Mill. M. (Anlage XVI), also fast um ein Drittel.[1]) Sie werden aber in den nächsten Jahren noch eine weitere viel erheblichere Steigerung erfahren, da nach den Erläuterungen zu Kap. 14 Tit. 233 ff. des Extraordinariums für 1903 nicht nur die Hochschule zu Danzig (Bd. II Buch I § 190) bereits im Herbst 1904 eröffnet werden, sondern auch (vgl. Kap. 14 Tit. 242 und 243 sowie Denkschrift Beil. 18 zum Etat 1903) der Neubau einer Technischen Hochschule in Breslau (für 500 Studirende berechnet) bereits in Angriff genommen wird.

§ 236a. Auch extraordinär wurden für die Technischen Hochschulen von 1900—1903 erhebliche Summen, zus. rund 9 Mill. bereit gestellt. Einzelne grössere Posten waren folgende: 1900: zum Neubau der Technischen Hochschule zu Danzig, zweite Rate 300000 M.; 1901: zum Erweiterungsbau der Technischen Hochschule zu Berlin, Schluss- und Ergänzungsrate 499300 M.; zum Neubau der Mechanisch-technischen Versuchsanstalt auf dem Gelände der Domäne Dahlem, erste Rate 400000 M.; zum Neubau des Hauptgebäudes der Technischen Hochschule zu Danzig, dritte Rate 300000 M.; zum Neubau des Elektrotechnischen Instituts der Technischen Hochschule zu Danzig 239000 M.; 1902: zum Neubau der Mechanisch-technischen und der Chemisch-technischen Versuchsanstalt auf dem Gelände der Domäne Dahlem, zweite Rate 700000 M.; zum Neubau des Hauptgebäudes der Technischen Hochschule in Danzig, vierte Rate 900000 M.; zum Neubau des Chemischen Institus ebenda, erste Rate 140000 M.; 1903: zum Neubau der Mechanisch-technischen und der Chemisch-technischen Versuchsanstalt auf dem Gelände der Domäne Dahlem, dritte Rate 1050000 M.; zum Neubau des Hauptgebäudes der Technischen Hochschule in Danzig, fünfte Rate 600000 M.; zum Neubau des Chemischen Instituts ebenda, zweite Rate 200000 M.;

[1]) Allerdings wuchsen auch die eigenen Einnahmen stark.

zur Regulirung und Befestigung des Bauplatzes zur Errichtung einer Technischen Hochschule in Breslau 100 000 M.; zum Bau des Elektrotechnischen Instituts daselbst, erste Rate 150 000 M.

Höheres Schulwesen (Band II Buch I §§ 215 ff.).

§ 237. Auf dem Gebiete des höheren Schulwesens sind die Reformen, deren Bevorstehen bereits in Band II Buch I angedeutet wurde, inzwischen zu einem gewissen Abschlusse gelangt.

Die in § 221 a. E. erwähnte Schulkonferenz aus dem Jahre 1900 stellte den allgemeinen Grundsatz auf, dass, wer die Reifeprüfung an einer neunklassigen höheren Schule (Vollanstalt) bestanden hat, damit die Berechtigung zum Studium an den Hochschulen und zu den entsprechenden Berufszweigen für sämmtliche Fächer erworben hat. Der hierauf bezügliche Beschluss hatte wesentliche Aenderungen des Berechtigungswesens zur Folge. Die leitenden Gesichtspunkte, die hierbei beobachtet werden sollten, sind seitdem in dem Allerh. Erl. v. 26. Nov. 1900 näher ausgeführt. Das Gymnasium, das Realgymnasium und die Oberrealschule sollen hiernach in der Erziehung zur allgemeinen Geistesbildung als gleichwerthig anzusehen sein, und nur insofern soll eine Ergänzung erforderlich bleiben, als es für manche Studien- und Berufszweige noch besonderer Vorkenntnisse bedarf, deren Vermittelung nicht oder doch nicht in gleichem Umfange zu den Aufgaben der drei Anstaltsarten gehört. Dementsprechend soll auf eine Ausdehnung der Berechtigungen der realistischen Anstalten Bedacht genommen werden.

Durch diese grundsätzliche Anerkennung der Gleichwerthtigkeit der drei Vollanstalten soll zugleich gerade die Möglichkeit geboten werden, die Eigenart jeder einzelnen Art kräftiger zu betonen. Eine Ausdehnung der Berechtigungen erfolgte zunächst für ein Gebiet, das ausschliesslich dem Verwaltungsbereiche des Unterrichtsministers angehört, nämlich für das des höheren Lehramts. Durch Erlass v. 26. Febr. 1901 wurde angeordnet, dass alle Abiturienten nicht nur der deutschen Gymnasien, sondern auch der deutschen Realgymnasien und der preussischen oder der als völlig gleichstehend anerkannten ausserpreussischen deutschen Oberrealschulen gleichmässig zur Prüfung für das Lehramt an höheren Schulen ohne Einschränkung auf bestimmte Fächer zuzulassen sind.

Bald darauf fanden Berechtigungserweiterungen auch hinsichtlich der Zulassung zum Studium der Heilkunde und zu den ärztlichen Prüfungen statt. Nach § 6 der vom Bundesrathe beschlossenen neuen ärztlichen Prüfungsordnung v. 23. März 1901 ist der Meldung zur ärztlichen Vorprüfung das Zeugniss der Reife von einem deutschen humanistischen Gymnasium oder von einem deutschen Realgymnasium beizubringen. Hiermit ist den Abiturienten der deutschen Realgymnasien auch der Zutritt zu den medizinischen Fakultäten der Landesuniversitäten gesichert.

Die Verhandlungen über die Zulassung der Abiturienten der Realanstalten zum Studium der Rechte sind durch die Bekanntmachung des Justizministers und des Unterrichtsministers v. 1. Febr. 1902 zum Abschluss gekommen. In dieser wird erklärt, dass zwar für die Vorbildung für den juristischen Beruf das humanistische Gymnasium die geeignetste Anstalt sei, dass aber zu jenem Studium fortan auch solche Studirende zugelassen werden sollen, die das Zeugniss der Reife von einem deutschen Realgymnasium oder einer preussischen Oberrealschule erworben haben. Diese Zusage ist durch den unter dem 5. April desselben Jahres an die Universitätsverwaltungen gerichteten Erlass des Unterrichtsministers erfüllt worden.

Schliesslich sind durch Königl Erl. v 6. Febr. 1902 die Berechtigungen der Oberrealschulen auch auf militärischem Gebiete erweitert worden. Nach diesem Erlasse sind die Reifezeugnisse der deutschen Gymnasien und Realgymnasien, der preussischen Oberrealschulen sowie der als gleichberechtigt anerkannten höheren Lehranstalten für den Offiziersberuf als Nachweis des erforderlichen wissenschaftlichen Bildungsgrades gleichwerthig Die Primanerzeugnisse dieser Anstalten berechtigen zur Ablegung der Fähnrichsprüfung. Oberrealschulen haben in der Fähnrichsprüfung die fehlende Kenntniss des Lateinischen durch Mehrleistungen in anderen vorgeschriebenen Prüfungsfächern auszugleichen.

§ 238. Endlich wurden auf Grund der Beschlüsse der Schulkonferenz von 1900 die 1892 eingeführten Abschlussprüfungen, welche nach dem sechsten Jahrgange 9stufiger höherer Schulen abzuhalten waren, wieder beseitigt durch Erl. v. 20. Dez. 1900 (C.-Bl. d. U.-V. S. 191).

In Folge der gedachten Neuerungen sind die in Bd II Buch I zusammengestellten Vorschriften über das Berechtigungswesen mehrfach geändert worden. Hierunter werden die Aenderungen, welche gegenwärtig gegenüber den a. a. O § 220 aufgeführten Berechtigungen bestehen, im Anschluss an die dort beobachtete Folge namhaft gemacht:

Zu 2. Studium des Rechts und der Staatswissenschaften, Zulassung zu den juristischen Prüfungen und den Prüfungen für den höheren Verwaltungsdienst

Erforderniss: Reifezeugniss einer Vollanstalt (Deutsches Gymnasium, deutsches Realgymnasium, preussische Oberrealschule.)

Diejenigen Studirenden, die aus realistischen Lehranstalten hervorgegangen sind, oder nach ihrem gymnasialen Reifezeugniss nicht die volle Zielleistung im Lateinischen erreicht haben, müssen sich noch die für ein gründliches Verständniss der Quellen des römischen Rechts erforderlichen sprachlichen Vorkenntnisse aneignen.

Zu 3. Studium der Medizin, Aufnahme in die Kaiser Wilhelms-Akademie und Zulassung zur medizinischen Staatsprüfung.

Erforderniss: Reifezeugniss eines deutschen Gymnasiums oder deutschen Realgymnasiums.

Zu 4. Studium der Philosophie und Zulassung zu den Prüfungen für das Lehramt an höheren Schulen.

Erforderniss: Reifezeugniss einer Vollanstalt. (Deutsches Gymnasium, deutsches Realgymnasium, preussische oder als völlig gleichstehend anerkannte ausserpreussische deutsche Oberrealschule.)

Zu 12. Mittlere Laufbahn des Reichspost- und Telegraphendienstes. Zulassung zur Assistentenprüfung.

Erforderniss: Reife für Untersekunda einer 9stufigen oder für die erste Klasse einer 6stufigen höheren Schule.

Zu 13 und 14. Erlass der Fähnrichsprüfung und Seekadetten-Eintrittsprüfung.

Erforderniss: Reifezeugniss einer Vollanstalt (der deutschen Gymnasien und Realgymnasien, der preussischen Oberrealschulen, sowie der als gleichberechtigt anerkannten höheren Lehranstalten). Die Abiturienten der Oberrealschulen haben für die Marineoffizierlaufbahn die fehlende Kenntniss des Lateinischen durch das Mindestprädikat ihrer Schulen „gut" in der englischen und französischen Sprache auszugleichen

Zu 15. Aufnahme in das akademische Institut für Kirchenmusik.

Erforderniss: Reifezeugniss einer Vollanstalt oder Zeugniss über die nach dreijährigem Besuch des Seminars bestandene Lehrerprüfung

Zu 16 Ausserdem: Technisches Sekretariatspersonal der Kaiserlichen Marine.

Erforderniss: Berechtigung zum einjährig-freiwilligen Dienst und Reifezeugniss einer Fachschule

Marine-Ingenieurlaufbahn

Erforderniss: Zeugniss für den einjährig-freiwilligen Dienst.

Zu 17. Annahme von Supernumeraren der indirekten Steuern

Erforderniss: Einjähriger erfolgreicher Besuch der Prima einer Vollanstalt. Reifezeugniss einer solchen befreit von der Aufnahmeprüfung.

Zu 18. Zulassung zur Prüfung für Landmesser.

Erforderniss: Reife für Prima einer Vollanstalt.

Welche nicht preussischen Lehranstalten für gleichwerthig zu erachten sind, bestimmt der Minister. Offiziere des stehenden Heeres sind von der Beibringung eines Zeugnisses über ihre schulwissenschaftliche Bildung entbunden.

Markscheider.

Erforderniss: Reifezeugniss für die Prima einer Vollanstalt.

Zu 19 Zulassung zur zahnärztlichen Prüfung.

Erforderniss: Reife für Prima eines Gymnasiums oder Realgymnasiums und einer Oberrealschule nur dann, wenn die Reife des Lateinischen für die Prima eines Gymnasiums oder Realgymnasiums durch eine besondere Prüfung an einer derartigen Anstalt dargelegt ist.

Zu 20. Studium der Thierarzneikunde und Zulassung zu den Prüfungen.

Erforderniss: Reifezeugniss einer Vollanstalt oder einer durch die zuständige Zentralbehörde als gleichstehend anerkannten höheren Lehranstalt.

Zu 22. Zulassung zur Portepeefähnrichsprüfung.

Erforderniss: Reife für Prima einer Vollanstalt (deutscher Gymnasien und Realgymnasien, preussischer Oberrealschulen, sowie der als gleichberechtigt anerkannten höheren Lehranstalten).

Oberrealschüler haben die fehlende Kenntniss des Lateinischen durch Mehrleistung in anderen vorgeschriebenen Fächern auszugleichen.

Zu 23. Zulassung zur Seekadetten-Eintrittsprüfung Erforderniss wie vor. Oberrealschüler haben gute Leistungen in der englischen und französischen Sprache nachzuweisen.

§ 24. Militärrossärztlicher Beruf.

Erforderniss: Reifezeugniss einer Vollanstalt oder einer durch die zuständige Centralbehörde als gleichstehend anerkannten höheren Lehranstalt

§ 25. Civilsupernumerariat bei den Provinzial-Verwaltungsbehörden mit Ausschluss der indirekten Steuern, bei der Justizverwaltung und dem Intendantursekretariat und der Zahlmeisterlaufbahn in der Armee.

Erforderniss: Versetzung nach Obersekunda auf einer Vollanstalt oder Schlussprüfung an einer Nichtvollanstalt (preussische oder gleichberechtigte höhere Bürgerschule oder gymnasiale oder realistische Lehranstalt mit sechsjährigem Lehrgange).

Zu 26. Prüfung als Turnlehrer.

Erforderniss: Lehramtszeugniss oder Schlussprüfung an einer Nichtvollanstalt (wie vor) oder Versetzung nach Obersekunda einer Vollanstalt.

Zu 28. Mittlere Staatseisenbahnbeamte.

Erforderniss: Für bau- und maschinentechnische Eisenbahnsekretäre und Eisenbahn-Betriebsingenieure Berechtigung für den einjährig-freiwilligen Dienst und Reifezeugniss einer technischen Fachschule, für Civilsupernumerare Versetzung nach Obersekunda an einer Vollanstalt oder Schlussprüfung einer Nichtvollanstalt. Das Zeugniss über die bestandene Landmesserprüfung ersetzt den besonderen Nachweis der für technische Eisenbahnsekretäre vorgeschriebenen Schulbildung.

Zu 34. Aufnahme in die landwirthschaftliche Akademie in Poppelsdorf.

Erforderniss: Wissenschaftliche Befähigung zum einjährig-freiwilligen Dienst

Zu 35. Prüfung als Zeichenlehrer.

Erforderniss: Schlussprüfuug an einer Nichtvollanstalt oder Versetzung nach Obersekunda einer Vollanstalt.

Ausserdem sind noch folgende Berechtigungen hier hervorzuheben:

36. Zulassung zur Prüfung als Nahrungsmittel-Chemiker.

Erforderniss: Reifezeugniss einer Vollanstalt.

37. Aufnahme als Studirender in die technischen Hochschulen und Zulassung zu den Diplom-Prüfungen

Erforderniss: Reifezeugniss einer Vollanstalt.

Ausnahmsweise: Reifezeugniss für die Prima einer Vollanstalt.

38. Zulassung zur Promotion als Doktor-Ingenieur.

Erforderniss: Reifezeugniss einer Vollanstalt.

39. Aufnahme als Studirender in die Bergakademie in Berlin.

Erforderniss: Reifezeugniss einer Vollanstalt.

40. Aufnahme in die Königl. Akademische Hochschule für bildende Künstler.

Erforderniss: Wissenschaftliche Befähigung zum einjährig-freiwilligen Dienst.

41. Dolmetscher Zum Dolmetscher kann nur ernannt werden, wer als Gerichtsschreiber angestellt ist und die Dolmetscherprüfung bestanden hat

§ 239. Die Schulkonferenz hat sich u. A. auch mit der Reformirung der Lehrpläne und Unterrichtsgegenstände beschäftigt.

In dem Allerh. Erl. v. 26. Nov. 1900 (C.-Bl. d. U.-V. S. 854) war besonders hervorgehoben, dass im Lehrplan der Gymnasien und Realgymnasien das Lateinische eine entsprechende Verstärkung erfahren solle. Bei der grossen Bedeutung, welche die Kenntniss des Englischen gewonnen habe, müsse diese Sprache auf den Gymnasien eingehender berücksichtigt werden. Deshalb sei überall neben dem Griechischen englischer Ersatzunterricht bis Untersekunda zu gestatten, und ausserdem in den drei oberen Klassen der Gymnasien, wo die örtlichen Verhältnisse dafür sprechen, das Englische an Stelle des Französischen unter Beibehaltung des letzteren als fakultativen Unterrichtsgegenstands obligatorisch zu machen. Im Lehrplan der Oberrealschulen, welcher nach der Stundenzahl noch Raum dazu bietet, sollte endlich die Erdkunde eine ausgiebigere Fürsorge finden.

In weiterer Ausführung dieser Direktiven sind sodann neue Lehrpläne in den höheren Schulen durchgeführt worden (a. a. O. S. 392ff., 471), und neue Reife- und Schlussprüfungen sind erlassen worden (a. a. O. 1901 S. 933 u. 950).

Die Reformschulen (Bd. II Buch I § 217b) sind von der Unterrichtsverwaltung mit Aufmerksamkeit weiter verfolgt worden. Ihre Zahl hat sich inzwischen sehr erheblich vermehrt (auf 68). Im Staatshaushaltsetat 1903 ist im Ministerium die Stelle eines besonderen Generalinspektors der Reformschulen — zunächst im Nebenamt — geschaffen worden (vgl. Etatserläuterungen zu Kap. 109 Tit. 4 unter Ziff. 2 des Etats für 1903).

Statistisches.

§ 240. Die Zahl der höheren Lehranstalten vermehrte sich gegen 1898/99 — Winter-Semester — (s. Bd. II Buch I § 224) wie folgt:

Gymnasialanstalten:

	Gymnasien	Progymnasien	zusammen
1898/99	287	52	339
1900/01	295	59	354

Realistische Anstalten:

	Realgymnasien	Realprogymnasien	Oberrealschulen	Realschulen	zusammen
1898/99 . . .	79	26	30	123	258
1900/01 . . .	76	21	37	139	273

Der Rückgang der Zahl der Realgymnasien und Realprogymnasien hat hiernach weitere Fortschritte gemacht (s. § 225 a. a. O.). Im Uebrigen hat die Vermehrung der Gymnasien mit der der Reallehranstalten verhältnissmässig ziemlich Schritt gehalten.

Die Schülerfrequenz und Lehrerzahl betrug nach dem neuesten Statistischen Handbuch:

	Schülerfrequenz 1898/99	Lehrerzahl 1898/99	Schülerfrequenz 1903	Lehrerzahl 1903
Gymnasialanstalten . . .	89 201	5 441	94 321	5 662
Realanstalten	62 818	3 356	67 736	3 550
Insgesammt .	152 019	8 797	162 057	9 212

Auf 10 000 Einwohner kamen Schüler höherer Lehranstalten:

	überhaupt	Gymnasialschüler	Realschüler
1898/99	50	29	21
1899/1900	52	30	22
1900/1901	54	31	23

Unterhaltung der höheren Schulanstalten.[1])

§ 241. Die in Anl. XVIII von Bd. II Buch I S. 106/107 für 1900 gegebenen Zahlen für die verschiedenen Einnahme- und Ausgabegruppen haben sich für 1903 wie folgt geändert:

[1]) s hierzu neuerdings auch Wiese-Irmer „Das höhere Schulwesen in Preussen“ 1902 Bd. IV S. 97 ff. und S 870 ff.

	Summe A M	B M.	C M.	D M.	E M.	Zusammen M.
Einnahme.						
1. Aus Staatsfonds:						
a) vermöge rechtlicher Verpflichtung	29 476	79 024	2 547	26 460	9 537	[1] 12 141 321
b) Bedürfnisszuschuss .	14 900	9 256 599	146 522	2 576 436	—	
2. Aus eigenem Vermögen	622 207	635 612	13 933	608 455	—	1 880 207
3. Aus eigenem Erwerbe	294 922	6 769 880	200 083	11 485 434	—	18 750 319
4. Aus städtischen Fonds	—	977 248	145 952	13 051 818	—	14 175 018
5. Aus Stiftungsfonds unter staatlicher Verwaltung	—	339 417	—	66 097	—	405 514
6. Aus sonstigen Stiftungs- und anderen Fonds . .	117 755	249 121	3 823	696 106	—	1 066 805
7. Summe der Einnahme (zugleich der Ausgabe)	1 079 260	18 306 902	512 860	28 510 805	9 357	48 419 184
Ausgabe.						
8. Besoldungen (einschl. der Wohnungsgeldzuschüsse) der Direktoren, Lehrer etc.	437 248	15 535 072	397 314	22 845 823	—	39 215 457
9 Zu Remunerationen für Unterricht	23 380	578 651	13 912	1 172 517	-	1 788 460
10. Zu sächlichen Ausgaben und zu Verwaltungskosten	618 632	2 193 178	101 634	4 492 466	9 357	7 415 267

Die Antheilnahme der verschiedenen Einnahmegruppen an der Gesammteinnahme hat sich hiernach gegen 1900 nicht wesentlich verschoben. Der Staat bringt etwa $^1/_4$ der Einnahmen auf, die Gemeinden einige Prozent mehr. Die Steigerung der „eigenen“ Einnahmen (Sp. 3) beruht zum Theil auf der Schulgelderhöhung, s. Anm. 1 auf S. 291.

Der Grundsatz der Staatsregierung (s. Bd. II Buch I § 237 S. 236), an Stelle der besonders in den 80 er Jahren in erhöhtem Masse vorgenommenen Verstaatlichungen sich mehr auf die Gewährung von Bedürfnisszuschüssen zu beschränken, ist auch weiter massgebend geblieben. In den letzten Jahren sind hinzugekommen zu den vom Staat zu unterhaltenden Anstalten: 1900 4, 1901 2,[2]) 1902 2, 1903 1, zusammen 9; von den Gemeinden zu unterhaltenden Anstalten: 1900 21, 1901 3, 1902 14, 1903 18, zusammen 46.

§ 242. Wie aus der obigen Tabelle und Anl. XVIII in Bd. II Buch I ersichtlich ist, entfällt der grösste Theil der Mehrausgaben der letzten Jahre auf die fortgesetzte Steigerung der Lehrerbesoldungen.

---

[1]) Das sind nur die auf den Schuletats stehenden Zuschüsse (Bd. II Buch I § 239). Die Gesammtausgaben des Staates betrugen 13,8 Mill. (Anl. XVI).

[2]) Darunter die Ritterakademie zu Liegnitz, die bis dahin landesherrlichen Patronats war (s. Bd. II Buch I § 242)

Zu dem Normaletat von 1892 (a. a. O. § 263) sind bis 1903 nicht weniger als 5 Nachträge ergangen. Den beiden a. a. O. bereits näher behandelten Nachträgen folgten noch der dritte Nachtrag v. 10. April 1900 (C.-Bl. d. U.-V. S. 529), der vierte unterm 3. April 1901 (a. a. O. 1901 S. 462), der fünfte unterm 20. Mai 1902 (a. a. O. S. 447, 449), durch letzteren wurde die Zahl der Dienstjahre bis zur Erreichung des Höchstgehaltes für die etatsmässigen wissenschaftlichen Lehrer von 24 auf 21 Jahre herabgesetzt.[1])

Der Normaletat hat nunmehr durch die verschiedenen Nachträge folgende Fassung erhalten (C.-Bl. d. U.-V. 1902 S. 580).

A. Anstalten, welche vom Staat zu unterhalten sind oder bei denen der Staatsbehörde die Verwaltung zusteht.

§ 1. Die Besoldungen betragen jährlich:

1. für die Leiter der Vollanstalten (Gymnasien, Realgymnasien, Oberrealschulen) a) in Berlin 6 000 bis 7 200 M, b) in den Städten der ersten Servisklasse oder mit mehr als 50 000 Civileinwohnern 5 100 bis 7 200 M., c) in allen übrigen Orten 4 800 bis 6 900 M.;

2. für die Leiter der Anstalten von geringerer als neunjähriger Kursusdauer (Progymnasien, Realprogymnasien und Realschulen) a) in Berlin, in den Orten der ersten Servisklasse und in den Orten mit mehr als 50 000 Civileinwohnern 4 800 bis 6 300 M., b) in den übrigen Orten 4 500 bis 6 000 M.;

3. für die definitiv angestellten wissenschaftlichen Lehrer 2 700 bis 5 100 M. Neben ihrem Gehalte beziehen diese Lehrer, sofern sie nach ihrem Zeugnisse zum Unterricht in den oberen Klassen vollbefähigt sind oder sich durch praktische Bewährung besonders auszeichnen, nach Erreichung des im § 2 Nr. 3 zweiter Absatz bezeichneten Dienstalters eine feste pensionsfähige Zulage von 300 bis 900 M. jährlich;

4. für die definitiv angestellten Zeichenlehrer 1 800 bis 3 800 M. Die definitive Anstellung als Zeichenlehrer mit vorstehenden Gehaltssätzen hat zur Voraussetzung, dass der Lehrer die vorgeschriebene Prüfung als Zeichenlehrer für höhere Unterrichtsanstalten bestanden hat, vollbeschäftigt wird und mindestens 12 Zeichenstunden wöchentlich oder doch den ganzen lehrplanmässigen Zeichenunterricht an der Anstalt erteilt;

5. für die definitiv angestellten sonstigen technischen Lehrer, die Elementar- und die Vorschullehrer a) in Berlin 1 800 bis 3 600 M., b) in Orten der Servisklassen A. und I. 1 500 bis 3 400 M., c) in den übrigen Orten 1 500 bis 3 200 M.;

6. die wissenschaftlichen Hülfslehrer erhalten Jahresremunerationen in Höhe von 1 800 bis 2 400 M.

§ 2. Das Aufsteigen im Gehalte geschieht in der Form von Dienstalterszulagen:

1. bei den Leitern der Vollanstalten a) in Berlin (§ 1 Nr. 1 a) mit je 400 M. nach 3, 6, 9 Dienstjahren, b) in den Städten der ersten Servisklasse oder mit mehr als 50 000 Civileinwohnern (§ 1 Nr 1 b) mit 500 M. nach 3 Dienstjahren, mit je 400 M. nach 6, 9 12, 15 Dienstjahren, c) in den übrigen Orten (§ 1 Nr. 1 c) wie vorstehend zu b;

2. bei den Leitern der Nichtvollanstalten (§ 1 Nr. 2 a und b) mit je 300 M. nach 3, 6, 9, 12, 15 Dienstjahren;

3. bei den wissenschaftlichen Lehrern (§ 1 Nr. 3) mit 500 M. nach 3 Dienstjahren, mit 400 M. nach 6 Dienstjahren und mit je 300 M. nach 9, 12, 15, 18, 21 Dienstjahren Die im § 1 Nr. 3 zweiter Absatz erwähnte feste Zulage wird nach 9 Dienstjahren in Höhe von 300 M. gewährt und steigt nach 12 und 15 Dienstjahren um je den gleichen Betrag;

4. bei den unter § 1 Nr. 4 bezeichneten Zeichenlehrern mit je 250 M. nach 3, 6, 9, 12 und mit je 200 M. nach 15, 18, 21, 24, 27 Dienstjahren;

---

[1]) Um die Kosten zu decken, wurde das Schulgeld an den höheren Schulen je um 10 M. für den Schüler erhöht (C.-Bl. d. U.-V. 1902 S. 354, 448).

5. bei den sonstigen technischen Lehrern, den Elementar- und Vorschullehrern a) in Berlin (§ 1 Nr. 5a) mit je 200 M. nach 3, 6, 9, 12, 15, 18, 21, 24, 27 Dienstjahren, b) in Orten der Servisklassen A und I (§ 1 Nr 5b) mit je 250 M. nach 3, 6 und mit je 200 M. nach 9, 12, 15, 18, 21, 24, 27 Dienstjahren, c) in den übrigen Orten (§ 1 Nr. 5c) mit je 200 M. nach 3, 6, 9, 12, 15, 18, 21 und mit je 150 M. nach 24, 27 Dienstjahren.

6. Die in § 1 Nr. 6 bezeichnete Remuneration der wissenschaftlichen Hülfslehrer beginnt mit 1 800 M. und steigt nach 2 Jahren auf 2 100 M., nach einem ferneren Jahr auf 2 400 M.

§ 3. Das Dienstalter wird für den vorliegenden Zweck berechnet:

1. bei den Anstaltsleitern (§ 1 Nr 1 und 2) vom Amtsantritt als Leiter einer höheren Unterrichtsanstalt ab;

2. bei den wissenschaftlichen Lehrern (§ 1 Nr. 3) von der definitiven Anstellung als solcher ab. Wird ein Lehrer von einer nichtstaatlichen Anstalt an eine staatliche oder unter Staatsverwaltung stehende Anstalt mit seiner Einwilligung übernommen, so kann der Unterrichtsminister eine Verkürzung der ihm anzurechnenden Dienstzeit insoweit anordnen, dass dadurch eine Bevorzugung dieses Lehrers vor den bereits an Staatsanstalten angestellten Lehrern vermieden wird;

3. bei den Zeichenlehrern vom Tage der definitiven Anstellung als Zeichenlehrer (§ 1 Nr. 4) an einer öffentlichen höheren Unterrichtsanstalt ab. Ist ein Zeichenlehrer vor der definitiven Anstellung als solcher mindestens vier Jahre im öffentlichen Schuldienste beschäftigt gewesen, so wird sein Dienstalter vom Ablauf des vierten Jahres dieser Beschäftigung ab gerechnet;

4. bei den technischen etc. Lehrern (§ 1 Nr. 5) von der Vollendung einer vierjährigen Dienstzeit im öffentlichen Schuldienste ab;

5. bei den wissenschaftlichen Hülfslehrern (§ 1 Nr. 6) vom Tage der ersten Einweisung in eine etatsmässige oder zur Aufnahme in den Etat geeignete Remuneration eines vollbeschäftigten Hülfslehrers ab

Die im Universitäts-, Schulaufsichts- oder Kirchendienst im Inlande oder Auslande zugebrachte Zeit und derjenige ausländische Dienst, welcher, wenn er im Inlande geleistet wäre, zur Anrechnung gelangen würde, sowie die über vier Jahre hinausgehende Beschäftigung als Hülfslehrer kann von dem Unterrichtsminister im Einverständniss mit dem Finanzminister ganz oder zum Theil eingerechnet werden.

In gleicher Weise kann von der früheren Dienstzeit des Leiters einer Anstalt als wissenschaftlicher Lehrer ein solcher Theil als anrechenbar erklärt werden, dass ihm in seiner Stellung als Leiter ein gleich hohes Gehalt gewährt wird, wie es ihm zustehen würde, wenn er in der Stellung eines wissenschaftlichen Lehrers geblieben wäre.

§ 4. Neben den Gehältern wird der Wohnungsgeldzuschuss den Anstaltsleitern und den wissenschaftlichen Lehrern nach Tarifklasse III des Ges v 12. Mai 1873 (G.-S. S. 209), den technischen, Elementar- und Vorschullehrern nach Tarifklasse IV daselbst gewährt, sofern dieselben nicht Dienstwohnung oder die im § 5 erwähnte Miethsentschädigung erhalten.

Diejenigen Anstaltsleiter, welche keine Dienstwohnung inne haben, erhalten an Stelle des Wohnungsgeldzuschusses eine Miethsentschädigung, und zwar:

in Berlin in Höhe von		1 500	M.,
in Orten der	I. Servisklasse	1 000	„
„ „ „	II. „	900	„
„ „ „	III. „	800	„
„ „ „	IV. „	700	„

Auf diese Miethsentschädigung findet das Ges. v. 12. Mai 1873, betr. die Gewährung von Wohnungsgeldzuschüssen an die unmittelbaren Staatsbeamten (G.-S. S. 209), insbesondere die in den §§ 3, 4, 6 enthaltenen Bestimmungen, entsprechende Anwendung.

§ 6. Die Besoldungen, Alterszulagen, sowie die festen Zulagen (§ 1 Nr. 3 zweiter Absatz) werden innerhalb der vorstehend angegebenen Sätze und Abstufungen vom Minister der geistlichen etc Angelegenheiten bezw. von den damit beauftragten Provinzial-Schulkollegien bewilligt. Den Lehrern steht ein Rechtsanspruch auf Bewilligung eines bestimmten Diensteinkommens, insbesondere auf Feststellung eines bestimmten Dienstalters oder Aufrücken im Gehalt nicht zu.

§ 7. Gegenwärtig zahlbare Besoldungen, welche über die nach § 1 und 2 zu berechnenden Beträge hinausgehen, werden bis zum Einrücken des betreffenden Lehrers in eine höhere Gehaltsstufe fortgewährt.

§ 8. Emolumente, sowie unfixirte Gebührentheile sind, sofern nicht stiftungsmässige Bestimmungen oder andere besondere Rechtsverhältnisse entgegenstehen, bei Neuanstellungen, Ascensionen, Bewilligung von Gehaltszulagen etc zu den Anstaltskassen einzuziehen. Den Lehrern steht ein Anspruch auf Befreiung vom Schulgelde für ihre Söhne nicht zu Naturalemolumente, deren Einziehung zu den Anstaltskassen unthunlich ist, werden zu ihrem wirklichen Werth statt Geld als Theile der Besoldung überwiesen.

B. Die sonstigen höheren Lehranstalten, welche aus unmittelbaren oder mittelbaren Staatsfonds Unterhaltungszuschüsse beziehen.

§ 9. Die Bestimmungen der §§ 1 bis 8 finden auf die bezeichneten höheren Schulen mit nachstehenden Massnahmen Anwendung:

1. In Bezug auf die feste pensionsfähige Zulage von 300 bis 900 M. (§ 1 Nr. 3 zweiter Absatz) gelten folgende Grundsätze: a) die Schulunterhaltungspflichtigen haben vorab bei den einzelnen Anstalten auf je 2 etatsmässige Stellen für wissenschaftliche Lehrer eine feste Zulage und zwar zu ihrem Höchstbetrage von 900 M. bereitzustellen; b) die feste Zulage wird den hierfür in Betracht kommenden Lehrern (§ 1 Nr. 3 zweiter Absatz) nach Erreichung des in § 2 Nr. 3 zweiter Absatz bezeichneten Dienstalters und zu dem dort festgesetzten Betrage gewährt, sofern innerhalb der vorstehend unter a) bestimmten Zahl eine solche Zulage frei geworden ist; c) denjenigen Lehrern, welche die feste Zulage, obwohl sie den im § 1 Nr. 3 zweiter Absatz aufgestellten Voraussetzungen entsprechen, mit dem vollendeten zwölften Dienstjahr noch nicht erhalten haben, wird bis zu dem Zeitpunkte, mit welchem eine der nach a) bereit gestellten Zulagen für sie frei wird, über die unter a) bestimmte Zahl hinaus eine feste pensionsfähige Zulage gewährt, welche 300 M. beträgt und nach 15 und 18 Dienstjahren um je den gleichen Betrag steigt Soweit diese Zulagen nicht in den Ersparnissen Deckung finden, welche dadurch entstehen, dass die nach a) bereit zu stellenden Beträge zeitweilig überhaupt nicht oder nicht in ihrer ganzen Höhe zur Verwendung gelangen, sind dieselben ebenfalls von den Schulunterhaltungspflichtigen bereit zu stellen; d) den Patronaten bleibt unbenommen, mit Genehmigung der Schulaufsichtsbehörde zu beschliessen, dass allen oder einzelnen Lehrern der von ihnen zu unterhaltenden Anstalten die feste Zulage zu dem gleichen Zeitpunkte zu gewähren ist, wie den Lehrern an den Staatsanstalten, wenn sie zugleich die Verpflichtung übernehmen, die auf Grund solchen Beschlusses den Lehrern zu zahlenden Mehrbeträge an Besoldung ausser den unter a) bestimmten Zulagen vorab bereit zu stellen; e) bei den vom Staate und von Anderen gemeinschaftlich zu unterhaltenden Anstalten kommen, im Falle die betheiligten Kompatrone zustimmen, die §§ 1 Nr. 3 und 2 Nr. 3 zur Anwendung

2. Die Anrechnung der im § 3 zweiter und letzter Absatz erwähnten Dienstzeiten erfolgt nach Massgabe des durch den Schulunterhaltungspflichtigen mit dem betheiligten Lehrer zu treffenden Abkommens.

3. Das Diensteinkommen der nicht unter die Vorschriften des § 1 Nr 4 fallenden vollbeschäftigten technischen, Elementar- und Vorschullehrer ist innerhalb der in § 1 Nr. 5a bis c bestimmten Grenzen dergestalt festzustellen, dass dasselbe hinter demjenigen der Volksschullehrer in dem betreffenden Orte nicht zurückbleiben darf und ihnen ausserdem eine nichtpensionsfähige Zulage von 150 M. jährlich gewährt wird. Bei der Versetzung des Lehrers an eine andere Schule, welche nicht zu den eingangs bezeichneten höheren Unterrichtsanstalten gehört, fällt diese Zulage weg Die hierdurch eintretende Verminderung des Diensteinkommens wird als eine Verkürzung des Diensteinkommens im Sinne des § 87 des Gesetzes, betr. die Dienstvergehen der nichtrichterlichen Beamten v. 21. Juli 1852 (G-S

S. 465), nicht angesehen. Bei den vom Staate und Anderen gemeinschaftlich zu unterhaltenden Anstalten kommen, im Falle die betheiligten Kompatrone zustimmen, für die Bemessung des Diensteinkommens der vorbezeichneten technischen, Elementar- und Vorschullehrer die §§ 1 Nr. 5a bis c und 2 Nr. 5a bis c zur Anwendung.

Schlussbestimmung.

§ 10. Durch diesen Normaletat wird nicht beabsichtigt, zur Erreichung der Besoldungssätze desselben in der Fürsorge des Staats für die betheiligten Anstalten über die ihm obliegenden rechtlichen Verpflichtungen hinauszugehen.

Sog. fliegende Hülfslehrer.

Durch den Etat 1901 sind in Folge Einstellung eines neuen Titels (Kap. 120 Tit. 5) sog. „fliegende" Hülfslehrer eingeführt worden, um die Vertretung erkrankter oder behinderter Oberlehrer in weiterem Umfange wie bisher zu ermöglichen (C.-Bl. d. U.-V. 1901 S. 397, 757).

Extraordinarium.

§ 243. Auch die extraordinären Ausgaben auf dem Gebiete der höheren Schulverwaltung haben sich trotz der zum Theil ungünstigen Finanzlage in den letzten Jahren ziemlich auf gleicher Höhe gehalten (Anl. XVI). Insgesammt wurde bereitgestellt von 1900—1903 der recht hohe Betrag von 52 663 791 M., hauptsächlich für Neu- und Umbauten von Gymnasien.

Das Elementar-Unterrichtswesen (Band II Buch I §§ 305 ff.).

§ 244. Das Elementar-Unterrichtswesen nimmt nach wie vor den breitesten Raum in der Unterrichtsverwaltung ein.

Die Zahl der öffentlichen Volksschulen in Preussen hat sich nach den neuesten statistischen Erhebungen[1]) von 1896[2]) bis 1901 weitergesteigert von 36 138 auf 36 765, während die Zahl der Privatschulen mit den Zielen der Volksschule von 404 auf 315 zurückgegangen ist, also gegenwärtig nicht einmal mehr den hundertsten Theil der öffentlichen Volksschulen ausmacht.

Die Zahl der Schulkinder stieg im gleichen Zeitraum von 5 236 826 auf 5 670 870, die der vollbeschäftigten Lehrer von 69 132 auf 76 342, der vollbeschäftigten Lehrerinnen von 10 299 auf 13 866.

Die weiteren Fortschritte in der ordnungsmässigen Beschulung der Volksschulkinder zeigen nachstehende Ziffern. Es wurden unter normalen[3]) Frequenzverhältnissen unterrichtet:

im Jahre	in den Städten	auf dem Lande	zus.
1896 . . .	75,61 Proz.	72,34 Proz.	73,55 Proz.
1900 . . .	84,00 „	74,49 „	77,85 „

[1]) Preussische Statistik Heft 176 1903 und Statist. Handbuch 1903. Nach letzterem, insbesondere nach Tabelle XVI (S. 437 ff.) ist die Anlage XXb in Band II Buch I zu ergänzen.

[2]) Frühere Ziffern s. Bd. II Buch I § 396.

[3]) S. a. a. O. § 399.

im Jahre	Auf je 1 Schulklasse kamen in den Städten	auf dem Lande	Auf je 1 Lehrkraft kamen in den Städten	auf dem Lande
1896	59	56	59	70
1901	56	64	57	68.

§ 245. Wie selten es bei dieser gesteigerten Fürsorge für gute Schulverhältnisse heute noch vorkommt, dass preussische Staatsangehörige keine Schulbildung genossen haben, zeigt deutlich die Thatsache, dass im Jahre 1900 von den in das Heer eingestellten Mannschaften nur noch 0,10 Proz. ohne Schulbildung betroffen wurden gegen 2,37 Proz. in 1880/81 (C.-Bl. d. U.-V. 1900 S. 780).

Diese günstigen Erfolge sind nicht ohne fortgesetzte Erhöhung der vom Staate wie Gemeinden zur Verfügung gestellten Geldmittel möglich gewesen, wie sie schon in Bd. II Buch I des Näheren für die Zeit bis 1899 dargelegt ist, aber auch seitdem weiter stattgefunden hat.

Die in § 411 a. a. O. gegebenen Zahlen über die Aufbringung der öffentlichen Volksschullasten[1]) aus Gemeinde- und Staatsmitteln, Schulgeld etc. haben sich absolut sehr stark, relativ dagegen nur unerheblich verändert.

Es wurden von den gesammten Unterhaltungslasten aufgebracht:

	1896 M.	1896 Proz.	1901 M.	1901 Proz.
durch Schulgeld . . .	200 632	0,11	826 763	0,31
durch Leistungen der Gemeinden u. sonstigen Verpflichteten . . .	132 778 268	71,42	196 024 513	72,62
aus Staatsfonds . . .	52 938 595	28,47	73 066 142	27,07
zusammen . . .	185 917 495		269 917 318	

Die Gesammtsteigerung betrug also in den 5 Jahren rd. 84 Mill. M., und zwar stiegen die persönlichen Kosten von 133,9 auf 186,8 Mill. M., also um 39 Proz., die sächlichen von 52 auf 83 Mill. M. = rd. 60 Proz. Auf den Kopf der Bevölkerung kamen 1896 5,8, 1901 7,8 M. Volksschulunterhaltungskosten.

§ 245a. Die gesammten staatlichen Ausgaben (einschl. Lehrerausbildung, Mittelschulen, Schulaufsicht etc.) stellten sich im Ordinarium nach dem Etat 1899 auf rd. 81,7 Mill. M. und stiegen bis 1903 auf 90,5 Mill. M., also jährlich um über ½ Mill. M.

Besonders hervorzuheben ist, abgesehen vom Seminar- und Präparandenwesen, welches unten noch besonders behandelt wird, vor allem die Steigerung folgender Posten:

---

[1]) Die Kosten der Lehrerbildung (Seminare etc.) nicht eingerechnet.

		M.	M.
Tit. 32.	(Allgemeine Erleichterung der Volksschullasten)	27 000 000	28 060 000
Tit. 34.	(Beihülfen an unvermögende Schulverbände)	10 257 294	13 030 980
Tit. 35.	(Zuschüsse zu Alterszulagekassen) .	21 440 000	22 720 000
Tit. 39.	(Pensionen)	4 900 000	5 500 000
	zusammen . .	63 597 294	69 310 980

Die Steigerung der hier erwähnten Tit. 32, Tit. 35 und Tit. 39 des Kap. 121 folgt aus der Natur der Sache und der diesen Ausgabeposten zu Grunde liegenden gesetzlichen Bestimmungen, welche bereits in Bd. II Buch I ausführliche Erörterung gefunden haben. Die Steigerung dieser 3 Titel, welche lediglich persönliche Schulkosten (Lehrergehälter, -Pensionen und -Reliktengelder) betreffen, um annähernd 3 Mill. M. in den 5 Jahren, zeigt, eine wie erhebliche Belastung die Staatskasse durch die zu Grunde liegenden Gesetze dauernd auf sich genommen hat.

Hervorzuheben ist hier auch die nicht auf Gesetz beruhende im Jahre 1903 erfolgte Einstellung eines neuen Tit. 37 an Stelle des weggefallenen (s. S. 297 Anm. 3), welcher in Höhe von 1 Mill. M. dazu dienen soll, persönliche Zulagen — sog. Ostmarkenzulage — für die Volksschullehrer der Provinzen Westpreussen und Posen in ähnlicher Weise wie für die unmittelbaren Staatsbeamten (s. Etat des Finanz-Ministeriums) zu gewähren (s. Beil. 19 zum Etat des Kultusministeriums 1903).

§ 246. Die staatliche Fürsorge für die Besserung der Einkommensverhältnisse der Volksschullehrer bis in die neueste Zeit lässt sich an der Hand der Statistik[1]) deutlich nachweisen.

Es betrug das durchschnittliche Gesammteinkommen (Mark):

im Jahre	der Lehrer in den Städten	der Lehrer auf dem Lande	der Lehrer Ueberhaupt	der Lehrerinnen in den Städten	der Lehrerinnen auf dem Lande	der Lehrerinnen Ueberhaupt
1886	1635	1133	1292	1216	846	1108
1891	1812	1264	1446	1261	1020	1171
1896	2029	1357	1583	1362	1132	1279
1901	2401	1693	1942	1599	1321	1503

Speziell für die Zeit zwischen 1896 und 1901 zeigt sich der Einfluss des Lehrerbesoldungsgesetzes von 1897 in folgenden Ziffern:

	Lehrer				Lehrerinnen			
	in den Städten		auf dem Lande		in den Städten		auf dem Lande	
	1896	1901	1896	1901	1896	1901	1896	1901
bis 900 M. . .	25,9	2,5	116,8	85,7	106,2	34,2	178,2	127,0
901—1200 „ . .	123,0	41,8	310,6	211,0	301,8	194,5	498,4	353,6
1201—1800 „ . .	308,4	221,2	434,4	342,6	475,6	513,8	309,1	443,7
1801—2400 „ . .	280,3	315,8	111,8	244,0	113,3	202,2	14,3	72,6
2401—3000 „ . .	171,1	217,6	23,6	92,3	3,1	55,2	—	3,1
über 3000 „ . .	91,3	201,1	2,8	24,4	—	0,1	—	—

[1]) Neueste Statistik (1901) in der Zeitschr. d. Statistischen Bureaus 1903, II. Abtheilung.

Wenn daher jetzt, trotz der ungünstigen allgemeinen Finanzlage, bereits wieder eine Erhöhung der in jenem Gesetze vorgesehenen Bezüge beantragt wird,[1]) so dürften solche Wünsche vorerst kaum Aussicht haben, erfüllt zu werden.

Der oben erwähnte neben persönlichen auch staatliche Ausgaben umfassende Tit. 34 [2]), welcher aber nicht auf gesetzlicher Verpflichtung wie die Tit. 32, 35 und 39 beruht, weist die ausserordentliche Steigerung von fast 2,8 Mill. M.[3]) auf. Kap. 36, aus dem der Fonds gespeist wird, betrug 1899: 231 464 M., 1903: 684 835 M. Von ihm wurden nach Tit. 34 übertragen 1900: 170 672, 1901: 147 097, 1902: 227 419, 1903: 301 441 M.

Dagegen wurde er verstärkt 1900 um 300 000 M., 1901: 400 000 M., 1902 und 1903 je 300 000 M.

§ 247. Abgesehen von den grossen Mehrleistungen zu Gunsten der Volksschulunterhaltung im staatlichen Ordinarium sind in den letzten Jahren, besonders in den Ueberschussjahren, auch noch ganz ausserordentliche hohe extraordinäre Mittel zur Erleichterung der Volksschulbaulast, besonders auf dem platten Lande, bewilligt worden. So wurden zur Unterstützung von Schulverbänden wegen Unvermögens bei Elementarschulbauten (vgl. Bd. II Buch I § 435ff.) bereitgestellt 1900: 3 Mill. M., 1901: 13 Mill. M., 1902 und 1903 wieder je 3 Mill. M., zusammen in 4 Jahren 22 Mill. M.

§ 248. Um die Höhe der Staatsleistungen für Volksschulzwecke richtig zu würdigen, wird man gut thun, sie mit der Höhe der vom Staate erhobenen Einkommensteuer zu vergleichen. Dabei ergiebt sich (vgl. Statist. Correspondenz 1902 LIII), dass diese Staatsleistungen, auf 100 M. des Einkommensteuersolls berechnet. im Jahre 1901 nicht weniger wie 39,32 M. ausmachten. Bei näherem Eingehen auf die einzelnen Regierungsbezirke zeigt sich, dass im Osten der Monarchie, wo die Bedeutung des platten Landes überwiegt, die Verhältnisszahlen noch bei weitem höher zu Ungunsten des Staates steigen. So betrugen die Leistungen des Staates für Volksschulen 1901 im Regierungsbezirk Königsberg 124 Proz., Gumbinnen 257 Proz., Danzig 112 Proz., Marienwerder 192, Köslin 216, Posen 167, Bromberg 170 Proz. der Staats-Einkommensteuer.

Wie Kultusminister Dr. Studt im Abgeordnetenhause (Sten. Ber. 1903 S. 2971) erklärte, entfielen von den 73 Mill. M. in 1901 gezahlten Staatszuschüssen zu Volksschulzwecken nicht weniger als — mindestens — 50½ Mill. auf das platte Land.

---

[1]) Abgeordnetenhaus 1903, Sten. Ber. S. 3003.

[2]) Ueber die Natur und Bedeutung dieses Titels s. Bd. II Buch I § 431.

[3]) Wovon 610 000 M allerdings im Jahre 1903 von dem alten Tit. 37 (Bd. II Buch I § 433) übernommen sind.

Die grossen Uebelstände, die sich trotzdem in der Belastung mancher Gegenden gerade des platten Landes auch heute noch zeigen, beruhen in der That häufig weniger auf mangelnder staatlicher Fürsorge an Staatszuschüssen, als in der aus altüberkommenen gesetzlichen und observanzmässigen Bestimmungen hervorgehenden ungerechten, den veränderten wirthschaftlichen Verhältnissen und rechtlichen Anschauungen der Gegenwart nicht mehr entsprechenden Lastenvertheilung. Das schon in Bd. II Buch I § 311 berührte Schulunterhaltungsgesetz wird daher allerseits mit Spannung erwartet.[1])

Seminar- und Präparandenwesen.

§ 249. Besonders starke Ausgabesteigerungen wiesen insbesondere auch folgende Titel des Kap. 121 auf:

	1849	1903
	M.	M.
Seminare (Tit. 1—8)	6 907 178	7 841 050
Präparandenanstalten (Tit. 9—14)	613 180	1 037 467
Gemeinsam (Tit. 15—16b) . . .	293 905	516 334
Summe . . .	7 814 263	9 394 851

Das Seminar- und Präparandenwesen, dessen Wichtigkeit für das gesammte Volksschulwesen alljährlich auch in den Abgeordnetenhausdebatten allseitig betont wird, bildet fortgesetzt den Gegenstand ernstester Fürsorge der Staatsregierung.

Erst neuerdings sind wieder unterm 1. Juli 1901 (C.-Bl. d. U.-V. S. 600) neue Lehrpläne für Seminar- und Präparandenanstalten erlassen worden, welche einheitliche Bestimmungen auch für alle Präparandenanstalten vorschreiben und die Lehrpläne für Präparandenanstalten und Seminare als ein organisches Ganze behandeln. Der Lehrplan der Präparandenanstalt soll sich danach auf dem der Volksschule aufbauen. Ueber die früheren Lehrpläne s. Bd. II Buch I § 318ff.

Auch eine neue Prüfungsordnung für die Lehrerprüfung (C.-Bl d. U.-V. S. 644) ist ergangen.

Die Zahl der Seminare hat sich von 125 in 1898/99[2]) mit 11 820 Zöglingen auf 137 mit 12 183 Zöglingen vermehrt[3]). Während von den 125 Seminaren 1898/99 82 evangelisch, 40 katholisch und nur 5 paritätisch waren, sind von den 137 Seminaren 87 evangelisch, 44 katholisch und 6 paritätisch.

Die starke Vermehrung der Zahl der Seminare war geboten durch den neuerdings eingetretenen grossen Lehrermangel, der einmal eine Folge der Verlängerung des Heeresdienstes der Volksschullehrer von 10 Wochen auf 1 Jahr war, sodann mit der zahlreichen Einrichtung neuer Schulen besonders in den Industriegegenden und in den Gegenden mit zweisprachigen Schulsystemen zusammenhängt[3]). Neben

[1]) Abgeordnetenhaus 1901 Sten. Ber. S. 3395 ff., 1903 S. 2962 ff.

[2]) Siehe Bd. II Buch I § 323.

[3]) Vgl. Kultusminister Dr. Studt im Abgeordnetenhaus, Sten. Ber. 1901 S. 2526.

Vermehrung der Seminare und Präparandenanstalten (siehe unten) suchte man durch besondere 3jährige Seminar- und Präparandenkurse à 30 Köpfe an den Seminaren und Präparandenanstalten dem Nothstande zu steuern (vgl. die Extraordinarien 1901 Tit. 161, 1902 Tit. 121, 1903 Tit. 120).

Gleichwohl entfielen, während 1897 auf 1 Seminaristen 2704 Einwohner kamen, 1902 auf 1 Seminaristen 2830 Einwohner; das Verhältniss hat sich also ungünstiger gestaltet. Auch im Verhältniss zu der Zahl der Schulstellen hat die Seminaristenzahl abgenommen. Es kamen 1896 auf 1 Seminaristen 6,7, 1902 7,4 Schulstellen.

Die Zahl der staatl. Präparandenanstalten ist gestiegen, von 40 im Jahre 1900 auf 44[1]). Auch die Frequenz stieg von 1898/99 - 1901/02 von 2546 auf 2938. Rechnet man die Theilnehmer an den ausserordentlichen Präparandennebenkursen ein, so stellte sich die Zahl der Präparanden im Jahre 1902 auf 4933 (Statist. Handb. S. 474).

Die vermögensrechtliche Seite der Seminare und Präparandenanstalten stellte sich 1902 wie folgt.

Es betrugen:

	die Einnahmen M.	darunter Hebung v. d. Zöglingen M.	die Ausgaben M.	darunter Besoldungen M.
Seminare	1 651 234	1 488 797	6 434 251[2])	3 261 506
Präparandenanstalten .	86 809	86 760	696 597[3])	217 000

Auch die nicht auf den Seminaretats stehenden Staatszuschüsse wurden sehr erhöht, so stieg z. B. der Dispositionsfonds Kap. 121 Tit. 15 von 247 705 auf 464 534 M.

Eine allgemeine weitere Erhöhung der Besoldungen der Seminarlehrer und eine Vermehrung der Zahl der Seminaroberlehrerstellen, wie sie im Abgeordnetenhause mehrfach angestrebt worden ist[4]), hat schon wegen der Berufungen anderer Beamtengruppen nicht stattfinden können, da diese Beamten bei der allgemeinen Besoldungsaufbesserung

---

[1]) Statist. Handb. 1903. Die Namen der Anstalten werden jährlich nebst Frequenz- und Lehrerübersichten im C.-Bl. d. U.-V. bekannt gemacht.

[2]) Ausser den hier auf Grund des Etats der einzelnen Seminare nachgewiesenen ordentlichen Ausgaben in Höhe von 6 434 251 M. gelangten noch 76 603 M. für die Gründung von 8 neuen Seminaren und ausserdem 964 996 M. Seitens der Centralverwaltung aus allgemeinen Staatsfonds für Seminarzwecke im Jahre 1902 zur Verausgabung, so dass die ordentlichen Ausgaben insgesammt 7 475 850 M. betrugen. Hierzu traten an einmaligen ausserordentlichen Ausgaben 1 357 814 M. und ausserdem 655 000 M. zur Deckung von Ausgaben für die Beschaffung des notwendigen Ersatzes von Schulamtsbewerbern in Folge des verlängerten Heeresdienstes der Volksschullehrer. Nach Abzug der hier nachgewiesenen Einnahmen in Höhe von 1 651 234 M. ist somit im Jahre 1902 ein Staatszuschuss von 7 837 430 M. für die Seminare erforderlich gewesen.

[3]) Ausserdem werden noch Seitens der Centralverwaltung 541 630 M. sowie 51 915 M. für die Gründung von 7 neuen Anstalten verausgabt, sowie im Extraordinarium 28 268 M.

[4]) Vgl. Abgeordnetenhaus 1902, Drucksache No. 275.

1897/98 erhebliche Erhöhungen in ihren Bezügen erhielten (vgl. Bd. II Buch I § 339). Nur ist zu Gunsten der etatsmässigen Zeichen-, technischen und Elementarlehrer an den Seminarien der dritte Nachtrag zum Normaletat für die Lehrer der höheren Schulen ausgedehnt worden. Erl. v. 8. Juni 1900 (C.-Bl. d. U.-V. S. 695).

Schulaufsicht.

§ 250. In Bezug auf die Schulaufsicht ist zu erwähnen, dass sich die Zahl der Kreisschulinspektoren im Hauptamte von 310 in 1899 auf nur 316 in 1903 gesteigert hat, dagegen ist die Zahl der Schulräthe von 78 auf 83 vermehrt worden.

Mittleres Schulwesen. (Band II Buch I § 440 ff.)

§ 251. Die Ausgestaltung des öffentlichen mittleren Schulwesens hat in den letzten Jahren gewisse Erfolge aufzuweisen. 1901 war die Zahl dieser Schulen auf 460 mit 3965 vollbeschäftigten Lehrkräften (darunter 906 Lehrerinnen) und 134 533 Kindern — 73 517 Knaben und 61 016 Mädchen — davon der bei weitem grösste Theil (117 611) evangelisch — gestiegen.

Auf jede Schule entfielen

	1891	1896	1901
vollbeschäftigte Lehrerstellen	7,0	7,29	8,62
Schulstundenzahl	251	247	292
	M.	M.	M.
Unterhaltungskosten . . .	16 198	19 426	27 155.

Das durchschnittliche Gesammteinkommen betrug für

	1891	1896	1901
	M.	M.	M.
Lehrer[1])	2 112	2 367	2 803
Lehrerinnen[1])	1 231	1 367	1 621.

Speziell für öffentliche höhere Mädchenschulen mögen folgende Ziffern mitgetheilt werden:

	Zahl	Schulkinder	vollbeschäftigte Lehrer	vollbeschäftigte Lehrerinnen	zusammen
1898 . . .	210	45 867	985	955	1 940
1901 . . .	213	53 558[2])	1 058	1 233	2 291
(private) 1901 . . .	649	73 440	—	—	—

	1891	1896	1901
	M.	M.	M.
auf 1 Schule kamen Schulkosten. . . .	24 320	28 659	39 404
auf 1 Schülerin kamen Schulkosten . .	111	131	157

---

[1]) Ueber die Vorbildung der Lehrer u. Lehrerinnen siehe Statist. Corresp 1902, LXII.

[2]) Davon 42 196 evangelische.

Das durchschnittliche Diensteinkommen betrug für

	1891	1896	1901
	M.	M.	M.
vollbeschäftigte Lehrer[1]	2 854	3 283	4 001
„ Lehrerinnen[1]	1 433	1 597	1 838

Insgesammt wurden 1896 15,5 Mill. M., 1901 19,8 Mill. M. für öffentliche Mittel- und höhere Mädchenschulen ausgegeben, wovon der Staat 176 743 bezw. 338 242 M. aufbrachte[2]).

§ 252. Die staatlichen Ausgaben für Mittelschulen werden, wie schon in Band II Buch I hervorgehoben, aus Kap. 121 Tit. 34 gedeckt. Der Betrag von 80 000 M., der zu diesem Zwecke 1901 eingestellt worden war, ist 1901 auf 100 000 M. erhöht worden.[3])

Die Fonds Tit. 31 a und 31 b für höhere Mädchenschulen, welche 1899 je 90 000 und 80 000 M. ausmachten, sind 1900 vereinigt und bis 1903 auf 280 000 M. gesteigert worden. Die Verstärkung ist namentlich erfolgt, um weniger leistungsfähigen Gemeinden, welche höhere Mädchenschulen unterhalten und Leitern derartiger Anstalten privaten Charakters in kleineren Orten Beihülfen gewähren zu können, um die nicht selten ganz unzulänglichen Besoldungen der Lehrkräfte an den gedachten Schulen günstiger zu gestalten, nachdem durch das Ges. v. 3. März 1897 das Diensteinkommen der Lehrer und Lehrerinnen an den öffentlichen Volksschulen wesentlich aufgebessert worden ist.

Durch den Staatshaushaltsetat 1902 sind die akademisch gebildeten Oberlehrer an den staatlichen höheren Mädchenschulen den Oberlehrern an den staatlichen höheren Knabenschulen hinsichtlich der Besoldungsverhältnisse gleichgestellt worden (C.-Bl. d. U.-V. 1903 S. 296).

Kunst und Wissenschaft (Band II Buch I §§ 482 ff.).

§ 253. Die ordinären Ausgaben für Kunst und Wissenschaft stiegen von 1899 bis 1903 insgesammt von 4,7 auf 5,4 Mill. M.

An der Steigerung waren betheiligt am stärksten mit rd. 120 000 M. die Akademie der Künste, dies hängt hauptsächlich mit der Uebersiedlung der Hochschule für die bildenden Künste in den Neubau in der Hardenbergstrasse zu Charlottenburg und des Ueberganges des Gebäudes der ehemaligen Bauakademie am Schinkelplatz in Berlin auf die Kunstschule zusammen, wodurch allein 1903 ein Mehrbedarf von 79 132 M. bei Kap. 122 Tit. 37 erforderlich wurde. Ferner waren betheiligt mit rd. 60 000 M. die Akademie der Wissenschaften, mit

---

[1]) Vorbildungen siehe Statist. Corresp. 1903, XIII.

[2]) Näheres Statist. Handb. 1903 S. 455.

[3]) Vgl in Betreff der Pensions- und Reliktenverhältnisse der Lehrer an Mittelschulen (Bd. II Buch I § 443) auch Verordn. über die Einführung des Pensions und Reliktengesetzes für Lehrkräfte an öffentlichen nichtstaatlichen mittleren Schulen im Regierungsbezirk Wiesbaden v. 9. Mai 1901 (G.-S. S. 123). S. auch die weitere Verordn. v. gleichen Tage (a. a. O S. 126).

rd. 125 000 M. die Kunstmuseen, mit rd. 60 000 M. das Kunstgewerbemuseum, mit nur rd. 5000 M. die Nationalgalerie, mit 68 000 M. die Königlichen Bibliothek, mit 45 000 M. das Meteorologische Institut. 57 000 M. rund kamen auf die neue Akademie zu Posen. Dieselbe soll einen Mittel- und Förderungspunkt für die geistigen Bestrebungen in den östlichen Landestheilen bilden und ihrem Ziele vornehmlich gerecht werden a) durch Veranstaltung fachwissenschaftlicher Kurse für Gebildete, insbesondere für Verwaltungsbeamte, Juristen, Aerzte, Lehrer, Gewerbetreibende, Landwirthe u. s. w., b) durch Abhaltung von volksthümlichen Kursen und Vorträgen für weiteste Kreise nach dem Muster der anderweit veranstalteten Hochschulkurse, c) durch Einrichtung fortlaufender Uebungen mit beschränkter Theilnehmerzahl auf einzelnen besonders interessanten Gebieten. Sie gehört hiernach mehr unter die Rubrik „Unterrichtswesen", als unter „Kunst und Wissenschaft" (vgl. Kap. 14 Tit. 203 des Extraordinariums für 1903). S. auch oben 235.

Neu eingestellt (seit 1902) in Kap. 122 ist Tit 34a, wogegen Tit. 38 fortgefallen ist. Es handelt sich hierbei um das Musikinstitut der Hof- und Domkirche in Berlin. Hinsichtlich dieses Instituts war bisher die Frage streitig,[1]) ob es eine staatliche oder nur staatlich unterstützte Anstalt sei. Nunmehr ist bei Gelegenheit der eingetretenen Nothwendigkeit, die Bezüge des Dirigenten, des Gesanglehrers und der Mitglieder etc. des Chors zu erhöhen, mit dem Domkirchen-Kollegium, als dem Vertreter der Oberpfarr- und Domkirche in Berlin, ein Abkommen dahin vereinbart, dass die Unterhaltung des Berliner Domchors auf die Oberpfarr- und Domkirche übergeht, wogegen der Staat unter Erhöhung des bisherigen Zuschusses den ein für alle Mal feststehenden Beitrag von 48 400 M. zu dieser Unterhaltung leistet und im Uebrigen aus derselben endgültig ausscheidet.

§ 254. Besonders stark war, wie schon in früherer Zeit das Extraordinarium für Kunst- und wissenschaftliche Anstalten in den letzten Jahren mit Ausgaben belastet, insgesammt von 1900 bis 1903 mit 20,6 Mill. M.

Im Einzelnen wurden an grösseren Posten bewilligt:

1900: Zum Wiederaufbau des Prätoriums der Saalburg bei Homburg v. d. H., zweite Rate 200 000 M ; zum Neubau der akademischen Hochschulen für die bildenden Künste und für Musik in Berlin auf dem Grundstücke der Thiergartenbaumschule, dritte Rate 750 000 M.; zur Erweiterung der Kunstmuseen durch Errichtung von Gebäuden auf der Museumsinsel in Berlin, vierte Rate 1 100 000 M.; zum Ankauf einer Sammlung griechischer Münzen 380 000 M.

1901: Zur Erweiterung der Kunstmuseen, fünfte Rate 665 000 M.; zu ausserordentlichen Erwerbungen für die Sammlungen des Kaiser Friedrich-Museums in Berlin 2 000 000 Mark; zur Ausführung eines Erweiterungsbaues für das Kunstgewerbe-Museum in Berlin, erste Rate 300 000 M.; zur Erwerbung eines Bernsteinmuseums 305 000 M.; zum Neubau der akademischen Hochschulen für die bildenden Künste und für Musik in Berlin, letzte

[1]) Näheres in Bd. II Buch I § 516 ff.

Rate, zum Neubau des akademischen Instituts für Kirchenmusik in Berlin und zur inneren Einrichtung der drei Anstalten 1 493 849 M.

1902: Zur Erweiterung der Kunstmuseen, letzte und Ergänzungsrate 636 000 M.; zur Ausführung eines Erweiterungsbaues für das Kunstgewerbe-Museum in Berlin, zweite Rate 250 000 M.

1903: Zur Erweiterung der Kunstmuseen, Nachbewilligung für den inneren Ausbau des Kaiser Friedrich-Museums mit Einschluss eines letzten Betrages für die innere Einrichtung desselben 965 000 M; zur Ausführung eines Erweiterungsbaues für das Kunstgewerbe-Museum in Berlin, dritte Rate 500 000 M; zum Neubau der Königlichen Bibliothek, der Universitäts-Bibliothek und der Akademie der Wissenschaften zu Berlin auf dem sogen. Akademieviertel daselbst, erste Rate 1 000 000 M.

Medizinalwesen (Band II Buch I §§ 593 ff.).

§ 255. Auf dem Gebiete des Medizinalwesens sind in den letzten Jahren bedeutsame Neuerungen durchgeführt worden, die sich auch im Staatshaushaltsetat bemerkbar machen. Während die Ausgaben für Medizinalwesen nach Bd. II Buch I § 11 a. a. O. von 1870—1899 nur von 1,3 auf 1,9 Mill. gestiegen waren, haben sie seitdem bis 1903 eine Steigerung bis auf 3,5 Mill. M., also fast auf das Doppelte, erfahren.

Die gesteigerte Fürsorge, welche dem Medizinalwesen gewidmet wird, findet in dem Ausgabeetat u. A. auch darin einen Ausdruck, dass durch den Etat für 1903 unter Kap. 109 Tit. 4 eine besondere Direktorstelle für die Medizinalabtheilung geschaffen worden ist.

§ 256. Vor allem war es die Durchführung des unterm 16. Sept. 1899 erlassenen, in seinen Grundzügen schon in Bd. II Buch I § 608 ff. dargestellten neuen Kreisarztgesetzes von 1899, welches besondere Bedeutung für die Medizinalverwaltung und deren Etat in Anspruch nahm. Besonders wurden dadurch berührt die Tit. 2, 4 und 5 des Kap. 125. Ersterer stieg von 1899—1903 von 717 889 M. auf 1 432 246 M., letztere beiden Titel von 30 656 M. auf 320 156 M.

Zur Ausführung des Gesetzes sind eine Reihe von Ministerialerlassen ergangen, deren Wortlaut in dem seit 1901 im Ministerium neu herausgegebenen Ministerialblatt für Medizinal- und medizinische Unterrichtsangelegenheiten (Cotta'scher Verlag, Berlin) abgedruckt ist.

Auch sind in einer besonderen, dem Landtag unterbreiteten Denkschrift v. 10. Febr. 1902 (Drucks. d. Abgeord.-Hauses Nr. 72) die einzelnen zur Durchführung jenes wichtigen Gesetzes von der Medizinalverwaltung getroffenen Massnahmen eingehend geschildert worden.

Von diesen Massnahmen sind als die wichtigsten folgende hervorzuheben:

1. Die Ersetzung der alten Prüfungsordnung für die Physikatsamtskandidaten v. 24. Jan. 1896 (Zusatzbestimmung v. 23. Febr. 1898) durch eine neue v. 30. März 1901 (M.-Bl. f. d. Med.-A. S. 71). Besonders die Kenntniss der öffentlichen Gesundheitspflege ist stärker betont, ferner sind auf dem Gebiete der pathologischen Anatomie, Psychiatrie und

gerichtlichen Medizin die Anforderungen erhöht worden. In den neuesten Staatshaushaltsetats sind für den Unterricht in der letzten Branche an mehreren Universitäten neue ausserordentliche Professuren für gerichtliche Medizin geschaffen (Königsberg, Halle, Breslau, Bonn etc.).

Indirekt liegt eine Verschärfung der Vorbedingungen für die Kreisphysikatskarrière darin, dass auch die Gewährung der Approbation als Arzt durch die seit dem 1. Oktober 1901 in Kraft getretenen[1]) neuen Prüfungsbestimmungen von der Erfüllung weiter gehender Bedingungen, unter denen vor Allem die eines praktischen Jahres genannt zu werden verdient, abhängig gemacht ist, indem die Anstellung als Kreisarzt jetzt regelmässige fünfjährige Ausübung der Praxis als approbirter Arzt voraussetzt.

Die in Bd II Buch I § 606 und 656 erwähnten Fortbildungskurse sind weiter bestehen geblieben und noch durch Kurse für Staatsarzneikunde, Hygiene, Gerichtl. Medizin erweitert worden (vgl Extraordinarium 1902 Kap. 14 Tit. 227).

Für die Ausführung einfacher mikroskopischer, bakteriologischer, chemischer Untersuchungen bei Ausübung ihres Berufs sind den Kreisärzten Beihülfen zur Beschaffung von Instrumenten und Apparaten ebenfalls durch das Extraordinarium (1901 und 1902, Kap. 14 Tit. 257 und 227, zus. 75 000 M) bereit gestellt worden.

2. Der Erlass einer Dienstanweisung für Kreisärzte v. 23. März 1901 (M.-Bl. f. d. Med.-A. S. 2) welche unter fortlaufenden Paragraphen in 4 Hauptabtheilungen und 34 Abschnitten die amtliche Stellung und Personalangelegenheiten des Kreisarztes (Abtheilung I), die Art und den Umfang der Obliegenheiten des Kreisarztes und zwar im Allgemeinen (Abtheilung IIa) und im Besonderen (Abtheilung IIb), die Geschäftsführung und die Schluss- und Uebergangsbestimmungen behandelt (Abtheilung III und IV).

Besondere Schwierigkeiten machte

3. die Neuregelung der Besoldungs- und Pensionsverhältnisse, der Medizinalgebühren, der Amtsunkosten-Entschädigung.

Nach dem Kreisarztgesetz sind hierbei zu unterscheiden:

a) die vollbesoldeten Kreisärzte,
b) die nicht vollbesoldeten Kreisärzte,
c) die durch § 5 des Gesetzes geschaffenen Kreisassistenzärzte, und
d) die mit kreisärztlichen Obliegenheiten betrauten Stadtärzte.

Zu a: Die ersteren, deren es bisher erst 22 giebt (1903), erhalten ein Diensteinkommen von 3600—5700 (Stufen von 3 Jahren: 4200, 4700, 5200) M. und den tarifmässigen Wohnungsgeldzuschuss (M.-Bl. (f. d. Med.-A. 1901 S. 88, Besoldungsdienstalter ebenda S. 89), Gebühren für Amtsverrichtungen beziehen sie nicht; diese fliessen in die Staatskasse (Kap. 34 Tit. 9 der Einnahmen, 1901: 30 000 M.).

Die Amtsunkosten-Entschädigung der vollbesoldeten Kreisärzte beträgt im Durchschnitt 750 M., höchstens 1000 M. (zahlbar aus

[1]) An Stelle der in Bd. II Buch I § 620 ff. gedachten Vorschriften.

Kap. 125 Tit. 5). Dienstreisen werden (einstweilen) nach allgemeinen Grundsätzen liquidirt (M.-Bl. f. d. Med.-A. 1901 S. 93).

Zu b: nicht vollbesoldete Kreisärzte (1903: 487 einschl. 14 nicht vollbesoldete Gerichtsärzte). Diesen ist die Ausübung ärztlicher Praxis im Gegensatz zu den zu a) genannten gestattet.

Das Gehalt beträgt 2250—2700 M. Bei dieser Kategorie ist aber aus Zweckmässigkeitsgründen (s. Denkschrift) nicht das reine Dienstalterssystem, sondern ein mit dem Stellenindividualsystem kombinirtes System zur Durchführung gebracht. Für eine gewisse Anzahl Stellen werden pensionsfähige Zulagen von 600, 900 und 1200 M. gewährt (M.-Bl. f. d. Med.-A. 1901 S. 227).

Der nicht vollbesoldete Kreisarzt erhält keinen Wohnungsgeldzuschuss, dagegen: 1. Gebühren, wovon ein gewisser Theil pensionsfähig ist; 2. Amtsunkosten 250 M. bis zu 750 M. (Kap. 125 Tit. 5); 3. Reisekosten und Tagegelder nach den allgemeinen Vorschriften (Etat des Fin.-Min.).

Zu c: Kreisarzt-Assistenten (1903: 33).

Die Stellungen sind nicht als dauernde Lebensstellungen gedacht, sondern als Durchgangsstellungen, in denen die künftigen Kreisärzte sich vorbilden und bewähren sollen.

Die Anstellung erfordert das Bestehen der kreisärztlichen Prüfung, dagegen wird eine fünfjährige praktische Thätigkeit, wie sie zur Anstellung als Kreisarzt vorgeschrieben ist, nicht verlangt.

Die Kreisarzt-Assistenten sind theils Untergebene des Kreisarztes, theils dessen Hülfsbeamte mit selbstständigem Wirkungskreise (M.-Bl. f. d. Med.-A. 1901 S. 137).

Die Diätensätze für die Kreisarzt-Assistenten betragen mindestens 900 M. höchstens 1800 M., im Durchschnitt 1200 M. jährlich und werden gezahlt aus Kap. 125 Tit. 4.

Zu d: Stadtärzte (vgl. § 3 Abs. 5 des Kreisarztges., Denkschr. S. 13).

Auf Grund eingehender Verhandlungen ist von der Befugniss, Stadtärzten kreisärztliche Obliegenheiten zu übertragen, einstweilen nur 4 Städten gegenüber Gebrauch gemacht worden, nämlich Altona, Düsseldorf, Osnabrück und Dortmund.

Die Remunerationen sind in allen Städten bisher von Fall zu Fall festgesetzt werden. Sie werden ebenfalls aus Kap. 125 Tit. 4 bezahlt.

Dem Grundsatze der Vereinigung stadt- und kreisärztlicher Obliegenheiten wird in einigen Städten in der Weise Rechnung getragen, dass die Königlichen Kreisärzte die Stadtarztgeschäfte nebenamtlich wahrnehmen, so in Hildesheim, Barmen, Elberfeld und Hannover.

§ 257. Die vorstehenden Neuorganisationen machten die Zurdispositionsstellung einer grösseren Anzahl von Kreisphysikern und Kreiswundärzten (1901 86 bezw. 94, zus. 180) erforderlich (§ 15 Kreisarztges.). Diese wurden auf Wartegeld gesetzt.[1]) Es wurden daher 1902 zu diesem Zwecke neu eingestellt in Tit. 18b 160 426 M., ferner in Tit. 18c 50 000 M. zu Unterstützungen für derartige Beamte, wenn besondere Härten vorliegen.

Der Rang der Kreisärzte ist derjenige V. Klasse. Ein Theil kann den Titel „Medizinalrath" und „Geh. Med.-Rath" erhalten (Allerh. Erl. v. 18. Juni 1901).

§ 258. Unter den sonstigen Ausgabeposten im Ordinarium der Medizinalverwaltung ist hervorzuheben die starke Steigerung des staatlichen Zuschusses für die Charité, welcher sich von 217 364 M. in 1899 bis 1903 auf 527 925 M. erhöht hat. Hauptsächlich sind dabei die sächlichen Ausgabefonds betheiligt, die von 1902 auf 1903 allein um 113 310 M. erhöht werden mussten (vgl. über die Gründe die Etatserläuterungen 1903 zu Kap. 125 Tit. 7 und Kap. 14 — Extraordinarium Tit. 249. S. auch unten § 259). Ueber die Einnahmeerhöhung s. Bd. II Buch I § 662.

Dagegen haben sich die Ausgaben für die Institute für Infektionskrankheiten, für experimentelle Therapie (Frankfurt a. M.) und für Hygiene in Posen[2]) nicht wesentlich verändert.

Seit April 1901 ist neu eingerichtet worden die Versuchs- nnd Prüfungsanstalt für die Zwecke der Wasserversorgung und Abwässerbeseitigung in Berlin, die für 1903 nicht weniger wie 82 060 M. Ausgaben erfordert. Allerdings stehen der Ausgabe auch etwa 45 000 M. Einnahme (Kap. 34 Tit. 9) gegenüber.

Diese Einrichtung will die Schäden mindern, welche den Gemeinden und Industrien durch unzweckmässige Massnahmen auf dem Gebiete der Trinkwasserversorgung und Abwässerbeseitigung entstanden sind, weil es bisher an einer Stelle fehlte, wo die sich auf diesem Gebiete vollziehenden Vorgänge und die daraus zu ziehenden praktischen und wissenschaftlichen Erfahrungen einheitlich gesammelt und verwerthet werden (vgl. Kap. 125 Tit 10 des Etats 1901 unter Bemerkungen).

Extraordinarium.

§ 259. An extraordinären Mitteln wurden von 1899 bis 1903 für die Medizinalverwaltung (Anl. XVI) rund 11,9 Mill. M. bereitgestellt. Als Hauptposten sind zu nennen:

1900: Für das Charité-Krankenhaus in Berlin zur Deckung eines Fehlbetrages bei den sächlichen Ausgabefonds 1 100 000 M.; zur Ergänzung der Einrichtung des hygienischen Instituts in Posen 4 500 M.; zur Bekämpfung der Granulose 350 000 M.

1901: Zur Bekämpfung der Granulose 350 000 M.

1903: Zur Bekämpfung der Granulose 350 000 M.; zur Deckung eines Fehlbetrages bei den sächlichen Ausgabefonds des Charité-Krankenhauses in Berlin 465 000.

§ 260. Zu einzelnen Ausführungen in dem Abschnitt „Medizinalwesen" in Bd. II Buch I ist endlich noch nachzutragen:

---

[1]) Vgl. auch A.-H.-Verhandlungen 1900 S 3094, 3104

[2]) Ueber diese Bd. II Buch I §§ 666 ff., 672a.

Zu §§ 620ff. (Aerzte etc.):

Ueber die Approbation als Arzt und die Prüfung als Arzt siehe die neuen Vorschriften des Bundesraths v. 28. Mai 1901 (M.-Bl. d. Med.-V. S. 139ff.).

Zu § 630 (Hebammenbezirke) ist auf M.-Bl. d. i. V. 1883 S. 211 aufmerksam zu machen.

Zu §§ 640ff. (Apothekenwesen):

Durch Allerh. Verordn. v. 2. Febr. 1901 sind Apothekerkammern (für jede Provinz eine) als Standesvertretung der Apotheker geschaffen worden (M.-Bl. d. Med.-A. 1901 S. 123.)

Zu §§ 649ff. (Heilanstalten):

Neueste Statistik der Heilanstalten s. in der Preuss. Statistik Nr. 173 (1902), ebenso über Irrenanstalten (§ 653 a. a. O.) in Nr. 175 der Statistik (1902).

II. Landwirthschaftliche Verwaltung (Band II Buch II).

§ 261. Der die landwirthschaftliche Verwaltung behandelnde Band (Buch II des II. Bandes) schliesst bereits mit dem Jahre 1901 ab; schon aus diesem Grunde ist hier nicht soviel nachzutragen, wie hinsichtlich der geistllichen, Unterrichts- und Medizinalverwaltung.

Aber der Etat und seine Einnahme- und Ausgabeziffern können auch an sich an Umfang und Höhe nicht entfernt mit denen der letztgenannten Verwaltung konkurriren. Während hier die laufenden Ausgaben von 1901 bis 1903 von 145,3 auf 153,9 Mill. stiegen, wies der landwirthschaftliche Etat nur eine Steigerung von 18,1 auf 20,2 Mill. auf, wovon noch 1,2 Mill. lediglich durchlaufender Natur sind (s. u.).

Betrachten wir zunächst kurz die Einnahmeentwickelung seit 1901, so entfällt von der Steigerung in diesem Zeitraum (von 1,8 auf 3,0 Mill. M.) der Hauptheil, nämlich 1 200 000 M., auf einen seit 1903 zum ersten Mal eingestellten Etatstitel (4 a), nämlich die Einnahmen an Gebühren für die Untersuchung des in das Zollinland eingehenden Fleisches.

Der Fonds hat ähnlich wie der in Bd. II Buch II § 387 erwähnte nur einen durchlaufenden Charakter, indem ihm in Kap. 103 Tit. 16 b der Ausgabe 1 200 000 M. an Vergütungen für die mit der Untersuchung betrauten Beamten etc. gegenüberstehen.

Der Posten ist eine unmittelbare Folge des am 1. April 1903 in Kraft getretenen Gesetzes, betr. die Schlachtvieh- und Fleischbeschau, v. 3. Juni 1900 (R.-G.-Bl. S. 547).[1]) Nach § 13 das. unterliegt nämlich das in das Zollinland eingehende Fleisch bei der Einfuhr einer amtlichen Untersuchung. Der Bundesrath hat nach Abs. 2 a. a. O. die in

[1]) Fleischbeschauges. v. 3. Juni 1900 (R.-G.-Bl. S. 547) und Preuss. Ausf.-Ges. v. 28. Juni 1902 (G.-S. S. 229), Ausführungsbestimmungen v. 14. Juni 1902 (M.-Bl. d. M.-V. 1902 S. 217) und 20. März 1903 (a. a. O. S. 167)

der Bekanntmachung des Reichskanzlers v. 30. Mai 1902 (C.-Bl. f. d. Deutsche Reich, Beil. zu Nr. 22) in Anl. F Sp. 4 aufgeführten 56 preussischen Zoll- und Steuerstellen bestimmt, bei denen die Untersuchung stattfinden kann. Für die Untersuchung sind nach Massgabe der auf Grund des § 22 Nr. 3 des Fleischbeschaugesetzes vom Bundesrathe beschlossenen Gebührenord. v. 12. Juli 1902 (C.-Bl. f. d. Deutsche Reich S. 238) Gebühren zu entrichten. Diese Gebühren sind zunächst für 1903 mit 1,2 Mill. M. veranschlagt, ebenso hoch auch die in Kap. 103 Tit. 16 b eingestellten laufenden Ausgaben an sächlichen Kosten der Unterhaltung der für die Beschaustelle erforderlichen baulichen Einrichtungen und der Ausrüstungsgegenstände, an Miethzinsen für die zu Beschauzwecken etwa bereit zu stellenden, nicht fiskalischen Räumlichkeiten und ähnlichen Ausgaben, sowie an Vergütungen für das Beschaupersonal (Thierärzte, Trichinenschauer, Chemiker, Bureau- und sonstige Hülfskräfte).

§ 262. Weitere erheblichere Einnahmevermehrungen fanden statt bei Tit. 4, nämlich 24 736 M. in 1902 bei der Thierärztlichen Hochschule zu Hannover in Folge vermehrten Besuches und der Uebersiedelung in den Neubau; dieser Einnahmevermehrung stehen aber auch entsprechende Ausgabesteigerungen gegenüber (allein bei Kap. 103 Tit. 8 26 595 M.).

Bei Tit. 7 der Einnahme fand ebenfalls 1902 eine Vermehrung um 29 640 M. statt, wovon 9 340 M. auf einen neuen hier eingestellten Nebenfonds (s. Bd. II Buch II § 23), nämlich die Deich- und Schlempenhülfsgelderkasse in Stade, entfielen. (Näheres über diesen Fonds in den Etatserläuterungen 1902.) 19 800 M. entfielen dagegen auf Beiträge privater Grundkreditinstitute zu den Kosten der Staatsaufsicht. Diese Einnahmevermehrung ist aber nur die Folge einer entsprechenden Ausgabesteigerung bei Kap. 101 a (s. auch Bd. II Buch II § 435 S. 931). Dieser Fonds wurde nämlich um den gleichen Betrag erhöht in Folge der Neueinstellung zweier Brandinspektorenstellen, da eine Verschärfung der Staatsaufsicht über die Hypothekenbanken und ähnlichen privaten Creditinstitute im Interesse der Allgemeinheit erforderlich erschien.

Laufende Ausgaben.

§ 263. Rechnet man von der gesammten Ausgabesteigerung die oben erwähnten 1,2 Mill. M. ab, so bleibt eine Vermehrung der Ausgaben von rund 600 000 M. bestehen. Rund 255 000 M. entfallen hiervon auf die Generalkommissionen, bei denen vor Allem die fortgesetzte Vermehrung des Vermessungspersonals (von 470 auf 510) eine weitere starke Ausgabesteigerung nöthig machte. Kap. 101 Tit. 5 stieg allein von 1 807 250 M. auf 1 973 850 M. Auch die Zahl der Spezialkommissare stieg weiter von 57 auf 63.

§ 264. Die Ausgaben für landwirthschaftliche Unterrichtszwecke weisen ebenfalls eine nicht unerhebliche Steigerung nach, rund 240 000 M.

Besonders ist hier hervorzuheben die Steigerung des Fonds Kap. 102 (Tit. 15) zur Unterstützung des landwirthschaftlichen Mittelschulwesens (von 432 800 M. auf 476 900 M.), des ländl. Fortbildungsschulwesens (Tit. 15 b: von 90 000 M. auf 135 000 M.) und des Dispositionsfonds zu wissenschaftlichen und Lehrzwecken (Tit. 16: von 333 000 M. auf 423 000 M.).

Die Steigerung des letzteren Postens wurde besonders damit begründet, dass dem landwirthschaftlichen Wanderlehrwesen immer weitere Ausdehnung gegeben werden solle, um die auf den verschiedensten Gebieten erzielten technischen und wissenschaftlichen Fortschritte in raschem Masse zum Allgemeingut auch der mittleren und kleineren bäuerlichen Bevölkerung zu machen. Auch soll, wie bereits in einzelnen Provinzen mit Erfolg geschehen, eine Organisation des Wanderlehrwesens in der Weise stattfinden, dass es mit dem niederen landwirthschaftlichen Schulwesen vereinigt wird. Während das letztere den Kommunalverbänden zur Last fällt, soll die Organisation des Wanderlehrwesens unter Betheiligung des Staates durchgeführt werden.

Das landwirthschaftliche Unterrichtswesen weist auch nach den neuesten vorliegenden statistischen Erhebungen einen andauernden Fortschritt auf, wenngleich dieser mit der Entwickelung des gewerblichen Fachschulwesens kaum konkurriren kann. Aus der soeben erschienenen, in den landwirthschaftlichen Jahrbüchern veröffentlichten Statistik geben wir folgende Zusammenstellungen, durch welche zugleich die in Bd. II Buch II enthaltenen Daten in den wichtigsten Punkten bis auf die Gegenwart Ergänzung finden:

I. Landwirthschaftliche Hochschulen (s. a. a. O. § 209 ff.).

Besuch am Schlusse des Jahres	Berlin [1]	Poppelsdorf
1900: Studirende	402	325
Hospitanten	177	—
zusammen	579	—
1901: Studirende	398	337
Hospitanten	205	—
zusammen	603	—
1902: Studirende	425	368
Hospitanten	218	—
zusammen	643	—
Etatsmässige Professoren	17	11
Sonstige Dozenten (Hülfslehrer)	17	13
Privatdozenten	7	3
Assistenten	25	18

[1]) An der landw. Hochschule werden im Februar und März Unterrichtskurse für praktische Landwirthe abgehalten (Minimalsatz 1,50 M. pro Hörerstunde). Besuch 1900: 131, 1901: 120, 1902: 116 Personen.

Noch: I. Landwirthschaftliche Hochschulen.

	Berlin M.	Poppelsdorf	M.
Die Einnahme betrug	107 464	a) bei der Akademiekasse	69 527
		b) bei der Gutskasse	46 485
Die Ausgabe betrug	395 438	a) bei der Akademiekasse	237 839
		b) bei der Gutskasse	50 966
Staatszuschuss	287 974	a) bei der Akademiekasse	168 312
		b) bei der Gutskasse	4 481

II. Landwirthschaftliche Institute (einschl Thierkliniken etc.) **an den Universitäten** (a. a. O. § 228 ff.) im Jahre 1902 (Sommer- und Wintersemester).

Besuch	Königsberg	Breslau[1])	Halle[3])	Kiel	Göttingen[4])
Inländer	54	145	242	13	106
Ausländer	8	28	265		23
Zusammen	62	173[2])	507	13	129
Staatliche Unterhaltungszuschüsse ausschliesslich Professorengehälter (Mark)	42 098	33 426	109 779	4 740	35 942
Hörerzahl seit Errichtung des Instituts	770	1 566	17 430	126	1 654

III. Thierärztliche Hochschulen (a. a. O. § 298 ff).

Besuch	Berlin	Hannover
am Schlusse des Jahres 1900	339[5])	238
„ „ „ „ 1901	335[5])	260
„ „ „ „ 1902	407[5])	296
Lehrerzahl 1902		
Ordentliche	21	9
Hülfslehrer		10
Assistenten		7
Es betrugen für 1902	M.	M.
die Einnahmen	156 632	90 817
die Ausgaben	355 704	203 494
der Staatszuschuss	199 072	112 677

---

[1]) Ausserdem hat die Landwirthschaftskammer einen Vortragscyklus für praktische Landwirthe (1 Woche im Januar) eingerichtet, in welchen Universitätsdocenten Vorträge halten. Honorar 20 M, Tageskarten 5 M. Besuch 95 für den ganzen Kursus, 266 für einzelne Vorträge.

[2]) Davon Lanwirthe von Beruf 125.

[3]) Ausserdem ein ähnlicher Kursus wie bei [1]). 1901: 114 Zuhörer.

[4]) So wie bei [3]).

[5]) ausserdem je 145—149 Militärrossarzteleven.

IV. Landwirthschaftsschulen im Jahre 1902 (a. a. O. § 235 ff.).

Bezeichnung der Anstalten	Schülerzahl der Fachschulen	Schülerzahl der Vorschulen	Lehrerzahl (fest angestellte Lehrer)	Jährliches Schulgeld Fachschüler ℳ	Jährliches Schulgeld Vorschüler ℳ	Zuschüsse vom Staate ℳ	Zuschüsse von Kommunalverbänden, Vereinen oder Privaten ℳ
1. Heiligenbeil	65	70	8	120	100	27 400	—
2. Marggrabowa	59	39	8	130	110	29 550	7 400
				v. 1. 4. 1903 ab:			
3. Marienburg	100	43	12	120	120	20 600	9 997
4. Dahme	143	45	9	120	80—100	22 550	[1]) 3 900
5. Schivelbein	92	83	9	100	60	22 000	[2]) 6 500
6. Eldena	61	35	10	100	80	24 000	7 000
7. Samter	94	52	8	90—110	90—110	26 550	[3]) 2 840
8. Brieg	70	61	8	[4]) 85—120		25 455	[5]) 10 146
9. Liegnitz	248		8	85—120		23 751	7 813
10. Flensburg[6])	57		5	[7]) 120		21 500	[8]) 42 072
11. Hildesheim	150		12	[9]) 100		26 750	6 050
12. Lüdinghausen	123	38	11	120	100	26 300	13 850
13. Herford (Landwirthschafts- und Realschule)	[10]) 207		13	120	100	23 200	[11]) 33 400
14. Weilburg	40	27	8	120	100	28 450	13 600
15. Cleve	105	76	10	[12]) 120	100	24 700	7 385
16. Bitburg	[13]) 158		8	120	100	27 000	6 300

[1]) Die Stadt Dahme überlässt und hält in Stand die Schulräumlichkeiten und den Turnplatz unentgeltlich.

[2]) Die Zinsen des 21 000 M. betragenden Beggerow'schen Legates werden zu Stipendien verwendet.

[3]) Die Stadt Samter übernimmt auch alle durch anderweite Zuschüsse nicht gedeckten Ausgaben. Ausserdem Schülerstipendium zum Andenken an den verstorbenen Landesökonomierath Lehmann, 105 M.

[4]) Besuchen Brüder gleichzeitig die Schule, so zahlt der jüngere in Klasse VI 56 M., in Klasse V—III 60 M., in Klasse II und I 80 M.

[5]) Das mit der Schule verbundene Obstbauinstitut erhält je 1 000 M. Staats- und Provinzialbeihülfe, 600 M. von der Landwirthschaftskammer und 1 000 M. aus der Freiherr v Kottwitz'schen Stiftung.

[6]) Die Schule ist mit einer Oberrealschule verbunden.

[7]) Jüngere Brüder zahlen die halben Klassengeldsätze.

[8]) Darunter 40 036 M. von der Stadt Flensburg für die Landwirthschaftsschule und Oberrealschule zusammen.

[9]) in jedem folgenden Halbjahr 10 M. weniger, im sechsten 50 M.

[10]) und zwar die 3 Klassen der Landwirthschaftsschule 36, die 3 oberen Klassen der Realschule 52, die 3 unteren Klassen 93, die Ackerbauschule 26 Schüler.

[11]) Die Stadt Herford stellt die erforderlichen Lokalitäten und Versuchsländereien ohne Entschädigung zur Verfügung.

[12]) und 60 M. für die mit verbundene Ackerbauschule

[13]) 25 Schüler in der Acker- und Obstbauschule.

V. Ackerbauschulen im Jahre 1902 (a. a. O. § 242 ff).

Bezeichnung der Anstalten	Schülerzahl	Lehrerzahl einschliessl Inspektoren, Schmiede-, Rieselmstr., Gärtner etc.	Jährliches Schulgeld ℳ	Staatszuchuss ℳ	Zuschüsse von Kommunalverbänden, Landwirthschaftskammern, Vereinen, Privaten etc. ℳ
1. Spitzings	27	8	Pensionäre 180 Auswärt. Freischüler erhalt. 37,50 ℳ Lohn, aus der Anstalt hervorgehende Ackerbauschül 100 ℳ jährlich.	—	6 000 Für jeden an der Normalzahl 24 fehlenden Schüler werden 180 ℳ jährlich abgezogen.
2. Zelenin	6	5	Die Pension f. d Schüler wird von der Provinzialverwaltung gezahlt.	—	13 500
3. Oranienburg (auch landwirthschaftl Winterschule).	47	12	Lehrerhonorar 30 für ein Halbjahr. Volle Pension 300 für ein Halbj. Hospitanten n. Uebereinkunft.	—	15 500 in Gemeinschaft mit d. Gärtnerlehranstalt.
4. Wittstock (wie vorstehend)	86	8	In der Vorbereitungsklasse 24 für $^3/_4$ Jahre, in d. Fachklasse u. 1 klass. Ackerbau- u. Winterschule 40 f $^3/_4$ J.	Zu den Gehältern d. Wanderlehrer.	15 384
5. Roitz	20	3	40	—	2 400
6. Stargard (Pom.)	30	4	100	—	3 600
7. Popelau	56	10	480 für Unterricht, Wohnung, Beköstigung, ärztliche Behandlung.	3 500 f. d. Leinbaumusterfeld	4 800
8. Badersleben	74	7	400 wie vorstehend.	—	15 000
9. Hohenwestedt	110	6	Fachschule: 90 f. 1. Halbj. „ 75 „ 2. „ „ 60 „ 3. „ Wintersch.: 90 „ das „	—	6 500
10. Kappeln	33	3	Wie vorstehend.	—	8 000. Ausserd Stip.
11. Schönberg i H.	30	5	50 für das Halbjahr.	—	7 005
12. Hildesheim	105	7	Für Unterricht u. ärztliche Behandlg.: 100 f. d. erste, 90 f d zweite, 80 f. d dritte, 70 für das 4. Halbjahr.	—	Siehe Landwirthschaftsschulen.
13. Ebstorf	75	5	120	—	20 070
14. Bremervörde	28	5	90 (50 für das Winter-, 40 f. d. Sommerhalbjahr)	—	[1]) 9 750
15. Quakenbrück	32	8	45 für das Halbjahr.	—	9 300
16. Norden	37	4	80 (50 für das Winter-, 30 f. d. Sommerhalbjahr).	—	9 700
17. Stromberg	41	6	40 Schulgeld, 320 Kostgeld.	5 000	2 700
18 Herford	26	9	60 f d. Halbjahr, d. Schüler aus dem Kreise Herford 45.	—	Siehe Landwirthschaftsschulen.
19. Cleve	—	[2])	60	—	Wie vorstehend.
20. Bitburg (auch Obstbauschule)	16	4	(30 für das Halbjahr)	—	„ „
21. Bauhof (Fürstl. Hohenz. Domäne).	14	6	Trägt d. Landeskommunalverband.	—	9 500
zus.	793	125			

[1]) Die Schulräume stellt die Stadt Bremervörde. — [2]) Siehe Landwirthschaftsschulen.

VI. Landwirthschaftliche Winterschulen im Jahre 1902 (a. a. O. § 242 ff.).

Provinzen	Zahl der Anstalten	Schülerzahl	Lehrerzahl	Schulgeld für das Halbjahr M.	Zuschüsse vom Staate M.	Zuschüsse von Kommunalverbänden, Landwirthschaftskammern, Vereinen etc. [2]) M.
1. Ostpreussen	10	318	96	[1]) meist 30	—	34 747
2 Westpreussen	3	103	25	20—50	—	[3]) 9 981
3. Brandenburg	4	101	44	20—40	500	36 248
4. Pommern	4	162	42	40—60	9 600	12 400
5. Posen	5	147	59	24—40	9 000	[4]) 18 730
6. Schlesien	6	417	61	35—55	25 250	37 211
7. Sachsen	8	443	74	[5]) 60	—	32 652
8. Schleswig-Holstein	7	248	39	40—50	2 700	[6]) 35 150
9. Hannover	23	992	151	[7]) 20—60	—	[8]) 67 078
10. Westfalen	16	773	106	meist 30	7 400	[9]) 74 033
11. Kassel	6	202	38	[10]) meist 30	—	[11]) 28 150
12. Wiesbaden	2	36	14	50	—	4 400
13. Rheinprovinz	30	867	159	20	—	122 000
14. Sigmaringen (Fürstlich. Domäne Bauhof).	1	13	5	30	—	630
zus.	**125**	**4 822**	**913**			

Erheblich gesteigert hat sich auch Zahl und Frequenz der ländlichen Fortbildungsschulen (a. a. O. § 250 ff.). Ihre Zahl stieg von 1079 in 1898/99 auf 1421 in 1902 und sie wurden besucht 1898/99 von 15 169, 1902 von 20 666 Schülern.

[1]) Angerburg und Johannisburg 15, Gumbinnen 24 M. fürs 2. Halbjahr.

[2]) Vielfach werden die Schulräume unentgeltlich gestellt.

[3]) In Schlochau trägt der Kreis als Zuschuss den Rest der Ausgaben.

[4]) Unter 9 000 M. Zuschuss 3 000 M. von der Ansiedelungskommission.

[5]) Arendsee im 2. Halbjahr 45, Worbis 30 M. Erfurt für Ausländer 80 M.

[6]) Die landwirthschaftlichen Winterschulen in Hohenwestedt und Kappeln bilden Abtheilungen der Ackerbauschulen.

[7]) meist 30—40 M., Wittmund (Fortbildungsschule) 5 M.

[8]) In Diepholz, Hameln, Peine, Gr. Förste, Oberndorf, Iburg tragen die Kreise, in Stade die Stadt den Rest der Ausgaben. Die Anstalt in Suderburg ist mit der Wiesenbauschule daselbst vereinigt.

[9]) In Gronau für jeden vom landwirthschaftlichen Kreisverein Nordstemmen und Kreis Alfeld stammenden Schüler 50 M. Zuschuss.

[10]) Marburg 45 M

[11]) In Fulda und Gelnhausen trägt die übrigen Kosten die Landwirthschaftskammer in Kassel.

VII. Ländliche Fortbildungsschulen im Jahre 1902.

Provinzen	Zahl der Kurse	Zahl der Theilnehmer	Zahl der Lehrer	Schulgeld M	Zuschüsse vom Staat	Zuschüsse von Kommunalverbänden u. s. w.
1. Ostpreussen	86	980	120	.	9 621	1 143
2. Westpreussen	36	433	51	.	3 418	217
3. Pommern	25	385	36	74	1 882	1 367
4. Posen	42	425	50	.	4 933	195
5. Schlesien	71	1 627	97	.	9 213	1 133
6. Sachsen	53	672	70	.	3 460	2 849
7. Schleswig-Holstein	150	1 270	215	.	13 380	4 636
8. Hannover	282	4 081	427	2 764	12 452	13 074
9. Westfalen	107	2 030	158	7 793	5 942	11 206
10. Hessen-Nassau	280	3 883	371	1 234	11 593	16 870
11. Rheinprovinz	236	4 345	301	40	10 378	23 096
12. Hohenzollernsche Lande	53	535	85	340	3 250	2 683
Zusammen	**1 421**	**20 666**	**1 981**	**12 245**	**89 522**	**78 469**
Kurse für Elementarlehrer behufs Ausbildung derselben für ländliche Fortbildungsschulen im Jahre 1902.						
1. Schlesien (Liegnitz)	1	29	4	Unentgeltlich	6 472	.
2. Hannover (Hildesheim)	1	29	3	„	5 518	.
3. Wiesbaden (Weilburg)	1	25	4	„	1 760	.
Pädagogische Seminare für Kandidaten des landwirthschaftlichen Lehramtes im Jahre 1902.						
1. Hannover (Hildesheim)	1	6	5	Unentgeltlich	2 000	.
2. Wiesbaden (Weilburg)	1	6	[1]) (8)	„	2 100	.
3. Schlesien (Breslau) Vortragscyklus	1	250	—	20 für den Kursus (1 Woche)	[2]) .	[2]) .

[1]) Die Lehrer der Landwirthschaftsschule zu Weilburg sind Docenten der Universität nnd andere Gelehrte. — [2]) Die Kosten trägt die Landwirthschaftskammer.

VIII. Königliche Pomologische Institute und Gärtnerlehranstalten im Jahre 1902.

Bezeichnung der Institute	Schülerzahl	Lehrerzahl	Schulgeld ℳ	Zuschüsse vom Staate ℳ	Zuschüsse von der Kgl. Hofgarten-Intendantur ℳ
1. Gärtnerlehranstalt Wildpark (Potsdam)	44	7	250 für Unterricht, Wohnung, Heizung etc., ärztl Behandl.	30 960	3 024
2. Pomologisches Institut zu Proskau[1])	39	10	Je 60 für 1. u. 2. Halbjahr, „ 45 „ jed. folg. „	56 945	—
3 Lehranstalt f. Obst- Wein- u. Gartenbau zu Geisenheim[2])	67	19	60 für 1 Halbjahr von Garten-, Obst- und Weinbauschülern. Eleven je 60 f. 1. u. 2. Halbjahr, je 90 für 3. und 4. „ Bis 20 für Theilnehmer an Kursen. Praktikanten mehr.	100 314	—

[1]) An periodischen Unterrichtskursen nahmen 154 Personen theil. — [2]) desgl. 343 Personen.

IX. Wiesenbauschulen im Jahre 1902.

Bezeichnung der Anstalten	Schüler-zahl	Lehrer-zahl	Schulgeld für das Halbjahr	Zuschüsse vom Staate	Zuschüsse von Kommunal-verbänden, Landwirthschafts-kammern, Vereinen etc.
			M.	M.	M.
1. Königsberg i. Pr. . . .	38	9	80	—	7 500
2. Bromberg	7	11	1. Halbj. 40, 2. Halbj. 30, Schulgäste 25—30.	—	6 180
3. Schleusingen	84	9	60	3 000	5 700
4. Suderburg . . . . (Winterschule.)	57	4	30 für den Kursus.	—	3 000
5. Siegen . . . . . . (und Wegebauschule.)	[1]) 239	10	20 jährlich für die Wiesenbauschule, 30 für beide Kurse der Wegebauschule.	2 800	5 300
6. Wiesenwärterkursus für d. Reg.-Bez. Wiesbaden	86	1	Unentgeltlich.	—	1 700
7. Wiesenbaukurs. zu Seck (Reg.-Bez. Wiesbaden)	12	1	„	—	[2]) —
8. Wiesenbaukurs z. Ahrdt-Mudersbach, Hörnsheim-Hochelheim u. Wetzlar (Reg.-Bez. Coblenz) . .	29	1	„	—	[3]) —

[1]) 15 Schüler der Wegebauschule.
[2]) Die Kosten trägt die Kreisverwaltung.
[3]) Die Kosten tragen die Wiesengenossenschaften und der Kreis zu gleichen Theilen.

X. Niedere Spezialschulen.

Was die in Bd. II Buch II § 266 ff. behandelten niederen Spezialfachschulen anbelangt, so sind zu den in § 270 a. a. O. genannten Obst-, Wein- und Gartenbauschulen hinzugekommen in Schlesien die Schule zu Brieg (welche aber nur den Zwecken der dortigen Landwirthschaftsschule dient) und in der Rheinprovinz die Provinzialschulen zu Kreuznach und Ahrweiler.

In den nunmehr 15 Schulen[1]) betrug die Schülerzahl 1902 350, die Lehrerzahl 73. Staatszuschüsse etwa 12 000 (davon allein 9760 M. für die Rheinprovinz), Kommunal-, Vereinszuschüsse etc. 53 000 bis 54 000 M. (davon allein in Hannover 27 000 M.).

Die Zahl der Obstbau-, Baumwärter-, Gemüsebau- und Weinbaukurse (a. a. O. § 271) betrug 1902 94, davon 67 — meist

[1]) Engers und Kassel (s. §§ 268 u. 269 a. a. O.) nicht einbegriffen.

Weinbaukurse — in der Rheinprovinz. Schülerzahl ca. 5000, davon ca. 4000 in der Rheinprovinz. Der Unterricht war hier meist unentgeltlich. Staatszuschüsse: 8028 M., Kommunal- und Vereins- etc. Zuschüsse: 20 203 M.

Die Zahl der Molkereischulen (a. a. O. § 274) betrug 1902 16 mit 1129 Schülern und 62 Lehrern. Das Unterrichtshonorar war sehr verschieden, theilweise unentgeltlich. Staaatszuschüsse: 55 750 M., Kommunal- und Vereinszuschüsse 65 967 M.

Haushaltungsschulen (a. a. O. § 275) gab es 1902 56 mit 2299 Schülerinnen und 194 Lehr- und Hülfskräften. Das Schulgeld war meist nicht unerheblich und vielfach mit Pension- und Kostgeld verbunden. Staatszuschüsse nur 3450 M., Kommunal-, Vereins- etc. Zuschüsse 35 764 M.

Hufbeschlagslehrschmieden (a. a. O. § 276) gab es 1902 44 mit 739 Schülern und 90 Lehrern. Staatszuschüsse 512 M., Kommunal-, Vereins- etc. Zuschüsse 9650 M.

Versuchsstationen (a. a. O. § 282 ff.).

§ 265. Die Zahl derselben hat sich um 1 (Wreschen: milchwirthsch. Institut) vermehrt. Die Einnahmen haben sich von 1898/99 bis 1900 von 827 923 M. (s. Bd. II Buch I Anl. XLIII) auf 914 425 M. gesteigert, wobei sich das Antheilsverhältniss der einzelnen Einnahmegruppen gegen früher nicht wesentlich verändert hat. (Staatszuschuss 228 070 = 24,9 Proz.) Die Ausgaben betrugen 1898: 824 405, 1900: 897 622 M. Die Zunahme der Einnahme ist also eine stärkere gewesen, als diejenige der Ausgaben.

Viehzucht.

§ 266. Eine weitere nennenswerthe Steigerung haben die Fonds zur Förderung der Viehzucht (Kap. 104) erfahren, um rd. 130 000 M., wovon 100 000 M. auf Tit. 4 (Rindvieh- etc. Zucht) und 30 000 M. auf Tit. 2 (Pferdezucht) entfielen.

Letzterer Posten (1902) wurde im Etat wie folgt motivirt:

Infolge des Niederganges der Landwirthschaft hat die Ausfuhr erstklassiger Stutfüllen aus der Provinz Ostpreussen in den letzten Jahren eine bedrohliche Ausdehnung angenommen. Die Besitzer sind vielfach genöthigt, die werthvollsten Füllen zu verkaufen. Solange sich noch bewährte Mutterstuten in den Händen der Züchter befanden, hatte dieser starke Verkauf erstklassiger Füllen für die ostpreussische Landespferdezucht keine grosse Gefahr. Nachdem aber die guten Stuten seltener zu werden beginnen, ist ein merklicher Rückgang in den besten bäuerlichen Zuchten nicht mehr zu verkennen. Es soll deshalb der Versuch gemacht werden, im Wege der Fohlenprämiirung die Pferdebesitzer anzuregen, die prämiirten Thiere zu Zuchtzwecken aufzuziehen und zu behalten. Zur Durchführung dieses Versuches ist die Verstärkung des Fonds um 30 000 M. nothwendig.

Die Steigerung des Fonds Tit. 4 wurde hauptsächlich mit der Absicht begründet, den Landwirthschaftskammern die Anstellung von Viehzuchtinstruktoren, Molkereifachleuten und dergleichen zu erleichtern, ferner um Versuche mit der Aufzucht von tuberkulosefreiem Rindvieh nach dem Verfahren des Professors Ostertag anstellen zu lassen.

Landesmeliorationen.

§ 267. Für Landesmeliorationen wurden rd. 76 000 M. mehr ausgegeben, obgleich 98 000 M. bei Kap. 106 Tit. 13 (Dünenfonds) aus Etatsgründen 1903 hier in Absatz kamen (s. Etatserläuterungen zu diesem Titel). Hierzu trug einmal die weitere Vermehrung des meliorationstechnischen Personals bei. Vor allem stieg aber der Vorarbeitskostenfonds (Kap. 106 Tit. 10) sehr stark (von 454 400 M. auf 532 400 M). Besonders erforderten die Bestrebungen auf dem Gebiete des Moorwesens die Einstellung erhöhter Mittel. Hierbei handelt es sich insbesondere um die Schaffung von Kulturvorbildern in kleinbäuerlichen Gemeinden und um die Unterstützung der Moorkulturbestrebungen in den Provinzen Posen, Ostpreussen und Westfalen.

Endlich ist noch die Steigerung des Dispositionsfonds zur Unterstützung landwirthschaftlicher Vereine (Kap. 107 Tit. 1) von 350 000 auf 400 000 M. zu erwähnen.

Extraordinarium.

§ 268. Aus dem Extraordinarium der Etatsjahre 1902 und 1903 verdient besonders hervorgehoben zu werden die namhafte weitere Steigerung des sog. Ost- und Westfonds (um insgesammt 200 000 M., s. auch Buch II §§ 421 u. 422). Von dem auf den Westfonds entfallenden Mehr von 120 000 M. kommen 100 000 M. auf die Rheinprovinz und 20 000 M. auf Hessen-Nassau (vgl. Etatserläuterungen). Die extraordinären Verstärkungen mehrerer landwirthschaftlicher Dispositionsfonds (vgl. Bd. II Buch II § 418) wurde weiter durchgeführt. Die Gewährung einer 7. Rate im Etat für 1903 zum Ausbau der hochwassergefährlichen Gebirgsflüsse in den Provinzen Schlesien und event. Brandenburg, sowie zu den damit im Zusammenhange stehenden Verbesserungen an der mittleren Oder und der schiffbaren Strecke der Glatzer Neisse und event. des Bobers und der Lausitzer Neisse erforderten 1 Mill. M.

Im Etat 1903 erfolgte ferner die Einstellung einer 1. Rate von 300 000 M. (im Ganzen sind 900 000 M. veranschlagt) für Errichtung einer landwirthschaftlichen Versuchsanstalt in Bromberg (vgl. hierzu auch a. a. O. § 280 ff.).

Endlich sind in den Etat für 1902 1 400 000 M. und für 1903 weitere 1 200 000 M. als Darlehen an die Genossenschaft für Viehverwerthung in Deutschland behufs Errichtung eines Magerviehhofs in Friedrichsfelde bei Berlin bereitgestellt worden. Näheres über diese Veranstaltung siehe in der dem Etat für 1902 in Beil. B. beigegebenen besonderen Denkschrift über diesen Gegenstand.

Für die Erweiterung des Dienstgebäudes der Generalkommission zu Düsseldorf wurden 1901 und 1903 123 200 M., für die Verlegung der Gärtnerlehranstalt Wildpark nach Dahlem 272 370 M., für Erweiterungsbauten der landwirthschaftlichen Hochschule Berlin als I. Rate eines Anschlags von 509 000 M. 220 000 M. pro 1903 zur Verfügung gestellt.

Im Ganzen wurden für 1902 und 1903 4 944 400 M. + 6 669 870 = 11 614 270 M. für die landwirthschaftliche Verwaltung bereitgestellt.

Ansiedelungskommission (Anhang I zu Bd. II Buch II).
(S. auch Anl. XVI des vorliegenden Buches.)

§ 269. Die Ansiedelungskommission hat seit 1902 eine weitere erhebliche Steigerung ihres Geschäftsumfanges und ihrer Geschäftsthätigkeit erfahren.

Hervorgerufen zum Theil durch die ungünstigen Wirthschaftsjahre 1900 und 1901 weist das in der Denkschrift (welche alljährlich dem Landtage zu erstatten ist, § 11, Ges. v. 26. April 1886) zuletzt behandelte Jahr 1902 das stärkste Angebot von Grundstücken auf, welches bisher zu verzeichnen war, nämlich 474 Güter und 357 Bauernwirthschaften, davon jedoch nur 94 Güter und 148 Bauernwirthschaften von polnischer Seite. Insgesammt wurden angekauft in diesem Jahre 22 007 ha zu 19 094 531 M., davon aus polnischer Hand nur 4910 ha oder 22 Proz.

Trotz des starken Angebots hat sich der Bodenpreis fortgesetzt gesteigert, zum Theil infolge der vermehrten Kaufkraft der sparfähig gewordenen unteren Schichten der Bevölkerung, die im Wesentlichen von den Staatsangehörigen polnischer Zunge vertreten werden.

Unter Hinzurechnung der Erwerbungen aus den Vorjahren umfasste der Gesammtgrunderwerb der Ansiedelungskommission am Schlusse des Jahres 1902:

a) an Gutsareal . . .	180 761 ha	zum Kaufpreise von	127 378 773 M.,
b) an bäuerlichem Areal	5 740 „	„ „ „	5 630 743 „
zusammen . .	186 501 ha	zum Kaufpreise von	133 009 516 M.

Davon stammen aus deutscher Hand: 133 selbstständige Gutsbezirke (87 Rittergüter), 35 Güter ohne kommunale Selbständigkeit, 92 Bauernwirthschaften, mit einer Gesammtfläche von 93 856 ha = 50,3 Proz. zu einem Gesammtkaufpreise von 66 187 486 M., aus polnischer Hand: 137 selbstständige Gutsbezirke (104 Rittergüter), 17 Güter ohne kommunale Selbsständigkeit, 108 Bauernwirthschaften mit einer Gesammtfläche von 92 645 ha = 49,7 Proz zu einem Gesammtkaufpreise von 66 822 030 M.

Neben dem Angebot von Grundstücken hat sich andererseits auch die Nachfrage nach Ansiedlerstellen gesteigert, nachdem in 1900 und 1901 eine gewisse Zurückhaltung stattgefunden hatte. Es wurden an Rentenguts- und Pachtverträgen

im Jahre	abgeschlossen	genehmigt
1898	787	605
1899	966	669
1900	933	661
1901	688	418
1902	1803	1211.

Die Gesammtzahl der bis Ende 1902 angesiedelten Familien beträgt 6 010, ihre Seelenzahl ist auf 40 000 bis 42 000 zu schätzen.

Die zu Ansiedlerrecht bisher vergebene Stellenfläche umfasst 96 578 ha oder 17 Quadratmeilen.

Dazu kommen noch die für öffentliche Zwecke u. s. w. ausgewiesenen Flächen — vgl. S. 10/11 der Denkschrift für 1898 — mit etwa 30 500 ha, sodass von dem rd. 186 501 ha betragenden Gesammterwerbe etwa 127 100 ha = 68,2 Proz. vergeben sind.

Auf die Gewinnung deutscher Arbeiterfamilien von ausserhalb der Ansiedelungsprovinzen für die Ansiedelungsgüter ist fortgesetzt Bedacht genommen worden. Zur Zeit sind über 300 solcher Familien mit etwa 1800 Köpfen beschäftigt, darunter viele, die den Erwerb einer Ansiedlerstelle beabsichtigen.

Das bisherige finanzielle Gesammtergebniss der Verwaltung der Ansiedlungsgüter betrug danach seit 1886/87 bis Ende Juni 1902: An Zuschüssen 15 078 677 M., an Ueberschüssen 4 185 497 M., an baaren Aufwendungen somit 10 893 180 M.

Von diesem Betrage war bis zum Vorjahre eine Summe von rund 7 329 000 M. durch Aufschläge zu dem Ankaufspreise in den Theilungsplänen zur Deckung gelangt. Die im Jahre 1902 genehmigten Teilungspläne weisen einen Aufschlag von rd. 731 000 M. auf.

Bei Zurechnung dieses Betrages zu den oben erwähnten 7 329 000 M. ergiebt sich die Summe von 8 060 000 M.; es bleibt also ein Betrag von rd. 2 800 000 M. ungedeckt.

Alles Nähere ist aus der Denkschrift No. 55 der Drucksachen des Abgeordnetenhauses 1903 und deren Anlagen zu ersehen.

§ 270. Da sich gezeigt hat, dass die bisherigen der Ansiedelungskommission zur Verfügung stehenden Geldmittel immer noch nicht ausreichen, um die Ziele der Ansiedelungspolitik genügend sicher zu stellen, so wurde durch Ges. v. 1. Juli 1902, betreffend Massnahmen zur Stärkung des Deutschthums in den Provinzen Westpreussen und

Posen (G.-S. S. 234) in Art. I der in § 1 des Ges. v. 20. April 1898 (vgl. a. a. O. S. 917) zur Verfügung der Staatsregierung gestellte Fonds von 200 Mill. M. auf 350 Mill. M. erhöht.

Ferner wurde durch Art. II der Staatsregierung ausserdem ein Fonds von 100 Mill. M. zur Verfügung gestellt, um in den genannten Provinzen Güter zur Verwendung als Domänen oder Grundstücke zu den Forsten anzukaufen und die Kosten ihrer ersten Einrichtung zu bestreiten (s. auch Domänenverwaltung).

Central-Genossenschaftskasse (Bd. II Buch II Anhang II).

(S. auch Anl XVI des vorliegenden Buches.)

§ 271. Der in § 440a a. a. O. angegebene Gesammtumsatz der Kasse ist von 1900/01 bis 1901/02 weiter von 4 010 245 360 M. auf 5 862 292 107 M. gestiegen.

Im Einzelnen waren betheiligt:

	1900 (Mark)	1901 (Mark)
Kassenverkehr	1 347 123 158,46	2 033 309 564,96
Verkehr in Zinsscheinen	8 032 267,82	9 877 375,29
Wechselverkehr	259 287 110,64	384 064 061,84
Verkehr in Werthpapieren (einschliesslich der eigenen)	254 571 020,24	588 633 964,80
Lombardverkehr	33 235 378,77	30 907 407,41
Verkehr in „Laufender Rechnung“	520 386 881,77	667 238 189,14
Depositen- und Checkverkehr	249 794 214,13	525 940 076,90
Sonstigen Verkehr	1 337 815 328,27	1 622 321 466,18
Summa	4 010 245 360,10	5 862 292 106,52

Die Geschäftsverbindungen der Preussischen Central-Genossenschaftskasse erstreckten sich am Schlusse des Geschäftsjahres 1901/02 (Etatsjahr 1901), des siebenten seit Errichtung der Anstalt, auf:

I. 53 (1900: 51) Vereinigungen und Verbandskassen eingetragener Erwerbs- und Wirthschaftsgenossenschaften (Ges. v. 31. Juli 1895 § 2 Ziffer 1a und 2);

II. 6 (1900: 6) landschaftliche (ritterschaftliche) Darlehnskassen (Ges. v. 31. Juli 1895 § 2 Ziffer 1b und 2) und 4 (1900: 4) von Provinzen (Landeskommunalverbänden) errichtete Institute (Ges. vom 31. Juli 1895 § 2 Ziffer 1c und 2);

III. 326 (1900: 281) öffentliche Spar- und Kommunalkassen (Ges. v. 31. Juli 1895 § 2 Ziffer 3), 198 (1900: 117) einzelne Genossenschaften, Firmen, Personen u. s. w. (Ges. v. 31. Juli 1895 § 2 Ziffer 3), sowie 155 (1900: 125) öffentliche Kassen verschiedener Art, einzelne Personen (Vormünder) u. s. w. (Art. 76 des Ausführungsgesetzes zum Bürgerlichen Gesetzbuche v. 20. Sept. 1899 und gemeinschaftlicher Erlass der Minister der Finanzen, für Landwirthschaft, Domänen und Forsten, der Justiz und des Innern v. 17. Dez. 1899 zur Ausführung des Art. 85 des Ausführungsgesetzes zum Bürgerlichen Gesetzbuche),

Der Geschäftsgewinn hob sich von 2 304 526 M. in 1900/01 auf 2 391 944 M. in 1901/02. Davon wurden zu Rücklagen verwendet 891 944 M., während 1 500 000 M. an den Staat zur Verzinsung des Grundkapitals (mit 3 Proz.) abgeführt wurden.

Nähere Angaben finden sich alljährlich in den zahlreichen Beilagen (A, B, C und 1—16) des Etats der Central-Genossenschaftskasse.

III. Gestütverwaltung (Bd. II Buch III).

§ 272. In der Gestütverwaltung ist neben der weiteren Ausführung der Umgestaltung des Hauptgestüts Trakehnen (s. a. a. O. § 446), sowie der weiteren Ausgestaltung der beiden neuen Zuchtgestüte Neustadt a. D. und Zwion-Georgenburg (a. a. O. §§ 477 und 451) auch auf eine den gesteigerten Bedürfnissen entsprechende fernere Vermehrung der Beschäler-Hengste in den Landgestüten (1902 um 55, 1903 um 53) Bedacht genommen worden (a. a. O. § 470 ff.). Im Zuchtgestüt Neustadt wurde behufs Förderung der eigenen Hauptproduktion der Stutenstamm 1902 um 10 Stück vermehrt.

Die gesteigerte Beschälerzahl hat naturgemäss auch eine Steigerung der Einnahmen zur Folge gehabt. Dieselben stiegen (Anlage XVI) von 3 097 004 M. in 1901 auf 3 184 190 M. in 1903, woran besonders Tit. 1, 3 und vor allem Tit. 7 (Sprung- und Füllengeld der Landgestüte) betheiligt war, welcher letztere von 2 000 750 M. auf 2 045 320 M. stieg.

Ferner hatte die Vermehrung der Beschälerbestände etc. auch eine Erhöhung der Zahl des Wärterpersonals und der laufenden Ausgaben zur Folge, wozu noch die an mehreren Haupt- und Landgestüten weiter nothwendig gewordene Erhöhung der Lohnsätze (vgl. a. a. O. § 458 und 477) hinzukam. Die laufenden Ausgaben haben sich daher im Ganzen wesentlich stärker vermehrt wie die Einnahmen (von 6 078 250 M. in 1901 auf 6 608 330 M. in 1903).

Die beiden, die Löhnungen des Dienstpersonals enthaltenden Posten Kap. 108 Tit. 3 und 6 (a. a. O. §§ 464 und 477) erhöhten sich zusammen von 1 222 049 M. auf 1 353 646 M., also um 131 597 M.

Ebenso stiegen die Tit. 13 und 19 (Wirthschaftskosten der Haupt- und Landgestüte, welche u. A. auch die Tagelöhne enthalten), um rd. 140 185 M. bezw. 12 673 M., die Tit. 12 und 18 (Fouragekosten) um 36 063 M. bezw. 105 047 M. Auch die Tit. 26 (Unterstützungen für invalide Gestutswärter) und Tit. 29 (Neu- und Reparaturbauten) erfuhren 1903 nennenswerthe Steigerungen (um 20 000 bezw. 30 000 M.)

Die extraordinären Ausgaben (1902: 708 658 M., 1903: 642 541 M. zus. 1,3 Mill. M.) wurden zum grössten Theil für Trakehnen (222 050 M.) sowie für Zwion-Georgenburg (285 660 M.) verwandt, sowie zur ausserordentlichen Verstärkung des sog. Pferdeankaufsfonds (s. a. a. O. § 484 ff.) um 360 400 M.

§ 273. Der Pferdebestand sowie die Einnahmen und Ausgaben der einzelnen Gestüte stellten sich nach dem Etat 1903[1]) wie folgt:

Auf den Gestüten sind nach dem Etat vorhanden:	Haupt-gestüte	Land-gestüte	Zu-sammen
1. Hauptbeschäler	33	—	33
2. Mutterstuten	740	—	740
3. Junge Hengste und Stuten	2289	—	2289
4. Landbeschäler	—	3073	3073
Einnahmen (Mark)			
Erlös für verkaufte Pferde und Wirthschaftsvieh	393 375,—	6 000,—	399 375,—
Sprung- und Füllengeld	32 300,—	2 045 320,—	2 077 620,—
Ertrag aus Grundstücken und Gutswirthschaften	395 946,—	33 882,75	429 828,75
Sonstige Einnahmen	164 089,—	68 277,25	232 366,25
Gesammtsumme der Einnahme	**985 710,—**	**2 153 480,—**	**3 139 190,—**
Gesammtsumme der Ausgabe	**2 030 342,—**	**3 193 403,—**	**5 223 745,—**
Mithin ein Zuschussbedarf von	1 044 632,—	1 039 923,—	2 084 555,—

IV. Handels- und Gewerbeverwaltung (Bd. II Buch IV).

§ 274. Das starke Anschwellen der Ausgaben auf dem Etat der Handels- und Gewerbeverwaltung seit Mitte der 80er Jahre, vor Allem auf dem Gebiete des gewerblichen Fach- und Fortbildungs-Unterrichts und des gewerblichen Aufsichtsdienstes, dessen schon a. a. O. § 2 gedacht wurde, wird voraussichtlich auch die nächstjährigen Etats dieser Verwaltung beherrschen.

Die damit verbundene Geschäftsvermehrung hat dahin geführt, dass im Etat für 1903 die Neuerrichtung zweier vortragender Rathsstellen und zweier etatsmässiger Gewerbe- und Schulrathsstellen im Ministerium begründet werden mussten.

In der Provinz sind durch den Etat 1903 3 neue etatsmässige Regierungs- und Gewerbeschulrathsstellen und 7 Gewerbeinspektionsstellen geschaffen worden.

Eine Folge der wachsenden Bedeutung und des Umfangs der gewerblichen und Handels-Angelegenheiten ist u. A. auch das Erscheinen eines im Ministerium redigirten besonderen Ministerialblattes der Handels- und Gewerbeverwaltung (im Verlag von C. Heymann seit 1901), in welchem die wichtigsten Ministerialverfügungen und statistischen Daten mitgetheilt werden. Endlich ist hier auch zu erwähnen, dass im Abgeordnetenhause die seit den 70er Jahren in Wegfall gekommene ständige Kommission für Handel und Gewerbe neuerdings mit Rücksicht auf die wachsende Entwickelung von Gewerbe und Handel wieder eingerichtet worden ist (A.-H. 1903, Sten. Ber. S. 4550 ff.).

§ 275. Der Handels- und Gewerbeetat weist für 1903 gegenüber dem der Darstellung in Bd. II Buch IV zu Grunde liegenden Etats-

[1]) S. Beil. A des Etats der Gestütverwaltung.

jahr 1902 sowohl in Einnahme wie in Ausgabe erhebliche Steigerungen auf (Anl. XVI).

Die Steigerung der Einnahmen von 1902 auf 1903 (von 6,3 auf 7,0 Mill. M.) beruht zum grössten Theil auf einer Vermehrung der Einnahmen der Bernsteinwerke,[1]) welche von 2 540 000 M. auf 2 975 000 M., also um 435 000 M. gestiegen sind.

Die Einnahmen bei der Porzellanmanufaktur stiegen nach dem Etat von 1 078 420 M. auf 1 119 100 M.

Verhältnissmässig recht erheblich sind die Einnahmen bei den verschiedenen Fachschulanstalten gestiegen, was zum Theil auf Neueinrichtung staatlicher Schulen beruht, zum Theil auf eine vermehrte Benutzung dieser Anstalten hindeutet.

So konnten veranschlagt werden die Einnahmen

	1902	1903
der Baugewerkschulen . . .	810 990 M.	901 245 M.
„ Maschinenbauschulen etc.	381 930 „	496 413 „
„ Zeichenschulen etc. . . .	19 220 „	55 050 „

§ 276. Die gesammten Ausgaben stiegen von 14,3 Mill. auf 15,1 Mill. M.

Hier sind Bernsteinwerke und Porzellanmanufaktur mit verhältnissmässig geringen Beträgen (64 000 M. und 6 000 M.) betheiligt, während der Löwenantheil auf das gewerbliche Unterrichtswesen entfällt, für welches die laufenden Ausgaben von 7 345 398 M. auf 7 944 907 M. stiegen. (Die Steigerung im Verhältniss gegen frühere Jahre siehe besonders in Bd. II Buch IV § 65.)

Die neueste Darstellung über den Stand des gewerblichen Fach- und Fortschulunterrichts findet sich in der dem Abgeordnetenhaus unterm 9. März 1903 (Drucks. Nr. 92) zugegangenen „Denkschrift über den Stand der Gewerbeförderung im Königreiche Preussen“; deren Inhalt entnehmen wir im Wesentlichen Folgendes:

Fortbildungsschulwesen (a. a. O. § 107 ff.).

§ 277. Nach einer Aufnahme v. 2. Jan. 1902 gab es in Preussen 1 684 Fortbildungsschulen — einschliesslich der Innungsschulen, jedoch ausschliesslich der Fortbildungsschulen für die weibliche Jugend und der dem Landwirthschaftsminister unterstellten ländlichen Fortbildungsschulen —, die von 203 250 Schülern besucht waren.

Von diesen Schulen waren: 1 093 gewerbliche Fortbildungsschulen, und zwar 895 mit und 198 ohne Schulzwang, 291 Innungsschulen, 244 kaufmännische Fortbildungsschulen, und zwar 146 mit und 98 ohne Schulzwang, 56 Vereinsschulen (d. h. Schulen von Arbeitervereinen, Arbeiterbildungsvereinen, Handwerker-, Lehrlings-, Jünglings-, Gesellenvereinen u. dergl.).

[1]) bei den Ueberschussverwaltungen behandelt (s. Bd. I Buch III § 118 sowie oben § 220).

Die grösste Anzahl Schulen wiesen auf die Regierungsbezirke Wiesbaden (113 mit 10 539 Schülern), Schleswig (112 mit 10 714), Oppeln (94 mit 9 965), Düsseldorf (92 mit 16 237), Arnsberg (89 mit 11 479). Berlin hatte 54 Schulen mit 19 741 Schülern.

Die Unterhaltungskosten dieser Schulen betrugen im Rechnungsjahre 1901: 4 652 755 M.[1])

Davon wurden gedeckt: 1 083 870 M. durch eigene Einnahmen (Schulgeld), 1 329 264 M. durch Zuschüsse des Staates, 2 239 621 M. durch Zuschüsse der Gemeinden, Interessenverbände, Private.

Im Jahre 1903 wurde Kap. 69 Tit. 7 um 230 000 M. und 7 b um 45 000 M. erhöht.

Von besonderem Interesse sind die Nachrichten über den Schulzwang in den Fortbildungsschulen; nach Min.-Bl. f. H. u. G. 1903 S. 183 ff. gab es

	Fortbildungsschulen					
	gewerbliche			kaufmännische		
	Zahl	Staatszuschuss erhalten	Schülerzahl	Zahl	Staatszuschuss erhalten	Schülerzahl
1903:						
mit Schulpflicht . .	997	844	137 678	157	91	12 923
ohne Schulpflicht . .	172	59	39 060	96	16	13 004
zusammen	1 169	903	176 738	253	107	25 927
1899:						
mit Schulpflicht . .	*688*	*573*	*76 411*	*83*	*38*	*7 361*
ohne Schulpflicht . .	*312*	*134*	*48 791*	*118*	*21*	*9 119*
zusammen	*1 000*	*707*	*125 202*	*201*	*59*	*16 480*

Die Staatszuschüsse haben sich hiernach besonders für die mit Schulpflicht verbundenen Schulen gesteigert. Der im Abgeordnetenhaus ausgesprochene Wunsch, die allgemeine staatliche obligatorische Fortbildungsschule (wie in Sachsen und den Thüringischen Staaten) einzuführen, lässt sich aber schon aus finanziellen Gründen nicht erfüllen. Die Gemeinden müssen an den Kosten theilnehmen (s. Rede des Ministers Möller im A.-H. 1903, Sten. Ber. S. 1619).

Erweiterte Fortbildungsschulen.

§ 278. Um jungen Leuten, die besonders begabt oder nach der Beendigung der Schulzeit körperlich noch nicht soweit entwickelt sind, um den Anstrengungen der Lehre gewachsen zu sein, Gelegenheit zu einer 1—2jährigen mehr technischen Vorbildung zu geben, die zugleich als Vorbereitung für ihren späteren Beruf dienen kann, sind 1. eine gewerbliche Tagesschule in Aachen und 2. eine Handels- und Gewerbeschule in Gnesen[2]) eingerichtet (s. a. a. O. § 104 u. 111).

---

[1]) Dabei sind die stellenweise nicht unerheblichen Aufwendungen für die Beschaffung und Unterhaltung der Unterrichtsräume nicht mitgerechnet

[2]) Die Handels- und Gewerbeschule in Gnesen umfasst folgende Abtheilungen: a) Handelsschule für Knaben; b) Gewerbeschule für Knaben; c) Handelsschule für Mädchen; d) Gewerbeschule für Mädchen (einschliesslich Koch- und Haushaltungsschule). Angegliedert sind: e) die obligatorische kaufmännische Fortbildungsschule; f) die obligatorische gewerbliche Fortbildungsschule; g) die freiwilligen Abendkurse.

Die Schule in Aachen wurde im Winterhalbjahr 1902/03 von 190 Schülern, die in Gnesen von 440 Schülern und Schülerinnen besucht.

Fachschulen.

§ 279. Diejenigen Handwerker und sonstigen Gewerbetreibenden, die sich eine umfassendere und gründlichere Fachbildung, namentlich eingehendere Kenntnisse in der Technik und die Fähigkeit zur selbstständigen Ausführung von Entwürfen aneignen wollen, besuchen die Handwerker- und Kunstgewerbeschulen, sowie die für die einzelnen Gewerbe bestehenden Spezialfachschulen, wie die Baugewerk-, Maschinenbau-, Textilschulen u. dergl. Zur Aufnahme in diese Schulen werden im Gegensatz zu den Fortbildungsschulen und den eben besprochenen gewerblichen Tagesschulen in der Regel ein reiferes Alter und einige durch mehrjährige Praxis erworbenen Kenntnisse und Fertigkeiten, bei den mittleren technischen Schulen ausserdem eine grössere allgemeinwissenschaftliche Bildung verlangt. Nur bei den Fachschulen, die die Meisterlehre zu ersetzen bestimmt sind, wie z. B. die Kleineisenschulen, die keramischen Schulen und andere, ist eine technische Vorbildung nicht erforderlich (s. Näheres über die Aufnahmebedingungen in Bd. II Buch IV).

Die gegenwärtige Zahl der Anstalten und ihre Besuchsziffern gehen aus Folgendem hervor:

a) Handwerker- und Kunstgewerbeschulen. Die gegenwärtige Zahl beträgt 19. Gesammtschülerzahl 19 133. Die Namen der Schulen sind angegeben Bd. II Buch IV § 103 (die dort auf S. 1093 unter II 5 angegebene Schule zu Aachen ist schon vorher behandelt worden — § 278).

b) Baugewerkschulen (a. a. O. § 68 ff.), gegenwärtige Zahl: 22, (Namen s. a. a. O.), Gesammtschülerzahl: 19 133.

Von diesen 22 Schulen sind nur noch zwei kommunale Einrichtungen, da Cöln inzwischen verstaatlicht ist (vgl. Etatserläuterungen 1903 zu Kap. 69 Tit 1a sub c).

c) Maschinenbau-, Hütten-, und Schiffsbauschulen (a. a. O. § 78 ff.) höhere: 11 (Namen s. a. a. O. S. 1078[1]) und niedere: 8 (ebenda). Gesammtschülerzahl: 2 676.

d) Spezialfachschulen für Metallindustrie (a. a. O. § 87 ff.): 5. Gesammtschülerzahl: 264.

f) Fachschulen für Seedampfmaschinisten (a. a. O. § 43): 3 mit 93 Schülern (die dritte Schule zu Geestemünde ist 1903 hinzugekommen; vgl. Etatserläuterungen zu Kap. 69 Tit. 1b).

g) Keramische Fachschulen (a. a. O. § 101): 2, mit 117 Schülern.

h) Ziegeleischule (a. a. O. § 101): 1, mit 50 Schülern.

i) Kunsttischlerei-, Holzschnitzerei und Bildhauerschulen (a. a. O. § 101): 2, mit 39 Schülern.

[1]) Dort muss es statt „Elberfeld, Barmen" heissen „Elberfeld-Barmen".

k) Textilfachschulen (a. a. O. § 90ff.) höhere: 7, niedere: 8 und 21 Webereilehrwerkstätten[1]) mit zus. 1708 Schülern.

l) Navigationsschulen und -Vorschulen (a. a. O. § 42): 20, mit 484 Schülern.

m) Schifferschulen für Binnenschifffahrt (a. a. O. § 47[2]): 37, mit 834 Schülern.

n) Bergschulen (Bd. I. Buch II § 26): 10, mit 1149 Schülern.

o) Haushaltungs- und Fachschulen für Mädchen (a. a. O. § 115[3]): 33, mit 2831 Schülern.

§ 280. Ueber die Fachschulen sind mehrere wichtige Ministerialerlasse in dem neuen Min.-Bl. zum Abdruck gelangt, so die Geschäftsanweisung für Kuratorien der Fachschulen (Min.-Bl. f. H. u. G. 1902 S. 48, 371), Anstellungsgrundsätze für Lehrer und Beamte an Fachschulen (a. a. O. S. 76), Anweisung v. 12. Febr. 1903 (a. a. O. S. 80) betreffs Anstellung der Direktoren, Lehrer und Beamten an gewerblichen Zeichen- etc. -Schulen, Erlass betr. Studienausflüge an Fachschulen (1903 S. 199).

Staatsausgaben für Fachschulen.

§ 281. Die Steigerung der Gesammtausgaben im Ordinarium pro 1902 auf 1903 für Fach- und Fortbildungsunterricht ist im Allgemeinen bereits oben hervorgehoben worden.

Im Einzelnen ist noch darauf aufmerksam zu machen, dass der Rückgang der Ausgaben bei Kap. 69 Tit 1a (Besoldungen für Baugewerkschulen) mit der Neuregelung der Lehrerverhältnisse an diesen Schulen zusammenhängt (s. Etatserläuterungen).

An den Baugewerkschulen werden zur Zeit zwei Kategorien von technischen Lehrern beschäftigt (Bd. II Buch IV § 77). Die eine hat volle Hochschulbildung, die andere keine oder wenigstens keine abgeschlossene akademische Vorbildung. Die zur ersteren Kategorie gehörigen Lehrer beziehen ein höheres Gehalt als die letzteren. Hieraus haben sich Unzuträglichkeiten ergeben, die nur dadurch zu beseitigen sind, dass künftig an den Baugewerkschulen nur eine Kategorie von technischen Lehrern beschäftigt wird. Zu dem Zwecke werden an jeder Anstalt zwei Stellen mit einem Gehaltssatze von 2100 bis 4800 M. in solche mit einem Gehaltssatze von 3600 bis 5700 M. umgewandelt werden. Da indess zur Zeit an den Baugewerkschulen noch eine Anzahl von technischen Lehrern vorhanden ist, die mit Rücksicht auf ihre Vorbildung für das Einrücken in erstklassige Stellen nicht in Betracht kommen, so genügt es, vorerst nur an fünf Anstalten je eine Stelle umzuwandeln.

Die an jeder Baugewerkschule dauernd verbleibenden zwei Stellen der zweiten Klasse, für die zur Zeit ein Gehaltssatz von 2100 bis 4800 M. besteht, sollen dagegen künftig aus-

---

[1]) §§ 98 und 99 a. a. O.

[2]) Zu den dort genannten kommen hinzu: Coblenz, Beetz, Vietze, Malz, Friedrichsthal, Woltersdorf, Alt-Ruppin, Lychen und Hohenwutzen.

[3]) Ausser den staatlichen Schulen in Posen, Gnesen (s. oben), Rheydt gehören hierher Mittelwalde, Habelschwerdt, Reinerz, Lewin, Neurode, Wünschelburg, Schömberg, Ziegenhals, Altenessen, Beuthen, Krefeld, Görlitz, Graudenz, Halle und 16 Vereins- und Privatschulen.

schliesslich Elementar- oder Zeichenlehrern ubertragen werden. Demgemäss sollen diese 40 Stellen bei eintretender Erledigung in solche mit einem Gehalte von 1 800 bis 3 800 M. umgewandelt werden.

Die starke Ausgabesteigerung bei Tit. 1b ist zum Theil auf die Verstaatlichung der Maschinenbauschule Cöln und die Einrichtung der neuen Seedampfmaschinistenschule zu Geestemünde, bei Tit. c auf die Verstaatlichung der bisher aus Tit. 10 (A) mit einem staatlichen Zuschuss bedachten Zeichenakademie in Hanau (s. Bd. II Buch IV §§ 100 ff.) zurückzuführen (s. Etatserläuterungen), Massnahmen, welche natürlich zugleich eine entsprechende Ausgabeverminderung bei Tit. 10 zur Folge hatten.

Extraordinarium der Handels- und Gewerbeverwaltung.

§ 281. Dieses stellte sich für 1903 insgesammt auf 415 175 M. Von besonderem Interesse sind dabei die beiden, die direkte Pflege und Förderung des Kleingewerbes betreffenden Titel: Kap. 7 Tit. 15 Zur Förderung der Einrichtung und Unterhaltung von Meisterkursen und Ausstellungen von im Kleingewerbe verwendbaren Maschinen und Werkzeugen 37 000 M. und Tit. 16 Zur Förderung der Fortentwickelung des kleingewerblichen Genossenschaftswesens 30 000 M. (Rückeinnahmen und Zinsen fliessen dem Fonds wieder zu).

Derartige Ausgaben sind in ähnlicher Weise auch schon in den Vorjahren bereitgestellt worden (s. Bd. II Buch IV § 122 ff.).

Der mehrgedachten Denkschrift ist über die aus diesen Mitteln zur direkten Förderung des Gewerbestandes verwendeten Beträge zu entnehmen, dass die Meisterkurse sich weiter gut entwickelt haben.

An den Kursen in Hannover und Posen haben bisher 320 Handwerker teilgenommen, davon waren 77 Tischler, 24 Schlosser, 90 Schneider und 129 Schuhmacher. Die Theilnehmer standen im Alter von 24 bis 40 Jahren. Aehnliche Kurse werden vom Jahre 1903 ab in Cöln abgehalten.

Ausser diesen, sich auf mehrere Wochen erstreckenden, eine umfassende systematische Ausbildung in der gesammten Technik eines Handwerks bezweckenden Kursen wurden im Laufe der letzten Jahre aber auch noch kürzere Kurse abgehalten, die sich in der Hauptsache auf Buchführung, Kalkulation, kaufmännisches Rechnen und andere mehr theoretische Unterrichtsgegenstände, hie und da auch auf die Unterweisung in einzelnen gewerblichen Techniken erstreckten. Besonders die Gewerbevereine und Handwerkskammern haben sich neben anderen, die Erweiterung und Vertiefung der Fachkenntnisse der Handwerker bezweckenden, Massnahmen die Einrichtung solcher Kurse mit gutem Erfolge angelegen sein lassen (Hannover und. Nassau).

Fast alle Handwerkskammern haben sich ferner die Förderung der technischen und kaufmännischen Ausbildung der älteren Gewerbetreibenden ihres Bezirks zur Aufgabe gemacht.

§ **282.** Zu dem oben erwähnten Tit. 16 ist besonders zu bemerken: Nachdem erstmalig in das Extraordinarium des Etats der Handels- und Gewerbeverwaltung für 1896/97 „zur Förderung des kleingewerblichen Genossenschaftswesens“ ein Dispositionsfonds von 10 000 M. — der durch den Etat für 1898/99 auf 20 000 M., für 1900 auf seine gegenwärtige Höhe von 30 000 M. gebracht worden ist — eingestellt worden war, schritt die Staatsregierung zunächst dazu, durch Aussendung einer Anzahl im Genossenschaftswesen theoretisch und praktisch erfahrener Personen als sogenannter „Genossenschaftsinstruktoren“ in den für eine Belebung des genossenschaftlichen Geistes unter den Handwerkern nach Ansicht der örtlichen Behörden vorzugsweise in Betracht kommenden Orten Wanderunterricht im Genossenschaftswesen ertheilen zu lassen, um so zur Gründung sowohl von Kredit- wie von Rohstoff- und Absatzgenossenschaften anzuregen.

Zu den Kosten der ersten Einrichtung neugegründeter Genossenschaften wurden in der Regel entsprechende Beihülfen, je nach dem Umfang der Unternehmung in Höhe von 50—500 M. — vereinzelt bis 900 M. — gewährt.

Aus dem Fonds waren bis 1903 gewährt worden: an 22 Genossenschaftsinstruktoren insgesammt 23 105,74 M., an 149 Genossenschaften als Beihülfen zur Deckung der ersten Einrichtungskosten insgesammt 26 070 M., an 14 Genossenschaften als Darlehne insgesammt 26 200 M., an eine Genossenschaft als nicht rückzahlungspflichtige Unterstützung 10 000 M.; an Revisionsverbände bezw. an Provinzialbehörden u. s. w. zur Subvention solcher Verbände, insgesammt 36 402,71 M., für Lehrkurse, zu Stipendien und dergleichen 5 940,40 M.

V. Bauverwaltung (Bd. II Buch V § 203).

§ **283.** Die Einnahmen der Bauverwaltung sind von 1902 auf 1903 von 9,6 auf 10,0 Mill. M., die laufenden Ausgaben von 33,2 auf 33,9 Mill. M. gestiegen. Beide halten sich also hinsichtlich der Steigerung ziemlich die Wage. Der grösste Theil der Mehreinnahmen (350 000 M.) entfiel auf Kap. 28 Tit. 7 (Verkehrsabgaben), deren Steigerung hauptsächlich auf die Einführung der neuen Binnenschifffahrtsabgabentarife und der Binnenschifffahrtsaichung sowie auf die weitere Entwickelung des Verkehrs auf dem Dortmund-Emskanal und im Emdener Hafen zurückzuführen ist.

Die Neuregelung der Schifffahrts- etc. Abgaben, die in letzter Zeit erfolgt ist (s. Bd. II Buch V § 159), hat u. A. auch neue Vereinbarungen mit Nachbarstaaten wegen gemeinsamer Flussläufe zur Folge gehabt.

Vgl. Staatsvertrag zwischen Preussen und Anhalt über die Erhebung der Schifffahrts- und Flössereiabgaben auf der Saale vom 31. Okt. 1902 (G.-S. 1903 S. 21) — 4 Tarifklassen nach Ladungsgewicht. Staatsvertrag zwischen Preussen und Lübeck wegen Abgabeerhebung auf dem Ems-Travekanal v. 17. April 1903 (G.-S. S. 184).

§ 284. Bei den laufenden Ausgaben sind zunächst die mit der schon in Bd. II Buch V § 168 Anm. 2 erwähnten Schaffung einer neuen Unterstaatssekretär- und Ministerialdirektorstelle verbundenen Veränderungen bei Kap. 64 Tit. 2 (Ministerium) zu erwähnen. Auch wurden 2 neue vortragende Rathsstellen geschaffen, davon 1 technische. In den Provinzialinstanzen fanden mehrfache Vermehrungen von höheren und mittleren Beamtenstellen statt.

Der weitaus grösste Theil der laufenden Mehrausgaben entfällt indessen auf die Sächlichen Fonds (vgl. a. a. O. § 203 ff.) besonders auf Kap. 65 Tit. 15 (Seehäfen und Schifffahrtsstrassen), welcher um 363 617 M. stieg und Tit. 16 (Binnenhäfen und Gewässer), welcher sich um 228 313 M. erhöhte.

Dabei ist indessen zu beachten, dass ein Betrag von 261 500 M., welcher früher auf Tit. 16 stand, nach Tit. 15 übertragen wurde, da er Aufwendungen für solche Wasserstrassen betraf, welche ausschliesslich oder doch ganz überwiegend der Seeschifffahrt dienen. Weitere 29 000 M. wurden aus gleichem Grunde aus Tit. 17 übernommen, sodass sich die eigentliche Mehrausgabe für Seeschifffahrtszwecke (Tit. 15) auf 73 117 M. reduzirt (Näheres in den Etatserläuterungen zu Tit. 15), während sich die eigentlichen Mehrausgaben für Binnenschifffahrtszwecke (Tit. 16) entsprechend erhöhen. Bei letzterem Titel waren u. A. an Mehrkosten erforderlich in Folge von Regulirungsbauten und sonstigen neuen Unterhaltungsobjekten an der Weichsel 74 500 M., Warthe 48 600 M., Oder 157 700 M., Elbe 1 200 M., Weser 18 200 M., Aller 2 500 M., Ems (Wasserbaukreis Leer) 3 000 M. und am Rhein 87 700 M.

Durch die Einführung der neuen Vorschriften über die Aichung der Binnenschiffe entstehen gegenüber dem früheren Vermessungsverfahren (vgl. Bd. II Buch V S. 1152) Mehrkosten in Höhe von 16 000 M.

Zum Betriebe und zur Unterhaltung der auf der Schleuseninsel im Thiergarten bei Berlin errichteten Versuchsanstalt für Wasserbau und Schiffbau (vgl. Anl. zum Entwurfe des Etats für 1901, Bd. II No. 15 S. 47/48) wurden vorläufig 25 000 M. eingestellt. Der von der Reichsmarineverwaltung zu übernehmende Antheil von mindestens einem Viertel der entstehenden Ausgaben, sowie die für die Benutzung der Anstalt durch Private eingehenden Gebühren, welche mit etwa 5 000 M. jährlich veranschlagt sind, gelangen bei Kap. 28 Tit. 5 zur Vereinnahmung.

§ 285. Ein Rückgang der Ausgaben fand bei Tit. 17 (Kanäle) um 85025 M. statt, welcher aber in Höhe von 62000 M. nur rechnungsmässige Bedeutung hat, indem diese Summe bei anderen Titeln (15 und 16) zugesetzt ist (vgl. hierzu auch Bd. II Buch V § 241b).

Bei Tit. 18 (Wegeunterhaltung) hat aus den in Bd. II Buch V § 270 bereits hervorgehobenen Gründen eine weitere wirkliche Verminderung der Ausgaben stattgefunden. Der Fonds beträgt gegenwärtig nur noch 298000 M.

§ 286. Die Höhe des Extraordinariums der Bauverwaltung hat sich gegen das Vorjahr trotz der ungünstigen allgemeinen Finanzlage sogar noch etwas gesteigert, 14,8 gegen 13,2 Mill. M.

Die Hauptposten sind: zur Ausgestaltung der vier Stauwerke an der Netze und zur Bildung von Genossenschaften zu deren Betrieb und weiteren Ausnutzung im Interesse der Landeskultur, 1. Rate 1000000 M.; zur Nachregulirung der grösseren Ströme, 11. Rate (vgl. Bd. II Buch V § 243) 1200000 M.; zur Uebertragung staatsseitig zu unterhaltender Wege, Brücken und Fähren auf kommunale Verbände (vgl. a. a. O. § 270) 2000000 M.; zum Neubau der Geschäftsgebäude für beide Häuser des Landtages, 12. Baurate (vgl. a. a. O. § 214 und Bd. III Buch II § 108) 1500000 M.; zur Betheiligung des Staates an dem Bau eines Holzhafens bei Thorn, 1. Rate 400000 M.

Anlagen.

Etat der Staatsschulden-Verwaltung für die Etatsjahre 1903 bis

1	2	3	4	5
Etatsstelle 1903 Kap.	Titel	Etatspositionen	1903 ℳ	1902 ℳ
		Einnahme.		
		A. Zur Deckung der Ausgaben dieses Etats sind durch gesetzliche Verordnungen folgende Einnahmen bestimmt (s. § 38 ff. im Text).		
		B. Eigene Einnahmen der Staatsschuldenverwaltung.		
22.	1.	Vergütung vom Reich für Wahrnehmung der Geschäfte der Reichsschuld	217 400	217 400
	2.	Gebühren für Eintragungen in das Staatsschuldbuch u. s. w.	61 800	68 000
	3.	Sonstige Einnahmen	75 000	53 500
		Summe B	*354 200*	*338 900*
		Ausgabe.		
		A. Dauernde Ausgaben.		
35.		**Verzinsung.**		
		3½ prozentige Staatsschuldscheine	—	—
		4½ prozentige konsolidirte Anleihe	—	—
	1	3½ (vormals 4) prozentige konsolidirte Anleihe	125 477 816	125 499 738
	2.	3½ prozentige konsolidirte Anleihe	66 993 523	66 993 522
	3.	3 prozentige konsolidirte Anleihe	[1])38 242 542	33 071 922
		Verschiedene nicht konsolidirte 4 prozentige Anleihe	—	—
	4.	Zur Verzinsung der im Laufe des Etatsjahres neu aufzunehmenden Anleihebeträge	500 000	3 500 000
	5.	Aktien und Obligationen der Niederschlesisch-Märkischen u. s. w. Eisenbahnen	4 259 728	4 383 681
		Prämienanleihe von 1855	—	—
		Kur- und Neumärkische Kriegsschuld	—	—
	6.	Schatzanweisungen	300 000	2 000 000
	7.	Vormals Hannoversche Schulden	138 553	140 415
		„ Schleswig-Holsteinische	—	—
		„ Kurhessische	—	—
		„ Nassauische	—	—
		„ Hessen-Homburger	—	—
		„ Frankfurter	—	—
		Summe Kap. 35	**235 912 162**	**235 589 278**
36.		**Tilgung.**		
		A. Planmässige oder durch bestehende Gesetze anderweit vorgeschriebene Tilgung von Staatsschulden.		
		4 prozentige nicht konsolidirte Anleihe	—	—
		Kur- und Neumärkischen Kriegsschuld	—	—
		Prämienanleihe 1855	—	—
		3½ prozentige Staatsschuldscheine	—	—
	1.	Aktien und Obligationen der Niederschlesisch-Märkischen u. s. w. Eisenbahnen	3 094 377	3 069 419

[1]) Durch Nachtragsetats 1903 (G.-S. S. 167) kamen hinzu 4 989 797 ℳ.

1892/93, 1890/91, 1888/89, 1886/87, 1883/84, 1879/80 und 1876.

6	7	8	9	10	11	12
Etatsjahr						
1901	**1900**	**1899**	**1898/99**	**1897/98**	**1896/97**	**1895/96**
M	*M*	*M*	*M*	*M*	*M*	*M*
126 800	126 800	126 800	126 800	126 800	126 800	126 800
56 400	47 300	54 800	65 700	60 000	63 510	65 850
69 300	71 900	79 550	91 000	142 500	160 460	156 850
252 500	*246 000*	*261 150*	*283 500*	*329 300*	*350 770*	*349 500*
—	—	163 175	381 139	591 749	795 170	991 652
—	—	—	—	—	—	—
125 521 558	125 548 169	125 569 843	125 582 450	138 367 687	143 678 398	143 706 714
66 993 523	66 993 523	66 993 523	66 993 523	67 080 298	67 080 281	67 081 811
29 321 922	28 871 922	25 946 922	25 046 988	25 048 860	24 893 610	20 293 572
—	—	—	—	—	—	—
3 500 000	3 500 000	3 500 000	500 000	100 000	500 000	1 800 000
4 566 665	4 689 666	4 865 780	4 981 451	5 077 870	5 712 182	6 206 315
—	—	—	—	—	—	—
—	—	—	—	—	—	2 740
2 000 000	1 000 000	100 000	500 000	500 000	500 000	2 000 000
142 280	144 142	146 003	147 865	149 726	151 588	153 449
—	—	—	—	—	—	—
—	—	—	—	—	—	—
—	—	—	—	—	—	—
—	—	—	—	—	—	—
—	—	—	—	—	176 412	238 565
232 045 948	**230 747 422**	**227 285 246**	**224 133 416**	**236 916 190**	**243 487 641**	**242 474 818**
—	—	—	—	—	—	—
—	—	—	—	—	—	105 091
—	—	—	—	—	—	2 400 000
—	—	6 244 691	6 171 766	5 961 157	5 757 736	5 561 254
3 134 095	3 074 540	2 975 496	2 868 363	2 765 665	2 743 789	3 137 356

Noch: Anlage I.

Noch: Etat der Staatsschulden-Verwaltung für die Etatsjahre 1903 bis

1 Etatsstelle 1903 Kap.	2 Titel	3 Etatspositionen	13 1894/95 ℳ	14 1893/94 ℳ
		Einnahme.		
		A. Zur Deckung der Ausgaben dieses Etats sind durch gesetzliche Verordnungen folgende Einnahmen bestimmt (s. § 38 ff im Text)	—	—
		B. Eigene Einnahmen der Staatsschuldenverwaltung.		
22.	1.	Vergütung vom Reich für Wahrnehmung der Geschäfte der Reichsschuld	126 800	126 800
	2.	Gebühren für Eintragungen in das Staatsschuldbuch u. s. w.	50 650	37 500
	3.	Sonstige Einnahmen	121 250	85 000
		Summe B . . .	*298 700*	*249 300*
		Ausgabe.		
		A. Dauernde Ausgaben.		
35.		**Verzinsung.**		
		3½ prozentige Staatsschuldscheine	1 181 533	1 364 737
		4½ prozentige konsolidirte Anleihe	—	—
	1.	3½ (vormals 4) prozentige konsolidirte Anleihe	143 706 714	143 706 714
	2.	3½ prozentige konsolidirte Anleihe	67 067 574	66 949 603
	3.	3 prozentige konsolidirte Anleihe	19 050 000	14 850 000
		Verschiedene nicht konsolidirte 4 prozentige Anleihen . .	91 656	240 123
	4.	Zur Verzinsung der im Laufe des Etatsjahres neu aufzunehmenden Anleihebeträge	1 942 500	3 500 000
	5.	Aktien und Obligationen der Niederschlesisch-Märkischen u. s. w. Eisenbahnen	6 410 600	6 525 798
		Prämienanleihe von 1855	—	67 200
		Kur- und Neumärkische Kriegsschuld	6 434	9 998
	6.	Schatzanweisungen	2 000 000	2 000 000
	7.	Vormals Hannoversche Schulden	155 311	157 172
		„ Schleswig-Holsteinische	—	—
		„ Kurhessische	—	—
		„ Nassauische	—	—
		„ Hessen-Homburger	—	—
		„ Frankfurter	264 212	288 995
		Summe Kap. 35 . . .	**241 876 534**	**239 660 340**
36.		**Tilgung.**		
		A. Planmässige oder durch bestehende Gesetze anderweit vorgeschriebene Tilgung von Staatsschulden.		
		4 prozentige nicht konsolidirte Anleihe	3 237 742	3 674 877
		Kur- und Neumärkische Kriegsschuld	104 511	100 947
		Prämienanleihe 1855	2 154 000	2 214 000
		3½ prozentige Staatsschuldscheine	5 371 372	5 188 168
	1.	Aktien und Obligationen der Niederschlesisch-Märkischen u. s. w. Eisenbahnen	3 046 995	2 922 962

[1]) Gesetzliche Wittwen- und Waisenkassenbeiträge.

1892/93, 1890/91, 1888/89, 1886/87, 1883/84, 1879/80 und 1876.

15	16	17	18	19	20	21
Etatsjahr						
1892/93	**1890/91**	**1888/89**	**1886/87**	**1883/84**	**1879/80**	**1876**
M	*M*	*M*	*M*	*M*	*M*	*M*
—	—	—	[1]) 12 050	[1]) 10 040	—	—
126 800	18 500	18 500	12 500	12 500	12 500	—
26 000	31 000	21 200	30 000	—	—	—
107 700	169 000	108 240	60 250	98 310	—	—
260 500	*218 500*	*147 940*	*114 800*	*120 850*	—	—
1 593 973	2 062 379	2 499 730	2 957 199	3 515 684	4 490 199	5 220 705
—	—	—	—	23 925 494	22 918 052	20 302 045
143 706 714	143 706 714	143 706 714	144 757 344	70 097 672	12 400 000	—
66 298 407	50 755 094	20 988 373	5 324 368	—	—	—
9 450 000	—	—	—	—	—	—
382 821	651 816	1 570 005	2 228 004	3 210 264	4 165 152	4 499 646
3 120 000	2 074 000	2 827 000	335 000	1 750 000	400 000	1 500 000
5 830 308	471 876	1 274 551	1 389 268	1 549 902	1 789 484	1 927 053
119 700	233 100	341 250	444 150	638 400	813 750	946 050
15 056	28 112	38 682	48 609	62 280	84 994	101 148
2 000 000	600 000	600 000	1 200 000	1 200 000	1 200 000	1 200 000
159 034	162 757	166 840	170 203	175 787	183 234	189 785
—	—	15 840	17 730	20 970	25 826	30 498
—	—	985 920	1 023 684	1 075 056	1 136 574	1 175 769
—	572 033	717 477	765 001	855 478	960 628	1 054 012
—	—	—	429	3 000	6 429	9 428
313 278	366 628	416 499	463 128	529 526	605 487	656 140
232 989 201	**201 684 509**	**176 148 161**	**161 124 117**	**108 609 513**	**54 779 809**	**38 812 279**
3 532 179	3 263 184	8 872 378	8 196 619	7 278 163	6 203 431	5 487 128
161 374	157 191	146 622	136 695	123 027	149 018	32 864
2 037 000	1 884 000	1 800 000	1 680 000	1 840 800	1 670 400	1 233 000
6 985 530	6 517 125	6 079 773	5 622 304	5 063 893	6 348 618	5 618 112
1 848 241	636 171	1 279 431	1 204 230	1 660 439	1 187 071	8 841 620

Noch: Anlage I.

Noch: Etat der Staatsschulden-Verwaltung für die Etatsjahre 1903 bis

1	2	3	4	5
Etatsstelle 1903		Etatspositionen	1903	1902
Kap.	Titel		M	M
(36.)	2.	Vormals Hannoversche Schulden	46 538	46 538
		„ Schleswig-Holsteinische	—	—
		„ Kurhessische	—	—
		„ Nassauische	—	—
		„ Hessen-Homburger	—	—
		„ Frankfurter	—	—
	3.	Beträge der auf Grund der §§ 18 bis 27 des Gesetzes vom 16. Juli 1893 (Gesetz-Samml. S. 119) und Artikel XI des Gesetzes vom 2. Juli 1900 (Gesetz-Samml. S. 252) an die Staatskasse zurückerstatteten Grundsteuer-Entschädigungen	500 000	500 000
		Summe A	*3 640 915*	*3 615 957*
		B. Zur weiteren Tilgung von Staatsschulden.		
	4.	Ersparnisse an Amortisationsausgaben für Prioritätsanleihen verstaatlicher Eisenbahnen	28 772 721	27 910 539
	5.	Beträge der unter Kap. 24 Tit. 8, 8a und 8b des Etats der allgemeinen Finanzverwaltung nachgewiesenen Einnahmen an Rückzahlungen und Zinsen auf gewährte Darlehne u. s. w.	1 386 625	1 184 638
	6.	Zur Ergänzung der Tilgungssumme	[1]) 7 536 159	7 613 615
		Summe B	*37 695 505*	*36 708 792*
		Summe Kap. 36	**41 336 420**	**40 324 749**
37.		**Zur Bildung oder Ergänzung eines ausseretatsmässigen Dispositionsfonds bis zur Höhe von 30 000 000 M zur Vermehrung der Betriebsmittel, sowie zur Erweiterung der Bahnanlagen und zu Grunderwerbungen behufs Vorbereitung derartiger Erweiterungen im Falle eines durch Verkehrssteigerung hervorgerufenen, nicht vorherzusehenden Bedürfnisses der Staatsbahnen, event. zur weiteren Tilgung von Staatsschulden gemäss § 3 des Gesetzes vom 8. März 1897 (Ges.-Samml. S. 43)*)**	—	—
		Summe Kap. 37 für sich		
38.		**Renten.**		
		An die Rentenbanken (s. § 36 im Text)	1 452 250	1 449 250
		Summe Kap. 38 für sich		
39.		**Verwaltungskosten.**		
	1-3.	Besoldungen	625 780	621 740
	4.	Zu Wohnungsgeldzuschüssen für die Beamten	125 760	125 760
	5-6b.	Andere persönliche Ausgaben	48 400	48 400
	7-9.	Sächliche Ausgaben	265 179	304 168
		Summe Kap. 39	**1 065 119**	**1 100 068**
		Summe A. Dauernde Ausgaben	**279 765 051**	**278 463 345**
		Einmalige	—	*13 200*

*) Die Fassung wird von 1904 ab etwas anders lauten in Folge des Gesetzes vom 3. Mai 190[illegible]

1892/93, 1890/91, 1888/89, 1886/87, 1883/84, 1879/80 und 1876.

6	7	8	9	10	11	12
Etatsjahr						
1901	**1900**	**1899**	**1898/99**	**1897/98**	**1896/97**	**1895/96**
M	*M*	*M*	*M*	*M*	*M*	*M*
46 538	46 538	46 538	46 538	46 538	46 538	46 538
—	—	—	—	—	—	—
—	—	—	—	—	—	2 250 840
—	—	—	—	—	—	—
—	—	—	—	—	—	—
—	—	—	—	—	412 499	755 134
500 000	500 000	500 000	600 000	600 000	1 000 000	—
3 680 633	*3 621 078*	*9 766 725*	*9 686 667*	*9 373 360*	*9 960 562*	*14 256 213*
26 916 625	25 973 528	25 522 347	24 830 067	23 614 847	22 621 615	20 981 472
1 089 096	944 107	929 133	978 315	963 099	975 279	995 130
7 930 461	9 011 388	2 815 699	3 416 283	—	—	—
35 936 182	*35 929 023*	*29 267 179*	*29 224 665*	*24 577 946*	*23 596 894*	*21 976 602*
39 616 815	**39 550 102**	**39 033 904**	**38 911 332**	**33 951 306**	**33 557 450**	**36 232 815**
—	—	—	—	—	—	—
1 446 100	1 443 650	1 439 700	1 436 850	1 434 350	1 431 250	1 436 606
578 440	575 660	593 140	533 200	513 020	516 935	514 955
115 815	116 940	116 940	103 740	103 740	104 172	100 692
48 400	48 400	48 400	48 400	49 300	49 300	49 300
234 476	269 332	245 960	230 882	274 910	289 931	313 657
977 131	**1 010 332**	**1 004 440**	**916 222**	**940 970**	**959 938**	**978 604**
274 085 993	**272 751 506**	**268 763 290**	**265 397 800**	**273 242 816**	**279 436 285**	**281 122 842**
—	*196 000*	—	—	*1 000 000*	—	—

(G.-S. S. 155). — [1]) Durch Nachtragsetats 1903 (G.-S. S. 167) kamen hinzu 823 840 *M*.

Noch: Anlage I.

Noch: Etat der Staatsschulden-Verwaltung für die Etatsjahre 1903 bis

1	2	3	13	14
Etatsstelle 1903 Kap.	Titel	Etatspositionen	1894/95 ℳ	1893/94 ℳ
(36.)	2.	Vormals Hannoversche Schulden	46 538	46 538
		„ Schleswig-Holsteinische	—	—
		„ Kurhessische	2 250 840	2 227 050
		„ Nassauische	—	—
		„ Hessen-Homburger	—	—
		„ Frankfurter	729 592	704 911
	3.	Beträge der auf Grund der §§ 18 bis 27 des Gesetzes vom 14. Juli 1893 (Gesetz-Samml. S. 119) und Artikel XI des Gesetzes vom 2. Juli 1900) (Gesetz-Samml. S. 252) an die Staatskasse zurückerstatteten Grundsteuer-Entschädigungen	—	—
		Summe A	*16 941 590*	*17 079 453*
		B. Zur weiteren Tilgung von Staatsschulden.		
	4.	Ersparnisse an Amortisationsausgaben für Prioritätsanleihen verstaatlicher Eisenbahnen	20 158 450	19 373 242
	5.	Beträge der unter Kap. 24 Tit. 8, 8a und 8b des Etats der allgemeinen Finanzverwaltung nachgewiesenen Einnahmen an Rückzahlungen und Zinsen auf gewährte Darlehne u. s. w	843 028	793 968
	6.	Zur Ergänzung der Tilgungssumme	—	—
		Summe B	*21 001 478*	*20 167 210*
		Summe Kap. 36	**37 943 068**	**37 246 663**
37.		**Zur Bildung oder Ergänzung eines ausseretatsmässigen Dispositionsfonds bis zur Höhe von 30 000 000 ℳ zur Vermehrung der Betriebsmittel, sowie zur Erweiterung der Bahnanlagen und zu Grunderwerbungen behufs Vorbereitung derartiger Erweiterungen im Falle eines durch Verkehrssteigerung hervorgerufenen, nicht vorherzusehenden Bedürfnisses der Staatsbahnen, event. zur weiteren Tilgung von Staatsschulden gemäss § 3 des Gesetzes vom 8. März 1897 (Ges.-Samml. S. 43)*)**	—	—
		Summe Kap. 37 für sich		
38.		**Renten.**		
		An die Rentenbanken (s. § 36 im Text)	1 432 756	1 429 556
		Summe Kap. 38 für sich		
39.		**Verwaltungskosten.**		
	1.-3.	Besoldungen	507 775	510 200
	4.	Zu Wohnungsgeldzuschüssen für die Beamten	96 492	96 492
	5-6b.	Andere persönliche Ausgaben	49 300	49 300
	7-9.	Sächliche Ausgaben	403 886	446 499
		Summe Kap. 39	**1 057 453**	**1 102 491**
		Summe A. Dauernde Ausgaben	**282 309 810**	**279 439 050**
		Einmalige	—	—

*) Siehe Anm. *) auf Seite 6 und 7. — [1]) Anderer Titel. — [2]) s. Etatsbemerkungen. —

1892/93, 1890/91, 1888/89, 1886/87, 1883/84, 1879/80 und 1876.

15	16	17	18	19	20	21
Etatsjahr						
1892/93	**1890/91**	**1888/89**	**1886/87**	**1883/84**	**1879/80**	**1876**
M	*M*	*M*	*M*	*M*	*M*	*M*
46 538	46 538	46 538	46 538	46 538	46 538	46 538
—	—	33 750	30 375	28 425	59 660	68 000
2 227 050	1 699 950	2 211 942	2 186 178	1 795 056	1 425 198	1 414 350
—	315 086	529 714	964 800	878 057	772 971	679 886
—	—	—	17 143	17 143	17 143	17 143
692 675	764 706	715 010	668 543	604 437	528 476	477 823
—	—	—	—	—	—	—
17 530 587	*15 283 951*	*21 715 158*	*20 753 425*	*19 335 978*	*18 402 524*	*16 058 984*
18 615 388	13 269 568	5 834 829	626 790	—	—	—
341 679	282 014	—	—	—	—	—
—	1) 250 964	—	—	—	—	—
18 957 067	*13 802 545*	*5 834 829*	*626 790*	—	—	—
36 487 654	**29 086 456**	**27 549 987**	**21 380 215**	**19 335 978**	**18 402 524**	**16 058 984**
—	—	—	—	—	—	3) 3 000
1 439 914	1 429 814	1 425 614	1 409 614	1 384 264	1 376 978	1 320 589
510 450	420 525	415 125	388 725	320 325	290 175	291 450
94 992	80 304	79 224	73 704	61 008	54 648	55 080
49 300	2) 50 050	52 250	44 450	29 850	17 100	17 100
341 043	216 351	296 439	272 703	162 262	77 767	45 518
995 785	**767 230**	**843 038**	**779 582**	**573 445**	**439 690**	**409 148**
271 912 643	**232 968 048**	**205 966 800**	**184 693 528**	**129 903 500**	**75 000 000**	**56 604 000**
—	*4 869 198*	*8 430 995*	*380 100*	—	—	—

3) Kosten der unverzinslichen Schuld.

Anlage II.

Zusammenstellung der Anleihekredite zu

1	2	3	4	5	6
Laufende Nummer	Es ermächtigte das Gesetz vom	Ges.-Samml. Seite	Es ermächtigte zur Beschaffung von baar bezw. zur Ausgabe von Schuldverschreibungen bis zur Höhe von ℳ	Von diesen Krediten sind jedoch wieder zu löschen nach den allgemeinen Bemerkungen zu den Staatshaushaltsetats ℳ	Die Kredite beliefen sich demnach auf ℳ
1	(21. Mai 1861), 11. Februar 1870 und 5 April 1884 betr. Regelung der Grundsteuer in den neuen Provinzen	(327) 85 117	8 436 500	508 707	7 927 793
2	9. Februar 1878 (Etats-Defizit für 1878/79)	21	42 000 000	—	42 000 000
3	5. März 1879 (Etats-Defizit für 1879/80)	28	67 950 000	—	67 950 000
4	12. März 1879 betr. Verbesserung märkischer Wasserstrassen.	135	5 227 000	486 780	4 740 210
5	3. Februar 1880 (Nothstand in Ober-Schlesien)	17	6 000 000	1 947 238	4 052 762
6	29. Februar 1880 (Rechnungs-Defizit für 1878/79)	88	7 134 304	—	7 134 304
7	1. März 1880 (Etats-Defizit für 1880/81)	92	37 700 000	—	37 700 000
8	23. Februar 1881 (Nothlage im Reg.-Bez. Oppeln) und 1. Mai 1889	25 102	16 000 000	2 094 000	13 906 000
9	28. Februar 1881 (Etats-Defizit für 1881/82)	46	28 630 000	—	28 630 000
10	6. März 1881 (Rechnungs - Defizit für 1878/79 und 1879/80)	117	4 795 379	—	4 795 379
11	3. März 1882 (Ablösung und Rente an die Stadt Berlin wegen Uebernahme fiskalischer Baulasten)	13	11 128 624	—	11 128 624
12	12. Mai 1882 (Packhof in Berlin)	267	5 939 600	—	5 939 600
13	21. Januar 1883 (Hochwasser am Rhein)	3	3 000 000	997 266	2 002 734
14	27. März 1883 (Etats-Defizit für 1883/84)	40	23 248 000	—	23 248 000
15	30. März 1885 (Etats-Defizit für 1885/86)	71	22 369 962	2 043 071	20 326 891
16	8. April 1885 (Weichselüberschwemmung)	105	1 167 000	33 402	1 133 598
17	25. Mai 1885 (Aussonderung des steuerartigen Theils aus den sogen. stehenden Gefällen in Schleswig-Holstein)	170	4 270 756	—	4 270 756
18	31. März 1886 (Etats-Defizit für 1886/87)	56	8 770 800	—	8 770 800
19	26. April 1886 (Ansiedelungskommission) und 20. April 1898	131 63	200 000 000	—	200 000 000
20	22. Juni 1886 (Defizit für Nachtragsetat 1886/87)	166	3 628 100	—	3 628 100
21	23. Juni 1886 (Beseitigung der schwebenden Schuld)	171	30 000 000	—	30 000 000
22	30. Juni 1886 (Zollanschluss Altonas) . .	184	6 500 000	—	6 500 000
23	9. Juli 1886 (Schiffahrtsstrassen) . . . . . 6. Juni 1888 „ . . . . . 26. Juni 1897 „	207 238 205	87 175 033	—	87 175 033
24	14. Juli 1886 (Weichselhochwasser) . . .	211	740 000	—	740 000
25	16. Juli 1886 (Beitrag zum Nordostseekanal)	209	50 000 000	—	50 000 000

anderen als Eisenbahnzwecken seit 1870.

7	8	9	10	11	12	13	14
Davon sind beschafft bis zum 31. März 1899							
a) aus dem Erlöse von über Bedarf angekauften Grundstücken bezw. Grundstückstheilen der Berliner Stadteisenbahn (§ 2 des Gesetzes vom 26. Juni 1878, Ges.-Samml. S. 259), b) aus dem Kaufpreise für abgetretene Eisenbahnstrecken und aus sonstigen Beiträgen, c) aus Beiträgen anderer Staaten, d) aus der Kriegskostenentschädigung	a) aus versch. Ersparnissen an Geldmitteln, welche durch Anleiheges. bewilligt waren, b) aus den Beständen des Hinterlegungsfonds (§ 96 der Hinterlegungsordnung vom 14. März 1879, Ges.-Samml. S. 249)	aus den Ersparnissen an Amortisationsausgaben für Prioritätsanleihen verstaatlicher Eisenbahnen (Kapitel 36 Tit. 6 des Etats)	aus dem Betrage der unter Kap 24 Tit. 8, 8a und 8b des Etats der allgemeinen Finanzverwaltung nachgewiesenen Einnahmen an Rückzahlungen und Zinsen auf gewährte Darlehne u. s. w. (Kap. 36 Tit. 7 des Etats)	aus dem Betrage zur Ergänzung der Tilgungssumme (Kap. 36 Tit. 8 des Etats)	aus den Ueberschüssen des Staatshaushalts in Gemässheit des Gesetzes vom 27. März 1882 (Ges.-Samml. S 214) und § 3 des Gesetzes vom 8. März 1897 (Ges.-Samml. S. 43) Kap. 37 des Etats	durch Ausgabe von Schuldverschreibungen (Consols)	der Kredit war am 1. April 1901 noch offen mit
ℳ	ℳ	ℳ	ℳ	ℳ	ℳ	ℳ	ℳ
d) 5 494 293	—	—	—	—	—	2 433 500	—
—	—	—	—	—	—	42 000 000	—
—	b) 19 418 280	—	—	—	—	48 531 720	—
—	b) 3 391 478	—	—	—	—	1 348 742	—
—	—	—	—	—	—	4 052 762	—
—	—	—	—	—	—	7 134 304	—
—	—	—	—	—	—	37 700 000	—
—	—	—	—	—	4 602 630	7 020 029	2 283 341
—	—	—	—	—	—	28 630 000	—
—	—	—	—	—	—	4 795 379	—
—	—	—	—	—	—	11 128 624	—
—	—	—	—	—	—	5 939 600	—
—	—	—	—	—	—	2 002 734	—
—	—	—	—	—	—	23 248 000	—
—	—	—	—	—	—	20 326 891	—
—	—	—	—	—	133 598	1 000 000	—
—	—	21 238	149	—	4 249 369	—	—
—	—	—	—	—	7 680 627	1 090 173	—
—	b) 35 828	8 837 388	579 294	—	45 969 274	131 229 440	13 348 776
—	—	—	—	—	—	3 628 100	—
—	—	—	—	—	—	30 000 000	—
—	—	—	651 074	—	821 601	5 027 325	—
—	—	7 600 000	1 150 120	—	63 000 000	15 141 033	283 881
—	—	—	—	—	—	740 000	—
—	—	12 400 847	1 159 915	—	16 400 000	20 000 000	39 237

Noch: Zusammenstellung der Anleihekredite zu

1	2	3	4	5	6
Laufende Nummer	Es ermächtigte das Gesetz vom	Ges.-Samml. Seite	Es ermächtigte zur Beschaffung von baar bezw. zur Ausgabe von Schuldverschreibungen bis zur Höhe von ℳ	Von diesen Krediten sind jedoch wieder zu löschen nach den allgemeinen Bemerkungen zu den Staatshaushaltsetats ℳ	Die Kredite beliefen sich demnach auf ℳ
26	30. März 1887 (Etats-Defizit für 1887/88)	72	28 459 000	—	28 459 000
27	13. Mai 1887 (Defiz. i Nachtr.-Etat 1887/88)	152	11 997 783	8 165 444	3 832 339
28	13. Mai 1888 und 8. Mai 1889 (Hochwasserschäden)	103 102	34 000 000	7 783 000	26 217 000
29	20. Juni 1888 (Regul v. Weichsel u Nogat)	251	20 000 000	—	20 000 000
30	11. Juli 1891 (Ablösung einer v. 14 Juli 1892 der Provinz Sachsen zu zahlenden Rente)	316 213	13 190 643	36 029	13 154 614
31	18. Juli 1892 (Aufhebung von Personalsteuerfreiheiten)	210	2 500 000	—	2 500 000
32	26. März 1893 (Etats-Defizit für 1893/94)	57	31 356 527	—	31 356 527
33	23. Juli 1893 (Rechnungs-Defizit f. 1891/92)	193	42 833 886	—	42 833 886
34	1. Mai 1894 (Etats-Defizit für 1894/95)	71	56 510 000	48 131 511	8 378 489
35	23. Mai 1894 (Rechn -Defizit für 1892/93)	81	25 290 908	—	25 290 908
36	20. Juni 1894 (Elbe-Travekanal) . . .	125	7 500 000	—	7 500 000
37	30. März 1895 (Etats-Defizit für 1895/96)	75	34 300 000	34 300 000	—
38	8. April 1895 (soweit Kleinbahnen in Betracht kommen)	91	5 000 000	—	5 000 000
39	31. Juli 1895 (Centralgenossenschaftskasse)	310	5 000 000	—	5 000 000
40	13. August 1895 (Arbeiterwohnungen) . .	521	5 000 000	—	5 000 000
41	30. März 1896 (Etats-Defizit für 1896/97)	74	14 285 612	14 285 612	—
42	3. Juni 1896 (soweit Kleinbahnen in Betracht kommen)	103	8 000 000	—	8 000 000
43	8. Juni 1896 (Centralgenossenschaftskasse)	123	15 000 000	—	15 000 000
44	23. Dezember 1896 (Baarzahlung aus Anlass der Convertirung)	269	52 200	—	52 200
45	8. Juni 1897 (Kleinbahnen)	171	8 000 000	—	8 000 000
46	26. Juni 1897 (Charité)	202	16 000 000	—	16 000 000
47	20. April 1898 (Centralgenossenschaftskasse)	67	30 000 000	—	30 000 000
48	20. April 1898 (Hochwasserschäden) . . .	29	5 000 000	—	5 000 000
49	20. Mai 1898 (Kleinbahnen)	91	8 000 000	—	8 000 000
50	2. Juli 1898 (Arbeiterwohnungen) . . .	137	5 000 000	—	5 000 000
51	1. Mai 1899 (Kauf der Bernsteinwerke von Stantien & Becker)	105	9 750 000	—	9 750 000
52	23. August 1899 (Arbeiterwohnungen) .	165	5 000 000	—	5 000 000
53	25 Mai 1900 (Kleinbahnen)	132	20 000 000	—	20 000 000
54	9 Juli 1900 (Arbeiterwohnungen)	293	5 000 000	—	5 000 000
55	21. März 1902 (Erwerb von Bergwerken) [1]	29	58 000 000	—	58 000 000
	Summe		**1 216 837 617**	**120 812 060**	**1 091 025 557**

[1]) Neuerdings sind noch folgende Anleihen zu anderen als Eisenbahnzwecken bewilligt: vom 16. April 1902 (Ges.-Samml. S. 180) und 18. Mai 1903 (Ges.-Samml. S. 157) je 20 bezw. 5 Mill. M. für Kleinbahnen, vom 2. Juni 1902 käufe in Westpreussen und Posen, vom 18. Mai 1903 (Ges.-Samml. S. 165) 37,5 Mill. M. für Defizitdeckung pro 1901.

anderen als Eisenbahnzwecken seit 1870.

7	8	9	10	11	12	13	14
Davon sind beschafft bis zum 31. März 1899							
a) aus dem Erlöse von über Bedarf angekauften Grundstücken bezw. Grundstückstheilen der Berliner Stadteisenbahn (§ 2 des Gesetzes vom 26. Juni 1878, Ges.-Samml. S. 259), b) aus dem Kaufpreise für abgetretene Eisenbahnstrecken und aus sonstigen Beiträgen, c) aus Beiträgen anderer Staaten, d) aus der Kriegskostenentschädigung	a) aus versch. Ersparnissen an Geldmitteln, welche durch Anleiheges. bewilligt waren, b) aus den Beständen des Hinterlegungsfonds (§ 99 der Hinterlegungsordnung vom 14. März 1879, Ges.-Samml. S. 249)	aus den Ersparnissen an Amortisationsausgaben für Prioritätsanleihen verstaatlicher Eisenbahnen (Kapitel 36 Tit. 6 des Etats)	aus dem Betrage der unter Kap. 24 Tit. 8, 8a und 8b des Etats der allgemeinen Finanzverwaltung nachgewiesenen Einnahmen an Rückzahlungen und Zinsen auf gewährte Darlehne u. s. w. (Kap. 36 Tit. 7 des Etats)	aus dem Betrage zur Ergänzung der Tilgungssumme (Kap. 36 Tit. 8 des Etats)	aus den Ueberschüssen des Staatshaushalts in Gemässheit des Gesetzes vom 27. März 1882 (Ges.-Samml. S. 214) und § 3 des Gesetzes vom 8. März 1897 (Ges.-Samml. S. 43) Kap. 37 des Etats	durch Ausgabe von Schuldverschreibungen (Consols)	der Kredit war am 1. April 1901 noch offen mit
M	M	M	M	M	M	M	M
—	—	—	—	—	28 459 000	—	—
—	—	—	—	—	3 832 339	—	—
--	—	—	787 143	—	25 429 857	—	—
—	—	6 958 242	50 000	—	12 991 758	—	—
—	—	217 114	375 000	—	—	12 562 500	—
—	—	2 500 000	—	—	—	—	—
—	—	—	—	—	—	31 356 527	—
—	—	—	—	—	—	42 833 886	—
—	—	—	—	—	—	8 378 489	—
—	—	—	—	—	—	25 290 908	—
b) 567 564	—	200 000	150 000	—	6 550 000	—	32 435
—	—	—	—	—	—	—	—
—	—	—	334 169	—	4 665 831	—	—
—	—	—	—	—	—	5 000 000	—
—	—	—	100 000	—	4 900 000	—	—
—	—	—	—	—	—	—	—
—	—	—	100 000	—	7 900 000	—	—
—	—	—	315 720	500 697	—	14 183 583	—
—	—	52 200	—	—	—	—	—
—	—	—	—	—	8 000 000	—	—
—	—	—	824 698	1 301 946	7 000 000	—	6 873 356
—	—	—	—	2 818 358	8 931 607	18 250 035	—
—	—	—	437 491	—		4 562 509	—
—	—	—	676 979	2 658 341	4 664 679	—	—
—	—	—	—	—	5 000 000	—	—
—	—	—	—	—	6 819 925	2 299 770	630 305
—	—	—	—	—	3 000 000	—	2 000 000
—	—	—	—	—	20 000 000	—	—
—	—	3 791 712	—	—	1 208 288	—	—
—	—	19 854 707	—	—	—	—	38 145 293
6 061 857	**22 845 586**	**62 433 448**	**7 691 752**	**7 279 342**	**302 210 383**	**618 866 564**	**63 636 625**

(Ges.-Samml. S. 81) und 4. Mai 1903 (Ges.-Samml. S. 175) je 12 Mill. M. für Arbeiterwohnungen, vom 20. Mai 1902 (Ges.-Samml. S. 202) 7 Mill. M. (Ruhrorter Hafen), vom 1. Juli 1902 (Ges.-Samml. S. 234) 100 Mill. M. für Domänen-

Anlage III.

I. Staatsschuldscheine.[1])

1	2	3	4	1	2	3	4
Der Kurs betrug am Jahresschluss (ultimo)				Der Kurs betrug am Jahresschluss (ultimo)			
in den Jahren	für die 4 prozentigen, seit 1843 $3^{1}/_{2}$ prozentigen	für die $4^{1}/_{2}$ prozentigen	für die 4 prozentigen	in den Jahren	für die 4 prozentigen, seit 1843 $3^{1}/_{2}$ prozentigen	für die $4^{1}/_{2}$ prozentigen	für die 4 prozentigen
	Staatsschuldscheine				Staatsschuldscheine		
1815 . . .	79			1859 . . .	$84^{3}/_{8}$	$99^{5}/_{8}$	$93^{1}/_{2}$
1816 . . .	$74^{3}/_{4}$			1860 . . .	86	$99^{1}/_{4}$	96
1817 . . .	$73^{3}/_{4}$			1861 . . .	$88^{7}/_{8}$	102	$98^{1}/_{4}$
1818 . . .	$66^{7}/_{8}$			1862 . . .	$89^{7}/_{8}$	102	$99^{1}/_{2}$
1819 . . .	$71^{5}/_{8}$			1863 . . .	88	100	$94^{1}/_{2}$
1820 . . .	$68^{1}/_{4}$			1864 . . .	91	102	97
1821 . . .	$70^{1}/_{8}$			1865 . . .	$89^{1}/_{2}$	$100^{1}/_{2}$	$96^{3}/_{4}$
1822 . . .	$74^{1}/_{8}$			1866 . . .	$84^{5}/_{8}$	$98^{3}/_{4}$	$89^{5}/_{8}$
1823 . . .	$73^{11}/_{12}$			1867 . . .	$82^{3}/_{4}$	96	$89^{1}/_{2}$
1824 . . .	$89^{7}/_{8}$			1868 . . .	$80^{3}/_{4}$	$93^{3}/_{4}$	$87^{1}/_{4}$
1825 . . .	$89^{1}/_{2}$			1869 . . .	$78^{5}/_{8}$	$93^{3}/_{8}$	$85^{3}/_{4}$
1826 . . .	$85^{1}/_{2}$			1870 . . .	$78^{1}/_{4}$		
1827 . . .	$87^{3}/_{4}$			1871 .	89		
1828 . . .	$91^{1}/_{6}$			1872 . . .	89		
1829 . . .	$100^{1}/_{2}$			1873 . . .	$91^{1}/_{2}$		
1830 . . .	$91^{3}/_{4}$			1874 . . .	90		
1831 . . .	$93^{11}/_{12}$			1875 . . .	91,50		
1832 . . .	$93^{5}/_{12}$			1876 . . .	92,90		
1833 . . .	97			1877 . . .	94,20		
1834 . . .	$99^{7}/_{8}$			1878 . . .	91,50		
1835 . . .	$101^{7}/_{12}$			1879 . . .	94		
1836 . . .	$101^{3}/_{4}$			1880 . . .	98,10		
1837 . . .	$102^{5}/_{6}$			1881 . . .	98,30		
1838 . . .	$102^{3}/_{4}$			1882 . . .	98,60		
1839 . . .	$103^{5}/_{8}$			1883 . . .	99		
1840 . . .	$103^{7}/_{12}$			1884 . . .	99,80		
1841 . . .	$104^{5}/_{12}$			1885 . . .	99,90		
1842 . . .	$103^{11}/_{12}$			1886 . . .	100,20		
1843 . . .	$103^{1}/_{4}$			1887 . . .	100,10		
1844 . . .	101			1888 . . .	101,10		
1845 . . .	98			1889 . . .	100,30		
1846 . . .	94			1890 . . .	99,50		
1847 . . .	$92^{1}/_{4}$			1891 . . .	99,90		
1848 . . .	$79^{1}/_{2}$			1892 . . .	99,90		
1849 . . .	$88^{1}/_{2}$			1893 . . .	99,80		
1850 . . .	$84^{1}/_{2}$	$99^{1}/_{4}$		1894 . . .	100,70		
1851 . . .	$89^{1}/_{4}$	$102^{1}/_{4}$		1895 . . .	100,40		
1852 . . .	$94^{5}/_{8}$	103		1896 . . .	100		
1853 . . .	91	$100^{3}/_{8}$	99	1897 . . .	100,60		
1854 . . .	83	96	92	1898 . . .	100		
1855 . . .	$85^{3}/_{4}$	$101^{1}/_{2}$	$97^{1}/_{2}$	1899 . . .	gekündigt zum 1. Januar 1900		
1856 . . .	$82^{1}/_{4}$	$98^{1}/_{4}$	91	1900 . . .			
1857 . . .	$81^{3}/_{4}$	99	$90^{1}/_{2}$	1901 . . .			
1858 . . .	$84^{3}/_{4}$	101	95	1902 . . .			

[1]) An Stelle der später ausgegebenen $4^{1}/_{2}$- und 4 prozentigen Staatsschuldscheine — unter 3 und 4 — ist 1870 eine $4^{1}/_{2}$ prozentige consolidirte Anleihe getreten. (Siehe II.)

II. Consols.[1])

1	2	3	4	1	2	3	4
Der Kurs betrug am Jahresschluss (ultimo)				Der Kurs betrug am Jahresschluss (ultimo)			
in den Jahren	für die $4^1/_2$ prozentigen	für die 4-, seit 1897 $3^1/_2$ prozentigen	für die $3^1/_2$ prozentigen	in den Jahren	für die 4-, seit 1897 $3^1/_2$ prozentigen	für die $3^1/_2$ prozentigen	für die 3 prozentigen
	Consols				Consols		
1870 . . .	$89^7/_8$			1887 . . .	106,70	100,40	
1871 . . .	102			1888 . . .	108	104,20	
1872 . . .	$103^1/_4$			1889 . . .	106	103,60	
1873 . . .	$105^1/_4$			1890 . . .	105,10	98,10	87
1874 . . .	$104^5/_8$			1891 . . .	105,80	99,10	85,25
1875 . . .	105,40			1892 . . .	106,75	100	86,30
1876 . . .	104,10	94,90		1893 . . .	106,90	100,10	86,10
1877 . . .	104	94,20		1894 . . .	105,75	104,60	96,25
1878 . . .	104,70	95,30		1895 . . .	105,50	104,40	99,60
1879 . . .	104,30	97		1896 . . .	103,90	103,80	99,30
1880 . . .	104,20	100,25		1897[1]) . .	103,30	103,25	98
1881 . . .	105,40	100,80		1898 . . .	101,60	101,60	94,70
1882 . . .	103,50	100,60		1899 . . .	97,90	97,90	88,70
1883 . . .	102,60	102,10		1900 . . .	97,20	97,20	87,60
1884 . . .	102,70	103,25		1901 . . .	100,90	101,10	90,40
1885[1]) . .		104,10	98,70	1902 . . .	102	102,20	91,70
1886 . . .		106	101,90				

[1]) Im Jahre 1885 sind die $4^1/_2$ prozentigen Consols in 4 prozentige konvertirt worden, ab 1. Januar 1897 die 4 prozentigen in $3^1/_2$ prozentige.

Anlage IV.

Kursstand (ultimo) der nicht consolidirten, von der Hauptverwaltung der Staatsschulden verwalteten Staatsschulden.

1	2	3		4	5	6	7	8
	Kurs der Aktien der							
Ende	Hannov. Schulden Lit. S v. 1860	Bergisch-Märkische Eisenbahn Lit. A u. B	Bergisch-Märkische Eisenbahn Lit. C	Berlin-Potsdam-Magdebg.	Braunschweiger	Cöln-Mindener	Magdebg.-Wittenberger[1])	Niederschles.-Märkisch.
				Eisenbahn				
1881 . .		94,25	93,50		102,75	128		
1882 . .		93,10	92,50		102	125,10		
1883 . .		94,25	94,25		104	125,20		
1884 . .		96,25	96,25		103,50	124,90		
1885 . .		97,70	97,70		103	124,90		
1886 . .		100,10	100,10		106,60	130,25		
1887 . .		99,90	99,90		106,50	129,60		
1888 . .		101,80	101,80		108,20	136		
1889 . .		101,50	101,50		107	138,50		
1890 . .		97,10	97,10	100	105,50	134		
1891 . .		96,50	96,50	101	104	130		
1892 . .		99	99	102,20	106	132		
1893 . .	107	99	99	101,10	105,80	129,60	88,50	101,90
1894 . .	112	101,60	101,60	102,25	107,75	135,90	95,50	102,80
1895 . .	111,75	101	101	—	—	137,50	97,60	102,90
1896 . .	112	100,10	101,10	101,30	107,80	137,80	95,50	100,90
1897 . .	111,50	100,30	100,30	100,30	106	138	95,70	100,80
1898 . .	111	99,75	99,75	100,25	—	136,10	92,30	100,20
1899 . .	106,25	96,20	96,20	99,70	103,50	134,50	88,50	—
1900 . .	105,50	96	96	99,60	101,80	129	88,30	101,50
1901 . .	108,50	99,10	99,10	—	104,20	130,50	90	102

[1]) Köthen-Bernburger Eisenbahn nicht in Berlin notirt.

Anlage IVa.

Zusammenstellung betr. die Emissionen von Preussischen Staats-

1	2	3		4
		Schuldner		
Jahr.	Monat	Preussen (Pr) Nordd. Bund (B) Reich (R)	Typus %	Schuldsumme (Mill. M.)
1859	6. bis 11. Juni	Pr	5	90
	3. Okt. 1859 bis 6. Juni 1864	„	4½	55,2
1862	18. März 1863 bis 1. Mai 1865	„	4	9,75
1864	März	„	4½	18
	Juli	„	4½	26,488
1867	April	„	4½	30
1867 (D)	Januar 1868	„	4½	36
	März bis November 1868		4½	36
1868 (B)	Oktober	„	4½	60
			4½	der nicht gezeichnete Theil (6,6 Mill.) u. weitere 15 Mill.
1870	August	B	5	300 (später durch A. E. v. 2. Okt. 1870 auf 240 Mill. reduzirt)
	Oktober	„	5	von obiger Anleihe wurden
	April	„	5	66
	Dezember	„	5%ige Schatzanweisungen (auf 5 Jahre)	153 (I. Emission)
1871	Januar	„	dito	153 (II. Emission)
1876	Juli	Pr	4 (von hier ab in Preussen Cons.)	100
1877	Juni	R	4	43
	November	Pr	4	50
1878	April	„	4	60
	September	R	4	30
	Oktober	Pr	4	60
1879	Januar	„	4	55
	Oktober	R	4	30
	November	Pr	4	30
	Dezember	„	4	120
1880	März	„	4	67
1881	Juni	R	4	14

[1]) bis auf 6,48 Mill. ℳ, welche vertheilt wurden. — [2]) Gezeichnet wurden 67,2 Mill. ℳ. — England 306 Mill. ℳ. — [6]) Desgl. in Deutschland 362,0 Mill. ℳ, in England 56 Mill. ℳ. — 288,0 Mill. ℳ. — [10]) Desgl. nur 19,5 Mill. ℳ. — [11]) Desgl. 25,5 Mill. ℳ. — [12]) Desgl. 109,3 Mill. ℳ

(Norddeutschen Bundes- und Deutschen Reichs-) Anleihen seit 1859.

5	6	7	8
Vermittelungsstelle	Subskription oder freihändiger Verkauf	Subskriptions- oder Verkaufskurs %	Uebernahme-kurs seitens des Consortiums %
direkt durch Kgl Kassen	Subskription	95	—
Seehandlung	freihändig	98¾—102¾	—
„	dito	97¼—99	—
Seehandlung und R. Erlanger	für gemeinschaftl. Rechnung verkauft	—	98
Seehandlung und Consortium	vertheilt	—	100
dito	für gemeinschaftl. Rechnung verkauft [1])	—	96
Consortium	Subskription [2])	95	93¼
„	für gemeinschaftl Rechnung verkauft	95⅜, 96 und 95	93¼
„	Subskription [3])	94	92¾
„	für gemeinschaftl. Rechnung verkauft	—	92¾
direkt durch Kgl und Bundesstaatskassen	Subskription [4])	88	—
62,1 Mill. vom Consortium übernommen und davon 21 Mill. zu 97,5—96 verkauft, der Rest vertheilt			95¾
Consortium	45,9 Mill. zu 99¾—100½ verkauft, der Rest vertheilt		98½
„	Subskription in Deutschland 91,8 Mill., in England 61,2 Mill. [5])	95¼ bezw. 95½	92½
„	dito [6])	96½ 96	95¼
„	Subskription (25 Mill.), verkauft (75 Mill.), vertheilt (54,2 Mill.)	97 97,2—97	96 96
„	Subskription [7]) [8])	94,60	94
„	dito [9]) [8])	93,75	93
„	dito [10]) [8])	95,60	95
	da nur 19,5 Mill gezeichnet wurden, so musste der Rest auf gemeinschaftliche Rechnung für 95,8—96 verkauft werden		
„	Subskription [11]) [8])	95,60	95
„	dito [12]) [13])	94,4	93¾
„	dito [14]) [13])	94,90	94,25
„	dito [15]) [13])	96,60	95,90
„	durch Diskontogesellschaft freihändig zu 96,90, 97,60 und 97 verkauft		95,90
„	zwecks Konvertirung bezw. Umtausch von Eisenbahnprioritätsobligationen		95,90
„	dito		98,30
„	freihändig	—	102,05

Desgl. 53,4 Mill. *M.* — [4]) Desgl 205,0 Mill. *M.* — [5]) Desgl. in Deutschland 362,0 Mill. *M*, in
Desgl. 334,6 Mill. *M.* — [8]) Der Subskriptionsstelle wurden ½ ‰ bonifizirt. — [9]) Gezeichnet wurden
- [13]) 1 ‰ Bonifikation. — [14]) Gezeichnet wurden 135,4 Mill. *M.* — [15]) Desgl. 147,7 Mill. *M.*

Noch: Anlage IVa.

Noch: Zusammenstellung betr. die Emissionen von Preussischen Staats-

1	2	3		4
		Schuldner		
Jahr.	Monat	Preussen (Pr) Nordd. Bund (B) Reich (R)	Typus %	Schuldsumme (Mill. M.)
1881	August	Pr	4	10
	November	„	4	10
1882	Januar	„	4	10
1884	November	„	4	65
1885	Juli	„	3½	17
	August	„	3½	10,9
	Oktober	„	3½	22,2
1886	Juli	„	3½	10
	November	„	3½	35
1887	Januar	„	3½	25
	Januar	R	3½	26
	Juni	„	3½	100
1888	Februar	Pr	3½	10
1889	Januar	„	3½	25
	Juli	„	3½	60
	Dezember	„	3½	49
1890	Februar	R	3½	129
	September	Pr	3	65
	September	R	3	170
1891	Februar	Pr	3	250
	Februar	R	3	200
1892	Januar	Pr	3	180
	Januar	R	3	160
	Dezember	„	3½	7,5
1893	Januar	„	3½	17,5
	April	Pr	3	140
	April	R	3	160
	Dezember	„	3½	4
1894	April	„	3	160
1896	Januar	Pr	3	50
1898	Mai	„	3	34,8
1899	Januar	„	3½ alte	19,9
	Januar	„	3½ convertirt	5,9
	Januar	„	3	125
	Januar	R	3	75
1901	März	„	3	300
1902	Januar	„	3	115
	Jannar	Pr	3	185
1903	April	R	3	290

[1]) Gezeichnet wurden 640,6 Mill. ℳ. — [2]) Desgl. 97 Mill. ℳ. — [3]) ½‰ Bonifikation. — [7]) Desgl. 444,6 Mill. ℳ. — [8]) Desgl. 541,3 Mill. ℳ. — [9]) Desgl. 528,5 Mill. ℳ. — [10]) Desgl. [14]) 8007 Mill. ℳ. — [15]) Desgl. 13755 Mill. ℳ.

(Norddeutschen Bundes- und Deutschen Reichs-) Anleihen seit 1859.

5	6	7	8
Vermittelungsstelle	Supskription oder freihändiger Verkauf	Subskriptions- oder Verkaufskurs %	Uebernahme-kurs seitens des Consortiums %
Consortium	freihändig	—	101,90
"	"	—	100,25
"	"	—	100,50
"	"	—	103
"	"	—	98,55
"	"	—	98,60
"	"	—	98,45
"	"	—	103,10
"	"	—	101,75
"	"	—	99
"	"	—	99
"	Subskription [1])	99	98,45
"	freihändig	—	101,10
"	"	—	103,85
"	"	—	104,85
"	"	—	102,50
"	Subskription	102,5	102
"	dito [2]) [3])	[2]) 87	86,4
"	dito [4]) [3])	87	86,4
auf Rechnung des Fin.-Min.	dito [5]) [3])	84,4	—
auf Rechnung des Reichs	dito [6]) [3])	84,4	—
auf Rechnung des Fin.-Min.	dito [7]) [3])	83,6	—
auf Rechnung des Reichs	dito [8]) [3])	83,6	—
Seehandlung und Consortium	freihändig verkauft		99,65 und 1/4% Courtage
dito	dito		99,70 und 1/2% Courtage
auf Rechnung des Fin.-Min.	Subskription [9]) [3])	86,8	—
auf Rechnung des Reichs	dito [10]) [3])	86,8	—
Seehandlung und Consortium	freihändig verkauft		99 1/2 und 1/2% Courtage
auf Rechnung des Reichs	Subskription [11]) [3])	87,7	—
Consortium	freihändig verkauft		98,9
"	—	—	96,6
"	—	—	101,35
"	—	—	101,20
Deutsche Bank	Subskription [3])	92	91 3/8
dito	dito [3])	92	91 3/8
Consortium	dito [12]) [3])	87,50	86,80
"	dito [13]) [3])	89,80	89,20
"	dito [14]) [3])	89,80	89,20
"	dito [15]) [3])	92	91,40

[4]) Gezeichnet wurden 422,1 Mill. ℳ. — [5]) Desgl. 7362,8 Mill. ℳ. — [6]) Desgl. 9288,1 Mill. ℳ. — 672,9 Mill. ℳ. [11]) Desgl. 404 Mill. ℳ. — [12]) Desgl. 4625 Mill. ℳ. — [13]) Desgl. 7462 Mill. ℳ. —

Die Staatsschulden nach den Berichten der Staatsschulden-Kommission.

1	2	3	4			5
			Art der Tilgung			
Jahr	Stand der verzinslichen Staatsschuld am 1. Januar [1])	Verzinsung im Etatsjahre [1])	a) Planmässige u. s. w. Tilgung	b) Schuldentilgung α) durch Verrechnung auf Anleihen u. s. w. aus Eisenbahnüberschüssen (Ges. vom 27. März 1882) seit 1897 „aus den Ueberschüssen des Staatshaushalts", β) aus Ersparnissen an Amortisations - Ausgaben für Prioritätsanleihen verstaatlicher Eisenbahnen	c) Insgesammt (a + b)	Spalte 4c in Prozenten von Spalte 2
1870 . . .	[2]) 1 273 042 670	51 092 034	33 266 903	—	33 266 903	2,613
1871 . . .	1 236 294 950	50 391 995	17 654 524	—	17 654 524	1,428
1872 . . .	1 247 871 557	47 174 413	98 906 137	—	98 906 137	7,926
1873 . . .	1 149 267 474	44 632 183	135 140 539	—	135 140 539	11,759
1874 . . .	964 690 761	32 991 566	65 751 779	—	65 751 779	6,816
1875 . . .	899 217 528	36 376 233	10 156 363	—	10 156 363	1,130
1876 . . .	889 061 164	38 302 069	[3]) 9 927 437	—	9 927 437	1,117
	Am 1. April					
1877 . . .	1 000 268 552	42 406 753	[4]) 11 223 766	—	11 223 766	1,122
1878 . . .	1 146 866 838	48 793 687	10 980 163	—	10 980 163	0,956
1879 . . .	1 321 174 576	54 323 826	11 762 085	—	11 762 085	0,890
1880 . . .	1 490 063 591	62 847 512	11 497 460	—	11 497 460	[5]) 0,771
1881 . . .	1 729 476 431	72 624 585	12 938 715	—	12 938 715	[5]) 0,748
1882 . . .	2 047 946 016	87 435 538	12 617 120	α) 15 597 279	28 214 399	1,377
1883 . . .	2 686 139 795	108 480 302	11 108 740	α) 19 267 951	30 376 691	[5]) 1,130
1884 . . .	3 164 039 155	134 672 154	10 538 652	α) 14 266 449 β) 41 600	24 846 701	0,785
1885 . . .	3 905 121 303	156 821 881	11 232 962	α) 7 680 627 β) 93 650	19 007 239	[5]) 0,486
1886 . . .	4 033 890 041	159 711 570	11 570 483	α) 32 291 339 β) 626 790	44 488 612	[5]) 1,103
1887 . . .	4 184 643 808	170 189 922	11 610 437	α) 43 431 483 β) 5 289 269	60 331 189	[5]) 1,442
1888 . . .	4 416 201 070	172 811 601	25 517 102	α) 66 081 601 β) 5 834 829	97 433 531	2,201

[1]) seit 1877 am Anfang des Etatsjahres (1877/78) — [2]) die Zahlen von 1870 bis 1890 sind aus Sattler S. 168 ff. entnommen — [3]) in den Berichten der Staatsschuldenkommission sind die Abgänge an den nicht konsolidirten 4prozentigen Anleihen in Folge der Konsolidation bis 1895/96 als getilgt aufgeführt, sie sind hier und weiterhin unter den Tilgungsbeträgen nicht mitenthalten, weil die Einlösungsmittel für die Tilgung dieser Anleihen durch Rückkauf eines entsprechenden Betrages der konsolidirten Anleihe beschafft sind — [4]) auch die Schatzanweisungen sind fortgelassen. — [5]) zur richtigen Bewerthung dieser Ziffern ist aber nicht ausser Acht zu lassen, dass in diesen Jahren Defizitanleihen aufgenommen sind, wodurch sich der Betrag der aus laufenden Etatsmitteln aufgebrachten Tilgungssumme erheblich mindert Vergl. die Höhe der Defizitanleihen in Anlage II.

Noch: Anlage V.

Noch: Die Staatsschulden nach den Berichten der Staatsschulden-Kommission.

1	2	3	4				5
			Art der Tilgung				
Jahr	Stand der verzinslichen Staatsschuld am 1 Januar	Verzinsung im Etatsjahre	a) Planmässige u. s. w. Tilgung	b) Schuldentilgung α) durch Verrechnung auf Anleihen u. s. w. aus Eisenbahnüberschüssen (Ges. vom 27 März 1882), seit 1897 „aus den Ueberschüssen des Staatshaushaltsetats", β) aus Ersparnissen an Amortisations-Ausgaben für Prioritätsanleihen verstaatlicher Eisenbahnen, γ) aus Rückzahlung von Nothstandsdarlehnen		c) Insgesammt (a + b)	Spalte 4c in Prozenten von Spalte 2
1889 . . .	[1]) 4 449 669 369	176 664 629	55 678 159	α) β) γ)	102 103 614 5 973 185 298 980	164 053 938	3,687
1890 . . .	4 775 853 460	208 330 342	15 069 302	α) [5]) β) γ)	12 883 101 13 269 567 260 901	46 065 055	0,964
1891 . . .	5 692 918 793	229 569 574	23 215 486	α) β) γ)	— 17 851 752 341 795	41 409 033	[7]) 0,728
1892 . . .	6 057 952 166	233 950 020	13 082 986	α) β) γ)	— 18 615 388 418 986	32 117 360	[7]) 0,530
1893 . . .	6 239 839 530	237 825 644	11 687 876	α) β) γ)	— 19 373 242 731 283	31 792 401	[7]) 0,509
1894 . . .	6 368 098 954	237 771 585	[2]) 14 138 886	α) β) γ)	— 20 158 450 904 915	35 202 251	[7]) 0,552
1895 . . .	6 353 822 618	239 128 702	[3]) 43 139 213	α) β) γ)	60 193 839 20 981 472 929 294	125 243 818	1,97
1896 . . .	6 458 845 905	241 443 281	[4]) 32 351 723	α) [6]) β) γ)	95 435 033 22 621 615 980 946	151 389 327	2,34

[1]) die Zahlen von 1870 bis 1890 sind aus Sattler S. 168 ff. entnommen. — [2]) darunter 1 960 *M* Rückzahlung von Grundsteuerentschädigung auf Grund des Gesetzes vom 14. Juli 1893 §§ 18—27. — [3]) desgl. 2 533 342 *M* — [4]) desgl. 1 699 854 *M*. — [5]) bei Sattler sind irrthümlich 17 851 752 *M*, die Zahl für 1891, angegeben — [6]) in den Jahren 1896—99 ist in der Summe bei α) der Eisenbahndispositionsfonds mit enthalten, der in diesen Jahren aus den rechnungsmässigen Eisenbahnüberschüssen abgesondert wurde. Die Summe betrug 1896 19 997 910 *M*. — [7]) Siehe Anm. 5 auf Seite 20.

Noch: Anlage V.

Noch: Die Staatsschulden nach den Berichten der Staatsschulden-Kommission.

1	2	3	4				5
			Art der Tilgung				
Jahr	Stand der verzinslichen Staatsschuld am 1. Januar	Verzinsung im Etatsjahre	a) Planmässige u. s. w. Tilgung	b) Schuldentilgung α) durch Verrechnung auf Anleihen u. s. w. aus Eisenbahnüberschüssen (Ges. vom 27. März 1882) seit 1897 „aus den Ueberschüssen des Staatshaushalts", β) aus Ersparnissen an Amortisat.-Ausgab. f. Prioritätsanleihen verstaatl. Eisenbahn. γ) aus Rückzahlung von Nothstandsdarlehn., δ) zur Ergänzung der Tilgungssumme auf Grund des Gesetzes vom 8. März 1897		c) Insgesammt (a + b)	Spalte 4c in Prozenten von Spalte 2
1897 . . .	6 494 440 982	235 027 443	²) 9 580 912	α) ⁷) β) γ) δ)	99 265 958 23 614 847 924 698 —	133 386 415	2,05
1898 . . .	6 484 878 570	223 227 026	³) 9 701 575	α) ⁸) β) γ) δ)	84 365 843 24 830 067 1 053 211 3 319 055	123 269 851	1,90
1899 . . .	6 600 176 995	226 443 893	⁴) 11 576 291	α) ⁹) β) γ) δ)	87 659 971 23 942 764 876 979 2 658 341	126 714 346	1,90
1900 . . .	6 591 100 705	226 222 165	⁵) 3 777 138	α) ¹⁰) β) γ) δ)	71 400 483 25 973 528 922 078 8 903 623	110 976 850	1,83
1901 . . .	6 602 323 566	228 484 113	⁶) 7 019 020	α) ¹¹) β) γ) δ)	39 616 815 26 916 625 2 066 580 6 813 646	82 432 686	1,20
1902 . . .	6 865 304 546	¹) 235 589 278	—		—	—	—
1903 . . .	¹) 6 889 403 269	¹) 235 912 162	—		—	—	—

[1]) Etatsziffern. — [2]) darunter 776 807 ℳ Rückzahlung von Grundsteuerentschädigung auf Grund des Gesetzes vom 14. Juli 1893 §§ 18—27. — [3]) desgl. 620 327 ℳ. — [4]) desgl. 708 211 ℳ. — [5]) desgl 629 795 ℳ. — [6]) desgl. 639 330 ℳ. — [7]) in den Jahren 1896—99 ist in der Summe bei α) der Eisenbahndispositionsfonds mit enthalten, der in diesen Jahren aus den rechnungsmässigen Eisenbahnüberschüssen abgesondert wurde. Die Summe betrug 1897 49 967 995 ℳ. — [8]) desgl. 49 898 256 ℳ. — [9]) desgl. 29 990 934 ℳ. — [10]) desgl. 29 997 982 ℳ. — [11]) ein Ueberschuss ist nicht erzielt.

Anlage VI.

Etat für das Haus der Abgeordneten für die Etatsjahre 1903, 1885/86, 1870 und 1851.

1 Etatsstelle 1903 Kap.	2 Etatsstelle 1903 Titel	3 Etatspositionen	4 Etatsjahr 1903 ℳ	5 Etatsjahr 1885/86 ℳ	6 Etatsjahr 1870 ℳ	7 Etatsjahr 1851 ℳ
23 b.		**Einnahme.**				
	1.	Vermischte Einnahmen (Entschädigung für die mehreren Beamten und der Landtagsbauverwaltung gewährte Heizung, für das von denselben entnommene Wirthschaftswasser und Beitrag zu den Kosten der elektrischen Beleuchtung; ferner Erlös aus dem Verkauf von Makulatur, von alten unbrauchbar gewordenen Inventarienstücken etc., sowie andere extraordinäre Einnahmen)	2 631	1) 1 960	—	—
		Summe der Einnahmen für sich				
41.		**Ausgabe.**				
		Besoldungen.				
	1.	1 Bureaudirektor, Registratoren und Kalkulatoren, von welchen einer die Bureaukasse verwaltet, Bibliothekar und Beamte des stenographischen Bureaus, Kanzleisekretäre, Hausinspektor, Portiers, Maschinenmeister, Kanzleidiener, Hausnachtwächter	96 860	55 650	41 550	12 000
	2.	Wohnungsgeldzuschüsse	16 680	8 580	—	—
		Andere persönliche Ausgaben.				
	3.	Remunerirung von Stenographen, eines Journalisten im stenographischen Büreau und von Stenographenschreibern, eines ständigen Büreau-Hülfsarbeiters, eines Hülfsbibliothekars, eines Technikers, sowie der sonstigen Hülfsarbeiter für den Büreau-, Kanzlei- und Botendienst . . .	91 520	60 110	25 500	} 37 020
	4.	Ausserordentliche Remunerationen und Unterstützungen für Beamte, Hülfsarbeiter und Hülfsdiener des Hauses	6 025	3 600	3 000	
	5.	Unterstützungen für ausgeschiedene Beamte und für frühere Hülfsarbeiter und Hülfsdiener, sowie für Wittwen und Waisen von Beamten und von früheren Hülfsarbeitern und Hülfsdienern	1 825	1 500	—	—
		Summe Tit. 3 bis 5	*99 370*	2) *65 610*	*28 500*	*37 020*
		Sächliche Ausgaben.				
	6.	Reisekosten und Diäten für die Abgeordneten	1 121 150	843 940	540 000	450 000
	7.	Für Bureaubedürfnisse, nicht aversionirte Postporto- und Gebührenbeträge und sonstige Frachtgebühren für dienstliche Sendungen, Telegrammgebühren; Miethe für die Amtswohnung des Präsidenten; Unterhaltung und Ergänzung des Mobiliars,				

1) Dazu 1 840 ℳ gesetzl. Wittwen- und Waisenbeiträge, zus. 3 800 ℳ. — 2) Darunter 400 ℳ gesetzl. Wittwen- und Waisengelder.

Noch: Anlage VI.

Noch: Etat für das Haus der Abgeordneten für die Etatsjahre 1903, 1885/86, 1870 und 1851.

1	2	3	4	5	6	7
Etatsstelle 1903		Etatspositionen	Etatsjahr			
Kap.	Titel		1903 ℳ	1885/86 ℳ	1870 ℳ	1851 ℳ
(41.)		der Utensilien und der Dienstanzüge der Thürsteher und Diener; Gemeindeabgaben; für Bewachung, Reinigung und Heizung der Geschäftsräume; für Lieferung des Wasserbedarfs durch die Wasserleitungsverwaltung, Kanalisationsgebühr etc. . .	332 670	214 000	108 150	69 270
	8.	Unterhaltung der Gebäude und der Gartenanlagen, sowie Unterhaltung und Ergänzung der Inventarienstücke in der Amtswohnung des Präsidenten	12 000	12 000	9 900	—
	9.	Unvorhergesehene Ausgaben	1 740	1 740	900	—
	10.	Ausgaben auf Grund der Kranken- und Unfallversicherungsgesetze, sowie des Invalidenversicherungsgesetzes	525	—	—	—
		Summe Tit. 6 bis 10	*1 468 085*	*1 071 680*	*558 950*	*519 270*
		Dazu: „ „ 3 „ 5	*99 370*	*65 610*	*28 500*	*37 020*
		„ „ 2	*16 680*	*8 580*	—	—
		„ „ 1	*96 860*	*55 650*	*41 550*	*12 000*
		Summe der Ausgabe	**1 680 995**	**1 201 520**	**729 000**	**568 290**

Anlage VII.

Etat für das Herrenhaus für die Etatsjahre 1903, 1885/86, 1870 und 1851.

1	2	3	4	5	6	7
Etatsstelle 1903		Etatspositionen	Etatsjahr			
Kap.	Titel		1903 ℳ	1885/86 ℳ	1870 ℳ	1851 ℳ
23a.		**Einnahme.**				
	1.	Vermischte Einnahmen (Zahlungen von Beamten des Herrenhauses für Feuerungsmaterial, Schornsteinreinigung, Beleuchtung sowie für Wasserverbrauch in ihren Dienstwohnungen, Erlös aus dem Verkauf unbrauchbarer Inventarienstücke, alter Akten, Drucksachen etc)	630	[1]) 454	—	—
		Summe der Einnahme für sich				
40.		**Ausgabe.**				
		Besoldungen.				
	1.	Bureaudirektor, Kalkulatoren und Registratoren, von welchen einer die Bureaukasse unentgeltlich zu verwalten hat, Biblio-				

[1]) Dazu 1 206 ℳ gesetzl. Wittwen- und Waisenbeiträge und 450 ℳ Beitrag des Deutschen Reichstags zu den Kosten der Unterhaltung des Herrenhausgartens für die Mitbenutzung desselben; zusammen 2 110 ℳ. Vergl. Etatserläuterungen 1882/83. Nach Errichtung des neuen Reichstagsgebäudes fortgefallen.

Noch: Etat für das Herrenhaus für die Etatsjahre 1903, 1885/86, 1870 und 1851.

1	2	3	4	5	6	7
Etatsstelle 1903		Etatspositionen	Etatsjahr			
Kap.	Titel		**1903** ℳ	**1885/86** ℳ	**1870** ℳ	**1851** ℳ
(40)		thekar und Beamte des stenographischen Bureaus, Kanzleisekretäre, von welchen einer zugleich Botenmeister ist, Hausinspektor, Portier, Maschinenmeister, sowie Hauswart und Kanzleidiener . . .	50 075	36 600	38 310	10 290
	2.	Wohnungsgeldzuschüsse	6 405	4 500	—	—
		Andere persönliche Ausgaben.				
	3	Zur Remunerirung von Stenographen, Stenographenschreibern und eines Journalisten im stenographischen Bureau, sowie von Hülfsarbeitern für den Bureau-, Kanzlei- und Botendienst	63 440	38 310	13 680	33 240 (Tit. 3 u. 4)
	4.	Zu ausserordentlichen Remunerationen und Unterstützungen für Beamte und für das Hülfspersonal des Hauses	2 400	2 400	1 800	
	5.	Zu Unterstützungen für ausgeschiedene Beamte und für früheres Hüfspersonal des Hauses, zu Unterstützungen für Wittwen und Waisen von Beamten und von früher bei dem Hause beschäftigten Hülfspersonen	1 200	[1]) 1 200	—	—
		Summe Tit. 3 bis 5	*67 040*	*42 310*	*15 480*	*33 240*
		Sächliche Ausgaben.				
	6.	Für Bureaubedürfnisse, nicht aversionirte Postporto- und Gebührenbeträge und sonstige Frachtgebühren für dienstliche Sendungen, Telegrammgebühren, Unterhaltung und Ergänzung des Mobiliars, der Utensilien sowie der Dienstanzüge der Portiers und Diener, Kommunalabgaben und Beiträge zur Versicherung des Mobiliars gegen Feuersgefahr, für Bewachung, Reinigung und Heizung der Lokalien, sowie für Lieferung des Wasserbedarfs durch die Wasserleitungsverwaltung etc.	81 370	76 870	36 640	50 880
	7.	Zur Unterhaltung der Gebäude und der Gartenanlagen, sowie zur Unterhaltung und Ergänzung der Inventarienstücke in der Amtswohnung des Präsidenten . .	10 980	11 430	9 900	—
	8.	Zu unvorhergesehenen Ausgaben	300	800	2 400	4 800
	9.	Zu Ausgaben auf Grund des Invalidenversicherungsgesetzes, sowie der Kranken- und Unfallversicherungsgesetze	300	—	—	—
		Summe Tit. 6 bis 9	*92 950*	*89 100*	*48 940*	*55 680*
		Dazu: „ „ 3 „ 5	*67 040*	*42 310*	*15 480*	*33 240*
		„ „ 2 . . .	*6 405*	*4 500*	—	—
		„ „ 1 . . .	*50 075*	*36 600*	*38 310*	*10 290*
		Summe der Ausgaben	**216 470**	**172 510**	**102 730**	**99 210**

[1]) Dazu 400 ℳ gesetzl. Wittwen- und Waisengelder.

Etat der allgemeinen Finanzverwaltung für die Etatsjahre 1903 bis

1 Etatsstelle 1903 Kap.	2 Titel	3 Etatspositionen	4 1903 ℳ	5 1902 ℳ
24.		**Einnahmen.**		
	1.	Antheil an dem Ertrage der Zölle und der Tabacksteuer . .	217 063 530	216 408 180
	2.	Antheil d. Verbrauchsabgabe f Branntwein u des Zuschlags dazu	66 460 320	67 646 370
	3.	Antheil an dem Ertrage der Reichsstempelabgaben	48 057 190	48 827 950
	4.	Einnahme des vormaligen Staatsschatzes	10 800 000	10 800 000
	5.	Zinsen von Staatsaktivkapitalien	1 862 740	1 881 400
	6.	Privatrenten-Ablösungskapitalien	47 300	49 198
	6a.	Zurückerstattete Grundsteuerentschädigungen	500 000	500 000
	7.	Rente von der Reichsbank	1 865 730	1 865 730
	8.	Rückzahlungen und Zinsen auf Nothstands-Darlehne . . .	657 929	666 351
	8a.	Rückzahlungen und Zinsen etc auf Anleihen für Kleinbahnen	353 000	283 081
	8b.	Rückzahlungen u. Zinsen auf Anleihen für Arbeiterwohnungen	375 696	235 206
	9.	Zinsen von der Preussischen Central-Genossenschaftskasse	1 500 000	1 000 000
	10/12.	Fallen aus.		
	13.	Hinterlegte Gelder	26 000 000	25 000 000
	14.	Zinsen, welche d. Hinterlegungsbetheiligt. gutzuschreiben sind	675 000	625 000
	15.	Fällt aus.		
	16.	Sonstige vermischte Einnahm. (bei d. Verwalt. d. hinterl. Gelder)	1 000	1 000
		Summe der Einnahmen . . .	**376 219 435**	**375 789 466**
	17.	Ausserordentliche Einnahmen	[1]) *72 700 000*	—
		Ausgaben.		
42.		**Beiträge zu den Ausgaben des Reichs.**		
	1.	Matrikularbeitrag	346 899 905	347 884 453
	2.	Zoll- und Verbrauchssteuer-Aversum für die Insel Helgoland	28 300	27 820
		Summe Kap. 42 . . .	**346 928 205**	**347 912 273**
43.		**Apanagen, Renten, Abfindungen, Zuschüsse etc.**		
	1.	Apanagen (künftig wegfallend)	101 280	101 280
	2.	Renten und Entschädigungen an Fürsten und Standesherren	1 699 221	1 702 261
	3.	Fällt aus.		
	4.	An die Militär-Waisenhäuser zu Potsdam und Pretzsch und an das Soldaten-Kinderhaus zu Stralsund	400 218	398 654
	5.	Sonstige Renten und Entschädigung. für aufgehobene Zölle und andere Berechtigung. (einschl. 2 582,64 M. künftig wegfall.)	214 929	217 678
	6.	Zur Gewährung v. Provinzialfonds für Zwecke d. Selbstverwalt einschl. der Mittel zur Durchführung der Kreisordnung .	47 559 111	42 559 111
	7.	Beitrag zu den Kosten der Amts- bezw. Polizeiverwaltung (§ 70 d. Kreisordn. v. 13. Dez 1872 [G -S S. 661] u. § 61 d. Kreisordn. f. d Prov. Schleswig-Holstein v. 26. Mai 1888 [G.-S. S. 139])	978 639	971 692
	8.	Zuschuss zur Verwaltung der Fürstenth. Waldeck u. Pyrmont	530 000	530 000
	9.	Zuschuss zur Tilgung d. ständischen Schulden d. Nieder-Lausitz	7 361	7 361
	10/11.	Fallen aus.		
	12.	Zuschuss für das Theater in Cassel	108 000	108 000
	13.	Zu Rückzahlungen von hinterlegten Geldern	26 000 000	25 000 000
	14.	Zu Auszahlungen von Zinsen hinterlegter Gelder	560 000	560 000
	15.	Zinsen, welche d. Hinterlegungsbetheiligt. gutzuschreiben sind	675 000	625 000
	16.	Rechnungsvergütungen (bei der Verwalt. der hinterl. Gelder)	998	998
		Summe Kap. 43 . .	**78 834 757**	**72 782 034**
		Dazu Summe Kap. 42 . . .	*346 928 205*	*347 912 273*
		Summe der Ausgaben . . .	**425 762 962**	**420 694 307**

[1]) In Folge Nachtragsetats von 1903 (G.-S. S. 167) auf 70 976 935 ℳ. festgesetzt. — [2]) Rente

1892/93, 1890/91, 1888/89, 1886/87, 1883/84, 1880/81 und 1876.

6	7	8	9	10	11	12
Etatsjahr						
1901	**1900**	**1899**	**1898/99**	**1897/98**	**1896/97**	**1895/96**
M	*M*	*M*	*M*	*M*	*M*	*M*
219 961 020	216 563 450	197 695 290	176 921 180	154 728 790	143 842 840	138 783 930
66 886 740	64 476 780	62 430 590	61 639 660	60 181 540	60 038 050	59 978 650
61 033 790	32 154 090	30 361 520	30 350 560	31 406 670	30 958 680	24 995 070
9 900 000	8 904 000	9 487 000	9 385 000	9 385 000	8 780 000	9 320 000
1 876 100	1 862 100	1 920 000	1 915 000	1 941 000	1 984 500	1 982 100
46 304	47 606	51 862	72 208	70 681	58 912	30 073
500 000	500 000	500 000	600 000	600 000	1 000 000	—
1 865 730	1 865 730	1 865 730	1 865 730	1 865 730	1 865 730	1 865 730
693 190	695 482	760 377	898 336	925 636	979 280	995 130
217 000	145 000	93 692	46 871	18 700	—	—
178 906	103 625	75 064	33 107	18 764	—	—
1 000 000	1 000 000	800 000	400 000	400 000	—	—
26 000 000	26 000 000	28 000 000	30 000 000	31 500 000	31 000 000	30 000 000
625 000	625 000	675 000	675 000	720 000	720 000	700 000
						Tit. 15: 39
999	999	999	999	999	999	999
390 784 779	**354 943 862**	**334 716 124**	**314 803 652**	**293 763 510**	**281 224 991**	**268 651 722**
—	—	—	—	—	*14 285 612*	*34 300 000*
348 337 878	320 285 147	298 040 476	277 498 018	256 255 980	242 929 656	244 073 793
30 160	29 450	27 550	25 860	22 410	22 890	22 400
348 368 038	**320 314 597**	**298 068 026**	**277 523 878**	**256 278 390**	**242 952 546**	**244 096 193**
101 280	101 280	101 280	101 280	101 280	101 280	101 280
1 702 261	1 702 261	1 702 261	1 702 506	1 710 786	1 718 506	1 732 506
					Tit. 3: [2]) 9 267	25 125
398 654	398 654	391 063	391 063	391 063	397 427	397 267
217 678	215 688	215 314	226 773	230 593	228 580	220 521
37 559 111	37 559 111	37 559 111	37 559 111	37 559 111	37 559 111	37 559 111
971 793	971 681	970 602	968 570	966 597	959 434	945 421
530 000	530 000	530 000	400 000	400 000	400 000	310 000
7 361	7 361	7 361	7 361	7 361	7 361	7 361
		Tit. 10: 90 000	90 000	90 000	90 000	90 000
			Tit. 11: 7 500	10 000	10 000	10 000
108 000	108 000	108 000	108 000	108 000	108 000	108 000
26 000 000	26 000 000	28 000 000	30 000 000	31 500 000	31 000 000	30 000 000
600 000	600 000	620 000	620 000	620 000	650 000	600 000
625 000	625 000	675 000	675 000	720 000	720 000	700 000
998	999	999	1 000	1 000	1 000	1 000
68 822 136	**68 887 534**	**70 970 991**	**72 858 164**	**74 415 791**	**73 959 966**	**72 807 592**
348 368 038	*320 314 597*	*298 068 026*	*277 523 878*	*256 278 390*	*242 952 546*	*244 096 193*
417 190 174	**389 202 131**	**369 039 017**	**350 382 042**	**330 694 181**	**316 912 512**	**316 903 785**

an die Provinz Sachsen für Uebernahme von Wegen.

Noch: Etat der allgemeinen Finanzverwaltung für die Etatsjahre 1903 bis

1	2	3	13	14
Etatsstelle 1903		Etatspositionen	1894/95	1893/94
Kap.	Titel		ℳ	ℳ
24.		**Einnahmen.**		
	1.	Antheil an dem Ertrage der Zölle und der Tabacksteuer . .	139 902 140	134 613 530
	2.	Antheil d. Verbrauchsabgabe f. Branntwein u. d. Zuschlags dazu	60 667 200	60 574 460
	3.	Antheil an dem Ertrage der Reichsstempelabgaben	14 862 980	16 467 210
	4.	Einnahme des vormaligen Staatsschatzes	10 820 000	4 670 000
	5.	Zinsen von Staatsaktivkapitalien	2 060 200	2 052 200
		Tit. 5:	3 237 742	3 674 877
	6.	Privatrenten-Ablösungskapitalien	42 443	75 580
	6a.	Zurückerstattete Grundsteuerentschädigungen	—	—
	7.	Rente von der Reichsbank	1 865 730	1 865 730
	8.	Rückzahlungen und Zinsen auf Nothstands-Darlehne	843 028	793 968
	8a.	Rückzahlungen und Zinsen etc. auf Anleihen für Kleinbahnen	—	—
	8b.	Rückzahlungen u. Zinsen auf Anleihen für Arbeiterwohnungen	—	—
	9.	Zinsen von der Preussischen Central-Genossenschaftskasse	—	—
	10/12.	Fallen aus.		
	13.	Hinterlegte Gelder	30 000 000	28 500 000
	14.	Zinsen, welche d. Hinterlegungsbetheiligt gutzuschreiben sind	750 000	700 000
	15.	Fällt aus.	113	438
	16.	Sonstige vermischte Einnahm. (b. d. Verwalt. d. hinterl. Gelder)	999	999
		Summe der Einnahmen . . .	**265 052 575**	**253 988 992**
	17.	Ausserordentliche Einnahmen	*56 510 000*	*57 800 000*
		Ausgaben.		
42.		**Beiträge zu den Ausgaben des Reichs.**		
	1.	Matrikularbeitrag	234 159 022	210 905 085
	2.	Zoll- und Verbrauchssteuer-Aversum für die Insel Helgoland	22 090	21 510
		Summe Kap. 42 . . .	**234 181 112**	**210 926 595**
43.		**Apanagen, Renten, Abfindungen, Zuschüsse etc.**		
	1.	Apanagen, künftig wegfallend	101 280	101 280
	2	Renten und Entschädigungen an Fürsten und Standesherren	1 733 026	1 733 026
	3.	Fällt aus.	25 125	125 625
	4.	An die Militär-Waisenhäuser zu Potsdam und Pretzsch und an das Soldaten-Kinderhaus zu Stralsund	397 267	392 976
	5.	Sonstige Renten und Entschädigungen für aufgehob. Zölle und and. Berechtigungen (einschl. 2582,64 M. künftig wegfallend)	220 577	221 036
	6.	Zur Gewährung v Provinzialfonds für Zwecke d. Selbstverwalt. einschl. der Mittel zur Durchführung der Kreisordnung . .	37 559 111	37 559 111
	7.	Beitrag zu den Kosten der Amts- bezw. Polizeiverwaltung (§ 70 d. Kreisordn. v 13. Dez. 1872 [G.S S 661] u § 61 d. Kreisordn. f. d. Prov. Schleswig-Holstein v. 26. Mai 1888 [G.-S S. 139])	921 921	896 928
	8.	Zuschuss zur Verwaltung der Fürstenth. Waldeck u. Pyrmont	310 000	310 000
	9.	Zuschuss zur Tilgung d. ständischen Schulden d. Nieder-Lausitz	7 361	7 361
			90 000	90 000
	10/11.	Fallen aus.	10 000	10 000
	12.	Zuschuss für das Theater in Cassel	108 000	108 000
	13.	Zu Rückzahlungen von hinterlegten Geldern	30 000 000	28 500 000
	14.	Zu Auszahlungen von Zinsen hinterlegter Gelder	600 000	560 000
	15.	Zinsen, welche d. Hinterlegungsbetheiligt. gutzuschreiben sind	750 000	700 000
	16.	Rechnungsvergütungen (bei d Verwalt. d. hinterlegten Gelder)	1 000	1 000
		Tit. 17:	34 000 000	34 000 000
		Summe Kap. 43 . . .	**106 834 668**	**105 316 343**
		Dazu Summe Kap 42 . . .	*234 181 112*	*210 926 595*
		Summe der Ausgaben . . .	**341 015 780**	**316 242 938**

[1]) Darunter noch für 1880/81 und 1876 je 148 235 ℳ an Ueberschuss des vormal. Kurf. Hessischen Beltzölle, u. 40 114 ℳ zur Verzinsung u. Tilgung Hohenzollernscher Staatsschuld. — [3]) Aversum für Zölle

1892/93, 1890/91, 1888/89, 1886/87, 1883/84, 1880/81 und 1876.

15	16	17	18	19	20	21
		Etatsjahr				
1892/93	**1890/91**	**1888/89**	**1886/87**	**1883/84**	**1880/81**	**1876**
ℳ	ℳ	ℳ	ℳ	ℳ	ℳ	ℳ
133 129 820	100 235 790	78 949 660	77 845 530	47 893 250	24 475 480	—
62 018 580	66 807 480	70 946 350	—	—	—	—
17 054 890	13 374 840	11 903 190	11 870 750	7 303 050	—	—
6 170 000	4 282 060	2 024 730	5 502 230	3 232 000	4 618 810	11 760 000
2 059 700	2 058 600	2 186 150	2 218 000	2 336 000	1 448 400	1 184 000
3 532 179	3 263 184	8 872 378	8 527 841	7 278 164	6 460 442	5 487 000
84 143	47 077	159 698	157 398	40 100	107 337	30 343
—	—	—	—	—	—	—
1 865 730	1 865 730	1 865 730	1 865 730	1 865 730	1 865 730	1 865 730
		600	600	1 029	1 029	600
341 679	282 014	262 250	277 126	694 028	243 244	616 952
—	—	—	—	—	—	—
—	—	—	—	—	—	—
—	—	—	—	—	—	—
27 000 000	26 000 000	23 000 000	22 000 000	25 500 000	66 559 000	—
650 000	630 000	625 000	625 000	700 000	1 164 501	—
663	875	3 188	4 078	8 750	277 650	—
999	999	999	999	1 000	—	—
253 908 383	**218 848 649**	**200 799 923**	**130 895 282**	**96 583 100**	**107 369 858**	**21 192 860**
—	*4 869 198*	—	*40 456 783*	*26 297 699*	*37 700 000*	*20 350 902*
			1 000	—	130 000	182 410
187 830 594	155 794 017	125 754 452	70 270 716	44 364 651	43 641 753	31 730 696
22 600	—	3) 1 055 270	3) 1 018 290	3) 898 480	3) 800 000	3) 593 670
187 853 194	**155 794 017**	**126 809 722**	**71 289 006**	**45 263 131**	**44 441 753**	**32 324 366**
101 280	144 019	145 235	145 235	146 502	346 766	358 520
1 733 026	1 733 022	1 736 022	1 511 022	1 220 726	521 005	520 999
530 000	—	Tit. 3: 20 582	20 582	20 582	41 891	41 891
392 976	395 987	395 987	392 970	390 508	400 184	396 297
221 036	221 036	221 037	225 711	240 177	796 603	283 239
37 559 111	37 559 111	37 559 111	37 559 111	37 559 111	37 559 111	37 559 111
888 569	880 045	745 500	745 500	745 500	745 500	745 500
310 000	310 000	310 000	310 000	310 000	310 000	240 000
7 361	7 361	7 361	7 361	7 361	7 361	7 361
90 000	90 000	90 000	90 000	90 000	90 000	90 000
10 000	10 000	10 000	10 000	10 000	10 000	10 000
108 000	108 000	108 000	108 000	108 000	108 000	108 000
27 000 000	26 000 000	23 000 000	22 000 000	25 500 000	66 559 000	—
520 000	500 000	570 000	600 000	700 000	1 000 000	—
650 000	630 000	625 000	625 000	700 000	1 164 500	—
1 000	1 000	1 000	1 000	1 000	—	—
41 400 000	25 000 000	15 000 000	19 850 000	—	—	—
111 522 358	**93 589 581**	**80 544 935**	**84 201 492**	**67 749 467**	**109 659 921**	2) **41 131 417**
187 853 194	*155 754 017*	*126 809 722*	*71 289 006*	*45 263 131*	*44 441 753*	*32 324 366*
299 375 552	**249 343 598**	**207 354 657**	**155 490 498**	**113 012 598**	**154 101 754**	**73 455 783**
		Extra: 42 000	408 148			

Hausschatzes zu Cassel. — 2) Darunter 1876 730 386 ℳ Entschädigung für Aufhebung der Sund- und
und Verbrauchssteuern der vom Zollgebiete des Deutschen Reiches ausgeschlossenen Landestheile.

Anlage IX a.

Zusammenstellung der Einnahmen aus Reichssteuern und der Ueberweisungen daraus an die Bundesstaaten, sowie der von diesen gezahlten Matrikularbeiträge von 1879/80 bis 1902.

1	2	3	4	5	6	7	8
Etatsjahr	An Zöllen und Reichssteuern sind aufgekommen	Davon sind: dem Reiche verblieben: a. zur Deckung laufender Ausgaben	Davon sind: dem Reiche verblieben: b. zur Schuldentilgung	Davon sind: den Bundesstaaten überwiesen	An Matrikularbeiträgen haben die Bundesstaaten gezahlt (ohne die Ausgleichbeträge für Brausteuer etc)	Die Ueberweisungen haben gegen die Matrikularbeiträge betragen + mehr — weniger	Die Ueberweisungen an die Bundesstaaten aus Reichssteuern haben gegen den Etatsansatz betragen + mehr — weniger
	ℳ	ℳ	ℳ	ℳ	ℳ	ℳ	ℳ
1879/80	282 134 472	274 112 416	—	8 022 056	72 076 560	— 64 054 504	+ 8 022 056
1880/81	294 201 662	255 958 590	—	38 243 072	64 146 779	— 25 903 707	— 2 381 428
1881/82	355 833 832	287 810 252	—	68 023 580	85 203 890	— 17 180 310	+ 1 366 580
1882/83	374 178 275	290 523 383	—	83 654 892	84 827 314	— 1 172 422	+ 183 892
1883/84	355 050 523	269 547 252	—	85 503 271	73 955 320	+ 11 547 951	— 6 022 909
1884/85	375 019 466	269 992 148	—	105 027 318	64 040 208	+ 40 987 110	+ 8 059 438
1885/86	368 945 106	253 152 805	—	115 792 301	102 777 860	+ 13 014 441	+ 18 382 301
1886/87	388 299 382	251 242 721	—	137 056 661	119 178 158	+ 17 878 503	— 13 918 339
1887/88	417 288 727	240 964 730	—	176 323 997	170 936 665	+ 5 387 332	+ 27 556 997
1888/89	507 384 902	229 583 708	—	277 801 194	207 780 197	+ 70 020 997	+ 11 446 194
1889/90	629 366 089	274 332 188	—	355 033 901	215 267 087	+ 139 766 814	+ 73 593 901
1890/91	660 607 996	281 693 474	—	378 914 522	301 102 200	+ 77 812 322	+ 80 404 522
1891/92	675 025 495	291 648 207	—	383 377 288	316 499 252	+ 66 878 036	+ 52 024 288
1892/93	651 306 808	292 381 717	—	358 925 091	316 301 778	+ 42 623 313	+ 7 829 091
1893/94	638 283 256	299 524 455	—	338 758 801	370 030 976	— 31 272 175	— 10 459 199
1894/95	691 000 900	308 141 282	—	382 859 618	385 433 334	— 2 573 716	+ 27 409 618
1895/96	726 385 664	313 259 645	13 000 000	400 126 019	382 737 215	+ 17 388 804	+ 26 351 019
1896/97	790 252 752	325 684 877	50 000 000	414 567 875	399 825 562	+ 14 742 313	+ 27 095 875
1897/98	792 479 828	321 865 085	37 500 000	433 114 743	419 898 915	+ 13 215 828	+ 29 058 743
1898	847 284 714	337 298 405	42 400 000	467 586 309	454 858 814	+ 12 727 495	+ 26 258 309
1899	852 323 211	344 741 438	[1] 30 707 205	476 874 568	489 953 828	— 13 079 260	+ 136 568
1900	886 876 752	366 721 176	[2] 11 682 799	508 472 777	527 662 374	— 19 189 597	— 6 467 222
1901	901 373 563	345 666 204	—	555 707 359	570 933 000	— 15 225 641	— 15 225 641
1902	908 959 180	344 319 366	8 404 814	556 235 000	580 639 792	— 24 404 792	+ [3] —

[1]) Zuschüsse zu den einmaligen Ausgaben des ordentlichen Etats. — [2]) Zur Verstärkung der Betriebsmittel der Reichshauptkasse. — [3]) Der Mehrbetrag gegen den Etatsansatz (8 404 814 ℳ) ist zur Tilgung von Reichsschulden verwendet. Ges. v. 28. März 1903, R.-Ges.-Bl. S. 109.

in den Jahren **1871** bis einschliesslich 1. April **1902.**

1	2	3	4	5	6	7	8	9
		Ueberweisungen vom Reiche				Mehrbetrag		
Zeitraum.	Zahlungen ans Reich (Matrikular-Beiträge) ℳ	Antheil am Ertrage der Zölle und der Tabacksteuer ℳ	Antheil am Ertrage der Branntwein-Verbrauchsabgabe ℳ	Antheil am Ertrage der Reichsstempelabgaben ℳ	Zusammen ℳ	der Zahlungen ans Reich ℳ	der Bezüge vom Reich ℳ	Bemerkungen.
Kalenderjahr 1871 . . .	55 097 454	.		.	.	55 097 454	.	
„ 1872 . . .	51 992 318	.	.	.	.	51 992 318	.	Brausteuerges. 31. 5. 72.
„ 1873 . . .	33 305 967	.	.	.	.	33 305 967	.	
„ 1874 . . .	32 893 530	.	.	.	.	32 893 530	.	
„ 1875 . . .	32 051 251	.	.	.	.	32 051 251	.	
„ 1876 . . .	31 731 247	.	.	.	.	31 731 247	.	
I. Quartal 1877 . . .	7 932 674	.	.	.	.	7 932 674	.	
1. April 1877/78 .	36 375 264	.	.	.	.	36 375 264	.	
„ 1878/79 . .	41 653 872	.	.	.	.	41 653 872	.	Zollreform (15. 7. 79).
„ 1879/80 . .	43 641 753	4 833 132	.	.	4 833 132	38 808 621	.	Tabacksteuer (Ges. 16. 7. 79).
„ 1880/81 . .	38 808 232	23 040 701	.	.	23 040 701	15 767 531	.	Börsensteuer (G. 1. 7. 81/29. 5. 85).
„ 1881/82 . .	52 501 405	37 340 435	.	3 682 253	41 022 688	11 478 717	.	Heeresverstärkung (G. 6. 5. 80).
„ 1882/83 .	52 249 733	43 844 138	.	6 765 611	50 609 749	1 639 984	.	
„ 1883/84 . .	44 865 528	43 821 721	.	7 896 661	51 718 382	.	6 852 854	
„ 1884/85 . .	40 299 822	55 136 336	.	8 202 038	63 338 374	.	23 038 552	Holzzölle, Vieh- und Getreidezölle erhöht (22. 5. 85).
„ 1885/86 . .	62 393 727	60 785 130	.	9 088 516	69 873 646	.	7 479 919	
„ 1886/87 . .	70 977 611	71 045 426	.	11 788 343	82 833 769		11 856 158	Getreidezölle erhöht (21. 12. 87).
„ 1887/88 . .	100 882 040	83 591 312	11 620 562	11 488 505	106 700 379	.	5 818 339	Branntw.-Verbr.-Abg. (24. 6. 87).
„ 1888/89 .	127 162 918	102 119 904	49 886 457	16 440 336	168 446 697	.	41 283 779	Heeresverstärkung (G. 11. 3. 87).
„ 1889/90 . .	134 259 967	139 075 711	55 298 321	20 219 804	214 593 836	.	80 333 869	Zucker-Verbr.-Abg. (G. 9. 7. 87).
„ 1890/91 . .	182 993 343	150 786 695	62 486 536	15 763 427	229 036 658	.	46 043 315	Heeresverstärkung (G. 15. 7. 90). Branntweinzoll erhöht (8. 6. 91).
„ 1891/92 . .	190 803 010	157 578 851	60 310 743	14 583 855	232 473 449	.	41 670 439	Handelsverträge.
„ 1892/93 . .	192 043 319	146 295 618	58 050 417	13 192 426	217 538 461	.	25 495 142	
„ 1893/94 . .	225 630 998	131 875 200	60 688 534	12 963 958	205 527 692	20 103 306	—	
„ 1894/95 . .	234 159 022	147 917 116	60 368 687	23 758 543	232 044 345	2 114 677	—	
„ 1895/96 . .	233 179 941	152 244 552	57 665 631	32 886 632	242 796 815	—	9 616 874	
„ 1896/97 . .	244 470 124	161 792 457	61 868 469	29 070 464	252 731 390	—	8 261 266	
„ 1897/98 . .	256 287 482	174 046 910	61 166 672	28 784 133	263 997 715	—	7 710 233	
„ 1898/99 . .	277 727 724	192 469 531	60 698 489	32 031 377	285 199 397	—	7 471 673	
„ 1899 . . .	298 040 476	190 830 803	66 882 856	32 942 251	290 655 910	7 384 566	—	
„ 1900 . . .	320 855 469	211 957 436	65 217 908	32 724 397	309 899 741	10 955 728	—	
„ 1901 . . .	349 735 194	230 402 818	66 616 276	43 201 577	340 220 671	9 514 523	—	
„ 1902 . . .	355 497 405	227 055 739	65 648 356	47 474 393	340 178 488	15 318 917	—	
Summe . .	**4 452 499 820**	**2 939 887 672**	**924 474 914**	**454 949 490**	**4 319 312 085**	**456 120 147**	**322 932 412**	
						133 187 735		

Uebersicht der Ausgaben und Einnahmen der provinzialständischen

(Aus der Zeitschrift des Statistischen

1	2	3	4	5
Die ständischen Verbände	Die Ausgaben haben überhaupt betragen (Brutto)			
	Für Neubauten und sonstige Extraordinaria	andere Ausgaben		Ueberhaupt
		sächliche	persönliche	
	ℳ	ℳ	ℳ	ℳ
Provinzial-Verband der Provinz Preussen	778 992	26 685	2 502	808 179
Ostpreussischer Land-Armenverband	13 335	241 452	58 848	313 635
Westpreussischer „ „	—	447 324	38 931	486 255
Summe Preussen	**792 327**	**715 461**	**100 281**	**1 608 069**
Provinzial-Verband der Mark Brandenburg und Niederlausitz	—	2 280	2 010	4 290
Communalständischer Verband der Kurmark	—	506 838	3 750	510 588
„ „ „ Neumark	—	144 456	1 647	146 103
„ „ „ Niederlausitz	15 102	249 066	58 893	323 061
Land-Armenverband der Kurmark	125 313	528 666	145 227	799 206
„ „ „ Neumark	16 050	90 678	14 847	121 575
„ „ des Kreises Kottbus	1 503	17 829	150	19 482
Summe Brandenburg	**157 968**	**1 539 813**	**226 524**	**1 924 305**
Communalst. Verband für Alt-Pommern	92 964	212 985	24 567	330 516
„ „ „ Neu-Pommern und Rügen	454 665	319 629	50 328	824 622
Land-Armenverband für Alt-Pommern	12 687	201 897	42 291	256 875
Summe Pommern	**560 316**	**734 511**	**117 186**	**1 412 013**
Provinzialständischer Verband der Provinz **Posen**	**3 585**	**1 105 023**	**211 473**	**1 320 081**
Provinzialständischer Verband des Herzogthums Schlesien, der Markgrafschaft Glatz und Oberlausitz	45 927	271 257	98 100	415 284
Communalständischer Verband der Oberlausitz	17 166	119 442	20 982	157 590
Land-Armenverband des Herzogthums Schlesien und der Grafschaft Glatz excl. der Stadt Breslau	—	137 388	120 372	257 760
Land-Armenverband der Markgrafschaft Oberlausitz	—	47 115	—	47 115
Summe Schlesien	**63 093**	**575 202**	**239 454**	**877 749**
Provinzial-Verband der Provinz Sachsen excl. der Altmark	25 389	660 948	122 226	808 563
Communal-Verband der Altmark	—	21 975	4 677	26 652
Summe Sachsen	**25 389**	**682 923**	**126 903**	**835 215**
Provinzialständischer Verband der Provinz Hannover	30 474	1 713 552	257 925	2 001 951
Verband der Landschaft Calenberg-Grubenhagen	300	4 596	11 130	16 026
„ „ „ Hoya-Diepholz	—	6 471	4 122	10 593
„ des Fürstenthums Lüneburg	14 700	3 651	13 020	31 371
„ der Landschaft Hadeln	—	21 456	1 923	23 379
„ „ „ Bremen-Verden	6 750	2 949	9 384	19 083
„ „ „ Osnabrück	—	3 552	4 605	8 157
„ „ „ Ost-Friesland	89 103	52 800	14 295	156 198
„ „ „ Hildesheim	21	1 380	7 242	8 643
Summe Hannover	**141 348**	**1 810 407**	**323 646**	**2 275 401**
Provinzialständ. Verband der Provinz Westfalen	—	3 154 314	84 531	3 238 815
Provinzial-Strassen-Baufonds	639	105 909	12 060	118 608
Summe Westfalen	**639**	**3 260 223**	**96 591**	**3 357 423**
Communalständ. Verband des Bezirks **Cassel**	**470 604**	**463 527**	**203 559**	**1 137 690**
Provinzialständischer Verband der Rheinprovinz (incl Prov.-Hebammen-Lehranstalt in Cöln)	—	2 755 761	14 493	2 770 254
Land-Armenverband der Rheinprovinz	14 508	662 184	148 425	825 117
Bezirks-Strassen-Baufonds	—	1 445 988	152 598	1 598 586
Summe Rheinprovinz	**14 508**	**4 863 933**	**315 516**	**5 193 957**
Staatssumme	**2 229 777**	**15 751 023**	**1 961 103**	**19 941 903**

und kommunalständischen Verbände im Kalenderjahr 1869.

Bureaus, 15. Jahrgang 1875).

6	7	8	9	10	11	12
Die Einnahmen haben überhaupt betragen (Brutto)						
	andere Einnahmen					
				weitere Einnahmen		
Extra-ordinäre Einnahmen	aus der Staatskasse	aus Stiftungen	aus Gefällen und Gebühren		(darunter Umlagen)	Ueberhaupt (Sp. 6—10)
ℳ	ℳ	ℳ	ℳ	ℳ	ℳ	ℳ
—	300 000	—	—	463 785	(446 592)	763 785
20 880	—	—	846	286 572	(180 954)	308 298
—	—	—	72 072	329 193	(268 833)	401 265
20 880	**300 000**	—	**72 918**	**1 079 550**	**(896 379)**	**1 473 348**
—	1 350	—	—	12 420	—	13 770
—	6 750	37 701	—	470 580	(409 512)	515 031
—	2 280	10 827	—	146 607	(142 827)	159 714
57 030	15 540	486	77 862	195 984	(80 349)	346 902
162 150	—	—	—	646 032	(420 165)	808 182
6 900	—	—	—	115 128	(52 800)	122 028
681	—	—	—	22 299	(18 762)	22 980
226 761	**25 920**	**49 014**	**77 862**	**1 609 050**	**(1 124 415)**	**1 988 607**
234	18 000	—	—	307 428	(219 126)	325 662
346 785	—	606	68 514	370 185	(332 808)	786 090
6 987	—	—	2 109	225 600	(154 251)	234 696
354 006	**18 000**	**606**	**70 623**	**903 213**	**(706 185)**	**1 346 448**
13 842	**450**	—	**393 960**	**1 015 941**	**(839 622)**	**1 424 193**
1 212	4 035	—	—	592 818	(369 102)	598 065
—	—	52 500	14 025	91 065	(14 025)	157 590
—	—	—	185 505	168 570	(39 000)	354 075
—	—	1 200	23 448	22 467	(23 448)	47 115
1 212	**4 035**	**53 700**	**222 978**	**874 920**	**(445 485)**	**1 156 845**
14 205	87 039	300	42	697 194	(228 156)	798 780
—	—	—	—	30 189	(12 120)	30 189
14 205	**87 039**	**300**	**42**	**727 383**	**(240 276)**	**828 969**
3 060	1 500 000	—	—	533 763	—	2 036 823
—	15 000	—	—	2 814	—	17 814
—	6 750	—	1 182	9	—	7 941
—	14 100	—	—	16 077	—	30 177
—	480	—	720	19 041	(18 969)	20 241
5 550	12 150	—	—	1 362	—	19 062
—	6 402	—	—	288	(231)	6 690
81 600	13 500	—	45 558	1 383	—	142 041
—	8 400	867	—	45	—	9 312
90 210	**1 576 782**	**867**	**47 460**	**574 782**	**(19 200)**	**2 290 101**
—	4 962	—	82 128	} 3 229 299	(200 928)	3 316 389
1 452	90 225	—	35 067		(90 330)	126 744
1 452	**95 187**	—	**117 195**	**3 229 299**	**(291 258)**	**3 443 133**
33 192	**309**	**807**	**1 195 347**	**2 901**	—	**1 232 556**
—	4 971	—	288 186	4 937 598	(22 200)	5 230 755
23 730	47 235	6 354	127 671	629 199	(406 209)	834 189
—	—	—	313 047	1 336 164	(1 249 845)	1 649 211
23 730	**52 206**	**6 354**	**728 904**	**6 902 961**	**(1 678 254)**	**7 714 155**
779 490	**2 159 928**	**111 648**	**2 927 289**	**16 920 000**	**(6 241 074)**	**22 898 355**

Anlage XI.

VI. Die Soll-Einnahmen und -Ausgaben der Provinzialverbänd und Spezial

[Etats bezw. besonders aufgestellt

1	2	3	4	5	6	7	8
Provinzial-Verbände.	Einnahmen in Mark:						
	ordentliche						
	Dotationen	Umlagen	sonstige Einnahmen	ausserordentliche	zusammen (Sp. 2—5)	im ganzen (Sp. 8 u. 9)	ausserordentliche
I. Ostpreussen	2 873 640	490 000	332 360	—	3 696 000	3 696 000	71 354
II. Westpreussen . . .	1 811 101	817 400	171 988	100	2 800 589	2 800 589	38 758
III. Brandenburg	2 897 072	772 000	355 844	786 780	4 811 696	4 811 696	936 140
IV. Pommern	2 120 198	747 505	261 797	1 120 000	4 249 500	4 249 500	1 164 700
V. Posen	1 848 798	580 000	3) 919 362	—	3 348 160	3 348 160	3 466
VI. Schlesien	4 149 947	1 300 000	886 649	—	6 336 596	6 336 596	17 650
VII. Sachsen	3 123 692	779 000	275 154	267 154	4 445 000	4 445 000	323 376
VIII. Schleswig-Holstein	1 956 358	230 000	180 642	—	2 367 000	2 367 000	90 900
IX. Hannover	4 131 559	498 449	398 716	160 000	5 188 724	5 188 724	160 00
X. Westfalen	3 246 397	300 000	336 703	—	3 883 100	3 883 100	105 56
XI. Hessen-Nassau:							
a) Kassel 2)	.	.	.	.	.	.	.
b) Wiesbaden . . .	1 416 945	—	529 555	—	1 946 500	1 946 500	164 71
XII. Rheinland	4 164 882	2 960 000	217 118	—	7 342 000	7 342 000	233 41
XIII. Hohenzollern . . .	162 553	—	49 043	50 004	261 600	261 600	55 27
Summe 2) . . .	**33 903 142**	**0 474 354**	**4 914 931**	**2 384 038**	**50 676 465**	**50 676 465**	**3 365 30**

1) Nach dem Statistischen Handbuch 1888. — 2) Von dem Landesdirektor des Bezirl folgenden Einzelposten zusammen: 312 340 ℳ Ueberschuss am Ende März 1886, 147 000 Fonds zur Durchführung der Kreisordnung, 194 700 ℳ Zinsen, 45 000 ℳ zur Zwangserziehur

ausschliesslich der eigenen Einnahmen der Spezialverwaltungen fonds, 1887/88.

Uebersichten der Provinzialverbände.][1])

9	10	11	12	13	14	15	16	17	18	
Ausgaben in Mark:										Wiederholung der Spalte 1.
	die ordentlichen Ausgaben zerfallen in solche für									
ordentliche	Verwaltung des Verbandes	Wegebau	Landes-Meliorationen	Landarmen- und Korrigendenwesen	Irren-, Taubstummen- und Blindenwesen	Wohlthätigkeits-Anstalten	Kunst und Wissenschaft	Zwangserziehung	sonstige Ausgaben	
3 624 646	166 225	2 132 018	28 000	126 856	502 665	53 798	18 000	95 000	502 084	I.
2 761 831	143 602	1 375 609	11 500	384 335	418 665	17 600	36 500	66 200	307 820	II.
3 875 556	209 540	1 831 200	95 300	381 826	757 330	15 000	6 000	113 600	465 760	III.
3 084 800	222 104	1 502 200	.	383 200	407 300	10 800	9 350	100 000	449 846	IV.
3 344 694	105 026	2 139 574	34 000	324 568	401 230	17 950	—	66 500	255 846	V.
6 318 946	399 560	2 926 993	116 000	814 000	1 031 917	128 251	93 000	336 200	473 025	VI.
4 121 624	246 663	2 564 000	.	354 000	418 105	36 378	15 500	101 000	385 978	VII.
2 276 100	95 310	1 180 740	57 556	375 665	128 316	85 526	34 500	80 000	238 487	VIII.
5 028 724	131 079	3 350 550	46 822	499 449	183 012	39 462	33 050	126 000	619 300	IX.
3 777 540	51 162	2 790 630	62 700	343 800	129 100	46 932	30 500	90 000	232 716	X.
										XI.
.	.	.	.	.	.	.	.	.	.	a)
1 781 788	91 230	1 157 914	40 140	169 915	118 996	22 800	1 775	56 000	123 018	b)
7 108 589	277 965	4 623 000	100 000	791 700	556 325	60 600	33 000	232 000	433 999	XII.
206 324	21 178	127 218	5 350	13 210	6 300	377	—	2 250	30 441	XIII.
47 311 162	**2 160 644**	**27 701 646**	**597 368**	**4 962 524**	**5 059 261**	**535 474**	**311 175**	**1 464 750**	**4 518 320**	

erbandes zu Kassel waren Angaben nicht zu erlangen. — [3]) Dieser Betrag setzt sich aus eberschüsse aus dem Stammfonds der Provinzial-Hilfskasse, 220 317 ℳ Jahresrente aus dem ℳ sonstige Einnahmen.

Anlage XII.

Die Netto-Soll-Einnahmen und Ausgaben

(Etats bezw. besonders aufgestellte Uebersichten nach

1	2	3	4	5	6	7	8	9
	Die ordentlichen Einnahmen zer-							
	Staatsbeiträge							
Kommunal-verband.	Dot. für allgemeine Zwecke (§ 1 d. Ges. v. 7. 3. 68, bezw. Ges. v. 11. 3. 72, bezw. § 2 d. Ges. v. 8. 7. 75 und Verordnung v. 12. 9. 77)	Dot. für die Verwaltung und Unterhaltung der früheren Staatschausseen (§§ 20 u. 21 d. Ges. v. 8. 7. 75 und Verordnung v. 12. 9. 77)	Dot. für das Hebammenwesen incl. Hebammenlehranstalten (§§ 12 und 13 d. G. v. 8. 7. 75)	Dot. für niedere landwirthschaftliche Lehranstalten (§ 14 d. G. v. 8. 7. 75)	Dot. zur Durchführung der Kreisordnung (§ 26 d. G. v. 8. 7. 75 und § 4 d. Verordnung vom 15. 3. 86)	sonstige Staatsbeiträge (§ 16 d. G. v. 8. 7. 75)	zusammen (Sp. 2 bis 7)	Provinzial- bezw. Bezirksabgaben
I. Ostpreussen .	1 442 331	1 408 152	6 657	16 500	—	4) 244	2 873 884	1 475 000
II. Westpreussen	993 383	793 859	13 629	10 230	—	5) 40 500	1 851 601	1 555 792
III. Brandenburg .	1 549 077	1 335 047	7 548	5 400	—	—	2 897 072	2 916 000
IV. Pommern . .	1 156 487	950 871	9 090	3 750	—	—	2 120 198	1 350 000
V. Posen	1 139 700	691 929	6 819	10 350	220 317	6) 1 200	2 070 315	1 785 500
VI. Schlesien . .	2 070 111	2 051 573	18 663	9 600	—	—	4 149 947	2 102 675
VII. Sachsen . . .	1 223 613	1 862 210	17 319	20 550	—	—	3 123 692	2 293 500
VIII. Schles.-Holst.	697 693	1 113 246	—	9 600	135 819	7) 200 000	2 156 358	1 081 000
IX. Hannover . .	1) 1 502 739	2 272 290	38 274	33 010	284 076	8) 7 770	4 138 159	2 483 880
X. Westfalen . .	1 033 501	2 010 630	3 342	4 050	194 874	—	3 246 397	2 445 500
XI. Hessen-Nass.								
a) Kassel . .	2) —	1 190 230	—	3 600	89 833	9) 2 850	1 286 513	438 000
b) Wiesbaden	3) 510 018	838 414	1 200	1 374	63 539	9) 2 400	1 416 945	808 200
XII. Rheinland . .	1 756 736	2 056 233	5 903	12 600	333 411	10) 11 950	4 176 833	11) 6 380 000
XIII. Hohenzollern	46 021	102 540	258	4 836	8 898	—	162 553	73 000
Summe . .	**15 121 410**	**18 677 224**	**128 702**	**145 450**	**1 330 767**	**266 914**	**35 670 467**	**27 188 047**

*) Nicht berücksichtigt sind die Einnahmen aus Nebenfonds, aus Erstattungen und aus Wirthschaftsbetrieb
2) Vergl. Sp. 12 Anmerkung 22. — 3) Hiervon entfallen 39 453 *M* auf den früheren Stadtkreis Frankfurt (§ 2 d. G. v. 8. 7. 75
Zuschuss zu den laufenden Unterhaltungskosten des bakteriologischen Laboratoriums im Landhause. — 5) 500 *M*
6) für Reisekosten des Provinzial-Konservators. — 7) ersparte Polizei-Verwaltungskosten zur Vertheilung an die
Armen- und Wohlthätigkeitsanstalten, 1 200 *M* Zuschuss zu den Bureau- und Reisekosten des Provinzial-Kon-
§ 16 d. G. v. 8. 7. 75. — 10) 8 100 *M* Rente des Staates für Uebernahme der sog. Beckmann'schen Straße, 1 500 *M* Rente
Verbandes Westfalen für die Unterhaltung der Strassenecke in der Gemeinde Ober Bonsfeld. — 11) darunter 3 158 000 *M*
Provinzial-Hülfskasse, 27 000 *M* aus dem Schuldentilgungsfonds und 4 000 *M* Zinsen von zeitweise belegten Kassen-
den Beständen der laufenden Verwaltung und 2 300 *M* Zinsen vom Hebammen-Unterstützungsfonds. — 15) Zinsen
Provinzial-Hülfskasse 110 000 *M*, Zinsen vom Provinzial-Kapitalienfonds 52 500 *M*, Zinsen von den zeitweise verfüg-
gewährten Betriebsvorschüssen 4 000 *M*, Zinsen von abgehobenen Raten aufgenommener Anleihen 8 750 *M*. — 17) Zinsen
Entschädigungen 7 100 *M*, Zuschuss zur Verzinsung und Tilgung der bei der Provinzial-Hülfskasse aus Anlass der
36 600 *M* und b) von der Preussischen Oberlausitz 2 153 *M* und Zuschuss vom Hebammenfonds 2 536 *M*. — 18) Zinsen
der Kapitalien-Verwaltung 3 600 *M*, antheilige Zinsen des Kapitalien-Verwaltungs-Fonds für den Provinzial-Fonds I
und Arbeitshaus zu Zeitz 475 *M* — 19) Zinsen aus zeitweilig belegten Beständen 5 000 *M*, Zinsen aus belegten Fonds
Provinzial-Hauptkasse 12 000 *M*, Zinsen des Aufforstungs-Darlehnsfonds 13 900 *M* und Zinsen des Baureservefonds
Kapitalien-Fonds 293 104 *M*, ferner 3 % vom Stammfonds der Landesbank im Betrage von 49 124 *M* und ¾ des Ge-
welche auf Grund des Erlasses vom 16. 9. 67 für dieselben Zwecke zu verwenden sind, für welche die in Sp. 2 auf-
10 000 *M*, Ueberschüsse des Reservefonds der Landeskreditkasse 200 000 *M*, des Leihhauses zu Kassel 3 950 *M* und der
des zur Unterhaltung des Denkmals des Freiherrn vom Stein gestifteten Kapitals 52 *M* und der Ueberschuss der
17 800 *M* und Zinsen des Stamm- und Reservefonds der Landesbank der Rheinprov. sowie Antheil an den Zinsüberschüssen
350 *M* — 26) aus Anleihen. — 27) darunter von dem Rechnungsüberschuss des Jahres 1900: 152 609 *M*. — 28) aus dem
Anleihe, 93 150 *M* Tilgungsbeträge aus dem Ordinarium und 6 739 *M* Rückzahlungen von Darlehen. — 31) aus
350 000 *M*. — 32) Bestand aus voriger Rechnung 67 668 *M*, Ueberschüsse des Bezirksverbandes aus dem
kasse in 1900: 52 259 *M*; aus dem Reservefonds des Landeskommunal-Verbandes 10 000 *M*, Kontokurrentdar-
34) darunter zu Kleinbahnzwecken 444 100 *M*. — 35) darunter zu Prämien an die Kreise für bereits prämiirte Kreis-
600 000 *M* und zur Durchführung des G. v. 11. 7. 91, insbesondere zur Bestreitung der Kosten des Erweiterungsbaues
Kapitalanlage 186 800 *M* und für Bauten usw. im Interesse der Irrenpflege 362 500 *M*. — 38) ausserordentliche Zu-
anstalt in Kreuzburg. — 40) darunter zur Erbauung und Einrichtung zweier Landesasyle 450 000 *M*. — 41) darunter
für Zwecke der Kunst und Wissenschaft 51 150 *M*, zur Erweiterung der Irren-Pflege-Abtheilung in Wunstorf 100 000 *M*,
zu Hannover 200 000 *M*, zur Tilgung der für den Neubau des Provinzial-Museums aufgenommenen interimistischen
zu Beihülfen zur Förderung des Kreis- und Gemeinde-Wegebaues 500 000 *M*, zur Betheiligung des Prov.-Verbandes an den
Krankenhäusern 142 000 *M* und Beiträge zu den Grunderwerbskosten zu Sekundärbahnen 50 000 *M*. — 45) Ueberweisung
Errichtung einer zweiten Irrenanstalt 100 000 *M* und Ueberweisung an den Kleinbahnfonds 400 000 *M*. — 46) darunter
Tilgung des Baukapitals für das Vinzenzhaus 10 887 *M*.

der höheren Kommunalverbände*).

dem Statistischen Handbuch vom Jahre **1903.**)

10	11	12	13	14	15	16	17	18	
fallen in									
	darunter								
sonstige Einnahmen	Ueberschüsse aus Vorjahren	Zinsen von Provinzialkapitalien und Ueberschüsse von Provinzialinstituten usw.	Ordentliche Einnahmen zusammen	Ausserordentliche Einnahmen	Im ganzen (Sp. 13 und 14)	Ordentliche Ausgaben zusammen (Sp. 19 bis 24 und Sp. 26 bis 34)	Ausserordentliche Ausgaben	Im ganzen (Sp. 16 und 17)	Wiederholung der Bezeichnung in Spalte 1.
134 491	56 190	12) 76 303	4 483 375	26) 454 100	4 937 475	4 423 375	34) 514 100	4 937 475	I.
160 145	85 339	13) 74 000	3 567 538	26) 1 100 100	4 667 638	3 557 638	35) 1 110 000	4 667 638	II.
82 392	—	14) 77 500	5 895 464	27) 156 200	6 051 664	4 933 119	36) 1 118 545	6 051 664	III.
392 145	302 124	15) 90 000	3 862 343	26) 588 800	4 451 143	3 862 343	37) 588 800	4 451 143	IV.
185 122	—	16) 183 250	4 040 937	28) 63 500	4 104 437	4 040 937	38) 63 500	4 104 437	V.
73 876	—	17) 70 524	6 326 498	—	6 326 498	6 304 823	39) 21 675	6 326 498	VI.
195 558	161 853	18) 25 715	5 612 750	29) 488 000	6 100 750	5 612 750	40) 488 000	6 100 750	VII.
431 602	392 200	19) 39 140	3 668 960	30) 1 593 889	5 262 849	3 668 960	41) 1 593 889	5 262 849	VIII.
194 391	167 828	20) 26 220	6 816 430	31) 1 350 000	8 166 430	6 730 862	42) 1 400 150	8 131 012	IX.
492 811	—	21) 428 231	6 184 708	26) 3 117 500	9 302 208	6 184 708	43) 3 117 500	9 302 208	X.
									XI.
1 080 815	—	22) 1 075 680	2 805 328	32) 127 668	2 932 996	2 805 328	44) 192 000	2 997 328	a.
582 455	68 000	23) 514 263	2 807 600	26) 472 700	3 280 300	2 680 300	45) 600 000	3 280 300	b.
517 967	—	24) 517 800	11 074 800	—	11 074 800	11 074 800	—	11 074 800	XII.
1 041	—	25) 360	236 594	33) 88 159	324 753	299 039	46) 25 714	324 753	XIII.
4 524 811	**1 233 534**	**3 198 986**	**67 383 325**	**9 600 616**	**76 983 941**	**66 178 982**	**10 833 873**	**77 012 855**	

aller Art. — 1) Hiervon entfallen 2 739 *M* auf das Jadegebiet (§ 2 d. G. v. 8. 7. 75 bezw. Verordnung v. 12. 9. 77). —
bezw. Verordnung v. 12. 9. 77). — 4) 144 *M* für den Wächter beim Denkmal auf dem Galtgarbenberge und 100 *M*
Zuschuss für die kunstgewerbliche Sammlung des Provinzial-Museums und 40 000 *M* Zuschuss zu Landesmeliorationen. —
Landkreise (§ 61 der Kreisordnung). — 8) 1 170 *M* gemäss § 16 d. G. v. 8. 7. 75 zur Gewährung von Zuschüssen für
servators, 5 400 *M* Zuschuss zu der Beihülfe zur Anfertigung geologisch-agronomischer Karten der Provinz. — 9) nach
für Uebernahme der sog. Klinker-Aktienstrasse bei Kranenburg, 2 350 *M* Antheil an der Staatsrente des Provinzial-
zur Unterhaltung der früheren Bezirksstrassen. — 12) 660 *M* Zinsen des Vermögensfonds, 44 643 *M* Reingewinn der
beständen. — 13) Reingewinn der Provinzial-Hülfskasse. — 14) 40 000 *M* Zinsen des Kapitalfonds, 35 200 *M* Zinsen von
von Werthpapieren, zeitweise belegten Beständen und sonstigen ausstehenden Forderungen. — 16) Reingewinn der
baren und bei der Provinzial-Hülfskasse zinsbar belegten Barbeständen des Landeshauptfonds 8 000 *M*, Zinsen von
aus dem allgemeinen Reservefonds 22 135 *M*, Zinsen von den vorschussweise zur Zahlung gelangenden Viehseuchen-
Hochwasserschäden des Sommers 1897 aufgenommenen Anleihe a) von der Provinzial-Darlehnskasse von Schlesien
aus der Anlegung zeitweilig entbehrlicher Bestände der Provinzial-Hauptkasse 5 800 *M*, halber Zinsüberschuß aus
15 840 *M* und Zuschuss aus dem ausserordentlichen Unterstützungsfonds für den Rgbz. Merseburg an das Landarmen-
und sonstigem Provinzial-Vermögen 34 140 *M*. — 20) Zinsen von den zeitweise belegten verfügbaren Beständen der
820 *M* — 21) Zinsen von zeitweise belegten Kassenbeständen 12 000 *M*, Zinsen von Aktiv-Kapitalien des Provinzial-
winnes der Landesbank in Höhe von 74 003 *M*. — 22) Zinsen des ständischen Schatzes im Betrage von 852 000 *M*,
geführten Dotationen an die übrigen Provinzial-Verbände bestimmt sind; ferner Zinsen der Landeshauptkasse
Leihbank Hanau 9 730 *M* — 23) Zinsen aus der laufenden Rechnung mit der Nassauer Landesbank 2 800 *M*, Zinsen
Nassauer Landesbank 511 411 *M*. — 24) Zinsen von vorübergehend angelegten Beständen der Centralfonds
der Landesbank 500 000 *M*. — 25) Zinson aus Darlehen 10 *M* und aus Aktivkapitalien des Landes-Kommunal-Verbandes
Provinzial-Kapitalfonds. — 29) Ueberschüsse aus Vorjahren 38 000 *M* und 450 000 *M* aus Anleihen. — 30) 1 494 000 *M* aus
Anleihen 1 000 000 *M* und Anzahlung der Stadt Hannover auf den Kaufpreis des früheren Museumsgebäudes
Jahre 1900: 60 000 *M*. — 33) Etatsüberschüsse aus dem Vorjahre 3 500 *M*, Ueberschüsse der Spar- und Leih-
lehen bei der Spar- und Leihkasse zur Bestreitung der Kosten des Umbaues der Starzelbrücke 22 400 *M*. —
chaussee-Neubauten und Kosten für antheilige Abwicklung der alten Verpflichtungen der vormaligen Provinz Preussen
der Provinzial-Irrenanstalt Konradstein 1. Rate 500 000 *M*. — 36) darunter zu Bauten 903 200 *M*. — 37) darunter zur
schüsse aus dem Provinzial-Kapitalfonds an Provinzial-Anstalten. — 39) darunter 18 000 *M* an die Provinzial-Irren-
für Anstaltsbauten 150 500 *M*, für Wegebau 527 141 *M*, zur Unterstützung des Kleinbahnwesens 820 473 *M*. — 42) darunter
Neubaukosten der Provinzial-Heil- und Pflegeanstalt zu Lüneburg 700 000 *M*, Neubaukosten der Hebammenlehranstalt
Anleihe 325 000 *M*. — 43) darunter zur Ausführung von Bauten 833 500 *M*, zur Herstellung von Kleinpflaster 240 000 *M*,
Eisenbahn-Unternehmungen der Westfälischen Landes-Eisenbahn-Gesellschaft 1 850 000 *M*. — 44) zur Erbauung von
an den Fonds für ausserordentliche Hochbauten des Bezirksverbandes 100 000 *M*, Ueberweisung an den Fonds zur
dem Fürst Carl-Landesspital 1/8 der Gesammtüberschüsse der Spar- und Leihkasse für 1900 zur Verzinsung und

Noch: Anlage XII.

Noch: Die Netto-Soll-Einnahmen und

1	19	20	21	22	23	24	25	26	27
	Die ordentlichen Aus-								
		Wegebau		Landwirthschaft			darunter		
Kommunal-verband.	Verwaltung des Verbandes	Eisenbahnen	sonstiger Wegebau	Meliorationen	Unterstützung landw. Lehranstalten und für sonstige Zwecke der Landwirthschaft u. s. w.	Landarmen- und Korrigendenwesen	Erweiterte Armenpflege auf Grund des Ges. vom 11. 7. 91	Fürsorge für Idiote und Epileptische	Irrenwesen
I. Ostpreussen .	216 752	130 000	1 955 144	30 000	127 440	¹)327 846	160 746	—	799 000
II. Westpreussen	216 788	109 000	851 869	104 000	34 652	476 975	.	63 300	462 800
III. Brandenburg	334 405	43 000	2 064 625	80 000	41 400	²)668 796	.	⁴) 1 102 550	
IV. Pommern . .	241 498	330 000	1 233 299	24 000	58 750	382 700	.	178 400	508 500
V. Posen.	242 332	—	2 207 690	99 000	40 630	386 350	.	290 710	
VI. Schlesien . .	196 220	—	3 056 993	116 000	41 700	³) —	—	34 820	718 870
VII. Sachsen . . .	358 473	63 000	2 602 210	106 370	62 002	465 880	44 300	—	900 840
VIII. Schles.-Holst.	143 095	—	1 473 646	30 000	51 300	865 620	.	5 400	63 400
IX. Hannover . .	431 599	12 000	2 963 390	90 000	156 452	918 964	275 325	33 490	243 753
X. Westfalen . .	350 308	—	2 669 930	212 700	80 700	1 151 100	418 200	—	322 600
XI. Hessen-Nass.									
a) Kassel. . .	141 482	30 000	1 441 410	45 000	27 400	157 355	.	239 960	
b) Wiesbaden	142 033	—	1 532 914	60 000	33 950	299 875	.	3 000	175 450
XII. Rheinland . .	447 061	50 000	5 616 183	466 060		2 557 900	1 000 000	⁵) —	103 000
XIII. Hohenzollern	25 978	29 597	144 200	23 000	11 271	29 210	4 400	400	1 200
Summe . .	**3 488 024**	**706 597**	**29 813 503**	**1 020 070**	**767 047**	**8 688 571**	—	**318 810**	**4 299 413**
				466 060				**1 033 220**	

¹) Die Kosten für das Landarmenwesen werden von den Kreisen getragen und sind auf
für das Landarmen- und Korrigendenwesen trägt der Landarmenverband der Provinz Schlesien.
1 022 545 *M*. Die Stadt Breslau bildet einen eigenen Landarmenverband, dessen Kosten auf 916 910 *M*
⁴) einschl. der Ausgaben auf Grund des Ges v. 11. 7. 91. — ⁵) Vergl Sp. 32 Anmerkung 6 —
anstalten sowie über die Kosten der Unterbringung und des Unterhalts von Epileptikern, Idioten
⁷) darunter zur Ausführung des Ges. v. 3. 7. 00, betreffend Massnahmen zur Verhütung von Hoch-
Haushaltsplan für gewerbliche Zwecke. — ⁹) Die für diesen Zweck vereinnahmte Summe von
verwendet worden.

Ausgaben der höheren Kommunalverbände.

28	29	30	31	32	33	34	35	36	37	
gaben zerfallen in solche für										
							darunter			
Taubstummenwesen	Blindenwesen	Fürsorge-erziehung Minderjähriger	Hebammenwesen	sonstige wohlthätige Zwecke	Kunst und Wissenschaft	sonstige Ausgaben	Beihülfe an die Kreise zur Durchführung der Kreisordnung	Verzinsung und Tilgung von Schulden	zur Verfügung des Provinzialausschusses	Wiederholung der Bezeichnung in Spalte 1.
231 010	—	39 450	11 100	52 043	28 524	475 066	240 000	210 343	12 324	I.
154 104	45 350	36 624	28 000	2 000	40 000	932 180	170 761	721 246	33 300	II.
[4]) 115 990	[4]) 55 037	44 300	21 806	33 450	7 200	320 560	285 859	—	22 500	III.
112 200	43 100	34 700	28 500	16 570	23 900	646 226	190 635	388 943	—	IV.
222 200	49 800	29 353	19 100	41 508	58 600	353 664	[9]) —	328 434	5 000	V.
327 983	40 400	124 000	63 390	22 552	105 950	[7]) 1 455 945	345 453	455 431	—	VI.
108 110	66 690	100 000	30 340	35 552	26 500	686 783	204 255	465 400	15 000	VII.
77 220	66 430	24 000	—	62 546	36 600	769 703	135 819	396 229	—	VIII.
121 255	22 800	43 334	75 825	48 946	61 590	1 507 464	284 076	1 108 257	—	IX.
147 160	38 480	52 400	12 000	39 182	30 750	1 077 398	194 874	748 774	100 000	X.
										XI.
69 240	3 000	18 000	—	423 401	71 067	138 013	89 833	—	43 279	a)
66 400	7 000	21 148	1 200	49 123	6 680	281 527	63 539	180 000	—	b)
297 310	[5]) 122 000	100 230	51 080	[6]) 9 000	194 000	[8]) 1 060 976	333 411	575 000	40 000	XII.
800		187	258	6 372	1 900	24 666	8 898	7 000	—	XIII.
2 050 178	**560 087**	**667 726**	**342 599**	**842 245**	**693 261**	**9 730 171**	**2 547 413**	**5 585 057**	**271 403**	
800										

457 000 ℳ veranschlagt. — [2]) ohne die Ausgaben auf Grund des Ges. v. 11. 7. 91. — [3]) Die Kosten
Dieselben sind auf netto 1 859 100 ℳ etatisirt; davon entfallen auf die erweiterte Armenpflege
netto veranschlagt sind, von denen 86 000 ℳ für die erweiterte Armenpflege erforderlich sind. —
[6]) Zuschuss an den Haushaltsplan über die Unterstützung milder Stiftungen und Wohlthätigkeits-
und Blinden aus der Rheinprovinz, welche keinen Anspruch auf öffentliche Armenpflege haben. —
wassergefahren in der Provinz Schlesien 655 000 ℳ. — [8]) darunter 103 000 ℳ Zuschuss an den
220 317 ℳ ist zu den in §§ 4, 13, 14 und 20 des Dotationsgesetzes v. 8. 7. 75 angegebenen Zwecken

Anlage XIII.

Entwickelung der etatsmässigen Einnahmen

1	2	3	4	5
Verwaltungsgruppen	Laufende Einnahmen		Laufende Ausgaben	
	1849 ℳ	1866 ℳ	1849 ℳ	1866 ℳ
I. Betriebsverwaltungen.				
Domänen [1])	17 617 029	16 539 000	3 274 419	2 384 070
Forsten [1])	14 776 818	27 906 000	7 463 718	11 634 000
Post und Telegraphie	20 823 930	44 231 400	17 823 930	38 918 043
Bergwerke, Hütten, Salinen	[4]) 17 877 678	[5]) 45 158 118	14 577 678	35 320 830
Eisenbahnen	—	54 019 077	—	31 148 127
Seehandlung	—	1 500 000	—	—
Preussische Bank	489 000	3 777 000	—	—
Münze	—	213 510	—	213 510
Staatsdruckerei	—	507 900	—	402 600
Lotterie	3 089 751	4 014 000	623 751	72 000
Sonstiges [2])	5 289	7 107	259 050	238 170
Summe	**74 679 495**	**197 873 112**	**44 022 546**	**120 331 350**
II. Steuern.				
Direkte Steuern	61 107 744	96 213 000	3 075 459	4 203 000
Indirekte Steuern einschl. Salzmonopol	109 656 462	138 804 960	20 367 762	21 877 620
Summe	**170 764 206**	**235 017 960**	**23 443 221**	**26 080 620**
III. Civilstaatsverwaltung.				
Allgemeine Kassenverwaltung, [3]) einschl. Verwaltung für Hohenzollern	958 686	1 854 711	7 719 297	9 910 281
Handel, Gewerbe, Bauverwaltung	61 512	1 069 512	20 313 321	20 834 934
Justizministerium	12 542 637	32 592 000	19 879 002	35 520 990
Ministerium des Innren	105 861	2 061 519	10 457 715	16 749 489
Staatsministerium	—	—	620 454	1 053 825
Ministerium des Aeussern	—	37 725	2 878 275	2 919 855
Landwirthschaft und Gestütsverwaltung	2 759 067	2 862 726	4 190 139	5 464 887
Finanzministerium	—	—	21 475 062	20 421 522
Kultusministerium	216 876	312 213	10 138 530	12 935 406
Summe	**16 644 639**	**40 790 406**	**97 671 795**	**125 811 189**
IV. Militär.				
Kriegsministerium	610 800	3 033 285	77 433 021	122 509 137
Marineministerium	—	136 131	—	4 727 679
Summe	**610 800**	**3 169 416**	**77 433 021**	**127 236 816**
V. Dotationen.				
Oeffentliche Schuld	—	—	22 647 600	48 998 100
Landtag	—	—	300 000	718 830
Summe	—	—	**22 947 600**	**49 716 930**
Hauptsumme I—V	**262 699 140**	**476 850 894**	**265 518 183**	**449 176 905**

[1]) Abgesehen von Ablösungen von Domänengefällen und Veräusserungen. — [2]) Central-
— [4]) darunter 1 642 161 ℳ Bergwerksabgaben. — [5]) desgl. 1 604 289 ℳ.

und Ausgaben Preussens von 1849 bis 1866.

6	7	8	9	10	11
Ueberschuss		Zuschuss		Extraordinarium	
1849 ℳ	1866 ℳ	1849 ℳ	1866 ℳ	1849 ℳ	1866 ℳ
14 342 609	14 154 930	—	—	420 849	120 000
7 313 100	16 272 000	—	—	375 228	1 270 500
3 000 000	5 313 357	—	—	—	825 000
3 300 000	9 837 288	—	—	—	311 400
—	22 870 950	—	—	—	2 355 762
—	1 500 000	—	—	—	—
489 000	3 777 000	—	—	—	—
—	—	—	—	—	—
—	105 300	—	—	—	—
2 466 000	3 942 000	—	—	—	—
—	—	253 761	231 063	—	210 000
30 910 710	**77 772 825**	**253 761**	**231 063**	**796 077**	**5 092 662**
58 032 285	92 010 000	—	—	36 000	—
89 288 700	116 927 340	—	—	46 530	51 870
147 320 985	**208 037 340**	—	—	**82 530**	**51 870**
—	—	6 760 611	8 055 570	—	—
—	—	20 251 809	19 765 422	7 500 000	198 342
—	—	7 336 365	2 928 990	2 908 209	3 054 000
—	—	10 351 854	14 687 970	716 208	858 000
—	—	620 454	1 053 825	—	114 000
—	—	2 878 275	2 882 130	—	30 000
—	—	1 431 072	2 602 161	107 034	99 510
—	—	21 475 062	20 421 522	—	—
—	—	9 921 654	12 623 193	398 100	1 320 945
—	—	**81 027 156**	**85 020 783**	**11 629 551**	**5 674 857**
—	—	76 822 221	119 475 852	4 496 799	5 776 800
—	—	—	4 591 548	—	4 760 250
—	—	**76 822 221**	**124 067 400**	**4 496 799**	**10 537 050**
—	—	22 647 600	48 998 100	—	—
—	—	300 000	718 830	—	—
—	—	**22 947 600**	**49 716 930**	—	—
178 231 695	**286 710 165**	**181 050 738**	**259 036 176**	**17 004 957**	**21 356 439**

verwaltung von Domänen und Forsten. — [3]) Unter den Ausgaben auch Kronfideikommissrente.

Anlage XIV.

Uebersicht
über die Einnahmen und Ausgaben aller Verwaltungen[1]) für die Jahre **1869** und **1880/81** bis **1903.**

Jahr	1 Domänen. a. Ein-nahmen	b. Aus-gaben	c. Ueber-schuss	2 Forsten. a. Ein-nahmen	b. Aus-gaben	c. Ueber-schuss	3 Bergwerke, Hütten und Salinen.[2]) a. Ein-nahmen	b. Aus-gaben	c. Ueber-schuss	4 Eisenbahnen. a. Ein-nahmen	b. Ausgaben	c. darunter einmalige	d. Ueber-schuss	e.[3]) Relikten-gelder	f.[3]) Pen-sionen
	Tausend Mark														
Rechnung 1869 . .	29 204	5 719	23 485	42 149	23 678	18 471	75 363	62 587	12 776	103 854	59 233	1 149	44 621	—	?
„ 1880/81	29 430	6 609	22 821	51 638	31 233	20 405	87 525	77 548	9 977	242 203	147 741	8 710	94 462	—	935
„ 1881/82	29 384	6 845	22 539	52 799	30 787	22 012	91 517	81 228	10 289	379 030	283 969	11 602	95 061	—	1 135
„ 1882/83	29 246	7 260	21 986	51 647	32 265	19 382	99 794	86 876	12 918	433 170	301 726	4 878	131 444	8	1 340
„ 1883/84	30 134	8 959	21 175	54 296	33 719	20 577	106 664	93 850	12 814	564 390	422 520	6 883	141 870	82	1 637
„ 1884/85	30 068	7 855	22 213	57 945	34 400	23 545	105 333	95 042	10 291	585 487	407 522	8 616	177 965	170	1 974
„ 1885/86	29 658	7 317	22 341	58 183	35 181	23 002	101 404	91 531	9 873	651 875	467 866	7 840	184 009	285	2 407
„ 1886/87	29 787	7 453	22 334	57 932	35 435	22 497	107 067	94 803	12 264	686 209	471 747	10 536	214 462	376	2 907
„ 1887/88	29 723	7 125	22 598	58 804	38 351	20 453	106 231	96 428	9 803	733 628	472 864	12 485	260 764	474	3 501
„ 1888/89	29 677	7 150	22 527	60 358	33 047	27 311	111 943	98 150	13 793	791 481	505 014	11 882	286 467	598	4 086
„ 1889/90	29 601	7 506	22 095	66 676	36 410	30 266	122 491	108 492	13 999	865 912	552 736	10 419	313 176	621	4 729
„ 1890/91	29 456	7 642	21 814	68 804	36 202	32 602	146 851	125 412	21 439	887 798	589 575	13 004	298 223	1 473	5 355
„ 1891/92	29 022	7 303	21 719	65 843	36 136	29 707	142 620	127 960	14 660	921 294	617 120	16 502	304 174	1 647	5 988
„ 1892/93	29 351	7 322	22 029	68 033	37 825	30 208	126 462	118 687	7 775	922 457	582 257	12 606	340 200	1 895	6 890
„ 1893/94	29 630	7 207	22 423	65 403	36 985	28 418	119 962	110 123	9 839	962 887	584 449	13 704	378 438	2 116	7 693
„ 1894/95	27 760	6 472	21 288	78 415	38 541	39 874	119 070	107 203	11 867	957 937	600 940	15 219	356 997	2 360	8 565
„ 1895/96	27 776	7 177	20 599	64 075	38 690	25 385	125 901	111 876	14 025	1 036 894	588 603	55 681	448 291	2 611	9 683
„ 1896/97	27 590	7 597	19 993	70 343	40 474	29 869	138 026	118 346	19 480	1 106 970	638 757	36 941	468 213	2 940	10 552
„ 1897/98	27 195	7 532	19 663	74 125	40 406	33 719	151 614	129 134	22 480	1 197 500	738 272	46 288	459 228	3 343	11 692
„ 1898/99	27 143	8 115	19 028	80 977	41 707	39 270	164 425	136 591	27 834	1 269 392	817 116	58 480	452 276	3 885	13 117
„ 1899 . .	27 660	10 576	17 084	85 282	43 645	41 637	182 642	148 893	33 749	1 347 941	842 779	58 006	505 162	4 370	14 433
Etat 1900	26 146	9 285	16 861	77 250	44 034	33 216	167 062	143 270	23 792	1 363 967	915 034	86 839	448 933	—	—
Rechnung 1900 . .	26 631	13 882	12 749	95 265	45 357	49 908	207 600	165 349	42 251	1 398 514	925 631	83 886	472 883	4 905	16 413
Etat 1901	26 025	16 358	9 667	80 830	46 052	34 778	192 316	159 312	33 004	1 441 025	976 565	100 887	464 460	5 402	16 220
Rechnung 1901 . .	26 179	16 181	9 998	95 797	48 655	47 142	204 226	166 554	37 672	1 359 110	943 429	95 284	415 681	5 408	18 914
Etat 1902	25 950	9 096	16 854	81 129	43 325	37 804	190 594	161 193	29 401	1 416 328	975 401	91 641	440 926	—	—
Rechnung 1902 . .	26 349	13 436	12 913	89 006	49 748	39 258	197 484	168 857	28 627	1 407 982	979 364	109 327	428 618	5 924	20 882
Etat 1903	26 696	12 123	14 573	87 476	45 280	42 196	195 837	171 058	24 779	1 379 815	986 507	91 663	393 309	—	—

[1]) Die Rente des Kronfideikommisfonds von rund 7 719 000 *M* ist nicht, wie im Etat, von den Einnahmen aus den Domänen und Forsten gekürzt, sondern als Ausgabe behandelt. — [2]) Siehe zu Spalte 7 Anmerkung 2 auf Seite 43. — [3]) Die Pensionen sind sammtlich, die Reliktengelder von 1889 ab nicht in der Ausgabe der Eisenbahnen enthalten, treten denselben in Spalte b also hinzu und gehen von den Ueberschüssen in Spalte d ab.

Noch: Anlage XIV.

Noch: Uebersicht über die Einnahmen und Ausgaben aller Verwaltungen für die Jahre 1869 und 1880/81 bis 1903.

Jahr	5 Lotterie, Münze, Seehdlg. a. Ueberschuss	5 b. Ueberschuss	5 c. Ueberschuss	6 Summe der Betriebsverwaltungen.[1] a. Einnahmen	6 b. Ausgaben	6 c. Ausgaben darunter einmalige	6 d. Ueberschuss	7 Direkte Steuern.[2] a. Einnahmen	7 b. Ausgaben	7 c. Ueberschuss	8 Indirekte Steuern. a. Einnahmen	8 b. Ausgaben	8 c. Ueberschuss	9 Summe der Ueberschüsse aus den Betriebsverwaltungen und Steuern (Sp. 6d, 7c, 8c)
	Tausend Mark													
Rechnung 1869 . .	3 940	8	2 100	259 853	151 765	3 709	108 088	130 543	6 588	123 955	[3]61 955	[4]19 397	42 558	261 751
„ 1880/81	3 943	— 113	2 761	421 374	263 841	11 871	157 533	166 173	9 905	156 268	41 462	25 583	15 879	329 680
„ 1881/82	3 909	— 20	2 746	562 348	403 521	14 216	158 827	153 944	11 009	142 935	45 742	27 156	18 586	320 348
„ 1882/83	3 937	— 81	2 737	625 423	428 836	7 342	196 587	150 521	10 494	140 027	49 540	27 793	21 747	358 361
„ 1883/84	4 008	— 8	2 761	765 756	559 763	12 063	205 993	151 802	10 154	141 648	51 993	28 665	23 328	370 969
„ 1884/85	3 953	— 109	1 834	787 206	545 523	14 204	241 683	152 406	10 423	141 983	53 877	28 667	25 210	408 876
„ 1885/86	3 965	— 80	1 511	848 942	602 640	13 280	246 302	154 375	10 745	143 630	54 181	25 901	28 280	418 212
„ 1886/87	6 015	87	833	890 775	610 359	14 901	280 416	156 420	10 870	145 550	56 025	25 897	30 128	456 094
„ 1887/88	8 003	69	2 032	941 873	615 706	18 990	326 167	159 662	11 054	148 608	68 276	29 458	38 818	513 593
„ 1888/89	8 142	223	2 517	1 006 846	644 330	14 506	362 516	163 203	11 491	151 712	72 915	33 047	39 868	554 096
„ 1889/90	8 113	144	1 729	1 100 471	706 082	15 255	394 389	168 374	11 595	156 779	75 042	30 591	44 451	595 619
„ 1890/91	8 127	126	1 459	1 145 672	759 759	15 925	385 913	176 512	13 970	162 542	73 786	30 860	42 926	591 381
„ 1891/92	8 160	9	1 480	1 170 945	789 459	20 070	381 486	183 781	15 456	168 325	72 102	31 184	40 918	590 729
„ 1892/93	8 130	88	1 831	1 217 236	805 558	19 018	411 678	187 920	17 775	170 145	70 878	30 955	39 923	621 746
„ 1893/94	9 002	161	1 753	1 255 879	803 116	16 309	452 763	194 481	18 779	175 702	71 194	31 297	39 897	668 362
„ 1894/95	9 823	84	1 856	1 267 115	823 037	18 198	444 078	201 891	22 023	179 868	71 603	30 893	40 710	664 656
„ 1895/96	9 788	50	2 063	1 344 578	819 376	30 175	525 202	160 641	15 735	144 906	69 885	31 042	38 843	708 951
„ 1896/97	9 781	150	2 117	1 430 426	878 788	42 031	551 638	163 934	15 380	148 554	75 917	31 093	44 824	745 016
„ 1897/98	9 787	83	2 200	1 537 945	988 401	50 377	549 544	173 331	15 421	157 910	81 778	33 158	48 620	756 074
„ 1898/99	9 868	298	1 534	1 628 399	1 076 623	62 303	551 776	184 498	15 812	168 686	86 534	33 332	53 202	773 664
„ 1899 . .	9 848	306	1 500	1 730 285	1 118 998	63 487	611 287	199 888	16 745	183 143	89 910	35 196	54 714	849 144
Etat 1900	9 774	14	2 069	1 711 163	1 184 691	51 311	534 658	198 355	16 158	182 197	87 307	36 100	47 207	756 343
Rechnung 1900 . .	9 860	329	2 106	1 813 507	1 223 421	95 447	590 086	213 318	18 782	194 536	89 155	36 711	52 444	837 066
Etat 1901 . . .	9 250	166	1 744	1 830 756	1 277 689	117 433	553 068	213 166	16 512	196 654	87 604	36 293	51 311	793 314
Rechnung 1901 . .	9 517	202	2 595	1 776 760	1 253 953	109 269	522 807	224 362	17 085	207 277	87 913	35 468	52 445	782 529
Etat 1902	9 250	165	1 712	1 804 532	1 168 419	97 999	636 113	214 100	16 778	197 322	87 217	36 489	50 728	876 444
Rechnung 1902 . .	8 934	248	2 645	1 811 524	1 290 281	121 915	521 243	227 819	21 534	206 285	92 561	36 091	56 470	783 998
Etat 1903	9 148	166	2 067	1 782 371	1 296 133	100 621	486 238	215 613	17 284	198 329	88 928	36 680	52 248	729 096

[1]) Die Preussische Bank und die Staatsdruckerei, welche 1869 noch auf dem preussischen Etat standen, sind, um vergleichbare Zahlen zu gewinnen, für dieses Jahr hier ausser Rechnung gelassen worden, die Reinerträge sind dagegen in Sp. 11 a 1 berücksichtigt. — [2]) Den direkten Steuern sind auch die Bergwerksabgaben bis zu ihrer Aufhebung (1894/95) und die Eisenbahnabgaben zugezählt. — [3]) Darunter 5 Mill. ℳ Mahlsteuer, 7,0 Mill. ℳ Schlachtsteuer und 4,6 Mill. ℳ Chausseegelder, die später sämmtlich wegfielen. Auch die Stempelsteuer brachte 24 Mill ℳ ein gegen 13,8 Mill ℳ in 1880/81. — [4]) Im Jahre 1872 folgte die allgemeine Besoldungsverbesserung.

Noch: Anlage XIV.

Noch: Uebersicht über die Einnahmen und Ausgaben aller Verwaltungen für die Jahre 1869 und 1880/81 bis 1903.

Jahr	10 Dotationen. Ausgabe für die Staatsschuld. a. Verzinsung der offentlichen Schuld	b. Gesetzliche Tilgung der offentlichen Schuld	c. Ausserordentliche Tilgung der öffentlichen Schuld	d. Gesammtsumme der Tilgung	e. Gesammt-Ausgabe für die Staatsschuld	f. Ausgabe für die beiden Hauser des Landtags	11 Allgemeine Finanzverwaltung. Finanzielles Verhältniss zwischen dem Reiche u. Preussen. a. Ueberweisung vom Reiche	b. Matrikularbeitrag	c. Ueberweisung gegen Matrikularbeitrag	Verschiedenes. a 1. Verschiedene Einnahmen [1]	b 1. Ausserordentliche Einnahmen	c. 1. Darunter Ueberweisungen an die Komunalverbände (lex Huene)	d 1. Verschiedene Ausgaben [2]
	Tausend Mark												
Rechnung 1869 . .	50 921	24 535	—	24 535	75 456	938	—	58 472	— 58 472	17 658	15 386	—	9 404
„ 1880 81	62 441	12 462	—	12 462	76 804	1 721	23 041	38 808	— 15 767	36 675	37 867	—	76 941
„ 1881/82	72 426	13 955	—	13 955	88 289	930	41 022	52 501	— 11 479	36 281	31 315	—	72 013
„ 1882/83	86 941	13 833	15 597	29 430	118 404	1 727	50 610	52 250	— 1 640	30 475	28 863	—	67 886
„ 1883/84	107 620	12 109	19 268	31 377	141 085	2 070	51 718	44 866	6 852	32 997	26 298	—	67 146
„ 1884/85	145 306	11 603	14 266	25 869	173 349	1 364	63 338	40 300	23 038	29 165	13 571	—	65 096
„ 1885/86	155 846	12 260	7 839	20 099	178 175	1 341	69 874	62 394	7 480	30 831	21 149	4 002	64 573
„ 1886/87	154 926	12 644	33 298	45 942	203 701	1 783	82 834	70 978	11 856	37 263	12 399	6 180	72 171
„ 1887/88	171 620	12 866	48 721	61 587	235 496	1 344	106 700	100 882	5 818	36 285	32 292	13 723	78 796
„ 1888/89	173 463	12 852	80 247	93 199	268 865	1 524	168 447	127 163	41 284	32 318	1	29 585	79 613
„ 1889/90	174 848	12 452	144 339	156 791	334 053	1 226	214 594	134 260	80 334	33 818	35 964	47 364	97 350
„ 1890/91	200 935	12 026	31 268	43 294	246 659	2 103	229 037	182 993	46 044	38 634	4 869	47 251	117 749
„ 1891/92	227 021	16 077	18 307	34 384	263 824	1 710	232 473	190 803	41 670	37 855	4	57 065	117 264
„ 1892/93	234 962	14 028	19 034	33 062	270 340	2 220	217 538	192 043	25 495	42 736	—	36 770	130 697
„ 1893/94	237 411	13 408	20 105	33 513	273 282	1 806	205 825	225 631	— 20 103	41 839	31 357	29 877	109 137
„ 1894/95	237 493	13 711	21 065	34 776	274 609	1 549	232 044	234 159	— 2 115	48 924	—	41 217	103 094
„ 1895/96	240 566	14 259	76 170	90 429	321 751	1 914	242 797	233 180	9 617	50 559	8 378	—	118 423
„ 1896/97	242 737	8 965	100 740	109 705	354 875	2 122	252 731	244 470	8 261	43 794	—	—	70 753
„ 1897/98	237 628	32 491	50 899	83 390	323 317	2 029	263 998	256 287	7 711	42 921	—	—	70 210
„ 1898/99	221 693	38 911	34 468	73 379	347 388	1 551	285 199	277 728	7 471	45 259	—	—	68 848
„ 1899 . .	223 393	39 033	57 669	96 702	352 608	2 429	290 655	298 040	— 7 385	40 679	—	—	69 072
Etat 1900	230 747	39 550	—	39 550	270 297	1 666	313 199	320 285	— 7 091	40 750	—	—	68 917
Rechnung 1900 . .	226 779	39 550	41 403	80 953	340 101	1 837	309 900	320 855	— 10 955	45 241	—	—	67 163
Etat 1901	232 046	39 617	—	39 617	274 086	1 889	347 882	348 338	— 456	42 903	—	—	68 852
Rechnung 1901 . .	232 063	39 617	—	39 617	274 209	1 498	340 221	349 735	— 9 514	55 781	—	—	68 596
Etat 1902	235 589	40 325	—	40 325	275 914	1 892	332 883	347 884	— 15 001	41 907	—	—	72 810
Rechnung 1902 . .	236 357	40 325	—	40 325	294 707	1 935	340 178	355 497	— 15 319	54 846	—	—	76 958
Etat 1903	235 912	[3] 41 336	—	41 336	277 274	1 897	331 581	346 900	— 15 319	43 138	[4] 72 075	—	78 863

[1]) Einnahme des Staatsschatzes, Zinsen von Staatsaktivkapitalien, Rente von der Reichsbank, Rückzahlungen auf Darlehne und — seit 1880/81 — hinterlegte Gelder. — [2]) Aversum für Zollausschlusse, Apanagen, Renten, Provinzialdotationen, Amtsverwaltungskosten, Zuschuss für Waldeck etc., hinterlegte Gelder. — [3]) Durch Nachtragsetat (G.-S. S. 167) um 5 814 000 ℳ erhöht. — [4]) Durch Nachtragsetat (G.-S. S. 167) auf 70 977 000 ℳ ermässigt.

Noch: Anlage XIV.

Noch: Uebersicht über die Einnahmen und Ausgaben aller Verwaltungen für die Jahre 1869 und 1880/81 bis 1903.

Jahr	12			13				14			15			
	Summe Dotationen und allg. Finanzverwaltung.			Staatsministerium.				Ministerium der auswärtigen Angelegenheiten			Finanzministerium.			
	a. Ein-nahmen	b. Aus-gaben	c. Zu-schuss	a. Ein-nahmen	b. Ausgaben	c. Ausgaben darunter einmalige	d. Zu-schuss	a. Ein-nahmen	b. Aus-gaben	c. Zu-schuss	a. Ein-nahmen	b. Ausgaben	c. Ausgaben darunter einmalige	d. Zu-schuss
	Tausend Mark													
Rechnung 1869 . .	36 775	144 270	107 495	[2]) 681	[2]) 1 841	117	1 160	[3]) 47	[4]) 2 887	2 840	—	[5])29 697	645	29 697
" 1880/81	104 048	212 958	108 910	681	3 183	294	2 502	6	390	384	1 575	35 477	—	33 902
" 1881/82	115 322	232 657	117 335	708	3 082	150	2 374	5	419	414	1 592	37 198	—	35 606
" 1882/83	116 962	259 500	142 538	683	3 015	68	2 332	8	514	506	2 012	37 968	29	35 956
" 1883/84	118 418	274 658	156 240	727	3 052	31	2 325	8	495	487	2 066	41 807	157	39 741
" 1884/85	113 784	299 901	186 117	756	3 196	150	2 440	8	526	518	2 201	42 839	199	40 638
" 1885/86	129 906	326 580	196 674	856	3 230	67	2 374	8	520	512	2 126	44 391	10	42 265
" 1886/87	140 907	369 051	228 144	860	3 218	35	2 358	8	513	505	2 312	46 488	2	44 176
" 1887/88	184 055	437 266	253 211	1 567	3 953	77	2 386	9	526	517	2 494	47 621	2	45 127
" 1888/89	209 805	498 257	288 452	1 494	4 139	176	2 645	4	557	553	1 865	48 393	157	46 528
" 1889/90	291 715	589 807	298 092	1 532	4 198	207	2 666	5	520	515	2 072	53 335	—	51 263
" 1890/91	275 949	568 486	292 537	1 733	4 350	97	2 617	5	555	550	3 210	56 092	5	52 882
" 1891/92	276 138	592 716	316 578	2 031	4 764	201	2 733	4	534	530	3 190	57 959	127	54 769
" 1892/93	264 164	614 550	350 386	2 167	4 917	199	2 750	5	549	544	3 555	62 998	—	59 443
" 1893/94	282 749	629 251	346 502	3 772	6 441	69	2 669	5	524	519	3 314	66 017	756	62 703
" 1894/95	284 518	632 368	347 850	4 008	6 800	237	2 792	5	579	574	2 606	73 845	557	71 239
" 1895/96	301 994	710 987	408 993	4 159	7 035	212	2 876	5	559	554	2 767	76 945	458	74 178
" 1896/97	297 031	707 938	410 907	4 812	7 630	126	2 818	5	529	524	4 269	80 133	13	75 864
" 1897/98	307 161	717 531	410 370	5 170	8 263	205	3 093	5	542	537	3 833	86 691	68	82 858
" 1898/99	330 741	711 234	380 493	5 902	8 893	56	2 991	5	562	557	2 814	90 616	959	87 802
" 1899 . .	331 559	737 870	406 311	7 094	10 146	133	3 052	5	516	511	5 415	93 738	384	88 323
Etat 1900 . . .	355 192	679 558	324 366	6 387	9 762	486	3 375	5	553	548	2 063	107 986	8 082	105 923
Rechnung 1900 . .	355 328	745 675	390 347	7 566	10 889	363	3 323	5	518	513	4 935	106 976	7 939	102 041
Etat 1901	391 040	708 885	317 845	7 555	10 532	91	2 977	5	554	549	1 971	107 672	2 773	105 701
Rechnung 1901 .	396 252	709 681	313 429	7 490	10 703	212	3 213	5	522	517	2 871	107 476	2 640	104 605
Etat 1902	376 131	716 769	340 638	8 680	11 726	121	3 046	5	555	550	2 890	114 911	4 308	112 021
Rechnung 1902 . .	395 389	744 817	349 428	9 506	12 695	164	3 189	4	557	553	5 013	113 498	3 570	108 485
Etat 1903	[1])378 652	723 146	344 494	8 839	11 809	19	2 970	5	555	550	2 005	120 662	6 090	118 657

[1]) ausschliesslich der Defizitanleihe von rund 70 Mill. ℳ. — [2]) für 1869 einschl. Einnahmen und Ausgaben der Landesverwaltung des Jadegebiets und der Hohenzollern'schen Lande. — [3]) einschl. Passgebühren. — [4]) vergl Text — [5]) damals war Finanzministerium und Allgemeine Finanzverwaltung (Sp. 11) noch nicht getrennt. Hier ist aber die Trennung, um vergleichsweise Zahlen zu schaffen, durchgeführt worden.

Noch: Anlage XIV.

Noch: Uebersicht über die Einnahmen und Ausgaben aller Verwaltungen für die Jahre 1869 und 1880/81 bis 1903.

Jahr	16 Bauverwaltung einschl. des Ministeriums[1]) der öffentlichen Arbeiten.				17 Handels- und Gewerbeverwaltung.[1])				18 Justizverwaltung.			
	a. Einnahmen	b. Ausgaben	c. darunter einmalige	d. Zuschuss	a. Einnahmen	b. Ausgaben	c. darunter einmalige	d. Zuschuss	a. Einnahmen	b. Ausgaben	c. darunter einmalige	d. Zuschuss
	Tausend Mark											
Rechnung 1869 . .	1 301	31 396	4 414	30 095	siehe Spalte 16				43 614	50 799	1 294	7 185
„ 1880/81	1 159	29 728	12 732	28 569	207	1 517	62	1 220	57 682	[2]) 95 670	[2]) 13 075	37 988
„ 1881/82	1 143	32 068	14 885	30 925	308	1 560	52	1 252	53 572	86 750	4 938	33 178
„ 1882/83	1 209	30 041	13 464	28 832	314	1 550	67	1 236	50 022	83 906	3 326	33 884
„ 1883/84	1 226	31 362	13 991	30 136	335	1 694	158	1 359	50 370	81 375	2 467	31 005
„ 1884/85	1 290	32 914	15 439	31 624	336	1 580	55	1 244	46 926	80 611	2 297	33 685
„ 1885/86	1 238	32 340	14 450	31 102	974	2 916	49	1 942	48 045	85 204	2 202	37 159
„ 1886/87	1 693	33 168	13 293	31 475	1 051	3 580	479	2 529	50 037	85 762	2 120	35 725
„ 1887/88	1 884	30 402	11 383	28 518	1 207	3 658	155	2 451	51 749	86 353	2 433	34 604
„ 1888/89	1 916	29 549	10 001	27 633	1 261	3 767	85	2 506	51 379	87 840	2 569	36 461
„ 1889/90	2 002	36 088	10 241	34 086	1 470	4 200	147	2 730	54 935	89 006	2 253	34 071
„ 1890/91	2 106	33 721	10 093	31 615	1 507	4 932	400	3 425	55 930	92 912	2 748	36 982
„ 1891/92	2 559	35 443	12 454	32 884	1 456	5 260	242	3 804	59 549	97 268	2 996	37 719
„ 1892/93	2 207	37 760	13 878	35 553	1 559	5 579	156	4 020	62 327	100 930	3 840	38 603
„ 1893/94	2 252	36 579	13 454	34 327	1 732	2 911	169	4 179	62 238	101 709	3 341	39 471
„ 1894/95	1 945	37 481	14 468	35 536	1 938	6 430	309	4 492	65 188	100 786	4 696	35 598
„ 1895/96	6 026	40 600	15 507	34 574	2 237	6 774	223	4 537	67 098	99 163	3 037	32 065
„ 1896/97	6 456	40 254	15 741	33 798	2 353	7 186	205	4 833	69 114	101 158	4 333	32 044
„ 1897/98	7 206	43 109	17 108	35 903	2 559	7 887	189	5 328	70 727	108 421	4 941	37 694
„ 1898/99	9 790	50 125	20 706	40 335	2 943	9 187	335	6 244	73 686	109 837	4 878	36 151
„ 1899 . .	9 129	52 459	21 104	43 330	4 815	11 246	390	6 431	78 270	115 888	6 310	37 618
Etat 1900	8 120	58 085	27 407	49 965	5 440	13 212	1 225	7 772	73 801	114 822	5 433	41 021
Rechnung 1900 . .	9 431	56 262	23 299	46 831	5 959	13 073	616	7 114	80 299	121 373	5 989	41 074
Etat 1901	9 120	64 769	32 916	55 649	5 904	14 075	741	8 171	81 762	128 046	12 741	46 284
Rechnung 1901 . .	10 077	55 403	21 706	45 326	6 699	14 319	958	7 620	85 603	127 635	6 946	42 032
Etat 1902	9 660	46 516	13 250	36 856	6 319	15 187	836	8 868	82 206	121 234	5 578	39 028
Rechnung 1902 . .	11 656	53 048	18 578	41 392	7 369	14 834	713	7 465	89 713	131 768	8 403	42 055
Etat 1903	10 015	48 756	14 822	38 741	7 072	15 554	415	8 482	84 141	124 920	8 148	40 779

[1]) für 1869 Bau-, Handels- und Gewerbeverwaltung gemeinsam. — [2]) Die ausserordentliche Steigerung ist vor allem auf die Justiz-Neuorganisation etc. von 1879 zurückzuführen.

Noch: Uebersicht über die Einnahmen und Ausgaben aller Verwaltungen für die Jahre 1869 und 1880/81 bis 1903.

1	19				20				21				22			
Jahr	Verwaltung des Innern.				Landwirthschaftliche und Gestütverwaltung.[1])				Verw. der geistl., Unterrichts- u. Medizinal-Angelegenheiten.				Kriegsministerium (Verw. des Zeughauses in Berlin).			
	a. Ein-nahmen	b. Ausgaben	c. Ausgaben darunter einmalige	d. Zu-schuss	a. Ein-nahmen	b. Ausgaben	c. Ausgaben darunter einmalige	d. Zu-schuss	a. Ein-nahmen	b. Ausgaben	c. Ausgaben darunter einmalige	d. Zu-schuss	a. Ein-nahmen	b. Ausgaben	c. Ausgaben darunter einmalige	d. Zu-schuss
	Tausend Mark															
Rechnung 1869 . .	3 152	26 793	962	23 641	2 659	7 159	410	4 500	355	18 425	1 263	18 070	—	—	—	—
„ 1880/81	3 724	41 795	1 819	38 071	3 771	12 566	1 716	8 795	2 596	57 329	9 015	54 733	1 000	1 008	968	8
„ 1881/82	4 062	42 269	1 215	38 207	3 512	13 911	2 634	10 399	2 576	55 776	6 960	53 200	331	376	300	45
„ 1882/83	4 553	42 231	1 011	37 678	3 639	12 780	1 285	9 141	2 779	56 554	6 656	53 775	2	439	323	437
„ 1883/84	4 624	42 245	829	37 621	3 825	15 166	3 011	11 341	3 252	59 938	8 924	56 686	1	308	207	307
„ 1884/85	4 774	41 926	552	37 152	3 780	14 742	1 959	10 962	3 567	62 552	9 540	58 985	1	980	840	979
„ 1885/86	4 710	42 285	1 198	37 575	3 778	15 158	1 527	11 380	2 875	58 706	5 734	55 831	3	371	252	368
„ 1886/87	4 679	42 166	1 337	37 487	3 927	15 127	1 540	11 200	3 067	61 235	4 780	58 168	2	239	125	237
„ 1887/88	4 681	42 060	605	37 379	4 003	15 304	1 375	11 301	3 268	63 749	5 597	60 481	1	215	103	214
„ 1888/89	3 946	43 050	698	39 104	3 731	15 631	1 080	11 900	2 707	75 194	5 602	72 487	2	261	143	259
„ 1889/90	4 056	43 704	557	39 648	3 745	16 620	1 273	12 875	2 778	95 411	5 976	92 633	1	275	154	274
„ 1890/91	4 068	47 061	1 052	42 993	3 992	17 801	1 488	13 809	2 870	102 409	6 162	99 539	1	229	86	228
„ 1891/92	4 221	48 591	964	44 370	3 856	18 286	1 687	14 430	3 057	104 588	6 200	101 531	1	129	1	128
„ 1892/93	4 274	47 542	767	43 268	3 971	17 961	1 165	13 990	3 083	106 674	4 975	103 591	—	154	27	154
„ 1893/94	11 002	52 254	1 134	41 252	4 483	19 296	1 354	14 813	3 333	109 593	3 802	106 260	1	146	7	145
„ 1894/95	11 044	53 243	1 151	42 199	4 484	19 947	1 768	15 463	3 470	112 189	4 145	108 719	1	134	13	133
„ 1895/96	11 938	56 246	1 654	44 308	4 520	20 989	2 225	16 469	3 572	113 531	4 711	109 959	—	145	1	145
„ 1896/97	12 857	57 023	1 697	44 166	4 474	22 687	3 242	18 213	3 554	115 877	5 337	112 323	—	153	11	153
„ 1897/98	13 034	59 381	1 223	46 347	4 831	25 674	4 199	20 843	3 586	129 151	6 485	125 565	6	161	10	155
„ 1898/99	12 821	60 821	842	48 000	4 710	27 067	4 506	22 357	5 536	144 300	11 326	138 764	3	148	2	145
„ 1899 . .	17 162	69 497	1 623	52 335	4 714	27 795	4 167	23 081	5 498	149 356	11 667	143 858	1	176	33	175
Etat 1900	18 189	71 598	2 461	53 409	4 662	33 912	11 047	29 250	5 115	153 349	13 753	148 243	—	201	62	263
Rechnung 1900 . .	17 297	72 063	2 202	54 766	4 867	29 367	4 832	24 500	5 980	153 510	13 586	147 530	3	237	93	234
Etat 1901	17 778	76 563	4 503	58 785	4 947	38 951	14 731	34 004	5 124	176 024	30 656	170 900	—	168	29	168
Rechnung 1901 . .	20 207	77 185	3 093	56 978	5 098	32 132	6 469	27 034	6 002	165 815	20 427	159 813	5	181	29	176
Etat 1902	19 841	77 606	2 864	57 755	5 027	30 636	5 653	25 609	5 281	164 903	15 556	159 622	—	159	17	176
Rechnung 1902 . .	22 154	80 633	2 784	58 479	5 215	35 828	9 279	30 613	6 366	170 987	21 682	164 621	3	155	15	152
Etat 1903	21 725	80 253	1 932	58 528	6 269	34 126	7 312	27 857	6 365	171 842	17 867	165 477	—	161	14	175

[1]) 1869 stand das Veterinärwesen noch auf dem Kultusministerium, ist aber unter obigen Zahlen mit eingerechnet, bei Sp. 21 abgezogen.

Noch: Anlage XIV.

Noch: Uebersicht über die Einnahmen und Ausgaben aller Verwaltungen für die Jahre 1869 und 1880/81 bis 1903.

Jahr	23 Summe der Staatsverwaltungs-Einnahmen und -Ausgaben. a. Einnahmen	23 b. Ausgaben	23 c. Ausgaben darunter einmalige	23 d. Zuschuss	24 Etatsmässiges Gesammtergebniss. a. Einnahmen	24 b. Ausgaben Insgesammt	24 b. Ausgaben Ordinarium	24 b. Ausgaben Extraordinarium [1])	25 Wirkliches Gesammtergebniss. [2]) a Ueberschuss	25 b. Fehlbetrag
	Tausend Mark									
Rechnung 1869 . .	51 810	168 997	9 150	117 187	529 033	499 812	486 599	13 213	—	[3])11 906
" 1880/81	72 491	278 663	39 681	206 172	805 548	790 951	739 184	51 767	—	8 838
" 1881/82	67 808	273 409	31 134	205 601	945 164	947 753	901 176	46 577	—	25 781
" 1882/83	65 221	268 998	26 228	203 777	1 007 667	995 619	961 515	34 104	305	—
" 1883/84	66 435	277 441	29 775	211 006	1 154 404	1 150 683	1 108 496	42 187	—	6 009
" 1884/85	63 639	281 865	31 033	218 226	1 170 912	1 166 380	1 120 609	45 771	—	374
" 1885/86	64 612	285 122	25 488	220 510	1 252 016	1 250 988	1 212 192	38 796	—	13 467
" 1886/87	67 636	291 495	23 710	223 859	1 311 763	1 307 672	1 268 009	39 663	19 893	—
" 1887/88	70 863	293 842	21 730	222 979	1 424 729	1 387 327	1 346 193	41 134	47 103	—
" 1888/89	68 306	308 382	20 511	240 076	1 521 075	1 495 506	1 451 626	43 880	70 950	—
" 1889/90	72 595	343 357	20 808	270 762	1 708 198	1 681 433	1 609 026	72 407	102 103	—
" 1890/91	75 423	360 060	22 131	284 637	1 747 342	1 733 133	1 690 233	42 900	12 883	—
" 1891/92	79 925	372 821	24 872	292 896	1 782 892	1 801 636	1 756 511	45 125	—	42 833
" 1892/93	83 148	385 063	25 007	301 915	1 823 346	1 853 901	1 809 809	44 092	—	25 290
" 1893/94	92 131	398 468	24 085	306 337	1 896 434	1 880 912	1 839 372	41 540	—	31 357
" 1894/95	94 690	411 434	27 344	316 744	1 919 817	1 919 755	1 871 956	47 799	—	8 378
" 1895/96	102 322	421 985	28 028	319 663	1 979 420	1 999 125	1 940 230	58 895	60 193	—
" 1896/97	107 895	432 630	30 705	324 735	2 075 203	2 065 472	1 992 564	72 908	95 435	—
" 1897/98	110 957	469 280	34 428	358 323	2 211 172	2 224 515	2 138 882	85 633	99 266	—
" 1898/99	118 210	501 556	43 610	383 346	2 348 382	2 338 557	2 232 630	105 927	84 366	—
" 1899 . .	132 106	530 817	45 811	398 711	2 483 749	2 439 628	2 329 640	109 988	87 660	—
Etat 1900 . . .	123 782	563 478	69 954	439 696	2 479 985	2 479 985	2 313 796	166 189	—	—
Rechnung 1900 . .	136 342	564 267	58 919	427 926	2 607 651	2 588 976	2 432 736	156 240	71 403	—
Etat 1901	134 167	617 355	99 181	483 188	2 656 734	2 649 015	2 439 522	217 212	—	—
Rechnung 1901 . .	144 055	591 371	62 480	447 316	2 629 342	2 607 557	2 435 807	171 750	—	37 504
Etat 1902	139 907	583 422	48 173	443 515	2 621 886	2 621 886	2 475 176	146 710	—	—
Rechnung 1902 . .	156 998	614 565	65 750	457 567	2 684 291	2 706 727	2 519 062	187 665	15 609	—
Etat 1903	146 436	608 638	56 619	462 202	2 682 000	2 682 010	2 524 079	157 921	—	[4]) ?

Bemerkungen.

[1]) für die Zwischenjahre zwischen 1869 und 1880/81 betrug das Extraordinarium (Tausend Mark) 1870: 15 198, 1871: 20 119, 1872: 32 296, 1873: 60 671, 1874: 64 847, 1875: 60 508, 1876: 49 906, 1877: 2 254, 1877/78: 41 821, 1878/79: 53 616, 1879/80: 58 878.

[2]) unter Berücksichtigung der ausseretatsmässigen Einnahmen und Ausgaben und der flüssig gemachten Anleihen.

[3]) für die Zwischenjahre zwischen 1869 und 1880 betrug nach der Rechnung der wirkliche Ueberschuss (+), der Zuschuss (—)
1870: + 18 618 781,
1871: + 27 821 761,
1872: + 64 541 385,
1873: + 36 547 687,
1874: — 17 005 788,
1875: — 23 376 327,
1876: + 1 828 877,
1877: + 148 988,
1877/78: — 16 249 495,
1878/79: — 30 310 697,
1879/80: — 5 294 243.

[4]) nach dem Nachtragsetat 70 977 000, s. S. 44 Anm. 4.

Anlage XV.

Die Zahl der Beamten und deren Gehälter in den Jahren 1850, 1867, 1868, 1878/79, 1889/90 und 1902.

1	2	3	4	5	6
Verwaltung.	Jahr	Zahl der etats-mässigen Beamten	Besoldungen ℳ	Wohnungs-geld-zuschüsse ℳ	Zur Remunerirung von Hülfs-arbeitern und Hülfskräften ℳ
A. Ueberschussverwaltungen.					
1. Domänenverwaltung[1])	1850	794	565 897		.
	1867	616	496 941	.	.
	1868	1 081	967 773	.	.
	1878/79	273	438 491	26 348	.
	1889/90	196	313 494	20 383	.
	1902	172	332 130	16 716	.
2. Forstverwaltung[1])	1850	3 544	3 111 656	.	.
	1867	3 206	4 181 034	.	.
	1868	4 574	5 645 187		497 808
	1878/79	4 593	5 911 924	105 740	1 259 680
	1889/90	4 750	6 955 415	110 220	1 362 550
	1902	5 106	10 572 720	109 940	1 992 800
3 Verwaltung der direkten Steuern	1850	378	730 396	.	.
	1867	717	1 442 319	.	58 500
	1868	941	1 809 267	.	85 500
	1878/79	1 292	3 349 475	437 600	143 900
	1889/90	1 780	4 369 869	568 000	497 663
	1902	2 651	8 114 513	889 100	1 212 300
4. Verwaltung der indirekten Steuern	1850	7 731	8 358 924	.	42 000
	1867	8 277	10 307 001	.	40 800
	1868	11 745	15 975 015	.	53 250
	1878/79	9 509	14 435 847	1 408 116	71 100
	1889/90	12 584	20 421 835	2 189 110	120 900
	1902	12 806	24 881 300	2 251 428	167 450
5. Salzverkaufsverwaltung	1850	908	334 428	.	.
	1867	935	345 848	.	.
6. Lotterieverwaltung	1850	18	43 204	.	.
	1867	16	41 100	.	.
	1868	22	63 168		11 694
	1878/79	14	45 300	7 200	4 014
	1889/90	24	70 500	11 400	7 648
	1902	26	76 100	12 540	10 850
7. Seehandlung	1850	33	98 880	.	22 800
	1867	33	107 250	.	6 000
	1868	33	108 450	.	6 000
	1878/79	31	126 150	20 040	6 000
	1889/90	38	143 850	23 640	12 900
	1902	61	206 000	40 920	26 750
8. Münzverwaltung	1850	17	51 750	.	4 443
	1867	16	54 750	.	3 900
	1868	26	86 121	.	6 447
	1878/79	35	114 750	9 588	3 960
	1889/90	19	70 650	5 040	3 000
	1902	22	84 750	5 760	2 400

[1]) Die Centralverwaltung der Domänen und Forsten hatte vorübergehend einen selbständigen Etat. Siehe Näheres Bd. II Buch II § 29. Siehe auch S. 51 u. 52 Anm. 1.

Noch: Die Zahl der Beamten und deren Gehälter in den Jahren 1850, 1867, 1868, 1878/79, 1889/90 und 1902.

1	2	3	4	5	6
Verwaltung.	Jahr	Zahl der etats-mässigen Beamten	Besoldungen ℳ	Wohnungs-geld-zuschüsse ℳ	Zur Remunerirung von Hülfs-arbeitern und Hülfskräften ℳ
Noch: A. Ueberschussverwaltungen.					
9. Berg- etc. Verwaltung . .	1850	562	1 184 303	.	.
	1867	417	1 000 233	.	144 201
	1868	594	1 404 546	.	204 492
	1878/79	638	1 939 634	160 834	358 846
	1889/80	928	2 591 537	217 428	455 018
	1902	2 636	6 450 304	539 984	453 069
10. Eisenbahnverwaltung . . .	1867	6 273	5 187 244	.	8 100
	1868	10 836	10 172 057	.	6 546 626
	1878/79	20 612	24 554 539	3 165 576	15 637 720
	1889/90	73 892	90 631 486	12 223 944	67 083 375
	1902	129 058	190 851 072	23 436 980	123 187 550
11. (Post-), Gesetzsammlungs- und Zeitungsverwaltung .	1850	7 120	5 230 374	.	588 600
	1867	20 002	15 493 560	.	432 960
	1868[1])	8	11 775	.	.
	1878/79	10	21 375	4 200	.
12. Telegraphenverwaltung . .	1850	291	334 275	.	.
	1867[1])	1 410	1 749 765	.	272 700
B. Dotationen und Allgemeine Finanzverwaltung.					
1. Staatsschuldenverwaltung	1850	60	150 600	.	12 000
	1867	74	188 100	.	12 900
	1868	74	220 200	.	8 100
	1878/79	92	292 050	55 080	12 600
	1889/80	132	420 225	80 304	28 550
	1802	206	621 740	125 716	37 500
2. Zweite Kammer . . . . . . (Abgeordnetenhaus)	1850	5	11 970	.	29 700
	1867	10	22 200	.	31 275
	1868	11	28 200	.	38 835
	1878/79	15	52 050	8 220	49 410
	1889/80	15	59 850	8 580	60 110
	1802	29	90 860	15 060	94 920
3. Erste Kammer . . . . . . (Herrenhaus)	1850	5	10 290	.	27 900
	1867	8	20 700	.	27 720
	1868	8	21 150	.	27 720
	1878/79	8	27 150	2 700	43 110
	1889/80	11	37 950	5 040	37 230
	1802	13	48 825	6 180	63 440
C. Zuschussverwaltungen.					
1. Bureau des Staatsministeriums	1850	21	90 000	.	2 400
	1867	29	121 200	.	2 400
	1868	31	135 150	.	2 400
	1879/80	30	154 800	17 160	3 600
	1889/90	31	157 350	17 400	4 800
	1902	30	171 920	15 450	6 600

[1]) Übergang der Post und Telegraphie auf das Reich seit 1867.

Noch: Die Zahl der Beamten und deren Gehälter in den Jahren 1850, 1867, 1868, 1878/79, 1889/90 und 1902.

1	2	3	4	5	6
Verwaltung.	Jahr	Zahl der etats-mässigen Beamten	Besoldungen ℳ	Wohnungs-geld-zuschüsse ℳ	Zur Remunerirung von Hülfs-arbeitern und Hülfskräften ℳ
	Noch: C. Zuschussverwaltung.				
2. Staatsarchive	1850	18	39 450	.	.
	1867	21	51 600	.	.
	1868	33	80 175	.	.
	1878/79	56	173 610	23 172	24 000
	1889/90	76	200 130	29 232	30 000
	1902	82	316 080	38 088	41 450
3. Generalordenskommission	1850	8	17 400	.	.
	1867	9	21 600	.	.
	1868	12	29 400	.	.
	1878/79	12	39 750	8 160	3 000
	1889/90	12	39 750	8 160	3 000
	1902	14	45 900	9 240	6 000
4. Geheimes Civilkabinett	1850	14	46 500	.	.
	1867	13	43 800	.	.
	1868	15	51 600	.	.
	1878/79	17	76 500	11 220	.
	1889/90	20	91 400	12 960	5 400
	1902	26	116 380	14 700	3 000
5. Oberrechnungskammer	1850	90	316 050	.	9 000
	1867	96	351 900	.	6 000
	1868	96	353 700	.	6 000
	1878/79	109	488 250	54 528	6 600
	1889/90	143	650 400	89 264	7 800
	1902	172	902 540	108 636	13 800
6. Ansiedelungskommission	1889/90	19	55 260	8 844	50 000
	1902	94	250 530	40 980	125 750
7. Ministerium der auswärtigen Angelegenheiten	1850	151	1 486 440	.	6 000
	1867	234	2 504 010	.	18 000
	1868	77	2 306 160	.	18 000
	1878/79	17	275 400	.	.
	1889/90	20	365 400	.	.
	1902	26	395 400	.	.
8. Finanzministerium	1850[1])	1 532	4 108 762	.	389 430
	1867	1 640	4 601 760	.	695 460
	1868	2 073	5 864 880	.	891 420
	1878/79	2 327	7 458 184	1 005 728	1 736 978
	1889/90	2 505	8 009 065	1 069 000	1 784 450
	1902	3 437	11 659 010	1 436 392	2 279 620
9. Staatsdruckerei	1867	6	14 700	.	31 800
	1868	8	22 500	.	22 200
	1878/79[2])	7	26 250	3 300	42 000
10. Reichs- und Staatsanzeiger	1878/79	7	21 450	2 940	39 590
	1889/90	13	37 350	5 940	43 400
	1902	24	69 150	11 280	41 900
11. Verwaltung für Handel, Gewerbe und Bauwesen	1850	2 275	2 130 071	.	.
	1867	2 378	2 713 304	.	136 140
	1868	3 787	4 815 408	.	202 680
	1878/79	2 203	4 390 897	521 356	561 079

[1]) Dazu für 1850 57 Beamte mit 218 700 ℳ Gehalt und 5100 ℳ Remunerirungsfonds für die Centralverwaltung der Domänen und Forsten s. Anm. 1 auf S. 49. — [2]) Jetzt Reichsdruckerei.

Noch: Anlage XV.

Noch: Die Zahl der Beamten und deren Gehälter in den Jahren 1850, 1867, 1868, 1878/79, 1889/90 und 1902.

1	2	3	4	5	6
Verwaltung.	Jahr	Zahl der etatsmässigen Beamten	Besoldungen ℳ	Wohnungsgeldzuschüsse ℳ	Zur Remunerirung von Hülfsarbeitern und Hülfskräften ℳ
Noch: C. Zuschussverwaltung.					
12. Bauverwaltung	1889/90	1 786	3 544 646	427 048	82 400
	1902	2 495	6 557 609	766 522	295 400
13. Ministerium für Handel und Gewerbe	1889/90	453	963 700	107 380	271 401
	1902	1 330	4 465 345	539 927	880 768
13a. Porzellan- (und Gesundheitsgeschirr) Manufaktur	1850	27	52 365	.	208 000
	1867	15	43 500	.	176 700
	1868	15	42 120	.	.
	1878/79[2])	14	50 100	3 240	.
14. Justizverwaltung	1850	10 866	18 546 662	.	3 441 219
	1867	11 898	22 026 279	.	4 342 329
	1868	14 444	29 409 644	.	5 280 015
	1878/79	15 104	36 452 606	4 485 074	8 066 896
	1889/90	16 130	45 948 585	5 142 170	7 578 985
	1902	19 682	59 364 217	6 678 848	9 961 025
15. Ministerium des Innern	1850	6 063	5 993 590	.	48 978
	1867	7 032	7 993 161	.	173 820
	1868	9 313	12 423 946	.	335 940
	1878/79	11 613	18 315 168	1 944 180	1 035 284
	1889/90	14 631	22 304 684	2 627 160	1 077 614
	1902	22 640	38 302 095	4 416 756	1 562 674
16. Kriegsministerium (Zeughaus)	1889/90	30	54 300	8 640	2 472
	1902	33	65 420	9 660	900
17. Landwirthschaftliche Verwaltung	1850	341	771 474	18 000	136 995
	1867	321	869 059	.	151 215
	1868	359	1 118 089	.	175 815
	1878/79	969	1 967 343	235 368	1 275 873
	1889/90	1 275	2 669 411	347 844	492 425
	1902	2 242	6 182 670	718 692	2 330 624
18. Gestütverwaltung	1850	78	115 576	.	166 603
	1867	82	129 222	.	234 950
	1868	95	158 487	.	326 236
	1878/79	113	230 251	2 976	541 257
	1889/90	111	233 815	2 484	678 226
	1902	121	294 645	1 380	1 260 856
19. Ministerium der geistl. etc. Angelegenheiten	1850	1 224	1 267 134	.	24 600
	1867	1 333	1 574 821	.	28 920
	1868	1 931	2 328 425	.	54 264
	1878/79	2 829	6 228 578	536 538	375 681
	1889/90	3 338	7 979 758	761 196	908 010
	1902	3 616	12 089 185	1 093 842	1 323 001
Gesammtsumme	**1850**	**44 231**	**55 417 181**	.	**5 166 088**
	1867	**67 117**	**83 697 961**	.	**7 036 790**
	1868	**62 147**	**95 652 594**	.	**14 801 443**
	1878/79	**72 549**	**127 657 870**	**14 266 182**	**31 302 178**
	1889/90	**135 015**	**219 695 565**	**26 175 871**	**82 720 327**
	1902	**208 850**	**383 578 410**	**43 350 717**	**147 382 397**

[1]) Dazu für 1889/90 62 Beamte mit 303 900 ℳ Gehalt, 48 600 ℳ Wohnungsgeld, 31 000 ℳ Remunerirungsfonds für Centralverwaltung der Domänen und Forsten, s. Anm. 1 auf S. 49. — [2]) später unter No. 13.

Anlage XVI.

Verhältniss des Extraordinariums zu den ordentlichen Ausgaben des Staatshaushalts in den Jahren 1869 bis 1903.

1	2	3	4	1	2	3	4
Jahr.	Ordinarium	Extra-ordinarium	Prozent des Ordinariums	Jahr.	Ordinarium	Extra-ordinarium	Prozent des Ordinariums
	in Tausend Mark				in Tausend Mark		
1869	486 599	13 213	2,7	1886/87 . .	1 268 009	39 663	3,1
1870	472 986	15 198	3,2	1887/88 . .	1 346 193	41 134	3,1
1871	490 199	20 119	4,1	1888/89 . .	1 451 626	43 880	3,0
1872	543 045	32 296	5,9	1889/90 . .	1 609 026	72 407	4,5
1873	596 093	60 671	10,2	1890/91 . .	1 690 233	42 900	2,5
1874	623 374	64 847	10,4	1891/92 . .	1 756 511	45 125	2,6
1875	605 424	60 508	10,0	1892/93 . .	1 809 809	44 092	2,4
1876	614 625	49 906	8,1	1893/94 . .	1 839 372	41 540	2,3
1877	141 214	5 254	3,7	1894/95 . .	1 871 956	47 799	2,6
1877/78 . . .	628 326	41 821	6,7	1895/96 . .	1 940 230	58 895	3,0
1878/79 . . .	633 381	51 616	8,1	1896/97 . .	1 992 564	72 908	3,7
1879/80 . . .	652 625	58 878	9,0	1897/98 . .	2 138 882	85 633	4,0
1880/81 . . .	739 184	53 767	7	1898/99 . .	2 232 630	105 927	4,7
1881/82 . . .	901 176	46 577	5,1	1899	2 329 640	109 988	4,7
1882/83 . . .	961 515	34 104	3,5	1901	2 432 736	156 240	6,4
1883/84 . . .	1 108 496	42 187	3,8	1902	2 435 807	171 750	7,1
1884/85 . . .	1 120 609	45 771	4,1	1903	2 519 062	187 665	7,4
1885/86 . . .	1 212 192	38 796	3,2				

Nachtrag über die etatsmässigen Einnahmen und dauernden Ausgaben einzelner Staatsverwaltungen.

A. Ueberschussverwaltungen.

1	2	3	4	5	6	7
Kapitel	Titel	Etatspositionen	1903 ℳ	1902 ℳ	1901 ℳ	1900 ℳ
		I. Domänenverwaltung.				
		Einnahme.				
1.	1.	Grundherrliche Hebungen und Hebungen von veräusserten Domänenobjekten.	923 159	941 965	952 950	963 311
	2.	Domänen-Amortisationsrenten .	5 328 490	5 350 044	5 376 901	5 414 288
	3.	Ertrag von Domänenvorwerken	13 196 627	12 863 287	13 060 605	13 266 056
	4.	Ertrag von anderen Domänengrundstücken, Mühlen und Fischereien	4 175 486	4 150 874	4 397 191	4 358 333
	4a.	Ertrag von Weingütern	287 507	265 504	—	—
	5.	Ertrag von Mineralbrunnen und Badeanstalten	2 417 001	2 047 964	1 943 362	1 865 406
	6.	Fällt aus.				
	7.	Zinsen von Aktivkapitalien . .	15 117	15 373	14 936	15 080
	8.	Renten, welche das Deutsche Reich gemäss § 3 des Reichsgesetzes vom 25. Mai 1873 an Preussen zu zahlen hat . .	97 491	97 491	97 491	97 491
	9.	Sonstige Einnahmen	255 392	217 268	181 284	166 235
		Summe . .	**26 696 270**	**25 949 770**	**26 024 720**	**26 146 200**
		Ausgabe.				
		A. Dauernde Ausgaben.				
1.	1—3.	Besoldungen	323 226	332 130	326 275	310 265
	4.	Wohnungsgeldzuschüsse	16 152	16 716	16 812	16 188
	5—8.	Andere persönliche Ausgaben . .	162 468	173 185	172 829	207 844
	9—11.	Dienstaufwandsentschädigungen	135 580	134 012	134 012	129 712
	12—23.	Sonstige Kosten und Lasten der Verwaltung	6 495 714	6 143 827	5 851 542	5 713 991
		Summe . .	**7 133 140**	**6 799 870**	**6 501 470**	**6 378 000**
		Mithin Ueberschuss . .	*19 563 130*	*19 149 900*	*19 523 250*	*19 768 200*
		Hiervon ab:				
10.	1—12.	**B. Extraordinarium . . .**	**4 990 000**	**2 296 000**	**9 856 300**	**2 907 200**
		Ueberschuss . .	*14 573 130*	*16 853 900*	*9 666 950*	*16 861 000*

Nachtrag über die etatsmässigen Einnahmen und dauernden Ausgaben einzelner Staatsverwaltungen.

Noch: A. Ueberschussverwaltungen.

1	2	3	4	5	6	7
Kapitel	Titel	Etatspositionen.	1903 ℳ	1902 ℳ	1901 ℳ	1900 ℳ
		2. Forstverwaltung.				
		Einnahme.				
2.	1.	Für Holz aus dem Forstwirthschaftsjahr	81 000 000	75 000 000	75 000 000	71 500 000
	2.	Für Nebennutzungen	4 700 000	4 500 000	4 345 000	4 349 000
	3.	Aus der Jagd	421 000	412 000	390 000	377 000
	4.	Von Torfgräbereien	276 000	245 000	235 000	239 000
	5—7.	Fallen aus.				
	8.	Vom Sägemühlenbetriebe	97 000	119 000	124 000	130 000
	9.	Fällt aus.				
	10.	Von dem Thiergarten bei Cleve und dem Eichholze bei Arnsberg	20 000	21 000	21 000	20 000
	11.	Verschiedene andere Einnahmen	823 200	733 700	636 700	556 200
	11a.	Rückzahlungen auf die an Forstbeamte gewährten Vorschüsse (vgl. Kap. 2 Tit. 9 c der Ausgabe)	120 000	80 000	60 000	60 000
	12.	Von der Forstakademie zu Eberswalde	12 300	12 300	12 300	12 300
	13.	Von der Forstakademie zu Münden	6 500	6 000	6 000	6 000
		Summe	**87 476 000**	**81 129 000**	**80 830 000**	**77 249 500**
		Ausgabe.				
		A. Dauernde Ausgaben.				
2.		Kosten der Verwaltung und des Betriebes.				
	1—4.	Besoldungen	10 332 900	10 470 320	10 405 170	10 332 900
	5.	Wohnungsgeldzuschüsse	103 400	104 000	103 400	103 400
	9c.	Andere persönliche Ausgaben	2 727 500	3 076 400	3 054 400	2 727 500
	10—15.	Stellenzulagen u. s. w.	2 294 992	2 333 042	2 318 892	2 294 992
	16—35.	Materielle Verwaltungs- und Betriebskosten	20 412 408	20 416 938	20 094 088	20 412 408
		Summe	*35 871 200*	*36 400 700*	*35 975 950*	*35 871 200*
3.	1—8.	Zu forstwissenschaftlichen und Lehrzwecken	234 100	229 600	232 350	234 100
4.	1—6.	Allgemeine Ausgaben	3 842 400	4 044 700	3 943 700	3 842 400
		Summe A	**39 947 700**	**40 675 000**	**40 152 000**	**39 947 700**
		Mithin Ueberschuss	*37 301 800*	*40 454 000*	*40 678 000*	*37 301 800*
		Hiervon ab:				
		B. Extraordinarium	**4 086 200**	**2 650 000**	**5 900 000**	**4 086 200**
		Bleibt Ueberschuss	*33 215 600*	*37 804 000*	*34 778 000*	*33 215 600*

Noch: Nachtrag über die etatsmässigen Einnahmen und dauernden Ausgaben einzelner Staatsverwaltungen.

Noch: A. Ueberschussverwaltungen.

1	2	3	4	5	6	7
Kapitel	Titel	Etatspositionen	1903 ℳ	1902 ℳ	1901 ℳ	1900 ℳ
		3. Berg-, Hütten- und Salinenverwaltung.				
		Einnahme.				
9.	1—2.	Bei den Bergwerken	157 633 220	151 314 600	150 800 920	129 800 000
		„ „ Hütten	20 216 900	21 608 600	23 464 240	21 180 040
		„ „ Salzwerken	11 453 720	10 742 080	10 990 540	9 792 540
		„ „ Badeanstalten	408 420	394 600	362 400	320 400
		„ „ Gemeinschaftswerken	5 600 060	6 070 976	6 241 180	5 455 386
		Andere Einnahmen	525 175	463 380	456 800	513 510
		Summe	**195 837 495**	**190 594 236**	**192 316 080**	**167 061 876**
		Ausgabe.				
		A. Dauernde Ausgaben.				
14.	1—12.	Bergwerke	130 855 806	120 385 070	117 497 180	105 037 602
15.	1—12.	Hütten	19 565 896	20 465 440	21 989 318	20 210 610
16.	1—12.	Salzwerke	9 809 038	8 888 910	9 067 315	7 811 715
17.	1—12	Badeanstalten	362 880	356 866	332 370	281 170
18.	1—31.	Gemeinschaftswerke mit anliegenden Staaten	4 990 860	5 349 224	5 487 860	4 579 186
19.	1—9.	Ministerialabtheilung für das Bergwesen	240 340	236 940	230 540	224 140
20.	1—11.	Oberbergämter	2 337 104	2 309 813	2 252 200	2 113 204
21.	1—11.	Bergtechnische Lehranstalten	1 002 380	892 110	849 780	739 450
22.	1—10.	Sonstige Verwaltungs- und Betriebsausgaben	615 280	896 243	815 487	816 801
		Summe A	**169 779 584**	**159 780 616**	**158 522 050**	**141 813 878**
		Mithin Ueberschuss	*26 057 911*	*30 813 620*	*33 794 030*	*25 247 998*
		B. Einmalige und ausserordentliche Ausgaben	**1 278 000**	**1 412 300**	**790 000**	**1 456 100**
		Bleibt Ueberschuss	*24 779 911*	*29 401 320*	*33 004 030*	*23 791 898*
		3a. Bernsteinverwaltung.				
29.	3b.	**Einnahme**	**2 975 000**	**2 540 000**	**2 447 132**	**2 255 000**
68a.	1—12.	**Dauernde Ausgabe**	**1 458 720**	**1 421 576**	**1 529 782**	**1 234 114**
		Einmalige Ausgabe	*85 000*	*85 600*	—	—
		4. Seehandlung[1]).				
7.	1—2.	**Einnahme**	**2 066 600**	**1 712 600**	**1 743 900**	**2 069 300**
12.	1—10.	**Ausgabe**	**488 900**	**490 980**	**479 680**	**392 200**

[1]) Die Verwaltungskosten werden aus den Erträgnissen des Instituts bestritten.

Noch: Nachtrag über die etatsmässigen Einnahmen und dauernden Ausgaben einzelner Staatsverwaltungen.

Noch: A. Ueberschussverwaltungen.

1	2	3	4	5	6	7
Kapitel	Titel	Etatspositionen.	1903 ℳ	1902 ℳ	1901 ℳ	1900 ℳ
		5. Lotterieverwaltung.				
6.	1—7.	**Einnahme**	**80 922 000**	**88 263 500**	**88 262 500**	**82 487 500**
		Ausgabe.				
11.	1—3.	Aus dem Lotteriespiel	80 559 600	79 816 500	78 819 100	72 524 320
	4.	Besoldungen	81 400	76 100	75 700	73 000
	5.	Wohnungsgeldzuschüsse	13 620	12 540	12 540	12 540
	6 u. 7.	Andere persönliche Ausgaben . .	12 200	12 200	12 200	12 300
	8.	Sächliche Ausgaben	107 380	96 360	93 660	90 940
		Summe . .	**80 774 200**	**79 013 700**	**79 013 200**	**72 713 100**
		Mithin Ueberschuss . .	*9 147 800*	*9 249 800*	*9 249 300*	*9 774 400*
		6. Münzverwaltung.				
		Einnahme.				
8.	1—2.	Münze in Berlin	548 000	545 200	545 000	358 630
8a.	1.	Probiranstalt in Frankfurt a. M.	9 500	9 500	9 500	9 480
		Summe . .	**557 500**	**555 300**	**554 500**	**368 110**
		Ausgabe.				
13.	1—10.	Münze in Berlin	381 310	380 460	378 360	344 250
13a.	1—9.	Probiranstalt in Frankfurt a. M.	10 340	10 340	10 340	10 340
		Summe . .	**391 650**	**390 800**	**388 700**	**354 590**
		Mithin Ueberschuss . .	*165 850*	*164 500*	*165 800*	*13 520*

Noch: Nachtrag über die etatsmässigen Einnahmen und dauernden Ausgaben einzelner Staatsverwaltungen.

Noch: A. Ueberschussverwaltungen.

1 Kapitel	2 Titel	3 Etatspositionen.	4 1903 ℳ	5 1902 ℳ
		7. Eisenbahnverwaltung.		
		Einnahme.		
		A. Ordentliche Einnahmen.		
10.		Vom Staate verwaltete Eisenbahnen.		
	1.	Aus dem Personen- und Gepäckverkehr	389 750 000	390 028 000
	2.	Aus dem Güterverkehr	893 440 000	934 715 000
	3.	Für Ueberlassung von Bahnanlagen und für Leistungen zu Gunsten Dritter	27 817 000	26 925 400
	4.	Für Ueberlassung von Betriebsmitteln	14 795 000	16 737 100
	5.	Erträge aus Veräusserungen	30 534 000	27 222 000
	6.	Verschiedene Einnahmen einschliesslich der Einnahmen aus Staatsnebenfonds zu Wohlfahrtszwecken	16 519 000	16 414 400
11.		Anteil Badens an den Betriebsausgaben für die auf badischem Gebiete belegenen Strecken der Main-Neckar-Eisenbahn.	1 805 000	559 017
12–17.		Fehlen.		
18.		Wilhelmshaven-Oldenburger Eisenbahn		
		Antheil an der Brutto-Einnahme	693 118	713 967
19.		Privateisenbahnen, bei welchen der Staat betheiligt ist.		
		Antheil an den Erträgnissen	200 809	196 855
20.		Sonstige Einnahmen	450 000	450 000
		Summe der ordentlichen Einnahmen . .	*1 376 003 927*	*1 413 961 739*
		B. Ausserordentliche Einnahmen.		
21.		Beiträge Dritter zu einmaligen und ausserordentlichen Ausgaben	3 811 500	2 366 000
		Summe der Einnahmen . .	**1 379 815 427**	**1 416 327 739**
		Ausgabe.		
		A. Dauernde Ausgaben.		
23.	1.	Besoldungen	194 078 600	189 091 000
	2.	Wohnungsgeldzuschüsse für die Beamten . . .	24 119 400	23 291 300
		Andere persönliche Ausgaben.		
	3.	Zur Remunerirung von Hülfsarbeitern, zu Löhnen und zu Stellenzulagen etc..	120 008 300	123 028 500
	4.	Tagegelder, Reise- und Umzugskosten, sowie andere Nebenbezüge	32 454 000	32 510 000
	5.	Zu ausserordentlichen Remunerationen und Unterstützungen für Zeichen-, Kanzlei- und Unterbeamte	1 564 000	1 509 800
	5a.	Zu ausserordentlichen Remunerationen für höhere technische und für mittlere Beamte	746 800	742 400
	5b.	Zu ausserordentlichen Unterstützungen für höhere und mittlere Beamte	1 195 200	1 179 200

Noch: Nachtrag über die etatsmässigen Einnahmen und dauernden Ausgaben einzelner Staatsverwaltungen.

Noch: A. Ueberschussverwaltungen.

1 Kapitel	2 Titel	3 Etatspositionen	4 1903 ℳ	5 1902 ℳ
		Noch: 7. Eisenbahnverwaltung.		
	5c.	Zu Unterstützungen für ausgeschiedene Beamte Beamte, sowie zu Pensionen und Unterstützungen für Hinterbliebene von Beamten	678 200	647 100
	5d.	Zu Unterstützungen für Arbeiter und deren Hinterbliebene	881 800	803 000
	6.	Für Wohlfahrtszwecke	25 683 000	24 986 800
		Sächliche Ausgaben.		
	7.	Für Unterhaltung und Ergänzung der Inventarien sowie für Beschaffung der Betriebsmaterialien	108 607 000	109 275 000
	8.	Für Unterhaltung, Erneuerung und Ergänzung der baulichen Anlagen	175 893 000	171 477 000
	9.	Für Unterhaltung, Erneuerung und Ergänzung der Betriebsmittel	146 973 000	145 259 000
	10.	Für Benutzung fremder Bahnanlagen und für Dienstleistungen fremder Beamten	6 752 300	6 614 400
	11.	Für Benutzung fremder Betriebsmittel	13 025 000	13 636 800
	12.	Verschiedene Ausgaben, einschl. der Ausgaben aus Staatsnebenfonds zu Wohlfahrtszwecken	23 109 900	23 179 200
24.		Antheil Hessens an den Ergebnissen der gemeinschaftlichen Verwaltung des preussischen und hessischen Eisenbahnbesitzes	10 430 000	10 512 691
25.		Antheil Badens an den Betriebseinnahmen für die auf badischem Gebiete belegenen Strecken der Main-Neckar-Eisenbahn	2 725 000	—
26–28.		Fehlen.	—	—
29.		Main-Neckar-Eisenbahn	—	50 786
30.	1–2.	Wilhelmshaven-Oldenburger Eisenbahn	59 600	49 000
31.	1–2.	Zinsen und Tilgungsbeträge	3 153 000	3 153 000
		Ministerialabteilungen für das Eisenbahnwesen.		
32.	1–6.	Besoldungen	874 258	860 072
	7.	Zu Wohnungsgeldzuschüssen für die Beamten	146 220	145 680
	8–12.	Andere persönliche Ausgaben	347 500	302 000
	13–18.	Sächliche und vermischte Ausgaben	263 800	252 800
	19	Kosten der Vorarbeiten zu neuen Eisenbahnen	200 000	200 000
33.	1–2.	Dispositionsbesoldungen, Wartegelder u Unterstützungen	875 000	930 000
		Summe A . .	**894 843 878**	**883 760 529**
34.		**B. Extraordinarium**	**91 663 000**	**91 640 500**
		Abschluss.		
		Ordinarium		
		Die ordentlichen Einnahmen betragen	1 376 003 927	1 413 961 739
		Die dauernden Ausgaben betragen . . .	894 843 878	883 760 529
		Mithin Ueberschuss im Ordinarium .	*481 160 049*	*530 201 210*
		Extraordinarium.		
		Die ausserordentlichen Einnahmen betragen . .	3 811 500	2 366 000
		Die einmaligen und ausserordentlichen Ausgaben betragen	91 663 000	91 640 500
		Mithin Zuschuss im Extraordinarium . .	*87 851 500*	*89 274 500*
		Bleibt Ueberschuss . .	**393 308 549**	**440 926 710**

Noch: Anlage XVI.

Noch: Nachtrag über die etatsmässigen Einnahmen und dauernden Ausgaben einzelner Staatsverwaltungen.

Noch: A. Ueberschussverwaltungen.

1 Kapitel	2 Titel	3 Etatspositionen.	4 1903 M
		8. Verwaltung der direkten Steuern.	
4.		**Einnahme.**	
	1.	Einkommensteuer	174 000 000
	2.	Ergänzungssteuer	35 500 000
	3.	Steuer vom Gewerbebetriebe im Umherziehen	2 880 000
	4.	Eisenbahnabgabe	527 800
	5.	Fällt aus.	
	6.	Gebühren	1 982 400
	7.	Für Nebenbeschäftigungen der Katasterbeamten	226 300
	8.	Strafbeträge und sonstige Einnahmen	496 600
		Summe ...	**215 613 100**
		Ausgabe.	
6.	1—4.	Besoldungen	8 241 431
	5.	Wohnungsgeldzuschüsse	902 200
	6—13.	Andere persönliche Ausgaben	1 779 800
	14—18.	Sonstige Kosten der Veranlagung	1 394 900
	19—27.	Sächliche und vermischte Ausgaben	4 965 369
		Summe ...	**17 283 700**
		Abschluss.	
		Die Einnahme beträgt	215 613 100
		Die Ausgabe beträgt	17 283 700
		Mithin beträgt der Ueberschuss ...	*198 329 400*
		9. Verwaltung der indirekten Steuern.	
5.		**Einnahme.**	
		A. Aus Reichssteuern.	
	1.	Zölle	11 545 000
	2.	Tabaksteuer	177 000
	3.	Zuckersteuer	3 431 000
	4.	Salzsteuer	218 000
	5.	Branntweinsteuer	21 462 000
	6.	Schaumweinsteuer	100 000
	7.	Brausteuer und Uebergangsabgabe von Bier	3 799 000
	8.	Spielkartenstempel	50 000
	9.	Stempelabgabe für Werthpapiere, Kaufgeschäfte u. s. w., Lotterieloose (von Privatlotterien) und Schiffsfrachturkunden	556 000
		Summe A ...	**41 338 000**

Noch: Nachtrag über die etatsmässigen Einnahmen und dauernden Ausgaben einzelner Staatsverwaltungen.

Noch: A. Ueberschussverwaltungen.

1 Kapitel	2 Titel	3 Etatspositionen.	4 1903 ℳ
		Noch: 9. Verwaltung der indirekten Steuern.	
(5.)		**B. Einnahmen für alleinige Rechnung Preussens.**	
	10.	Entschädigung für die durch die Statistik des Waarenverkehrs mit dem Auslande erwachsenden Kosten	17 000
	11.	Antheil an der Deutschen Wechselstempelsteuer	139 000
	12.	Stempelsteuer	35 300 000
	13.	Erbschaftssteuer	10 100 000
	14.	Niederlage-, Kran- und Wagegeld	183 000
	15.	Kontrolgebühr für Salz	94 500
	16.	Wirthschaftsabgaben in den Hohenzollernschen Landen	30 800
	17.	Strafbeträge und Kosten aus den im Etatsjahre erledigten Verwaltungsstrafsachen	250 000
	18.	Verwaltungskostenbeiträge	1 250 000
	19.	Miethe für Gebäude, Grundstücke und Dienstwohnungen	70 000
	20.	Ausserordentliche Einnahmen	155 700
		Summe B . . .	**47 590 000**
		Hierzu: „ **A** . . .	**41 338 000**
		Ueberhaupt Einnahme . . .	**88 928 000**
		Ausgabe.	
		A. Dauernde Ausgaben.	
7.	1—4.	Zentral-Stempel- und Drucksachenverwaltung	290 570
8.	1—8.	Provinzialsteuerverwaltung	3 117 400
9.	1—9.	Zoll- und Steuererhebung und Kontrole	29 523 900
10.	1—12.	Allgemeine Ausgaben	3 186 630
		Summe A . . .	**36 118 500**
		B. Extraordinarium	**680 540**
		Abschluss.	
		Die Einnahme beträgt	88 928 000
		Die dauernden Ausgaben betragen	36 118 500
		Mithin beträgt der Ueberschuss . . .	*52 809 500*
		Davon ab: Die einmaligen und ausserordentlichen Ausgaben . . .	680 540
		Bleibt Ueberschuss . . .	*52 128 960*

Noch: Nachtrag über die etatsmässigen Einnahmen und dauernden Ausgaben einzelner Staatsverwaltungen.

B. Zuschussverwaltungen.

1 Kapitel	2 Titel	3 Etatspositionen	4 1903 ℳ	5 1902 ℳ	6 1901 ℳ	7 1900 ℳ
		I. Ministerium der geistlichen, Unterrichts- und Medizinal-Angelegenheiten.				
		Einnahme.				
34.	1.	Evangelischer Kultus . . .	49 603	50 303	50 390	48 588
	2.	Katholischer Kultus	10 468	10 276	10 276	10 248
		Oeffentlicher Unterricht				
	3.	Prüfungskommissionen . . .	59 841	47 982	46 882	44 349
	4.	Schullehrer- u. Lehrerinnenseminare, Präparandenanstalten und Turnlehrer-Bildungsanstalt in Berlin	1 819 012	1 742 412	1 710 244	1 693 882
	5.	Kunst- und wissenschaftliche Anstalten und Unternehmungen	251 283	250 088	248 638	206 613
	6.	Techn. Unterrichtsanstalten	1 068 991	846 526	846 526	765 289
	7.	Sonstige Einnahmen für das Unterrichtswesen	266 572	256 851	246 958	200 713
		Summe Tit. 3 bis 7	*3 465 699*	*3 143 859*	*3 099 248*	*2 910 846*
	8.	Kultus und Unterricht gemeinsam	1 557 478	1 560 836	1 559 885	1 548 860
	9.	Medizinalwesen	357 035	320 975	301 463	241 408
	10.	Sonstige vermischte Einnahmen	924 908	195 002	102 497	355 105
		Summe . .	**6 365 192**	**5 281 250**	**5 123 759**	**5 115 055**
		Ausgabe.				
		A. Dauernde Ausgaben.				
109.	1—14.	Ministerium	1 306 338	1 279 650	1 253 730	1 213 890
110.	—	Vacat	—	—	—	—
111.	1—8.	Evangelischer Oberkirchenrath	192 315	191 815	184 355	178 555
112.	1—8.	Evangelische Konsistorien .	1 438 670	1 429 132	1 414 340	1 398 375

Noch: Nachtrag über die etatsmässigen Einnahmen und dauernden Ausgaben einzelner Staatsverwaltungen.

Noch: B. Zuschussverwaltungen.

1	2	3	4	5	6	7
Kapitel	Titel	Etatspositionen	1903 ℳ	1902 ℳ	1901 ℳ	1900 ℳ
		Noch: 1. Ministerium der geistlichen, Unterrichts- und Medizinal-Angelegenheiten.				
113.	1—2.	Evangelische Geistliche und Kirchen	1 748 978	1 741 029	1 737 918	1 734 365
114.	—	Vacat	—	—	—	—
115.	1—13.	Bisthümer u. s. w.	1 256 334	1 256 334	1 256 300	1 255 797
116.		Katholische Geistliche und Kirchen	1 367 286	1 366 388	1 363 017	1 364 926
116a		Altkatholische Geistliche und Kirchen	48 000	48 000	48 000	48 000
117.	1—7.	Provinzialschulkollegium	938 624	908 122	862 280	824 250
118.	1—3.	Prüfungskommissionen	113 075	101 216	98 636	94 653
119.	1—16	Universitäten	11 499 792	11 138 262	10 707 352	10 238 535
120.	1—19.	Höhere Lehranstalten	13 854 551	13 433 294	13 020 675	12 355 271
121.	1—47.	Elementarunterrichtswesen	90 545 499	87 411 574	85 265 261	82 074 691
122.	1—44.	Kunst und Wissenschaft	5 451 129	5 273 180	5 041 965	4 920 095
123.	1—16	Techn. Unterrichtswesen	2 691 773	2 575 176	2 343 301	2 196 160
124.	1—15.	Kultus und Unterricht gemeinsam	17 626 684	17 504 984	17 521 199	17 501 049
125.	1—21.	Medizinalwesen	3 577 687	3 361 982	2 976 303	1 976 060
116.	1—4.	Allgemeine Fonds	326 432	326 432	736 655	221 182
		Summe A	**153 975 167**	**149 346 570**	**145 368 287**	**139 595 854**
		B. Extraordinarium.				
14.		Ministerium	331 000	450 000	1 454 250	29 000
		Geistliche Verwaltung	—	—	—	31 300
		Universitäten	2 998 959	3 487 117	4 997 186	3 856 668
		Höhere Schulen	1 110 880	981 705	1 059 120	845 990
		Elementarunterrichtswesen	5 257 840	5 379 682	13 960 171	3 591 773
		Kunst und Wissenschaft	2 943 000	1 260 100	6 035 049	2 957 700
		Techn. Unterrichtswesen	3 607 620	2 460 610	2 028 595	867 945
		Kultus und Unterricht gemeinsam	500 000	500 000	500 000	—
		Medizinalwesen	997 900	1 037 000	621 750	1 524 500
		Allgemeines	120 000	—	—	48 000
		Summe B	**17 867 199**	**15 556 214**	**30 656 121**	**13 752 876**
		Summe A u. B	**171 842 366**	**164 902 784**	**176 024 408**	**153 348 730**

Noch: Nachtrag über die etatsmässigen Einnahmen und dauernden Ausgaben einzelner Staatsverwaltungen.

Noch: B. Zuschussverwaltungen.

2. Landwirthschaftliche Verwaltung einschliesslich der Centralverwaltung des Ministeriums für Landwirthschaft, Domänen und Forsten.

1 Kapitel	2 Titel	3 Etatspositionen	4 1903 M	5 1902 M
		Einnahme.		
32.	1.	Kosten und andere Einnahmen bei den Generalkommissionen	495 700	495 700
	2.	Beiträge fremder Regierungen zu den Generalkosten der Auseinandersetzungsbehörden	54 158	54 158
	3.	Einnahmen bei den landwirthschaftlichen Lehranstalten	254 852	250 982
	4	Einnahmen bei den thierärztlichen Hochschulen und bei der Veterinärverwaltung	678 292	678 292
	4a.	Einnahmen an Gebühren für die Untersuchung des in das Zollinland eingehenden Fleisches	1 200 000	—
	5.	Rückzahlungen und Zinsen von den aus dem früheren Meliorationsfonds gewährten Darlehnen	229 642	258 348
	6.	Einnahmen bei der Deichverwaltung	13 788	13 788
	6a.	Einnahmen aus den in die Verwaltung der Generalkommissionen übernommenen zur Besiedelung bestimmten fiskalischen Mooren	63 670	51 670
	7.	Sonstige Einnahmen, einschliesslich aus besonderen Fonds	94 381	93 881
		Summe	**3 084 483**	**1 896 819**
		Ausgabe.		
		A. Dauernde Ausgaben.		
99.	1—11	Ministerium	1 292 398	1 284 330
100.	1—8.	Ober-Landeskulturgericht	161 610	160 610
101.	1—16.	Generalkommissionen	9 274 235	9 119 635
101a	1—3.	Banktechnischer Revisor	30 700	30 700
102.	1—16.	Landwirthschaftliche Lehranstalten und sonstige wissenschaftliche und Lehrzwecke	1 861 328	1 738 420
103.	1—17	Thierärztliche Hochschulen und Veterinärwesen	2 559 074	1 353 974
104.	1—4.	Förderung der Viehzucht	999 420	949 420
105.	1—8.	Förderung der Fischerei	408 731	403 901
106.	1—12.	Landesmeliorationen, Moor-, Deich-, Ufer- und Dünenwesen	2 580 990	2 621 338
107.	1—7.	Allgemeine Ausgaben	1 037 000	1 037 000
		Summe A	**20 205 486**	**18 699 328**
		B. Extraordinarium	**6 669 870**	
		Summe A und B	**26 875 356**	

Noch: Nachtrag über die etatsmässigen Einnahmen und dauernden Ausgaben einzelner Staatsverwaltungen.

Noch: B. Zuschussverwaltungen.

1	2	3	4	5
Kapitel	Titel	Etatspositionen	1903 ℳ	1902 ℳ
		3. Gestütverwaltung.		
		Einnahme.		
33.	1—5.	Hauptgestüte	985 710	958 203
	6—10.	Landgestüte	2 153 480	2 127 466
	11.	Centralverwaltung	45 000	45 000
		Summe	**3 184 190**	**3 130 669**
		Ausgabe.		
		A. Dauernde Ausgaben.		
108.	1.	Besoldungen	297 447	294 645
	2.	Wohnungsgeldzuschüsse	1 380	1 380
		Andere persönliche Ausgaben:		
	3—5.	a) Hauptgestüte	468 867	428 075
	6—9.	b) Landgestüte	969 408	913 871
		Sächliche Ausgaben:		
	10—15.	a) Hauptgestüte	1 443 421	1 285 169
	16—21.	b) Landgestüte	2 038 996	1 971 362
		Sonstige Ausgaben:		
	22.	a) Hauptgestüte	2 714	2 671
	23.	b) Landgestüte	1 511	1 532
	24—33.	Kosten der Centralverwaltung und sonstige Ausgaben	1 384 585	1 384 585
		Summe A	**6 608 330**	**6 283 290**
		B. Extraordinarium	**642 541**	**708 658**
		Summe A und B	**7 250 871**	**6 991 948**
		4. Ansiedelungskommission für Westpreussen und Posen.		
		Einnahme.		
25i.	1	Zuschuss aus dem im § 1 des Ges. vom 26 April 1886 (Ges-Samml S. 131), im Ges. vom 20. April 1898 (Ges.-Samml. S. 63), sowie im Art. I des Ges. vom 1 Juli 1902 (Ges-Samml. S 234) bereitgestellten Fonds zur Deckung der Verwaltungsausgaben der Ansiedelungskommission	839 326	723 910
	2.	Einnahmen aus der Ueberlassung von Stellen (§ 2 des Ges. vom 26. April 1886), sowie aus wiederveräusserten Grundstücken und aus Zwischennutzungen (§ 8 a. a. O.) u. s. w.	6 500 000	6 500 000
	3.	Einnahmen an Rückzahlungen und Zinsen von Darlehnen und Auslagen, sowie durch Rückgewähr des Geldbetrages für an Ansiedler leihweise verabfolgtes oder verkauftes Saatgetreide und Vieh	250 000	225 000
	4.	Sonstige Einnahmen	35 000	14 000
		Summe	**7 624 326**	**7 462 910**

Noch: Nachtrag über die etatsmässigen Einnahmen und dauernden Ausgaben einzelner Staatsverwaltungen.

Noch: B. Zuschussverwaltungen.

1 Kapitel	2 Titel	3 Etatspositionen	4 1903 ℳ	5 1902 ℳ
		Noch: 4. Ansiedelungskommission für Westpreussen und Posen.		
54a.		**Ausgabe.**		
		A. Verwaltungsausgaben.		
	1—4.	Besoldungen	285 330	250 530
	5.	Zu Wohnungsgeldzuschüssen für die Beamten	46 596	40 980
		Andere persönliche Ausgaben.		
	6—7.	Zur Remunerirung von Hülfsarbeitern und Hülfsdienern u. s. w.	170 200	143 100
	8—13.	Sächliche und vermischte Ausgaben	337 200	289 300
		Summe A	**839 326**	**723 910**
		B. Ablieferungen		
		an den im § 1 des Ges. vom 26. April 1886, im Ges vom 20. April 1898 und im Art. I des Ges. vom 1. Juli 1902 bezeichneten Fonds (vgl. Tit. 2 bis 4 der Einnahme)	6 785 000	6 739 000
		Summe B	**6 785 000**	**6 739 000**
		Summe A und B	**7 624 326**	**7 462 910**
		5. Central-Genossenschaftskasse.		
		Einnahme.		
	1.	Verschiedene Einnahmen	2 800	2 800
		Ausgabe.		
	1—3.	Besoldungen	172 800	142 570
	4.	Wohnungsgeldzuschüsse für die Beamten	37 200	29 580
	5—7.	Andere persönliche Ausgaben	57 710	64 250
	8—11.	Sächliche Ausgaben	112 200	98 200
		Summe	**379 990**	**334 600**

*) Die Verwaltungskosten im Betrage von 379 990 M. werden aus den Erträgnissen der Anstalt bestritten.

Noch: Nachtrag über die etatsmässigen Einnahmen und dauernden Ausgaben einzelner Staatsverwaltungen.

Noch: B. Zuschussverwaltungen.

1	2	3	4
Kapitel	Titel	Etatspositionen	1903 ℳ
		6. Handels- und Gewerbeverwaltung einschliesslich der Centralverwaltung des Ministeriums für Handel und Gewerbe.	
		Einnahme.	
29.	1.	Miethen und Pächte von fiskalischen Grundstücken, einschliesslich der Beiträge zu den Kosten der Schornsteinreinigung .	791
	1a.	Fällt aus	—
	1b.	Für Nebenbeschäftigung der Gewerbe-Inspektionsbeamten . . .	29 080
	1c.	Lotsengebühren	18 790
	1d.	Gebühren für die an Vereine übertragenen Dampfkessel-Untersuchungen	550 000
	2.	Navigations-Haupt- und Vorschulen u. s. w.	32 203
	2a.	Baugewerkschulen	901 245
	2b.	Maschinenbauschulen einschliesslich der höheren Schiff- und Maschinenbauschule in Kiel, Fachschulen für Metallindustrie, Fachschulen für See-Dampfschiffsmaschinisten und aus besonderen Fonds	496 413
	2c.	Zeichenakademie (Fachschule für Edelmetallindustrie) in Hanau, Provinzial-Kunst- und -Gewerkschule in Königsberg i. Pr., Kunstgewerbe- und gewerbliche Zeichenschule in Cassel und keramische Fachschulen	55 050
	2d.	Handels- und Gewerbeschulen für Mädchen	103 500
	3.	Aichungsämter	415 390
	3a.	Beschussanstalt in Suhl	38 300
	3b.	Bernsteinwerke	2 975 000
	4.	Musterungsbehörden	40 920
	5.	Rückzahlungen auf die für aufgehobene gewerbliche Berechtigungen vorschussweise gewährten Enschädigungskapitalien	40 468
	5a.	Porzellan-Manufaktur	1 119 100
	5b.	Institut für Glasmalerei	52 050
	5c.	Technische Centralstelle für Textilindustrie	78 800
	6.	Musterbleiche in Solingen und aus dem Fonds zur Unterstützung von Lehrlingen	53 695
	7.	Sonstige Einnahmen und aus besonderen Fonds	71 310
		Summe . . .	**7 072 105**
		Ausgabe.	
		A. Dauernde Ausgaben.	
67.	1—14.	Ministerium	591 626
68.	1—16.	Handels- und Gewerbeverwaltung	3 691 463
68a.	1—12.	Bernsteinwerke	1 485 720
69.	1—15.	Gewerbliches Unterrichtswesen, wissenschaftliche und gemeinnützige Zwecke	7 944 907
69a.	1—5.	Porzellan-Manufaktur	1 172 760
69b.	1—6.	Institut für Glasmalerei	68 960
69c.	1—6.	Technische Centralstelle für Textilindustrie	120 440
70.	1—4.	Vermischte Ausgaben	62 800
		Summe . . .	**15 138 676**
		B. Extraordinarium	**415 175**
		Summe A und B . . .	**15 553 851**

Noch: Nachtrag über die etatsmässigen Einnahmen und dauernden Ausgaben einzelner Staatsverwaltungen.

Noch: B. Zuschussverwaltungen.

1 Kapitel	2 Titel	3 Etatspositionen	4 1903 ℳ
		7. Bauverwaltung einschliesslich der Centralverwaltung des Ministeriums der öffentlichen Arbeiten.	
		Einnahme.	
28.	1.	Miethen und Pächte von fiskalischen Grundstücken, Gras-, Baum-, Weiden- und sonstige Nutzungen von fiskalischen Grundstücken	626 500
	2.	Gebühren für die Staatsprüfungen im Baufache	43 000
	3.	Für Nebenbeschäftigung der Bauinspektoren	365 000
	4.	Einnahmen aus der Ruhrschifffahrts- und Ruhrhafenverwaltung	1 025 000
	5.	Beiträge zur Unterhaltung der Land- und Wasserstrassen, Kanäle, Brücken- und Wasserleitungen, zur Besoldung der Baubeamten, für Benutzung von Schleppdampfschiffen, von Lösch- und Lotsengeräthschaften in den Seehäfen, Erlös für alte Baumaterialien und Geräte und sonstige Einnahmen	769 200
	6	Berge- und Hülfslöhne der Regierungsschiffe für Beistand in Seenoth 6 000 M., sowie Eintrittsgelder bei den staatlichen Leuchtthürmen 5 000 M.	11 000
	7.	Verkehrsabgaben (Brücken-, Fähr- und Hafengelder, Strom- und Kanalgefälle)	6 500 000
	8.	Baupolizeigebühren	375 000
	9.	Beiträge zur Deckung von Bauleitungskosten	300 000
		Summe	**10 014 700**
		Ausgabe.	
		A. Dauernde Ausgaben.	
64.	1—14.	Ministerium	1 331 812
65.	1—20.	Bauverwaltung	31 168 180
		Darunter: Tit. 14	396 000
		„ 15	5 108 000
		„ 16	12 833 600
		„ 16a	144 000
		„ 16b	18 000
		„ 17	547 200
		„ 18	298 900
		„ 18a	95 000
66.	1—4.	Vermischte Ausgaben	408 520
66a	1—9.	Ruhrschifffahrts- und Ruhrhafen-Verwaltung	1 025 000
		Summe A	**33 933 512**
		B. Extraordinarium.	
5.		Zur Regulirung der Wasserstrassen und Förderung der Binnenschifffahrt	5 537 700
		Zu Seehäfen und Seeschifffahrtsverbänden	3 193 067
		Zum Bau von Strassen, Brücken und Dienstgebäuden	6 081 370
		Summe B	**14 822 137**
		Summe A und B	**48 755 649**

Sachregister.

Im Folgenden wird zunächst mit fetten arabischen Ziffern der Band (**1 2 3**) citirt. Die darauf folgende nautische Zahl bezeichnet die Nummer der einzelnen Bücher, in welche jeder Band zerfällt. Die darauf folgende arabische Zahl nennt den Paragraphen (nicht die Seitenzahl).

Bei der durch den verfügbaren Raum gebotenen Beschränkung war es nicht möglich, das Sachregster zu ausführlich zu gestalten. So konnten weder alle Orte, an denen sich staatliche oder staatlich unterstützte Anstalten (z. B. Behörden, Schulen) befinden, noch alle Beamtenbezeichnungen u s. w. in das Register aufgenommen werden.

Da bei der Abfassung des Werkes aber grundsätzlich die einzelnen Verwaltungsgebiete möglichst zusammenhängend an einer Stelle behandelt sind, so wird es in der Regel ausreichen, den allgemeinen oder weiteren Begriff aufzuschlagen, um den spezielleren ohne Mühe zu finden. Dabei sei daran erinnert, dass enthalten: Band 1 Buch 1 Domänenverwaltung, 2 Forstverwaltung, 3 Berg-, Hütten-, Salinen- und Bernsteinverwaltung, 4 Seehandlung, 5 Lotterieverwaltung, 6 Münzverwaltung, 7 Eisenbahnverwaltung, 8 direkte, 9 indirekte Steuern; Band 2 Buch 1 geistliche, Unterrichts- und Medizinalverwaltung, 2 landwirthschaftliche, 3 Gestüts-, 4 Handels- und Gewerbe-, 5 Bauverwaltung, 6 Ministerium des Innern, 7 Staatsministerium, Kriegsministerium (Zeughaus), Ministerium der auswärtigen Angelegenheiten, Oberrechnungskammer, Civilkabinet, Staatsarchiv, Generalordenskommission, Gesetzsammlungsamt, Reichs- und Staatsanzeiger, 8 Finanzministerium, 9 Justizverwaltung; Band 3 Buch 1 Oeffentliche Schuld, 2 Landtag, 3 Allgemeine Finanzverwaltung, als Anhang die formelle Ordnung des Staatshaushalts und Nachträge.

3 N = Nachträge (befinden sich im vorliegenden dritten Bande)

A.

B.

C.

D.

E.

F.

G.

H.

I (J).

K.

L.

M.

N.

O.

P.

Q.

R.

S.

T.

U.

V.

W.

Druck von Otto Walter, Berlin S. 14.

FSC
www.fsc.org
MIX
Papier | Fördert
gute Waldnutzung
FSC® C083411

Kolibri 360 GmbH
Ferdinand-Jühlke-Straße 7
99095 Erfurt, Deutschland
produktsicherheit@kolibri360.de